Antony C. Sutton

DIE WALL STREET TRILOGIE

Antony C. Sutton
(1925-2002)

US-amerikanischer Wirtschaftswissenschaftler und Essayist britischer Abstammung, der von 1968 bis 1973 als Forscher der Hoover-Stiftung in Stanford tätig war. Er lehrte Wirtschaftswissenschaften an der UCLA. Er studierte in London, Göttingen und an der UCLA und promovierte in Naturwissenschaften an der Universität Southampton, England.

DIE WALL STREET TRILOGIE
Die Wall Street und die bolschewistische Revolution
Wall Street und Franklin D. Roosevelt
Wall Street und der Aufstieg Hitlers

Wall Street and the Bolshevik Revolution (1974)
Wall Street and FDR (1976)
Wall Street and the Rise of Hitler (1976)

Aus dem Amerikanischen übersetzt von Omnia Veritas Limited

Veröffentlicht von Omnia Veritas Limited

www.omnia-veritas.com

Omnia Veritas Limited – 2022

Alle Rechte vorbehalten. Kein Teil dieser Publikation darf ohne vorherige Genehmigung des Herausgebers in irgendeiner Form vervielfältigt werden. Das Gesetz über geistiges Eigentum verbietet Kopien oder Vervielfältigungen, die für eine kollektive Nutzung bestimmt sind. Jede vollständige oder teilweise Darstellung oder Vervielfältigung durch ein beliebiges Verfahren ohne die Zustimmung des Herausgebers, des Autors oder ihrer Rechtsnachfolger ist rechtswidrig und stellt eine Fälschung dar, die nach den Artikeln des Gesetzes über geistiges Eigentum bestraft wird.

ANTONY C. SUTTON 13
DIE WALL STREET UND DIE BOLSCHEWISTISCHE REVOLUTION .. 15
VORWORT 19
KAPITEL I 21
   DIE AKTEURE DER REVOLUTIONÄREN SZENE 21
KAPITEL II 26
   TROTZKI VERLÄSST NEW YORK, UM DIE REVOLUTION ZU VOLLENDEN. 26
      WOODROW WILSON BESORGT TROTZKI EINEN REISEPASS 29
      DOKUMENTE DER KANADISCHEN REGIERUNG ÜBER TROTZKIS FREILASSUNG 32
      DER KANADISCHE MILITÄRGEHEIMDIENST UNTERSUCHT TROTZKI. 36
      TROTZKIS ABSICHTEN UND ZIELE 39
KAPITEL III 42
   LENIN UND DIE DEUTSCHE HILFE FÜR DIE BOLSCHEWISTISCHE
   REVOLUTION. 42
      DIE SISSON-DOKUMENTE 44
      ARMDRÜCKEN IN WASHINGTON 47
KAPITEL IV 50
   WALL STREET UND DIE GLOBALE REVOLUTION 50
      AMERIKANISCHE BANKER UND ZARISTISCHE KREDITE 53
      OLOF ASCHBERG IST 1916 IN NEW YORK. 57
      OLOF ASCHBERG UND DIE BOLSCHEWISTISCHE REVOLUTION 58
      NYA BANKEN UND GUARANTY TRUST SCHLIEẞEN SICH DER RUSKOMBANK AN. ... 60
      GUARANTY TRUST UND DIE DEUTSCHE SPIONAGE IN DEN USA, 1914-1917. 64
      GARANTY TRUST, MINOTTO UND CAILLAUX. 66
KAPITEL V 70
   DIE MISSION DES AMERIKANISCHEN ROTEN KREUZES IN RUSSLAND - 1917. 70
      MISSION DES AMERIKANISCHEN ROTEN KREUZES IN RUSSLAND, 1917. 71
      MISSION DES AMERIKANISCHEN ROTEN KREUZES IN RUMÄNIEN 77
      THOMPSONS ROLLE IN KERENSKIS RUSSLAND 79
      THOMPSON SPENDET DEN BOLSCHEWIKEN EINE MILLION DOLLAR. 80
      DER SOZIALISTISCHE BERGBAUFÖRDERER RAYMOND ROBINS. 81
      DAS INTERNATIONALE ROTE KREUZ UND DIE REVOLUTION 84
KAPITEL VI 86
   KONSOLIDIERUNG UND EXPORT DER REVOLUTION 86
      EINE BERATUNG MIT LLOYD GEORGE 89
      THOMPSONS ABSICHTEN UND ZIELE 92
      THOMPSON KEHRT IN DIE USA ZURÜCK. 95
      DIE INOFFIZIELLEN BOTSCHAFTER: ROBINS, LOCKHART UND SADOUL. 96
      DIE REVOLUTION EXPORTIEREN: JACOB H. RUBIN. 101
      DIE REVOLUTION EXPORTIEREN: ROBERT MINOR 101
KAPITEL VII 109
   DIE BOLSCHEWIKI KEHREN NACH NEW YORK ZURÜCK. 109
      RAZZIA AUF DAS SOWJETISCHE BÜRO IN NEW YORK. 110
      VON VERBÜNDETEN UNTERNEHMEN ZUM SOWJETISCHEN BÜRO 114
      EUROPÄISCHE BANKIERS HELFEN DEN BOLSCHEWIKEN 116
KAPITEL VIII 120

120 BROADWAY, NEW YORK CITY 120
   AMERICAN INTERNATIONAL CORPORATION 122
   DER EINFLUSS DER AIC AUF DIE REVOLUTION 126
   DIE FEDERAL RESERVE BANK OF NEW YORK 130
   DIE AMERIKANISCH-RUSSISCHE INDUSTRIEALLIANZ 131
   JOHN REED: DER REVOLUTIONÄR DES ESTABLISHMENTS 131
   JOHN REED UND DIE ZEITSCHRIFT METROPOLITAN. 133
KAPITEL IX 138
   DER GUARANTY TRUST LÄSST SICH IN RUSSLAND NIEDER. 138
   WALL STREET KOMMT PROFESSOR LOMONOSSOFF ZU HILFE. 139
   ALLE VORAUSSETZUNGEN FÜR DIE KOMMERZIELLE NUTZUNG RUSSLANDS SIND GEGEBEN. 146
   DEUTSCHLAND UND DIE USA STREITEN SICH UM GESCHÄFTE IN RUSSLAND. ... 148
   SOWJETGOLD UND DIE AMERIKANISCHEN BANKEN 150
   MAX MAY VON GUARANTY TRUST WIRD DIREKTOR DER RUSKOMBANK. 152
KAPITEL X 154
   J.P. MORGAN HILFT DEM FEIND AUF DIE SPRÜNGE. 154
   AMERIKANER VEREINT IM KAMPF GEGEN DEN KOMMUNISMUS 155
   UNITED AMERICANS ENTHÜLLT "ÜBERRASCHENDE ENTHÜLLUNGEN" ÜBER DIE ROTEN. 155
   SCHLUSSFOLGERUNGEN ZU UNITED AMERICANS 157
   MORGAN UND ROCKEFELLER HELFEN KOLCHAK 157
KAPITEL XI 160
   DIE ALLIANZ DER BANKIERS UND DER REVOLUTION 160
   BEWEISZUSAMMENFASSUNG 160
   DIE ERKLÄRUNG FÜR DIE UNHEILIGE ALLIANZ 163
   DER MARBURG-PLAN 165
ANHANG I 170
   DIREKTOREN DER GROßEN BANKEN, UNTERNEHMEN UND INSTITUTIONEN, DIE IN DIESEM BUCH ERWÄHNT WERDEN (IN DEN JAHREN 1917-1918). 170
ANHANG II 173
   DIE JÜDISCHE VERSCHWÖRUNGSTHEORIE DER BOLSCHEWISTISCHEN REVOLUTION 173
ANHANG III 178
   AUSGEWÄHLTE DOKUMENTE AUS DEN REGIERUNGSARCHIVEN DER USA UND GROßBRITANNIENS. 178
      DOKUMENT NR. 1 178
      DOKUMENT NR. 2 179
      DOKUMENT NR. 3 180
      DOKUMENT NR. 4 182
      DOKUMENT NR. 5 185
      DOKUMENT NR. 7 189
      DOKUMENT NR. 8 189
      DOKUMENT NR. 9 193
      DOKUMENT NR. 10 194
WALL STREET UND FRANKLIN D. ROOSEVELT 197

KAPITEL I 199
DIE ROOSEVELTS UND DIE DELANOS 199
DIE DELANO-FAMILIE UND DIE WALL STREET 205
DIE FAMILIE ROOSEVELT UND DIE WALL STREET 208
KAPITEL II 213
DIE POLITIK IM ANLEIHENSEKTOR 213
POLITIKER SIND DIE UNTERZEICHNER VON STAATSANLEIHEN 214
POLITISCHE EINFLUSSNAHME UND AUFTRAGSVERGABE 217
DIE AUSZEICHNUNG FÜR FIDELITY & DEPOSIT COMPANY 221
KAPITEL III 223
FDR DER INTERNATIONALE SPEKULANT 223
DIE DEUTSCHE HYPERINFLATION VON 1922-23 223
DIE GESCHICHTE VON WILLIAM SCHALL 226
UNITED EUROPEAN INVESTORS LTD 227
UMFRAGE ZU UNITED EUROPEAN INVESTORS, LTD. 231
BUNDESKANZLER WILHELM CUNO UND DIE HAPAG 233
DIE INTERNATIONAL GERMANIC TRUST COMPANY 234
KAPITEL IV 237
FDR DER UNTERNEHMENSENTWICKLER 237
AMERICAN INVESTIGATION CORPORATION 237
POLITIK, PATENTE UND LANDERECHTE 242
FDR IN DER AUTOMATENBRANCHE 248
DIE GEORGIA WARM SPRINGS FOUNDATION 249
KAPITEL V 253
DIE ENTSTEHUNG DES BETRIEBLICHEN SOZIALISMUS 253
DIE URSPRÜNGE DES BETRIEBLICHEN SOZIALISMUS 254
DAFÜR SORGEN, DASS DIE GESELLSCHAFT AUSSCHLIEßLICH ZUM VORTEIL EINIGER WENIGER FUNKTIONIERT. 255
BETRIEBSSOZIALISTEN PLÄDIEREN FÜR IHRE SACHE 258
KAPITEL VI 267
AUFTAKT ZUM NEW DEAL 267
DIE RNA VON CLINTON ROOSEVELT - 1841 268
BERNARD BARUCHS DIKTATUR IN ZEITEN DES KRIEGES 271
PAUL WARBURG UND DIE SCHAFFUNG DES FEDERAL-RESERVE-SYSTEMS 275
THE INTERNATIONAL ACCEPTANCE BANK, INC. 278
KAPITEL VII 282
ROOSEVELT, HOOVER UND DIE HANDELSRÄTE 282
EIN MITTELALTERLICHER NEW DEAL 282
DER AMERIKANISCHE RAT FÜR BAUWESEN 283
KAPITEL VIII 290
WALL STREET KAUFT DEN NEW DEAL 290
DER EINFLUSS VON BERNARD BARUCH AUF FDR 291
DIE WALL STREET FINANZIERT DIE PRÄSIDENTSCHAFTSKAMPAGNE VON 1928. 294
DIE WAHLKAMPFGELDER VON HERBERT HOOVER 297
WALL STREET UNTERSTÜTZT FDR BEI SEINER KANDIDATUR ALS GOUVERNEUR VON NEW YORK. 300

WALL STREET LÄSST FDR 1932 WÄHLEN. 301
KAPITEL IX 304
  FDR UND DIE BETRIEBLICHEN SOZIALISTEN 304
    DER SWOPE-PLAN 304
    DIE FAMILIE SWOPE 305
    DIE SOZIALISTISCHEN PLANER DER 1930ER JAHRE 308
    SOZIALISTEN BEGRÜSSEN DEN SWOPE-PLAN 311
    DIE DREI MUSKETIERE DER NRA 312
    DIE UNTERDRÜCKUNG VON KLEINUNTERNEHMEN 314
KAPITEL X 321
  FDR, DER WEISSE RITTER 321
    GRAYSON M-P. MURPHY COMPANY, AM 52 BROADWAY. 322
    ACKSON MARTINDELL, 14 WALL STREET 327
    DAS ZEUGNIS VON GERALD C. MACGUIRE 328
    ABSCHAFFUNG DER BETEILIGUNG DER WALL STREET 331
    EINE BEWERTUNG DES FALLS BUTLER 337
KAPITEL XI 339
  BETRIEBSSOZIALISTEN IN 120 BROADWAY, NEW YORK CITY 339
    DIE BOLSCHEWISTISCHE REVOLUTION UND DER 120 BROADWAY 339
    DIE FEDERAL RESERVE BANK OF NEW YORK UND 120 BROADWAY ... 340
    DIE AMERICAN INTERNATIONAL CORPORATION UND 120 BROADWAY . 342
    DER FALL BUTLER UND DER 120 BROADWAY 343
    FRANKLIN D. ROOSEVELT UND 120 BROADWAY 344
    SCHLUSSFOLGERUNGEN ZU 120 BROADWAY 346
KAPITEL XII 348
  FDR UND DIE BETRIEBLICHEN SOZIALISTEN 348
ANHANG A 355
  DER SWOPE-PLAN 355
ANHANG B 362
  SPONSOREN DER PLÄNE, DIE IM APRIL 1932 FÜR DIE WIRTSCHAFTSPLANUNG IN DEN USA VORGELEGT WURDEN. 362
AUSGEWÄHLTE BIBLIOGRAFIE 364

DIE WALL STREET UND DER AUFSTIEG HITLERS 369
VORWORT 373
EINFÜHRUNG 374
  DIE UNERFORSCHTEN FACETTEN DES NATIONALSOZIALISMUS 374
    HJALMAR HORACE GREELEY SCHACHT 378
KAPITEL I 380
  WALL STREET EBNET HITLER DEN WEG 380
    1924: DER DAWES-PLAN 382
    1928: DER YOUNG-PLAN 384
    DIE B.R.I. - DER GIPFEL DER KONTROLLE 386
    DER AUFBAU DER DEUTSCHEN KARTELLE 387
KAPITEL II 392
  DAS I.G. FARBEN-IMPERIUM 392

DIE WIRTSCHAFTLICHE MACHT DER I.G. FARBEN	393
DEN RUF DER I.G. FARBEN PFLEGEN	401
DIE AMERIKANISCHE I.G. FARBEN	403

KAPITEL III **407**
  GENERAL ELECTRIC FINANZIERT HITLER **407**
    GENERAL ELECTRIC IM DEUTSCHLAND VON WEIMAR *408*
    GENERAL ELECTRIC UND DIE FINANZIERUNG HITLERS *413*
    TECHNISCHE ZUSAMMENARBEIT MIT KRUPP *417*
    A.E.G. VERMEIDET BOMBENANGRIFFE WÄHREND DES ZWEITEN WELTKRIEGS .. *419*

KAPITEL IV **424**
  STANDARD OIL VERSORGT DEN ZWEITEN WELTKRIEG MIT NACHSCHUB. ... **424**
    ETHYLBLEI FÜR DIE WEHRMACHT *429*
    STANDARD OIL OF NEW JERSEY UND SYNTHETISCHER KAUTSCHUK *431*
    DIE DEUTSCH-AMERIKANISCHE ÖLGESELLSCHAFT (DAPAG) *432*

KAPITEL V **433**
  DAS I.T.T. HILFT BEIDEN KRIEGSPARTEIEN. **433**
    BARON KURT VON SCHRODER UND DAS I.T.T. *434*
    WESTRICK, TEXACO UND I.T.T. *437*
    I.T.T. IN DEUTSCHLAND WÄHREND DES KRIEGES *438*

KAPITEL VI **442**
  HENRY FORD UND DIE NAZIS **442**
    HENRY FORD: HITLERS ERSTER AUSLÄNDISCHER GELDGEBER *443*
    HENRY FORD ERHÄLT EINE NAZI-AUSZEICHNUNG *445*
    DIE FORD MOTOR COMPANY BETEILIGT SICH AN DEN DEUTSCHEN
    KRIEGSANSTRENGUNGEN *447*

KAPITEL VII **451**
  WER FINANZIERTE ADOLF HITLER? **451**
    EINIGE DER ERSTEN UNTERSTÜTZER HITLERS *451*
    FRITZ THYSSEN UND DIE W.A. HARRIMAN COMPANY AUS NEW YORK *454*
    HITLERS FINANZIERUNG BEI DEN ALLGEMEINEN WAHLEN IM MÄRZ 1933. .... *459*
    DIE POLITISCHEN BEITRÄGE VON 1933 .... *462*

KAPITEL VIII **466**
  PUTZI: FREUND VON HITLER UND ROOSEVELT **466**
    PUTZIS ROLLE BEIM REICHSTAGSBRAND *469*
    ROOSEVELTS NEW DEAL UND HITLERS NEUE ORDNUNG *471*

KAPITEL IX **474**
  DIE WALL STREET UND DER ERSTE NAZI-KREIS **474**
    DER FREUNDESKREIS DER SS. *476*
    I.G. FARBEN UND DER KEPPLER-KREIS *476*
    WALL STREET IM S.S.-KREIS *478*

KAPITEL X **483**
  DER MYTHOS VON "SIDNEY WARBURG" **483**
    WER WAR "SIDNEY WARBURG"? *483*
    SYNOPSIS DES BUCHES VON "SIDNEY WARBURG" GESTRICHEN. *486*
    EIDESSTATTLICHE ERKLÄRUNG VON JAMES PAUL WARBURG *491*
    HAT JAMES WARBURG EINE IRREFÜHRUNG BEABSICHTIGT? *495*

> EINIGE SCHLUSSFOLGERUNGEN AUS DER GESCHICHTE VON "SIDNEY WARBURG". *496*

KAPITEL XI **498**
> ZUSAMMENARBEIT ZWISCHEN DER WALL STREET UND DEN NAZIS WÄHREND DES ZWEITEN WELTKRIEGS **498**
>> DIE AMERIKANISCHE IG WÄHREND DES ZWEITEN WELTKRIEGS *501*
>> HABEN SICH US-AMERIKANISCHE INDUSTRIELLE UND FINANZIERS KRIEGSVERBRECHEN SCHULDIG GEMACHT? *506*

KAPITEL XII **509**
> **SCHLUSSFOLGERUNGEN.** **509**
>> DER ÜBERMÄCHTIGE EINFLUSS DER INTERNATIONALEN BANKIERS *512*
>> WERDEN DIE USA VON EINER DIKTATORISCHEN ELITE REGIERT? *513*
>> DIE NEW YORKER ELITE ALS SUBVERSIVE KRAFT *515*
>> DIE LANGSAM AUFTAUCHENDE REVISIONISTISCHE WAHRHEIT *519*

ANHANG A **523**
> PROGRAMM DER NATIONALSOZIALISTISCHEN DEUTSCHEN ARBEITERPARTEI. **523**
>> DAS PROGRAMM *523*

ANHANG B **526**
> EIDESSTATTLICHE ERKLÄRUNG VON HJALMAR SCHACHT **526**

ANHANG C **528**
>> DIE EINTRAGUNGEN AUF DEM KONTO DER "NATIONALEN VORMUNDSCHAFT", DAS SICH IN DEN AKTEN DER DELBRUCK, SCHICKLER CO. BANK BEFINDET...... *528*

ANHANG D **531**
> BRIEF DES US-KRIEGSMINISTERIUMS AN DIE ETHYL CORPORATION. **531**

ANHANG E **532**
> AUSZUG AUS DEM TAGEBUCH VON MORGENTHAU (*DEUTSCHLAND*) ÜBER SOSTHENES BEHN VOM I.T.T. **532**
> AUSGEWÄHLTE BIBLIOGRAFIE. **535**
> BEREITS ERSCHIENEN **541**

ANTONY C. SUTTON

"Wenn einer über ihn siegt, werden zwei ihm widerstehen, und eine dreifache Schnur wird nicht schnell reißen" (Prediger 4:12).

Professor Sutton (1925-2002).

Obwohl er ein produktiver Autor war, wird Professor Sutton für immer für seine große Trilogie in Erinnerung bleiben: *Wall St. und die bolschewistische Revolution, Wall St. und der Aufstieg Hitlers, Wall St. und FDR.*

Professor Sutton zog 1957 aus dem regnerischen, wolkenverhangenen England in das sonnige Kalifornien. Er war eine weinende Stimme in der akademischen Wüste, als die meisten amerikanischen Universitäten ihre Seele für das Geld der Rockefeller-Stiftung verkauft hatten.

Natürlich kam er in dieses Land und glaubte, es sei das Land der Freiheiten und die Heimat der Tapferen.

ANTONY C. SUTTON wurde 1925 in London geboren und studierte an den Universitäten von London, Gottingen und Kalifornien. Er ist seit 1962 amerikanischer Staatsbürger und war von 1968 bis 1973 wissenschaftlicher Mitarbeiter an der Hoover Institution for War, Revolution and Peace in Stanford, Kalifornien, wo er die monumentale dreibändige Studie *Western Technology and Soviet Economic Development* erstellte.

1974 veröffentlichte Professor Sutton *National Suicide: Military* Aid *to the Soviet Union*, eine erfolgreiche Studie über die technologische und finanzielle Unterstützung der UdSSR durch den Westen, vor allem durch die USA. *Wall Street and Hitler's Rise* ist sein viertes Buch, in dem er die Rolle der Insider amerikanischer Unternehmen bei der Finanzierung des internationalen Sozialismus aufzeigt. Die beiden anderen Bücher in dieser Reihe sind *Wall Street und die bolschewistische Revolution* und *Wall Street und FDR*.

Professor Sutton hat Artikel für *Human Events, The Review of the News, Triumph, Ordnance, National Review* und viele andere Zeitschriften beigesteuert.

Wall Street und die bolschewistische Revolution

Auf die unbekannten russischen Libertären, die auch als Grüne bekannt sind und 1919 gegen Rot und Weiß kämpften, um ein freies und freiwilliges Russland zu erreichen.

VORWORT

Seit den frühen 1920er Jahren wurde in zahlreichen Pamphleten und Artikeln und sogar in einigen Büchern versucht, eine Verbindung zwischen den "internationalen Bankiers" und den "bolschewistischen Revolutionären" herzustellen. Diese Versuche wurden selten durch stichhaltige Beweise untermauert und nie im Rahmen einer wissenschaftlichen Methodik argumentiert. Tatsächlich waren einige der in diesen Bemühungen verwendeten "Beweise" betrügerisch, einige waren irrelevant, viele konnten nicht überprüft werden. Die Untersuchung des Themas durch akademische Autoren wurde sorgfältig vermieden, wahrscheinlich weil die Hypothese die klare Dichotomie zwischen Kapitalisten und Kommunisten verletzt (jeder weiß natürlich, dass sie erbitterte Feinde sind). Da vieles, was geschrieben wurde, ans Absurde grenzt, könnte außerdem leicht ein solider akademischer Ruf ruiniert und diese Arbeiten ins Lächerliche gezogen werden. Dies ist in der Regel Grund genug, das Thema zu meiden.

Glücklicherweise enthält die Dezimaldatei des US-Außenministeriums, insbesondere Abschnitt 861.00, eine umfassende Dokumentation, die unsere Hypothese unterstützt. Wenn die Beweise in diesen offiziellen Dokumenten mit inoffiziellen Beweisen aus Biografien, persönlichen Dokumenten und sogar konventionelleren historischen Quellen zusammengeführt werden, entsteht eine wirklich faszinierende Geschichte.

Wir stellen fest, dass es eine Verbindung zwischen *einigen* internationalen Bankiers in New York und *vielen* Revolutionären, darunter auch den Bolschewiki, gab. Diese Bankiers - die hier identifiziert werden - hatten ein finanzielles Interesse am Erfolg der bolschewistischen Revolution und förderten sie.

Die Details über das Wer, Warum - und Wie viel - bilden die Geschichte, die in diesem Buch erzählt wird.

März 1974
Antony C. Sutton

KAPITEL I

DIE AKTEURE AUF DER REVOLUTIONÄREN BÜHNE

Herr Präsident: Ich sympathisiere mit der sowjetischen Regierungsform, die für das russische Volk am besten geeignet ist...
Brief an Präsident Woodrow Wilson (17. Oktober 1918) von William Lawrence Saunders, Präsident der Ingersoll-Rand Corp. und Direktor der American International Corp; und Vizepräsident der Federal Reserve Bank of New York.

Das Illustrationsbild am Anfang dieses Buches wurde 1911 von dem Karikaturisten Robert Minor für den *St. Louis Post-Dispatch* gezeichnet. Minor war ein talentierter Künstler und Schriftsteller, der nicht nur ein bolschewistischer Revolutionär war, sondern sich 1915 in Russland wegen angeblicher Subversion verhaften ließ und später von prominenten Finanziers der Wall Street unterstützt wurde. Minors Karikatur zeigt einen bärtigen, strahlenden Karl Marx, der mit dem *Sozialismus* unter dem Arm an der Wall Street steht und die Glückwünsche der Finanzgrößen J.P. Morgan, Morgans Partner George W. Perkins, John D. Rockefeller, John D. Ryan von der National City Bank und Teddy Roosevelt - gut erkennbar durch seine berühmten Zähne - im Hintergrund entgegennimmt. Die Wall Street ist mit roten Fahnen geschmückt. Der Jubel der Menge und die in die Luft geworfenen Hüte lassen vermuten, dass Karl Marx im New Yorker Finanzviertel ein ziemlich beliebter Typ gewesen sein muss.

Hat Robert Minor nur geträumt? Im Gegenteil, wir werden sehen, dass Minor auf dem richtigen Weg war, als er ein enthusiastisches Bündnis beschrieb, das zwischen der Wall Street und dem marxistischen Sozialismus geschlossen wurde. Die Figuren aus Minors Zeichnung - Karl Marx (der die zukünftigen Revolutionäre Lenin und Trotzki symbolisiert), J. P. Morgan, John D. Rockefeller - und Robert Minor selbst spielen ebenfalls eine wichtige Rolle in diesem Buch.

Die von Minors Karikatur angedeuteten Widersprüche wurden unter den Teppich der Geschichte gekehrt, weil sie nicht in das allgemein akzeptierte Konzept der politischen Linken und Rechten passen. Die Bolschewiki befinden sich am linken Ende des politischen Spektrums und die Finanziers der Wall Street am rechten Ende; daher, *so* argumentieren wir implizit, haben die beiden Gruppen nichts gemeinsam und jedes Bündnis zwischen ihnen ist absurd. Faktoren, die dieser sorgfältigen begrifflichen Anordnung widersprechen, werden in der Regel als seltsame Beobachtungen oder unglückliche Fehler abgetan. Die moderne

Geschichte besitzt eine solche inhärente Dualität, und es ist sicher, dass es sich um eine ungenaue Geschichte handelt, wenn zu viele unbequeme Fakten verworfen und unter den Teppich gekehrt wurden.

Andererseits kann man beobachten, dass sowohl die extreme Rechte als auch die extreme Linke des herkömmlichen politischen Spektrums absolut kollektivistisch sind. Sowohl der Nationalsozialismus (z. B. der faschistische) als auch der internationale Sozialismus (z. B. der kommunistische) empfehlen totalitäre politisch-ökonomische Systeme, die auf brutaler, ungehinderter politischer Macht und individuellem Zwang beruhen. Beide Systeme erfordern eine monopolistische Kontrolle der Gesellschaft. Während die monopolistische Kontrolle der Industrien einst das Ziel von J. P. Morgan und J. D. Rockefeller war, erkannten die Strategen der Wall Street Ende des 19. Jahrhunderts, dass der effektivste Weg zu einem unangefochtenen Monopol darin bestand, "Politik zu machen" und die Gesellschaft für die Monopolisten arbeiten zu lassen - im Namen des öffentlichen Wohls und des Allgemeininteresses. Diese Strategie wurde 1906 von Frederick C. Howe in seinen *Confessions of a Monopolist* ausführlich dargelegt.[1] Howe ist übrigens auch eine Figur in der Geschichte der bolschewistischen Revolution.

Daher wäre eine andere Art, politische Ideen und politisch-ökonomische Systeme darzustellen, den Grad der individuellen Freiheit gegen den Grad der zentralisierten politischen Kontrolle zu messen. In einer solchen Ordnung befinden sich der Wohlfahrtsstaat und der Sozialismus am selben Ende des Spektrums. Wir sehen also, dass Versuche, die Gesellschaft monopolistisch zu kontrollieren, unterschiedliche Etiketten tragen können und dennoch gemeinsame Merkmale aufweisen.

Daher stellt die Vorstellung, dass alle Kapitalisten die erbitterten und unerschütterlichen Feinde aller Marxisten und Sozialisten sind, ein großes Hindernis für jedes tiefere Verständnis der jüngsten Geschichte dar. Diese irrige Vorstellung entstand mit Karl Marx und war für seine Ziele zweifellos hilfreich. In Wirklichkeit ist diese Idee absurd. Es gab ein kontinuierliches, wenn auch verborgenes Bündnis zwischen den internationalen politischen Kapitalisten und den internationalen revolutionären Sozialisten - zu ihrem gegenseitigen Vorteil. Dieses Bündnis blieb größtenteils unbemerkt, weil Historiker - mit einigen bemerkenswerten Ausnahmen - ein unbewusstes marxistisches Vorurteil haben und daher in der Unmöglichkeit der Existenz eines solchen Bündnisses gefangen sind. Der aufgeschlossene Leser muss zwei Indizien berücksichtigen: Monopolkapitalisten sind erbitterte Feinde des freien Unternehmertums; und angesichts der Schwächen der sozialistischen Zentralplanung ist der totalitäre

---

[1] "Das sind die Regeln der großen Unternehmen. Sie haben die Lehren unserer Eltern verdrängt und lassen sich auf eine einfache Maxime reduzieren: "Erhalten Sie ein Monopol; lassen Sie die Gesellschaft für Sie arbeiten; und denken Sie daran, dass das beste aller Geschäfte die Politik ist, denn eine gesetzliche Subvention, ein Franchise, ein Zuschuss oder eine Steuerbefreiung sind mehr wert als eine Ader von Kimberly oder Comstock, denn sie erfordert weder geistige noch körperliche Arbeit zu ihrer Ausbeutung" (Chicago: Public Publishing, 1906), S. 157.

sozialistische Staat ein perfekter gefangener Markt für Monopolkapitalisten, wenn ein Bündnis mit den Heckenschützen der sozialistischen Macht geschlossen werden kann. Angenommen - und das ist im Moment nur eine Hypothese -, die amerikanischen Monopolkapitalisten wären in der Lage, ein sozialistisches Russland mittels einer Planwirtschaft zu übernehmen und es so auf den Status einer produktivistischen Kolonie in ihren Händen zu reduzieren? Wäre das nicht die logische internationalistische Ausweitung der Monopole der Morgan-Eisenbahngesellschaft und des Ölmonopols des Rockefeller-Konsortiums vom Ende des 19. Jahrhunderts ins 20.

Abgesehen von Gabriel Kolko, Murray Rothbard und den Revisionisten haben die Historiker einer solchen Kombination von Ereignissen keine Aufmerksamkeit geschenkt. Die historische Forschung beschränkte sich, von wenigen Ausnahmen abgesehen, darauf, die Dichotomie zwischen Kapitalisten und Sozialisten zu betonen. George Kennans monumentale Studie über die Russische Revolution hält die Fiktion eines Wall Street-Bolschewik-Antagonismus[2] beständig aufrecht. Das Buch *Russia Leaves the War* enthält einen einzigen zufälligen Verweis auf die Firma J.P. Morgan und keinen Hinweis auf die Guaranty Trust Company. Beide Organisationen werden jedoch in den Akten des Außenministeriums, auf die in diesem Buch häufig Bezug genommen wird, eindeutig erwähnt, und beide sind Teil des hier vorgelegten Beweisbündels. Weder der "bolschewistische Bankier" Olof Aschberg noch die Stockholmer Nya Banken werden in Kennan erwähnt, aber beide spielten dennoch eine zentrale Rolle bei der bolschewistischen Finanzierung. Darüber hinaus erweist sich Kennan in kleineren, aber - zumindest für *unsere* Argumentation - entscheidenden Umständen tatsächlich als völlig falsch. So gibt Kennan beispielsweise an, dass der Direktor der Federal Reserve Bank, William Boyce Thompson, Russland am 27. November 1917 verlassen habe. Dieses Abreisedatum würde es physisch unmöglich machen, dass Thompson am 2. Dezember 1917 in Petrograd war, um einen Finanzierungsantrag über eine Million Dollar an Morgan in New York zu übermitteln. Thompson verließ Petrograd tatsächlich am 4. Dezember 1918, zwei Tage nachdem er das Kabel nach New York geschickt hatte. Dann erklärt Kennan, dass Trotzki am 30. November 1917 eine Rede vor dem Petrograder Sowjet hielt, in der er feststellte: "Heute hatte ich hier im Smolny-Institut zwei Amerikaner, die eng mit den amerikanischen kapitalistischen Elementen verbunden sind". Kennan zufolge ist es "schwer vorstellbar", wer diese beiden Amerikaner "hätten sein können, wenn nicht Robins und Gumberg". Tatsächlich war Alexander Gumberg jedoch Russe und kein Amerikaner. Und da Thompson am 30. November 1917 noch in Russland war, waren die beiden Amerikaner, die Trotzki besuchten, höchstwahrscheinlich Raymond Robins, ein Bergbauentwickler, der zum Wohltäter wurde, und Thompson von der Federal Reserve Bank in New York.

Die Bolschewisierung der Wall Street war in gut informierten Kreisen bereits 1919 bekannt. Der Finanzjournalist Barron zeichnete ein Gespräch mit dem

---

[2] George F. Kennan, *Russia Leaves the War* (New York: Atheneum, 1967); und *Decision to Intervene, Soviet-American Relations, 1917-1920* (Princeton, N.J.: Princeton University Press, 1958).

Ölmagnaten E. H. Doheny im Jahr 1919 und nannte speziell drei prominente Finanziers, William Boyce Thompson, Thomas Lamont und Charles R. Crane:

> An Bord der S.S. Aquitania, Freitagabend, 1Februar 1919.
> Er verbrachte den Abend mit den Dohenys in deren Suite. Herr Doheny sagte: Wenn Sie an die Demokratie glauben, können Sie nicht an den Sozialismus glauben. Der Sozialismus ist das Gift, das die Demokratie zerstört. Demokratie bedeutet Chancen für alle. Der Sozialismus lässt die Hoffnung zu, dass ein Mensch seine Arbeit aufgeben und sich selbstständig machen kann. Bolschewismus ist die wahre Frucht des Sozialismus, und wenn Sie die interessanten Zeugenaussagen lesen, die Mitte Januar vor dem Senatsausschuss präsentiert wurden und die all diese Pazifisten und Friedensstifter als deutsche, sozialistische und bolschewistische Sympathisanten entlarvten, werden Sie feststellen, dass eine Mehrheit der College-Professoren in den Vereinigten Staaten Sozialismus und Bolschewismus lehrt und dass 52 College-Professoren 1914 in sogenannten Friedenskomitees mitwirkten. Harvard-Präsident Eliot lehrt den Bolschewismus. Die schlimmsten Bolschewisten in den Vereinigten Staaten sind nicht nur Universitätsprofessoren, zu denen auch Präsident Wilson gehört, sondern auch Kapitalisten und Ehefrauen von Kapitalisten, und keiner von ihnen scheint zu wissen, wovon sie reden. William Boyce Thompson lehrt Bolschewismus und er könnte Lamont von J.P. Morgan & Company noch bekehren. Vanderlip ist ein Bolschewist, ebenso wie Charles R. Crane. Viele Frauen schließen sich der Bewegung an und weder sie noch ihre Ehemänner wissen, was das ist und wohin sie führt. Henry Ford ist ein weiterer, ebenso wie die meisten der 100 Historiker, die Wilson mit ins Ausland genommen hat, in der dummen Annahme, dass die Geschichte jungen Menschen die angemessene geografische Abgrenzung von Rassen, Völkern und Nationen beibringen kann.[3]

Kurz gesagt, es ist eine Geschichte der bolschewistischen Revolution und ihrer Folgen, aber eine Geschichte, die vom üblichen konzeptionellen Ansatz der Zwangsjacke von Kapitalisten gegen Kommunisten abweicht. Unsere Geschichte postuliert eine Partnerschaft zwischen dem internationalen Monopolkapitalismus und dem internationalen revolutionären Sozialismus zu ihrem gegenseitigen Nutzen. Die letztendlichen menschlichen Kosten dieser Allianz fielen auf die Schultern jedes einzelnen Russen und jedes einzelnen Amerikaners. Der Unternehmergeist wurde diskreditiert und die Welt wurde aufgrund dieser monopolistischen Manöver in der Welt der Politik und der Revolution in eine schwächende sozialistische Planung getrieben.

Es ist auch eine Geschichte, die den Verrat an der Russischen Revolution widerspiegelt. Die Zaren und ihr korruptes politisches System wurden herausgeworfen, um durch neue Vermittler eines anderen korrupten politischen Systems ersetzt zu werden. Wo die USA ihren dominanten Einfluss hätten geltend machen können, um ein freies Russland entstehen zu lassen, gaben sie den Ambitionen einiger Wall-Street-Finanziers nach, die für ihren eigenen Profit ein zentralisiertes zaristisches oder ein zentralisiertes marxistisches Russland akzeptieren konnten, nicht aber ein dezentralisiertes freies Russland. Und die

---

[3] Arthur Pound und Samuel Taylor Moore, *They Told Barron* (New York: Harper & Brothers, 1930), S. 13-14.

Gründe für diese Behauptungen werden sich zeigen, wenn wir die zugrunde liegende und bislang unveröffentlichte Geschichte der Russischen Revolution und ihrer Nachwirkungen entwickeln.[4]

---

[4] Eine parallele und ebenfalls unbekannte Geschichte gibt es in Bezug auf die Makhanovit-Bewegung, die im Bürgerkrieg von 1919/20 sowohl gegen die "Weißen" als auch gegen die "Roten" kämpfte (siehe Volin, *The Unknown Revolution* [New York: Libertarian Book Club, 1953]). Es gab auch die "Grüne" Bewegung, die sowohl die Weißen als auch die Roten bekämpfte. Der Autor hat in der Geschichte der bolschewistischen Revolution keine einzige isolierte Erwähnung der Grünen gesehen. Dabei war die Grüne Armee mindestens 700.000 Mann stark!

KAPITEL II

TROTZKI VERLÄSST NEW YORK UM DIE REVOLUTION ZU VOLLENDEN

Sie werden eine Revolution haben, eine schreckliche Revolution. Welchen Verlauf sie nimmt, hängt weitgehend davon ab, was Mr. Rockefeller Mr. Hague zu tun befiehlt. Herr Rockefeller ist ein Symbol für die herrschende Klasse der USA und Herr Hague ist ein Symbol für ihre politischen Werkzeuge.
Leo Trotzki in der New York Times, 13. Dezember 1938.
(Hague war ein Politiker aus New Jersey)

Im Jahr 1916, dem Jahr vor der Russischen Revolution, wurde der Internationalist Leo Trotzki aus Frankreich ausgewiesen, offiziell wegen seiner Teilnahme an der Zimmerwalder Konferenz, aber wohl auch wegen hetzerischer Artikel, die er für *Nashe Slovo*, eine in Paris gedruckte russischsprachige Zeitung, geschrieben hatte. Im September 1916 wurde Trotzki von der französischen Polizei höflich über die spanische Grenze eskortiert. Einige Tage später verhaftete die Madrider Polizei den Internationalisten und steckte ihn in eine "Zelle erster Klasse", die eine Pesete pro Tag kostete. Anschließend wurde Trotzki nach Cádiz und dann nach Barcelona gebracht, um schließlich an Bord des Dampfschiffs der spanischen Transatlantikgesellschaft, der *Monserrat*, untergebracht zu werden. Trotzki und seine Familie überquerten den Atlantischen Ozean und landeten am 13. Januar 1917 in New York.

Auch andere Trotzkisten überquerten den Atlantik nach Westen. Tatsächlich gewann eine trotzkistische Gruppe in Mexiko unmittelbar genügend Einfluss, um 1917 die Verfassung von Querétaro für die revolutionäre Regierung Carranza zu entwerfen, was Mexiko die zweifelhafte Ehre einbrachte, die erste Regierung der Welt zu sein, die eine Verfassung nach sowjetischem Vorbild verabschiedete.

Wie konnte Trotzki, der nur Deutsch und Russisch konnte, im kapitalistischen Amerika überleben? Laut seiner Autobiografie *Mein Leben*: "Mein einziger Beruf in New York war der eines revolutionären Sozialisten". Mit anderen Worten: Trotzki schrieb gelegentlich Artikel für *Novy Mir*, die russische sozialistische Zeitschrift in New York. Dennoch wissen wir, dass die Wohnung der Familie Trotzki in New York mit einem Kühlschrank und einem Telefon ausgestattet war, und laut Trotzki reiste die Familie gelegentlich in einer Limousine mit Chauffeur. Dieser Lebensstil ließ die beiden jungen Trotzkis ratlos zurück. Wenn sie ein

Teehaus betraten, fragten die Jungen ihre Mutter ängstlich: "Warum kommt der Chauffeur nicht herein?[5] Der elegante Lebensstandard stand auch im Widerspruch zu Trotzkis angegebenem Einkommen. Die einzigen Gelder, die Trotzki zugab, waren 310 Dollar, die er 1916 und 1917 erhalten hatte, und, so erklärt Trotzki, "ich verteilte die 310 Dollar auf fünf Emigranten, die nach Russland zurückkehrten". Dabei hatte Trotzki eine erstklassige Zelle in Spanien bezahlt, die Familie Trotzki war durch Europa in die Vereinigten Staaten gereist, sie hatten eine hervorragende Wohnung in New York erworben - wobei sie die Miete drei Monate im Voraus bezahlt hatten - und sie konnten eine Limousine mit Chauffeur nutzen. Und das alles dank der Gewinne eines verarmten Revolutionärs für ein paar Artikel in der russischsprachigen Zeitung mit geringer Auflage des *Nashe Slovo* in Paris und des *Novy Mir* in New York!

Joseph Nedava schätzt Trotzkis Einkommen im Jahr 1917 auf 12 Dollar pro Woche, "ergänzt durch einige Konferenzgebühren".[6] Trotzki verbrachte 1917 drei Monate in New York, von Januar bis März, was ihm 144 Dollar von *Novy Mir und*, sagen wir, weitere 100 Dollar an Konferenzgebühren einbrachte, was insgesamt 244 Dollar ergab. Von diesen 244 Dollar konnte Trotzki 310 Dollar an seine Freunde spenden, die Wohnung in New York bezahlen, seine Familie versorgen - und die 10.000 Dollar zurückerhalten, die ihm im April 1917 von den kanadischen Behörden in Halifax abgenommen worden waren. Trotzki behauptet, dass diejenigen, die behaupteten, er habe andere Einkommensquellen, "Verleumder" seien, die "dumme Verleumdungen" und "Lügen" verbreiten, aber solange Trotzki nicht auf der jamaikanischen Pferderennbahn in New York Rennen gespielt hat, ist das schlichtweg unmöglich. Es ist offensichtlich, dass Trotzki über eine nicht deklarierte Einkommensquelle verfügte.

Was war diese Quelle? In *The Road to Safety* berichtet der Autor Arthur Willert, dass Trotzki seinen Lebensunterhalt als Elektriker für die Fox-Filmstudios verdiente. Andere Autoren nannten andere Beschäftigungen, aber es gibt keinen Beweis dafür, dass Trotzki sich gegen Bezahlung auf andere Weise als durch Schreiben und Reden beschäftigte.

Die meisten Untersuchungen konzentrierten sich auf die nachprüfbare Tatsache, dass Trotzki, als er 1917 von New York nach Petrograd reiste, um die bolschewistische Phase der Revolution zu organisieren, mit 10 000 Dollar abreiste. 1919 untersuchte der Overman-Ausschuss des US-Senats die mit deutschem Geld finanzierte bolschewistische Propaganda in den USA und stieß dabei beiläufig auf die Quelle von Trotzkis 10.000 Dollar. Die Untersuchung von Oberst Hurban, Washingtons Attaché an der tschechischen Gesandtschaft, durch den Overman-Ausschuss führte zu folgenden Ergebnissen:

> **COL. HURBAN**: Trotzki mag Geld von Deutschland genommen haben, aber Trotzki wird es leugnen. Lenin wird es nicht leugnen. Miljukow hat bewiesen, dass er während seines Aufenthalts in Amerika 10.000 Dollar von einigen Deutschen

---

[5] Leo Trotzki, *My Life* (New York: Scribner's, 1930), Kap. 22.

[6] Joseph Nedava, *Trotsky and the Jews* (Philadelphia: Jewish Publication Society of America, 1972), S. 163.

erhalten hat. Miljukow hatte den Beweis, aber er leugnete ihn. Trotzki tat dies, obwohl Miljukow den Beweis hatte.
SENATOR OVERMAN: Trotzki wurde beschuldigt, hier 10.000 Dollar erhalten zu haben.
COL. HURBAN: Ich erinnere mich nicht, wie viel es war, aber ich weiß, dass es eine Frage zwischen ihm und Miljukow war.
SENATOR: Miljukow hat das doch bewiesen, oder?
COL. HURBAN: Ja, Sir.
SENATOR OVERMAN: Wissen Sie, woher er sie bekommen hat?
COL. HURBAN: Ich erinnere mich, dass es 10.000 Dollar waren; aber das ist nicht so wichtig. Ich werde über ihre Propaganda sprechen. Die deutsche Regierung kannte Russland besser als jeder andere, und sie wussten, dass sie mit der Hilfe dieser Leute die russische Armee vernichten konnten.
(Um 17.45 Uhr vertagt sich der Unterausschuss auf morgen, Mittwoch, den 19. Februar, um 10.30 Uhr.)[7]

Es ist durchaus bemerkenswert, dass sich der Ausschuss plötzlich vertagte, bevor Trotzkis Geldquelle in den Akten des Senats vermerkt wurde. Als das Verhör am nächsten Tag fortgesetzt wurde, waren Trotzki und seine 10.000 Dollar für den Overman-Ausschuss nicht mehr von Interesse. Wir werden die Beweise für die Finanzierung der revolutionären deutschen Aktivitäten in den USA durch New Yorker Finanzinstitute später noch weiter ausbauen; dann wird auch die Herkunft von Trotzkis 10.000 Dollar ans Licht kommen.

Ein Betrag von 10 000 Dollar deutscher Herkunft wird auch in dem offiziellen britischen Telegramm an die kanadischen Marinebehörden in Halifax erwähnt, in dem gefordert wird, dass Trotzki und seine Truppe auf dem Weg zur Revolution von der SS *Kristianiafjord an* Land gebracht werden (siehe weiter unten). Aus einem Bericht der britischen Geheimdienstdirektion[8] erfahren wir außerdem, dass Gregory Weinstein, der 1919 ein führendes Mitglied des Sowjetbüros in New York werden sollte, in New York Geld für Trotzki sammelte. Diese Gelder kamen aus Deutschland und wurden von der *Volkszeitung*, einer deutschsprachigen Tageszeitung in New York, die von der deutschen Regierung subventioniert wurde, weitergeleitet.

Während Trotzkis Gelder offiziell als deutsch deklariert wurden, war Trotzki kurz bevor er New York verließ, um nach Russland und zur Revolution zu gehen, aktiv in der amerikanischen Politik engagiert. Am 5. März 1917 berichteten amerikanische Zeitungen auf ihrer Titelseite über die wachsende Möglichkeit eines Krieges mit Deutschland; am selben Abend brachte Trotzki auf der Versammlung der Sozialistischen Partei des Bezirks New York eine Resolution ein, "in der die Sozialisten verpflichtet werden, im Falle eines Krieges mit

---

[7] Vereinigte Staaten, Senat, *Brewing and Liquor Interests and German and Bolshevik Propaganda* (Unterausschuss für die Judikative), 65. Cong. 1919.

[8] Sonderbericht Nr. 5, *The Russian Soviet Bureau in the United States*, 14. Juli 1919, Scotland House, London Kopie S.W.I. in der Dezimalkartei des US State Dept. 316-23-1145.

Deutschland Streiks zu fördern und sich der Rekrutierung zu widersetzen". [9]Leo Trotzki wurde von der *New York Times als* "russischer Revolutionär im Exil" bezeichnet. Louis C. Fraina, der die Trotzki-Resolution mit unterstützte, schrieb später - unter einem Pseudonym - ein unkritisches Buch über das Finanzimperium Morgan mit dem Titel *House of Morgan*[10]. Der Trotzki-Fraina-Antrag wurde von der Morris-Hillquit-Fraktion abgelehnt, und die Sozialistische Partei stimmte später gegen die Resolution.[11]

Mehr als eine Woche später, am 16. März, als der Zar abgesetzt wurde, wurde Leo Trotzki in den Büros von *Novy Mir* interviewt. Das Interview enthielt eine prophetische Aussage über die russische Revolution:

> "... das Komitee, das den Platz des gestürzten Ministeriums in Russland eingenommen hat, vertritt nicht die Interessen oder Ziele der Revolutionäre, es wird wahrscheinlich kurzlebig sein und zugunsten von Männern zurücktreten, die die Demokratisierung Russlands mit größerer Sicherheit vorantreiben würden".[12]

Die "Männer, die die Demokratisierung Russlands am sichersten vorantreiben würden", d. h. die Menschewiki und Bolschewiki, befanden sich zu diesem Zeitpunkt im ausländischen Exil und mussten zunächst nach Russland zurückkehren. Das zeitweilige "Komitee" wurde daher als "provisorische Regierung" bezeichnet, ein Titel, der bemerkenswerterweise seit Beginn der Revolution im März verwendet wurde und von den Historikern im Nachhinein nicht angewandt wurde.

WOODROW WILSON BESORGT TROTZKI EINEN PASS

Präsident Woodrow Wilson war der gute Geist, der Trotzki einen Pass für die Rückkehr nach Russland verschaffte, um die Revolution "voranzutreiben". Zu diesem amerikanischen Reisepass gehörte eine Einreisegenehmigung für Russland und ein britisches Transitvisum. Jennings C. Wise kommentiert in *Woodrow Wilson: Jünger der Revolution* treffend: "Historiker sollten nie vergessen, dass Woodrow Wilson trotz der Bemühungen der britischen Polizei Leo Trotzki erlaubte, mit einem amerikanischen Pass nach Russland einzureisen".

---

[9] *New York Times*, 5. März 1917.

[10] Lewis Corey, *House of Morgan: A Social Biography of the Masters of Money* (New York: G. W. Watt, 1930).

[11] Morris Hillquit. (früher Hillkowitz) war nach der Ermordung von Präsident McKinley der Verteidiger von Johann Most gewesen und 1917 einer der Führer der Sozialistischen Partei in New York. In den 1920er Jahren etablierte sich Hillquit in der New Yorker Bankenwelt, indem er Direktor und Anwalt der International Union Bank wurde. Unter Präsident Franklin D. Roosevelt war Hillquit an der Entwicklung der RNA-Codes für die Bekleidungsindustrie beteiligt.

[12] *New York Times*, 16. März 1917.

Präsident Wilson erleichterte Trotzkis Einreise nach Russland genau zu dem Zeitpunkt, als vorsichtige Bürokraten im Außenministerium, die über die Einreise solcher Revolutionäre nach Russland besorgt waren, einseitig versuchten, die Reiseverfahren zu verschärfen. Die Stockholmer Delegation schickte am 13. Juni 1917, unmittelbar *nach* Trotzkis Grenzübertritt an der finnisch-russischen Grenze, ein Kabel an das Außenministerium: "Die Delegation hat die russischen, englischen und französischen Passämter an der russischen Grenze bei Tornio vertraulich informiert, die erheblich besorgt über den Durchgang verdächtiger Personen mit amerikanischen Pässen sind.".[13]

Auf dieses Kabel antwortete das Außenministerium am selben Tag: "Das Ministerium übt besondere Sorgfalt bei der Ausstellung von Pässen für Russland aus"; das Außenministerium genehmigte auch Ausgaben der diplomatischen Vertretung, um ein Passkontrollbüro in Stockholm einzurichten und einen "absolut zuverlässigen amerikanischen Staatsbürger" für eine Stelle als Verifizierer einzustellen. [14] Doch der Vogel war weggeflogen. Der Menschewik Trotzki und Lenins Bolschewiki waren bereits in Russland und bereiteten sich darauf vor, die Revolution "voranzutreiben". Die aufgestellte Passfalle fing kaum mehr als zweitklassige Beute. So wurde beispielsweise am 26. Juni 1917 Herman Bernstein, ein bekannter New Yorker Journalist, der nach Petrograd reiste, um den *New York Herald zu* vertreten, an der Grenze aufgehalten und ihm die Einreise nach Russland verweigert. Etwas später, Mitte August 1917, ersuchte die russische Botschaft in Washington das Außenministerium (und der Staat stimmte zu), "die Einreise von Kriminellen und Anarchisten nach Russland zu verhindern ... von denen eine Reihe bereits nach Russland gereist sind".[15]

Als die S.S. *Kristianiafjord* am 26. März 1917 New York verließ, befand sich daher aufgrund der Trotzki gewährten Vorzugsbehandlung Trotzki mit einem amerikanischen Pass an Bord - und in Gesellschaft anderer trotzkistischer Revolutionäre, Wall-Street-Finanziers, amerikanischer Kommunisten und anderer interessanter Leute, von denen nur wenige in legitimen Geschäften an Bord gegangen waren. Diese Mischung von Passagieren wurde von Lincoln Steffens, dem amerikanischen Kommunisten, beschrieben:

> Die Passagierliste war lang und geheimnisvoll. Trotzki war mit einer Gruppe von Revolutionären im Zwischendeck; in meiner Kabine befand sich ein japanischer Revolutionär. Es gab viele Holländer, die in Eile aus Java zurückkehrten; sie waren die einzigen Unschuldigen an Bord. Die anderen waren Kriegsboten, zwei von der Wall Street nach Deutschland.[16]

---

[13] Dezimaldatei des US-Außenministeriums, 316-85-1002.

[14] Ibid.

[15] Ibid, 861.111/315.

[16] Lincoln Steffens, *Autobiography* (New York: Harcourt, Brace, 1931), S. 764. Steffens war der "Mittelsmann" von Crane und Woodrow Wilson.

Unter anderem befand sich Lincoln Steffens, an Bord auf dem Weg nach Russland auf ausdrückliche Einladung von Charles Richard Crane, einem Geldgeber und ehemaligen Vorsitzenden des Finanzausschusses der Demokratischen Partei. Charles Crane, Vizepräsident der Crane Company, hatte die Westinghouse Company in Russland organisiert, war Mitglied der Root-Mission in Russland und hatte zwischen 1890 und 1930 nicht weniger als 23 Besuche in Russland absolviert. Richard Crane, sein Sohn, war der vertrauliche Assistent des damaligen Außenministers Robert Lansing. Laut dem ehemaligen Botschafter in Deutschland, William Dodd, trug Crane "viel zu Kerenskys Revolution bei, die dem Kommunismus Platz machte".[17] Steffens' Tagebuchkommentare über die Gespräche an Bord der SS *Kristianiafjord* sind daher sehr treffend: "... alle waren sich einig, dass sich die Revolution erst in ihrer ersten Phase befand und sich noch entwickeln musste. Crane und die russischen Radikalen an Bord des Schiffes glauben, dass wir in Petrograd sein werden, um die Revolution zu vollenden.[18]

Crane kehrte in die Vereinigten Staaten zurück, als die bolschewistische Revolution (d. h. "die fertige Revolution") vollendet war, und obwohl er nur ein Privatmann war, erhielt er Berichte aus erster Hand über die Fortschritte der bolschewistischen Revolution, als Kabel im Außenministerium eingingen. Ein Memorandum, datiert vom 11. Dezember 1917, trägt beispielsweise den Titel "Kopie des Berichts über den maximalistischen Aufstand für Herrn Crane". Es stammte von Maddin Summers, dem Generalkonsul der Vereinigten Staaten in Moskau, und Summers' Begleitschreiben lautet zum Teil wie folgt:

> Ich habe die Ehre, Ihnen anbei eine Kopie dieses Berichts [oben] zukommen zu lassen, mit der Bitte, ihn für die vertraulichen Informationen von Herrn Charles R. Crane zu versenden. Es wird davon ausgegangen, dass das Ministerium keine Einwände dagegen hat, dass Herr Crane den Bericht sieht.[19]

Kurz gesagt ergibt sich das unwahrscheinliche und verwirrende Bild, dass Charles Crane, ein Freund und Geldgeber Woodrow Wilsons und prominenter Finanzier und Politiker, eine bekannte Rolle in der "ersten" Revolution spielte und Mitte 1917 in Begleitung des amerikanischen Kommunisten Lincoln Steffens, der sowohl mit Woodrow Wilson als auch mit Trotzki in Kontakt stand, nach Russland reiste. Letzterer wiederum trug einen auf Wilsons Befehl ausgestellten Pass und 10.000 Dollar aus angeblich deutschen Quellen bei sich. Als Crane nach Abschluss der "Revolution" in die USA zurückkehrte, hatte er Zugang zu offiziellen Dokumenten über die Konsolidierung des bolschewistischen Regimes: Es handelt sich um ein Muster ineinandergreifender - wenn auch verwirrender -

---

[17] William Edward Dodd, *Ambassador Dodd's Diary, 1933-1938* (New York: Harcourt, Brace, 1941), S. 42-43.

[18] Lincoln Steffens, *The Letters of Lincoln Steffens* (New York: Harcourt, Brace, 1941), S. 396.

[19] Dezimaldatei des US-Außenministeriums, 861.00/1026.

Ereignisse, das eine weitere Untersuchung rechtfertigt und - wenn auch ohne zum jetzigen Zeitpunkt Beweise zu liefern - eine gewisse Verbindung zwischen dem Finanzier Crane und dem Revolutionär Trotzki nahelegt.

DOKUMENTE DER KANADISCHEN REGIERUNG ÜBER TROTZKIS FREILASSUNG[20]

Die Dokumente über Trotzkis kurzen Aufenthalt in kanadischer Haft wurden nun freigegeben und sind in den Archiven der kanadischen Regierung verfügbar. Diesen Aufzeichnungen zufolge wurde Trotzki am 3. April 1917 von kanadischem und britischem Marinepersonal am S.S. *Kristianiafjord* in Halifax, Nova Scotia, festgenommen, als deutscher Kriegsgefangener registriert und in der Haftanstalt für deutsche Gefangene in Amherst, Nova Scotia, interniert. Frau Trotzki, die beiden Trotzkij-Jungen und fünf weitere Männer, die als "russische Sozialisten" beschrieben wurden, wurden ebenfalls aufgegriffen und interniert. Ihre Namen sind in den kanadischen Akten unter folgenden Namen verzeichnet: Nickita Muchin, Leiba Fisheleff, Konstantin Romanchanco, Gregor Teheodnovski, Gerchon Melintchansky und Leon Bronstein Trotsky (alle Schreibweisen stammen aus kanadischen Originaldokumenten).

Das Formular LB-1 der kanadischen Armee unter der Seriennummer 1098 (einschließlich Fingerabdrücke) wurde für Trotzki mit folgender Beschreibung ausgefüllt: "37 Jahre alt, politischer Exilant, von Beruf Journalist, geboren in Gromskty, Chuson, Russland, russischer Staatsbürger". Das Formular wurde von Leo Trotzki unterzeichnet und sein vollständiger Name wurde als Leon Bromstein *(sic)* Trotzki angegeben.

Trotzkis Gruppe wurde aufgrund offizieller Anweisungen von Bord des SS-Kristianiafjords gebracht, die sie per Telegramm vom 29. März 1917 aus London erhalten hatte, das vermutlich von der Admiralität mit dem Marinekontrolloffizier Halifax stammte. Das Kabelgramm berichtete, dass sich Trotzki und seine Mannschaft auf dem *"Christianiafjord"* (sic) befanden und "bis zum Erhalt von Anweisungen festgenommen und inhaftiert werden" sollten. Die Begründung gegenüber dem Marinekontrolloffizier in Halifax lautete: "Es sind russische Sozialisten, die mit dem Ziel auslaufen, eine Revolution gegen die gegenwärtige russische Regierung zu beginnen, für die Trotzki über 10.000 Dollar verfügen würde, die von den Sozialisten und den Deutschen zur Verfügung gestellt wurden".

Am 1. April 1917 berichtete der Marinekontrolloffizier, Kapitän O. M. Makins eine vertrauliche Mitteilung an den kommandierenden Generalstabsoffizier in Halifax, dass er "alle russischen Passagiere" an Bord der S.S. *Kristianiafjord* "untersucht" und sechs Männer in der Abteilung der zweiten Klasse gefunden habe: "Sie sind alle erklärte Sozialisten, und obwohl sie erklären, dass sie der neuen russischen Regierung helfen wollen, könnten sie mit den deutschen Sozialisten in Amerika unter einer Decke stecken und höchstwahrscheinlich

---

[20] Dieser Abschnitt basiert auf den Aufzeichnungen der kanadischen Regierung.

derzeit ein großes Problem für die russische Regierung darstellen." Kapitän Makins fügte hinzu, dass er die Gruppe sowie Trotzkis Frau und seine beiden Söhne von Bord bringen würde, um sie in Halifax in Gewahrsam zu nehmen. Eine Kopie dieses Berichts wurde am 2. April 1917 von Halifax an den Chef des Generalstabs in Ottawa weitergeleitet.

Das folgende Dokument in den kanadischen Akten ist auf den 7. April datiert, vom Chef des Generalstabs, Ottawa, an den Direktor für Internierungsoperationen, und bestätigt den Empfang eines früheren Schreibens (das nicht in den Akten enthalten ist) über die Internierung russischer Sozialisten in Amherst, Nova Scotia: ".... in diesem Zusammenhang muss ich Ihnen mitteilen, dass ich gestern ein langes Telegramm vom russischen Generalkonsul in MONTREAL erhalten habe, in dem gegen die Verhaftung dieser Männer protestiert wurde, da sie im Besitz von Pässen waren, die vom russischen Generalkonsul in NEW YORK, USA, ausgestellt worden waren".

Die Antwort auf das Telegramm aus Montreal lautete, dass die Männer "wegen des Verdachts, Deutsche zu sein", inhaftiert seien und erst freigelassen würden, wenn sie ihre Nationalität und ihre Loyalität gegenüber den Alliierten bewiesen hätten. In den kanadischen Akten findet sich kein Telegramm des russischen Generalkonsuls in New York, und es ist bekannt, dass dieses Büro russischen politischen Exilanten nur widerwillig russische Pässe ausstellte. Allerdings gibt es in den Akten ein Telegramm von einem New Yorker Staatsanwalt, N. Aleinikoff, an R. M. Coulter, den damaligen stellvertretenden Postminister Kanadas. Das Büro des kanadischen Postministers hatte keine Verbindung zur Internierung von Kriegsgefangenen oder zu militärischen Aktivitäten. Folglich hatte das Telegramm den Charakter einer persönlichen und nicht offiziellen Intervention. Es lautet wie folgt:

> DR. R. M. COULTER, Ministerium für Postwesen. OTTAWA Russische politische Exilanten, die nach Russland zurückkehren, wurden im Lager Amherst in Halifax inhaftiert. Bitte untersuchen Sie die Gründe für die Inhaftierung und nennen Sie die Namen aller Inhaftierten. Vertrauen Sie darauf, dass der Freiheitskämpfer, der Sie sind, sich für sie einsetzt. Bitte verdrahten Sie R-Gespräch. NICHOLAS ALEINIKOFF

Am 11. April kabelte Coulter an Aleinikoff: "Telegramm erhalten. Ich schreibe Ihnen heute Nachmittag. Sie sollten es morgen Abend erhalten. R. M. Coulter." Dieses Telegramm wurde vom Canadian Pacific Railway Telegraph verschickt, aber dem Postministerium in Rechnung gestellt. Normalerweise wird ein Telegramm in privaten Angelegenheiten dem Empfänger in Rechnung gestellt, da es sich nicht um eine offizielle Angelegenheit handelte. Coulters Antwort an Aleinikoff ist interessant, denn nachdem sie bestätigt hatte, dass Trotzkis Gruppe tatsächlich in Amherst festgehalten wurde, erklärte sie, dass sie verdächtigt werden, Propaganda gegen die derzeitige russische Regierung zu betreiben und "angeblich Agenten Deutschlands sind". Coulter fügt dann hinzu: "... sie sind nicht das, was sie behaupten"; die Trotzki-Gruppe werde "... nicht von Kanada, sondern von den imperialen Behörden festgehalten". Nachdem er Aleinikoff versichert hatte, dass die Inhaftierten gut behandelt würden, fügte Coulter hinzu, dass jede

Information "zu ihren Gunsten" an die Militärbehörden weitergeleitet würde. Der Gesamteindruck des Briefes ist, dass Coulter zwar sympathisch und sich der pro-deutschen Verbindungen Trotzkis voll bewusst ist, sich aber nicht einmischen will. Am 11. April schickte Arthur Wolf ein Telegramm an Coulter vom 134 East Broadway in New York. Obwohl es von New York aus gesendet wurde, wurde das Telegramm nach der Empfangsbestätigung auch an das Postministerium weitergeleitet.

Coulters Reaktion sagt jedoch mehr aus als die distanzierte Sympathie, die in seinem Brief an Aleinikoff zum Ausdruck kommt. Diese Korrespondenz im Namen Trotzkis muss vor dem Hintergrund betrachtet werden, dass die Briefe von zwei in New York City ansässigen Amerikanern stammten und eine kanadische militärische oder kaiserliche Angelegenheit von internationaler Bedeutung betrafen. Darüber hinaus war Coulter als stellvertretender Postminister ein kanadischer Beamter von einiger Bedeutung. Denken Sie einen Moment darüber nach, was mit jemandem passieren würde, der sich auf dieselbe Weise in amerikanische Angelegenheiten einmischt! Im Fall Trotzki haben wir zwei in den USA ansässige Personen, die mit einem kanadischen Postminister korrespondieren, um sich für einen inhaftierten russischen Revolutionär einzusetzen.

Auch Coulters späteres Handeln lässt auf mehr als eine gelegentliche Intervention schließen. Nachdem er von den Telegrammen Aleinikoff und Wolf erfahren hatte, schrieb Coulter an Generalmajor Willoughby Gwatkin vom Ministerium für Miliz und Verteidigung in Ottawa - ein Mann mit großem Einfluss in der kanadischen Armee - und fügte Kopien der Telegramme Aleinikoff und Wolf bei:

> Diese Männer waren Russland wegen der Art und Weise, wie die Juden behandelt wurden, feindlich gesinnt und sind nun stark für die derzeitige Regierung, soweit ich weiß. Sie sind beide verantwortungsbewusste Männer. Sie sind beide Männer von gutem Ruf, und ich schicke Ihnen ihre Telegramme, damit Sie sie bei den englischen Behörden vertreten können, wenn Sie es für richtig halten.

Offensichtlich weiß Coulter viel über Aleinikoff und Wolf - oder deutet an, dass er viel weiß. Sein Brief war eigentlich eine an London gerichtete Empfehlung. Gwatkin war in London gut bekannt und war tatsächlich vom War Office[21] in London für Kanada zur Verfügung gestellt worden.[22]

Aleinikoff schickte Coulter daraufhin einen Brief, in dem er sich bedankte:

> für das Interesse, das Sie dem Schicksal der russischen politischen Exilanten entgegengebracht haben... Sie kennen mich, lieber Dr. Coulter, und Sie kennen auch

---

[21] Amt für Kriegsführung. Anm. d. Ü.

[22] Gwatkins Memoranden in den Akten der kanadischen Regierung sind nicht unterschrieben, sondern mit einer unleserlichen Marke oder einem Symbol paraphiert. Das Zeichen wurde als Gwatkin identifiziert, weil ein Brief von Gwatkin (vom 21. April) mit diesem kryptischen Zeichen erkannt wurde.

meine Hingabe an die Sache der russischen Freiheit... Glücklicherweise kenne ich Herrn Trotzki, Herrn Melnichahnsky und Herrn Chudnowsky ... intim.

Am Rande sei angemerkt, dass Aleinikoff, wenn er Trotzki "intim" kannte, wahrscheinlich auch wusste, dass Trotzki seine Absicht erklärt hatte, nach Russland zurückzukehren, um die provisorische Regierung zu stürzen und die "vollendete Revolution" einzuführen. Nach Erhalt von Aleinikoffs Brief leitete Coulter ihn sofort (16. April) an Generalmajor Gwatkin weiter und fügte hinzu, dass er Aleinikoff "im Zusammenhang mit der Aktion der Abteilung über amerikanische Dokumente in russischer Sprache" kennengelernt habe und dass Aleinikoff "auf denselben Linien wie Herr Wolf ... arbeitete, der ein aus Sibirien entflohener Gefangener war".

Zuvor, am 14. April, hatte Gwatkin ein Memorandum an seinen Marinekollegen im kanadischen Interministeriellen Militärausschuss geschickt, in dem er wiederholte, dass die Internierten russische Sozialisten seien, die über "10.000 Dollar, die von Sozialisten und Deutschen zur Verfügung gestellt wurden" verfügten. Im abschließenden Absatz hieß es: "Auf der anderen Seite gibt es diejenigen, die erklären, dass ein eklatanter Akt der Ungerechtigkeit begangen wurde." Dann, am 16. April, nahm Vizeadmiral C. E. Kingsmill, der Leiter des Marinedienstes, Gwatkins Intervention wörtlich. In einem Brief an Kapitän Makins, den Kontrolloffizier der Marine in Halifax, erklärte er: "Die Milizbehörden bitten darum, dass eine Entscheidung über ihr (d.h. der sechs Russen) Schicksal schnell getroffen wird." Eine Kopie dieser Anweisungen wurde an Gwatkin weitergeleitet, der wiederum den stellvertretenden Postminister, General Coulter, informierte. Drei Tage später machte Gwatkin Druck. In einem Memorandum vom 20. April an den Marineminister schrieb er: "Können Sie bitte sagen, ob das Naval Control Bureau eine Entscheidung getroffen hat oder nicht?"

Am selben Tag (20. April) schrieb Kapitän Makins an Admiral Kingsmill und erläuterte die Gründe für Trotzkis Ausweisung; er lehnte es ab, sich zu einer Entscheidung drängen zu lassen, und erklärte: "Ich werde ein Kabel an die Admiralität senden, um sie darüber zu informieren, dass die Milizbehörden eine schnelle Entscheidung über ihre Freilassung verlangen. Am nächsten Tag, dem 21. April, schrieb Gwatkin jedoch an Coulter: "Unsere Freunde, die russischen Sozialisten, müssen freigelassen werden; und es werden Vorkehrungen für ihre Überfahrt nach Europa getroffen." Der Befehl an Makins, Trotzki freizulassen, stammte von der Admiralität in London. Coulter erkannte die Information an, "die unseren Korrespondenten in New York sehr gefallen wird".

Während wir einerseits zu dem Schluss kommen können, dass Coulter und Gwatkin intensiv an der Freilassung Trotzkis interessiert waren, wissen wir andererseits nicht, warum. Es gibt wenig in der Karriere von Coulter oder Gwatkin, das den Wunsch, den Menschewiken Leo Trotzki zu befreien, erklären könnte.

Dr. Robert Miller Coulter war ein Arzt mit schottischen und irischen Eltern, ein Liberaler, Freimaurer und Odd Fellow.[23] Er wurde 1897 zum Vizepostmeister von Kanada ernannt. Sein einziges Verdienst ist, dass er 1906 Delegierter beim Konvent des Weltpostvereins und 1908 Delegierter in Neuseeland und Australien für das "All Red"-Projekt war. All Red hatte nichts mit den Roten Revolutionären zu tun; es handelte sich lediglich um ein Projekt für schnelle Dampfschiffe ganz in Rot d. h. ganz in Großbritannien zwischen Großbritannien, Kanada und Australien.

Major General Willoughby Gwatkin entstammt einer langen britischen Militärtradition (Cambridge, dann Staff College). Er ist Spezialist für Mobilisierung und diente von 1905 bis 1918 in Kanada. Angesichts der einzigen Dokumente in den kanadischen Akten kann man nur zu dem Schluss kommen, dass ihr Eingreifen zugunsten Trotzkis ein Rätsel ist.

KANADISCHER MILITÄRGEHEIMDIENST UNTERSUCHT TROTZKI

Wir können uns dem Fall der Befreiung Trotzkis aus einem anderen Blickwinkel nähern: dem des kanadischen Geheimdienstes. Oberstleutnant John Bayne MacLean, ein prominenter kanadischer Verleger und Geschäftsmann, Gründer und Vorsitzender der MacLean Publishing Company in Toronto, leitete zahlreiche kanadische Fachzeitschriften, darunter auch die *Financial Post*. MacLean war außerdem seit langem mit dem Nachrichtendienst der kanadischen Armee verbunden.[24]

1918 schrieb Oberst MacLean für seine eigene Zeitschrift *MacLean's* einen Artikel mit dem Titel "Warum haben wir Trotzki gehen lassen? Wie Kanada eine Gelegenheit verpasste, den Krieg zu verkürzen".[25] Der Artikel enthielt detaillierte und ungewöhnliche Informationen über Leo Trotzki, obwohl sich die letzte Hälfte des Artikels in Mutmaßungen verliert, indem sie kaum verwandte Themen anspricht. Wir haben zwei Hinweise auf die Authentizität der Informationen. Erstens war Oberst MacLean ein integrer Mann, der in den Geheimdiensten der kanadischen Regierung über ausgezeichnete Beziehungen verfügte. Zweitens bestätigen die seither von Kanada, Großbritannien und den USA veröffentlichten Regierungsdokumente MacLeans Aussage weitgehend. Einige Aussagen MacLeans müssen noch bestätigt werden, aber die Anfang der 1970er Jahre

---

[23] Gesellschaft für Wohltätigkeit, Hilfsbereitschaft und Solidarität, nach dem freimaurerischen Vorbild des Rotary Clubs.

[24] H.J. Morgan, *Canadian Men and Women of the Times*, 1912, 2 Bde. (Toronto: W. Briggs, 1898-1912).

[25] Juni 1919, S. 66a-666. Die Toronto Public Librarybesitzt ein Exemplar; die Ausgabe von *MacLean's, in* der der Artikel von Oberst MacLean erschien, ist nicht leicht zu finden, und eine Zusammenfassung folgt weiter unten.

verfügbaren Informationen sind nicht unbedingt unvereinbar mit dem Artikel von Oberst MacLean.

MacLeans ursprüngliches Argument lautet: "Einige kanadische Politiker oder Beamte sind die Hauptverantwortlichen für die Verlängerung des Krieges [Erster Weltkrieg], die großen Verluste an Menschenleben, die Verletzungen und das Leid im Winter 1917 und die großen Feldzüge von 1918".

Darüber hinaus, so MacLean, taten diese Personen (1919) alles, um zu verhindern, dass das Parlament und das kanadische Volk über die fraglichen Tatsachen informiert wurden. Offizielle Berichte, darunter die von Sir Douglas Haig, belegen, dass der Krieg ohne den Bruch mit Russland im Jahr 1917 ein Jahr früher beendet worden wäre und dass "der Mann, der hauptsächlich für den Übertritt Russlands verantwortlich war, Trotzki war ... der nach deutschen Anweisungen handelte".

Wer war Trotzki? Laut MacLean war Trotzki kein Russe, sondern Deutscher. So seltsam diese Behauptung auch klingen mag, sie deckt sich mit anderen Informationsschnipseln des Geheimdienstes: Nämlich dass Trotzki besser Deutsch als Russisch sprach und dass er die russische Exekutive des deutschen "Bundes" war. Laut MacLean war Trotzki im August 1914 "auffällig" aus Berlin ausgewiesen[26] worden; er kam schließlich in die USA, wo er die russischen Revolutionäre organisierte, ebenso wie die Revolutionäre im Westen Kanadas, die "größtenteils Deutsche und Österreicher waren, die als Russen reisten". MacLean fährt fort:

> Ursprünglich hatten die Briten über russische Geschäftspartner herausgefunden, dass Kerenski,[27] Lenin und einige weniger bedeutende Führer seit 1915 praktisch auf der Gehaltsliste der Deutschen standen, und sie entdeckten 1916 die Verbindungen zu Trotzki, der damals von ... in New York lebte. Von diesem Zeitpunkt an wurde er genauestens überwacht von ... dem Minenräumungsteam. Anfang 1916 schiffte sich ein deutscher Beamter nach New York ein. Er wurde von Agenten des britischen Geheimdienstes begleitet. Er wurde in Halifax aufgehalten, aber auf ihre Anweisung hin wurden ihm zahlreiche Entschuldigungen für die notwendige Verzögerung zugesandt. Nach zahlreichen Manövern kam er in einem kleinen Büro einer schmutzigen Zeitung in den Slums an und traf dort auf Trotzki, dem er wichtige Anweisungen gab. Von Juni 1916 bis zu seiner Übergabe an die Briten verlor die New Yorker Antiterrorismusbrigade nie den Kontakt zu Trotzki. Sie fanden heraus, dass sein richtiger Name Braunstein war und dass er Deutscher und nicht Russe war.[28]

---

[26] Siehe auch Trotzki, *My Life*, S. 236.

[27] Siehe Anhang 3.

[28] Laut seiner eigenen Aussage kam Trotzki erst im Januar 1917 in die Vereinigten Staaten. Trotzkis richtiger Name war Bronstein; den Namen "Trotzki" hat er erfunden. "Bronstein" ist deutsch und "Trotzki" ist eher polnisch als russisch. Sein Vorname ist in der Regel "Leon"; allerdings trägt Trotzkis erstes Buch, das in Genf veröffentlicht wurde, den Anfangsbuchstaben "N" und nicht "L".

Eine solche deutsche Aktivität in neutralen Ländern wird in einem Bericht des Außenministeriums (316-9-764-9) bestätigt, in dem die Organisation russischer Flüchtlinge für revolutionäre Zwecke beschrieben wird.

Im weiteren Verlauf erklärt MacLean, dass Trotzki und vier Mitarbeiter an Bord der "S.S. *Christiania" (sic)* segelten, am 3. April "Kapitän Making" *(sic)* Bericht erstatteten und unter der Leitung von Leutnant Jones in Halifax von Bord des Schiffes gebracht wurden. (Tatsächlich wurde eine Gruppe von neun Personen, darunter sechs Männer, von der S.S. *Kristianiafjord* an Land gebracht. Der Name des Marinekontrolloffiziers in Halifax war Kapitän O. M. Makins, R.N. Der Name des Offiziers, der Trotzkis Gruppe abfing, ist in den Dokumenten der kanadischen Regierung nicht enthalten; Trotzki sagte, es sei "Machen" gewesen). Noch einmal: Laut MacLean kam Trotzkis Geld "aus deutschen Quellen in New York". Auch:

> Im Allgemeinen wird als Erklärung angegeben, dass die Freilassung auf Kerenskis Wunsch erfolgte, doch Monate zuvor hatten britische Offiziere und ein in Russland dienender Kanadier, der die russische Sprache sprechen konnte, London und Washington berichtet, dass Kerenski im Dienste Deutschlands stand.[29]

Trotzki wurde freigelassen "auf Ersuchen der britischen Botschaft in Washington ... [die] auf Ersuchen des US-Außenministeriums handelte, das für jemand anderen handelte". Die kanadischen Beamten "wurden beauftragt, die Presse darüber zu informieren, dass Trotzki ein amerikanischer Staatsbürger war, der mit einem amerikanischen Pass reiste; dass seine Freilassung speziell vom Außenministerium in Washington erbeten wurde". Außerdem, so schrieb MacLean in Ottawa, "verfügte Trotzki über einen starken Einfluss im Untergrund. Seine Macht war so groß, dass Befehle erteilt wurden, ihm die nötige Aufmerksamkeit zu schenken."

Die These in MacLeans Reportage ist ganz offensichtlich, dass Trotzki intime Beziehungen zum deutschen Generalstab hatte und wahrscheinlich für ihn arbeitete. Wenn solche Beziehungen in Bezug auf Lenin bestanden - insofern Lenin subventioniert wurde und seine Rückkehr nach Russland von den Deutschen erleichtert wurde - scheint es sicher, dass Trotzki auf ähnliche Weise geholfen wurde. Trotzkis 10.000-Dollar-Gelder in New York stammten aus deutschen Quellen, und ein kürzlich deklassifiziertes Dokument in den Akten des US-Außenministeriums liest sich wie folgt:

> 9. März 1918 in: US-Konsul, Wladiwostok von Polk, amtierender Staatssekretär, Washington D.C.
> Für Ihre vertraulichen Informationen und schnelle Aufmerksamkeit: Hier ist der Inhalt der Nachricht von Von Schanz von der Deutschen Reichsbank an Trotzki vom 12. Januar, in der er Zustimmung der Reichsbank zur Aneignung des Kredits

---

[29] Siehe Anhang 3; dieses Dokument wurde 1971 vom britischen Außenministerium beschafft, war MacLean aber offenbar bekannt.

von fünf Millionen Rubel durch das Generalstabspersonal für die Entsendung des stellvertretenden Marinekommissars Kudrisheff in den Fernen Osten zitiert.

Diese Nachricht deutet auf eine gewisse Verbindung zwischen Trotzki und den Deutschen im Januar 1918 hin, zu einer Zeit, als Trotzki eine Allianz mit dem Westen vorschlug. Das Außenministerium gab nicht die Herkunft des Telegramms an, sondern nur, dass es vom Stab des Kriegskollegiums stammte. Das Außenministerium ging sehr wohl davon aus, dass die Nachricht authentisch war, und handelte auf der Grundlage einer angenommenen Authentizität. Es steht im Einklang mit dem allgemeinen Thema des Artikels von Oberst MacLean.

TROTZKIS ABSICHTEN UND ZIELE

Folglich können wir die folgende Abfolge von Ereignissen ableiten: Trotzki reiste von New York nach Petrograd mit einem durch Woodrow Wilsons Intervention bereitgestellten Pass und mit der erklärten Absicht, die Revolution "voranzutreiben". Die britische Regierung war die unmittelbare Quelle für Trotzkis Freilassung im April 1917, aber es könnte sein, dass "Druck" ausgeübt wurde. Lincoln Steffens, ein amerikanischer Kommunist, fungierte als Bindeglied zwischen Wilson und Charles R. Crane sowie zwischen Crane und Trotzki. Während Crane keine offizielle Position innehatte, war sein Sohn Richard zudem der vertrauliche Assistent von Außenminister Robert Lansing, und Crane senior erhielt schnelle und detaillierte Berichte über die Fortschritte der bolschewistischen Revolution. Darüber hinaus erklärte Botschafter William Dodd (US-Botschafter in Deutschland während der Hitlerzeit), dass Crane eine aktive Rolle in der Kerenski-Phase der Revolution gespielt habe; Steffens' Briefe bestätigen, dass Crane die Kerenski-Phase nur als Etappe einer laufenden Revolution betrachtete.

Der interessante Punkt ist jedoch nicht so sehr die Kommunikation zwischen ungleichen Personen wie Crane, Steffens, Trotzki und Woodrow Wilson, sondern dass zumindest eine gewisse Übereinstimmung über das weitere Vorgehen bestand - d. h., dass die provisorische Regierung als "vorläufig" angesehen wurde und die "vollendete Revolution" folgen sollte.

Andererseits ist bei der Interpretation von Trotzkis Absichten Vorsicht geboten: Er war ein Anhänger des Doppelspiels. Offizielle Dokumente zeigen deutlich widersprüchliche Handlungen. Beispielsweise erhielt die Abteilung für fernöstliche Angelegenheiten des US-Außenministeriums am 23. März 1918 zwei Berichte von Trotzki; der eine steht im Widerspruch zum anderen. Ein Bericht, datiert auf den 20. März und aus Moskau, wurde in der russischen Zeitung *Russkoe Slovo* veröffentlicht. Der Bericht zitierte ein Interview mit Trotzki, in dem er erklärte, dass ein Bündnis mit den USA unmöglich sei:

> Das Russland der Sowjets kann sich nicht ... mit dem kapitalistischen Amerika verbünden, denn das wäre Verrat Es mag sein, dass die Amerikaner eine solche Annäherung an uns suchen, getrieben von ihrem Antagonismus gegenüber Japan,

aber auf jeden Fall kann von einem Bündnis unsererseits, welcher Art auch immer, mit einer bürgerlichen Nation keine Rede sein.[30]

Der andere Bericht, ebenfalls aus Moskau, ist eine Nachricht vom 17. März 1918, drei Tage zuvor, und von Botschafter Francis: "Trotzki fordert fünf amerikanische Offiziere als Inspektoren der organisierten Armee für die Verteidigung fordert auch Männer und Material für Eisenbahnoperationen."[31]

Diese an die USA gerichtete Forderung ist natürlich unvereinbar mit der Ablehnung jeglicher "Bündnisse".

Bevor wir Trotzki verlassen, sollten wir die stalinistischen Schauprozesse der 1930er Jahre erwähnen, insbesondere die Anschuldigungen und den Prozess von 1938 gegen den "rechten antisowjetischen und trotzkistischen Block". Diese erzwungenen Parodien des Gerichtsverfahrens, die im Westen fast einhellig abgelehnt wurden, können Trotzkis Absichten erhellen.

Der Kernpunkt der stalinistischen Anklage war, dass die Trotzkisten bezahlte Agenten des internationalen Kapitalismus waren. K. G. Rakowski, einer der Angeklagten von 1938, sagte oder wurde zu folgender Aussage veranlasst: "Wir waren die Vorhut der ausländischen Aggression, des internationalen Faschismus, und zwar nicht nur in der UdSSR, sondern auch in Spanien, China und auf der ganzen Welt". Die Anklageschriften des "Tribunals" enthalten die folgende Aussage: "Es gibt keinen Menschen auf der Welt, der so viel Kummer und Unglück über die Menschen gebracht hat wie Trotzki. Er ist der niederträchtigste Agent des Faschismus...".[32]

Auch wenn es sich dabei vielleicht nur um verbale Beleidigungen handelt, die zwischen internationalen Kommunisten in den 1930er und 1940er Jahren üblicherweise ausgetauscht wurden, sollte auch beachtet werden, dass die Leitfäden der Selbstanklage mit den in diesem Kapitel vorgelegten Beweisen übereinstimmen. Darüber hinaus gelang es Trotzki, wie wir später sehen werden, die Unterstützung der internationalen Kapitalisten zu gewinnen, die übrigens auch Anhänger Mussolinis und Hitlers waren.[33]

Solange wir alle internationalen Revolutionäre und alle internationalen Kapitalisten als unerbittliche Feinde des jeweils anderen betrachten, übersehen wir einen entscheidenden Punkt: Es gab tatsächlich eine gewisse operative Zusammenarbeit zwischen den internationalen Kapitalisten, einschließlich der Faschisten. Und es gibt keinen Grund, Trotzki als Mitglied dieses Bündnisses von vornherein abzulehnen.

Diese vorläufige und begrenzte Neubewertung wird deutlich werden, wenn wir die Geschichte von Michael Gruzenberg, dem wichtigsten bolschewistischen

---

[30] Dezimaldatei des US-Außenministeriums, 861.00/1351.

[31] Dezimaldatei des US-Außenministeriums, 861.00/1341.

[32] *Bericht über die Gerichtsverfahren im Fall des antisowjetischen "Rechts- und Trotzkistenblocks",* der vor dem Militärkollegium des Obersten Gerichtshofs der UdSSR *verhandelt* wurde (Moskau: Volkskommissariat für Justiz der UdSSR, 1938), S. 293.

[33] Siehe: Thomas Lamont des Morgans war einer der ersten Unterstützer Mussolinis.

Agenten in Skandinavien, untersuchen, der unter dem Pseudonym Alexander Gumberg auch vertraulicher Berater der Chase National Bank in New York und später von Floyd Odium von der Atlas Corporation war. Diese Doppelrolle war sowohl den Sowjets als auch seinen amerikanischen Arbeitgebern bekannt und wurde von ihnen akzeptiert. Gruzenbergs Geschichte ist eine Geschichte der internationalen Revolution, die mit dem internationalen Kapitalismus verbündet ist.

Die Beobachtungen von Oberst MacLean, dass Trotzki "einen starken Einfluss im Untergrund" ausübte und dass seine "Macht so groß war, dass Befehle erteilt wurden, dass er berücksichtigt werden muss", stehen keineswegs im Widerspruch zu Coulter-Gwatkins Intervention zugunsten Trotzkis; oder übrigens auch zu diesen späteren Ereignissen, den stalinistischen Anklagen in den trotzkistischen Schauprozessen der 1930er Jahre. Sie sind auch nicht unvereinbar mit dem Fall Gruzenberg. Andererseits ist die einzige bekannte direkte Verbindung Trotzkis zum internationalen Bankwesen die seines Cousins Abram Givatovzo, der vor der russischen Revolution in Kiew und nach der Revolution in Stockholm als Privatbankier tätig war. Während Givatovzo sich zum Antibolschewismus bekannte, handelte er 1918 bei Geldgeschäften tatsächlich im Namen der Sowjets.

Ist es möglich, dass aus diesen Ereignissen ein internationales Netz gesponnen wird? Da ist zunächst Trotzki, ein russischer internationalistischer Revolutionär mit Verbindungen nach Deutschland, der den Beistand von zwei angeblichen Unterstützern der Regierung von Prinz Lwow in Russland (Aleinikoff und Wolf, in New York lebende Russen) herbeiführt. Diese beiden Personen lösen die Aktion eines liberalen kanadischen Vizepostmeisters aus, der wiederum bei einem hochrangigen General der britischen Armee im kanadischen Generalstab interveniert. Alle diese Verbindungen sind nachprüfbar.

Kurz gesagt, Loyalitäten sind nicht immer das, was man annimmt oder was sie zu sein scheinen. Wir können jedoch davon ausgehen, dass Trotzki, Aleinikoff, Wolf, Coulter und Gwatkin, indem sie für ein begrenztes gemeinsames Ziel handelten, auch ein höheres gemeinsames Ziel als nationale Loyalität oder politische Etikette hatten. Es gibt keinen absoluten Beweis dafür, dass dies der Fall ist. Es handelt sich bislang nur um eine logische Vermutung, die auf Fakten beruht. Eine höhere Loyalität als die, die durch ein gemeinsames unmittelbares Bedürfnis geschmiedet wurde, hätte somit den Rahmen der Freundschaft zwischen diesen Männern gesprengt, obwohl es die Vorstellungskraft auf eine harte Probe stellt, wenn wir über eine solche Kombination von länderübergreifender Solidarität nachdenken. Sie könnte auch durch andere Motive begünstigt worden sein. Das Bild ist noch unvollständig.

KAPITEL III

LENIN UND DIE DEUTSCHE HILFE FÜR DIE BOLSCHEWISTISCHE REVOLUTION

Erst als die Bolschewiki von uns einen stetigen Geldfluss über verschiedene Kanäle und unter verschiedenen Etiketten erhielten, konnten sie ihr Hauptorgan, die Prawda, aufbauen, energische Propaganda betreiben und die anfänglich schmale Basis ihrer Partei deutlich ausweiten.

Von Kühlmann, Minister für Auswärtige Angelegenheiten,
vor dem kaiser, 3. Dezember 1917

Im April 1917 reisten Lenin und eine Gruppe von 32 russischen Revolutionären, die meisten von ihnen Bolschewiki, mit dem Zug von der Schweiz durch Deutschland, Schweden und Petrograd in Russland. Sie waren auf dem Weg zu Leo Trotzki, um "die Revolution zu vollenden". Ihr Transit durch Deutschland war vom deutschen Generalstab genehmigt, erleichtert und finanziert worden. Lenins Transit nach Russland war Teil eines vom deutschen Oberkommando genehmigten Plans, der dem Kaiser offenbar nicht sofort bekannt war, um beim Zerfall der russischen Armee zu helfen und so Russland aus dem Ersten Weltkrieg zu eliminieren. Die Möglichkeit, dass sich die Bolschewiki gegen Deutschland und Europa wenden könnten, wurde vom deutschen Generalstab nicht in Betracht gezogen. General Hoffmann schrieb: „Wir kannten und sahen die Gefahr, die die Reise der Bolschewiki nach Russland für die Menschheit bedeutete, nicht voraus".[34]

Auf höchster Ebene war der deutsche Politiker, der Lenins Reise nach Russland genehmigte, Kanzler Theobald von Bethmann-Hollweg, ein Nachkomme der Frankfurter Bankiersfamilie Bethmann, die es im 19.Jahrhundert zu großem Wohlstand gebracht hatte. Bethmann-Hollweg wurde 1909 zum Kanzler ernannt und war im November 1913 Gegenstand des ersten Misstrauensvotums, das der deutsche Reichstag jemals über einen Kanzler abstimmte. Es war Bethmann-Hollweg, der 1914 der ganzen Welt erklärte, dass die deutsche Garantie für Belgien nur ein "Stück Papier" sei. Doch in anderen Kriegsangelegenheiten - wie dem uneingeschränkten Einsatz des U-Boot-Krieges - war Bethmann-Hollweg ambivalent; im Januar 1917 erklärte er dem Kaiser: „Ich kann Eurer Majestät weder meine Zustimmung zum uneingeschränkten U-Boot-

---

[34] Max Hoffman, *War Diaries and Other Papers* (London: M. Secker, 1929), 2:177.

Krieg noch meine Ablehnung geben." 1917 hatte Bethmann-Hollweg die Unterstützung des Reichstags verloren und war zurückgetreten - allerdings nicht, bevor er den Transit der bolschewistischen Revolutionäre nach Russland genehmigt hatte. Bethmann-Hollwegs Transitanweisungen gingen Anfang April 1917 über Staatssekretär Arthur Zimmermann - der Bethmann-Hollweg unmittelbar unterstellt war und die täglichen operativen Details mit den deutschen Ministern in Bern und Kopenhagen besprach - an den deutschen Minister in Bern. Der Kaiser selbst erfuhr erst von der revolutionären Bewegung, nachdem Lenin nach Russland gereist war.

Lenin selbst kannte zwar die genaue Quelle der Finanzierung nicht, doch er wusste sicherlich, dass die deutsche Regierung bestimmte Mittel zur Verfügung stellte. Es gab jedoch Zwischenverbindungen zwischen dem deutschen Außenministerium und Lenin, wie aus dem Folgenden hervorgeht:

LENINS ÜBERFÜHRUNG NACH RUSSLAND IM APRIL 1917

Endgültige Entscheidung BETHMANN-HOLLWEG (Kanzler)
Zwischenbericht I ARTHUR ZIMMERMANN (Staatssekretär)
Intermediär II BROCKDORFF-RANTZAU (Deutsche Ministerin in Kopenhagen)
Mittlere Reife III ALEXANDER ISRAEL HELPHAND (alias PARVUS)
Intermediate IV JACOB FURSTENBERG (alias GANETSKY)
LENIN, in der Schweiz

Von Berlin aus kommunizierten Zimmermann und Bethmann-Hollweg mit dem deutschen Minister in Kopenhagen, Brockdorff-Rantzau. Brockdorff-Rantzau wiederum stand in Kontakt mit Alexander Israel Helphand (besser bekannt unter seinem Pseudonym Parvus), der sich in Kopenhagen aufhielt.[35] Parvus war die Verbindung zu Jacob Furstenberg, einem Polen, der aus einer reichen Familie stammte, aber besser unter seinem Pseudonym Ganetsky bekannt war. Und Jacob Furstenberg war die unmittelbare Verbindung zu Lenin.

Obwohl Kanzler Bethmann-Hollweg die letzte Instanz für Lenins Überstellung war und Lenin wahrscheinlich über die deutschen Ursprünge der Unterstützung Bescheid wusste, kann Lenin nicht als deutscher Agent bezeichnet werden. Das deutsche Außenministerium war der Ansicht, dass Lenins wahrscheinliche Handlungen in Russland mit ihren eigenen Zielen, die bestehende Machtstruktur in Russland aufzulösen, übereinstimmten. Dennoch verfolgten beide Seiten auch versteckte Ziele: Deutschland wollte vorrangigen Zugang zu den Nachkriegsmärkten in Russland, und Lenin beabsichtigte, eine marxistische Diktatur zu errichten.

Die Idee, russische Revolutionäre auf diese Weise einzusetzen, geht auf das Jahr 1915 zurück. Am 14. August jenes Jahres schrieb Brockdorff-Rantzau an den deutschen Unterstaatssekretär über ein Gespräch mit Helphand (Parvus) und

---

[35] Z. A. B. Zeman und W. B. Scharlau, *The Merchant of Revolution. The Life of Alexander Israel Helphand* (Parvus), 1867-1924 (New York: Oxford University Press, 1965).

empfahl dringend, Helphand einzusetzen, „einen außerordentlich wichtigen Mann, dessen ungewöhnliche Kräfte wir meiner Meinung nach während der gesamten Dauer des Krieges nutzen sollten..."[36] „Der Bericht enthielt eine Warnung: „Es wäre vielleicht riskant, die hinter Helphand liegenden Kräfte nutzen zu wollen, aber es wäre sicherlich ein Eingeständnis unserer eigenen Schwäche, wenn wir ihre Dienste aus Angst, sie nicht lenken zu können, ablehnen müssten."[37]

Brockdorff-Rantzaus Vorstellungen von der Führung oder Kontrolle von Revolutionären weisen, wie wir sehen werden, Parallelen zu denen der Wall-Street-Finanziers auf. Es waren J.P. Morgan und die American International Corporation, die versuchten, in- und ausländische Revolutionäre in den USA für ihre eigenen Zwecke zu kontrollieren.

In einem späteren Dokument[38] werden die von Lenin geforderten Bedingungen dargelegt, von denen die interessanteste Punkt Nummer sieben ist, der "russischen Truppen den Einmarsch in Indien" erlaubt; dies deutet darauf hin, dass Lenin die Absicht hatte, das zaristische Expansionsprogramm fortzusetzen. Zeman erwähnt auch Max Warburgs Rolle bei der Gründung eines russischen Verlags und gibt eine Vereinbarung vom 12. August 1916 bekannt, in der sich der deutsche Industrielle Stinnes bereit erklärte, zwei Millionen Rubel zur Finanzierung eines Verlags in Russland beizutragen.[39]

Daraufhin verließ am 16. April 1917 ein Zug mit 32 Personen, darunter Lenin, seine Frau Nadezhda Krupskaya, Grigori Sinowjew, Sokolnikow und Karl Radek, den Berner Hauptbahnhof in Richtung Stockholm. Als die Gruppe die russische Grenze erreichte, wurde nur Fritz Plattan und Radek die Einreise nach Russland verweigert. Dem Rest wurde die Einreise gestattet. Mehrere Monate später folgten ihnen fast 200 Menschewiki, darunter Martov und Axelrod.

Es ist anzumerken, dass Trotzki zu dieser Zeit in New York ebenfalls über die Gelder verfügte, deren deutsche Quellen zurückverfolgt werden konnten. Außerdem spielt von Kuhlmann auf Lenins Unfähigkeit an, die Basis seiner bolschewistischen Partei zu verbreitern, bis die Deutschen ihm Geldmittel zur Verfügung stellten. Trotzki war ein Menschewik, der erst 1917 Bolschewik wurde. Dies deutet darauf hin, dass die deutschen Gelder möglicherweise mit dem Etikettenwechsel von Trotzkis Partei zusammenhingen.

DIE SISSON-DOKUMENTE

Anfang 1918 kaufte Edgar Sisson, der Petrograder Vertreter des American Committee on Public Information, eine Reihe russischer Dokumente, die

---

[36] Z. A. B. Zeman, *Deutschland und die Revolution in Russland, 1915-1918. Dokumente aus den Archiven des deutschen Außenministeriums* (London: Oxford University Press, 1958).

[37] Ibid.

[38] Ebenda, S. 6, Dok. 6, Bericht über ein Gespräch mit dem estnischen Vermittler Keskula.

[39] Ebenda, S. 92, Anm. 3.

angeblich beweisen sollten, dass Trotzki, Lenin und die anderen bolschewistischen Revolutionäre nicht nur im Sold der deutschen Regierung standen, sondern auch deren Agenten waren.

Diese Dokumente, die später als "Sisson-Dokumente" bezeichnet wurden, wurden in größter Eile und unter strengster Geheimhaltung in die Vereinigten Staaten verschifft. In Washington, D.C., wurden sie dem National Board for Historical Service zur Authentifizierung vorgelegt. Zwei prominente Historiker, J. Franklin Jameson und Samuel N. Harper, bezeugten ihre Authentizität. Diese Historiker teilten die Sisson-Dokumente in drei Gruppen ein. In Bezug auf Gruppe I kamen sie zu folgenden Ergebnissen:

> Wir haben sie mit größter Sorgfalt allen anwendbaren Tests unterzogen, an die Geschichtsstudenten gewöhnt sind, und ... auf der Grundlage dieser Untersuchungen zögern wir nicht zu erklären, dass wir keinen Grund sehen, an der Echtheit dieser 53 Dokumente zu zweifeln.[40]

Historiker waren weniger zuversichtlich, was das Material der Gruppe II betraf. Diese Gruppe wurde nicht als Fälschung zurückgewiesen, aber es wurde vermutet, dass es sich um Kopien von Originaldokumenten handelte. Obwohl die Historiker "keine Vertrauensaussage" zu Gruppe III machten, waren sie nicht bereit, das Material als echte Fälschungen zurückzuweisen.

Die Sisson-Dokumente wurden von der Kommission für öffentliche Information veröffentlicht, deren Vorsitzender George Creel war, ein ehemaliger Mitarbeiter der pro-bolschewistischen Monatszeitschrift *The Masses*. Die amerikanische Presse im Allgemeinen akzeptierte die Dokumente als authentisch. Eine bemerkenswerte Ausnahme war die New *York Evening Post, die damals* Thomas W. Lamont, einem Partner der Firma Morgan, gehörte. Während nur einige Auszüge veröffentlicht worden waren, bestritt die *Post* die Echtheit aller Dokumente.[41]

Wir wissen heute, dass Sissons Dokumente fast alle Fälschungen waren: Nur ein oder zwei der kleinen deutschen Rundschreiben waren echt. Selbst eine oberflächliche Untersuchung des deutschen Briefkopfes legt nahe, dass die Fälscher außergewöhnlich schlampige Fälscher waren, die wussten, dass die amerikanische Öffentlichkeit besonders leichtgläubig war. Der deutsche Text war mit an Lächerlichkeit grenzenden Begriffen gespickt: z. B. *Büro statt des* deutschen Wortes *Büro; Central* statt des *deutschen Zentral;* etc.

Dass es sich bei diesen Dokumenten um Fälschungen handelt, ist das Ergebnis einer umfassenden Studie von George Kennan[42] und von Studien, die in den

---

[40] Vereinigte Staaten, Committee on Public Information, *The German-Bolshevik Conspiracy*, War Information Series, Nr. 20, Oktober 1918.

[41] *New York Evening Post*, 16.-18. September, 21; 4. Oktober 1918. Interessant, aber nicht schlüssig ist auch, dass auch die Bolschewiki die Echtheit der Dokumente in Frage stellten.

[42] George F. Kennan, "The Sisson Documents", *Journal of Modern History* 27-28 (1955-56): 130-154.

1920er Jahren von der britischen Regierung durchgeführt wurden. Einige Dokumente basierten auf authentischen Informationen, und wie Kennan feststellt, hatten diejenigen, die sie fälschten, mit Sicherheit Zugang zu Informationen von ungewöhnlicher Qualität. Beispielsweise wird in den Dokumenten 1, 54, 61 und 67 erwähnt, dass die Nya Banken in Stockholm als Vermittler für bolschewistische Gelder aus Deutschland fungierte. Diese Rolle wurde von zuverlässigeren Quellen bestätigt. Die Dokumente 54, 63 und 64 erwähnen Furstenberg als den Bankier, der zwischen den Deutschen und den Bolschewiken vermittelte; Furstenbergs Name taucht an anderer Stelle in authentischen Dokumenten auf. In Sissons Dokument 54 wird Olof Aschberg erwähnt, und Olof Aschberg war laut seinen eigenen Aussagen der "bolschewistische Bankier". Im Jahr 1917 war Aschberg der Direktor der Nya Banken. Andere Dokumente der Sisson-Serie listen Namen und Institutionen auf, wie die deutsche Naptha-Industrial Bank, die Disconto Gesellschaft und Max Warburg, den Bankier aus Hamburg, aber handfeste Beweise sind schwieriger zu finden. Im Allgemeinen sind die Sisson-Dokumente zwar selbst Fälschungen, basieren aber dennoch teilweise auf allgemein authentischen Informationen.

Ein im Lichte der Geschichte dieses Buches verwirrender Aspekt ist, dass die Dokumente von Alexander Gumberg (alias Berg, eigentlich Michael Gruzenberg), dem bolschewistischen Agenten in Skandinavien und späteren vertraulichen Assistenten der Chase National Bank und von Floyd Odium von der Atlas Corporation, an Edgar Sisson weitergeleitet wurden. Die Bolschewiken hingegen lehnten Sissons Dokumente vehement ab. Ebenso wie John Reed, der amerikanische Vertreter im Vorstand der Dritten Internationale und dessen Gehaltsscheck von der Zeitschrift *Metropolitan* stammte, die J.P. Morgan gehörte.[43] Ebenso wie Thomas Lamont, Morgans Partner, dem die *New York Evening Post* gehörte. Es gibt mehrere mögliche Erklärungen. Wahrscheinlich waren die Verbindungen zwischen Morgans Interessen in New York und Agenten wie John Reed und Alexander Gumberg sehr lose. Es könnte sich um ein Manöver Gumbergs handeln, um Sisson und Creel zu diskreditieren, indem er gefälschte Dokumente in Umlauf brachte; oder vielleicht arbeitete Gumberg aus eigenem Interesse.

Die Dokumente von Sisson "beweisen" die ausschließliche Verwicklung Deutschlands mit den Bolschewiken. Sie wurden auch verwendet, um eine jüdisch-bolschewistische Verschwörungstheorie nach dem Vorbild der Protokolle von Zion zu "beweisen". 1918 wollte die US-Regierung die amerikanische Öffentlichkeit hinter einem unpopulären Krieg mit Deutschland vereinen, und die Sisson-Dokumente "bewiesen" auf spektakuläre Weise die ausschließliche Komplizenschaft Deutschlands mit den Bolschewiki. Die Dokumente dienten auch als Nebelwand gegen die öffentliche Kenntnis der Ereignisse, die in diesem Buch geschildert werden.

---

[43] John Reed, *The Sisson Documents* (New York: Liberator Publishing, s.d.).

ARMDRÜCKEN IN WASHINGTON[44]

Eine Untersuchung der Dokumente in der Dezimaldatei des Außenministeriums legt nahe, dass das Außenministerium und der Botschafter Francis in Petrograd ziemlich gut über die Absichten und Fortschritte der bolschewistischen Bewegung informiert waren. Im Sommer 1917 wollte das Außenministerium beispielsweise verhindern, dass "schädliche Personen" (d. h. russische Revolutionäre auf der Durchreise) die USA verließen, konnte dies aber nicht tun, weil sie neue russische und amerikanische Pässe benutzten. Die Vorbereitungen für die bolschewistische Revolution selbst waren mindestens sechs Wochen vor deren Ausbruch gut bekannt. In einem Bericht aus den Akten des Außenministeriums heißt es in Bezug auf Kerenskis Streitkräfte, dass es "zweifelhaft war, ob die Regierung ... den Ausbruch unterdrücken könnte". Der Zerfall der Kerenski-Regierung wurde den ganzen September und Oktober über gemeldet, ebenso wie die bolschewistischen Vorbereitungen für einen Staatsstreich. Die britische Regierung warnte britische Einwohner in Russland, mindestens sechs Wochen vor der bolschewistischen Phase der Revolution auszureisen.

Der erste umfassende Bericht über die Ereignisse von Anfang November ging am 9. Dezember 1917 in Washington ein. Dieser Bericht beschrieb die unauffällige Natur der Revolution selbst, erwähnte, dass General William V. Judson Trotzki einen nicht genehmigten Besuch abgestattet hatte, und berichtete von der Anwesenheit von Deutschen in Smolny - dem sowjetischen Hauptquartier.

Am 28. November 1917 ordnete Präsident Woodrow Wilson an, sich nicht in die bolschewistische Revolution einzumischen. Diese Anweisung war offenbar die Antwort auf eine Bitte von Botschafter Francis um eine Konferenz der Alliierten, der Großbritannien bereits zugestimmt hatte. Das Außenministerium argumentierte, dass eine solche Konferenz unpraktisch sei. Es gab in Paris Gespräche zwischen den Alliierten und Oberst Edward M. House, der sie Woodrow Wilson als "lange und häufige Diskussionen über Russland" berichtete. In Bezug auf eine solche Konferenz erklärte House, dass England "passiv bereit", Frankreich "gleichgültig dagegen" und Italien "aktiv bereit" sei. Kurz darauf genehmigte Woodrow Wilson ein von Außenminister Robert Lansing verfasstes Kabel, das der Kaledin-Bewegung finanzielle Unterstützung gewährte (12. Dezember 1917). Auch in Washington kursierten Gerüchte, wonach "Monarchisten mit den Bolschewiki zusammenarbeiten und diese durch verschiedene Ereignisse und Umstände unterstützt werden"; die Smolny-Regierung stehe absolut unter der Kontrolle des deutschen Generalstabs; und anderswo kursierten Gerüchte, wonach "viele oder die meisten von ihnen [d. h. den Bolschewiki] aus Amerika kommen".

Im Dezember besuchte General Judson erneut Trotzki; dieser Besuch wurde als ein Schritt in Richtung Anerkennung durch die Vereinigten Staaten betrachtet, obwohl ein Bericht vom 5. Februar 1918 von Botschafter Francis in Washington

---

[44] Dieser Teil basiert auf Abschnitt 861.00 der Dezimaldatei des US-Außenministeriums, die auch als Liste 10 und 11 auf Mikrofilm 316 des Nationalarchivs verfügbar ist.

empfahl, die Anerkennung nicht anzuerkennen. Ein von Basil Miles in Washington stammendes Memorandum argumentierte, dass "wir mit allen Behörden in Russland, einschließlich der Bolschewiki, verhandeln sollten". Und am 15. Februar 1918 schickte das Außenministerium ein Kabel an Botschafter Francis in Petrograd, in dem es hieß, dass das "Ministerium wünscht, dass Sie allmählich engere und informelle Kontakte mit den bolschewistischen Behörden halten und dabei Kanäle nutzen, die jede offizielle Anerkennung vermeiden".

Am nächsten Tag übermittelte Staatssekretär Lansing dem französischen Botschafter in Washington, J. J. Jusserand, folgende Informationen: "Es ist nicht ratsam, irgendwelche Maßnahmen zu ergreifen, die zum gegenwärtigen Zeitpunkt eines der verschiedenen Elemente des Volkes, das jetzt die Macht in Russland kontrolliert, verärgern könnten..."[45]

Am 20. Februar schickte Botschafter Francis ein Kabel nach Washington, um das bevorstehende Ende der bolschewistischen Regierung zu melden. Zwei Wochen später, am 7. März 1918, berichtete Arthur Bullard Oberst House, dass die Bolschewiki mit deutschem Geld subventioniert würden und dass diese Subventionierung größer sei, als man bisher angenommen hatte. Arthur Bullard (vom American Public Information Committee) argumentierte: "Wir sollten bereit sein, jeder ehrlichen nationalen Regierung zu helfen. Aber die Menschen, das Geld oder die Ausrüstung, die an die derzeitigen Führer Russlands geschickt werden, werden gegen die Russen mindestens genauso eingesetzt wie gegen die Deutschen".[46]

Es folgte eine weitere Nachricht von Bullard an Colonel House: "Ich rate dringend davon ab, der derzeitigen russischen Regierung materielle Hilfe zukommen zu lassen. Finstere Elemente scheinen die Kontrolle über die Sowjets zu übernehmen".

Doch einige Gegenkräfte schienen am Werk zu sein. Bereits am 28. November 1917 telegrafierte Colonel House aus Paris an Präsident Woodrow Wilson, dass es "äußerst wichtig" sei, dass die Kommentare in amerikanischen Zeitungen, die dafür plädierten, dass "Russland wie ein Feind behandelt werden sollte", "gestrichen" würden. Dann legte im folgenden Monat William Franklin Sands, Exekutivsekretär der von Morgan kontrollierten American International Corporation und Freund des bereits erwähnten Basil Miles, ein Memorandum vor, in dem Lenin und Trotzki als an die Massen appellierend beschrieben und die USA aufgefordert wurden, Russland anzuerkennen. Sogar der amerikanische Sozialist Walling beschwerte sich beim Außenministerium über die pro-sowjetische Haltung von George Creel (vom American Committee for Public Information), Herbert Swope und William Boyce Thompson (von der Federal Reserve Bank in New York).

Am 17. Dezember 1917 veröffentlichte eine Moskauer Zeitung einen Artikel über den Angriff auf den Rotkreuz-Oberst Raymond Robins und Thompson und

---

[45] Dezimaldatei des US-Außenministeriums, 861.00/1117a. Die gleiche Nachricht wurde auch dem italienischen Botschafter übermittelt.

[46] Siehe Arthur Bullards Artikel an der Princeton University.

behauptete eine Verbindung zwischen der russischen Revolution und den amerikanischen Bankiers:

> Warum interessierten sie sich so sehr für die Ideen der Aufklärung? Warum wurde das Geld den sozialistischen Revolutionären und nicht den konstitutionellen Demokraten gegeben? Man könnte vermuten, dass letztere den Bankern näher stehen und ihnen mehr am Herzen liegen.

Der Artikel fährt fort, dass dies darauf zurückzuführen sei, dass das amerikanische Kapital Russland als Zukunftsmarkt betrachte und deshalb dort Fuß fassen wolle. Das Geld wurde den Revolutionären gegeben, weil:

> rückständige Arbeiter und Bauern den Sozialrevolutionären vertrauen. Zu dem Zeitpunkt, als das Geld weitergegeben wurde, waren die Sozialrevolutionäre an der Macht und es wurde davon ausgegangen, dass sie in Russland noch eine Weile die Kontrolle behalten würden.

Ein weiterer Bericht vom 12. Dezember 1917 über Raymond Robins beschreibt detailliert die "Verhandlungen mit einer Gruppe amerikanischer Bankiers der Mission des Amerikanischen Roten Kreuzes"; bei den "Verhandlungen" ging es um eine Zahlung von zwei Millionen Dollar. Am 22. Januar 1918 schickte Robert L Owen, Vorsitzender des Banken- und Währungsausschusses des US-Senats und mit den Interessen der Wall Street verbunden, einen Brief an Woodrow Wilson, in dem er empfahl, Russland de facto anzuerkennen, eine Ladung dringend benötigter Waren zu genehmigen, Vertreter in Russland zu ernennen, um ein Gegengewicht zum deutschen Einfluss zu schaffen, und ein Militärkontingent zu stationieren.

Dieser Ansatz wurde von Raymond Robins in Russland immer wieder unterstützt. So wurde beispielsweise am 15. Februar 1918 in einem Kabel von Robins aus Petrograd an Davison vom Roten Kreuz in Washington (und zur Weiterleitung an William Boyce Thompson) argumentiert, dass die bolschewistische Autorität so lange wie möglich unterstützt werden müsse und dass sich das neue revolutionäre Russland den Vereinigten Staaten zuwenden werde, da es "mit dem deutschen Imperialismus gebrochen" habe. Robins zufolge wollten die Bolschewiki die Hilfe und Zusammenarbeit der USA sowie die Reorganisation der Eisenbahnen, denn "durch großzügige Unterstützung und technische Beratung bei der Reorganisation von Handel und Industrie könnte Amerika den deutschen Handel für den Rest des Krieges völlig ausschließen".

Kurz gesagt, der erbitterte Kampf in Washington spiegelt einen Kampf zwischen Diplomaten der alten Schule (wie Botschafter Francis) und Beamten der unteren Ebenen des Ministeriums auf der einen Seite und Finanziers wie Robins, Thompson und Sands mit Verbündeten wie Lansing und Miles im Außenministerium und Senator Owen im Kongress auf der anderen Seite wider.

KAPITEL IV

WALL STREET UND DIE WELTREVOLUTION

Worin Sie, die Linken, und wir, die wir gegensätzliche Ansichten haben, sich unterscheiden, ist nicht so sehr der Zweck als vielmehr die Mittel, nicht so sehr das, was erreicht werden sollte, sondern die Art und Weise, wie es erreicht werden sollte und kann...
Otto H. Kahn, Direktor der American International Corp. und Partner von Kuhn, Loeb & Co. bei einer Rede vor der League for Industrial Democracy in New York, 30. Dezember 1924

Vor dem Ersten Weltkrieg wurde die Finanz- und Handelsstruktur der Vereinigten Staaten von zwei Konglomeraten beherrscht: Standard Oil bzw. das Rockefeller-Unternehmen und der Morgan-Industriekomplex - Finanz- und Transportunternehmen. Das Bündnisspiel zwischen Rockefeller und Morgan beherrschte nicht nur die Wall Street, sondern über verschachtelte Vorstandsposten auch fast das gesamte Wirtschaftsgefüge der USA.[47] Rockefellers Interessen monopolisierten das Öl und verwandte Industrien und kontrollierten den Kupfer-Trust, den Gießerei-Trust und den gigantischen Tabak-Trust. Außerdem hatten sie Einfluss auf einige Morgan-Eigenschaften wie die U.S. Steel Corporation sowie auf Hunderte kleinerer Industrietrusts, Versorgungsbetriebe, Eisenbahnen und Bankinstitute. Die National City Bank war die größte der Banken, die die Interessen von Standard Oil-Rockefeller verwalteten, aber die finanzielle Kontrolle erstreckte sich auch auf die United States Trust Company und die Hanover National Bank sowie auf die großen Lebensversicherungsgesellschaften - Equitable Life und Mutual of New York.

Morgans große Unternehmen waren in der Stahl-, Schiffs- und Elektroindustrie tätig; dazu gehörten General Electric, der Rubber Trust und die Eisenbahn. Wie Rockefeller kontrollierte Morgan Finanzunternehmen - die National Bank of Commerce und die Chase National Bank, die New York Life Insurance und die Guaranty Trust Company. Die Namen J.P. Morgan und Guaranty Trust Company tauchen in diesem Buch häufig auf. Jahrhunderts wurde die Guaranty Trust Company von den Interessen der Harrimans beherrscht. Als der älteste Harriman (Edward Henry) 1909 starb, kauften Morgan und seine

---

[47] John Moody, *The Truth about the Trusts* (New York: Moody Publishing, 1904).

Partner den Guaranty Trust zusammen mit Mutual Life und New York Life. Im Jahr 1919 übernahm Morgan auch die Equitable Life, und die Guaranty Trust Company schluckte sechs weitere kleinere Unternehmen. So waren der Guaranty Trust und der Bankers Trust am Ende des Ersten Weltkriegs das erste bzw. zweitgrößte Konglomerat der USA, die beide von Morgans Interessen beherrscht wurden.[48]

Amerikanische Finanziers, die mit diesen Gruppen in Verbindung standen, waren schon vor 1917 an Revolutionen beteiligt. Die Intervention der Wall-Street-Anwaltskanzlei Sullivan & Cromwell in die Panamakanal-Kontroverse wurde bei den Kongressanhörungen 1913 aufgezeichnet. Die Episode wird von dem Kongressabgeordneten Rainey zusammengefasst:

> Ich behaupte, dass die Vertreter dieser Regierung [der Vereinigten Staaten] die Revolution auf der Landenge von Panama ermöglicht haben. Ohne das Eingreifen dieser Regierung hätte eine Revolution nicht erfolgreich sein können, und ich behaupte, dass diese Regierung den Vertrag von 1846 verletzt hat. Ich werde beweisen können, dass die Unabhängigkeitserklärung, die am 3. November 1903 in Panama verkündet wurde, hier in New York entworfen und dorthin gebracht wurde - vorbereitet im Büro von Wilson (sic) Nelson Cromwell.[49]

Der Abgeordnete Rainey erklärte weiter, dass nur zehn oder zwölf der größten panamaischen Revolutionäre sowie "die Offiziere der Panama Railroad & Steamship Co., die unter der Kontrolle von William Nelson Cromwell aus New York standen, und die Beamten des Außenministeriums in Washington" von der bevorstehenden Revolution gewusst hätten.[50] Das Ziel der Revolution war es, Kolumbien, zu dem Panama damals gehörte, um 40 Millionen Dollar Einnahmen zu bringen und die Kontrolle über den Panamakanal zu erlangen.

Das am besten dokumentierte Beispiel für die Intervention der Wall Street in die Revolution ist die Operation einer New Yorker Geschäftsfirma in der chinesischen Revolution von 1912, die von Sun Yat-sen angeführt wurde. Obwohl die endgültigen Gewinne dieser Institution unklar bleiben, sind die Absicht und die Rolle der New Yorker Finanzierungsgruppe bis hin zu den Geldbeträgen, den Informationen über die angeschlossenen chinesischen Geheimgesellschaften und den Versandlisten der zu kaufenden Waffen vollständig dokumentiert. Zum Konsortium der New Yorker Bankiers, die die von Sun Yat-sen angeführte Revolution unterstützten, gehörten Charles B. Hill, ein Anwalt der Kanzlei Hunt, Hill & Betts. Im Jahr 1912 befand sich die Kanzlei am 165 Broadway, New York,

---

[48] Die J. P. Morgan Company wurde 1838 in London unter dem Namen George Peabody and Co. gegründet. Sie wurde erst am 21. März 1940 als Gesellschaft gegründet. Die Gesellschaft hörte im April 1954 auf zu existieren, als sie mit der Guaranty Trust Company, ihrer damals größten Geschäftsbanktochter, fusionierte, und ist heute unter dem Namen Morgan Guarantee Trust Company of New York bekannt.

[49] Vereinigte Staaten, House, Foreign Affairs Committee, *The History of Panama*, Audiences on the Rainey Resolution, 1913. S. 53.

[50] Ibid, S. 60.

aber 1917 zog sie an den 120 Broadway um (zur Bedeutung dieser Adresse siehe Kapitel 8). Charles B. Hill war Direktor mehrerer Westinghouse-Tochtergesellschaften, darunter Bryant Electric, Perkins Electric Switch und Westinghouse Lamp - allesamt Tochtergesellschaften von Westinghouse Electric, dessen Büro in New York ebenfalls am 120 Broadway lag. Charles R. Crane, der Organisator der Westinghouse-Tochtergesellschaften in Russland, spielte eine durchaus identifizierte Rolle in der ersten und zweiten Phase der bolschewistischen Revolution.

Die Arbeit der Hill-Gewerkschaft von 1910 in China ist in den Papieren von Laurence Boothe an der Hoover Institution festgehalten.[51] Diese Dokumente enthalten mehr als 110 zusammenhängende Artikel, darunter auch Briefe von Sun Yat-sen an seine amerikanischen Geldgeber. Im Gegenzug für seine finanzielle Unterstützung versprach Sun Yat-sen dem Hill-Konsortium Eisenbahn-, Bank- und Handelskonzessionen im neuen, revolutionären China.

Ein weiterer Fall einer von den New Yorker Finanzinstituten unterstützten Revolution betraf Mexiko 1915-16. Von Rintelen, ein deutscher Spionageagent in den USA[52], wurde bei seinem Prozess im Mai 1917 in New York angeklagt, er habe versucht, die USA in die Angelegenheiten Mexikos und Japans "einzumischen", um Munition abzuzweigen, die damals für die Alliierten in Europa bestimmt war.[53] Die Bezahlung der Munition, die aus den USA an den mexikanischen Revolutionär Pancho Villa verschickt wurde, erfolgte über die Guaranty Trust Company. Von Rintelens Berater Sommerfeld zahlte über den Guaranty Trust und die Mississippi Valley Trust Company 380.000 US-Dollar an die Western Cartridge Company in Alton, Illinois, für Munition, die nach El Paso verschifft wurde, um von dort aus weiter zu Villa transportiert zu werden. Das war Mitte 1915. Am 10. Januar 1916 ermordete Villa siebzehn amerikanische Bergarbeiter in Santa Isabel und am 9. März 1916 führte Villa einen Überfall auf Columbus in New Mexico durch und tötete achtzehn weitere Amerikaner.

Die Verwicklung der Wall Street in diese Razzien an der mexikanischen Grenze war Gegenstand eines Briefes (6. Oktober 1916) von Lincoln Steffens, einem amerikanischen Kommunisten, an Colonel House, einen "Berater" von Woodrow Wilson:

> Mein lieber Oberst House:
> Kurz vor meiner Abreise aus New York am vergangenen Montag wurde mir überzeugend mitgeteilt, dass die "Wall Street" die Vorbereitungen für einen neuen Überfall mexikanischer Banditen auf die USA abgeschlossen hatte: ein Überfall,

---

[51] Stanford, Calif. Siehe auch *Los Angeles Times*, 13. Oktober 1966.

[52] Später zusammen mit Hjalmar Schacht (Hitlers Bankier) und Emil Wittenberg Co-Direktor der Nationalbank für Deutschland.

[53] USA, Senat, Ausschuss für auswärtige Beziehungen, *Untersuchung der mexikanischen Angelegenheiten*, 1920.

der so grausam und so gut geplant war, dass er es ermöglichen würde, den Verlauf der Wahlen zu beeinflussen.[54]

Nachdem sie in Mexiko an die Macht gekommen war, kaufte die Regierung Carranza weitere Waffen in den USA. Die American Gun Company schloss einen Vertrag über die Versendung von 5.000 Mauser und das War Trade Board stellte eine Versandlizenz für 15.000 Gewehre und 15.000.000 Schuss Munition aus. Der US-Botschafter in Mexiko, Fletcher, "lehnte es kategorisch ab, die Lieferung jeglicher Munition, Gewehre usw. an Carranza zu empfehlen oder zu sanktionieren".[55] Durch die Intervention von Außenminister Robert Lansing wurde dies jedoch auf eine vorübergehende Verzögerung reduziert, und "innerhalb kurzer Zeit ... wird [die American Gun Company] die Erlaubnis erhalten, die Versendung durchzuführen und zu liefern".[56]

Die Überfälle von Villas und Carranzas Streitkräften auf die Vereinigten Staaten wurden von der *New York Times* berichtet und als "Texas Revolution" (eine Art Probe der bolschewistischen Revolution) bezeichnet und gemeinsam von Deutschen und Bolschewiken unternommen. Die Zeugenaussage von John A. Walls, Bezirksstaatsanwalt in Brownsville, Texas, vor dem Herbstkomitee 1919 lieferte dokumentarische Beweise für die Verbindung zwischen bolschewistischen Interessen in den USA, deutschen Aktivitäten und Carranzas Kräften in Mexiko.[57] Demnach war die Carranza-Regierung, die erste Regierung der Welt mit einer Verfassung nach sowjetischem Vorbild (die von Trotzkisten verfasst wurde), eine von der Wall Street unterstützte Regierung. Carranzas Revolution wäre ohne amerikanische Munition wahrscheinlich nicht erfolgreich gewesen und Carranza wäre ohne amerikanische Hilfe nicht so lange an der Macht geblieben.[58]

Eine ähnliche Intervention in die bolschewistische Revolution von 1917 in Russland dreht sich um den schwedischen Bankier und Mittelsmann Olof Aschberg. Logischerweise beginnt die Geschichte mit vorrevolutionären zaristischen Krediten, die von den großen Bankhäusern der Wall Street gewährt wurden.

AMERIKANISCHE BANKER UND ZARISTISCHE KREDITE

Im August 1914 trat Europa in den Krieg ein. Nach internationalem Recht durften neutrale Länder (und die USA waren es bis April 1917) keine Kredite an

---

[54] Lincoln Steffens, *The Letters of Lincoln Steffens* (New York: Harcourt, Brace, 1941, S. 386).

[55] Vereinigte Staaten, Senat, Ausschuss für auswärtige Beziehungen, *Investigation of Mexican Affairs*, 1920, pts. 2, 18, p. 681.

[56] Ibid.

[57] *New York Times*, 23. Januar 1919.

[58] Vereinigte Staaten, Senat, Ausschuss für auswärtige Beziehungen, a. a. O., S. 795-96.

kriegsführende Länder aufnehmen. Dies war sowohl eine Frage des Rechts als auch der Moral.

Als das Haus Morgan 1915 Kriegsanleihen für Großbritannien und Frankreich ausgab, argumentierte J.P. Morgan, dass es sich dabei überhaupt nicht um Kriegsanleihen handelte, sondern lediglich um ein Mittel zur Erleichterung des internationalen Handels. Eine solche Unterscheidung war in der Tat von Präsident Wilson im Oktober 1914 ausführlich getroffen worden; er erklärte, dass der Verkauf von Anleihen in den USA für ausländische Regierungen eigentlich ein Spardarlehen an die kriegführenden Regierungen war und nicht den Krieg finanzierte. Andererseits war die Annahme von Schatzwechseln oder anderen Schuldpapieren als Bezahlung für Artikel lediglich ein Mittel zur Erleichterung des Handels und nicht zur Finanzierung von Kriegsanstrengungen.[59]

Dokumente in den Akten des Außenministeriums belegen, dass die von Stillman und Rockefeller kontrollierte National City Bank und der von Morgan kontrollierte Guaranty Trust vor dem Kriegseintritt der USA gemeinsam erhebliche Kredite für das kriegführende Russland aufgenommen haben und dass diese Kredite aufgenommen wurden, obwohl das Außenministerium die Unternehmen darauf hingewiesen hatte, dass sie gegen das Völkerrecht verstießen. Darüber hinaus wurden die Verhandlungen über die Darlehen über die offiziellen Kommunikationsmittel der US-Regierung unter dem Deckmantel des vom Außenministerium[60] beschlossenen "Green Cipher" geführt. Im Folgenden finden Sie Auszüge aus den Kabeln des Außenministeriums, die den Fall weiter untermauern sollen.

Am 94. Mai 1916 schickte Botschafter Francis in Petrograd das folgende Kabel an das Außenministerium in Washington, damit es an Frank Arthur Vanderlip, den damaligen Präsidenten der National City Bank in New York, weitergeleitet werden konnte. Das Kabel wurde in Green Cipher gesendet und von den Beamten des US-Außenministeriums in Petrograd und Washington auf Kosten der Steuerzahler verschlüsselt und entschlüsselt (Akte 861.51/110).

> 563, Mai 94, 13 Uhr
> Für die Vanderlip National City Bank New York. 5. Unsere vorherigen Stellungnahmen haben die Kreditwürdigkeit gestärkt. Wir befürworten den verdrahteten Plan als sichere Investition plus eine sehr attraktive Spekulation in Rubel. Aufgrund der Wechselkursgarantie haben wir den Kurs etwas über dem aktuellen Markt platziert. Aufgrund der ungünstigen Meinung, die durch eine lange Verzögerung ihrer eigenen Haftung entstanden ist, haben wir angeboten, 25 Mio. USD zu zeichnen. Wir sind der Meinung, dass ein großer Teil des Ganzen von der Bank und den verbündeten Institutionen behalten werden sollte. Was die Respektklausel betrifft, so werden die Zollbürgschaften zu einem praktischen Privileg über mehr als hundertfünfzig Millionen Dollar pro Jahr, was eine absolute Sicherheit darstellt und den Markt auch im Falle eines Ausfalls garantiert. Wir halten die Option von drei [Jahren?] auf die Anleihen für sehr wertvoll und deshalb

---

[59] Vereinigte Staaten, Senat, Anhörungen vor dem Sonderausschuss zur Untersuchung der Munitionsindustrie, 73-74. Cong. 1934-37, Pkt. 25, S. 76-66.

[60] Der Grüne Code, der ab 1910 vom State Department verkündet wurde.

sollte der Kreditbetrag in Rubel durch Gruppen oder Verteilung an enge Freunde erhöht werden. American International sollte den Block übernehmen und wir würden die Regierung informieren. Es sollte sofort eine Denkfabrik gegründet werden, die Anleihen aufnimmt und ausgibt ... sie sollte eine Garantie für volle Kooperation erhalten. Ich schlage vor, dass Sie Jack persönlich aufsuchen und alles in Ihrer Macht Stehende tun, um sie zum Laufen zu bringen, ansonsten kooperieren Sie mit der Garantie einer neuen Gruppe. Die Chancen hier in den nächsten zehn Jahren sind dank öffentlicher und industrieller Finanzierung sehr groß, und wenn dieser Deal zustande kommt, müssen Sie ihn zweifellos umsetzen. Behalten Sie bei Ihrer Antwort die Kabelsituation im Auge.

MacRoberts Rich an Francis, amerikanischer Botschafter[61]

Es gibt mehrere Punkte, die Sie zu dem obigen Kabel beachten sollten, um die folgende Geschichte zu verstehen. Beachten Sie erstens den Verweis auf Morgans American International Corporation, ein Verweis, der in dieser Geschichte immer wieder auftaucht. Zweitens: "Garantie" bezieht sich auf die Guaranty Trust Company. Drittens: "MacRoberts" steht für Samuel MacRoberts, Vizepräsident und Exekutivdirektor der National City Bank.

Am 24. Mai 1916 telegrafierte Botschafter Francis eine Nachricht von Rolph Marsh vom Guaranty Trust in Petrograd an den Guaranty Trust in New York, wieder im Rahmen des Green Cipher Special und erneut unter Nutzung der Einrichtungen des Außenministeriums. Dieses Kabel lautet wie folgt:

565, 24. Mai, 18 Uhr
Guaranty Trust Company New York: Drei.
Olof und man selbst sind der Ansicht, dass der neue Vorschlag sich um Olof kümmert und eher helfen wird, als dass er dem eigenen Prestige schadet. Eine solche Zusammenarbeit ist notwendig, wenn man hier große Dinge erreichen will. Sie müssen unbedingt mit der Stadt vereinbaren, dass Sie bei allen großen Vorschlägen gemeinsam überlegen und handeln. Die für beide beschlossenen Vorteile verhindern, dass man den einen gegen den anderen ausspielt. Die Vertreter der Stadt wünschen sich hier (schriftlich) eine solche Zusammenarbeit. Der vorliegende Vorschlag eliminiert unsere Option auf einen Kredit im Namen, aber wir beide ziehen den Rubelkredit mit der Option auf eine Verpflichtung in den Vorschlägen in Betracht. Der zweite Absatz bietet eine wunderbare Gewinnmöglichkeit, wir empfehlen Ihnen dringend, ihn anzunehmen. Bitte senden Sie mir ein Kabel, das mir die volle Autorität verleiht, in Bezug auf die Stadt zu handeln. Betrachten Sie unseren unterhaltsamen Vorschlag als eine für uns befriedigende Situation, die es uns ermöglicht, große Dinge zu tun. Auch hier empfehle ich Ihnen dringend, einen Kredit in Höhe von 25 Millionen Rubel zu akzeptieren. Kein möglicher Verlust und entscheidende spekulative Vorteile. Empfehlen Sie noch einmal, den Vizepräsidenten vor Ort zu haben. Die Wirkung wird entschieden gut sein. Der ansässige Anwalt hat nicht das gleiche Prestige und Gewicht. Dies geschieht in der Botschaft durch eine ähnlich codierte Antwort. Siehe Kabel zu den Möglichkeiten.

Rolph Marsh. Francis, amerikanischer Botschafter

---

[61] Dezimaldatei des US-Außenministeriums, 861.51/110 (316-116-682).

Hinweis: — Eingangsmeldung in Code Grün. TELEGRAFENRAUM[62]

"Olof" in dem Kabel war Olof Aschberg, ein schwedischer Bankier und Direktor der Nya Banken in Stockholm. Aschberg war 1915 nach New York gereist, um mit der Firma Morgan über die russischen Kredite zu sprechen. 1916 befand er sich mit Rolph Marsh vom Guaranty Trust und Samuel MacRoberts und Rich von der National City Bank (im Kabel als "City" bezeichnet) in Petrograd, um Kredite für das Morgan-Rockefeller-Konsortium zu arrangieren. Im folgenden Jahr wurde Aschberg, wie wir später sehen werden, als "bolschewistischer Bankier" bekannt, und seine eigenen Memoiren geben die Beweise für sein Recht auf diesen Titel wieder.

Die Akten des Außenministeriums enthalten auch eine Reihe von Kabeln zwischen Botschafter Francis, dem amtierenden Außenminister Frank Polk und Staatssekretär Robert Lansing, in denen es um die Rechtmäßigkeit und Zweckmäßigkeit der Übermittlung von Kabeln der National City Bank und des Guaranty Trust auf Staatskosten ging. Am 25. Mai 1916 schickte Botschafter Francis die folgenden Kabel nach Washington und bezog sich dabei auf die beiden vorherigen Kabel:

> 569, 25. Mai, 13 Uhr
> Meine Telegramme 563 und 565 vom 24. Mai werden an die örtlichen Vertreter der Institutionen geschickt, an die sie sich wenden, in der Hoffnung, ein Darlehen zu ermöglichen, das den internationalen Handel weitgehend steigern und [den diplomatischen Beziehungen?] sehr zugute kommen würde. Die Aussichten auf Erfolg sind vielversprechend. Die Vertreter in Petrograd halten die vorgelegten Bedingungen für sehr zufriedenstellend, befürchten aber, dass diese Vertretungen bei ihren Institutionen die Gewährung von Verbraucherkrediten verhindern könnten, wenn die Regierung hier von diesen Vorschlägen Kenntnis nehmen würde.
> Francis, amerikanischer Botschafter.[63]

Als grundlegenden Grund für die Erleichterung der Kabel nannte Francis "die Hoffnung, ein Darlehen zu erleichtern, das den internationalen Handel erheblich steigern würde". Die Übertragung von Handelsnachrichten unter Nutzung der Einrichtungen des Außenministeriums war verboten worden, und am 1. Juni 1916 schickte Polk ein Kabel an Francis:

> 842
> Unter Berücksichtigung der Regelung des Ministeriums in seinem Telegrafeninstruktionsrundschreiben vom 15 März[64] 1915 (Einstellung der Weiterleitung kommerzieller Nachrichten), erklären Sie bitte, warum die Nachrichten Ihrer 563, 565 und 575 mitgeteilt werden müssen.

---

[62] Dezimaldatei des US-Außenministeriums, 861.51/112.

[63] Dezimaldatei des US-Außenministeriums, 861.51/111.

[64] Handschriftlich in Klammern.

Im Folgenden befolgen Sie bitte aufmerksam die Anweisungen des Ministeriums. Handeln. Polk
861.51/112/110

Dann, am 8. Juni 1916, weitete Staatssekretär Lansing das Verbot aus und erklärte die vorgeschlagenen Kredite eindeutig für illegal:

> 860 Ihre 563, 565, 24 Mai, g: 569 25.1 pm Bevor ich Nachrichten an Vanderlip und Guaranty Trust Company übermittle, muss ich mich erkundigen, ob sie sich auf Darlehen der russischen Regierung jeglicher Art beziehen. Wenn dies der Fall ist, bedauere ich, dass das Ministerium bei ihrer Übermittlung nicht Partei ergreifen kann, da eine solche Handlung das Ministerium wegen der Beteiligung dieser Regierung an einer Darlehensoperation einer Kriegspartei zum Zweck der Fortsetzung ihrer feindlichen Operationen berechtigter Kritik aussetzen würde. Eine solche Beteiligung verstößt gegen die akzeptierte Regel des Völkerrechts, dass neutrale Regierungen keine Unterstützung bei der Beschaffung von Kriegsanleihen durch Kriegsparteien leisten dürfen.

Die letzte Zeile des Lansing-Kabels, so wie sie geschrieben wurde, wurde nicht nach Petrograd weitergeleitet. Die Zeile lautete wie folgt: "Können nicht Vorkehrungen getroffen werden, um diese Nachrichten über die russischen Kanäle zu senden? "
Wie können wir diese Kabel und die beteiligten Parteien bewerten?
Es ist klar, dass die Interessen von Morgan-Rockefeller nicht durch die Einhaltung des Völkerrechts behindert wurden. In diesen Kabeln steckt die klare Absicht, den Kriegsparteien Kredite zu gewähren. Diese Unternehmen zögerten nicht, die Einrichtungen des Außenministeriums zu nutzen, um die Verhandlungen zu führen. Außerdem ließ das Außenministerium trotz der Proteste zu, dass die Nachrichten weitergeleitet wurden. Und schließlich, und das ist für die späteren Ereignisse am interessantesten, war der schwedische Bankier Olof Aschberg im Namen des Guaranty Trust ein wichtiger Teilnehmer und Vermittler bei den Verhandlungen. Betrachten wir also den Fall von Olof Aschberg genauer.

OLOF ASCHBERG IST 1916 IN NEW YORK CITY

Olof Aschberg, der "bolschewistische Bankier" (oder "Bankier der Weltrevolution", wie er in der deutschen Presse genannt wurde), war Eigentümer der Nya Banken, die 1912 in Stockholm gegründet worden war. Zu seinen Mitdirektoren gehörten prominente Mitglieder schwedischer Genossenschaften und schwedische Sozialisten, darunter G. W. Dahl, K. G. Rosling und C. Gerhard Magnusson.[65] 1918 wurde die Nya Banken wegen ihrer Finanzgeschäfte für

---

[65] Olof Aschberg, *En Vandrande Jude Frän Glasbruksgatan* (Stockholm: Albert Bonniers Förlag, n.d.), S. 98-99, das in *Memoarer* (Stockholm: Albert Bonniers Förlag, 1946) enthalten ist. Siehe auch *Gästboken* (Stockholm: Tidens Förlag, 1955) für weitere Informationen über Aschberg.

Deutschland auf die schwarze Liste der Alliierten gesetzt. Als Reaktion auf diese schwarze Liste änderte die Nya Banken ihren Namen in Svensk Ekonomiebolaget. Die Bank blieb unter der Kontrolle von Aschberg, der der Haupteigentümer war. Der Agent der Bank in London war die British Bank of North Commerce, deren Vorsitzender Graf Grey war, ein ehemaliger Geschäftspartner von Cecil Rhodes. Zu Aschbergs weiteren Geschäftspartnern gehörten Krassin, der bis zur bolschewistischen Revolution (als er die Farbe wechselte und ein führender Bolschewist wurde) der russische Direktor von Siemens-Schukert in Petrograd war; Carl Furstenberg, Finanzminister der ersten bolschewistischen Regierung; und Max May, Vizepräsident mit Zuständigkeit für Auslandsgeschäfte beim Guaranty Trust of New York. Olof Aschberg schätzte Max May so sehr, dass ein Foto von May in Aschbergs Buch enthalten ist.[66]

Im Sommer 1916 war Olof Aschberg in New York, um die Nya Banken gegenüber dem zaristischen Finanzminister Pierre Bark zu vertreten. Laut der *New York Times* (4. August 1916) bestand Aschbergs Haupttätigkeit in New York darin, mit einer amerikanischen Bankengruppe unter der Führung von Stillmans National City Bank einen Kredit über 50 Millionen US-Dollar für Russland auszuhandeln. Das Geschäft wurde am 5. Juni 1916 abgeschlossen; das Ergebnis war ein russischer Kredit in Höhe von 50 Millionen US-Dollar in New York zu einem jährlichen Zinssatz von $7^{1/2}$% p. a. und ein entsprechender Kredit in Höhe von 150 Millionen Rubel für die NCB-Gruppe in Russland. Das New Yorker Syndikat machte daraufhin eine Kehrtwende und gab in eigenem Namen auf dem US-Markt Zertifikate zu $6^{1/2}$% im Wert von 50 Mio. USD aus. So erzielte die NCB-Gruppe einen Gewinn aus dem 50-Millionen-Dollar-Kredit an Russland, brachte ihn für einen weiteren Gewinn auf den US-Markt und erhielt in Russland einen Kredit in Höhe von 150 Millionen Rubel.

Während seines Besuchs in New York im Namen der zaristischen Regierung Russlands machte Aschberg einige prophetische Bemerkungen über die Zukunft Amerikas in Russland:

> Die Öffnung für amerikanisches Kapital und amerikanische Initiative, zusammen mit der Erweckung, die der Krieg mit sich bringt, wird landesweit erfolgen, wenn der Kampf vorbei ist. Es gibt jetzt viele Amerikaner in Petrograd, Vertreter von Handelsunternehmen, die sich über die Situation auf dem Laufenden halten, und sobald der Wandel eintritt, sollte eine enorme Blüte des amerikanischen Handels mit Russland entstehen.[67]

OLOF ASCHBERG UND DIE BOLSCHEWISTISCHE REVOLUTION

Während dieses zaristische Kreditgeschäft in New York gestartet wurde, leiteten Nya Banken und Olof Aschberg Gelder der deutschen Regierung an die

---

[66] Aschberg, S. 123.

[67] *New York Times*, 4. August 1916.

russischen Revolutionäre weiter, die schließlich das "Kerenski-Komitee" stürzen und das bolschewistische Regime errichten sollten.

Die Beweise für Olof Aschbergs enge Verbindung zur Finanzierung der bolschewistischen Revolution stammen aus mehreren Quellen, von denen einige wertvoller sind als andere. Die Nya Banken und Olof Aschberg werden in den Sisson-Dokumenten (siehe Kapitel drei) eindeutig erwähnt; George Kennan hat diese Dokumente jedoch systematisch analysiert und gezeigt, dass sie gefälscht sind, obwohl sie wahrscheinlich teilweise auf authentischen Dokumenten basieren. Weitere Beweise stammen von Oberst B. V. Nikitin, der in der Kerenski-Regierung für die Gegenspionage zuständig war, und bestehen aus 29 Telegrammen, die von Stockholm nach Petrograd und umgekehrt übermittelt wurden und die Finanzierung der Bolschewiki betrafen. Drei dieser Telegramme betreffen Banken - die Telegramme 10 und 11 betreffen die Nya Banken, und Telegramm 14 betrifft die Russisch-Asiatische Bank in Petrograd. Telegramm 10 lautet wie folgt:

> Gisa Furstenberg Saltsjobaden. Sehr geringe Mittel können nicht helfen, wenn wirklich dringend geben 500, da letzte mögliche Zahlung riesigen Verlust - unwiederbringliche Anfangskapital - instruieren Nya Banken Kabel 100 Tausend zusätzliche Sumenson.

Telegramm 11 lautet wie folgt:

> Kozlovsky Sergievskaya 81. Die ersten erhaltenen Briefe - Nya Banken telegrafiert per Kabel, dass Soloman unter Verwendung der örtlichen Telegrafenagentur auf Bronck Savelievich Avilov verweist.

Fürstenberg war der Vermittler zwischen Parvus (Alexander I. Helphand) und der deutschen Regierung. In Bezug auf diese Transfers kommt Michael Futrell zu dem Schluss:

> Es wurde festgestellt, dass sie [Evegeniya Sumenson] in den letzten Monaten über die Nya Banken in Stockholm fast eine Million Rubel von Furstenberg erhalten hatte und dass dieses Geld aus deutschen Quellen stammte.[68]

Das Telegramm 14 der Nikitin-Serie lautet wie folgt: "Furstenberg Saltsjöbaden. Nummer 90 Periode hunderttausend in Russisch-Asiatisch Sumenson". Der US-Vertreter für die russisch-asiatische Region war die MacGregor Grant Company am 120 Broadway, New York City, und die Bank wurde von Guaranty Trust in den USA und der Nya Banken in Schweden finanziert.

Eine weitere Erwähnung der Nya Banken findet sich in dem Dokument "Die Anschuldigungen gegen die Bolschewiki", das während der Kerenski-Ära veröffentlicht wurde. Besonders erwähnenswert ist in diesem Dokument ein von

---

[68] Michael Futrell, *Northern Underground* (London: Faber and Faber, 1963), S. 162.

Gregory Alexinsky, einem ehemaligen Mitglied der Zweiten Staatsduma, unterzeichnetes Dokument, das sich auf Geldtransfers an die Bolschewiki bezieht. Dieses Dokument lautet zum Teil wie folgt:

> Nach den soeben erhaltenen Informationen waren diese Vertrauenspersonen in Stockholm: der Bolschewik Jacob Furstenberg, besser bekannt als "Hanecki" (Ganetskii), und Parvus (Dr. Helphand); in Petrograd: der bolschewistische Anwalt M. U. Kozlovsky, eine Verwandte von Hanecki-Sumenson, die mit Hanecki spekulierte, und andere. Kozlovsky war der Hauptempfänger des deutschen Geldes, das von Berlin über die "Disconto-Gesellschaft" an die "Via Bank" in Stockholm und von dort an die Sibirische Bank in Petrograd überwiesen wurde, wo ihr Konto derzeit einen Saldo von über 2.000.000 Rubel aufweist. Die Militärzensur deckte einen ununterbrochenen Austausch von Telegrammen politischer und finanzieller Natur zwischen deutschen Agenten und bolschewistischen Führern auf [Stockholm-Petrograd].[69]

Darüber hinaus bewahrt das State Dept. eine Nachricht der US-Botschaft in Christiania (Oslo, 1925), Norwegen, vom 21. Februar 1918 mit folgendem grünen Code auf: "Bin informiert, dass bolschewistische Gelder bei Nya Banken, Stockholm, Gesandtschaft Stockholm beraten, hinterlegt sind. Schmedeman."[70]

Schließlich kommt Michael Furtell, der Olof Aschberg kurz vor dessen Tod befragte, zu dem Schluss, dass bolschewistische Gelder tatsächlich über die Nya Banken und Jacob Furstenberg in Form von Zahlungen für versandte Waren aus Deutschland überwiesen wurden. Laut Futrell bestätigte ihm Aschberg, dass Furstenberg ein Handelsgeschäft mit der Nya Banken hatte und dass Furstenberg auch Geld nach Petrograd geschickt hatte. Diese Aussagen sind in Aschbergs Memoiren authentifiziert (siehe Seite 70). Zusammenfassend lässt sich sagen, dass Aschberg über seine Nya Banken zweifellos ein Kanal für die in der bolschewistischen Revolution verwendeten Gelder war, und der Guaranty Trust war durch seine Verbindung mit Aschberg und seine Beteiligung an der MacGregor Grant Co. in New York, einem Agenten der Russo-Asiatic Bank, einem weiteren Transfervehikel, indirekt damit verbunden.

Nya Banken und Guaranty Trust schließen sich Ruskombank an

Viele Jahre später, im Herbst 1922, gründeten die Sowjets ihre erste internationale Bank. Sie basierte auf einem Konglomerat, das die alten russischen Privatbankiers und einige Neuinvestitionen deutscher, schwedischer, amerikanischer und britischer Bankiers umfasste. Die als Ruskombank (Foreign

---

[69] Siehe Robert Paul Browder und Alexander F. Kerensky, *The Russian Provisional government, 1917* (Stanford, Calif.: Stanford University Perss, 1961), 3: 1365. "Via Bank" ist offensichtlich Nya Banken.

[70] Dezimaldatei des US-Außenministeriums, 861.00/1130.

Commercial Bank oder Außenhandelsbank) bekannte Bank wurde von Olof Aschberg geleitet; ihr Vorstand bestand aus zaristischen Privatbankiers, Vertretern deutscher, schwedischer und amerikanischer Banken und natürlich aus Vertretern der Sowjetunion. Die amerikanische Delegation in Stockholm berichtete Washington über diese Angelegenheit und stellte mit Bezug auf Aschberg fest: "Sein Ruf ist schlecht. Er wurde in Dokument 54 der Sisson-Dokumente und in der Depesche Nr. 138 vom 4. Januar 1921 von einer Delegation in Kopenhagen erwähnt".[71]

Das an der Ruskombank beteiligte ausländische Bankenkonsortium vertrat hauptsächlich britisches Kapital. Es umfasste die Russo-Asiatic Consolidated Limited, die einer der größten privaten Gläubiger Russlands war und von den Sowjets 3 Millionen Pfund als Ausgleich für die Schäden erhielt, die ihrem Eigentum in der Sowjetunion durch die Verstaatlichung zugefügt worden waren. Die britische Regierung selbst hatte bereits erhebliche Anteile an russischen Privatbanken erworben; laut einem Bericht des Außenministeriums "ist die britische Regierung stark in das fragliche Konsortium investiert".[72]

Das Konsortium erhielt umfangreiche Konzessionen in Russland und die Bank hatte ein Grundkapital von zehn Millionen Goldrubeln. In einem Bericht der dänischen Zeitung *National Titende* hieß es, dass "Möglichkeiten für eine Zusammenarbeit mit der sowjetischen Regierung geschaffen wurden, wo dies durch politische Verhandlungen nicht möglich gewesen wäre".[73] Mit anderen Worten, wie die Zeitung es ausdrückte, konnten die Politiker keine Zusammenarbeit mit den Sowjets erreichen, aber "es kann als gegeben angesehen werden, dass die kapitalistische Ausbeutung Russlands beginnt, definiertere Formen anzunehmen".[74]

Anfang Oktober 1922 traf sich Olof Aschberg in Berlin mit Emil Wittenberg, dem Direktor der Nationalbank fur Deutschland, und Scheinmann, dem Direktor der russischen Staatsbank. Nachdem sie die deutsche Beteiligung an der Ruskombank besprochen hatten, reisten die drei Bankiers nach Stockholm, wo sie sich mit Max May, dem Vizepräsidenten der Guaranty Trust Company, trafen.

---

[71] Dezimaldatei des US-Außenministeriums, 861.516/129, 28. August 1922. In einem Bericht des Stockholmer State Dept. vom 9. Oktober 1922 (861.516/137) heißt es über Aschberg: "Ich habe Herrn Aschberg vor einigen Wochen getroffen, und in dem Gespräch, das er mit ihm führte, sagte er im Wesentlichen alles, was in diesem Bericht stand. Er bat mich auch, ihn zu fragen, ob er in die USA reisen könne, und nannte als Referenzen einige der wichtigsten Banken. In diesem Zusammenhang möchte ich jedoch die Aufmerksamkeit des Ministeriums auf Dokument 54 der Sisson-Dokumente sowie auf viele andere Depeschen lenken, die diese Gesandtschaft während des Krieges über diesen Mann geschrieben hat, dessen Ruf und Position nicht gut sind. Er arbeitet zweifellos eng mit den Sowjets zusammen, und während des gesamten Krieges hat er eng mit den Deutschen zusammengearbeitet" (U.S. State Dept. Decimal File, 861.516/137, Stockholm, 9. Oktober 1922. Der Bericht wurde von Ira N. Morris unterzeichnet).

[72] Ibid. 861.516/130, 13. September 1922.

[73] Ibid.

[74] Ibid.

Max May wurde daraufhin zum Direktor der Auslandsabteilung der Ruskombank ernannt, zusammen mit Schlesinger, dem ehemaligen Direktor der Moskauer Geschäftsbank, Kalaschkin, dem ehemaligen Direktor der Junker Bank, und Ternoffsky, dem ehemaligen Direktor der Sibirischen Bank. Die letztgenannte Bank war 1918 teilweise von der britischen Regierung aufgekauft worden. Professor Gustav Cassell aus Schweden erklärte sich bereit, als Berater der Ruskombank zu fungieren. Cassell wurde in einer schwedischen Zeitung *(Svenskadagbladet* vom 17. Oktober 1922) wie folgt zitiert:

> Die Tatsache, dass in Russland nun eine Bank gegründet wurde, die sich mit reinen Finanzfragen befasst, ist ein großer Schritt nach vorn, und mir scheint, dass diese Bank gegründet wurde, um ein neues Wirtschaftsleben in Russland zu erleichtern. Was Russland braucht, ist eine Bank, die seinen Binnen- und Außenhandel verwaltet. Wenn es Geschäfte zwischen Russland und anderen Ländern geben soll, muss es eine Bank geben, die diese Geschäfte abwickelt. Dieser Schritt nach vorn muss in jeder Hinsicht von anderen Ländern unterstützt werden, und als ich um meine Meinung gebeten wurde, erklärte ich, dass ich bereit sei, sie zu geben. Ich halte nichts von einer negativen Politik und bin der Meinung, dass jede Gelegenheit genutzt werden sollte, um zu einem positiven Wiederaufbau beizutragen. Die große Frage ist, wie man den russischen Handel wieder auf ein normales Niveau bringen kann. Dies ist eine komplexe Frage, die eine gründliche Untersuchung erfordern wird. Um dieses Problem zu lösen, bin ich natürlich mehr als bereit, mich an den Arbeiten zu beteiligen. Russland seinen eigenen Ressourcen und seinem eigenen Schicksal zu überlassen, ist eine Torheit.[75]

Das ehemalige Gebäude der Siberian Bank in Petrograd diente als Hauptsitz der Ruskombank, deren Ziele die Aufnahme kurzfristiger Kredite im Ausland, die Einführung dieses ausländischen Kapitals in die Sowjetunion und allgemein die Erleichterung des russischen Außenhandels waren. Sie wurde am 1. Dezember 1922 in Moskau eröffnet und beschäftigte rund 300 Mitarbeiter.

In Schweden wurde die Ruskombank von der Svenska Ekonomibolaget in Stockholm, von Olof Aschbergs Nya Banken unter neuem Namen und in Deutschland von der Garantie und Creditbank fur Den Osten in Berlin vertreten. In den USA wurde die Bank von der Guaranty Trust Company in New York vertreten. Bei der Eröffnung der Bank kommentierte Olof Aschberg:

> Die neue Bank wird sich um den Kauf von Maschinen und Rohstoffen in England und den USA kümmern und Garantien für die Erfüllung der Verträge geben. Die Frage des Einkaufs in Schweden hat sich noch nicht gestellt, aber es ist zu hoffen, dass dies später der Fall sein wird.[76]

---

[75] Ibid, 861.516/140, Stockholm, 23. Oktober 1922.

[76] Ibid, 861.516/147, 8. Dezember 1922.

Als Max May von Guaranty Trust der Ruskombank beitrat, machte er eine ähnliche Aussage:

> Als reiches Land mit gut entwickelten Industrien müssen die USA nichts aus dem Ausland importieren, aber ... sie sind sehr daran interessiert, ihre Produkte in andere Länder zu exportieren, und betrachten Russland als den am besten geeigneten Markt für diesen Zweck, wobei sie die weitreichenden Anforderungen Russlands in allen Bereichen seines Wirtschaftslebens in Betracht ziehen.[77]

May erklärte, dass die Russische Handelsbank "sehr wichtig" sei und "alle Linien der russischen Industrie weitgehend finanzieren" werde.

Von Anfang an waren die Geschäfte der Ruskombank durch das sowjetische Außenhandelsmonopol eingeschränkt. Die Bank hatte Schwierigkeiten, Vorschüsse für russische Waren zu erhalten, die im Ausland deponiert waren. Da diese im Namen der sowjetischen Handelsdelegationen weitergeleitet wurden, blieb ein Großteil der Gelder der Ruskombank in Depots bei der Russischen Staatsbank stecken. Schließlich wurde die Russische Handelsbank Anfang 1924 mit dem sowjetischen Außenhandelskommissariat zusammengelegt und Olof Aschberg wurde von seinen Aufgaben bei der Bank entbunden, weil er laut Moskauer Behauptungen Bankgelder missbraucht hatte. Seine erste Verbindung zur Bank war auf seine Freundschaft mit Maxim Litwinow zurückzuführen. Durch diese Verbindung hatte Olof Aschberg laut einem Bericht des Außenministeriums Zugang zu großen Geldbeträgen, um Zahlungen für Waren zu leisten, die von den Sowjets in Europa bestellt worden waren:

> Diese Gelder wurden offenbar in die Ekonomibolaget, eine private Bankgesellschaft, investiert, die Herrn Aschberg gehörte. Es wird nun behauptet, dass ein Großteil dieser Gelder von Herrn Aschberg verwendet wurde, um Investitionen für sein persönliches Konto zu tätigen, und dass er nun versucht, seine Position in der Bank durch den Besitz dieses Geldes zu erhalten. Meinem Informanten zufolge profitierte nicht nur Herr Aschberg von seinen Geschäften mit den sowjetischen Geldern, sondern er teilte die Gewinne mit denjenigen, die für seine Ernennung zur Russischen Handelsbank verantwortlich sind, darunter Litvinoff.[78]

Ruskombank wurde daraufhin zu Vneshtorg, dem Namen, unter dem sie heute bekannt ist.

Wir müssen nun zurückgehen und die Aktivitäten von Aschbergs New Yorker Partner, der Guaranty Trust Company, während des Ersten Weltkriegs untersuchen, um die Grundlage für eine Untersuchung seiner Rolle in der revolutionären Ära in Russland zu schaffen.

---

[77] Ibid, 861.516/144, 18. November 1922.

[78] Ibid, 861.316/197, Stockholm, 7. März 1924.

Guaranty Trust und die deutsche Spionage in den USA, 1914-1917[79]

Während des Ersten Weltkriegs sammelte Deutschland in New York beträchtliche Gelder für Spionage und verdeckte Operationen in Nord- und Südamerika. Es ist wichtig, den Fluss dieser Gelder zu registrieren, da sie von denselben Unternehmen - Guaranty Trust und American International Corporation - stammten, die an der bolschewistischen Revolution und ihren Nachwirkungen beteiligt waren. Ganz zu schweigen von der (in Kapitel drei hervorgehobenen) Tatsache, dass auch die deutsche Regierung Lenins revolutionäre Aktivitäten finanzierte.

Eine Zusammenfassung der Kredite, die amerikanische Banken während des Ersten Weltkriegs an deutsche Interessen vergeben hatten, wurde dem Overman-Ausschuss des US-Senats 1919 vom US-Militärgeheimdienst vorgelegt. Die Zusammenfassung basierte auf der Aussage von Karl Heynen, der im April 1915 in die USA gekommen war, um Dr. Albert bei Handels- und Finanzangelegenheiten der deutschen Regierung zu unterstützen. Heynens offizielle Arbeit bestand darin, Waren von den USA über Schweden, die Schweiz und Holland nach Deutschland zu transportieren. In Wirklichkeit war er bis zum Hals in diese geheimen Geschäfte verwickelt.

Heynen zufolge waren die wichtigsten deutschen Kredite, die zwischen 1915 und 1918 in den USA aufgenommen wurden, folgende: Der erste Kredit über 400.000 Dollar wurde um September 1914 von den Investmentbankern Kuhn, Loeb & Co. gewährt. Eine Bürgschaft über 25 Millionen Mark wurde bei Max M. Warburg in Hamburg, der deutschen Niederlassung von Kuhn, Loeb & Co. hinterlegt. Captain George B. Lester vom US-Militärgeheimdienst erklärte dem Senat, Heynen habe auf die Frage "Warum sind Sie zu Kuhn, Loeb & Co. gegangen?" geantwortet: "Wir betrachteten Kuhn, Loeb & Co. als die natürlichen Bankiers der deutschen Regierung und der Reichsbank".

Der zweite Kredit in Höhe von 1,3 Millionen US-Dollar stammte nicht direkt aus den USA, sondern wurde von John Simon, einem Agenten der Suedeutschen Disconto-Gesellschaft, ausgehandelt, um Geld für die Durchführung von Expeditionen nach Deutschland zu erhalten.

Das dritte Darlehen wurde von der Chase National Bank (der Morgan Group) in Höhe von drei Millionen US-Dollar gewährt. Das vierte Darlehen wurde von der Mechanics and Metals National Bank in Höhe von einer Million US-Dollar gewährt. Mit diesen Darlehen wurden deutsche Spionageaktivitäten in den USA und in Mexiko finanziert. Einige der Gelder gingen an Sommerfeld, der Berater von Von Rintelen (einem weiteren deutschen Spionageagenten) war und später mit Hjalmar Schacht und Emil Wittenberg in Verbindung gebracht wurde.

---

[79] Dieser Abschnitt basiert auf den Anhörungen des Overman-Ausschusses, USA, Senat, *Interessen von Brauereien und Spirituosen sowie deutsche und bolschewistische Propaganda*, Anhörungen vor dem Unterausschuss für die richterliche Gewalt, 65. Cong. 1919, 2:2154-74.

Sommerfeld sollte Munition kaufen, die für den Einsatz in Mexiko bestimmt war. Er hatte ein Konto bei der Guaranty Trust Company und von dort aus wurden Zahlungen an die Western Cartridge Co. in Alton, Illinois, für Munition getätigt, die nach El Paso verschifft wurde, um von Pancho Villas Banditen in Mexiko eingesetzt zu werden. Rund 400.000 US-Dollar wurden für Munition, mexikanische Propaganda und ähnliche Aktivitäten ausgegeben.

Graf von Bernstorff, der damalige deutsche Botschafter, erzählte von seiner Freundschaft mit Adolf von Pavenstedt, einem Hauptgesellschafter der Firma Amsinck & Co, die von der American International Corporation kontrolliert wurde und sich im November 1917 in deren Besitz befand. American International wird in den folgenden Kapiteln prominent erwähnt; in ihrem Vorstand finden sich die wichtigsten Namen der Wall Street: Rockefeller, Kahn, Stillman, du Pont, Winthrop und andere. Von Bernstorff zufolge war Von Pavenstedt "mit allen Botschaftsmitgliedern intim bekannt". Von Bernstorff[80] selbst betrachtete Von Pavenstedt als einen der angesehensten kaiserlichen Deutschen, "wenn nicht sogar als den angesehensten in New York".[81] In der Tat war Von Pavenstedt "viele Jahre lang ein führender Kopf des deutschen Spionagesystems in diesem Land".[82] Mit anderen Worten: Es besteht kein Zweifel daran, dass die von der American International Corporation kontrollierte Armsinck & Co eng mit der Finanzierung der deutschen Kriegsspionage in den USA verbunden war. Um Von Bernstorffs letzte Aussage zu untermauern, gibt es ein Foto eines Schecks zugunsten von Amsinck & Co. vom 8. Dezember 1917 - nur vier Wochen nach Beginn der bolschewistischen Revolution in Russland -, der von Papen (einem weiteren deutschen Spionageoperateur) unterzeichnet ist und eine Vignette mit der Aufschrift "Reisekosten auf Von W [d. h. Von Wedell]" trägt. French Strothers,[83] der die Fotografie veröffentlichte, erklärte, der Scheck sei ein Beweis dafür, dass Von Papen "nachträglich zum Komplizen eines Verbrechens gegen die amerikanischen Gesetze geworden ist"; er belastet auch Amsinck & Co. mit einer ähnlichen Anschuldigung.

Paul Bolo-Pasha, ein weiterer deutscher Spionageagent und ein prominenter französischer Finanzier, der früher im Dienst der ägyptischen Regierung gestanden hatte, kam im März 1916 mit einem Einführungsbrief an Von Pavenstedt in New York an. Über diesen traf sich Bolo-Pasha mit Hugo Schmidt, dem Direktor der Deutschen Bank in Berlin und ihrem Vertreter in den USA. Einer von Bolo-Pashas Plänen war es, ausländische Zeitungen zu kaufen, um deren Leitartikel zugunsten Deutschlands zu lenken. Die Mittel für dieses Programm wurden in Berlin als Kredit von der Guaranty Trust Company arrangiert, der Kredit wurde dann Amsinck & Co. zur Verfügung gestellt. Adolf von Pavenstedt von Amsinck wiederum stellte die Mittel Bolo-Pasha zur Verfügung.

---

[80] Graf von Bernstorff, *Meine drei Jahre in Amerika* (New York: Scribner's, 1920), S. 261.

[81] Ibid.

[82] Ibid.

[83] French Strothers, *Fighting Germany's Spies* (Garden City, N.Y.: Doubleday, Page, 1918), S. 152.

Mit anderen Worten: Sowohl die Guaranty Trust Company als auch Amsinck & Co, eine Tochtergesellschaft der American International Corporation, waren direkt an der Durchführung der deutschen Spionage und anderer Aktivitäten in den USA beteiligt. Diese Unternehmen können Verbindungen zu jedem der wichtigsten deutschen Operateure in den USA - Dr. Albert, Karl Heynen, Von Rintelen, Von Papan, Graf Jacques Minotto (siehe unten) und Paul Bolo-Pasha - herstellen.

1919 stellte auch der Overman-Ausschuss des Senats fest, dass der Guaranty Trust eine aktive Rolle bei der Finanzierung der deutschen Bemühungen im Ersten Weltkrieg in einer "nicht neutralen" Weise gespielt hatte. Die Aussage des amerikanischen Geheimdienstoffiziers Becker zeigt dies deutlich:

> Bei dieser Mission wurde Hugo Schmidt [von der Deutschen Bank] sehr stark von einigen US-amerikanischen Bankinstituten unterstützt. Das war zu einem Zeitpunkt, als wir neutral waren, aber sie handelten zum Nachteil der britischen Interessen, und ich verfüge über beträchtliche Daten über die diesbezüglichen Aktivitäten der Guaranty Trust Co. und würde gerne wissen, ob der Ausschuss möchte, dass ich darauf zurückkomme.
> **SENATOR NELSON**: Das ist eine Filiale der City Bank, oder?
> **MR. BECKER**: Nein.
> **SENATOR OVERMAN**: Wenn sie den britischen Interessen zuwiderlief, war sie nicht neutral, und ich denke, es wäre besser, wenn Sie uns darüber informieren würden.
> **SENATOR KING**: Handelte es sich um eine gewöhnliche Banktransaktion?
> **MR. BECKER**: Das wäre eine Frage der Meinung. Es ging darum, den Austausch zu verschleiern, um ihn als neutralen Austausch erscheinen zu lassen, obwohl es sich in Wirklichkeit um eine deutsche Operation in London handelte. Dank der Geschäfte, an denen die Guaranty Trust Co. zwischen dem 1. August 1914 und dem Kriegseintritt Amerikas hauptsächlich beteiligt war, gelang es der Deutschen Banke in ihren Filialen in Südamerika, in Kriegszeiten in London 4 670 000 Pfund Sterling an Wechselgeld auszuhandeln.
> **SENATOR OVERMAN**: Ich denke, das reicht.[84]

Was wirklich wichtig ist, ist nicht so sehr, dass Deutschland finanzielle Hilfe erhielt, was illegal war, sondern dass die Direktoren von Guaranty Trust zur gleichen Zeit den Alliierten finanziell halfen. Mit anderen Worten: Der Guaranty Trust finanzierte beide Seiten des Konflikts. Dies wirft die Frage nach der Moral auf.

GARANTY TRUST, MINOTTO UND CAILLAUX[85]

---

[84] Vereinigte Staaten, Senat, Overman Committee, 2:2009.

[85] Dieser Abschnitt stützt sich auf die folgenden Quellen (sowie auf solche, die an anderer Stelle zitiert werden): Jean Bardanne, *Le Colonel Nicolai: espion de génie* (Paris: Éditions Siboney, s.d.); Cours de Justice, *Affaire Caillaux, Loustalot et Comby: Procédure générale d'interrogatoires* (Paris, 1919), S. 349-50, 937-46; Paul Vergnet, L'*Affaire Caillaux* (Paris

Graf Jacques Minotto ist ein sehr unwahrscheinlicher, aber nachprüfbarer und hartnäckiger roter Faden, der die bolschewistische Revolution in Russland mit den deutschen Banken, die deutsche Spionage während des Ersten Weltkriegs in den USA, die Guaranty Trust Company in New York, die gescheiterte bolschewistische Revolution in Frankreich und die damit verbundenen Caillaux-Malvy-Spionageprozesse in Frankreich miteinander verbindet.

Jacques Minotto wurde am 17. Februar 1891 in Berlin als Sohn eines österreichischen Vaters, der aus italienischem Adel stammte, und einer deutschen Mutter geboren. Der junge Minotto ging in Berlin zur Schule und trat 1912 in die Deutsche Bank in Berlin ein. Fast sofort wurde Minotto als Assistent von Hugo Schmidt, dem stellvertretenden Direktor der Deutschen Bank und ihrem Vertreter in New York, in die Vereinigten Staaten geschickt. Nach einem Jahr in New York wird Minotto von der Deutschen Bank nach London geschickt, wo er in den wichtigsten politischen und diplomatischen Kreisen zirkuliert. Zu Beginn des Ersten Weltkriegs kehrte Minotto in die USA zurück und lernte sofort den deutschen Botschafter Graf von Bernstorff kennen, woraufhin er in die Dienste der Guaranty Trust Company in New York trat. Bei der Guaranty Trust Company war Minotto direkt Max May unterstellt, dem Leiter der Abteilung für auswärtige Angelegenheiten und Partner des schwedischen Bankiers Olof Aschberg. Minotto war kein kleiner Bankbeamter. Die Verhöre bei den Caillaux-Prozessen in Paris im Jahr 1919 stellten fest, dass Minotto direkt unter Max May arbeitete. Am 25. Oktober 1914 schickte der Guaranty Trust Jacques Minotto nach Südamerika, um einen Bericht über die politische, finanzielle und geschäftliche Situation zu erstellen. Wie schon in London, Washington und New York hatte sich Minotto auch hier in den höchsten diplomatischen und politischen Kreisen festgesetzt. Eines der Ziele von Minottos Mission in Lateinamerika war es, den Mechanismus festzulegen, mit dem der Guaranty Trust die zuvor erwähnte deutsche Geldbeschaffung auf dem Londoner Geldmarkt vermitteln konnte, die Deutschland später wegen des Ersten Weltkriegs verweigert wurde. Minotto kehrte in die USA zurück, erneuerte seine Verbindung mit Graf von Bernstorff und Graf Luxberg und versuchte 1916, eine Stelle beim Nachrichtendienst der US-Marine zu bekommen.

Später wurde er wegen pro-deutscher Aktivitäten verhaftet. Als er verhaftet wurde, arbeitete Minotto in der Chicagoer Fabrik seines Schwiegervaters Louis Swift von Swift & Co, einem Fleischverpackungsunternehmen. Swift stellte die Bürgschaft für die Kaution von 50.000 US-Dollar, die für Minottos Freilassung erforderlich war. Minotto wurde von Henry Veeder, dem Anwalt von Swift & Co, vertreten. Louis Swift selbst wurde später wegen pro-deutscher Aktivitäten verhaftet. Ein interessanter und nicht zu vernachlässigender Zufall war, dass der "Kommandant" Harold H. Swift, der Bruder von Louis Swift, war 1917 Mitglied der Rotkreuzmission William Boyce Thompson in Petrograd - also einer der

---

1918), insbesondere das Kapitel mit dem Titel "Marx de Mannheim"; Henri Guernut, Emile Kahn und Camille M. Lemercier, *Études documentaires sur L'Affaire Caillaux* (Paris, s.d.), S. 1012-15; und George Adam, *Treason and Tragedy: An Account of French War Trials* (London: Jonathan Cape, 1929).

Gruppen von Anwälten und Geschäftsleuten der Wall Street, deren enge Verbindungen zur russischen Revolution später beschrieben werden. Helen Swift Neilson, die Schwester von Louis und Harold Swift, wurde später mit dem Abraham Lincoln Center "Unity", einer pro-kommunistischen Gruppe, in Verbindung gebracht. Dadurch wurde eine geringfügige Verbindung zwischen den deutschen Banken, den amerikanischen Banken, der deutschen Spionage und, wie wir später sehen werden, der bolschewistischen Revolution hergestellt.[86]

Joseph Caillaux war ein berühmter (nach Meinung einiger berüchtigter) französischer Politiker. Er war auch Partner von Graf Minotto bei dessen Geschäften in Lateinamerika im Auftrag des Guaranty Trust und war später in die berühmten französischen Spionagefälle von 1919 verwickelt, die Verbindungen zu den Bolschewiken hatten. 1911 wurde Caillaux Finanzminister und später im selben Jahr Premierminister von Frankreich. John Louis Malvy wurde Unterstaatssekretär in der Regierung Caillaux. Einige Jahre später ermordete Madame Caillaux Gaston Calmette, den Chefredakteur des *Figaro*, einer bekannten Pariser Zeitung. Die Staatsanwaltschaft beschuldigte Madame Caillaux, Calmette ermordet zu haben, um die Veröffentlichung einiger kompromittierender Dokumente zu verhindern. Diese Affäre führte dazu, dass Caillaux und seine Frau Frankreich verließen. Das Paar reiste nach Lateinamerika und traf dort Graf Minotto, den Agenten der Guaranty Trust Company, der in Lateinamerika war, um Vermittler für die deutsche Finanzwelt aufzubauen. Graf Minotto ist mit dem Ehepaar Caillaux in Rio de Janeiro und Sao Paulo in Brasilien, in Montevideo in Uruguay und in Buenos Aires in Argentinien sozial verbunden. Mit anderen Worten: Graf Minotto war ein ständiger Begleiter des Ehepaars Caillaux während ihres Aufenthalts in Lateinamerika. Nach ihrer[87] Rückkehr nach Frankreich hielten sich Caillaux und seine Frau als Gäste von Paul Bolo-Pasha in Biarritz auf, der, wie wir gesehen haben, ebenfalls ein deutscher Spionageoperateur in den USA und Frankreich war. Später,[88] im Juli 1915, kam Graf Minotto aus Italien nach Frankreich und traf das Ehepaar Caillaux; im selben Jahr besuchte das Ehepaar Caillaux Bolo-Pasha erneut in Biarritz. Mit anderen Worten: 1915 und 1916 baute Caillaux eine kontinuierliche soziale Beziehung zu Graf Minotto und Bolo-Pasha auf, die beide deutsche Spionageagenten in den USA waren.

Bolo-Pashas Arbeit in Frankreich wird dazu führen, dass Deutschland in den Pariser *Zeitungen Le Temps* und Le *Figaro an* Einfluss gewinnt. Bolo-Pasha reist anschließend nach New York, wo er am 24. Februar 1916 ankommt. Dort handelte er einen Kredit über zwei Millionen Dollar aus und wurde mit Von Pavenstedt, dem prominenten deutschen Agenten der Firma Amsinck & Co, in Verbindung

---

[86] Diese Beziehung wird in dem dreibändigen Bericht der Overman-Kommission von 1919 ausführlich behandelt. Siehe Bibliografie.

[87] Siehe Rudolph Binion, *Defeated Leaders* (New York: Columbia University Press, 1960).

[88] George Adam, *Treason and Tragedy: An Account of French War Trials* (London: Jonathan Cape, 1929).

gebracht.[89] Severance Johnson brachte in *The Enemy Within* Caillaux und Malvy mit der gescheiterten französischen bolschewistischen Revolution von 1918 in Verbindung und erklärte, dass, wenn die Revolution erfolgreich gewesen wäre, "Malvy der Trotzki Frankreichs gewesen wäre, wenn Caillaux sein Lenin gewesen wäre".[90] Caillaux und Malvy bildeten mit deutschen Geldern eine radikale sozialistische Partei in Frankreich und wurden für diese subversiven Bemühungen vor Gericht gestellt. Die Vernehmungen des Gerichts in den französischen Spionageprozessen von 1919 führen Zeugenaussagen über New Yorker Bankiers und ihre Beziehungen zu diesen deutschen Spionageoperateuren ein. Sie legen auch die Verbindungen zwischen Graf Minotto und Caillaux sowie die Beziehung der Guaranty Trust Company zur Deutschen Bank und die Zusammenarbeit zwischen Hugo Schmidt von der Deutschen Bank und Max May von der Guaranty Trust Company dar. Das französische Verhör (Seite 940) enthält den folgenden Auszug aus der Aussage von Graf Minotto in New York (Seite 10 und aus dem Französischen übersetzt):

> FRAGE: Unter wessen Befehl waren Sie bei Guaranty Trust?
> ANTWORT: Unter dem Befehl von Herrn Max May.
> FRAGE: Er war Vizepräsident?
> ANTWORT: Er war Vizepräsident und Direktor des Außenministeriums.

Später, im Jahr 1922, wurde Max May Direktor der sowjetischen Ruskombank und vertrat die Interessen von Guaranty Trust in dieser Bank. Das französische Verhör stellte fest, dass Graf Minotto, ein deutscher Spionageagent, bei der Guaranty Trust Company angestellt war; dass Max May sein Vorgesetzter war; und dass Max May auch eng mit dem bolschewistischen Bankier Olof Aschberg verbunden war. Kurz gesagt: Max May von der Guaranty Trust stand in Verbindung mit illegaler Geldbeschaffung und deutscher Spionage in den USA während des Ersten Weltkriegs; er war indirekt mit der bolschewistischen Revolution und direkt mit der Gründung der Ruskombank, der ersten internationalen Bank in der Sowjetunion, verbunden.

Es ist noch zu früh, um zu versuchen, diese scheinbar inkohärente, illegale und manchmal unmoralische internationale Aktivität zu erklären. Im Allgemeinen gibt es zwei plausible Erklärungen: erstens das unerbittliche Streben nach Profit; zweitens - was sich mit den Worten von Otto Kahn von der Kuhn, Loeb & Co. und der American International Corporation im Epigraph dieses Kapitels deckt - das Erreichen sozialistischer Ziele, Ziele, die mit nicht-sozialistischen Mitteln "erreicht werden sollten und können".

---

[89] Ibid.

[90] *The Enemy Within* (London: George Allen & Unwin, 1920).

KAPITEL V

DIE MISSION DES AMERIKANISCHEN ROTEN KREUZES IN RUSSLAND - 1917

> *Der arme Mr. Billings glaubte, er sei mit einer wissenschaftlichen Mission zur Rettung Russlands betraut.... In Wirklichkeit war er nichts weiter als eine Tarnung - dieser Vorwand einer Rotkreuzmission war nichts anderes als ein Köder.*
>
> Cornelius Kelleher, Assistent von William Boyce Thompson
> (in *Russia Leaves the War*, von George F. Kennan,)

Das Wall-Street-Projekt in Russland im Jahr 1917 nutzte die Mission des Roten Kreuzes als operatives Vehikel. Sowohl Guaranty Trust als auch National City Bank hatten zur Zeit der Revolution Vertreter in Russland. Frederick M. Corse von der Filiale der National City Bank in Petrograd war der später erwähnten Mission des Amerikanischen Roten Kreuzes zugeteilt. Der Guaranty Trust wurde von Henry Crosby Emery vertreten. Emery wurde 1918 vorübergehend von den Deutschen festgehalten und vertrat dann den Guaranty Trust in China.

Bis etwa 1915 war Miss Mabel Boardman die einflussreichste Person am nationalen Hauptsitz des Amerikanischen Roten Kreuzes in Washington, D.C.. Als aktive und energische Förderin war Miss Boardman die treibende Kraft hinter dem Unternehmen Rotes Kreuz gewesen, obwohl ihre Ausstattung von reichen und prominenten Persönlichkeiten wie J. P. Morgan, Mrs. E. H. Harriman, Cleveland H. Dodge und Mrs. Russell Sage. Die Spendenkampagne von 1910 in Höhe von 2 Millionen Dollar war beispielsweise nur deshalb erfolgreich, weil sie von diesen reichen New Yorkern unterstützt wurde. Tatsächlich stammte der Großteil des Geldes aus der Stadt New York. J.P. Morgan selbst steuerte 100.000 US-Dollar bei, und sieben weitere Spender aus der Stadt New York brachten 300.000 US-Dollar zusammen. Nur eine Person außerhalb von New York steuerte mehr als 10.000 US-Dollar bei: William J. Boardman, der Vater von Miss Boardman. Henry P. Davison war 1910 Vorsitzender des New Yorker Fundraising-Komitees und wurde später Präsident des Kriegsrats des Amerikanischen Roten Kreuzes. Mit anderen Worten: Während des Ersten Weltkriegs war das Rote Kreuz stark von der Wall Street und insbesondere von der Firma Morgan abhängig.

Das Rote Kreuz konnte den Anforderungen des Ersten Weltkriegs nicht mehr gerecht werden und wurde tatsächlich von diesen New Yorker Bankiers übernommen. Laut John Foster Dulles betrachteten diese Geschäftsleute "das Amerikanische Rote Kreuz als virtuellen Arm der Regierung, sie planten, einen unermesslichen Beitrag zum Sieg des Krieges zu leisten". Damit verhöhnten[91] sie das Motto des Roten Kreuzes: "Neutralität und Menschlichkeit".

Im Gegenzug für die Spendensammlung forderte die Wall Street die Gründung des Kriegsrats des Roten Kreuzes, und auf Empfehlung von Cleveland H. Dodge, einem der Geldgeber von Woodrow Wilson, wurde Henry P. Davison, ein Teilhaber der J.P. Morgan Company, zum Vorsitzenden ernannt. Die Liste der Kuratoren des Roten Kreuzes begann nun, das Aussehen des Who's Who der New Yorker Wirtschaftsführer anzunehmen: John D. Ryan, Präsident der Anaconda Copper Company (siehe Frontispiz); George W. Hill, Präsident der American Tobacco Company; Grayson M.P. Murphy, Vizepräsident der Guaranty Trust Company; und Ivy Lee, PR-Expertin für die Rockefellers. Harry Hopkins, der unter Präsident Roosevelt berühmt werden sollte, wurde Assistent des Generaldirektors des Roten Kreuzes in Washington, D.C..

Die Frage einer Rotkreuz-Mission in Russland wurde auf der dritten Sitzung dieses neu zusammengesetzten Kriegsrats aufgeworfen, die am Freitag, den 29. Mai 1917, um 11 Uhr im Rotkreuz-Gebäude in Washington, D.C., abgehalten wurde. Präsident Davison wurde beauftragt, die Idee mit Alexander Legge von der International Harvester Company zu erörtern. Später stellte International Harvester, das über beträchtliche Interessen in Russland verfügte, 200.000 Dollar zur Verfügung, um bei der Finanzierung der russischen Mission zu helfen. Bei einem späteren Treffen wurde bekannt gegeben, dass William Boyce Thompson, Direktor der Federal Reserve Bank in New York, "angeboten hatte, die gesamten Kosten der Kommission zu übernehmen"; dieses Angebot wurde in einem Telegramm angenommen: "Ihr Wunsch, die Kosten der Kommission an Russland zu zahlen, wird sehr geschätzt und ist aus unserer Sicht sehr wichtig".[92]

Die Mitglieder der Mission erhielten keine Vergütung. Alle Ausgaben wurden von William Boyce Thompson bezahlt und die 200.000 Dollar von International Harvester wurden in Russland offenbar für politische Zuwendungen verwendet. Aus den Akten der amerikanischen Botschaft in Petrograd wissen wir, dass das amerikanische Rote Kreuz Prinz Lvoff, dem Vorsitzenden des Ministerrats, 4000 Rubel für "Hilfe für Revolutionäre" und Kerenski 10.000 Rubel in zwei Raten für "Hilfe für politische Flüchtlinge" gab.

MISSION DES AMERIKANISCHEN ROTEN KREUZES IN RUSSLAND, 1917

Im August 1917 hatte die Mission des Amerikanischen Roten Kreuzes in Russland nur entfernt etwas mit seiner amerikanischen Muttergesellschaft zu tun und sollte wirklich die ungewöhnlichste Rotkreuzmission der Geschichte werden.

---

[91] John Foster Dulles, *Amerikanisches Rotes Kreuz* (New York: Harper, 1950).

[92] Protokoll des Kriegsrats des Amerikanischen Roten Kreuzes (Washington, D.C., Mai 1917)

Alle Ausgaben, auch die für Uniformen - die Mitglieder waren allesamt Obersten, Majore, Hauptleute oder Leutnants - wurden aus der Tasche von William Boyce Thompson bezahlt. Ein zeitgenössischer Beobachter nannte die Gruppe der Offiziere die "Haitianische Armee":

> Die Delegation des Amerikanischen Roten Kreuzes, etwa 40 Obersten, Majors, Hauptmännern und Leutnants, ist gestern eingetroffen. Sie wird von Oberst (Dr.) Billings aus Chicago geleitet und besteht aus Oberst William B. Thompson und vielen Ärzten und Zivilisten, alle mit militärischen Titeln; wir haben die Einheit "Haytian Army" genannt, weil es keine Soldaten gab. Soweit ich weiß, kamen sie nicht, um irgendeinen klar definierten Auftrag zu erfüllen. Tatsächlich sagte mir Gouverneur Francis vor einiger Zeit, dass er darauf bestanden hatte, dass sie nicht kommen durften, da es bereits zu viele Einsätze der verschiedenen Alliierten in Russland gab. Offenbar bildete sich diese Kommission ein, dass in Russland dringend Ärzte und Krankenschwestern benötigt würden; tatsächlich gibt es derzeit einen Überschuss an einheimischen und ausländischen medizinischen Talenten und Krankenschwestern im Land und viele sehr leere Krankenhäuser in den großen Städten.[93]

Die Mission bestand tatsächlich nur aus vierundzwanzig (nicht vierzig) Personen, die den militärischen Rang von Oberstleutnant bis Leutnant innehatten, und wurde durch drei Pflegehelfer, zwei Filmfotografen und zwei Dolmetscher ohne Rang ergänzt. Nur fünf (von vierundzwanzig) waren Ärzte; darüber hinaus gab es zwei medizinische Forscher. Die Mission kam im August 1917 mit dem Zug über Sibirien in Petrograd an. Die fünf Ärzte und medizinischen Hilfskräfte blieben einen Monat lang dort und kehrten am 11. September in die Vereinigten Staaten zurück. Dr. Frank Billings, nomineller Leiter der Mission und Professor für Medizin an der Universität von Chicago, soll von den offen politischen Aktivitäten der Mehrheit der Mission angewidert gewesen sein. Die anderen Ärzte waren William S. Thayer, Professor für Medizin an der Johns Hopkins University; D. J. McCarthy, Mitglied des Phipps-Instituts für das Studium und die Prävention der Tuberkulose in Philadelphia; Henry C. Sherman, Professor für Lebensmittelchemie an der Columbia University; C. E. A. Winslow, Professor für Bakteriologie und Hygiene an der Yale School of Medicine; Wilbur E. Post, Professor für Medizin am Rush Medical College; Dr. Malcolm Grow vom Reservekorps der Militärärzte der US-Armee; und Orrin Wightman, Professor für klinische Medizin am Poliklinik-Krankenhaus in New York. George C. Whipple war als Professor für Gesundheitstechnik an der Harvard-Universität eingeschrieben, war aber in Wirklichkeit Partner der New Yorker Firma Hazen, Whipple & Fuller, Berater für Ingenieurwesen. Dies ist insofern bedeutsam, als Malcolm Pirnie - dessen Liste weiter zurückreicht - als assistierender Sanitäringenieur eingeschrieben und als Ingenieur bei Hazen, Whipple & Fuller angestellt war.

---

[93] Gibbs' Tagebuch, 9. August 1917. Historische Gesellschaft des Bundesstaates Wisconsin.

Die Mehrheit der Mission, wie in der folgenden Tabelle beschrieben, bestand aus Anwälten, Finanzleuten und ihren Assistenten aus dem New Yorker Finanzsektor. Die Mission wurde von William B. Thompson finanziert, der im offiziellen Rundschreiben des Roten Kreuzes als "Commissioner and Commercial Director; Director of the American Federal Bank of New York" beschrieben wurde. Thompson brachte Cornelius Kelleher mit, der als Attaché der Mission beschrieben wurde, in Wirklichkeit aber Thompsons Sekretär war und die gleiche Adresse hatte - 14 Wall Street, New York City. Für die Werbung für die Mission war Henry S. Brown zuständig, der dieselbe Adresse hatte. Thomas Day Thacher war Anwalt bei Simpson, Thacher & Bartlett, einer Kanzlei, die sein Vater Thomas Thacher 1884 gegründet hatte und die stark in die Reorganisation und Fusionen von Eisenbahnen involviert war. Thomas arbeitete als Junior zunächst für das Familienunternehmen, wurde dann Assistent des US-Staatsanwalts unter Henry L. Stimson und kehrte 1909 zum Familienunternehmen zurück. Der junge Thacher war ein enger Freund von Felix Frankfurter und wurde später Assistent von Raymond Robins, ebenfalls bei der Rot-Kreuz-Mission. Im Jahr 1925 wurde er unter Präsident Coolidge zum Bezirksrichter ernannt, wurde unter Herbert Hoover General Solicitor und war Direktor des William Boyce Thompson Institute.

Die Mission des Amerikanischen Roten Kreuzes in Russland im Jahr 1919

Mitglieder der Wall Street Financial Community und ihre Mitgliedschaften	Ärzte	Pflegekräfte, Dolmetscher usw.
Andrews (Liggett & Myers Tobacco)	Billings (Arzt)	Brooks (Pflegehelfer/in)
Barr (Chase National Bank)	Aufwachsen (Arzt)	Clark (Pflegehelfer/in)
Brown (c/o William B. Thompson)	McCarthy (medizinische Forschung; Arzt)	Rocchia (geordnet)
Cochran (McCann Co.)	Stelle (Arzt)	
Kelleher (c/o William B. Thompson)	Sherman (Lebensmittelchemie)	Travis (Filme)
Nicholson (Swirl & Co.)	Thayer (Arzt)	Wyckoff (Filme)
Pirnie (Hazen, Whipple & Fuller)		
Redfield (Stetson, Jennings & Russell)	Wightman (Medizin)	Hardy (Gerechtigkeit)
Robins (Bergbauentwickler)	Winslow (Hygiene)	Horn (Transport)
Swift (Swift & Co.)		
Thacher (Simpson, Thacher & Bartlett)		
Thompson (Federal Reserve Bank of N.Y.)		
Wardwell (Stetson, Jennings & Russell)		
Whipple (Hazen, Whipple & Fuller)		
Korsika (Nationalbank der Stadt)		
Magnuson (empfohlen vom vertraulichen Agenten Oberst Thompson)		

Alan Wardwell, ebenfalls stellvertretender Kommissar und Sekretär des Präsidenten, war Rechtsanwalt in der Kanzlei Stetson, Jennings & Russell in der 15 Broad Street in New York, und H. B. Redfield war Wardwells Rechtssekretär. Major Wardwell war der Sohn von William Thomas Wardwell, dem langjährigen Schatzmeister der Standard Oil of New Jersey und der Standard Oil of New York. Der älteste Sohn Wardwell war einer der Unterzeichner des berühmten Standard-Oil-Trust-Abkommens, Mitglied des Komitees, das die Aktivitäten des Roten Kreuzes während des Spanisch-Amerikanischen Krieges organisierte, und Direktor der Sparkasse von Greenwich. Sein Sohn Alan war nicht nur Direktor der Greenwich Savings, sondern auch der Bank of New York und der Trust Co. sowie der Georgian Manganese Company (zusammen mit W. Averell Harriman, dem Direktor des Guaranty Trust). 1917 war Alan Wardwell Stetson, Jennings & Russell angeschlossen und schloss sich später Davis, Polk, Wardwell, Gardner & Read an (Frank L. Polk war während der Zeit der bolschewistischen Revolution kommissarischer Staatssekretär). Der Overman-Ausschuss des Senats stellte fest, dass Wardwell das sowjetische Regime unterstützte, obwohl Poole, der Leiter des Außenministeriums vor Ort, bemerkte, dass "Major Wardwell von allen Amerikanern die umfassendste Erfahrung mit Terror hat" (316-23-1449). In den 1920er Jahren engagierte sich Wardwell zusammen mit der Russisch-Amerikanischen Handelskammer für die Förderung der sowjetischen Handelsziele.

Schatzmeister der Mission war James W. Andrews, Wirtschaftsprüfer der Tabakfirma Liggett & Myers in St. Robert I. Barr, ein weiteres Mitglied, war als stellvertretender Kommissar eingetragen; er war Vizepräsident der Chase Securities Company (120 Broadway) und der Chase National Bank. William Cochran vom 61 Broadway in New York war für die Werbung zuständig. Raymond Robins, ein Bergbauförderer, wurde als stellvertretender Kommissar aufgenommen und als "Sozialökonom" beschrieben. Schließlich gehörten der Mission auch zwei Mitglieder von Swift & Company aus Union Stockyards, Chicago, an. Die Swifts wurden zuvor als mit der deutschen Spionage in den Vereinigten Staaten während des Ersten Weltkriegs verbunden erwähnt. Harold H. Swift, stellvertretender Kommissar, war der Assistent des Vizepräsidenten von Swift & Company; William G. Nicholson arbeitete ebenfalls für Swift & Company, Union Stockyards.

Zwei Personen wurden der Mission nach ihrer Ankunft in Petrograd inoffiziell hinzugefügt: Frederick M. Corse, Vertreter der National City Bank in Petrograd; und Herbert A. Magnuson, der "sehr dringend von John W. Finch, dem vertraulichen Agenten in China von Colonel William B. Thompson, empfohlen" wurde.[94]

Die Pirnie-Dokumente, die bei der Hoover Institution hinterlegt sind, enthalten Informationen aus erster Hand über die Mission. Malcolm Pirnie war ein Ingenieur, der bei der Firma Hazen, Whipple & Fuller, Beratende Ingenieure, in der 42Straße in New York City angestellt war. Pirnie war ein Mitglied der Mission

---

[94] Bericht von Billings an Henry P. Davison, 22. Oktober 1917, Archiv des Amerikanischen Roten Kreuzes.

und wurde auf einer Passagierliste als stellvertretender Gesundheitsingenieur aufgeführt. George C. Whipple, ein Partner der Firma, gehörte ebenfalls zu der Gruppe. Zu Pirnies Unterlagen gehört ein Originaltelegramm von William B. Thompson, in dem er den stellvertretenden Gesundheitsingenieur Pirnie einlud, sich mit ihm und Henry P. Davison, dem Vorsitzenden des Kriegsrats des Roten Kreuzes und Teilhaber der Firma J.P. Morgan, zu treffen, bevor er nach Russland aufbrach. Das Telegramm lautet wie folgt:

> WESTERN UNION TELEGRAM New York, 21. Juni 1917
> An Malcolm Pirnie
> Ich würde mich sehr freuen, wenn Sie morgen Abend um acht Uhr mit mir im Metropolitan Club, Sixteenth Street and Fifth Avenue New York City, zu Abend essen würden, um Herrn H. P. Davison zu treffen.
> W. B. Thompson, 14 Wall Street

Die Akten klären nicht, warum Morgans Partner Davison und der Direktor der Federal Reserve Bank Thompson - zwei der prominentesten Finanziers in New York - mit einem stellvertretenden Gesundheitsingenieur, der kurz vor der Abreise nach Russland stand, zu Abend essen wollten. Die Akten erklären auch nicht, warum Davison sich später nicht mit Dr. Billings und der Kommission selbst treffen konnte und warum es notwendig war, Pirnie über seine Unfähigkeit zu informieren. Es ist jedoch anzunehmen, dass die offizielle Berichterstattung über die Mission - die Aktivitäten des Roten Kreuzes - von deutlich geringerem Interesse war als die Aktivitäten von Thompson-Pirnie, was auch immer diese gewesen sein mögen. Wir wissen, dass Davison am 25. Juni 1917 an Dr. Billings schrieb:

> Lieber Doktor Billings:
> Es ist eine Enttäuschung für mich und meine Mitarbeiter im Kriegsrat, dass ich die Mitglieder Ihrer Kommission nicht in einem Organ treffen konnte...

Eine Kopie dieses Briefes wurde auch an den stellvertretenden Gesundheitsingenieur Pirnie geschickt, zusammen mit einem persönlichen Brief des Morgan-Bankers Henry P. Davison, in dem es hieß:

> Mein lieber Herr Pirnie:
> Ich bin sicher, dass Sie den Grund für den Brief an Dr. Billings, den Sie in der beigefügten Kopie finden, vollkommen verstehen werden und ihn in dem Geist, in dem er gesendet wurde, akzeptieren werden...

Der Zweck von Davisons Brief an Dr. Billings bestand darin, sich bei der Kommission und bei Billings dafür zu entschuldigen, dass er sich nicht mit ihnen treffen konnte. Wir können dann mit Recht annehmen, dass zwischen Davison und Pirnie weitergehende Absprachen über die Aktivitäten der Mission in Russland getroffen wurden und dass diese Absprachen Thompson bekannt waren. Die wahrscheinliche Art dieser Aktivitäten wird weiter unten beschrieben.[95]

Die Mission des Amerikanischen Roten Kreuzes (oder vielleicht sollten wir sie besser die Wall Street Mission in Russland nennen) beschäftigte auch drei russisch-englische Dolmetscher: Hauptmann Ilovaisky, ein russischer Bolschewik; Boris Reinstein, ein russisch-amerikanischer Mann, später Lenins Sekretär und Leiter von Karl Radeks Büro für internationale revolutionäre Propaganda, das auch John Reed und Albert Rhys Williams beschäftigte; und Alexander Gumberg (alias Berg, eigentlich Michael Gruzenberg), der der Bruder von Zorin, einem bolschewistischen Minister, war. Gumberg war auch der wichtigste bolschewistische Agent in Skandinavien. Später wurde er zum vertraulichen Assistenten von Floyd Odlum von der Atlas Corporation in den USA und zum Berater von Reeve Schley, dem Vizepräsidenten der Chase Bank.

Dies sollte nur am Rande erwähnt werden: Wie nützlich waren die von diesen Dolmetschern gelieferten Übersetzungen? Am 13. September 1918 berichtete H. A. Doolittle, der amerikanische Vizekonsul in Stockholm, dem Außenminister von einem Gespräch mit Hauptmann Ilovaisky (der ein "enger persönlicher Freund" von Oberst Robins von der Rotkreuz-Mission war) über ein Treffen zwischen dem Sowjet von Murman und den Alliierten. Im Sowjet wurde die Frage diskutiert, ob die Alliierten zur Landung in Murman eingeladen werden sollten, wobei Major Thacher von der Rotkreuzmission für die Alliierten handelte. Ilovaisky interpretierte Thachers Ansichten im Namen des Sowjets. "Ilovaisky sprach ziemlich lange auf Russisch, angeblich für Thacher übersetzend, aber in Wirklichkeit für Trotzki, ... "dass" die Vereinigten Staaten eine solche Landung niemals zulassen würden und drängte auf eine schnelle Anerkennung der Sowjets und ihrer Politik."[96] Offenbar vermutete Thacher, dass er falsch übersetzt worden war, und drückte seine Empörung aus. Doch "Ilowaiski telegrafierte den Inhalt sofort an das bolschewistische Hauptquartier und ließ über ihr Pressebüro in allen Zeitungen erscheinen, dass er von Major Thachers Bemerkungen stammte und die allgemeine Meinung aller wirklich akkreditierten US-Vertreter darstellte".[97]

Ilovaisky erzählte Maddin Summers, dem US-Generalkonsul in Moskau, mehrere Fälle, in denen er (Ilovaisky) und Raymond Robins von der Rot-Kreuz-Mission die bolschewistische Presse manipuliert hätten, insbesondere "im Zusammenhang mit der Abberufung des Botschafters, Mr. Francis". Er gab zu, dass sie nicht skrupellos gewesen seien, "aber sie hatten nach ihren

---

[95] Pirnies Dokumente ermöglichen es uns auch, die Daten, an denen die Mitglieder der Mission Russland verlassen haben, genau festzulegen. Im Fall von William B. Thompson ist dieses Datum entscheidend für die Argumentation in diesem Buch: Thompson verließ Petrograd am 4. Dezember 1917 in Richtung London. George F. Kennan erklärt, Thompson habe Petrograd am 27. November 1917 verlassen (*Russia Leaves the War*, S. 1140).

[96] Dezimaldatei des US-Außenministeriums, 861.00/3644.

[97] Ibid.

Rechtsvorstellungen gehandelt, unabhängig davon, wie sie mit der Politik der akkreditierten US-Vertreter hätten in Konflikt geraten können".[98]

So lautete die Mission des Amerikanischen Roten Kreuzes in Russland im Jahr 1917.

MISSION DES AMERIKANISCHEN ROTEN KREUZES IN RUMÄNIEN

1917 schickte das Amerikanische Rote Kreuz auch eine Mission zur medizinischen Hilfe nach Rumänien, das damals als Verbündeter Russlands gegen die Mittelmächte kämpfte. Ein Vergleich der Mission des Amerikanischen Roten Kreuzes in Russland mit der nach Rumänien entsandten Mission legt nahe, dass die in Petrograd ansässige Rotkreuz-Mission kaum offizielle Verbindungen zum Roten Kreuz und noch weniger zur medizinischen Hilfe hatte. Während die Rotkreuzmission in Rumänien die beiden dem Roten Kreuz wichtigen Grundsätze "Menschlichkeit" und "Neutralität" tapfer verteidigte, missachtete die Mission in Petrograd diese beiden Grundsätze auf eklatante Weise.

Die Mission des Amerikanischen Roten Kreuzes in Rumänien verließ die USA im Juli 1917 und ließ sich in Jassy nieder. Die Mission bestand aus dreißig Personen unter der Leitung des Präsidenten Henry W. Anderson, einem Rechtsanwalt aus Virginia. Von diesen dreißig Personen waren sechzehn entweder Ärzte oder Chirurgen. Im Vergleich dazu waren von den neunundzwanzig Personen der Rotkreuz-Mission in Russland nur drei Ärzte, obwohl vier weitere Mitglieder von Universitäten kamen und sich auf medizinbezogene Bereiche spezialisiert hatten. Höchstens sieben Personen konnten bei der Mission in Russland als Ärzte eingestuft werden, während es bei der Mission in Rumänien sechzehn waren. Es gab in beiden Missionen ungefähr die gleiche Anzahl an Hilfskräften und Krankenschwestern. Der signifikante Vergleich ist jedoch, dass die rumänische Mission nur über zwei Anwälte, einen Schatzmeister und einen Ingenieur verfügte. Die russische Mission verfügte über 15 Juristen und Geschäftsleute. Keiner der Anwälte oder Ärzte der rumänischen Mission kam aus der Region New York, aber alle bis auf einen (ein "Beobachter" des Justizministeriums in Washington, D.C.) der Anwälte und Geschäftsleute der russischen Mission stammten aus dieser Region. Das bedeutet, dass mehr als die Hälfte der gesamten russischen Mission aus dem Finanzdistrikt von New York stammte. Mit anderen Worten: Die relative Zusammensetzung dieser Missionen bestätigt, dass die Mission in Rumänien einen legitimen Zweck - die Ausübung der Medizin - verfolgte, während die russische Mission einen nichtmedizinischen und streng politischen Zweck verfolgte. Von ihrem Personal her konnte sie als Handels- oder Finanzmission eingestuft werden, von ihren Aktionen her war sie jedoch eine subversive politische Aktionsgruppe.

---

[98] Ibid.

Mitarbeiter der Missionen des Amerikanischen Roten Kreuzes in Russland und Rumänien, 1917

Personal	MISSION DES AMERIKANISCHEN ROTEN KREUZES in	
	Russland	Rumänien
Medizinisch (Ärzte und Chirurgen)	7	16
Pflegehelfer, Krankenschwestern	7	10
Rechtsanwälte und Geschäftsleute	15	4
TOTAL	29	30

QUELLEN: Amerikanisches Rotes Kreuz, Washington, D.C. US-Außenministerium, Botschaft Petrograd, Rotkreuz-Akte, 1917.

Die Rotkreuzmission in Rumänien blieb für den Rest des Jahres 1917 und bis 1918 auf ihrem Posten in Jassy. Das medizinische Personal der amerikanischen Rotkreuz-Mission in Russland - die sieben Ärzte - trat im August 1917 aus Ekel zurück, protestierte gegen die politischen Aktivitäten von Oberst Thompson und kehrte in die Vereinigten Staaten zurück. Als die rumänische Mission im September 1917 in Petrograd um amerikanische Ärzte und Krankenschwestern bat, die unter den krisenähnlichen Bedingungen in Jassy aushelfen sollten, standen daher in Russland keine amerikanischen Ärzte oder Krankenschwestern zur Verfügung, die nach Rumänien reisen konnten.

Während der Großteil der Mission in Russland seine Zeit mit internen politischen Manövern verbrachte, begann die Mission in Rumänien sofort nach ihrer Ankunft mit Hilfsarbeiten. Am 17. September 1917 wurde in einem vertraulichen Kabel von Henry W. Anderson, dem Vorsitzenden der Mission in Rumänien, an den amerikanischen Botschafter Francis in Petrograd um sofortige und dringende Hilfe in Form von 5 Millionen Dollar gebeten, um einer drohenden Katastrophe in Rumänien entgegenzuwirken. Es folgte eine Reihe von Briefen, Kabeln und Mitteilungen von Anderson an Francis, in denen er um Hilfe bat, jedoch ohne Erfolg.

Am 28. September 1917 schickte Vopicka, der US-Minister in Rumänien, ein langes Telegramm an Francis, damit dieser es nach Washington weiterleitete, und wiederholte Andersons Analyse der Rumänienkrise und der Gefahr von Epidemien - und Schlimmerem - angesichts des nahenden Winters:

> Das beträchtliche Geld und die erforderlichen heroischen Maßnahmen verhindern eine Katastrophe großen Ausmaßes... Es ist sinnlos, zu versuchen, die Situation ohne jemanden mit Autorität und Zugang zur Regierung zu bewältigen... Mit einer geeigneten Organisation, die sich um den Transport kümmert und Hilfsgüter entgegennimmt und verteilt.

Vopicka und Anderson waren die Hände gebunden, da alle rumänischen Lieferungen und Finanztransaktionen über die Rotkreuz-Mission in Petrograd abgewickelt wurden - und Thompson und sein Team aus fünfzehn Anwälten und Geschäftsleuten von der Wall Street hatten offenbar wichtigere Angelegenheiten als die des rumänischen Roten Kreuzes. Nichts in den Akten der Petrograder Botschaft im US-Außenministerium deutet darauf hin, dass sich Thompson, Robins oder Thacher zu irgendeinem Zeitpunkt im Jahr 1917 oder 1918 um die dringende Situation in Rumänien gekümmert hätten. Mitteilungen aus Rumänien wurden an Botschafter Francis oder einen seiner Mitarbeiter in der Botschaft gerichtet, manchmal auch über das Konsulat in Moskau.

Im Oktober 1917 erreichte die Situation in Rumänien den Krisenpunkt. Am 5. Oktober schickte Vopicka ein Kabel an Davison in New York (über Petrograd):

> Das dringendste Problem hier ... Befürchteter katastrophaler Effekt ... Könnten Sie eine Sonderexpedition organisieren... Wir müssen uns beeilen, sonst ist es zu spät.

Dann, am 5. November, schickte Anderson ein Kabel an die Botschaft in Petrograd, in dem es hieß, dass die Verzögerungen bei der Lieferung von Hilfsgütern bereits "mehrere tausend Leben gekostet" hätten. Am 13. November schickte Anderson ein Telegramm an Botschafter Francis über Thompsons mangelndes Interesse an den Lebensbedingungen in Rumänien:

> Die Firma Thompson, die um Hilfe gebeten wurde, gab Details zu allen erhaltenen Sendungen an, erhielt aber nicht die gleichen... Sie bat ihn auch, mich über die Versandbedingungen auf dem Laufenden zu halten, erhielt aber nur sehr wenige Informationen.

Daraufhin bat Anderson Botschafter Francis, sich für ihn einzusetzen, damit die für das rumänische Rote Kreuz bestimmten Gelder auf einem separaten Konto in London direkt unter Anderson bearbeitet und der Kontrolle von Thompsons Mission entzogen werden konnten.

THOMPSONS ROLLE IN KERENSKIS RUSSLAND

Was tat dann die Mission des Roten Kreuzes? Thompson hatte sich sicherlich den Ruf erworben, in Petrograd ein opulentes Leben zu führen, aber offenbar unternahm er in Kerenskis Russland nur zwei große Projekte: die Unterstützung eines amerikanischen Propagandaprogramms und die Unterstützung des russischen Freiheitsdarlehens. Kurz nach seiner Ankunft in Russland traf Thompson Frau Breschko-Breschkowskaja und David Soskice, Kerenskys Sekretär, und erklärte sich bereit, zwei Millionen Dollar an ein Komitee für Volksbildung zu zahlen, damit es "eine eigene Presse haben und ... einen Stab von Rednern einstellen kann, mit filmischen Illustrationen" (861.00/ 1032); dies mit dem Ziel, Propaganda zu betreiben, um Russland dazu zu bringen, den Krieg gegen Deutschland fortzusetzen. Laut Soskice wurde "ein Paket mit 50.000 Rubel" an Breschko-Breschkowskaja übergeben mit der Erklärung: "Es liegt an Ihnen, es nach Ihrem eigenen Ermessen auszugeben". Weitere 2.100.000 Rubel wurden auf ein laufendes Bankkonto eingezahlt. Ein Schreiben von J.P. Morgan an das Außenministerium (861.51/190) bestätigt, dass Morgan 425.000 Rubel an Thompson auf dessen Bitte um ein Darlehen für den Russian Liberty Loan geschickt hat; J.P. übermittelt auch das Interesse der Firma Morgan bezüglich "der Weisheit, eine individuelle Zeichnung durch Herrn Thompson vorzunehmen" für den Russian Liberty Loan. Diese Summen wurden über die Filiale der National City Bank in Petrograd weitergeleitet.

THOMPSON SPENDET DEN BOLSCHEWIKEN EINE MILLION DOLLAR

Von größerer historischer Bedeutung ist jedoch die Unterstützung der Bolschewiki, die zunächst von Thompson und nach dem 4. Dezember 1917 von Raymond Robins geleistet wurde.

Über Thompsons Beitrag zur bolschewistischen Sache wurde in der zeitgenössischen amerikanischen Presse berichtet. Die *Washington Post* vom 2. Februar 1918 enthielt folgende Absätze:

> ER GIBT DEN BOLSCHEWIKEN EINE MILLION
> W. B. Thompson, Spender des Roten Kreuzes, glaubt, dass die Partei schlecht repräsentiert ist. New York, 2. Februar (1918). William B. Thompson, der von Juli bis November letzten Jahres in Petrograd war, hat den Bolschewiki eine persönliche Spende von 1.000.000 Dollar gemacht, mit dem Ziel, ihre Doktrin in Deutschland und Österreich zu verbreiten.
> Thompson hatte als Leiter der Mission des Amerikanischen Roten Kreuzes, deren Ausgaben ebenfalls weitgehend durch seine persönlichen Beiträge gedeckt wurden, die Gelegenheit, die Lebensbedingungen in Russland zu studieren. Er ist der Ansicht, dass die Bolschewiki die größte Macht gegen den Pro-Germanismus in Russland darstellen und dass ihre Propaganda die militaristischen Regime der Generalimperien untergraben hat.
> Herr Thompson verunglimpft die amerikanische Kritik an den Bolschewiki. Er war der Meinung, dass sie schlecht dargestellt wurden und leistete einen finanziellen Beitrag in der Annahme, dass das Geld für die Zukunft Russlands sowie für die Sache der Alliierten gut angelegt sei.

In Hermann Hagedorns Biografie *Der Magnat: William Boyce Thompson und seine Zeit (1869-1930)* ist ein Foto eines Kabelgramms von J.P. Morgan in New York an W. B. Thompson, "Care American Red Cross, Hotel Europe, Petrograd", abgebildet. Das Telegramm ist datiert, was zeigt, dass es in Petrograd "8-Dek 1917" (8. Dezember 1917) empfangen wurde, und lautet wie folgt:

> New York Y757/5 24W5 Nil - Ihr zweites Kabel erhalten. Wir haben gemäß den Anweisungen eine Million Dollar an die National City Bank gezahlt - Morgan.

Die Filiale der National City Bank in Petrograd war von dem bolschewistischen Verstaatlichungsdekret ausgenommen worden - die einzige ausländische oder inländische russische Bank, die auf diese Weise ausgenommen wurde. Hagedorn behauptet, dass die Million Dollar, die auf Thompsons Konto bei der National City Bank eingezahlt wurde, für "politische Zwecke" verwendet wurde.

DER SOZIALISTISCHE BERGBAUFÖRDERER RAYMOND ROBINS[99]

William B. Thompson verließ Russland Anfang Dezember 1917, um in seine Heimat zurückzukehren. Er reiste über London, wo er zusammen mit Thomas Lamont von der Firma J.P. Morgan den Premierminister Lloyd George besuchte - eine Episode, die wir im nächsten Kapitel wieder aufgreifen. Seinem Stellvertreter Raymond Robins wurde die Verantwortung für die Mission des Roten Kreuzes in Russland übertragen. Der Gesamteindruck, den Oberst Robins in den folgenden Monaten vermittelte, entging der Presse nicht. In den Worten der russischen Zeitung *Russkoe Slovo* repräsentierte Robins "einerseits die amerikanische Arbeit und andererseits das amerikanische Kapital, das sich über die Sowjets bemüht, ihre russischen Märkte zu gewinnen".[100]

Raymond Robins begann sein Leben als Direktor einer Phosphatgesellschaft in Florida. Von dieser Position aus erschloss er ein Kaolinvorkommen und schürfte dann Ende des 19. Jahrhunderts in Texas und den Indianergebieten. Auf seinem Weg nach Norden, nach Alaska, machte Robins während des Goldrauschs am Klondike ein Vermögen. Dann wandte er sich ohne ersichtlichen Grund dem Sozialismus und der Reformbewegung zu. Im Jahr 1912 war er ein aktives Mitglied von Roosevelts Progressive Party. Als "Sozialökonom" schloss er sich 1917 der Mission des Amerikanischen Roten Kreuzes in Russland an.

Es gibt zahlreiche Beweise, einschließlich Robins eigener Aussagen, dass seine reformistischen Aufrufe zum sozialen Wohl kaum mehr als Deckmäntelchen für den Erwerb größerer Macht und größeren Reichtums waren, was an die Vorschläge von Frederick Howe in *Confessions of a Monopolist* erinnert. Im Februar 1918 hielt sich beispielsweise Arthur Bullard mit dem American Public Information Committee in Petrograd auf und hatte sich verpflichtet, ein langes Memorandum für Colonel Edward House zu verfassen. Dieses Memorandum wurde Robins von Bullard zur Kommentierung und Kritik übergeben, bevor es an House in Washington, D.C. weitergeleitet wurde. Robins' sehr wenig sozialistische und imperialistische Kommentare lauteten, dass das Manuskript "außergewöhnlich diskriminierend, weitsichtig und gut gemacht" sei, dass es aber ein oder zwei Vorbehalte habe - insbesondere, dass die Anerkennung der Bolschewiki längst überfällig gewesen sei, dass sie sofort hätte erfolgen müssen und dass, wenn die US.S. die Bolschewiki so anerkannte: "Ich glaube, dass wir jetzt in der Lage wären, die überschüssigen Ressourcen Russlands zu

---

[99] Robins ist die korrekte Schreibweise. In den Dateien des US-Außenministeriums wird der Name durchgängig als "Robbins" geschrieben.

[100] Dezimaldatei des US-Außenministeriums, 316-11-1265, 19. März 1918.

kontrollieren, und dass wir an jedem Punkt der Grenze Kontrollbeamte haben würden".[101]

Dieser Wunsch, "die überschüssigen Ressourcen Russlands zu kontrollieren", war auch für die Russen offensichtlich. Klingt das nach einem Sozialreformer des amerikanischen Roten Kreuzes oder nach einem Bergbauentwickler der Wall Street, der sich der praktischen Ausübung des Finanzimperialismus verschrieben hat?

Robins machte aus seiner Unterstützung für die Bolschewiken jedenfalls keinen Hehl.[102] Knapp drei Wochen nach Beginn der bolschewistischen Phase der Revolution schickte Robins ein Kabel an Henry Davison in der Zentrale des Roten Kreuzes: "Bitte bestehen Sie gegenüber dem Präsidenten auf der Notwendigkeit, unsere Beziehungen zur bolschewistischen Regierung fortzusetzen." Interessanterweise war dieses Telegramm die Antwort auf ein anderes Telegramm, das Robins anwies, dass "der Präsident wünscht, dass die Vertreter der Vereinigten Staaten nicht direkt mit der bolschewistischen Regierung kommunizieren".[103] In mehreren Berichten des Außenministeriums wurde die parteiische Natur von Robins' Aktivitäten beklagt. So kommentierte beispielsweise Harris, der US-Konsul in Wladiwostok, am 27. März 1919 ein langes Gespräch, das er mit Robins geführt hatte, und protestierte gegen die eklatanten Ungenauigkeiten in dessen Bericht. Harris schrieb: "Robins erklärte mir, dass sich bis Mai 1918 keine deutschen und österreichischen Kriegsgefangenen der bolschewistischen Armee angeschlossen hätten. Robbins wusste, dass diese Aussage absolut falsch war". Harris lieferte dann Einzelheiten zu den Beweisen, die Robins zur Verfügung standen.[104]

Harris kam zu dem Schluss: "Robbins verdrehte damals absichtlich die Tatsachen über Russland und tut dies auch seitdem".

---

[101] Frau Bullard, US-Außenministerium, Dezimaldatei, 316-11-1265.

[102] Die *New World Review* (Herbst 1967, S. 40) kommentiert Robins und stellt fest, dass er "mit den Zielen der Revolution sympathisierte, obwohl er ein Kapitalist war".

[103] Botschaft Petrograd, Akte des Roten Kreuzes.

[104] Dezimaldatei des US-Außenministeriums, 861.00/4168.

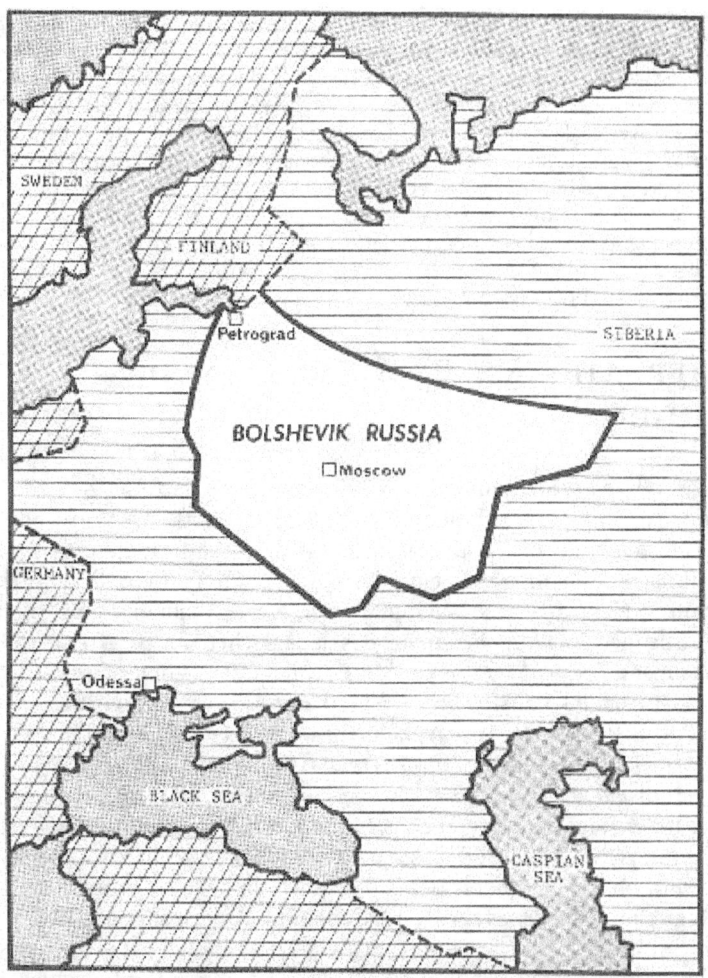

Grenze des von den Bolschewiki kontrollierten Gebiets, Januar 1918

Als Robins 1918 in die USA zurückkehrte, setzte er seine Bemühungen um die Bolschewiki fort. Als die Akten des Sowjetbüros vom Lusk-Komitee beschlagnahmt wurden, stellte sich heraus, dass Robins eine "beträchtliche Korrespondenz" mit Ludwig Martens und anderen Mitgliedern des Büros geführt hatte. Eines der interessantesten beschlagnahmten Dokumente war ein Brief von Santeri Nuorteva (alias Alexander Nyberg), dem ersten sowjetischen Vertreter in den USA, an "Genosse Cahan", den Chefredakteur des *New York Daily Forward*. In dem Brief wurden die Parteitreuen aufgefordert, Raymond Robins den Weg zu bereiten:

(Im Alltag) VOR dem 6. Juli 1918
Lieber Genosse Cahan:

Es ist von größter Wichtigkeit, dass die sozialistische Presse sofort eine Kampagne startet, damit Oberst Raymond Robins, der gerade als Leiter der Rot-Kreuz-Mission aus Russland zurückgekehrt ist, in einem öffentlichen Bericht an das amerikanische Volk gehört wird. Die Gefahr einer bewaffneten Intervention hat sich erheblich erhöht. Die Reaktionäre nutzen das tschechoslowakische Abenteuer, um eine Invasion zu provozieren. Robins verfügt über alle Fakten zu diesem Thema und zur Lage in Russland im Allgemeinen. Er macht sich unsere Sichtweise zu eigen.

Ich füge eine Kopie des Leitartikels von Call bei, der eine allgemeine Argumentation sowie einige Fakten über die Tschechen und Slowaken enthält.
Brüderlich,
PS&AU Santeri Nuorteva

DAS INTERNATIONALE ROTE KREUZ UND DIE REVOLUTION

Ohne das Wissen seiner Kuratoren wurde das Rote Kreuz von Zeit zu Zeit als Vehikel oder Tarnung für revolutionäre Aktivitäten benutzt. Die Verwendung der Zeichen des Roten Kreuzes für nicht genehmigte Zwecke ist nicht ungewöhnlich. Als Zar Nikolaus angeblich zu seiner Sicherheit von Petrograd nach Tobolsk gebracht wurde (obwohl diese Richtung eher eine Gefahr als eine Sicherung darstellte), trug der Zug die Insignien des japanischen Roten Kreuzes. In den Akten des Außenministeriums finden sich Beispiele für revolutionäre Aktivitäten unter dem Deckmantel von Rotkreuz-Aktivitäten. So wurde beispielsweise ein russischer Rotkreuzbeamter (Tschelgajnow) 1919 in Holland wegen revolutionärer Handlungen verhaftet (316-21-107). Während der von Bela Kun angeführten bolschewistischen Revolution in Ungarn 1918 wurden russische Rotkreuzler (oder Revolutionäre, die als Mitglieder des russischen Roten Kreuzes operierten) in Wien und Budapest festgenommen. 1919 kabelte der US-Botschafter in London eine überraschende Nachricht nach Washington; über die britische Regierung hatte er erfahren, dass "mehrere Amerikaner, die in Rotkreuz-Uniformen in dieses Land gekommen waren und sich als Bolschewisten bezeichneten ... über Frankreich in die Schweiz reisten, um dort bolschewistische Propaganda zu verbreiten". Der Botschafter stellte fest, dass im November und Dezember 1918 etwa 400 amerikanische Rotkreuzler in London eingetroffen waren; ein Viertel von ihnen kehrte in die Vereinigten Staaten zurück und "der Rest bestand darauf, nach Frankreich zu reisen". Am 15. Januar 1918 hieß es in einem späteren Bericht, dass der Chefredakteur einer Londoner Arbeiterzeitung dreimal von drei verschiedenen Verantwortlichen des Amerikanischen Roten Kreuzes angesprochen worden war, die anboten, Provisionen für die Bolschewiki in Deutschland zu übernehmen. Der Chefredakteur hatte der US-Botschaft vorgeschlagen, die Mitarbeiter des Amerikanischen Roten Kreuzes zu überwachen. Das US-Außenministerium nahm diese Berichte ernst und Polk schickte Kabel, um Namen zu erhalten, und erklärte: "Wenn das wahr ist, halte ich es für äußerst wichtig" (861.00/3602 und /3627).

Zusammenfassend lässt sich sagen: Das Bild, das wir uns von der Mission des Amerikanischen Roten Kreuzes in Russland 1917 machen, ist alles andere als das eines neutralen Humanitarismus. Die Mission war in Wirklichkeit ein Auftrag der Wall-Street-Finanziers, um die Kontrolle des russischen Marktes und der russischen Ressourcen durch Kerenski oder die bolschewistischen Revolutionäre zu beeinflussen und den Weg dafür zu ebnen. Eine andere Erklärung für die Handlungen der Mission ist nicht möglich. Allerdings waren weder Thompson noch Robins Bolschewisten. Oder gar ein überzeugter Sozialist. Der Autor neigt zu der Interpretation, dass die sozialistischen Appelle jedes Mannes nur Deckmäntelchen für prosaischere Ziele waren. Jeder Mann hatte die Absicht, Geschäfte zu machen, d. h. jeder versuchte, den politischen Prozess in Russland für seine persönlichen finanziellen Zwecke zu nutzen. Die Frage, ob das russische Volk die Bolschewiki wollte, spielte keine Rolle. Ob das bolschewistische Regime gegen die USA agierte - wie es das später immer tat - war kein Thema. Das einzige übergeordnete Ziel bestand darin, politischen und wirtschaftlichen Einfluss auf das neue Regime zu gewinnen, unabhängig von dessen Ideologie. Hätte William Boyce Thompson allein gehandelt, wäre seine Funktion als Direktor der Federal Reserve Bank folgenlos geblieben. Die Tatsache, dass seine Mission von Vertretern der Wall-Street-Institutionen dominiert wurde, wirft jedoch eine ernsthafte Frage auf - nämlich, ob die Mission eine geplante und vorsätzliche Operation einer Wall-Street-Gruppe war. Der Leser wird dies selbst beurteilen, während sich der Rest der Geschichte entfaltet.

KAPITEL VI

KONSOLIDIERUNG UND EXPORT DER REVOLUTION

Marx' großes Buch "Das Kapital" ist sowohl ein Denkmal der Argumentation als auch eine Darstellung von Fakten.
Lord Milner, Mitglied des britischen Kriegskabinetts, 1917, und Direktor der London Joint Stock Bank.

William Boyce Thompson ist ein unbekannter Name in der Geschichte des 20. Jahrhunderts, doch Thompson spielte eine entscheidende Rolle in der bolschewistischen Revolution.[105] Denn wäre Thompson 1917 nicht in Russland gewesen, hätte die spätere Geschichte einen völlig anderen Verlauf nehmen können. Ohne die finanzielle und, was noch wichtiger ist, diplomatische und propagandistische Unterstützung, die Trotzki und Lenin von Thompson, Robins und ihren New Yorker Geschäftspartnern erhielten, wären die Bolschewiki vielleicht ziemlich heruntergekommen und Russland wäre zu einer sozialistischen, aber konstitutionell geprägten Gesellschaft geworden.

Wer war William Boyce Thompson? Thompson war ein Promoter für Bergbauaktien, einer der besten in einem hochriskanten Geschäft. Vor dem Ersten Weltkrieg hatte er die Börsengeschäfte für die Kupferinteressen der Guggenheims abgewickelt. Als die Guggenheims für einen Börsenkampf mit John D. Rockefeller schnelles Kapital brauchten, war es Thompson, der vor einem ahnungslosen Publikum für Yukon Consolidated Goldfields warb, um eine Kriegskasse von 3,5 Millionen Dollar zu heben. Thompson war der Direktor der Kennecott-Gruppe, einer weiteren Transaktion von Guggenheim, die auf 200 Millionen Dollar geschätzt wurde. Es war andererseits Guggenheim Exploration, die Thompsons Optionen auf die reiche Nevada Consolidated Copper Company übernahm. Etwa drei Viertel des ersten Unternehmens Guggenheim Exploration wurden von der Familie Guggenheim, der Familie Whitney (Eigentümer der Zeitschrift *Metropolitan*, die den Bolschewiken John Reed beschäftigte), und John Ryan kontrolliert. 1916 reorganisierten sich die Guggenheim-Interessen in Guggenheim Brothers und holten William C. Potter ins Boot, der zuvor für

---

[105] Eine Biografie findet sich in Hermann Hagedorn, *The Magnate: William Boyce Thompson and His Time (1869-1930)* (New York: Reynal & Hitchcock, 1935).

Guggenheims American Smelting and Refining Company gearbeitet hatte, 1916 aber der erste Vizepräsident des Guaranty Trust war.

Seine außerordentlichen Fähigkeiten, Kapital für riskante Bergbau-Promotionen zu mobilisieren, brachten ihm ein persönliches Vermögen und Direktorenposten bei der Inspiration Consolidated Copper Company, der Nevada Consolidated Copper Company und der Utah Copper Company - allesamt große nationale Kupferproduzenten - ein. Kupfer ist natürlich ein wichtiges Material bei der Herstellung von Munition. Thompson war außerdem Direktor der Chicago Rock Island & Pacific Railroad, der Magma Arizona Railroad und der Metropolitan Life Insurance Company. Und, was für dieses Buch besonders interessant ist: Thompson war "einer der größten Aktionäre der Chase National Bank". Es war Albert H. Wiggin, der Präsident der Chase Bank, der Thompson dazu drängte, einen Posten im Federal-Reserve-System zu bekommen; und 1914 wurde Thompson der erste Vollzeitdirektor der Federal Reserve Bank of New York - der größten Bank im Federal-Reserve-System.

Im Jahr 1917 war William Boyce Thompson also ein Finanzunternehmer mit erheblichen Mitteln, nachgewiesenen Fähigkeiten, einem Gespür für die Förderung und Umsetzung kapitalistischer Projekte und einem leichten Zugang zu den Zentren der politischen und finanziellen Macht. Es war derselbe Mann, der zunächst Alexander Kerenski unterstützte und dann zu einem glühenden Verfechter der Bolschewiki wurde, wobei er ein überlebendes Symbol dieser Unterstützung hinterließ - eine russische Lobesschrift, "Pravda o Rossii i Bol'shevikakh" (Prawda o Rossii i Bol'shevikakh).[106] (siehe unten)

---

[106] Polkovnik' Villiam' Boic' Thompson', "Pravda o Rossii i Bol'shevikakh" (New York: Russian-American Publication Society, 1918). Oberst William Boyce Thompson "Die Wahrheit über die Russen und die Bolschewiki".

> Полковникъ Виллiамъ Бойсъ
> ТОМПСОНЪ
>
> **Правда о Россiи и Большевикахъ**
>
> RUSSIAN-AMERICAN PUBLICATION SOCIETY
> 44 WHITEHALL STREET
> NEW YORK

Bevor Thompson Anfang Dezember 1917 Russland verließ, übergab er die Mission des Amerikanischen Roten Kreuzes an seinen Stellvertreter Raymond Robins. Robins organisierte daraufhin die russischen Revolutionäre, um Thompsons Plan zur Verbreitung bolschewistischer Propaganda in Europa umzusetzen (siehe Anhang 3). Ein Dokument der französischen Regierung bestätigt dies: "Es scheint, dass Oberst Robins ... eine subversive Mission russischer Bolschewiki nach Deutschland schicken konnte, um dort eine Revolution zu starten."[107] Diese Mission führte zum gescheiterten Aufstand der deutschen Spartakisten im Jahr 1918. Der Gesamtplan beinhaltete auch Ziele, bolschewistische Literatur aus der Luft abzuwerfen oder durch die deutschen Linien zu schmuggeln.

Ende 1917 bereitete sich Thompson darauf vor, Petrograd zu verlassen und die bolschewistische Revolution an die Regierungen Europas und der USA zu verkaufen. Zu diesem Zweck schickte Thompson ein Kabel an Thomas W. Lamont, einen Partner der Firma Morgan, der sich zu diesem Zeitpunkt mit Colonel E. M. House in Paris aufhielt. Lamont hielt den Empfang dieses Telegramms in seiner Biografie fest:

> Als die Kammermission im Dezember 1917 ihre Beratungen in Paris abschloss, erhielt ich ein Festnahmekabel von meinem alten Schul- und Geschäftsfreund

---

[107] John Bradley, *Allied Intervention in Russia* (London: Weidenfeld and Nicolson, 1968).

William Boyce Thompson, der damals in Petrograd für die dortige Mission des Amerikanischen Roten Kreuzes zuständig war.[108]

Lamont reiste nach London und traf sich mit Thompson, der Petrograd am 5. Dezember verlassen hatte, über Bergen in Norwegen reiste und am 10. Dezember in London ankam. Die wichtigste Leistung von Thompson und Lamont in London bestand darin, das britische Kriegskabinett - das damals entschieden antibolschewistisch war - davon zu überzeugen, dass das bolschewistische Regime da war, um zu dauern, und dass die britische Politik aufhören sollte, antibolschewistisch zu sein, die neuen Realitäten akzeptieren sollte und Lenin und Trotzki unterstützen sollte. Thompson und Lamont verließen London am 18. Dezember und kamen am 25. Dezember 1917 in New York an. Sie versuchen denselben Bekehrungsprozess in den Vereinigten Staaten.

EINE BERATUNG MIT LLOYD GEORGE

Die geheimen Dokumente des britischen Kriegskabinetts sind nun verfügbar und bestätigen das Argument, mit dem Thompson die britische Regierung auf eine pro-bolschewistische Politik lenkte. Der Premierminister von Großbritannien war David Lloyd George. Lloyd Georges private und politische Machenschaften konkurrierten mit denen eines Politikers aus Tammany Hall - dennoch konnten oder wollten Biografen sie zu seinen Lebzeiten und jahrzehntelang danach nicht erfassen. Im Jahr 1970 lüftete Donald McCormicks *The Mask of Merlin* dieses Geheimnis. McCormick zeigt, dass David Lloyd George 1917 "zu tief in den Maschen der internationalen Waffenintrigen verstrickt war, um ein freier Agent zu sein", und dass er Sir Basil Zaharoff, einem internationalen Waffenhändler, verpflichtet war, dessen beträchtliches Vermögen durch den Verkauf von Waffen an beide Seiten in mehreren Kriegen entstanden war.[109] Zaharoff übte hinter den Kulissen eine enorme Macht aus und wurde laut McCormick von den alliierten Führern in der Kriegspolitik konsultiert. Mehr als einmal, so wird berichtet, trafen sich McCormick, Woodrow Wilson, Lloyd George und Georges Clemenceau in Zaharoffs Haus in Paris. McCormick merkt an, dass "die Staatsmänner und Führer der Alliierten verpflichtet waren, ihn zu konsultieren, bevor sie einen großen Angriff planten". Der britische Geheimdienst, so McCormick, "entdeckte Dokumente, die Kronendiener als Geheimagenten von Sir Basil Zaharoff belasteten, und zwar *mit dem Wissen von Lloyd George.*[110] 1917 hatte Zaharoff

---

[108] Thomas W. Lamont, *Across World Frontiers* (New York: Harcourt, Brace, 1959), S. 85. Siehe auch S. 94-97 zu den massiven Brustschüssen nach Präsident Wilsons Versagen, schnell zu handeln, um sich mit dem Sowjetregime anzufreunden. Corliss Lamont, sein Sohn, wurde zu einem [führenden nationalen Linken in den USA

[109] Donald McCormick, *The Mask of Merlin* (London: MacDonald, 1963; New York: Holt, Rinehart und Winston, 1964), S. 208. Lloyd Georges Privatleben würde ihn sicherlich erpressbar machen.

[110] Ibid. Kursivschrift von McCormick.

Verbindungen zu den Bolschewiki; er versuchte, Munition von den Bolschewiki-Gegnern abzuzweigen und hatte bereits in London und Paris zugunsten des bolschewistischen Regimes interveniert.

Damals, Ende 1917 - zu der Zeit, als Lamont und Thompson in London ankamen - war Premierminister Lloyd George den mächtigen internationalen Rüstungsinteressen verpflichtet, die mit den Bolschewiki verbündet waren und Hilfe leisteten, um die Macht der Bolschewiki in Russland auszuweiten. Der britische Premierminister, der 1917 William Thompson traf, war damals kein freier Agent; Lord Milner war die Macht hinter den Kulissen und, wie das Epigraph dieses Kapitels andeutet, dem Sozialismus und Karl Marx günstig gesinnt.

Die "geheimen" Dokumente des Kriegskabinetts geben den "Bericht des Premierministers über ein Gespräch mit Mr. Thompson, einem aus Russland zurückgekehrten Amerikaner"[111] und den Bericht des Premierministers an das Kriegskabinett nach seinem Treffen mit Thompson wieder.[112] In dem Kabinettsdokument heißt es wie folgt:

> Der Premierminister berichtete von einem Gespräch, das er mit einem Herrn Thompson - einem amerikanischen Reisenden und Mann mit beträchtlichen Mitteln - geführt hatte, der gerade aus Russland zurückgekehrt war und einen etwas anderen Eindruck von den Angelegenheiten des Landes vermittelte, als allgemein angenommen wurde. Der Kern seiner Bemerkungen war, dass die Revolution hier sei, um zu dauern; dass die Alliierten nicht genügend Sympathie für die Revolution gezeigt hätten; und dass Trotzki und Lenin nicht auf der Gehaltsliste Deutschlands stünden, wobei letzterer ein ziemlich angesehener Professor sei. Thompson hatte hinzugefügt, dass er der Ansicht sei, dass die Alliierten in Russland aktive Propaganda betreiben müssten, die von irgendeiner Form von Alliiertem Rat aus speziell ausgewählten Männern geleitet werde; außerdem sei er der Meinung, dass angesichts der Natur der russischen De-facto-Regierung die verschiedenen alliierten Regierungen insgesamt nicht angemessen in Petrograd vertreten seien. Thompson zufolge mussten die Alliierten erkennen, dass die russische Armee und das russische Volk aus dem Krieg hervorgegangen waren und dass die Alliierten vor der Wahl stehen würden, ob sie ein neutrales Russland als Freund oder Feind betrachten wollten.
> Es wurde diskutiert, ob die Alliierten ihre Politik gegenüber der russischen De-facto-Regierung nicht ändern sollten, da die Bolschewiki laut Thompson antideutsch seien. In diesem Zusammenhang wies Lord Robert Cecil auf die Bedingungen des Waffenstillstands zwischen der deutschen und der russischen Armee hin, die unter anderem den Handel zwischen den beiden Ländern und die Einrichtung einer Einkaufskommission in Odessa vorsahen, wobei all dies natürlich von den Deutschen diktiert wurde. Lord Robert Cecil war der Ansicht, dass die

---

[111] Dokumente des britischen Kriegskabinetts, non. 302, sec. 2 (Public Records Office, London).

[112] Das schriftliche Memorandum, das Thompson Lloyd George vorlegte und das als Grundlage für die Erklärung des Kriegskabinetts diente, ist aus amerikanischen Archivquellenerhältlich und wird in Anhang 3 in voller Länge abgedruckt.

Deutschen sich bemühen würden, den Waffenstillstand so lange fortzusetzen, bis die russische Armee vollständig neutralisiert sei.

Sir Edward Carson verlas eine von Herrn Trotzki unterzeichnete Mitteilung, die ihm von einem britischen Untertanen, dem Direktor der russischen Niederlassung der Vauxhall Motor Company, der gerade aus Russland zurückgekehrt war, zugesandt worden war [Paper G.T. - 3040]. Dieser Bericht deutete darauf hin, dass Trotzkis Politik, zumindest vordergründig, eher eine Politik der Feindschaft gegenüber der Organisation der zivilisierten Gesellschaft als eine pro-deutsche Politik war. Andererseits wurde angedeutet, dass eine solche Haltung in keiner Weise mit der Tatsache unvereinbar war, dass Trotzki ein deutscher Agent war, dessen Ziel es war, Russland zu ruinieren, damit Deutschland in diesem Land tun und lassen konnte, was es wollte.

Nachdem das Kriegskabinett Lloyd Georges Bericht und die unterstützenden Argumente gehört hatte, beschloss es, Thompson und den Bolschewiken zu folgen. Milner hatte einen ehemaligen britischen Konsul in Russland - Bruce Lockhart - bereit und wartete hinter den Kulissen. Lockhart wurde informiert und mit der Anweisung nach Russland geschickt, informell mit den Sowjets zusammenzuarbeiten.

Wie gründlich Thompson in London gearbeitet hat und welchen Druck er auf die Situation ausüben konnte, legen die späteren Berichte nahe, die aus authentischen Quellen in die Hände des Kriegskabinetts gelangten. Diese Berichte vermitteln ein völlig anderes Bild von Trotzki und den Bolschewiki als das von Thompson dargestellte, und dennoch wurden sie vom Kabinett ignoriert. Im April 1918 berichtete General Jan Smuts dem Kriegskabinett von seinem Gespräch mit General Nieffel, dem Leiter der französischen Militärmission, der gerade aus Russland zurückgekehrt war:

> Trotzki (sic) ... ist ein vollendeter Schurke, der vielleicht nicht pro-deutsch, aber durchaus pro-Trotzki und pro-revolutionär ist und dem man in keiner Weise trauen kann. Sein Einfluss zeigt sich darin, wie er dazu gekommen ist, Lockhart, Robins und den französischen Vertreter zu dominieren. Er [Nieffel] rät zu großer Vorsicht im Umgang mit Trotzki, dem er zugesteht, dass er der einzige wirklich kompetente Mann in Russland ist.[113]

Einige Monate später war Thomas D. Thacher, ein Wall-Street-Anwalt und ein weiteres Mitglied der amerikanischen Rot-Kreuz-Mission in Russland, in London. Am 13. April 1918 schrieb Thacher an den amerikanischen Botschafter in London, er habe eine Anfrage von Morgans Geschäftspartner H. P. Davison erhalten, "mit Lord Northcliffe" über die Lage in Russland zu sprechen und anschließend nach Paris "für weitere Vorträge" zu reisen. Lord Northcliffe war krank und Thacher reiste mit einem anderen Partner Morgans, Dwight W. Morrow, ab und hinterließ ein Memorandum, das Northcliffe bei seiner Rückkehr nach London vorgelegt

---

[113] Das vollständige Memorandum befindet sich in der Dezimaldateides US-Außenministeriums, 316-13-698.

werden sollte.[114] Dieses Memorandum enthielt nicht nur explizite Vorschläge zur Russlandpolitik, die Thompsons Position unterstützten, sondern erklärte sogar, dass "der Sowjetregierung bei ihren Bemühungen, eine freiwillige revolutionäre Armee zu organisieren, die umfassendste Hilfe gewährt werden sollte". Die vier wichtigsten Vorschläge in diesem Thacher-Bericht waren folgende:

> Erstens ... müssen die Alliierten die japanische Intervention in Sibirien entmutigen.
> Zweitens muss der Sowjetregierung bei ihren Bemühungen, eine freiwillige revolutionäre Armee zu organisieren, jede erdenkliche Hilfe zuteil werden.
> Drittens sollten die verbündeten Regierungen das russische Volk moralisch in seinen Bemühungen unterstützen, sein eigenes politisches System ohne die Dominanz irgendeiner ausländischen Macht zu entwickeln...
> Viertens: Bis zum Ausbruch eines offenen Konflikts zwischen der deutschen Regierung und der sowjetischen Regierung Russlands werden deutsche Agenturen die Möglichkeit haben, friedlich zu Handelszwecken nach Russland einzudringen. Solange es keinen offenen Bruch gibt, wird es wahrscheinlich unmöglich sein, diesen Handel vollständig zu unterbinden. Daher sollten Maßnahmen ergriffen werden, um den Transport von Getreide und Rohstoffen aus Russland nach Deutschland so weit wie möglich zu behindern.[115]

THOMPSONS ABSICHTEN UND ZIELE

Warum sollte ein prominenter Wall-Street-Finanzier und Direktor der Federal Reserve Bank die bolschewistischen Revolutionäre organisieren und unterstützen wollen? Warum sollten nicht nur ein, sondern mehrere zusammenarbeitende Morgan-Partner die Bildung einer sowjetischen "freiwilligen revolutionären Armee" fördern wollen - einer Armee, die sich angeblich dem Sturz der Wall Street widmen sollte und Thompson, Thomas Lamont, Dwight Morrow, die Firma Morgan und alle ihre Partner umfassen sollte?

Thompson war zumindest offen, was seine Ziele in Russland betraf: Er wollte Russland im Krieg gegen Deutschland halten (dennoch argumentierte er vor dem britischen Kriegskabinett, dass Russland ohnehin aus dem Krieg ausgeschieden sei) und Russland als Markt für amerikanische Unternehmen in der Nachkriegszeit erhalten. In Thompsons Memorandum an Lloyd George vom Dezember 1917 werden diese Ziele beschrieben. Das Memorandum[116] beginnt wie folgt: "Die russische Situation ist verloren und Russland ist ohne Widerstand völlig offen für die deutsche Ausbeutung ... " und schließt: "Ich glaube, dass intelligente und mutige Arbeit Deutschland noch daran hindern wird, das Feld allein zu besetzen

---

[114] Dokumente des Kriegskabinetts, 24/49/7197 (G.T. 4322) Secret, 24. April 1918.

[115] Vollständig wiedergegebener Brief in Anhang 3. Es sei darauf hingewiesen, dass wir Thomas Lamont, Dwight Morrow und H. P. Davison als eng mit der Entwicklung der Politik gegenüber den Bolschewiki befasst. Alle waren Partner in der Anwaltskanzlei J.P. Morgan. Thacher gehörte der Anwaltskanzlei Simpson, Thacher & Bartlett an und war ein enger Freund von Felix Frankfurter.

[116] Siehe Anhang 3.

und somit Russland auf Kosten der Alliierten auszubeuten." Folglich war es die kommerzielle und industrielle Ausbeutung Russlands durch Deutschland, die Thompson befürchtete (was sich auch im Thacher-Memorandum widerspiegelt) und die Thompson und seine Freunde in New York dazu veranlasste, ein Bündnis mit den Bolschewiki zu schließen. Übrigens spiegelt sich diese Interpretation in einer fast humoristischen Aussage wider, die Thompsons Stellvertreter Raymond Robins gegenüber dem britischen Agenten Bruce Lockhart machte:

> Sie werden hören, dass ich der Vertreter der Wall Street bin; dass ich William B. Thompsons Diener bin, um ihm Kupfer aus dem Altai zu beschaffen; dass ich mir bereits 500.000 Morgen des besten Holzlandes Russlands gesichert habe; dass ich bereits die transsibirische Eisenbahn genommen habe; dass man mir das Monopol für Platin aus Russland gegeben hat; dass dies meine Arbeit im Auftrag der Sowjetunion erklärt... Sie werden diese Rede hören. Nun, ich glaube nicht, dass das wahr ist, Herr Kommissar, aber nehmen wir an, es ist wahr. Nehmen wir an, ich bin hier, um Russland im Auftrag der Wall Street und der amerikanischen Geschäftsleute einzufangen. Nehmen wir an, Sie sind ein britischer Wolf und ich bin ein amerikanischer Wolf, und wenn dieser Krieg vorbei ist, werden wir uns gegenseitig für den russischen Markt fressen; lassen Sie uns das in aller Offenheit tun, nach Menschenart, aber nehmen wir gleichzeitig an, dass wir ziemlich intelligente Wölfe sind und wissen, dass, wenn wir nicht um diese Zeit zusammen jagen, der deutsche Wolf uns beide fressen wird, und dann lassen Sie uns an die Arbeit gehen.[117]

Unter diesem Gesichtspunkt wollen wir Thompsons persönliche Motive untersuchen. Thompson war ein Finanzier, ein Förderer und hatte, obwohl er zuvor kein Interesse an Russland hatte, persönlich die Mission des Roten Kreuzes in Russland finanziert und die Mission als Vehikel für bestimmte politische Manöver genutzt. Aus dem Gesamtbild können wir ableiten, dass Thompsons Motive in erster Linie finanzieller und kommerzieller Natur waren. Genauer gesagt interessierte sich Thompson für den russischen Markt und dafür, wie dieser Markt beeinflusst, umgeleitet und gekapert werden könnte, um nach dem Krieg von einem oder mehreren Wall-Street-Syndikaten ausgebeutet zu werden. Zweifellos betrachtete Thompson Deutschland als Feind, aber weniger als politischen Feind denn als wirtschaftlichen oder kommerziellen Feind. Die deutsche Industrie und die deutschen Banken waren die eigentlichen Feinde. Um die Pläne Deutschlands zu vereiteln, war Thompson bereit, auf jede politische Macht zu setzen, die es ihm ermöglichen würde, sein Ziel zu erreichen. Mit anderen Worten: Thompson war ein amerikanischer Imperialist, der gegen den deutschen Imperialismus kämpfte, und dieser Kampf wurde von Lenin und Trotzki geschickt erkannt und ausgenutzt.

Die Beweise bestätigen diesen unpolitischen Ansatz. Anfang August 1917 aß William Boyce Thompson in der amerikanischen Botschaft in Petrograd mit Kerenski, Terestschenko und dem amerikanischen Botschafter Francis zu Mittag. Während des Mittagessens zeigte Thompson seinen russischen Gästen ein Kabel,

---

[117] Vereinigte Staaten, Senat, *Bolschewistische Propaganda*, Anhörungen vor einem Unterausschuss der Kommission für die richterliche Gewalt, 65. Cong. 1919, S. 802.

das er gerade an das New Yorker Büro von J.P. Morgan gesendet hatte und in dem er um die Überweisung von 425.000 Rubel zur Deckung einer persönlichen Zeichnung für den neuen "Russian Liberty Loan" bat. Thompson bat Morgan außerdem, "meinen Freunden mitzuteilen, dass ich diese Anleihen als die beste Kriegsinvestition empfehle, die ich kenne. Ich werde mich gerne darum kümmern, dass sie hier ohne Entschädigung gekauft werden"; dann schlug er vor, persönlich zwanzig Prozent eines New Yorker Syndikats zu übernehmen, das fünf Millionen Rubel des russischen Kredits kaufte. Wenig überraschend gaben Kerenski und Terestschenko an, dass sie mit der Unterstützung der Wall Street "sehr zufrieden" seien. Und Botschafter Francis informierte das Außenministerium per Kabel umgehend darüber, dass die Rotkreuzkommission "harmonisch mit mir zusammenarbeitete" und "eine ausgezeichnete Wirkung" erzielen würde.[118] Andere Autoren berichteten, wie Thompson versuchte, die russischen Bauern von der Unterstützung Kerenskis zu überzeugen, indem er eine Million Dollar aus seinem eigenen Geld und Gelder der US-Regierung in gleicher Größenordnung in Propagandaaktivitäten investierte. In der Folge richtete das Komitee für staatsbürgerliche Erziehung im freien Russland unter der Leitung der revolutionären "Großmutter" Breschkowskaja und mit David Soskice (Kerenskys Privatsekretär) als Führungskraft Zeitungen, Pressebüros, Druckereien und Rednerbüros ein, um den Aufruf: "Kämpft gegen den Kaiser und rettet die Revolution" zu propagieren. Bemerkenswert ist, dass Kerenskis von Thompson finanzierte Kampagne denselben Aufruf hatte: "Haltet Russland im Krieg" - ebenso wie seine finanzielle Unterstützung der Bolschewiki. Die gemeinsame Verbindung zwischen Thompsons Unterstützung für Kerenski und seiner Unterstützung für Trotzki und Lenin war: "Setzt den Krieg gegen Deutschland fort" und haltet Deutschland aus Russland fern.

Kurz gesagt, hinter und unter den militärischen, diplomatischen und politischen Aspekten des Ersten Weltkriegs tobte ein anderer Kampf, nämlich ein Manöver um die globale wirtschaftliche Hegemonie in der Nachkriegszeit durch internationale Akteure mit beträchtlicher Stärke und Einfluss. Thompson war kein Bolschewik; er war nicht einmal pro-bolschewistisch. Er war auch nicht pro Kerenski. Er war noch nicht einmal pro-amerikanisch. *Seine Hauptmotivation war die Eroberung des russischen Marktes in der Nachkriegszeit.* Dies war ein kommerzielles und kein ideologisches Ziel. Ideologie konnte revolutionäre Betreiber wie Kerenski, Trotzki, Lenin und andere beeinflussen, aber nicht die Finanziers.

Lloyd Georges Memorandum belegt Thompsons Unparteilichkeit, ob für Kerenski oder die Bolschewiki: "Nach dem Sturz der letzten Kerenski-Regierung halfen wir materiell bei der Verbreitung der bolschewistischen Literatur, indem wir sie durch Agenten und mit Flugzeugen an die deutsche Armee verteilten".[119] Dieser Text wurde Mitte Dezember 1917 verfasst, nur fünf Wochen nach dem Beginn der bolschewistischen Revolution und weniger als vier Monate, nachdem

---

[118] Dezimaldatei des US-Außenministeriums, 861.51/184.

[119] Siehe Anhang 3.

Thompson bei einem Mittagessen in der amerikanischen Botschaft seine Unterstützung für Kerenski zum Ausdruck gebracht hatte.

THOMPSON KEHRT IN DIE USA ZURÜCK

Thompson kehrte daraufhin in seine Heimat zurück und tourte mit einem öffentlichen Plädoyer für die Anerkennung der Sowjets durch die Vereinigten Staaten. In einer Rede vor dem Rocky Mountain Club in New York im Januar 1918 bat Thompson um Hilfe für die aufstrebende bolschewistische Regierung und beschwor, vor einem Publikum, das größtenteils aus Westlern bestand, den Geist der amerikanischen Pioniere:

> Diese Männer hätten nicht lange gezögert, die russische Arbeiterregierung anzuerkennen und ihr jede erdenkliche Hilfe und Sympathie zukommen zu lassen, denn 1819 und in den Jahren danach hatten wir bolschewistische Regierungen - und damals waren es brutal gute Regierungen![120]

Es ist schwierig, die bahnbrechende Erfahrung an unserer Westgrenze mit der gnadenlosen Vernichtung der politischen Opposition zu vergleichen, die damals in Russland im Gange war. Für Thompson wurde diese Eroberung wahrscheinlich als ähnlich angesehen wie die Eroberung von Bergbaubeständen, die er in der Vergangenheit vorgenommen hatte. Was die Personen in Thompsons Publikum betrifft, so wissen wir nicht, was sie dachten; allerdings erhob niemand eine Herausforderung. Der Redner war ein angesehener Direktor der Federal Reserve Bank von New York, ein selbstgebildeter Millionär (und das zählt in den USA viel). Und war er nicht schließlich gerade erst aus Russland zurückgekehrt? Doch nicht alles war rosig. Thompsons Biograf Hermann Hagedorn schrieb, die Wall Street sei "verblüfft" gewesen, dass seine Freunde "schockiert" gewesen seien und dass er "gesagt habe, er habe den Verstand verloren, er sei selbst zum Bolschewiken geworden".[121]

Während sich die Wall Street fragte, ob er tatsächlich "bolschewistisch geworden" sei, fand Thompson Sympathie bei seinen Kollegen im Vorstand der Federal Reserve Bank of New York. Der Co-Direktor W. L. Saunders, Präsident der Ingersoll-Rand Corporation und Direktor der FRB, schrieb am 17. Oktober 1918 an Präsident Wilson und erklärte, er habe "Sympathie für die sowjetische Regierungsform"; gleichzeitig lehnte er jegliche Hintergedanken wie "sich jetzt darauf vorzubereiten, nach dem Krieg die Kontrolle über den Welthandel zu erlangen" ab.[122]

Unter Thompsons Kollegen war der interessanteste George Foster Peabody, Vizepräsident der Federal Reserve Bank von New York und ein enger Freund des

---

[120] Eingefügt von Senator Calder in das *Protokoll des Kongresses*, 31. Januar 1918, S. 1409.

[121] Hagedorn, op. tit., S. 263.

[122] Dezimaldatei des US-Außenministeriums, 861.00/3005.

Sozialisten Henry George. Peabody hatte sein Vermögen mit der Manipulation von Eisenbahnen gemacht, so wie Thompson sein Vermögen mit der Manipulation von Kupferaktien gemacht hatte. Peabody sprach sich daraufhin für die Verstaatlichung der Eisenbahnen durch die Regierung aus und befürwortete offen die Sozialisierung.[123] Wie brachte Peabody den Erfolg seines Privatunternehmens mit der Förderung des öffentlichen Eigentums in Einklang? Laut seinem Biografen Louis Ware "ließ ihn seine Argumentation erkennen, dass es wichtig ist, dass diese Form des Transports als öffentliche Dienstleistung betrieben wird und nicht zum Vorteil privater Interessen". Diese hochfliegende Argumentation klingt kaum richtig. Richtiger wäre es zu sagen, dass Peabody und seine Finanzkollegen aufgrund ihres dominierenden politischen Einflusses in Washington durch die staatliche Kontrolle der Eisenbahnen die Härten des Wettbewerbs leichter umgehen konnten. Dank ihres politischen Einflusses konnten sie die staatliche Polizeigewalt manipulieren, um das zu bekommen, was sie in einem Privatunternehmen nicht hätten gewinnen können oder was zu teuer gewesen wäre. Mit anderen Worten: Die staatliche Polizeigewalt war ein Mittel zur Aufrechterhaltung eines privaten Monopols. Das war genau das, was Frederick C. Howe vorgeschlagen hatte. Die Idee eines zentral geplanten sozialistischen Russlands muss Peabody gefallen haben. Denken Sie nur - ein gigantisches Staatsmonopol! Und Thompson, sein Freund und Direktorenkollege, hatte die Oberhand über diejenigen, die die Operation leiteten![124]

DIE INOFFIZIELLEN BOTSCHAFTER: ROBINS, LOCKHART UND SADOUL

Die Bolschewiki ihrerseits schätzten in Petrograd die mangelnde Sympathie der Vertreter der drei großen westlichen Mächte - der USA, Großbritanniens und Frankreichs - richtig ein. Die USA waren durch Botschafter Francis vertreten, wobei dieser seine Antipathie gegenüber der Revolution nicht verbarg. Großbritannien wurde von Sir James Buchanan vertreten, der enge Verbindungen zur zaristischen Monarchie hatte und verdächtigt wurde, die Kerenski-Phase der Revolution unterstützt zu haben. Frankreich wurde durch den Botschafter Maurice Paléologue vertreten, der offen antibolschewistisch eingestellt war. Anfang 1918 tauchten drei weitere Persönlichkeiten auf; sie wurden zu De-facto-Vertretern dieser westlichen Länder und verdrängten die offiziell anerkannten Vertreter.

Raymond Robins übernahm Anfang Dezember 1917 die Rotkreuz-Mission von W. B. Thompson, kümmerte sich aber mehr um wirtschaftliche und politische Fragen als um die Beschaffung von Hilfe und Unterstützung für das vom Elend

---

[123] Louis Ware, *George Foster Peabody* (Athen: University of Georgia Press, 1951).

[124] Wenn dieses Argument zu weit hergeholt erscheint, sollte der Leser Gabriel Kolko, *Railroads and Regulation 1877-1916* (New York: W. W. Norton, 1965) zu Rate ziehen, der beschreibt, wie der Druck für die staatliche Kontrolle und die Bildung der Interstate Commerce Commission von den *Eigentümern der Eisenbahnen* ausging, nicht von den Landwirten und Nutzern der Eisenbahndienste.

geplagte Russland. Am 26. Dezember 1917 sandte Robins ein Kabel an Henry Davison, Morgans Partner und zeitweiliger Generaldirektor des Amerikanischen Roten Kreuzes: "Bitte bestehen Sie gegenüber dem Präsidenten auf der Notwendigkeit, unsere Beziehungen zur bolschewistischen Regierung fortzusetzen."[125] Am 23. Januar 1918 telegrafierte Robins an Thompson, der sich damals in New York aufhielt:

> Die Sowjetregierung ist heute stärker als je zuvor. Ihre Autorität und Macht wurde durch die Auflösung der Konstituierenden Versammlung erheblich gestärkt... Die Bedeutung einer raschen Anerkennung der bolschewistischen Autorität kann nicht stark genug betont werden... Sisson stimmt diesem Text zu und bittet Sie, Creel dieses Kabel zu zeigen. Thacher und Wardwell stimmen zu.[126]

Später im Jahr 1918, als Robins in die USA zurückkehrte, legte er dem Staatssekretär Robert Lansing einen Bericht vor, der diesen einleitenden Absatz enthielt:

> "US-Wirtschaftskooperation mit Russland; Russland wird die US-Hilfe für den wirtschaftlichen Wiederaufbau begrüßen".[127]

Robins beharrliche Bemühungen um die bolschewistische Sache verliehen ihm ein gewisses Ansehen im bolschewistischen Lager und vielleicht sogar politischen Einfluss. Die amerikanische Botschaft in London behauptete im November 1918, dass "Salkind seine Ernennung zum bolschewistischen Botschafter in der Schweiz einem Amerikaner verdankt ... der kein anderer als Mr. Raymond Robins ist". Ungefähr zu[128] dieser Zeit sickerten in Washington Berichte durch, denen zufolge Robins selbst ein Bolschewik war; zum Beispiel der folgende Bericht aus Kopenhagen vom 3. Dezember 1918:

> Vertraulich. Laut einer Erklärung Radeks gegenüber George de Patpourrie, dem ehemaligen Generalkonsul Österreichs und Ungarns in Moskau, befindet sich Oberst Robbins [sic], ehemaliger Leiter der Mission des Amerikanischen Roten Kreuzes in Russland, derzeit in Moskau, um mit der Sowjetregierung zu verhandeln, und vermittelt zwischen den Bolschewiki und ihren Freunden in den Vereinigten Staaten. Einige Kreise scheinen zu glauben, dass Oberst Robbins selbst ein Bolschewik ist, während andere argumentieren, dass er es nicht ist, sondern dass

---

[125] C. K. Cumming und Waller W. Pettit, *Russian-American Relations, Documents and Papers* (New York: Harcourt, Brace & Howe, 1920), doe. 44.

[126] Ibid, Dok. 54.

[127] Ibid, Dok. 92.

[128] Dezimaldatei des US-Außenministeriums, 861.00/3449. Siehe aber Kennan, *Russia Leaves the War*, S. 401-5.

seine Aktivitäten in Russland den Interessen der mit ihm verbundenen Regierungen zuwiderlaufen.[129]

Dokumente in den Akten des Sowjetbüros in New York und vom Lusk-Komitee 1919 beschlagnahmt, bestätigten, dass Robins und seine Frau eng mit den bolschewistischen Aktivitäten in den USA und der Bildung des Sowjetbüros in New York verbunden waren.[130]

Die britische Regierung nahm inoffizielle Beziehungen zum bolschewistischen Regime auf, indem sie einen jungen, russischsprachigen Agenten, Bruce Lockhart, nach Russland schickte. Lockhart war eigentlich das Gegenstück zu Robins; im Gegensatz zu Robins hatte Lockhart jedoch direkten Kontakt zu dessen Außenministerium. Lockhart wurde nicht vom Außenminister oder dem Ministerium ausgewählt; beide waren über die Ernennung entsetzt. Laut Richard Ullman wurde Lockhart "von Milner und Lloyd George selbst für seine Mission ausgewählt ... Maxim Litwinow, der als inoffizieller sowjetischer Vertreter in Großbritannien fungierte, schrieb für Lockhart einen Einführungsbrief an Trotzki; darin bezeichnete er den britischen Agenten als "einen völlig ehrlichen Mann, der unsere Position versteht und mit uns sympathisiert".[131]

Wir haben bereits den Druck auf Lloyd George, eine pro-bolschewistische Haltung einzunehmen, insbesondere durch William B. Thompson, sowie den indirekten Druck durch Sir Basil Zaharoff und Lord Milner festgestellt. Milner war, wie das Epigraph dieses Kapitels vermuten lässt, extrem prosozialistisch eingestellt. Edward Crankshaw hat Milners Dualität kurz und bündig beschrieben.

> Einige der Passagen [in Milner] über Industrie und Gesellschaft ... sind Passagen, die jeder Sozialist stolz darauf wäre, geschrieben zu haben. Aber sie wurden nicht von einem Sozialisten geschrieben. Sie wurden von "dem Mann, der den Burenkrieg geführt hat" geschrieben. Einige der Passagen über den Imperialismus und die Last des weißen Mannes hätten auch von einem Hardcore-Konservativen geschrieben werden können. Sie wurden von dem Schüler von Karl Marx geschrieben.[132]

Lockhart zufolge war der sozialistische Bankdirektor Milner ein Mann, der ihm "die größte Zuneigung und Heldenverehrung" einflößte. Lockhart[133] berichtet, wie Milner seine russische Nominierung persönlich sponserte, sie auf Kabinettsebene vorantrieb und nach ihrer Ernennung "fast täglich" mit Lockhart sprach. Während Milner den Weg für die Anerkennung der Bolschewiki ebnete,

---

[129] Ibid, 861.00 3333.

[130] Siehe Kapitel 7.

[131] Richard H. Ullman, *Intervention and the War* (Princeton, N.J.: Princeton University Press, 1961), t). 61.

[132] Edward Crankshaw, *Die aufgegebene Idee: Eine Studie o! Vicomte Milner* (London: Longmans Green, 1952), S. 269.

[133] Robert Hamilton Bruce Lockhart, *British Agent* (New York: Putnam's, 1933), S. 119.

förderte er auch die finanzielle Unterstützung ihrer Gegner in Südrussland und anderswo, wie es Morgan in New York getan hatte. Diese Doppelpolitik stimmt mit der These überein, dass der *Modus Operandi* politisierter Internationalisten - wie Milner und Thompson - darin bestand, Staatsgelder auf jedes revolutionäre oder konterrevolutionäre Pferd zu setzen, das wie ein möglicher Gewinner aussah. Die Internationalisten beanspruchten natürlich jeden späteren Gewinn für sich. Ein Hinweis darauf findet sich vielleicht in Bruce Lockharts Beobachtung, dass Milner ein Mann war, der "an einen hoch organisierten Staat glaubte".[134]

Die französische Regierung ernannte einen noch offeneren bolschewistischen Sympathisanten, Jacques Sadoul, einen alten Freund Trotzkis.[135]

Kurz gesagt: Die alliierten Regierungen neutralisierten ihre eigenen diplomatischen Vertreter in Petrograd und ersetzten sie durch inoffizielle Agenten, die mehr oder weniger mit den Bolschewiken sympathisierten.

Die Berichte dieser inoffiziellen Botschafter standen in direktem Widerspruch zu den Hilferufen, die aus dem Inneren Russlands an den Westen gerichtet wurden. Maxim Gorki protestierte gegen den Verrat der revolutionären Ideale durch die Lenin-Trotzki-Gruppe, die in Russland die eiserne Hand eines Polizeistaates durchgesetzt hatte:

> Wir Russen sind ein Volk, das noch nie frei gearbeitet hat, das noch nie die Chance hatte, all sein Potenzial und seine Talente zu entfalten. Und wenn ich daran denke, dass die Revolution uns die Möglichkeit gibt, frei zu arbeiten, eine facettenreiche Freude am Schaffen zu haben, dann füllt sich mein Herz mit Hoffnung und Freude, selbst in diesen verfluchten Tagen, die mit Blut und Alkohol befleckt sind.
> Hier beginnt die Linie meiner entschiedenen und unversöhnlichen Trennung von den törichten Handlungen der Volkskommissare. Ich halte den Maximalismus in den Ideen für sehr nützlich für die grenzenlose russische Seele; seine Aufgabe ist es, in dieser Seele große und kühne Bedürfnisse zu entwickeln, den Kampfgeist und die Aktivität, wenn nötig, zu wecken, die Initiative in dieser trägen Seele zu fördern und ihr allgemein Form und Leben zu verleihen.
> Doch der praktische Maximalismus der Anarcho-Kommunisten und Smolny-Visionäre ist für Russland und vor allem für die russische Arbeiterklasse ruinös. Die Volkskommissare behandeln Russland wie ein Versuchsmaterial. Das russische Volk ist für sie das, was das Pferd für bakteriologische Wissenschaftler ist, die das Pferd mit Typhus impfen, damit sich in seinem Blut die Antityphus-Lymphe entwickelt. Heute versuchen die Kommissare ein solches zum Scheitern prädestiniertes Experiment am russischen Volk, ohne daran zu denken, dass das gequälte und halb verhungerte Pferd sterben könnte.
> Die Reformer des Smolny kümmern sich nicht um Russland. Sie opfern Russland kaltblütig im Namen ihres Traums von einer weltweiten und europäischen Revolution. Und so lange ich kann, werde ich dem russischen Proletarier Folgendes zu verstehen geben: "Man führt dich ins Verderben. Dein Volk wird als Versuchskaninchen in einem unmenschlichen Experiment benutzt".

---

[134] Ibid, S. 204.

[135] See Jacques Sadoul, *Notes sur la révolution bolchévique* (Paris: Éditions de la sirène, 1919).

Im Gegensatz zu den Berichten der sympathischen inoffiziellen Botschafter waren die Berichte der diplomatischen Vertreter der alten Linie ebenfalls gegensätzlich. Das folgende Kabel der amerikanischen Gesandtschaft in Bern, Schweiz, ist typisch für die vielen Nachrichten, die Anfang 1918 in Washington eintrafen - insbesondere nachdem Woodrow Wilson seine Unterstützung für die bolschewistischen Regierungen zum Ausdruck gebracht hatte:

> Für Polk. Die Botschaft des Präsidenten an den Konsul in Moskau wurde hier nicht verstanden und die Leute fragen sich, warum der Präsident angesichts der Raubzüge, Morde und Gesetzlosigkeit dieser Banden seine Unterstützung für die Bolschewiken zum Ausdruck bringt.[136]

Die anhaltende Unterstützung der Bolschewiken durch die Wilson-Regierung führte zum Rücktritt von De Witt C. Poole, dem zuständigen amerikanischen Geschäftsträger in Archangelsk (Russland):

> Es ist meine Pflicht, dem Ministerium offen die Verwirrung zu erklären, in die mich die Erklärung zur Russlandpolitik gestürzt hat, die am 22. Januar auf Vorschlag des Präsidenten von der Friedenskonferenz angenommen wurde. Diese Erklärung erkennt die Revolution sehr bereitwillig an und bestätigt einmal mehr die völlige Abwesenheit von Sympathie für jede Form von Konterrevolution, die immer eine Schlüsselnote der amerikanischen Politik in Russland war, aber sie enthält kein einziges [Wort] der Verurteilung für den anderen Feind der Revolution - die bolschewistische Regierung.[137]

So war der Verrat der libertären Revolution selbst in den ersten Tagen des Jahres 1918 von so erfahrenen Beobachtern wie Maxim Gorki und De Witt C. festgestellt worden. Poole. Pooles Rücktritt erschütterte das Außenministerium, das "größte Bedenken gegen Ihren Rücktrittswunsch" äußerte und erklärte, dass "es notwendig sein wird, Sie auf natürliche und normale Weise zu ersetzen, um schwerwiegende und möglicherweise verheerende Auswirkungen auf die Moral der amerikanischen Truppen im Bezirk Archangelsk zu vermeiden, die zum Verlust von amerikanischen Leben führen könnten".[138]

So neutralisierten nicht nur die verbündeten Regierungen ihre eigenen Regierungsvertreter, sondern die USA ignorierten auch die Appelle aus dem In- und Ausland an Russland, die Unterstützung der Bolschewiki einzustellen. Die einflussreiche Unterstützung der Sowjets kam größtenteils aus dem Finanzraum New York (wenig wirksame Unterstützung kam von den amerikanischen Revolutionären). Sie kam vor allem von der American International Corporation, einem von Morgan kontrollierten Unternehmen.

---

[136] Dezimaldatei des US-Außenministeriums, 861.00/1305, 15. März 1918.

[137] Ibid, 861.00/3804.

[138] Ibid.

DIE REVOLUTION EXPORTIEREN: JACOB H. RUBIN

Wir sind nun in der Lage, zwei Fälle zu vergleichen - die keineswegs die einzigen sind -, in denen die US-Bürger Jacob Rubin und Robert Minor dabei halfen, die Revolution nach Europa und in andere Teile Russlands zu exportieren.

Jacob H. Rubin war ein Bankier, der nach seinen eigenen Worten "bei der Bildung der sowjetischen Regierung in Odessa geholfen hat".[139] Rubin war Präsident, Schatzmeister und Sekretär der Rubin Brothers in 19 West 34th Street, New York City. Im Jahr 1917 wurde er Teilhaber der Union Bank of Milwaukee und der Provident Loan Society of New York. Zu den Direktoren der Provident Loan Society gehörten Personen, die an anderer Stelle als mit der bolschewistischen Revolution verbunden erwähnt wurden: P. A. Rockefeller, Mortimer L. Schiff und James Speyer.

Durch irgendein Verfahren - über das in seinem Buch *I Live to Tell*[140] nur vage berichtet wird - *befand sich* Rubin im Februar 1920 in Odessa und war Gegenstand einer Nachricht von Admiral McCully an das Außenministerium (datiert vom 13. Februar 1920, 861.00/6349). In dieser Nachricht hieß es, dass Jacob H. Rubin von der Union Bank, Milwaukee, in Odessa sei und bei den Bolschewiki bleiben wolle - "Rubin möchte nicht gehen, hat den Bolschewiki seine Dienste angeboten und scheint mit ihnen zu sympathisieren". Rubin fand dann seinen Weg zurück in die USA und sagte 1921 vor dem Ausschuss für auswärtige Angelegenheiten des Repräsentantenhauses aus:

> Ich war mit den Leuten vom Amerikanischen Roten Kreuz in Odessa gewesen. Ich war dabei, als die Rote Armee Odessa besetzte. Damals unterstützte ich die sowjetische Regierung, da ich Sozialist war und seit 20 Jahren Mitglied dieser Partei war. Ich muss zugeben, dass ich in gewissem Maße zur Bildung der sowjetischen Regierung in Odessa beigetragen habe.[141]

Während wir hinzufügen, dass er als Spion von der südrussischen Denikin-Regierung verhaftet worden war, erfahren wir kaum mehr über Rubin. Dagegen erfahren wir viel mehr über Robert Minor, der auf frischer Tat ertappt und durch einen Mechanismus befreit wurde, der an die Befreiung Trotzkis aus einem Kriegsgefangenenlager in Halifax erinnert.

DIE REVOLUTION EXPORTIEREN: ROBERT MINOR

---

[139] USA, House, Foreign Affairs Committee, *Conditions in Russia*, 66th Congg, 3rd Sess. 1921.

[140] Jacob H. Rubin, *I Live to Tell: The Russian Adventures of an American Socialist* (Indianapolis: Bobbs-Merrill, 1934).

[141] USA, House, Foreign Affairs Committee, op. cit.

Die bolschewistische Propagandaarbeit in Deutschland, die[142] von William Boyce Thompson und Raymond Robins finanziert und organisiert wurde, wurde vor Ort von US-Bürgern unter der Aufsicht von Trotzkis Volkskommissariat für Auswärtige Angelegenheiten durchgeführt:

> Eine von Trotzkis ersten Neuerungen im Außenministerium war die Einrichtung eines Pressebüros unter Karl Radek und eines Büros für internationale revolutionäre Propaganda unter Boris Reinstein, dessen Assistenten John Reed und Albert Rhys Williams waren, und alle diese Einrichtungen richteten sich gegen die deutsche Armee.
> Eine deutsche Zeitung, *Die Fackel*, wurde in einer Auflage von einer halben Million Exemplaren pro Tag gedruckt und per Sonderzug an die Zentralkomitees der Armee in Minsk, Kiew und anderen Städten geschickt, die sie wiederum an anderen Punkten der Front verteilten.[143]

Robert Minor war ein Agent in Reinsteins Propagandabüro. Minors Vorfahren spielten eine wichtige Rolle in der frühen amerikanischen Geschichte. General Sam Houston, der erste Präsident der Republik Texas, war mit Minors Mutter Routez Houston verwandt. Weitere Verwandte waren Mildred Washington, die Tante von George Washington, und General John Minor, der Wahlkampfleiter von Thomas Jefferson. Minors Vater war ein Anwalt aus Virginia, der nach Texas ausgewandert war. Nach schwierigen Jahren mit wenigen Mandanten wurde er Richter in San Antonio.

Robert Minor war ein talentierter Zeichner und Sozialist. Er zog von Texas in den Osten. Einige seiner Beiträge wurden in *Masses,* einer pro-bolschewistischen Zeitschrift, veröffentlicht. Im Jahr 1918 war Minor Karikaturist im Team des *Philadelphia Public Ledger.* Minor verließ New York im März 1918, um über die bolschewistische Revolution zu berichten. Während seines Aufenthalts in Russland trat Minor Reinsteins Büro für internationale revolutionäre Propaganda bei (siehe Schema), zusammen mit Philip Price, einem Korrespondenten des *Daily Herald* und des *Manchester Guardian,* und Jacques Sadoul, einem inoffiziellen französischen Botschafter und Freund Trotzkis.

Ausgezeichnete Daten über die Aktivitäten von Price, Minor und Sadoul sind in Form eines geheimen Sonderberichts von Scotland Yard (London), Nr. 4, mit dem Titel "The Case of Philip Price and Robert Minor" sowie in Berichten in den Akten des Außenministeriums in Washington überliefert.[144] Laut diesem Bericht von Scotland Yard war Philip Price Mitte 1917, vor der bolschewistischen Revolution, in Moskau und gab zu, "bis zum Hals in der revolutionären Bewegung

---

[142] Siehe George G. Bruntz, *Allied Propaganda and the Collapse of the German Empire in 1918* (Stanford, Calif.: Stanford University Press, 1938), S. 144-55; siehe auch hier S. 82.

[143] John W. Wheeler-Bennett, *The Forgotten Peace* (New York: William Morrow, 1939).

[144] Es gibt eine Kopie dieses Berichts von Scotland Yard in der Dezimaldatei des US-Außenministeriums, 316-23-1184 9.

zu stecken". Etwa zwischen der Revolution und dem Herbst 1918 arbeitete Price mit Robert Minor im Außenkommissariat zusammen.

DIE ORGANISATION DER AUSLÄNDISCHEN PROPAGANDAARBEIT IM JAHR 1918

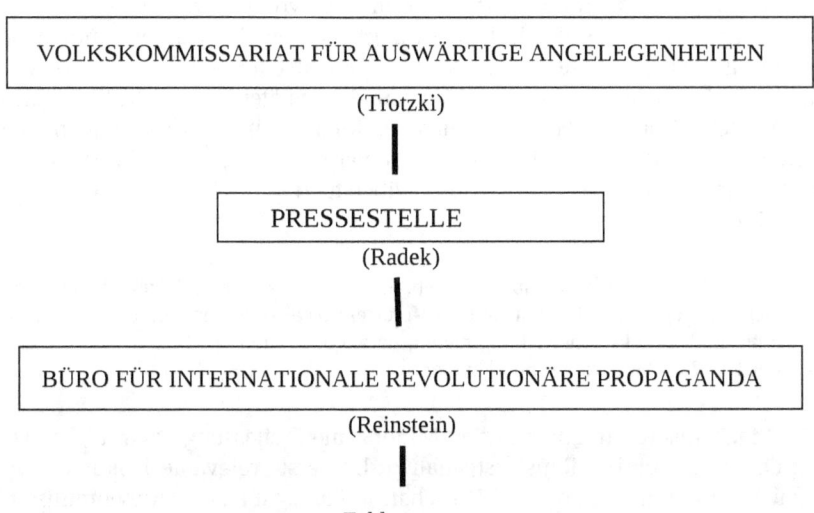

Im November 1918 verließen Minor und Price Russland und begaben sich nach Deutschland.[145] Ihre Propaganda wurde zum ersten Mal an der russischen Murman-Front eingesetzt; Flugblätter wurden von bolschewistischen Flugzeugen unter britischen, französischen und amerikanischen Truppen abgeworfen - gemäß dem Programm von William Thompson.[146] Die Entscheidung, Sadoul, Price und Minor nach Deutschland zu schicken, wurde vom Zentralen Exekutivkomitee der Kommunistischen Partei getroffen. In Deutschland wurden ihre Aktivitäten den britischen, französischen und amerikanischen Geheimdiensten zur Kenntnis gebracht. Am 15. Februar 1919 wurde Leutnant J. Habas von der US-Armee nach Düsseldorf geschickt, das damals unter der Kontrolle einer revolutionären Spartakistengruppe stand; er gab sich als Deserteur der US-Armee aus und bot den Spartakisten seine Dienste an. Habas lernte Philip Price und Robert Minor kennen und schlug vor, Pamphlete zu drucken und an die amerikanischen Truppen zu verteilen. Der Bericht von Scotland Yard berichtet, dass Price und Minor bereits mehrere Pamphlete für britische und amerikanische Truppen geschrieben hatten,

---

[145] Joseph North, *Robert Minor: Artist and Crusader* (New York: International Publishers, 1956).

[146] Muster von Minors Propagandaflugblättern befinden sich noch immer in den Akten des US-Außenministeriums. Siehe S. 197-200 zu Thompson.

dass Price einige von Wilhelm Liebknechts Werken ins Englische übersetzt hatte und dass beide an weiteren Propaganda-Flugblättern arbeiteten. Habas berichtet, dass Minor und Price angaben, dass sie in Sibirien zusammenarbeiteten, um eine bolschewistische Zeitung in englischer Sprache zu drucken, die per Flugzeug an die amerikanischen und britischen Truppen verteilt werden sollte.[147]

Am 8. Juni 1919 wurde Robert Minor in Paris von der französischen Polizei verhaftet und den amerikanischen Militärbehörden in Koblenz übergeben. Gleichzeitig wurden die deutschen Spartakisten von den britischen Militärbehörden in der Gegend von Köln verhaftet. Später wurden die Spartakisten wegen Verschwörung zur Herbeiführung von Meuterei und Aufruhr innerhalb der alliierten Streitkräfte verurteilt. Price wurde verhaftet, doch wie Minor wurde er schnell wieder freigelassen. Diese überstürzte Freilassung wurde im Außenministerium festgestellt:

> Robert Minor wurde nun aus Gründen, die nicht ganz klar sind, freigelassen, da die Beweise gegen ihn offenbar für eine Verurteilung ausreichten. Die Freilassung wird eine unglückliche Auswirkung haben, da angenommen wird, dass Minor eng mit der IWW in Amerika verbunden war.[148]

Der Mechanismus, mit dem Robert Minor seine Freilassung erwirkte, ist in den Akten des Außenministeriums festgehalten. Das erste relevante Dokument vom 12. Juni 1919 stammt von der US-Botschaft in Paris, ist an den Außenminister in Washington, D.C., gerichtet und trägt den Vermerk URGENT ET CONFIDENTIEL (DRINGEND UND VERTRAULICH).[149] Das französische Außenministerium teilte der Botschaft mit, dass Robert Minor, "ein amerikanischer Korrespondent", am 8. Juni in Paris verhaftet und an das Hauptquartier der dritten US-Armee in Koblenz überstellt worden war. Bei Minor gefundene Dokumente erschienen "zur Bestätigung der gelieferten Berichte über seine Aktivitäten". Es scheint also erwiesen, dass Minor in Paris Beziehungen zu den erklärten Anhängern des Bolschewismus aufgebaut hat". Die Botschaft betrachtete Minor als einen "besonders gefährlichen Mann". Es werden Nachforschungen bei den US-Militärbehörden angestellt; die Botschaft ist der Ansicht, dass diese Angelegenheit ausschließlich in die Zuständigkeit des Militärs fällt, so dass sie keine Maßnahmen in Betracht zieht, obwohl Anweisungen willkommen wären.

Am 14. Juni telegrafierte Richter R. B. Minor in San Antonio, Texas, an Frank L. Polk im Außenministerium:

> Die Presse berichtet, dass mein Sohn Robert Minor aus unbekannten Gründen in Paris festgehalten wird. Ich bitte Sie, alles in Ihrer Macht Stehende zu tun, um ihn

---

[147] Siehe Anhang 3.

[148] Dezimaldatei des US-Außenministeriums, 316-23-1184.

[149] Ibid, 861.00/4680 (316-22-0774).

freizubekommen. Ich verweise Sie an die Senatoren von Texas. R. P. Minor, Bezirksrichter, San Antonio, Texas.[150]

Polk telegrafierte Richter Minor, dass weder das Außenministerium noch das Kriegsministerium Informationen über die Inhaftierung von Robert Minor hätten und dass der Fall nun bei den Militärbehörden in Koblenz liege. Ende Juni erhielt das Außenministerium eine "dringende und streng vertrauliche" Nachricht aus Paris, in der eine Erklärung des Büros für militärische Aufklärung (Koblenz) über die Inhaftierung von Robert Minor wiedergegeben wurde: "Minor wurde in Paris von den französischen Behörden auf Ersuchen des britischen militärischen Geheimdienstes festgenommen und sofort an das amerikanische Hauptquartier in Koblenz überstellt.[151] Er wurde beschuldigt, bolschewistische revolutionäre Literatur, die in Düsseldorf gedruckt worden war, verfasst und an die britischen und amerikanischen Truppen in den von ihnen besetzten Gebieten verteilt zu haben. Die Militärbehörden beabsichtigten, die gegen Minor erhobenen Vorwürfe zu prüfen und ihn, falls sie zutreffen, vor ein Kriegsgericht zu stellen. Sollten die Anschuldigungen nicht zutreffen, beabsichtigten sie, Minor den britischen Behörden zu übergeben, "die ursprünglich darum gebeten hatten, dass die Franzosen ihn ihnen übergeben".[152] Richter Minor in Texas kontaktierte unabhängig Morris Sheppard, den US-Senator von Texas, und Sheppard kontaktierte Oberst House in Paris. Am 17. Juni 1919 sandte Oberst House an Senator Sheppard Folgendes:

> Der amerikanische Botschafter und ich verfolgen den Fall von Robert Minor. Mir ist bekannt, dass er von den US-Militärbehörden in Köln aufgrund schwerwiegender Anschuldigungen, deren genaue Natur schwer zu ermitteln ist, festgehalten wird. Nichtsdestotrotz werden wir alle möglichen Maßnahmen ergreifen, um eine angemessene Berücksichtigung seiner Person zu gewährleisten.[153]

Sowohl Senator Sheppard als auch Kongressabgeordneter Carlos Bee (14. Distrikt, Texas) meldeten ihr Interesse beim Außenministerium an. Am 27. Juni 1919 bat Kongressabgeordneter Bee um Erleichterungen, damit Richter Minor seinem Sohn 350 Dollar und eine Nachricht schicken konnte. Am 3. Juli schrieb Senator Sheppard an Frank Polk und erklärte, dass er am Fall Robert Minor "sehr interessiert" sei, und fragte sich, ob der Staat seinen Status sicherstellen könne und ob Minor tatsächlich der Zuständigkeit der Militärbehörden unterliege. Dann, am 8. Juli, schickte die Pariser Botschaft ein Telegramm nach Washington: "Vertraulich. Minor wurde von den US-Behörden freigelassen ... und ist mit dem ersten verfügbaren Schiff in die Vereinigten Staaten zurückgekehrt". Die

---

[150] Ibid, 861.00/4685 (/783).

[151] Dezimaldatei des US-Außenministeriums, 861.00/4688 (/788).

[152] Ibid.

[153] Ibid, 316-33-0824.

plötzliche Freilassung machte das Außenministerium stutzig, und am 3. August sandte Staatssekretär Lansing ein Kabel nach Paris: "Secret. Mit Bezug auf die Präzedenzfälle bin ich sehr daran interessiert, die Gründe für Minors Freilassung durch die Militärbehörden zu erfahren".

Ursprünglich hatten die Behörden der US-Armee gewollt, dass die Briten Robert Minor vor Gericht stellen, denn "sie befürchteten, dass die Politik in den USA eingreifen würde, um eine Verurteilung zu verhindern, wenn der Gefangene vor einem US-Militärgericht verhandelt würde". Die britische Regierung argumentierte jedoch, dass Minor ein US-Bürger sei, dass die Beweise zeigten, dass er in erster Instanz Propaganda gegen die US-Truppen vorbereitet habe, und dass Minor daher - so schlug es der britische Generalstabschef vor - vor einem US-Gericht angeklagt werden sollte. Der britische Generalstabschef war der Ansicht, dass es "von größter Wichtigkeit ist, wenn möglich eine Verurteilung zu erreichen".[154]

Die Dokumente aus dem Büro des Stabschefs der Dritten Armee befassen sich mit den internen Details der Befreiung Minors.[155] Ein Telegramm vom 23. Juni 1919 von Major General Harbord, Stabschef der Dritten Armee (später Vorstandsvorsitzender von International General Electric, dessen Exekutivzentrum sich zufälligerweise ebenfalls am 120 Broadway befand), an den kommandierenden General der Dritten Armee erklärte, dass der Oberbefehlshaber John J. Pershing "anordnet, dass Sie die Maßnahmen in der Sache gegen Minor bis zum Erhalt weiterer Befehle aussetzen". Es existiert auch ein von Brigadegeneral W. A. Bethel im Büro des Richter-Anwalts unterzeichnetes Memorandum vom 28. Juni 1919 mit dem Vermerk "Secret and Confidential" und dem Titel "Robert Minor, waiting for judgment by a military commission at the 3rdArmy Headquarters". Das Memo gibt einen Überblick über die strafrechtliche Verfolgung von Minor. Zu den von Bethel angesprochenen Punkten gehört, dass die Briten offensichtlich zögerten, den Fall Minor zu behandeln, weil "sie die amerikanische Meinung fürchten, wenn ein Amerikaner wegen eines Kriegsverbrechens in Europa vor Gericht gestellt wird", obwohl das Ermüdungsdelikt, dessen Minor angeklagt wurde, so schwerwiegend war, "wie ein Mensch es nur begehen kann". Dies ist eine bedeutsame Aussage; Minor, Price und Sadoul setzten ein Programm um, das vom Direktor der Federal Reserve Bank Thompson entworfen worden war, eine Tatsache, die durch Thompsons eigenes Memorandum bestätigt wird (siehe Anhang 3). Waren Thompson (und Robins) also nicht in gewissem Maße denselben Anschuldigungen ausgesetzt?

Nachdem Bethel Siegfried, den Zeugen gegen Minor, befragt und die Beweise geprüft hatte, kommentierte er:

> Ich glaube aufrichtig, dass Minor schuldig ist, aber wenn ich vor Gericht stünde, würde ich aufgrund der Beweise, die mir jetzt vorliegen, nicht sagen, dass er

---

[154] Dezimaldatei des US-Außenministeriums, 861.00/4874.

[155] Büro des Stabschefs der US-Armee, National Archives, Washington, D.C.

schuldig ist - die Aussage eines einzelnen Mannes, der als Detektiv und Informant agiert, reicht nicht aus.

Bethel fährt fort und erklärt, dass man in einer Woche oder in zehn Tagen wissen werde, ob eine substanzielle Bestätigung von Siegfrieds Aussage vorliege. Wenn sie verfügbar sei, "denke ich, dass Minor vor Gericht gestellt werden sollte", aber "wenn die Bestätigung nicht beschafft werden kann, denke ich, dass es besser wäre, den Fall zu den Akten zu legen".

Diese Bethel-Erklärung wurde in abgewandelter Form von General Harbord in einem Telegramm vom 5. Juli an General Malin Craig (Stabschef der Dritten Armee, Koblenz) weitergegeben:

> In Bezug auf den Fall gegen Minor, sofern zu diesem Zeitpunkt keine anderen Zeugen als Siegfried ausfindig gemacht wurden,[156] ordnet C in C an, dass der Fall fallengelassen und Minor freigelassen wird. Bitte nehmen Sie dies zur Kenntnis und geben Sie die weiteren Schritte an.

In Craigs Antwort an General Harbord (5. Juli) heißt es, Minor sei in Paris freigelassen worden, und er fügt hinzu: "Dies entspricht seinen eigenen Wünschen und passt zu unseren Zielen". Craig fügt außerdem hinzu, dass auch andere Zeugen gehört worden seien.

Dieser Telegrammaustausch deutet auf eine gewisse Eile hin, die Anklage gegen Robert Minor fallen zu lassen, und Eile deutet auf Druck hin. Es gab keinen nennenswerten Versuch, Beweise zu entwickeln. Die Intervention von Oberst House und General Pershing auf höchster Ebene in Paris und das Telegramm von Oberst House an Senator Morris Sheppard verleihen den Berichten amerikanischer Zeitungen Gewicht, wonach sowohl das Repräsentantenhaus als auch Präsident Wilson für die überstürzte Freilassung Minors ohne Gerichtsverfahren verantwortlich sind.[157]

Minor kehrt in die USA zurück und tourt wie Thompson und Robins vor ihm durch die Vereinigten Staaten, um für die Wunder des bolschewistischen Russlands zu werben.

Zusammenfassend stellen wir fest, dass der Direktor der Federal Reserve Bank, William Thompson, auf verschiedene Weise aktiv war, um bolschewistische Interessen zu fördern - Produktion eines russischen Pamphlets, Finanzierung bolschewistischer Operationen, Reden, Organisation (mit Robins) einer bolschewistischen revolutionären Mission in Deutschland (und möglicherweise in Frankreich) und mit Morgans Partner Lamont Einfluss auf Lloyd George und das British War Cabinet, um einen Wandel in der britischen Politik zu bewirken. Darüber hinaus wurde Raymond Robins von der französischen Regierung zitiert, weil er russische Bolschewiki für die deutsche

---

[156] Oberbefehlshaber, Anm. d. Ü.

[157] Vereinigte Staaten, Senat, *Congressional Record*, Oktober 1919, S. 6430, 6664-66, 7353-54; und *New York Times*, 11. Oktober, 1919. Siehe auch *Sacramento Bee*, 17. Juli 1919.

Revolution organisiert haben soll. Wir wissen, dass Robins auf unverhüllte Weise für die sowjetischen Interessen in Russland und den Vereinigten Staaten arbeitete. Schließlich stellen wir fest, dass Robert Minor, einer der revolutionären Propagandisten, die in Thompsons Programm eingesetzt wurden, unter Umständen freigelassen wurde, die auf eine Intervention der höchsten Ebenen der US-Regierung schließen lassen.

Offensichtlich ist dies nur ein Bruchteil eines viel größeren Bildes. Es sind keine zufälligen oder zufälligen Ereignisse. Sie bilden ein kohärentes und kontinuierliches Muster über mehrere Jahre hinweg. Sie lassen auf einen starken Einfluss an der Spitze mehrerer Regierungen schließen.

KAPITEL VII

DIE BOLSCHEWIKI KEHREN ZURÜCK NACH NEW YORK

> Martens ist sehr prominent. Es scheint keinen Zweifel an seinen Verbindungen zur Guarantee-Gesellschaft [sic] zu geben, obwohl es überraschend ist, dass ein so großes und einflussreiches Unternehmen Beziehungen zu einem bolschewistischen Unternehmen unterhält.
>
> Bericht von Scotland Yard Intelligence, London, 1919[158]

Nach den ersten Erfolgen der Revolution verloren die Sowjets keine Zeit und versuchten, über ehemalige Einwohner der USA diplomatische Beziehungen zu den Vereinigten Staaten und Propagandamittel in den USA aufzubauen. Im Juni 1918 schickte der amerikanische Konsul in Harbin ein Kabel nach Washington:

> Albert R. Williams, Inhaber des Reisepasses 52913; am 15. Mai 1917 auf dem Weg in die Vereinigten Staaten, um dort ein Informationsbüro im Auftrag der sowjetischen Regierung zu errichten, von der er eine schriftliche Genehmigung hat. Muss ich ein Visum erteilen?[159]

Washington verweigerte das Visum und Williams scheiterte daher mit seinem Versuch, dort ein Informationsbüro einzurichten. Auf Williams folgte Alexander Nyberg (alias Santeri Nuorteva), ein ehemaliger finnischer Einwanderer, der im Januar 1912 in die USA kam und der erste operative sowjetische Vertreter in den USA wurde. Nyberg war ein aktiver Propagandist. Tatsächlich war er 1919 laut J. Edgar Hoover (in einem Brief an den US-Ausschuss für auswärtige Angelegenheiten) "der Vorläufer von LCAK Martens und zusammen mit Gregory Weinstein das aktivste Individuum der offiziellen bolschewistischen Propaganda in den Vereinigten Staaten".[160]

---

[158] Kopie in der Dezimaldateides US-Außenministeriums, 316-22-656.

[159] Ibid, 861.00/1970.

[160] USA, House, Foreign Affairs Committee, *Conditions in Russia,* 66th cong, 3rd season 1921, S. 78.

Nyberg war als diplomatischer Vertreter oder schließlich als Propagandist nicht sehr erfolgreich. In den Akten des Außenministeriums ist ein Interview mit Nyberg durch das Beraterbüro vom *29.* Januar 1919 verzeichnet. Nyberg wurde von H. Kellogg begleitet, der als "amerikanischer Staatsbürger, Harvard-Absolvent" beschrieben wurde, und, was noch überraschender war, von einem gewissen M. McFarland, einem Anwalt der Hearst-Organisation. Aus den Aufzeichnungen des Außenministeriums geht hervor, dass Nyberg "zahlreiche falsche Aussagen über die Haltung gegenüber der bolschewistischen Regierung" machte und behauptete, Peters, der Chef der Petrograder Terrorpolizei, sei nur ein "gutherziger Poet". Nyberg bat das Ministerium, ein Kabel an Lenin zu schicken, "auf der Grundlage der Theorie, dass er nützlich sein könnte, um die von den Alliierten vorgeschlagene Konferenz in Paris zum Erfolg zu führen".[161] Die vorgeschlagene Nachricht, ein zusammenhangloser Appell an Lenin, bei der Konferenz in Paris international akzeptiert zu werden, wurde nicht abgeschickt.[162]

RAZZIA AUF DAS SOWJETISCHE BÜRO IN NEW YORK

Alexander Nyberg (Nuorteva) wurde später entlassen und durch das sowjetische Büro ersetzt, das Anfang 1919 im World Tower Building, 110 West 40 Street, New York City, eingerichtet wurde. Das Büro wurde von einem deutschen Staatsbürger geleitet, Ludwig C. A. K. Martens geleitet, der allgemein als erster Botschafter der Sowjetunion in den USA gilt und bis zu diesem Zeitpunkt Vizepräsident von Weinberg & Posner, einer Ingenieurgesellschaft mit Sitz in 120 Broadway, New York City, war. Warum sich der "Botschafter" und seine Büros in New York und nicht in Washington D.C. befanden, wurde nicht erklärt; es deutet darauf hin, dass der Handel und nicht die Diplomatie sein Hauptziel war. Wie dem auch sei, das Büro veröffentlichte bald einen Aufruf zum Handel zwischen Russland und den USA. Die Industrie war zusammengebrochen und Russland brauchte dringend Maschinen, Eisenbahnmaterial, Kleidung, Chemikalien, Drogen - eigentlich alles, was eine moderne Zivilisation braucht. Im Gegenzug boten die Sowjets Gold und Rohstoffe an. Das sowjetische Büro ging daraufhin dazu über, Verträge mit amerikanischen Unternehmen abzuschließen, wobei es die Fakten des Embargos und der Nichtanerkennung ignorierte. Gleichzeitig leistete es der im Entstehen begriffenen Kommunistischen Partei der USA finanzielle Unterstützung.[163]

Am 7. Mai 1919 beendete das Außenministerium im Namen des Büros (das an anderer Stelle erwähnt wird) die Intervention von Unternehmen und lehnte Ludwig Martens, das Sowjetbüro und die bolschewistische Regierung Russlands ab. Diese offizielle Widerlegung schreckte die gierigen Auftragsjäger der US-

---

[161] Dezimaldatei des US-Außenministeriums, 316-19-1120.

[162] Ibid.

[163] Siehe Benjamin Gitlow, U.S., House, *Un-American Propaganda Activities* (Washington, 1939), Bd. 7-8, S. 4539.

Industrie nicht ab. Als die Büros des Sowjetbüros am 12. Juni 1919 von Vertretern des Lusk-Komitees des Staates New York durchsucht wurden, kamen Akten mit Briefen an und von amerikanischen Geschäftsleuten ans Licht, die fast tausend Unternehmen repräsentierten. Der "Special Report No. 5 (Secret)" der Geheimdienstabteilung des britischen Innenministeriums, der am 14. Juli 1919 von Scotland Yard in London veröffentlicht und von Basil H. Thompson verfasst wurde, stützte sich auf diese beschlagnahmten Unterlagen; der Bericht berichtete darüber:

> ... Von Anfang an setzten Martens und seine Partner alles daran, das Interesse amerikanischer Kapitalisten zu wecken, und es gibt Grund zu der Annahme, dass das Büro finanzielle Unterstützung von einigen russischen Exportfirmen sowie von der Guarantee Company [sic] erhielt, obwohl letztere die Behauptung, sie finanziere Martens' Organisation, bestritt.[164]

Thompson merkt an, dass die monatliche Miete für die Büros des sowjetischen Büros 300$ betrug und die Gehälter der Mitarbeiter sich auf etwa 4000$ beliefen. Martens' Geld, um diese Rechnungen zu bezahlen, stammte zum Teil von sowjetischen Kurieren - wie John Reed und Michael Gruzenberg -, die Diamanten aus Russland brachten, um sie in den USA zu verkaufen, und zum Teil von amerikanischen Handelsunternehmen, darunter die Guaranty Trust Company in New York. Die britischen Berichte fassten die Akten zusammen, die von Lusks Ermittlern in den Büros des Büros beschlagnahmt worden waren, und diese Zusammenfassung verdient es, in ihrer Gesamtheit zitiert zu werden:

(1) Zu dem Zeitpunkt, als der Präsident zum ersten Mal nach Frankreich reiste, wurde eine Intrige vorbereitet, damit die Verwaltung Nuorteva als Vermittler zur russischen Sowjetregierung einsetzte, um deren Anerkennung durch Amerika zu erreichen. Man bemühte sich, Colonel House mit ins Boot zu holen, und es gibt einen langen und interessanten Brief an Frederick C. Howe, auf den sich Nuorteva offenbar stützte, um dessen Unterstützung und Sympathie zu erlangen. Andere Dokumente bringen Howe mit Martens und Nuorteva in Verbindung.

(2) Es existiert ein Ordner mit Korrespondenz mit Eugene Debs.

(3) Ein Brief von Amos Pinchot an William Kent von der US-Tarifkommission in einem an Senator Lenroot adressierten Umschlag stellt Evans Clark "jetzt im Büro der Russischen Sowjetrepublik" vor. Er möchte mit Ihnen über die Anerkennung Kolchaks und die Aufhebung der Blockade sprechen usw.".

(4) Ein Bericht an Felix Frankfurter vom 27. Mai 1919 spricht von einer heftigen Verleumdungskampagne der russischen Regierung.

(5) Es gibt eine beträchtliche Korrespondenz zwischen einem Oberst und Frau Raymond Robbins [sic] und Nuorteva, sowohl 1918 als auch 1919. Im Juli 1918 bat Frau Robbins Nuorteva um Artikel für "Life and Labour", das Organ der National Women's Trade League. Im Februar und März 1919 versuchte

---

[164] Kopie in der Dezimaldatei des US-Außenministeriums, 316-22-656. Bestätigung der Beteiligung des Guaranty Trust in späteren Geheimdienstberichten.

Nuorteva über Robbins, eine Einladung zur Zeugenaussage vor dem Overman-Ausschuss zu erhalten. Er wollte auch, dass Robbins die Dokumente von Sisson anprangerte.

(6) In einem Brief der Jansen Cloth Products Company, New York, an Nuorteva vom 30. März 1918 schreibt E. Werner Knudsen, dass er verstehe, dass Nuorteva den Export von Lebensmitteln über Finnland arrangieren wolle und dass er seine Dienste anbiete. Wir verfügen über eine Akte über Knudsen, der über Mexiko Informationen von und nach Deutschland über den britischen Schiffsverkehr weiterleitete.[165]

Ludwig Martens, so der Geheimdienstbericht weiter, stand in Kontakt mit allen Führern der "Linken" in den USA, darunter John Reed, Ludwig Lore und Harry J. Boland, dem irischen Rebellen. Eine energische Kampagne gegen Alexander Kolchak in Sibirien war von Martens organisiert worden. Der Bericht kommt zu dem Schluss:

> Die Organisation von [Martens] ist eine mächtige Waffe zur Unterstützung der bolschewistischen Sache in den Vereinigten Staaten und ... er steht in engem Kontakt mit den Förderern politischer Unruhen auf dem gesamten amerikanischen Kontinent.

Die Liste der Mitarbeiter von Scotland Yard, die vom sowjetischen Büro in New York beschäftigt wurden, stimmt ziemlich genau mit einer ähnlichen Liste in den Akten des Lusk-Komitees in Albany, New York, überein, die heute der öffentlichen Inspektion zugänglich sind.[166] Es gibt einen wesentlichen Unterschied zwischen den beiden Listen: Die britische Analyse enthielt den Namen "Julius Hammer", während Hammer im Bericht des Lusk-Komitees weggelassen wurde.[167] Der britische Bericht charakterisiert Julius Hammer wie folgt:

> In Julius Hammer hat Martens einen echten Bolschewiken und glühenden Anhänger der Linken, der vor nicht allzu langer Zeit aus Russland gekommen ist. Er war einer der Organisatoren der linken Bewegung in New York und spricht bei

---

[165] Zu Frederick C. Howe siehe S. 16, 177 für eine erste Aussage darüber, wie Finanziers die Gesellschaft und ihre Probleme für ihre eigenen Zwecke missbrauchen; zu Felix Frankfurter, später Richter am Obersten Gerichtshof, siehe Anhang 3 für einen ersten Brief Frankfurters an Nuorteva; zu Raymond Robins siehe S. 100.

[166] Die Liste der Mitarbeiter des Lusk-Komitees im Sowjetbüro ist in Anhang 3 abgedruckt. Auf dieser Liste stehen Kenneth Durant, Assistent von Colonel House, Dudley Field Malone, der von Präsident Wilson zum Zolleinnehmer für den New Yorker Hafen ernannt wurde, und Morris Hillquit, der Finanzvermittler zwischen dem New Yorker Bankier Eugène Boissevain einerseits und John Reed und dem sowjetischen Agenten Michael Gruzenberg andererseits.

[167] Julius Hammer ist der Vater von Armand Hammer, der heute Präsident der Occidental Petroleum Corp. in Los Angeles ist.

Treffen auf der gleichen Plattform mit linken Anführern wie Reed, Hourwich, Lore und Larkin.

Es gibt auch andere Beweise für Hammers Arbeit zugunsten der Sowjets. In einem Brief der National City Bank, New York, an das US-Finanzministerium heißt es, dass die von Martens' Bank erhaltenen Dokumente "von einem Dr. Julius Hammer für den amtierenden Direktor der Finanzabteilung" des Sowjetbüros "beglaubigt" worden seien.[168]

Die Familie Hammer unterhielt von 1917 bis heute enge Beziehungen zu Russland und dem Sowjetregime. Armand Hammer ist heute in der Lage, die lukrativsten sowjetischen Verträge zu erwerben. Jacob, der Großvater von Armand Hammer, und Julius wurden in Russland geboren. Armand, Harry und Victor, Julius' Söhne, wurden in den USA geboren und sind amerikanische Staatsbürger. Victor war ein bekannter Künstler; sein Sohn - auch Armand genannt - und seine Enkelin sind sowjetische Staatsbürger und wohnen in der Sowjetunion. Armand Hammer ist Präsident der Occidental Petroleum Corporation und hat einen Sohn, Julian, der Direktor für Werbung und Publikationen der Occidental Petroleum ist.

Julius Hammer war ein prominentes Mitglied und Finanzier des linken Flügels der Sozialistischen Partei. Auf ihrem Parteitag 1919 gehörte Hammer zusammen mit Bertram D. Wolfe und Benjamin Gitlow dem Vorstand an, aus dem die Kommunistische Partei der Vereinigten Staaten hervorging.

1920 wurde Julius Hammer in Sing Sing wegen krimineller Abtreibung zu dreieinhalb bis fünfzehn Jahren Gefängnis verurteilt. Lenin schlug - mit Rechtfertigung - vor, dass Julius "unter der Anklage, illegale Abtreibungen vorzunehmen, aber in Wirklichkeit wegen des Kommunismus inhaftiert wurde".[169] Andere Mitglieder der Kommunistischen Partei der USA wurden wegen Aufruhrs zu Gefängnisstrafen verurteilt oder in die Sowjetunion deportiert. Die sowjetischen Vertreter in den USA bemühten sich hartnäckig, aber erfolglos um die Freilassung von Julius und seinen Parteikollegen.

Ein weiteres prominentes Mitglied des Sowjetbüros war der stellvertretende Sekretär Kenneth Durant, ein ehemaliger Assistent von Colonel House. Im Jahr 1920 wurde Durant als sowjetischer Kurier identifiziert. Anhang 3 gibt einen Brief an Kenneth Durant wieder, der 1920 vom US-Justizministerium beschlagnahmt wurde und Durants enge Beziehungen zur sowjetischen Hierarchie beschreibt. Er wurde 1920 in das Protokoll der Anhörungen eines Ausschusses des Repräsentantenhauses mit folgendem Kommentar eingefügt:

> **M. NEWTON**: Es ist ein interessantes Schreiben für diesen Ausschuss, zu wissen, welcher Art dieser Brief war, und ich habe eine Kopie des Briefes, die ich im Zusammenhang mit der Zeugenaussage in die Akte einfügen lassen möchte.
> **MASON**: Dieser Brief wurde dem Zeugen nie gezeigt. Er sagte, dass er den Brief nie gesehen habe, dass er darum gebeten habe, ihn zu sehen, und dass das

---

[168] Siehe Anhang 3.

[169] V. I. Lenin, *Polnoe Sobranie Sochinenii*, 5. (Moskau, 1958), 53:267.

Ministerium sich geweigert habe, ihn ihm zu zeigen. Wir werden keinen Zeugen in den Zeugenstand setzen und ihn nicht bitten, über einen Brief auszusagen, ohne ihn zu sehen.

M. NEWTON: Der Zeuge sagte aus, dass er einen solchen Brief hatte, und er bezeugte, dass sie ihn in seinem Mantel im Tresor fanden, glaube ich. Dieser Brief war an Herrn Kenneth Durant adressiert und enthielt einen weiteren Umschlag, der ebenfalls versiegelt war. Er wurde von den Regierungsbeamten geöffnet und eine fotostatische Kopie davon angefertigt. Der Brief, so viel kann ich sagen, ist von einem Mann namens *"Bill"* unterzeichnet. Er bezieht sich speziell auf das sowjetische Geld, das in Christiania, Norwegen, deponiert wurde und von dem ein Teil hier den sowjetischen Regierungsbeamten dieses Landes übergeben wurde.[170]

Kenneth Durant, der beim Geldtransfer als sowjetischer Kurier fungierte, war Schatzmeister des Sowjetbüros sowie Presseattaché und Herausgeber von *Sowjetrussland*, dem offiziellen Organ des Sowjetbüros. Durant stammte aus einer wohlhabenden Familie in Philadelphia. Er verbrachte den größten Teil seines Lebens im Dienst der Sowjets, zunächst als Verantwortlicher für die Öffentlichkeitsarbeit des Sowjetbüros und von 1923 bis 1944 als Leiter des sowjetischen Tass-Büros in den USA. J. Edgar Hoover beschrieb Durant als "zu jeder Zeit ... besonders aktiv in den Interessen von Martens und der sowjetischen Regierung".[171]

Felix Frankfurter - später Richter am Obersten Gerichtshof - war auch in den Akten des sowjetischen Büros sehr präsent. Ein Brief von Frankfurter an die sowjetische Agentin Nuorteva ist in Anhang 3 abgedruckt und legt nahe, dass Frankfurter einen gewissen Einfluss auf das Büro hatte.

Kurz gesagt: Das Sowjetbüro hätte ohne die einflussreiche Hilfe der USA nicht gegründet werden können. Ein Teil dieser Unterstützung kam durch spezifische einflussreiche Ernennungen innerhalb der Belegschaft des Sowjetbüros zustande, ein anderer Teil durch kommerzielle Unternehmen außerhalb des Büros, Unternehmen, die ihre Unterstützung nur ungern öffentlich bekannt gaben.

VERBÜNDETE UNTERNEHMEN IM SOWJETISCHEN BÜRO

Am 1. Februar 1920 erschien auf der ersten Seite der *New York Times* ein Kasten, in dem stand, dass Martens verhaftet und nach Russland deportiert werden sollte. Zur gleichen Zeit wurde Martens als Zeuge gesucht, um vor einem Unterausschuss des Senatsausschusses für auswärtige Beziehungen zu erscheinen, der die sowjetischen Aktivitäten in den Vereinigten Staaten untersuchte. Nachdem er sich einige Tage lang bedeckt gehalten hatte, erschien Martens vor dem Ausschuss, beanspruchte das diplomatische Privileg und weigerte sich, die "offiziellen" Dokumente in seinem Besitz herauszugeben. Dann, nach einer Welle

---

[170] Vereinigte Staaten, Repräsentantenhaus, Ausschuss für auswärtige Angelegenheiten, *Bedingungen in Russland*, 66. Kongress, 3. Sitzung, 1921, S. 75. "Bill" war William Bobroff, ein sowjetischer Agent.

[171] Ibid, S. 78.

der Öffentlichkeit, "knickte" Martens ein, übergab seine Papiere und gab zu, dass er revolutionäre Aktivitäten in den Vereinigten Staaten mit dem ultimativen Ziel, das kapitalistische System zu stürzen, durchgeführt hatte.

Martens prahlte vor den Medien und dem Kongress damit, dass große Unternehmen, darunter die Chicagoer Packer, den Sowjets halfen:

> In Übereinstimmung mit Martens widmete er, anstatt nur unter Radikalen und dem Proletariat Propaganda zu betreiben, den Großteil seiner Bemühungen dem Ziel, die Interessen der großen Unternehmen und Industrien des Landes, der Packer, der United States Steel Corporation, der Standard Oil Company und anderer großer Unternehmen, die im internationalen Handel tätig waren, für Russland zu gewinnen. Martens behauptete, dass die meisten der großen Handelshäuser des Landes ihn bei seinen Bemühungen um die Anerkennung der sowjetischen Regierung durch die Regierung unterstützten.[172]

Dieser Anspruch wurde von A. A. Heller, Handelsattaché im sowjetischen Büro, entwickelt:

> "Zu den Personen, die uns helfen, die Anerkennung des Außenministeriums zu erhalten, gehören die großen Verpackungsunternehmen von Chicago, Armour, Swift, Nelson Morris und Cudahy..... Zu den anderen Unternehmen gehören ... die American Steel Export Company, die Lehigh Machine Company, die Adrian Knitting Company, die International Harvester Company, die Aluminum Goods Manufacturing Company, die Aluminum Company of America, die American Car and Foundry Export Company, M.C.D. Borden & Sons."[173]

Die *New York Times* bestätigte diese Behauptungen und berichtete über die Kommentare der zitierten Unternehmen. "Ich habe noch nie in meinem Leben von diesem Mann [Martens] gehört", sagte G. F. Swift, Jr., Leiter der Exportabteilung von Swift & Co. "Ich bin mir sicher, dass wir nie Beziehungen irgendeiner Art mit ihm hatten."[174] Die *Times* fügte hinzu, dass O. H. Swift, der einzige andere Mitarbeiter der Firma, der kontaktiert werden konnte, "ebenfalls jegliche Kenntnis von Martens oder seinem Büro in New York bestritt." Swifts Erklärung war bestenfalls ausweichend. Als die Ermittler des Lusk-Komitees die Akten des Sowjetbüros beschlagnahmten, fanden sie Korrespondenz zwischen dem Büro und fast jeder Firma, die von Martens und Heller genannt wurde. Die aus diesen Akten zusammengestellte "Liste der Unternehmen, die angeboten haben, mit dem sowjetisch-russischen Büro Geschäfte zu machen", enthielt einen Eintrag (Seite 16), "Swift and Company, Union Stock Yards, Chicago, Ill. Mit anderen Worten: Swift hatte trotz seines Dementis gegenüber der *New York Times* mit Martens in Verbindung gestanden.

---

[172] *New York Times*, 17. November 1919.

[173] Ibid.

[174] Ibid.

Die *New York Times* kontaktierte United States Steel und berichtete, dass "Richter Elbert H. Gary gestern Abend erklärte, dass die Aussage des hier anwesenden sowjetischen Vertreters unbegründet sei und dass er Beziehungen zur United States Steel Corporation gehabt habe". Das ist technisch korrekt. Die United States Steel Corporation ist in den sowjetischen Akten nicht aufgeführt, aber die Liste enthält (auf Seite 16) eine Tochtergesellschaft, "United States Steel Products Co., 30 Church Street, New York City".

Die Liste des Lusk-Komitees enthält die folgenden Informationen zu den anderen von Martens und Heller erwähnten Unternehmen: Standard Oil - nicht aufgeführt. Armour & Co, Fleischverpacker - aufgelistet als "Armour Leather" und "Armour & Co. Union Stock Yards, Chicago". Morris Go., Fleischverpacker - auf Seite 13 aufgelistet. Cudahy - aufgelistet auf Seite 6. American Steel Export Co. - auf Seite 2 als im Woolworth Building ansässig aufgelistet; sie hatte angeboten, mit der UdSSR Handel zu treiben. Lehigh Machine Co. - nicht aufgelistet. Adrian Knitting Co. - auf Seite 1 genannt. International Harvester Co. - zitiert auf Seite 11. Aluminum Goods Manufacturing Company - zitiert auf Seite 1. Aluminum Company of America - nicht aufgeführt. American Car and Foundry Export - das nächstgelegene Unternehmen ist "American Car Co. - Philadelphia". M.C.D. Borden 8c Sons - Unternehmen mit Sitz in der 90 Worth Street, Seite 4.

Dann, am Samstag, den 21. Juni 1919, bestätigte Santeri Nuorteva (Alexander Nyberg) in einem Zeitungsinterview die Rolle des International Harvester:

> **F**: [von einem Journalisten der *New York* Times]: Was ist Ihr Geschäft?
> **A**: Leiter der Einkaufsabteilung in Sowjetrussland.
> **F**: Was haben Sie getan, um dies zu erreichen?
> **A**: Ich habe mich an die US-amerikanischen Hersteller gewandt.
> **F**: Nennen Sie sie.
> **A**: Dazu gehört auch die International Harvester Corporation.
> **F**: Wen haben Sie gesehen?
> **A**: Herr Koenig.
> **F**: Sind Sie zu ihm gegangen?
> **A**: Ja.
> **F**: Nennen Sie mehr Namen.
> **A**: Ich habe so viele Leute besucht, ungefähr 500 Personen, und ich kann mich nicht an alle Namen erinnern. Wir haben Akten im Büro, in denen sie offengelegt werden.[175]

Kurz gesagt, Hellers und Martens' Behauptungen über ihre zahlreichen Kontakte zu bestimmten amerikanischen Unternehmen wurden durch die Akten des sowjetischen Büros gestützt. Andererseits schienen diese Unternehmen aus ihren eigenen Gründen nicht gewillt, ihre Aktivitäten zu bestätigen.

EUROPÄISCHE BANKIERS HELFEN DEN BOLSCHEWIKEN

---

[175] *New York Times*, 21. Juni 1919.

Neben dem Guaranty Trust und dem Privatbankier Boissevain in New York leisteten auch einige europäische Bankiers direkte Hilfe, um den bolschewistischen Griff nach Russland aufrechtzuerhalten und auszubauen. In einem Bericht des Staatsdepartements unserer Botschaft in Stockholm aus dem Jahr 1918 werden diese Finanztransfers detailliert beschrieben. Das Ministerium lobte den Verfasser und erklärte, dass seine "Berichte über die Zustände in Russland, die Ausbreitung des Bolschewismus in Europa und finanzielle Fragen ... sich für das Ministerium als sehr nützlich erwiesen haben. Das Ministerium ist sehr zufrieden mit Ihrer Fähigkeit, die Angelegenheiten der Gesandtschaft zu leiten".[176] Laut diesem Bericht war einer dieser "bolschewistischen Bankiers", die im Namen des aufstrebenden Sowjetregimes handelten, Dmitri Rubenstein von der ehemaligen russisch-französischen Bank in Petrograd. Rubenstein, ein Geschäftspartner des berüchtigten Grigori Rasputin, war vor der Revolution im Zusammenhang mit dem Verkauf der zweitgrößten russischen Lebensversicherungsgesellschaft in Petrograd inhaftiert worden. Der amerikanische Direktor und Manager der zweiten russischen Lebensversicherungsgesellschaft war John MacGregor Grant, der seinen Sitz in 120 Broadway, New York City, hatte. Grant war auch der New Yorker Vertreter von Putiloffs Russisch-Asiatischer Bank. Im August 1918 wurde Grant (aus unbekannten Gründen) auf die "Liste der Verdächtigen" des Büros für militärische Aufklärung gesetzt.[177] Dies kann damit erklärt werden, dass Olof Aschberg Anfang 1918 erklärte, er habe in Petrograd einen Auslandskredit eröffnet "mit der John MacGregor Grant Co, einer Exportfirma, die er [Aschberg] in Schweden finanziert und die in Amerika von der Guarantee [sic] Trust Co finanziert wird".[178] Nach der Revolution ließ sich Dmitri Rubenstein in Stockholm nieder und wurde zum Finanzagenten der Bolschewiki. Das Außenministerium stellte fest, dass Rubenstein zwar "kein Bolschewik ist, aber in seinem Gewinnstreben skrupellos war", und es wird vermutet, dass er den geplanten Besuch in Amerika im Interesse der Bolschewiken und in deren Auftrag durchführen könnte.[179]

Ein weiterer "bolschewistischer Bankier" in Stockholm war Abram Givatovzo, ein Schwager von Trotzki und Lew Kamenew. Im Bericht des Außenministeriums wurde behauptet, dass Givatovzo zwar behauptete, "sehr antibolschewistisch" zu sein, tatsächlich aber "große Summen" von den Bolschewiki per Post erhalten hatte, um revolutionäre Operationen zu finanzieren. Givatovzo gehörte einem Syndikat an, dem Denisoff von der ehemaligen Sibirischen Bank, Kamenka von der Asoff Don Bank und Davidoff von der Außenhandelsbank angehörten. Dieses Syndikat verkaufte die Vermögenswerte der ehemaligen sibirischen Bank an die britische Regierung.

---

[176] Dezimaldatei des US-Außenministeriums, 861.51/411, 23. November 1918.

[177] Ibid, 316-125-1212.

[178] Vereinigte Staaten, Außenministerium, Außenbeziehungen der USA: 1918, Russland, 1:373.

[179] U.S. State Dept. Decimal File, 861.00/4878, July,' 21, 1919.

Ein weiterer zaristischer Privatbankier, Gregory Lessine, wickelte über die Firma Dardel and Hagborg die bolschewistischen Geschäfte ab. Weitere im Bericht genannte "bolschewistische Bankiers" waren Stirrer und Jakob Berline, der zuvor über seine Frau die Petrograder Bank Nelkens kontrolliert hatte. Isidor Kon wurde von diesen Bankiers als Agent eingesetzt.

Der interessanteste dieser europäischen Bankiers, die im Namen der Bolschewiki operierten, war Gregory Benenson, ehemaliger Präsident der Russian and English Bank in Petrograd - einer Bank, in deren Vorstand Lord Balfour (Staatssekretär für Auswärtige Angelegenheiten in England) und Sir I. M. H. Amory, sowie S. H. Cripps und H. Guedalla gehörten. Benenson reiste nach der Revolution nach Petrograd und anschließend nach Stockholm. Er kam, so berichtete ein Beamter des Außenministeriums, "und brachte zu meinem Wissen zehn Millionen Rubel mit, da er sie mir zu einem hohen Preis für die Nutzung unserer Botschaft Archangelsk angeboten hatte". Benenson hatte eine Vereinbarung mit den Bolschewiken, sechzig Millionen Rubel gegen 1,5 Millionen Pfund Sterling einzutauschen.

Im Januar 1919 wurden Kopenhagener Privatbankiers, die mit bolschewistischen Institutionen in Verbindung standen, durch Gerüchte alarmiert, wonach die dänische politische Polizei die sowjetische Delegation und Personen, die mit den Bolschewiki in Kontakt standen, zur Ausweisung aus Dänemark ausgeschrieben hatte. Diese Bankiers und die Delegation versuchten in aller Eile, ihre Gelder von dänischen Banken abzuheben - insbesondere sieben Millionen Rubel von den Revisionsbanken.[180] Außerdem wurden vertrauliche Dokumente in den Büros der Versicherungsgesellschaft Martin Larsen versteckt.

Folglich können wir eine Art Unterstützung der Sowjetunion durch kapitalistische Bankiers erkennen. Einige waren amerikanische Bankiers, andere zaristische Bankiers, die im Exil in Europa lebten, und wieder andere europäische Bankiers. Ihr gemeinsames Ziel war der Profit, nicht die politische Ideologie.

Die fragwürdigen Aspekte der Arbeit dieser "bolschewistischen Bankiers", wie sie genannt wurden, sind vor dem Hintergrund der zeitgenössischen Ereignisse in Russland zu sehen. Im Jahr 1919 kämpften französische, britische und amerikanische Truppen in der Region Archangelsk gegen sowjetische Truppen. Bei einem Gefecht im April 1919 beliefen sich die amerikanischen Verluste beispielsweise auf einen Offizier, fünf getötete Männer und neun Vermisste. Tatsächlich[181] bestätigte General H. Bliss, der amerikanische Kommandant in der Region Archangelsk, zu einem bestimmten Zeitpunkt im Jahr 1919 die britische Aussage, dass "die alliierten Truppen in den Bezirken Murmansk und Archangelsk in Gefahr waren, vernichtet zu werden, wenn sie nicht schnell verstärkt würden".[182] Zu diesem Zeitpunkt waren Verstärkungen unter dem Kommando von Brigadegeneral W. P. Richardson auf dem Weg.

---

[180] Ibid, 316-21-115/21.

[181] *New York Times*, 5. April 1919.

[182] Ibid.

Kurz gesagt: Während der Guaranty Trust und führende amerikanische Unternehmen beim Aufbau des sowjetischen Büros in New York halfen, befanden sich die amerikanischen Truppen in Nordrussland im Konflikt mit den sowjetischen Truppen. Außerdem wurde über diese Konflikte täglich in der *New York Times* berichtet, die vermutlich von diesen Bankern und Geschäftsleuten gelesen wurde. Wie wir in Kapitel 10 sehen werden, gründeten die Finanzkreise, die das sowjetische Büro in New York unterstützten, in New York außerdem die "United Americans" - eine virulent antikommunistische Organisation, die eine blutige Revolution, eine massive Hungersnot und Panik auf den Straßen von New York vorhersagte.

KAPITEL VIII

120 BROADWAY, NEW YORK CITY

> William B. Thompson, der von Juli bis November letzten Jahres in Petrograd war, leistete eine persönliche Spende von 1.000.000 Dollar an die Bolschewiki mit dem Ziel, ihre Doktrin in Deutschland und Österreich zu verbreiten...
> *Washington Post*, 2. Februar 1918

Als ich Forschungsmaterial für dieses Buch sammelte, kristallisierte sich nach und nach ein einziger Ort und eine einzige Adresse in der Wall Street heraus: 120 Broadway, New York City. Dieses Buch hätte auch geschrieben werden können, indem man nur Personen, Unternehmen und Organisationen erwähnt, die sich 1917 am 120 Broadway befanden. Obwohl diese Art der Recherche erzwungen und unnatürlich gewesen wäre, hätte sie nur einen relativ kleinen Teil der Geschichte ausgeklammert.

Das ursprüngliche Gebäude am 120 Broadway wurde vor dem Ersten Weltkrieg durch ein Feuer zerstört. Anschließend wurde das Gelände an die Equitable Office Building Corporation verkauft, die von General T. Coleman du Pont, dem Vorsitzenden der Compagnie des poudres du Pont de Nemours, gegründet wurde.[183] Ein neues Gebäude wurde 1915 fertiggestellt und die Versicherungsgesellschaft Equitable Life zog wieder an ihren alten Standort zurück. Nebenbei sei auf eine interessante Verschachtelung in der Geschichte der Equitable hingewiesen. Im Jahr 1916 war der Kassierer des Berliner Büros der Equitable Life Company William Schacht, der Vater von Hjalmar Horace Greeley Schacht - der später zu Hitlers Bankier und Finanzgenie werden sollte. William Schacht war amerikanischer Staatsbürger, arbeitete dreißig Jahre lang für Equitable in Deutschland und besaß ein Haus in Berlin, das als "Equitable Villa" bekannt war. Bevor er sich Hitler anschloss, war der junge Hjalmar Schacht Mitglied von Zehlendoffs (sowjetischem) Arbeiter- und Soldatenrat; er verließ ihn 1918, um in den Vorstand der Nationalbank für Deutschland einzutreten. Sein Co-Direktor bei der DONAT war Emil Wittenberg, der zusammen mit Max May von

---

[183] Durch eine Merkwürdigkeit wurden die Gründungsdokumente des Equitable Office Building von Dwight W. Morrow verfasst, der später MorgansPartner wurde, damals aber noch Mitglied der Anwaltskanzlei Simpson, Thacher & Bartlett war. Die Kanzlei Thacher brachte zwei Mitglieder in die Mission des Amerikanischen Roten Kreuzes in Russland im Jahr 1917 ein (siehe Kapitel 5).

der Guaranty Trust Company in New York Direktor der ersten sowjetischen internationalen Bank, der Russkombank, war.

Jedenfalls war das Gebäude am 120 Broadway im Jahr 1917 als Equitable Life Building bekannt. Es ist ein großes Gebäude, wenn auch nicht das größte Bürogebäude in New York City, das ein zusammenhängendes Areal an der Ecke Broadway und Pine einnimmt und vierunddreißig Stockwerke hat. Der Bankers Club befand sich im vierunddreißigsten Stockwerk. Die Mieterliste von 1917 spiegelt in der Tat die amerikanische Beteiligung an der bolschewistischen Revolution und ihren Nachwirkungen wider. So befand sich beispielsweise der Sitz des zweiten Distrikts der Federal Reserve - der Region New York -, des bei weitem größten Distrikts der Federal Reserve, am 120 Broadway. Auch die Büros mehrerer einzelner Direktoren der Federal Reserve Bank of New York und, was noch wichtiger ist, der American International Corporation befanden sich am 120 Broadway. Ludwig Martens hingegen, der von den Sowjets zum ersten bolschewistischen "Botschafter" in den USA und Leiter des sowjetischen Büros ernannt wurde, war 1917 Vizepräsident von Weinberg & Posner - und hatte ebenfalls Büros am 120 Broadway.[184]

Ist diese Konzentration ein Zufall? Hat die geografische Kontiguität eine Bedeutung? Bevor wir versuchen, eine Antwort darauf zu geben, müssen wir den Bezugsrahmen wechseln und das Links-Rechts-Spektrum der politischen Analyse verlassen.

Mit fast einhelliger Wahrnehmungsschwäche hat die akademische Welt die internationalen politischen Beziehungen im Kontext eines unaufhörlichen Konflikts zwischen Kapitalismus und Kommunismus beschrieben und analysiert, und das starre Festhalten an dieser marxistischen Formel hat die moderne Geschichte verzerrt. Gelegentlich werden seltsame Bemerkungen in den Raum geworfen, wonach die Polarität tatsächlich falsch sei, aber sie werden schnell in den Limbus geschickt. Carroll Quigley, Professor für internationale Beziehungen an der Georgetown University, kommentierte beispielsweise das Haus von Morgan wie folgt:

> Vor mehr als fünfzig Jahren beschloss die Firma Morgan, linke politische Bewegungen in den USA zu infiltrieren. Das war relativ einfach, denn diese Gruppen waren finanziell ausgehungert und bestrebt, ihre Stimme zu erheben, um das Volk zu erreichen. Die Wall Street stellte beides zur Verfügung. Das Ziel war nicht, zu zerstören, sondern zu dominieren oder die Kontrolle zu übernehmen...[185]

Professor Quigleys Kommentar, der offenbar auf vertraulichen Dokumenten beruht, hat alle Zutaten für eine historische Bombe, wenn er belegt werden kann.

---

[184] Die Firma John MacGregor Grant, ein Agent der Russisch-Asiatischen Bank (die in die Finanzierung der Bolschewiki verwickelt war), befand sich am 120 Broadway - und wurde von der Guaranty Trust Company finanziert.

[185] Carroll Quigley, *Tragedy and Hope* (New York: Macmillan, 1966), S. 938. Quigley schrieb 1965, was den Beginn der Infiltration auf etwa 1915 datiert, ein Datum, das mit den hier vorgelegten Beweisen übereinstimmt.

Wir schlagen vor, dass die Firma Morgan nicht nur die nationale Linke infiltrierte, wie Quigley feststellte, sondern auch die ausländische Linke - d.h. die bolschewistische Bewegung und die Dritte Internationale. Darüber hinaus haben Morgan und verbündete Finanzinteressen, insbesondere die Rockefeller-Familie, über Freunde im US-Außenministerium einen mächtigen Einfluss auf die amerikanisch-russischen Beziehungen vom Ersten Weltkrieg bis heute ausgeübt. Die in diesem Kapitel vorgestellten Beweise legen nahe, dass sich zwei der operativen Vehikel zur Infiltration oder Beeinflussung ausländischer revolutionärer Bewegungen am 120 Broadway befanden: zum einen die Federal Reserve Bank of New York, die stark mit den von Morgan ernannten Personen verbunden war; zum anderen die von Morgan kontrollierte American International Corporation. Darüber hinaus gab es eine wichtige Verbindung zwischen der Federal Reserve Bank of New York und der American International Corporation - C. A. Stone, der Vorsitzende von American International, war auch ein Direktor der Federal Reserve Bank.

Die vorläufige Hypothese lautet daher, dass diese ungewöhnliche Konzentration an einer einzigen Adresse Ausdruck bewusster Aktionen bestimmter Unternehmen und Personen war und dass diese Aktionen und Ereignisse nicht innerhalb des üblichen Spektrums des politischen Links-Rechts-Antagonismus analysiert werden können.

AMERICAN INTERNATIONAL CORPORATION

Die American International Corporation (AIC) wurde am 22. November 1915 in New York durch die Interessen von J.P. Morgan, mit einer bedeutenden Beteiligung von Stillmans National City Bank und Interessen von Rockefeller gegründet. Das Hauptbüro der AIC befand sich am 120 Broadway. Die Charta der Gesellschaft erlaubte es ihr, in jedem Land der Welt jede Art von Geschäft zu betreiben, mit Ausnahme von Bankgeschäften und öffentlichen Dienstleistungen. Das erklärte Ziel der Gesellschaft war die Entwicklung in- und ausländischer Unternehmen, die Ausweitung amerikanischer Aktivitäten im Ausland und die Förderung der Interessen amerikanischer und ausländischer Bankiers, Unternehmen und Ingenieure.

Frank A. Vanderlip beschrieb in seinen Memoiren die Gründung von American International und die Begeisterung, die das Geschäftspotenzial an der Wall Street auslöste.[186] Die ursprüngliche Idee entstand aus einer Diskussion zwischen Stone & Webster - internationalen Eisenbahnunternehmern, die "davon überzeugt waren, dass in den USA nicht viel mehr Eisenbahnbau zu machen sei" - sowie Jim Perkins und Frank A. Vanderlip von der National City Bank (NCB).[187] Die ursprüngliche Kapitalbewilligung betrug 50 Millionen US-Dollar und im Vorstand waren die wichtigsten Akteure der New Yorker Finanzwelt vertreten.

---

[186] Frank A. Vanderlip, *From Farm Boy to Financier* (New York: A. Appleton-Century, 1935).

[187] Ibid, S. 267.

Vanderlip berichtet, dass er dem Vorsitzenden der NCB, Stillman, der von dem enormen Potenzial der American International Corporation begeistert war, Folgendes geschrieben habe:

> James A. Farrell und Albert Wiggin wurden eingeladen [dem Vorstand anzugehören], mussten sich aber mit ihren Ausschüssen beraten, bevor sie zusagten. Ich denke auch daran, Henry Walters und Myron T. zu fragen. Herrick. Herr Herrick ist bei Herrn Rockefeller heftig umstritten, aber Herr Stone will ihn und ich bin überzeugt, dass er in Frankreich besonders wünschenswert wäre. Das Ganze verlief reibungslos und der Empfang war von einer Begeisterung geprägt, die mich überraschte, obwohl ich fest davon überzeugt war, dass wir uns auf dem richtigen Weg befanden.
> Ich habe heute zum Beispiel James J. Hill getroffen. Er sagte anfangs, er könne sich nicht vorstellen, seine Verantwortlichkeiten zu erweitern, aber nachdem ich damit fertig war, ihm zu sagen, was wir vorhaben, sagte er, er würde gerne im Vorstand sitzen, eine große Menge an Aktien übernehmen und er wolle vor allem eine große Beteiligung an der City Bank und beauftragte mich, die Aktien von ihm auf dem Markt zu kaufen.
> Ich sprach heute zum ersten Mal mit Ogden Armour über dieses Thema. Er saß in vollkommener Stille da, während ich die Geschichte erzählte, und ohne eine einzige Frage zu stellen, sagte er, dass er in den Vorstand eintreten würde und Aktien im Wert von 500.000 Dollar haben wollte.
> Herr Coffin [von General Electric] ist ein weiterer Mann, der sich von allem zurückgezogen hat, aber er "war so begeistert von der Sache, dass er bereit war, im Vorstand zu sitzen und die aktivste Zusammenarbeit anzubieten".
> Ich fühlte mich sehr gut, Sabin zu haben. Der Guaranty Trust ist der aktivste Wettbewerber, den wir in diesem Bereich haben, und es ist sehr hilfreich, sie auf diese Weise in die Firma zu holen. Bei Kuhn, Loeb waren sie besonders enthusiastisch. Sie wollen bis zu 2,5 Millionen Dollar übernehmen. Es gab wirklich einen ziemlichen Wettbewerb darum, wer in den Vorstand einziehen sollte, aber da ich mit Kahn gesprochen und ihn als ersten eingeladen hatte, wurde entschieden, dass er weitermachen sollte. Er ist vielleicht der enthusiastischste von allen. Sie wollen eine halbe Million Aktien für Sir Ernests Schloss[188], dem sie den Plan übermittelt haben, und sie haben von ihm seine Zustimmung erhalten.
> Ich habe die ganze Angelegenheit am Dienstag dem Vorstand [der City Bank] erläutert und nur positive Kommentare erhalten.[189]

Jeder begehrte die Aktien der AIC. Joe Grace (von W. R. Grace & Co.) wollte 600.000 US-Dollar zusätzlich zu seiner Beteiligung an der National City Bank. Ambrose Monell wollte 500.000 Dollar. George Baker wollte 250.000 Dollar.

---

[188] Sir Ernest Cassel, bedeutender britischer Finanzier.

[189] Ibid, S. 268-69. Es sei darauf hingewiesen, dass mehrere von Vanderlip erwähnte Namen an anderer Stelle in diesem Buch auftauchen: Rockefeller, Armour, Guaranty Trust und (Otto) Kahn hatten alle eine mehr oder weniger enge Verbindung mit der bolschewistischen Revolution und ihren Folgen.

Und: "William Rockefeller versuchte vergeblich, mich davon zu überzeugen, ihn für 5.000.000$ von der Kommune niederzuschlagen."[190]

1916 beliefen sich die Investitionen der AIC im Ausland auf über 23 Millionen US-Dollar und 1917 auf über 27 Millionen US-Dollar. Das Unternehmen richtete Vertretungen in London, Paris, Buenos Aires und Peking sowie im russischen Petrograd ein. Weniger als zwei Jahre nach ihrer Gründung war die AIC in großem Umfang in Australien, Argentinien, Uruguay, Paraguay, Kolumbien, Brasilien, Chile, China, Japan, Indien, Ceylon, Italien, der Schweiz, Frankreich, Spanien, Kuba, Mexiko und anderen mittelamerikanischen Ländern tätig.

American International besaß mehrere Tochtergesellschaften, war maßgeblich an anderen Unternehmen beteiligt und betrieb weitere Unternehmen in den USA und im Ausland. Die Allied Machinery Company of America wurde im Februar 1916 gegründet und das gesamte Aktienkapital wurde von der American International Corporation übernommen. Vizepräsident der American International Corporation war Frederick Holbrook, Ingenieur und ehemaliger Direktor der Holbrook Cabot & Rollins Corporation. Im Januar 1917 wurde die Grace Russian Company gegründet, deren Miteigentümer W. R. Grace & Co. und die San Galli Trading Company aus Petrograd. Die American International Corporation hatte eine erhebliche Investition in die Grace Russian Company und über Holbrook eine interdependente Führungsposition.

Die AIC investierte auch in die United Fruit Company, die in den 1920er Jahren an den Revolutionen in Mittelamerika beteiligt war. Die American International Shipbuilding Corporation, die sich zu 100% im Besitz der AIC befindet, schloss mit der Emergency Fleet Corporation große Verträge über Kriegsschiffe ab: Ein Vertrag umfasste 50 Schiffe, gefolgt von einem weiteren Vertrag über 40 Schiffe und einem weiteren Vertrag über 60 Frachtschiffe. American International Shipbuilding war der Hauptnutznießer der Verträge, die von der Emergency Fleet Corporation der US-Regierung vergeben wurden. Ein weiteres von AIC betriebenes Unternehmen war G. Amsinck & Co. aus New York; die Kontrolle über das Unternehmen wurde im November 1917 erworben. Amsinck war die Finanzierungsquelle für die deutsche Spionage in den USA (siehe Seite 66). Im November 1917 gründete die American International Corporation die Symington Forge Corporation, ein großes staatliches Unternehmen für das Schmieden von Granaten, das ihr zu 100% gehörte. Infolgedessen hatte die American International Corporation ein großes Interesse an Kriegsverträgen in den USA und im Ausland. Sie hatte, kurz gesagt, ein direktes Interesse an der Fortsetzung des Ersten Weltkriegs.

Die Direktoren von American International und einigen ihrer Verbände waren es (im Jahr 1917):

J. OGDEN ARMOUR Schlachthof von Armour & Company, Chicago; Direktor der National City Bank, New York; und von A. A. Heller in Verbindung mit dem Sowjetbüro erwähnt.

---

[190] Ibid, S. 269.

GEORGE JOHNSON BALDWIN Of Stone & Webster, 120 Broadway. Während des Ersten Weltkriegs war Baldwin Vorstandsvorsitzender der American International Shipbuilding, Senior Vice President der American International Corporation, Direktor von G. Amsinck (Von Pavenstedt d'Amsinck war ein deutscher Schatzmeister, der auf Spionage in den USA spezialisiert war, siehe Seite 65) und Treuhänder der Carnegie-Stiftung, die den Marburger Plan finanzierte, um den internationalen Sozialismus hinter den Kulissen von der globalen Finanzwelt kontrollieren zu lassen (siehe unten).

C. A. COFFIN Präsident von General Electric (Exekutivbüro: 120 Broadway), Vorsitzender des Kooperationsausschusses des Amerikanischen Roten Kreuzes.

W. E. COREY (14 Wall Street) Direktor der American Bank Note Company, der Mechanics and Metals Bank, der Midvale Steel and Ordnance und der International Nickel Company; später Direktor der National City Bank.

ROBERT DOLLAR Magnat der Handelsmarine in San Francisco, der 1920 im Namen der Sowjets versuchte, zaristische Goldrubel in die USA einzuführen und damit gegen die US-Vorschriften verstieß.

PIERRE S. DU PONT Von der Familie du Pont.

PHILIP A. S. FRANKLIN Direktor der National City Bank.

J.P. GRACE Direktor der National City Bank.

R. F. HERRICK Direktor, New York Life Insurance; ehemaliger Präsident der American Bankers Association; Treuhänder der Carnegie Foundation.

OTTO H. KAHN Partner von Kuhn, Loeb. Kahns Vater kam 1948 nach Amerika, "nachdem er an der erfolglosen deutschen Revolution in jenem Jahr teilgenommen hatte". Laut J. H. Thomas (britischer Sozialist, von den Sowjets finanziert) ist "das Gesicht von Otto Kahn dem Licht zugewandt".

H. W. PRITCHETT Kurator der Carnegie-Stiftung.

PERCY A. ROCKEFELLER Sohn von John D. Rockefeller; verheiratet mit Isabel, Tochter von J. A. Stillman von der National City Bank.

JOHN D. RYAN Direktor der Kupferbergbaugesellschaften, der National City Bank und der Mechanics and Metals Bank. (Siehe das Frontispiz dieses Buches).

W. L. SAUNDERS Direktor der Federal Reserve Bank of New York, 120 Broadway, und Präsident von Ingersoll-Rand. Laut *National Cyclopaedia* (26:81): "Während des gesamten Krieges war er einer der zuverlässigsten Berater des Präsidenten". Siehe Seite 15 für seine Ansichten über die Sowjets.

J. A. STILLMAN Präsident der National City Bank, nach dem Tod seines Vaters (J. Stillman, Präsident der NCB) im März 1918.

C. A. STONE Direktor (1920-22) der Federal Reserve Bank of New York, 120 Broadway; Präsident von Stone & Webster, 120 Broadway; Präsident (1916-23) der American International Corporation, 120 Broadway.

T. N. VAIL Präsident der National City Bank of Troy, New York

F. A. VANDERLIP Präsident der National City Bank.

E. S. WEBSTER Of Stone & Webster, 120 Broadway.

A. H. WIGGIN Direktor der Federal Reserve Bank von New York in den frühen 1930er Jahren.

BECKMAN WINTHROPE Direktor der National City Bank.

WILLIAM WOODWARD Direktor der Federal Reserve Bank of New York, 120 Broadway, und der Hanover National Bank.

Die Verflechtung der zweiundzwanzig Direktoren der American International Corporation mit anderen Institutionen ist bezeichnend. Die National City Bank hatte nicht weniger als zehn Direktoren im Vorstand der AIC; Stillman von der NCB war damals ein Vermittler zwischen den Interessen von Rockefeller und Morgan, und die Interessen von Morgan und Rockefeller waren direkt in der AIC vertreten. Kuhn, Loeb und du Ponts hatten jeweils einen Direktor. Stone & Webster hatte drei Direktoren. Nicht weniger als vier Direktoren von AIC (Saunders, Stone, Wiggin, Woodward) waren Direktoren der Federal Reserve Bank of New York oder sollten später Mitglieder dieser Bank werden. Wir haben in einem früheren Kapitel festgestellt, dass William Boyce Thompson, der die bolschewistische Revolution mit Geldmitteln und seinem beträchtlichen Prestige unterstützte, ebenfalls Direktor der Federal Reserve Bank of New York war - das Direktorium der New Yorker FRB bestand aus nur neun Mitgliedern.

DER EINFLUSS DER AIC AUF DIE REVOLUTION

Nachdem wir die Direktoren der AIC identifiziert haben, müssen wir nun ihren revolutionären Einfluss identifizieren.

Während sich die bolschewistische Revolution in Zentralrussland etablierte, bat Außenminister Robert Lansing die American International Corporation um Rat, welche Politik gegenüber dem Sowjetregime verfolgt werden sollte. Am 16. Januar 1918 - knapp zwei Monate nach der Machtübernahme in Petrograd und Moskau und bevor ein Teil Russlands unter die Kontrolle der Bolschewiki geriet - legte William Franklin Sands, Exekutivsekretär der American International Corporation, Staatssekretär Lansing das erbetene Memorandum über die politische Lage in Russland vor. Das Begleitschreiben von Sands, das an die Adresse 120 Broadway gerichtet war, beginnt:

> An den ehrenwerten Staatssekretär vom 16. Januar 1918
> Washington D.C.
> Herr
> ich habe die Ehre, Ihnen anbei das Memorandum zukommen zu lassen, um das Sie mich gebeten haben und das meine Sicht der politischen Lage in Russland beschreibt.
> Ich habe ihn in drei Teile gegliedert: eine Erklärung der historischen Ursachen der Revolution, die so kurz wie möglich erzählt wird; einen Vorschlag zur Politik und

eine Darstellung der verschiedenen Zweige der amerikanischen Aktivitäten, die derzeit in Russland am Werk sind.[191]

Obwohl die Bolschewiki nur eine prekäre Kontrolle in Russland hatten - und diese im Frühjahr 1918 sogar fast verloren hätten - schrieb Sands, dass bereits (Januar 1918) die Vereinigten Staaten zu lange gezögert hätten, "Trotzki" anzuerkennen. Er fügte hinzu: "All das verlorene Terrain sollte jetzt zurückgewonnen werden, selbst um den Preis eines kleinen persönlichen Triumphs für Trotzki".[192]

Unternehmen, die in oder in der Nähe von 120 Broadway angesiedelt sind:

American International Corp 120 Broadway
National City Bank 55 Wall Street
Bankers Trust Co Bldg 14 Wall Street
New Yorker Börse 13 Wall Street/12 Broad
Das Morgan-Gebäude an der Ecke Wall & Broad
NY Federal Reserve Bank 120 Broadway
Equitable Building 120 Broadway
Bankers Club 120 Broadway
Simpson, Thather & Bartlett 62 Cedar St
William Boyce Thompson 14 Wall Street
Hazen, Whipple & Fuller Building, 42th Street
Chase National Bank 57 Broadway
McCann Co 61 Broadway
Stetson, Jennings & Russell 15 Broad Street
Guggenheim Exploration 120 Broadway
Weinberg & Posner 120 Broadway
Sowjetisches Büro 110 West 40th Street
John MacGregor Grant Co 120 Broadway
Stone & Webster 120 Broadway
General Electric Co 120 Broadway
Morris-Plan von NY 120 Broadway
Sinclair Gulf Corp 120 Broadway
Guaranty Securities 120 Broadway
Guaranty Trust 140 Broadway

---

[191] Dezimaldatei des US-amerikanischen Stale Dept., 861.00/961.

[192] Memorandum von Sands an Lansing, S. 9.

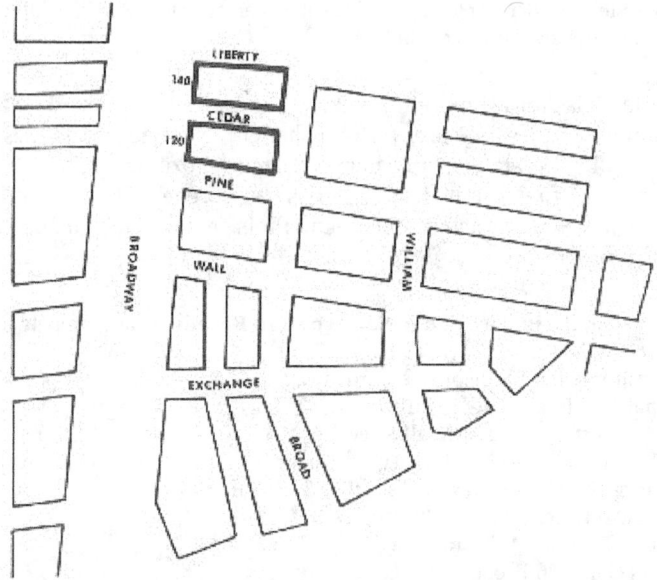

Karte der Wall Street-Region, auf der die Standorte der Büros verzeichnet sind

Sands arbeitet dann aus, wie die USA die verlorene Zeit aufholen könnten, zieht eine Parallele zwischen der bolschewistischen Revolution und "unserer eigenen Revolution" und schließt: "Ich habe allen Grund zu glauben, dass die Pläne der Regierung für Russland jede mögliche Unterstützung des Kongresses und die warme Unterstützung der amerikanischen Öffentlichkeit erhalten werden".

Kurz gesagt: Als Exekutivsekretär eines Unternehmens, dessen Direktoren zu den angesehensten der Wall Street gehörten, unterstützte Sands die Bolschewiki und die bolschewistische Revolution tatkräftig - und das nur wenige Wochen nach dem Beginn der Revolution. Und als Direktor der Federal Reserve Bank of New York hatte Sands gerade eine Million Dollar an die Bolschewiki überwiesen - eine solche Unterstützung der Bolschewiki durch Bankinteressen hätte nicht konsequenter sein können.

Außerdem war William Sands von American International ein Mann mit wirklich ungewöhnlichen Beziehungen und Einfluss innerhalb des Außenministeriums.

Sands' Karriere wechselte zwischen dem Außenministerium und der Wall Street. Ende des 19. und Anfang des 20. Jahrhunderts hatte er verschiedene diplomatische Posten in den USA inne. Im Jahr 1910 verließ er das Department und trat der Bankgesellschaft von James Speyer bei, um einen ecuadorianischen Kredit auszuhandeln, und in den folgenden zwei Jahren vertrat er die Central Aguirre Sugar Company in Puerto Rico. 1916 war er für eine "Rotkreuzarbeit" in Russland - eigentlich eine "Sondermission" von zwei Männern mit Basil Miles -

und kehrte zurück, um sich der American International Corporation in New York anzuschließen.[193]

Anfang 1918 wurde Sands zum bekannten und geplanten Empfänger einiger russischer "Geheimverträge". Wenn man den Akten des Außenministeriums Glauben schenken darf, scheint es, dass Sands auch als Kurier tätig war und bereits Zugang zu offiziellen Dokumenten gehabt hatte - früher, d. h. zu Beamten der US-Regierung. Am 14. Januar 1918, nur zwei Tage bevor Sands sein Memo über die Politik gegenüber den Bolschewiki schrieb, ließ Außenminister Lansing das folgende Kabel in Green Cipher an die US-Gesandtschaft in Stockholm schicken: "Wichtige offizielle Dokumente, die Sands hierher bringen sollte, wurden in der Gesandtschaft zurückgelassen. Haben Sie sie weitergeleitet? Lansing". Die Antwort von Morris in Stockholm vom 16. Januar lautete: "Ihr 460 14. Januar, 17 Uhr. Diese Dokumente wurden der Abteilung in Koffer Nummer 34 am 28. Dezember übermittelt". Diesen Dokumenten ist ein weiteres Memo beigefügt, das mit "BM" unterzeichnet ist. (Basil Miles, ein Geschäftspartner von Sands): "Mr. Phillips. Sie haben Sands nicht die erste Tranche der Geheimverträge gegeben, die er von Petrograd nach Stockholm gebracht hat".[194]

Wenn man die Frage, warum ein einfacher Bürger russische Geheimverträge überbringen sollte, und die Frage nach dem Inhalt dieser Geheimverträge (wahrscheinlich eine frühe Version der sogenannten Sisson-Dokumente) beiseite lässt, kann man zumindest daraus schließen, dass der Exekutivsekretär der AIC Ende 1917 von Petrograd nach Stockholm reiste und dass er in der Tat ein privilegierter und einflussreicher Bürger gewesen sein muss, um Zugang zu den Geheimverträgen zu haben.[195]

Einige Monate später, am 1. Juli 1918, schrieb Sands an Finanzminister McAdoo und schlug ihm vor, eine Kommission für "wirtschaftliche Unterstützung für Russland" zu gründen. Er betonte, da es für eine Regierungskommission schwierig wäre, "den Mechanismus" für eine solche Hilfe bereitzustellen, "scheint es daher notwendig, die finanziellen, kommerziellen und industriellen Interessen der Vereinigten Staaten zu nutzen, um einen solchen Mechanismus unter der Kontrolle des Chefkommissars oder eines anderen vom Präsidenten zu diesem

---

[193] William Franklin Sands schrieb mehrere Bücher, darunter *Undiplomatic Memoirs* (New York: McGraw-Hill, 1930), eine Biografie, die die Jahre bis 1904 abdeckt. Später schrieb er *Our Jungle Diplomacy* (Chapel Hill: University of North Carolina Press, 1941), eine wenig bemerkenswerte Abhandlung über den Imperialismus in Lateinamerika. Dieses letzte Werk ist nur durch einen kleinen Punkt auf Seite 102 bemerkenswert: das Bestreben, ein besonders anrüchiges imperialistisches Abenteuer dem New Yorker Bankier Adolf Stahl anzulasten, wobei er unnötigerweise betont, dass Stahl "deutsch-jüdischer Abstammung" war. Im August 1918 veröffentlichte er in *Asien* einen Artikel mit dem Titel "Rettet Russland", um die Unterstützung des bolschewistischen Regimes zu erklären.

[194] Alles oben Genannte ist in der Dezimaldatei des US-Außenministeriums, 861.00/969, enthalten.

[195] Der Autor kann es nicht unterlassen, die Behandlung von akademischen Forschern zu vergleichen. So wurde dem Autor beispielsweise 1973 noch der Zugang zu einigen Akten des Außenministeriums aus dem Jahr 1919 verweigert.

Zweck ausgewählten Beamten bereitzustellen". Mit[196] anderen Worten: Sands hatte offensichtlich die Absicht, dass jede kommerzielle Ausbeutung des bolschewistischen Russlands den 120 Broadway einschließen sollte.

DIE FEDERAL RESERVE BANK OF NEW YORK

Das Memorandum zur Gründung der Federal Reserve Bank of New York wurde am 18. Mai 1914 eingereicht. Es sah drei Direktoren der Klasse A vor, die die Mitgliedsbanken des Distrikts vertraten, drei Direktoren der Klasse B, die den Handel, die Landwirtschaft und die Industrie repräsentierten, und drei Direktoren der Klasse C, die den Federal Reserve Board vertraten. Die ersten Direktoren wurden 1914 gewählt; sie führten ein energisches Programm durch. Im ersten Jahr ihrer Organisation hielt die Federal Reserve Bank of New York nicht weniger als 50 Sitzungen ab.

Aus unserer Sicht ist die Verbindung zwischen den Direktoren der Federal Reserve Bank (im Distrikt New York) und der American International Corporation auf der einen Seite und dem aufstrebenden Sowjetrussland auf der anderen Seite interessant.

Im Jahr 1917 waren die drei Direktoren der Klasse A Franklin D. Locke, William Woodward und Robert H. Treman. William Woodward war Direktor der American International Corporation (120 Broadway) und der Hanover National Bank, die von Rockefeller kontrolliert wurde. Weder Locke noch Treman gehen in unsere Geschichte ein. Die drei Direktoren der Klasse B im Jahr 1917 waren William Boyce Thompson, Henry R. Towne und Leslie R. Palmer. Wir haben bereits William B. Thompsons bedeutende Barspende für die bolschewistische Sache festgestellt. Henry R. Towne war Vorstandsvorsitzender des New Yorker Morris Plan am 120 Broadway; sein Sitz wurde später von Charles A. Stone von der American International Corporation (120 Broadway) und von Stone & Webster (120 Broadway). Leslie R. Palmer kommt in unserer Geschichte nicht vor. Die drei C-Klasse-Regisseure waren Pierre Jay, W. L. Saunders und George Foster Peabody. Über Pierre Jay ist nichts bekannt, außer dass sein Büro am 120 Broadway lag und er nur als Besitzer der Brearley School, Ltd. wichtig zu sein schien. William Lawrence Saunders war ebenfalls Direktor der American International Corporation; er bekannte sich, wie wir gesehen haben, offen zu probolschewistischen Sympathien und offenbarte diese in einem Brief an Präsident Woodrow Wilson. George Foster Peabody war ein aktiver Sozialist.

Kurz gesagt: Von den neun Direktoren der Federal Reserve Bank of New York waren vier physisch am 120 Broadway angesiedelt und zwei waren damals mit der American International Corporation verbunden. Und mindestens vier Mitglieder des AIC-Vorstands waren zu irgendeinem Zeitpunkt Direktoren der New Yorker FRB. Wir könnten all dies als wichtig bezeichnen, halten es aber nicht unbedingt für ein überragendes Element.

---

[196] Dezimaldatei des US-Außenministeriums, 861.51/333.

DIE AMERIKANISCH-RUSSISCHE INDUSTRIEALLIANZ

Der Vorschlag von William Franklin Sands, eine Wirtschaftskommission für Russland zu gründen, wurde nicht angenommen. Stattdessen wurde ein privates Vehikel eingerichtet, um die russischen Märkte und die zuvor den Bolschewiki gewährte Unterstützung auszunutzen. Eine Gruppe von Industriellen vom 120 Broadway gründete das Russisch-Amerikanische Industrie-Syndikat Inc., um diese Möglichkeiten zu entwickeln und zu fördern. Finanzielle Unterstützung für das neue Unternehmen kam von den Gebrüdern Guggenheim, 120 Broadway, die zuvor mit William Boyce Thompson verbunden waren (von Guggenheim kontrollierte amerikanische Gießerei und Raffinerie sowie die Kupfergesellschaften von Kennecott und Utah); von Harry F. Sinclair, dem Präsidenten der Sinclair Gulf Corp, ebenfalls 120 Broadway; und von James G. White von der J. G. White Engineering Corp, 43 Exchange Place - der Adresse des Russisch-Amerikanischen Industrie-Syndikats.

Im Herbst 1919 sandte die US-Botschaft in London ein Kabel nach Washington über die Herren Lubovitch und Rossi "als Vertreter der amerikanisch-russischen Industriegewerkschaft Incorporated Wie ist der Ruf und die Haltung des Ministeriums gegenüber der Gewerkschaft und den Einzelpersonen?[197]

Auf dieses Kabel antwortete der Beamte des Außenministeriums Basil Miles, ein ehemaliger Geschäftspartner von Sands:

> ... Die genannten Männer und ihre Firmen haben einen guten Ruf und werden von den Interessen von White, Sinclair und Guggenheim finanziell unterstützt, um Geschäftsbeziehungen mit Russland zu erleichtern.[198]

Daraus lässt sich schließen, dass die Interessen der Wall Street sehr genaue Vorstellungen davon hatten, wie der neue russische Markt erschlossen werden sollte. Der Beistand und die Ratschläge, die im Namen der Bolschewiki von interessierten Parteien in Washington und anderswo angeboten wurden, sollten nicht ungehört bleiben.

JOHN REED: DER REVOLUTIONÄR DES ESTABLISHMENTS

Neben dem Einfluss von American International im Außenministerium gab es eine intime Beziehung - die AIC selbst als "Kontrolle" bezeichnete - zu einem bekannten Bolschewiken: John Reed. Reed war ein produktiver und viel gelesener Autor aus der Zeit des Ersten Weltkriegs, der Beiträge zu der bolschewistisch

---

[197] Dezimaldatei des US-Außenministeriums, 861.516 84, 2. September 1919.

[198] Ibid.

orientierten Zeitschrift *Masses* und der von Morgan kontrollierten[199] Zeitschrift *Metropolitan lieferte* . Reeds Buch über die bolschewistische Revolution, *Ten Days That Shook the World*, enthält eine Einleitung von Nikolai Lenin und wurde zu Reeds bekanntestem und meistgelesenem Werk. Heute liest sich das Buch wie ein oberflächlicher Kommentar zu den aktuellen Ereignissen, wird von bolschewistischen Proklamationen und Dekreten durchsetzt und ist von jener mystischen Inbrunst durchdrungen, die, wie die Bolschewiken wissen, Sympathisanten im Ausland hervorrufen wird. Nach der Revolution wurde Reed ein amerikanisches Mitglied des Exekutivkomitees der Dritten Internationale. Er starb 1920 in Russland an Typhus.

Die entscheidende Frage, die sich hier stellt, betrifft nicht den bekannten pro-bolschewistischen *Tenor* Reed und seine Aktivitäten, sondern die Art und Weise, wie Reed über Lenins volles Vertrauen verfügte ("Hier ist ein Buch, von dem ich möchte, dass es in Millionen von Exemplaren veröffentlicht und in alle Sprachen übersetzt wird", kommentierte Lenin in *Ten Days*), der Mitglied der Dritten Internationale war, und der einen Passierschein des Revolutionären Militärkomitees (Nr. 955, ausgestellt am 16. November 1917) besaß, der ihm als Vertreter der "amerikanischen sozialistischen Presse" jederzeit den Zutritt zum Smolny-Institut (dem Hauptquartier der Revolution) ermöglichte, war - trotzdem - auch eine Marionette unter der "Kontrolle" der finanziellen Interessen Morgans über die American International Corporation. Für diesen scheinbaren Widerspruch gibt es dokumentarische Beweise (siehe unten und Anhang 3).

Vervollständigen wir den Hintergrund. Durch Artikel für *Metropolitan* und *Masses* erreichte John Reed mit seinen Berichten über die mexikanische und die russische bolschewistische Revolution ein breites Publikum. Reeds Biograf Granville Hicks deutete in *John Reed* an, dass er "war ... das Sprachrohr der Bolschewiki in den Vereinigten Staaten". Andererseits kam Reeds finanzielle Unterstützung von 1913 bis 1918 größtenteils vom *Metropolitan* - im Besitz von Harry Payne Whitney, einem Direktor des Guaranty Trust, einer Institution, die in jedem Kapitel dieses Buches erwähnt wird - und auch vom New Yorker Privatbankier und Händler Eugène Boissevain, der die Gelder sowohl direkt als auch über die pro-bolschewistische Zeitung *Masses an* Reed weiterleitete. Mit anderen Worten: Die finanzielle Unterstützung für John Reed kam von zwei vermeintlich konkurrierenden Elementen im politischen Spektrum. Diese Gelder waren für das Schreiben bestimmt und lassen sich wie folgt kategorisieren: Zahlungen von Metropolitan ab 1913 für Artikel; Zahlungen von *Masses* ab 1913, dessen Einnahmen zumindest teilweise von Eugène Boissevain stammten. Eine dritte Kategorie muss erwähnt werden: Reed erhielt einige kleinere Zahlungen, die offenbar nichts mit dem Rotkreuz-Kommissar Raymond Robins in Petrograd zu tun hatten. Wahrscheinlich erhielt er auch kleinere Summen für Artikel, die er für

---

[199] Weitere in diesem Buch erwähnte Mitwirkende an der Zeitung *Masses* sind der Journalist Robert Minor, Vorsitzender des Puppet Committee of American Public Information, George Creel, der Dichter und Historiker Carl Sandburg und der Künstler Boardman Robinson.

andere Zeitschriften schrieb, und für Autorenrechte an Büchern; es wurden jedoch keine Beweise für die Höhe dieser Zahlungen gefunden.

JOHN REED UND DIE ZEITSCHRIFT *METROPOLITAN*

Der *Metropolitan* unterstützte die Anliegen des zeitgenössischen Establishments, insbesondere die Vorbereitung auf den Krieg. Die Zeitschrift gehörte Harry Payne Whitney (1872-1930), der die Navy League gegründet hatte und Teilhaber der Firma J.P. Morgan war. In den späten 1890er Jahren wurde Whitney Direktor der American Smelting and Refining und der Guggenheim Exploration. Als sein Vater 1908 starb, wurde er Direktor zahlreicher anderer Unternehmen, darunter die Guaranty Trust Company. Reed begann im Juli 1913 für die *Metropolitan zu* schreiben und steuerte ein halbes Dutzend Artikel über die mexikanischen Revolutionen bei: "Mit Villa in Mexiko", "Die Ursachen hinter der mexikanischen Revolution", "Wenn wir Mexiko betreten", "Mit Villa auf dem Vormarsch" etc. Reed sympathisierte mit dem Revolutionär Pancho Villa. Sie erinnern sich an die Verbindung zwischen dem Guaranty Trust und den Munitionslieferungen an Villa.

In jedem Fall war *Metropolitan* Reeds Haupteinnahmequelle. Laut dem Biografen Granville Hicks "bedeutete das Geld hauptsächlich Arbeit für den *Metropolitan* und nebenbei Artikel und Geschichten für andere einträgliche Magazine". Die Anstellung bei der *Metropolitan* hielt Reed jedoch nicht davon ab, Artikel zu schreiben, die sich kritisch mit den Interessen von Morgan und Rockefeller auseinandersetzten. Einer dieser Artikel, "Der Republik an die Gurgel gehen" *(Masses,* Juli 1916), zeichnete die Beziehungen zwischen der Munitionsindustrie, der Lobby für die Vorbereitung auf die nationale Sicherheit und den miteinander verflochtenen Richtungen der Interessen von Morgan und Rockefeller nach "und zeigte, dass sie sowohl die Vorbereitungsgesellschaften als auch die neu gegründete American International Corporation beherrschten, die für die Ausbeutung der Entwicklungsländer organisiert war".[200]

1915 wurde John Reed in Russland von den zaristischen Behörden verhaftet, und das *Metropolitan* setzte sich beim Außenministerium für Reed ein. Am 21. Juni 1915 schrieb H. J. Whigham an Außenminister Robert Lansing und teilte ihm mit, dass John Reed und Boardman Robinson (ebenfalls verhaftet und Mitarbeiter von *Masses)* in Russland waren "mit einem Auftrag des *Metropolitan* Magazine, um Artikel zu schreiben und Illustrationen im östlichen Bereich des Krieges anzufertigen". Whigham betonte, dass keiner von ihnen "den Wunsch oder die Autorität hatte, sich in die Operationen irgendeiner kriegsführenden Macht einzumischen". Whighams Brief fährt fort:

---

[200] Granville Hicks, *John Reed, 1887-1920* (New York: Macmillan, 1936), S. 215.

> Wenn Herr Reed Empfehlungsschreiben aus Bukarest zu antirussisch gesinnten Personen in Galizien gebracht hat, bin ich mir sicher, dass dies unschuldig mit der einfachen Absicht geschah, so viele Menschen wie möglich zu treffen...

Whigham weist Sekretär Lansing darauf hin, dass John Reed im Weißen Haus bekannt war und der Regierung "einige Unterstützung" in Bezug auf die mexikanischen Angelegenheiten gegeben hatte; er schließt mit den Worten: "Wir haben die höchste Achtung vor Reeds großen Qualitäten als Schriftsteller und Denker und sind sehr besorgt um seine Sicherheit."[201] Whighams Brief stammt, wohlgemerkt, nicht aus einer Zeitung des Establishments zugunsten eines bolschewistischen Schriftstellers; er stammt aus einer Zeitung des Establishments zugunsten eines bolschewistischen Schriftstellers für *Masses* und ähnliche revolutionäre Blätter, eines Schriftstellers, der auch scharfe Angriffe ("Die unfreiwillige Ethik des Großkapitals: Ein Märchen für Pessimisten", z. B.) auf dieselben Morgan-Interessen, denen *Metropolitan gehörte*, verübt hatte.

Der Beweis für die Finanzierung durch den Privatbankier Boissevain ist unbestreitbar. Am 23. Februar 1918 schickte die US-Gesandtschaft in Christiania, Norwegen, im Namen von John Reed ein Kabel nach Washington, das dem Führer der Sozialistischen Partei, Morris Hillquit, übergeben werden sollte. In dem Kabel hieß es teilweise: "Sagen Sie Boissevain, dass er auf ihn zählen kann, aber mit Vorsicht". In einer vertraulichen Notiz von Basil Miles in den Akten des Außenministeriums vom 3. April 1918 heißt es: "Wenn Reed nach Hause kommt, kann er genauso gut Geld haben. Ich verstehe, dass die Alternativen eine Ausweisung durch Norwegen oder eine ordnungsgemäße Ausweisung sind. Wenn letzteres der Fall ist, scheint letzteres vorzuziehen zu sein". Auf diese Schutznote folgte ein Telegramm vom 1. April 1918, wiederum von der amerikanischen Gesandtschaft in Christiania: "John Reed bittet Eugène Boissevain, 29 Williams Street, New York, dringend darum, 300,00$ zugunsten der Gesandtschaft zu überweisen.[202] Dieses Telegramm wurde am 3. April 1918 vom Außenministerium an Eugène Boissevain weitergeleitet.

Reed erhielt offenbar seine Gelder und kam sicher in den Vereinigten Staaten an. Das nächste Dokument in den Akten des Außenministeriums ist ein Brief von John Reed an William Franklin Sands, datiert vom 4. Juni 1918 und geschrieben von Croton On Hudson, New York. In diesem Brief behauptet Reed, er habe ein Memorandum für das Außenministerium verfasst, und fordert Sands auf, seinen Einfluss geltend zu machen, um die Rückgabe der aus Russland mitgebrachten Dokumente zu erwirken. Reed schloss mit den Worten: "Verzeihen Sie, dass ich Sie störe, aber ich weiß nicht, an wen ich mich wenden soll, und ich kann mir keine weitere Reise nach Washington leisten". Später erhielt der amtierende Außenminister Frank Polk einen Brief von Sands über die Rückgabe der Papiere von John Reed. Der Brief von Sands vom 5. Juni 1918, der aus dem 120 Broadway

---

[201] Dezimaldatei des US-Außenministeriums, 860d.1121 R 25/4.

[202] Ibid, 360d.1121/R25/18. Laut Granville Hicks in *John Reed* "konnte Masses seine Ausgaben nicht bezahlen [Reed]. Schließlich brachten Freunde des Magazins, insbesondere Eugene Boissevain, das Geld zusammen" (S. 249).

stammt, wird hier vollständig wiedergegeben; er enthält sehr explizite Aussagen über die von Reed ausgeübte Kontrolle:

120 BROADWAY NEW YORK
5. Juni 1918
Mein lieber Herr Polk:
Ich bin so frei, Ihnen einen Anruf von John ("Jack") Reed zukommen zu lassen, um ihm, wenn möglich, zu helfen, die Rückgabe der Papiere zu erwirken, die er aus Russland ins Land gebracht hat.

Ich hatte nach seiner Ankunft ein Gespräch mit Herrn Reed, in dem er einige Versuche der sowjetischen Regierung skizzierte, eine konstruktive Entwicklung einzuleiten, und den Wunsch äußerte, unserer Regierung alle Beobachtungen, die er gemacht hatte, oder Informationen, die er durch seine Beziehung zu Leo Trotzki erhalten hatte, zur Verfügung zu stellen. Ich schlug ihm vor, ein entsprechendes Memorandum für Sie zu verfassen, und versprach, in Washington anzurufen und Sie zu bitten, ihm zu diesem Zweck ein Gespräch zu gewähren. Er brachte eine Fülle von Dokumenten mit, die ihm zur Durchsicht abgenommen wurden, und diesbezüglich wollte er auch mit einer Person in einer Autoritätsposition sprechen, um der Regierung freiwillig die Informationen anzubieten, die sie enthalten könnten, und um die Rückgabe der Dokumente zu verlangen, die er für seine Arbeit in Zeitungen und Zeitschriften benötigt.

Ich glaube nicht, dass Herr Reed ein "Bolschewik" oder ein "gefährlicher Anarchist" ist, wie ich es gehört habe. Er ist zweifellos ein Sensationsjournalist, aber das ist auch schon alles. Er versucht nicht, unsere Regierung in Verlegenheit zu bringen, und hat aus diesem Grund den "Schutz" abgelehnt, der ihm, wenn ich richtig verstanden habe, von Trotzki angeboten wurde, als er nach New York zurückkehrte, um sich der Anklage gegen ihn in dem Verfahren gegen "Masses" zu stellen. Er wird jedoch von den Bolschewiken in Petrograd geschätzt, und daher wird alles, was unsere Polizei tun kann, was nach "Verfolgung" aussieht, in Petrograd zu spüren sein, was ich für unerwünscht, weil unnötig halte. *Es kann durch andere Mittel viel besser manipuliert und kontrolliert werden als durch die Polizei.*

Ich habe das Memorandum, das er Herrn Bullitt übergeben hat, nicht gesehen - ich *wollte, dass er mich es zuerst sehen lässt und es vielleicht ändert,* aber er hatte keine Gelegenheit dazu.

Ich hoffe, dass Sie mich nicht als Eindringling in diese Angelegenheit oder als Einmischer in Angelegenheiten, die mich nichts angehen, betrachten. Ich halte es für klug, die bolschewistischen Führer nicht zu beleidigen, solange es nicht nötig ist - falls es nötig werden sollte -, und es ist nicht klug, jeden als verdächtige oder gar gefährliche Person zu betrachten, die freundschaftliche Beziehungen zu den Bolschewiken in Russland hatte. *Ich denke, es ist besser zu versuchen, solche Personen für unsere eigenen Zwecke bei der Entwicklung unserer Politik gegenüber Russland zu nutzen, wenn dies möglich ist.* Der Vortrag, den Reed von der Polizei daran gehindert wurde, in Philadelphia zu halten (er verlor die Nerven, geriet in Konflikt mit der Polizei und wurde verhaftet), war der einzige Vortrag über Russland, für dessen Besuch ich bezahlt hätte, wenn ich nicht bereits seine Notizen zu diesem Thema gesehen hätte. Sie behandelte ein Thema, das durchaus ein Berührungspunkt mit der sowjetischen Regierung sein könnte, von dem aus man eine konstruktive Arbeit beginnen könnte!

Können wir ihn nicht nutzen, anstatt ihn zu verbittern und ihn zu einem Feind zu machen? Er ist nicht sehr ausgeglichen, aber wenn ich mich nicht irre, kann er unauffällig geführt werden und könnte sehr nützlich sein.

Mit freundlichen Grüßen, William Franklin Sands
Der ehrenwerte Frank Lyon Polk
Berater für das Außenministerium Washington, D.C.
WFS:AO Anlage[203]

Die Bedeutung dieses Dokuments zeigt die Realität der direkten Intervention eines Offiziers (Exekutivsekretärs) der American International Corporation im Namen eines bekannten Bolschewisten. Denken Sie über einige Aussagen von Sands über Reed nach: "Er kann auf andere Weise viel besser manipuliert und kontrolliert werden als durch die Polizei"; und, "Können wir ihn nicht nutzen, anstatt ihn zu verbittern und ihn zu einem Feind zu machen? ... er ist, wenn ich mich nicht sehr täusche, anfällig für diskrete Ratschläge und könnte sehr nützlich sein". Offensichtlich betrachtete die American International Corporation John Reed als einen Agenten oder potenziellen Agenten, der unter ihre Kontrolle gebracht werden konnte und wahrscheinlich auch schon gebracht worden war. Die Tatsache, dass Sands in der Lage war, die Herausgabe eines Memorandums von Reed (für Bullitt) zu verlangen, legt nahe, dass bereits ein gewisses Maß an Kontrolle etabliert worden war.

Beachten Sie dann Sands' potenziell feindselige Haltung gegenüber den Bolschewiki - und seine kaum verhüllte Absicht, sie zu provozieren: "Ich halte es für klug, die bolschewistischen Führer nicht zu beleidigen, es sei denn und *bis es nötig wird* - falls es nötig werden sollte ...". (Kursivschrift hinzugefügt).

Es handelt sich um ein außerordentliches Schreiben im Namen eines sowjetischen Agenten, das von einem privaten US-Bürger stammt, dessen Rat das Außenministerium eingeholt hatte und auch weiterhin einholt.

Ein späteres Memorandum vom 19. März 1920 in den Staatsakten berichtet, dass John Reed von den finnischen Behörden in Abo festgenommen wurde und dass Reed im Besitz englischer, amerikanischer und deutscher Reisepässe war. Reed, der unter dem Decknamen Casgormlich reiste, hatte Diamanten, eine große Geldsumme, sowjetische Propagandaliteratur und Filme bei sich. Am 21. April 1920 schickte die US-Gesandtschaft in Helsingfors ein Kabel an das Außenministerium:

> Ich übermittle mit dem nächsten Koffer die beglaubigten Kopien der Briefe von Emma Goldman, Trotzki, Lenin und Sirola, die im Besitz von Reed gefunden wurden. Das Außenministerium hat versprochen, einen vollständigen Bericht über das Gerichtsverfahren vorzulegen.

---

[203] Dezimaldatei des US-Außenministeriums, 360. D. II21.R/20/221/2, /R25 (John Reed). Der Brief wurde am 2. Mai 1935 von Mr. Polk in das Archiv des Außenministeriums überführt. Alle Kursivsetzungen wurden hinzugefügt.

Erneut schaltete sich Sands ein: "Ich kannte Mr. Reed persönlich.[204]" Und wie schon 1915 kam auch das *Metropolitan* Magazine Reed zu Hilfe. Am 15. April 1920 schrieb H. J. Whigham an Bainbridge Colby im Außenministerium: "Ich habe gehört, dass John Reed Gefahr läuft, in Finnland hingerichtet zu werden. Ich hoffe, dass das Außenministerium in der Lage sein wird, sofortige Maßnahmen zu ergreifen, damit er einen angemessenen Prozess erhält. Bitte um schnelle und dringende Maßnahmen".[205] Dies kam zu einem Telegramm von Harry Hopkins vom 13. April 1920 hinzu, das unter Präsident Roosevelt zu Ruhm gelangen sollte:

> Verstehen Sie, dass das Außenministerium Informationen darüber hat, dass Jack Reed, der von Finnland verhaftet wurde, hingerichtet werden soll. Einer seiner Freunde sowie Ihre Freunde und seine Frau bitten Sie dringend, schnell Maßnahmen zu ergreifen, um die Hinrichtung zu verhindern und die Freilassung von Jack Reed zu erreichen. Sind sicher, dass wir auf Ihr sofortiges und wirksames Eingreifen zählen können.[206]

John Reed wurde später von den finnischen Behörden freigelassen.

Für diese paradoxe Erzählung über die Intervention zugunsten eines sowjetischen Agenten gibt es mehrere Erklärungen. Eine Hypothese, die mit anderen Beweisen in Bezug auf die Wall Street und die bolschewistische Revolution übereinstimmt, ist, dass John Reed in Wirklichkeit ein Agent der Morgan-Interessen war - vielleicht nur halb im Bewusstsein seiner Doppelrolle -, dass seine antikapitalistischen Schriften den wertvollen Mythos aufrechterhielten, dass alle Kapitalisten mit allen sozialistischen Revolutionären im ewigen Krieg stehen. Carroll Quigley berichtete, wie wir bereits festgestellt haben, dass die Morgan-Interessen nationale revolutionäre Organisationen und antikapitalistische Schriften finanziell unterstützten.[207] Und wir haben in diesem Kapitel unwiderlegbare dokumentarische Beweise dafür vorgelegt, dass die Morgan-Interessen auch die Kontrolle über einen sowjetischen Agenten ausübten, in dessen Namen Fürsprache einlegten und, was noch wichtiger ist, generell zugunsten der sowjetischen Interessen bei der US-Regierung intervenierten. Diese Aktivitäten waren auf eine einzige Adresse konzentriert: 120 Broadway, New York City.

---

[204] Ibid, 360d.1121 R 25/72.

[205] Ibid.

[206] Er war an Bainbridge Colby adressiert, ebenda, 360d.1121 R 25/30. Ein weiterer Brief vom 14. April 1920, der vom 100 Broadway, New York, an den Außenminister gerichtet war, stammte von W. Bourke Cochrane; er plädierte ebenfalls für die Freilassung von John Reed.

[207] Quigley, op. cit.

KAPITEL IX

DER GUARANTY TRUSTS LÄSST SICH IN RUSSLAND NIEDER

> *Die Sowjetregierung möchte die Guarantee Trust Company als Steueragent in den USA für alle sowjetischen Geschäfte einsetzen und erwägt den Kauf der Eestibank durch die Amerikaner, um das sowjetische Vermögen vollständig an die amerikanischen Finanzinteressen zu binden.*
> William H. Coombs unter dem Befehl der US-Botschaft in London am 1. Juni 1920 (Dezimaldatei des US-Außenministeriums, 861.51/752). ("Eestibank" war eine estnische Bank)

Im Jahr 1918 sahen sich die Sowjets mit einer atemberaubenden Kombination aus internen und externen Problemen konfrontiert. Sie besetzten nur einen Bruchteil Russlands. Um den Rest zu beherrschen, brauchten sie ausländische Waffen, importierte Lebensmittel, finanzielle Unterstützung von außen, diplomatische Anerkennung und - am wichtigsten - Außenhandel. Um diplomatische Anerkennung und Außenhandel zu erlangen, brauchten die Sowjets zunächst eine Vertretung im Ausland, und die Vertretung wiederum erforderte eine Finanzierung in Gold oder ausländischen Währungen. Wie wir bereits gesehen haben, war der erste Schritt die Einrichtung des sowjetischen Büros in New York unter der Leitung von Ludwig Martens. Gleichzeitig wurden Anstrengungen unternommen, Gelder in die USA und nach Europa zu transferieren, um notwendige Güter zu kaufen. Anschließend wurde in den USA Einfluss genommen, um die Anerkennung oder die Exportlizenzen zu erhalten, die für den Versand von Waren nach Russland erforderlich waren.

Banker und Anwälte aus New York leisteten bei jeder dieser Aufgaben wichtige - und manchmal entscheidende - Hilfe. Als Professor George V. Lomonossoff, der russische technische Experte des Sowjetbüros, Geld vom sowjetischen Hauptagenten in Skandinavien transferieren musste, kam ihm ein prominenter Anwalt der Wall Street zu Hilfe - unter Nutzung der offiziellen Kanäle des Außenministeriums und des amtierenden Staatssekretärs als Vermittler. Als das Gold in die USA gebracht werden musste, waren es American International Corporation, Kuhn, Loeb & Co. und Guaranty Trust, die um die Erleichterungen baten und ihren Einfluss in Washington nutzten, um den Prozess zu erleichtern. Und wenn es um Anerkennung ging, fanden wir amerikanische Unternehmen, die den Kongress und die Öffentlichkeit anflehten, das sowjetische Regime zu billigen.

Damit der Leser nicht - zu voreilig - aus diesen Behauptungen ableitet, dass die Wall Street tatsächlich rot gefärbt war oder rote Fahnen auf den Straßen wehten (siehe die Zeichnung am Anfang des Buches), präsentieren wir in einem späteren Kapitel auch Beweise dafür, dass die Firma J.P. Morgan Admiral Kolchak in Sibirien finanzierte. Alexander Kolchak bekämpfte die Bolschewiki, um seine eigene Marke eines autoritären Regimes zu installieren. Die Firma unterstützte auch die antikommunistische Organisation United Americans.

WALL STREET KOMMT PROFESSOR LOMONOSSOFF ZU HILFE

Der Fall Professor Lomonossoff ist eine detaillierte Geschichte über die Hilfe der Wall Street für das erste Sowjetregime. Ende 1918 war George V. Lomonossoff, Mitglied des sowjetischen Büros in New York und später erster sowjetischer Eisenbahnkommissar, in den USA ohne Geldmittel fest. Zu dieser Zeit wurde bolschewistischen Fonds die Einreise in die USA verweigert; schließlich gab es keine offizielle Anerkennung des Regimes. Lomonossoff war Gegenstand eines Schreibens des US-Justizministeriums an das Außenministerium vom 24. Oktober 1918.[208] Das Schreiben bezog sich auf Lomonossoffs bolschewistische Attribute und seine pro-bolschewistischen Reden. Der Ermittler kam zu dem Schluss: "Professor Lomonossoff ist kein Bolschewik, obwohl seine Reden eine eindeutige Unterstützung für die bolschewistische Sache darstellen". Dennoch gelang es Lomonossoff, auf höchster Regierungsebene die Fäden zu ziehen und über einen sowjetischen Spionageagenten in Skandinavien (der später selbst vertraulicher Assistent von Präfekt Schley, einem Vizepräsidenten der Chase Bank, wurde) 25.000 US-Dollar aus der Sowjetunion überweisen zu lassen. Und das alles mit der Hilfe eines Mitglieds einer prominenten Anwaltskanzlei an der Wall Street![209]

Die Beweise werden ausführlich dargelegt, weil die Details selbst die enge Beziehung zwischen bestimmten Interessen aufzeigen, die bislang als erbitterte Feinde galten. Der erste Hinweis auf Lomonossoffs Problem ist ein Brief vom 7. Januar 1919, den Thomas L. Chadbourne von Chadbourne, Babbitt & Wall of 14 Wall Street (dieselbe Adresse wie die von William Boyce Thompson) an den amtierenden Außenminister Frank Polk schrieb. Beachten Sie die freundliche Begrüßung und den gelegentlichen Hinweis auf Michael Gruzenberg alias Alexander Gumberg, sowjetischer Chefagent in Skandinavien und späterer Assistent von Lomonossoff:

> Lieber Frank: Sie waren so freundlich, mir zu sagen, dass Sie die notwendigen Mechanismen in Gang setzen würden, um die 25.000 Dollar Privatvermögen, die

---

[208] Dezimaldatei des US-Außenministeriums, 861.00/3094.

[209] Dieser Abschnitt stammt aus der *Propaganda der USA*, des Senats, Russlands, Anhörungen vor einem Unterausschuss des Ausschusses für auswärtige Beziehungen, 66. Cong., 2d Sess. 1920.

Herrn und Frau Lomonossoff gehören, hier für sie zu beschaffen, wenn ich Sie über den Status dieser Gelder informieren könnte.

Ich habe mit Herrn Lomonossoff darüber kommuniziert und er sagt mir, dass Herr Michael Gruzenberg, der vor den Schwierigkeiten zwischen Botschafter Bakhmeteff und Herrn Lomonossoff für Herrn Lomonossoff nach Russland gereist ist, ihm die Informationen über dieses Geld über drei kürzlich aus Schweden eingetroffene Russen übermittelt hat, und Herr Lomonossoff glaubt, dass das Geld in der russischen Botschaft in Stockholm, Milmskilnad Gaten 37, aufbewahrt wird. Sollte die Untersuchung des Außenministeriums ergeben, dass dies nicht der Ort ist, an dem das Geld verwahrt wird, könnte die russische Botschaft in Stockholm Herrn Gruzenberg dann die genaue Adresse nennen, die ihm die entsprechenden Informationen über das Geld geben könnte. Herr Lomonossoff erhält keine Briefe von Herrn Gruzenberg, obwohl er darüber informiert ist, dass sie geschrieben wurden: Keiner seiner Briefe an Herrn Gruzenberg wurde ausgehändigt, was ihm ebenfalls mitgeteilt wurde. Aus diesem Grund ist es unmöglich, genauer zu sein, als ich es war, aber ich hoffe, dass etwas getan werden kann, um seine Verlegenheit und die seiner Frau aus Mangel an Geldmitteln zu lindern, und er braucht nur ein wenig Hilfe, um das Geld zu bekommen, das ihnen gehört, um ihnen diesseits des Wassers zu helfen.

Ich danke Ihnen im Voraus für alles, was Sie tun können, und bitte Sie, wie immer zu bleiben,

Mit freundlichen Grüßen, Thomas L. Chadbourne.

Im Jahr 1919, als dieser Brief geschrieben wurde, war Chadbourne ein Ein-Dollar-pro-Jahr-Mann in Washington, Berater und Direktor des amerikanischen War Trade Board und Direktor der U.S. Russian Bureau Inc, einer offiziellen Briefkastenfirma der US-Regierung. Zuvor, im Jahr 1915, hatte Chadbourne die Midvale Steel and Ordnance organisiert, um von den Geschäften in Kriegszeiten zu profitieren. Im Jahr 1916 wurde er Vorsitzender des demokratischen Finanzausschusses und später Direktor von Wright Aeronautical und Mack Trucks.

Der Grund, warum Lomonossoff keine Briefe von Gruzenberg erhielt, war, dass diese mit hoher Wahrscheinlichkeit von einer der vielen Regierungen abgefangen wurden, die ein starkes Interesse an Gruzenbergs Aktivitäten hatten.

Am 11. Januar 1919 verkabelte Frank Polk die US-Gesandtschaft in Stockholm:

> Das Ministerium erhält Informationen, dass 25.000 Dollar, persönliche Gelder von... Bitte erkundigen Sie sich informell und persönlich bei der russischen Gesandtschaft, ob diese Gelder auf diese Weise gehalten werden. Falls nicht, überprüfen Sie bitte die Adresse von Herrn Michael Gruzenberg, der angeblich über entsprechende Informationen verfügt. Offiziell nicht betroffene Abteilung, die lediglich im Namen eines ehemaligen russischen Beamten in diesem Land Nachforschungen anstellt.
>
> Polk, kommissarisch

In diesem Brief schien Polk die bolschewistischen Verbindungen Lomonossoffs nicht zu kennen und bezeichnete ihn als "ehemaligen russischen

Beamten in diesem Land". Wie dem auch sei, Polk erhielt innerhalb von drei Tagen eine Antwort von Morris an die amerikanische Gesandtschaft in Stockholm:

> 14. Januar, 15.00 Uhr 3492. Ihre Nr. 1443 vom 12. Januar, 15 Uhr.
> Summe von 25.000$ des ehemaligen Vorsitzenden der russischen Kommission für Kommunikationsmittel in den USA der russischen Gesandtschaft nicht bekannt; auch die Adresse von Herrn Michael Gruzenberg kann nicht in Erfahrung gebracht werden.
> Morris

Anscheinend schrieb Frank Polk anschließend an Chadbourne (der Brief ist nicht in der Quelle enthalten) und wies darauf hin, dass der Staat weder Lomonossoff noch Michael Gruzenberg finden konnte. Chadbourne antwortete am 21. Januar 1919:

> Lieber Frank: Vielen Dank für Ihren Brief vom 17. Januar. Soweit ich weiß, gibt es zwei russische Gesandtschaften in Schweden, eine sowjetische und eine Kerenskij-Gesandtschaft, und ich nehme an, dass Ihre Ermittlungen auf die sowjetische Gesandtschaft gerichtet waren, da dies die Adresse ist, die ich Ihnen in meinem Brief angegeben habe, nämlich Milmskilnad Gaten 37, Stockholm.
> Die Adresse von Michael Gruzenberg lautet wie folgt: Holmenkollen Sanitarium, Christiania, Norwegen, und ich denke, dass die sowjetische Gesandtschaft über Herrn Gruzenberg alles über die Gelder erfahren könnte, wenn sie mit ihm kommunizieren würde.
> Ich danke Ihnen, dass Sie sich die Mühe gemacht haben, und versichere Sie meiner tief empfundenen Dankbarkeit,
> Mit freundlichen Grüßen, Thomas L. Chadbourne

Es sei darauf hingewiesen, dass ein Wall-Street-Anwalt die Adresse von Herrn Gruzenberg, dem wichtigsten bolschewistischen Agenten in Skandinavien, zu einer Zeit hatte, als der amtierende Staatssekretär und die US-Gesandtschaft in Stockholm keine Aufzeichnungen über diese Adresse hatten; auch die Gesandtschaft konnte sie nicht ausfindig machen. Chadbourne ging auch davon aus, dass die Sowjets die offizielle Regierung Russlands waren, obwohl diese Regierung von den USA nicht anerkannt wurde und Chadbournes offizielle Regierungsposition im War Trade Board es erfordern würde, dass er dies wusste.

Frank Polk verkabelte daraufhin die US-Gesandtschaft in Christiania, Norwegen, mit der Adresse von Michael Gruzenberg. Es ist nicht bekannt, ob Polk wusste, dass er die Adresse eines Spionageagenten weiterleitete, aber seine Nachricht lautete wie folgt

> An die amerikanische Gesandtschaft, Christiania. 25. Januar 1919. Es wird berichtet, dass sich Michael Gruzenberg im Sanatorium am Holmenkollen aufhält. Ist es möglich, ihn ausfindig zu machen und herauszufinden, ob er Informationen über die Verfügung über einen Fonds in Höhe von 25.000 US-Dollar hat, der dem ehemaligen Vorsitzenden der russischen Mission für Kommunikationsmittel in den USA, Professor Lomonossoff, gehört.
> Polk, kommissarisch

Der amerikanische Vertreter (Schmedeman) in Christiania war mit Gruzenberg gut bekannt. Tatsächlich war der Name in Schmedemans Berichten an Washington über Gruzenbergs pro-sowjetische Aktivitäten in Norwegen aufgetaucht. Schmedeman antwortete:

> 29. Januar, 20 Uhr 1543. Wichtiger Hinweis. Ihr Telegramm vom 25. Januar, Nr. 650.
> Bevor er heute nach Russland abreiste, teilte Michael Gruzenberg unserem Marineattaché mit, dass er, als er vor einigen Monaten in Russland war, auf Lomonossoffs Bitte hin 25.000 Dollar vom Russischen Eisenbahn-Experimentierinstitut erhalten habe, dessen Präsident Professor Lomonossoff war. Gruzenberg behauptet, er habe heute ein Telegramm an Lomonossoffs Anwalt in New York, Morris Hillquitt [sic], geschickt, um ihm mitzuteilen, dass er, Gruzenberg, im Besitz des Geldes sei, und dass er, bevor er es weiterleite, auf weitere Anweisungen aus den Vereinigten Staaten warte. In dem Telegramm bittet er darum, dass Lomonossoff sich bis zum Erhalt des Geldes seine Lebenshaltungskosten und die seiner Familie von Hillquitt erstatten lassen solle.[210]
> Da Minister Morris im selben Zug wie Gruzenberg nach Stockholm reiste, erklärte Gruzenberg, dass er Morris in dieser Angelegenheit weitere Ratschläge erteilen würde.
>
> Schmedeman

Der US-Minister reiste mit Gruzenberg nach Stockholm, wo er folgendes Kabel von Polk erhielt:

> Es wird von der Gesandtschaft in Christiania berichtet, dass Michael Gruzenberg, hat für Professor G. Lomonossoff die... Summe von 25.000 Dollar vom Experimentalinstitut der Russischen Eisenbahnen erhalten hat. Wenn Sie dies tun können, ohne mit den bolschewistischen Behörden in Verbindung gebracht zu werden, würde sich die Abteilung für Sie freuen, wenn Sie die Überweisung dieses Geldes an Prof. Lomonossoff in diesem Land erleichtern würden. Vielen Dank für Ihre Antwort.
>
> Polk, kommissarisch

Dieses Kabel zeigte Wirkung, denn am 5. Februar 1919 schrieb Frank Polk an Chadbourne über einen "gefährlichen bolschewistischen Agitator" namens Gruzenberg:

> Mein lieber Tom: Ich habe ein Telegramm aus Christiania, in dem steht, dass Michael Gruzenberg die 25.000 Dollar von Professor Lomonossoff hat, dass er sie vom Experimentalinstitut der russischen Eisenbahnen erhalten hat und dass er ein Kabel an Morris Hillquitt [sic] in New York geschickt hat, damit er Professor Lomonossoff mit Geld für seine Lebenshaltungskosten versorgt, bis der fragliche Fonds an ihn weitergeleitet werden kann. Da Gruzenberg gerade als gefährlicher bolschewistischer Agitator aus Norwegen ausgewiesen wurde, hatte er vielleicht

---

[210] Morris Hillquit war der Mittelsmann zwischen dem New Yorker Bankier Eugène Boissevain und John Reed in Petrograd.

Schwierigkeiten, von dort aus zu telegrafieren. Soweit ich weiß, ist er jetzt nach Christiania gegangen, und obwohl dies etwas außerhalb der Linie des Ministeriums liegt, werde ich, wenn Sie es wünschen, gerne sehen, ob ich Herrn Gruzenberg bitten kann, das Geld an Professor Lomonossoff in Stockholm zu übergeben, und ich telegrafiere unserem Minister dorthin, um zu erfahren, ob dies getan werden kann.

Sehr aufrichtig Ihr, Frank L. Polk

Das in Polks Brief erwähnte Telegramm aus Christiania lautet wie folgt:

3. Februar, 18 Uhr, 3580. Wichtiger Hinweis. Am 12. Januar, Nummer 1443, wurden in Stockholm 10.000 Dollar in meinem Auftrag zur Weiterleitung an Professor Lomonossoff von Michael Gruzenberg, einem der ehemaligen Vertreter der Bolschewiki in Norwegen, hinterlegt. Bevor ich das Geld annahm, teilte ich ihm mit, dass ich mit Ihnen kommunizieren und fragen würde, ob Sie wünschen, dass das Geld an Lomonossoff weitergeleitet wird. Ich bitte daher um Anweisungen bezüglich meiner Vorgehensweise.

Morris

Später bat Morris in Stockholm um Anweisungen für die Beseitigung eines Wechsels über 10.000 Dollar, der bei einer Stockholmer Bank hinterlegt war. Sein Satz "[dies] war meine einzige Verbindung zu der Angelegenheit" lässt darauf schließen, dass Morris sich bewusst war, dass die Sowjets diesen offiziell beschleunigten Geldtransfer einfordern konnten und wahrscheinlich auch würden, da diese Maßnahme die Genehmigung der USA für solche Geldtransfers voraussetzte. Bis dahin waren die Sowjets gezwungen gewesen, Geld in die USA zu schmuggeln.

16:00 Uhr, 12. Februar 3610, Routine.
In Bezug auf meine Nummer 3580 vom 3. Februar, 18 Uhr, und Ihre Nummer 1501 vom 8. Februar, 19 Uhr. Ich weiß nicht, ob Sie möchten, dass ich die von Professor Lomonossoff erwähnten 10.000 US-Dollar über Sie überweise. Die Tatsache, dass Gruzenberg mir mitteilte, dass er dieses Geld im Auftrag von Lomonossoff bei einer Bank in Stockholm hinterlegt hatte, und dass er der Bank mitteilte, dass dieser Wechsel über mich nach Amerika geschickt werden könnte, wenn ich es anordne, war meine einzige Verbindung zu der Angelegenheit. Bitte geben Sie mir Ihre Anweisungen.

Morris

Es folgt eine Reihe von Briefen über die Überweisung der 10.000 Dollar vom A.B. Nordisk Resebureau Büro an Thomas L. Chadbourne in der 520 Park Avenue, New York, über das Außenministerium. Der erste Brief enthält Anweisungen von Polk, wie die Überweisung zu erfolgen hat; der zweite Brief von Morris an Polk enthält 10.000 Dollar; der dritte Brief von Morris an A/B Nordisk Resebureau bittet um einen Wechsel; der vierte Brief ist eine Antwort der Bank mit einem Scheck; und der fünfte Brief ist die Empfangsbestätigung.

Ihr 12. Februar, 16.00 Uhr, Nr. 3610.

Das Geld kann direkt an Thomas L. Chadbourne, 520 Park Avenue, New York City, weitergeleitet werden,

Polk, kommissarisch

* * * * *

Dispatch, Nr. 1600, 6. März 1919:
Der ehrenwerte Außenminister, Washington
Herr: Unter Bezugnahme auf mein Telegramm, Nr. 3610 vom 12. Februar, und die Antwort des Ministeriums, Nr. 1524 vom 19. Februar, bezüglich der Summe von 10.000 Dollar für Professor Lomonossoff, beehre ich mich, Ihnen anbei eine Kopie eines Briefes zukommen zu lassen, den ich am 25. Februar an A. B. Nordisk Resebureau, die Bankiers, bei denen dieses Geld hinterlegt wurde; eine Kopie der Antwort von A. B. Nordisk Resebureau, datiert vom 26. Februar; und eine Kopie meines Schreibens an A. B. Nordisk Resebureau, datiert vom 27. Februar.
Aus dieser Korrespondenz geht hervor, dass die Bank wünschte, dass das Geld an Professor Lomonossoff weitergeleitet werden sollte. Ich erklärte ihnen jedoch, wie aus meinem Brief vom 27. Februar hervorgeht, dass ich die Erlaubnis erhalten hatte, das Geld direkt an Herrn Thomas L. Chadbourne, 520 Park Avenue, New York City, weiterzuleiten. Ich lege diesem Schreiben auch einen an Herrn Chadbourne adressierten Umschlag bei, in dem ein an ihn gerichteter Brief und ein von der National City Bank of New York ausgestellter Scheck über 10.000 USD enthalten sind.
Ich habe die Ehre, Herr, Ihr gehorsamer Diener zu sein,

Ira N. Morris

* * * * *

A. B. Nordisk Reserbureau,
Nr. 4 Vestra Tradgardsgatan, Stockholm.
Meine Herren: Nach Erhalt Ihres Schreibens vom 30. Januar, aus dem hervorgeht, dass Sie 10.000 Dollar erhalten haben, die auf meine Bitte hin an Professor G. V. Lomonossoff überwiesen werden sollen, habe ich meiner Regierung sofort ein Telegramm geschickt und sie gefragt, ob sie das Geld an Professor Lomonossoff weiterleiten möchte. Heute erhalte ich eine Antwort, die mich ermächtigt, das Geld direkt an Herrn Thomas L. Chadbourne im Auftrag von Professor Lomonossoff zu überweisen. Ich werde es gerne gemäß den Anweisungen meiner Regierung weiterleiten.
Das bin ich, meine Herren,

Mit freundlichen Grüßen, Ira N. Morris

* * * * *

M. I. N. Morris,
US-Minister, Stockholm
Abgemacht, Sir: Wir bitten Sie, den Empfang Ihrer gestrigen Gunst bezüglich der Zahlung von 10.000 Dollar - an Professor G. V. Lomonossoff - zu bestätigen, und wir freuen uns, hiermit einen Scheck über den genannten Betrag an Professor G. V. Lomonossoff beifügen zu können, von dem wir glauben, dass Sie so freundlich sind, ihn an diesen Herrn weiterzuleiten. Wir würden uns freuen, Ihre Quittung für diesen Betrag zu erhalten, bitten Sie aber, zu bleiben,
Hochachtungsvoll, mit freundlichen Grüßen,

A. B. Nordisk Reserbureau

E. Molin

* * * * *

A. B. Nordisk Resebureau, Stockholm
Meine Herren: Bitte bestätigen Sie den Empfang Ihres Schreibens vom 26. Februar, dem ein Scheck über 10.000 Dollar an Professor G. V. Lomonossoff beigefügt war.

Wie ich Ihnen in meinem Brief vom 25. Februar mitgeteilt habe, wurde ich bevollmächtigt, diesen Scheck an Herrn Thomas L. Chadbourne, 520 Park Avenue, New York City, weiterzuleiten, und ich werde ihn diesem Herrn in den nächsten Tagen zukommen lassen, sofern Sie nichts anderes angeben.

Mit freundlichen Grüßen, Ira N. Morris

Es folgt dann ein internes Memorandum des Außenministeriums und die Empfangsbestätigung von Chadbourne:

> Herr Phillips an Herrn Chadbourne, 3. April 1919.
> Herr Präsident: Unter Bezugnahme auf eine frühere Korrespondenz über einen Erlass in Höhe von zehntausend Dollar von A. B. Norsdisk Resebureau an Professor G. V. Lomonossoff, um deren Übermittlung über die amerikanische Gesandtschaft in Stockholm Sie gebeten hatten, teilt Ihnen das Ministerium mit, dass es eine Depesche des amerikanischen Ministers in Stockholm vom 6. März 1919 erhalten hat, die sich auf das an Sie gerichtete beiliegende Schreiben bezieht, dem ein auf Professor Lomonossoff ausgestellter Scheck über den genannten Betrag beigefügt ist.
> Ich bin, Sir, Ihr gehorsamer Diener
> William Phillips, amtierender Außenminister.
> Anlage: Versiegelter Brief an Mr. Thomas L. Chadbourne mit 1.600 Exemplaren aus Schweden.
> * * * * *
> Antwort von Mr. Chadbourne, 5. April 1919.
> Herr, ich bitte Sie, den Empfang Ihres Briefes vom 3. April zu bestätigen, dem ein an mich gerichteter Brief beigefügt ist, der einen auf Professor Lomonossoff ausgestellten Scheck über 10.000 Dollar enthält, den ich heute überreichen soll.
> Ich bitte Sie, mit großem Respekt zu bleiben,
> Mit freundlichen Grüßen, Ihr Thomas L. Chadbourne

Später erkundigte sich die Stockholmer Gesandtschaft nach Lomonossoffs Adresse in den USA und wurde vom Außenministerium darüber informiert, dass "soweit dem Ministerium bekannt ist, Professor George V. Lomonossoff in der Obhut von Herrn Thomas L. Chadbourne, 520 Park Avenue, New York City, erreichbar ist".

Es ist offensichtlich, dass das Außenministerium entweder aus Gründen der persönlichen Freundschaft zwischen Polk und Chadbourne oder aus politischer Einflussnahme das Gefühl hatte, es müsse sich ihnen anschließen und als Spendensammler für einen - gerade aus Norwegen ausgewiesenen - bolschewistischen Agenten fungieren. Aber warum sollte sich eine Anwaltskanzlei des angesehenen Establishments so sehr für die Gesundheit und das Wohlergehen eines bolschewistischen Gesandten interessieren? Vielleicht gibt ein zeitgenössischer Bericht des US-Außenministeriums die Antwort darauf:

> Der bolschewistische Vertreter Martens und Professor Lomonossoff rechnen damit, dass Bullitt und seine Partei der Mission und dem Präsidenten einen günstigen Bericht über die Verhältnisse in Sowjetrussland vorlegen werden und dass die US-Regierung auf der Grundlage dieses Berichts der Idee, mit der Sowjetregierung zu

verhandeln, wie von Martens vorgeschlagen, positiv gegenüberstehen wird. 29. März 1919.[211]

ALLE VORAUSSETZUNGEN FÜR DIE KOMMERZIELLE NUTZUNG RUSSLANDS SIND GEGEBEN

Es ist die kommerzielle Ausbeutung Russlands, die die Wall Street erregt, und die Wall Street verlor keine Zeit, um ihr Programm vorzubereiten. Am 1. Mai 1918 - ein günstiges Datum für rote Revolutionäre - wurde die Amerikanische Liga für Hilfe und Zusammenarbeit mit Russland gegründet und ihr Programm auf einer Konferenz im Senate Office Building in Washington D.C. verabschiedet. Die Führung und der Exekutivausschuss der Liga repräsentierten einige oberflächlich betrachtet ungleiche Fraktionen. Ihr Präsident war Dr. Frank J. Goodnow, Präsident der Johns Hopkins University. Die Vizepräsidenten waren die stets aktiven William Boyce Thompson, Oscar S. Straus, James Duncan und Frederick C. Howe, der das Buch *Confessions of a Monopolist* schrieb, in dem die Anweisungen, mit denen die Monopole die Gesellschaft kontrollieren konnten, detailliert beschrieben wurden. Schatzmeister war George P. Whalen, Vizepräsident der Vacuum Oil Company. Der Kongress war durch Senator William Edgar Borah und Senator John Sharp Williams vom Senatsausschuss für auswärtige Beziehungen vertreten; Senator William N. Calder und Senator Robert L. Owen, Vorsitzender des Bank- und Währungsausschusses. Mitglieder des Repräsentantenhauses waren Henry R. Cooper und Henry D. Flood, Vorsitzender des Ausschusses für auswärtige Angelegenheiten des Repräsentantenhauses. Die US-amerikanischen Unternehmen wurden von Henry Ford, Charles A. Coffin, Vorstandsvorsitzender der General Electric Company, und M. A. Oudin, der damalige Auslandsdirektor von General Electric. George P. Whalen vertrat die Vacuum Oil Company, und Daniel Willard war Präsident der Baltimore & Ohio Railroad. Das offen revolutionäre Element wurde vertreten durch Mrs. Raymond Robins, deren Name sich später in den Akten des Sowjetbüros und bei den Anhörungen der Lusk-Kommission als prominent erwies; Henry L. Slobodine, der als "herausragender patriotischer Sozialist" beschrieben wurde; und Lincoln Steffens, ein bekannter nationaler Kommunist.

Mit anderen Worten, es handelte sich um ein hybrides Exekutivkomitee; es repräsentierte nationalrevolutionäre Elemente, den US-Kongress und Finanzinteressen, die stark in russische Angelegenheiten involviert waren.

Das Exekutivkomitee genehmigte ein Programm, in dessen Mittelpunkt die Schaffung einer offiziellen russischen Abteilung innerhalb der US-Regierung stand, die "von starken Männern geleitet" werden sollte. Diese Abteilung würde Universitäten, wissenschaftliche Organisationen und andere Institutionen zur Untersuchung der "russischen Frage" heranziehen, Organisationen innerhalb der USA "zum Schutz Russlands" koordinieren und vereinen, ein "Sondergeheimdienstkomitee zur Untersuchung der russischen Frage" einrichten

---

[211] Dezimaldatei des US-Außenministeriums, 861.00/4214a.

und generell selbst untersuchen und ermitteln, was als "russische Frage" angesehen wurde. Das Exekutivkomitee verabschiedete daraufhin eine Resolution, die die Botschaft von Präsident Woodrow Wilson an den Sowjetkongress in Moskau unterstützte, und die Liga bekräftigte ihre eigene Unterstützung für das neue Sowjetrussland.

Einige Wochen später, am 20. Mai 1918, wandten sich Frank J. Goodnow und Herbert A. Carpenter als Vertreter der Liga an den stellvertretenden Außenminister William Phillips und machten ihm klar, dass eine "offizielle Abteilung der russischen Regierung zur Koordinierung aller russischen Angelegenheiten" geschaffen werden müsse. Sie haben mich gefragt [schreibt Phillips], ob sie diese Frage beim Präsidenten ansprechen sollten".[212]

Phillips berichtete direkt an den Außenminister und schrieb am nächsten Tag an Charles R. Crane in New York, um ihn um seine Meinung über die Amerikanische Liga für Hilfe und Zusammenarbeit mit Russland zu bitten. Phillips fragte Crane: "Ich würde wirklich gerne Ihre Meinung darüber hören, wie wir mit der Liga umgehen sollten... Wir wollen keine Unruhe stiften, indem wir uns weigern, mit ihnen zu kooperieren. Auf der anderen Seite ist es ein homosexuelles Komitee und ich verstehe es nicht ganz".[213]

Anfang Juni erhielt das Außenministerium einen Brief von William Franklin Sands von der American International Corporation, der an Außenminister Robert Lansing gerichtet war. Sands schlug vor, dass die USA statt einer Kommission einen Verwalter in Russland ernennen sollten, und war der Ansicht, dass "die Andeutung einer verbündeten militärischen Kraft in Russland zum jetzigen Zeitpunkt mir sehr gefährlich erscheint".[214] Sands betonte die Möglichkeit des Handels mit Russland und dass diese Möglichkeit "von einem gut ausgewählten Verwalter, der das volle Vertrauen der Regierung genießt", vorangetrieben werden könnte; er wies darauf hin, dass "Mr. Hoover" diese Rolle übernehmen könnte. [215]Der Brief wurde von Basil Miles, einem ehemaligen Geschäftspartner von Sands, an Phillips weitergeleitet, mit dem Ausdruck: "Ich denke, der Sekretär würde es nützlich finden, ihn zu lesen".

Anfang Juni verabschiedete das dem Außenministerium unterstellte War Trade Board eine Resolution, und ein Ratsausschuss, dem Thomas L. Chadbourne (ein Kontaktmann von Professor Lomonossoff), Clarence M. Woolley und John Foster Dulles angehörten, legte dem Außenministerium ein Memorandum vor, in dem er darauf drängte, Mittel und Wege zu prüfen, "um engere und freundschaftlichere Handelsbeziehungen zwischen den Vereinigten Staaten und Russland zu schaffen". Der Rat empfahl eine Mission nach Russland und eröffnete erneut die Frage, ob diese aus einer Einladung der sowjetischen Regierung resultieren sollte.

Dann, am 10. Juni, äußerte Mr. A. Oudin, Auslandsdirektor der General Electric Company, seine Ansichten über Russland und sprach sich klar für einen

---

[212] Ibid, 861.00/1938.

[213] Ibid.

[214] Ibid, 861.00/2003.

[215] Ibid.

"konstruktiven Plan zur wirtschaftlichen Unterstützung" Russlands aus.[216] Im August 1918 schrieb Cyrus M. McCormick von International Harvester an Basil Miles im Außenministerium und lobte das Russlandprogramm des Präsidenten, das McCormick als "eine goldene Gelegenheit" bezeichnete.[217]

Folglich finden wir Mitte 1918 eine konzertierte Anstrengung eines Teils der amerikanischen Unternehmen - offensichtlich bereit, den Handel zu öffnen -, um die eigene privilegierte Position gegenüber den Sowjets auszunutzen.

DEUTSCHLAND UND DIE USA KÄMPFEN UM GESCHÄFTE IN RUSSLAND

1918 wurde diese Unterstützung des embryonalen bolschewistischen Regimes mit dem Wunsch begründet, Deutschland zu besiegen und die Ausbeutung Russlands durch Deutschland zu verhindern. Dieses Argument wurde von W. B. Thompson und Raymond Robins verwendet, als sie 1918 bolschewistische Revolutionäre und Propagandateams nach Deutschland schickten. Dieses Argument verwendete Thompson auch 1917 bei einer Konferenz mit Premierminister Lloyd George, bei der es um die Gewinnung britischer Unterstützung für das aufkommende bolschewistische Regime ging. Im Juni 1918 kehrten Botschafter Francis und seine Mitarbeiter aus Russland zurück und forderten Präsident Wilson auf, "die sowjetische Regierung in Russland anzuerkennen und zu unterstützen".[218] Diese Berichte, die von Botschaftsmitarbeitern an das Außenministerium gemacht wurden, wurden der Presse zugespielt und weithin gedruckt. Vor allem wurde behauptet, dass eine Verzögerung bei der Anerkennung der Sowjetunion Deutschland helfen würde "und zum deutschen Plan, Reaktion und Konterrevolution zu fördern, beitragen würde".[219] Übertriebene Statistiken wurden angeführt, um den Vorschlag zu stützen - zum Beispiel, dass die Sowjetregierung neunzig Prozent des russischen Volkes repräsentiere "und dass die restlichen zehn Prozent die alte besitzende und herrschende Klasse sind.... Natürlich sind sie unzufrieden".[220] Ein ehemaliger US-Beamter soll gesagt haben: "Wenn wir nichts tun - das heißt, wenn wir die Dinge treiben lassen - tragen wir dazu bei, die russische Sowjetregierung zu schwächen. Und das spielt Deutschland in die Hände.[221]" Es wurde daher empfohlen, dass "eine mit Krediten und guter kommerzieller Beratung bewaffnete Kommission eine große Hilfe sein könnte".

---

[216] Ibid, 861.00/2002.

[217] Ibid.

[218] Ibid, M 316-18-1306.

[219] Ibid.

[220] Ibid.

[221] Ibid.

In der Zwischenzeit war die wirtschaftliche Lage in Russland kritisch geworden und die Kommunistische Partei und ihre Planer erkannten, dass es unvermeidlich war, den Kapitalismus zu umarmen. Lenin kristallisierte diese Erkenntnis vor dem zehnten Kongress der Kommunistischen Partei Russlands:

> Ohne die Hilfe des Kapitals wird es uns unmöglich sein, die proletarische Macht in einem unglaublich ruinierten Land zu erhalten, in dem die ebenfalls ruinierte Bauernschaft die überwältigende Mehrheit bildet - und für diese Hilfe wird uns das Kapital natürlich zu hundert Prozent ausrotten. Das ist es, was wir verstehen müssen. Also entweder diese Art von Wirtschaftsbeziehungen oder nichts[222]

Anschließend soll Leo Trotzki erklärt haben: "Was wir hier brauchen, ist ein Organisator wie Bernard M. Baruch".[223]

Die Erkenntnis der Sowjets, dass ihr wirtschaftlicher Zusammenbruch unmittelbar bevorstand, deutet darauf hin, dass amerikanische und deutsche Unternehmen von der Möglichkeit angezogen wurden, den russischen Markt für die benötigten Waren zu erschließen; die Deutschen begannen damit sogar schon sehr früh im Jahr 1918. Die ersten Verträge, die das Sowjetbüro in New York abschloss, deuten darauf hin, dass die finanzielle und moralische Unterstützung der Bolschewiki durch die Amerikaner in Form von Verträgen Früchte trug.

Der größte Auftrag in den Jahren 1919/20 ging an Morris & Co, die Schlachthöfe von Chicago, und umfasste fünfzig Millionen Pfund Lebensmittel im Wert von etwa 10 Millionen US-Dollar. Die Familie Morris war mit der Familie Swift verwandt. Helen Swift, die später mit dem Abraham Lincoln Center "Unity" in Verbindung gebracht wurde, war mit Edward Morris verheiratet und war auch der Bruder von Harold H. Swift, ein "Major" von Thompsons Rotkreuz-Mission in Russland im Jahr 1917.

VERTRÄGE, DIE DAS SOWJETISCHE BÜRO 1919 ABSCHLOSS MIT US-AMERIKANISCHEN UNTERNEHMEN			
Datum des Vertrags	Unternehmen	Verkaufte Güter	Wert
7. Juli 1919	Milwaukee Shaper Co.*	Maschinen	$45,071
30. Juli 1919	Kempsmith Mfg. Co.*	Maschinen	$97,470
10. Mai 1919	F. Mayer Boot & Shoe*	Stiefeletten	$1,201,250
August 1919	Steel Sole Shoe & Co.*	Stiefeletten	$58,750
23. Juli 1919	Eline Berlow, N.Y.	Stiefeletten	$3,000,000
24. Juli 1919	Fischmann & Co.	Kleidung	$3,000,000
29. September 1919	Weinberg & Posner	Maschinen	$3,000,000
27. Oktober 1919	LeHigh Machine Co.	Druckerpressen	$4,500,000
22. Januar 1920	Morris & Co. Chicago	Lebensmittel im Wert von 50 Millionen Pfund	$10,000,000
*Später über die Firma Bobroff Foreign Trade and Engineering Co. in Milwaukee.			

---

[222] V. 1. Lenin, Bericht an den Zehnten Kongress der Kommunistischen Partei Russlands (Bolschewiki), 15. März 1921.

[223] William Reswick, *I Dreamt Revolution* (Chicago: Henry Regnery, 1952), S. 78.

> QUELLE: USA, Senat, *Russische Propaganda*, Anhörungen vor einem Unterausschuss des Ausschusses für auswärtige Beziehungen, 66. Kongress, 2. Session 1920, S. 71.

Ludwig Martens war zuvor Vizepräsident von Weinberg & Posner mit Sitz in 120 Broadway, New York City, und dieses Unternehmen erhielt einen Auftrag im Wert von 3 Millionen US-Dollar.

SOWJETGOLD UND DIE AMERIKANISCHEN BANKEN

Gold war das einzige praktische Mittel, mit dem die Sowjetunion ihre Einkäufe im Ausland bezahlen konnte, und die internationalen Bankiers waren durchaus bereit, den Versand von Sowjetgold zu erleichtern. Die Ausfuhr von russischem Gold, hauptsächlich kaiserlichen Goldmünzen, begann Anfang 1920 nach Norwegen und Schweden. Sie wurden in Holland und Deutschland für andere weltweite Bestimmungsorte, einschließlich der Vereinigten Staaten, umgeladen.

Im August 1920 wurde eine Ladung russischer Goldmünzen bei der Den Norske Handelsbank in Norwegen als Zahlungsgarantie für 3000 Tonnen Kohle von der Niels Juul and Company in den USA im Auftrag der sowjetischen Regierung entgegengenommen. Diese Münzen wurden zur Aufbewahrung an die Norges Bank weitergeleitet. Die Münzen wurden untersucht und gewogen. Es wurde festgestellt, dass sie vor dem Ausbruch des Krieges 1914 geprägt worden waren und es sich somit um echte russische Reichsmünzen handelte.[224]

Kurz nach dieser ersten Episode erhielt die Robert Dollar Company aus San Francisco auf ihrem Konto in Stockholm Goldbarren im Wert von neununddreißig Millionen schwedischen Kronen; das Gold "trug den Stempel der ehemaligen Regierung des russischen Zaren". Der Vertreter der Dollar Company in Stockholm bat American Express um Erleichterungen für den Versand des Goldes in die Vereinigten Staaten. American Express lehnte es ab, sich um die Sendung zu kümmern. Robert Dollar, das sei angemerkt, war ein Direktor der American International Company; die AIC war also mit dem ersten Versuch, Gold direkt nach Amerika zu verschiffen, verbunden.[225]

Gleichzeitig wurde berichtet, dass drei Schiffe mit Sowjetgold, das für die USA bestimmt war, aus Reval an der Ostsee ausgelaufen waren. Die S.S. *Gauthod* lud 216 Kisten Gold unter der Aufsicht von Professor Lomonossoff - der nun in die USA zurückkehrt. SS-Mann *Carl Line* lud 216 Kisten Gold unter der Aufsicht von drei russischen Agenten. SS *Ruheleva* war mit 108 Golddosen beladen. Jede Schachtel enthielt drei Goldpudel im Wert von jeweils sechzigtausend Goldrubeln. Anschließend erfolgte der Versand auf die S.S. *Wheeling Mold*.

Kuhn, Loeb & Company, die offenbar im Auftrag der Guaranty Trust Company handelten, erkundigten sich daraufhin beim Außenministerium nach der offiziellen Haltung gegenüber der Annahme von Sowjetgold. In einem Bericht äußerte das Ministerium seine Besorgnis, denn wenn das Gold zurückgewiesen

---

[224] Dezimaldatei des US-Außenministeriums, 861.51/815.

[225] Ibid, 861.51/836.

würde, "würde es wahrscheinlich an das Kriegsministerium zurückfallen, was zu einer direkten Regierungsverantwortung und erhöhter Verlegenheit führen würde".[226] Der Bericht, der von Merle Smith in einer Konferenz mit Kelley und Gilbert verfasst wurde, argumentiert, dass es unmöglich wäre, die Annahme zu verweigern, sofern der Besitzer nicht über genaue Kenntnisse in der Sache verfügt. Es wurde geplant, die USA zu bitten, das Gold im Analysebüro zu schmelzen, und dann wurde beschlossen, Kuhn, Loeb & Company zu telegrafieren, dass es keine Beschränkungen für die Einfuhr von Sowjetgold in die USA geben würde.

Das Gold kam im New York Assay Office an und wurde nicht von Kuhn, Loeb & Company - sondern von der Guaranty Trust Company in New York hinterlegt. Die Guaranty Trust Company erkundigte sich daraufhin beim Federal Reserve Board, das sich wiederum beim US-Finanzministerium nach der Annahme und Auszahlung erkundigte. Der Superintendent des New York Assay Office teilte dem Finanzministerium mit, dass die rund sieben Millionen Dollar Gold kein Identifikationsmerkmal aufwiesen und dass "die hinterlegten Barren bereits in Barren der US-Währung eingeschmolzen worden waren". Das Finanzministerium schlug vor, dass der Federal Reserve Board feststellen sollte, ob die Guaranty Trust Company "auf eigene Rechnung oder auf Rechnung eines Dritten gehandelt hatte, als sie das Gold vorlegte", und insbesondere "ob eine Kreditübertragung oder ein Devisengeschäft aus der Einfuhr oder Hinterlegung des Goldes resultierte oder nicht".[227]

Am 10. November 1920 schrieb A. Breton, ein Vizepräsident des Guaranty Trust, an den stellvertretenden Sekretär Gilbert vom Finanzministerium und beschwerte sich, dass Guaranty vom Analysebüro nicht den üblichen sofortigen Vorschuss gegen die Einlagen von "gelbem Metall, das zur Reduktion bei ihnen gelassen wurde", erhalten hatte. In dem Schreiben heißt es, dass Guaranty Trust zufriedenstellende Zusicherungen erhalten hatte, dass die Barren das Schmelzprodukt französischer und belgischer Münzen waren, obwohl sie das Metall in Holland gekauft hatte. In dem Brief wurde das Finanzministerium aufgefordert, die Zahlung des Goldes zu beschleunigen. In seiner Antwort argumentierte das Finanzministerium, dass es "kein Gold kauft, das bei der US-Münzanstalt oder bei Analysebüros eingereicht wird, von dem bekannt ist oder vermutet wird, dass es sowjetischen Ursprungs ist", und angesichts der bekannten Verkäufe von Sowjetgold in Holland wurde das von der Guaranty Trust Company eingereichte Gold als "zweifelhafter Fall mit Andeutungen auf sowjetischen Ursprung" betrachtet. Sie schlug vor, dass die Guaranty Trust Company das Gold jederzeit aus dem Analysebüro zurückziehen könnte oder dass sie "dem Finanzministerium, der Federal Reserve Bank of New York oder dem Außenministerium die zusätzlichen Beweise vorlegen könnte, die erforderlich sind, um das Gold von jedem Verdacht auf sowjetische Herkunft reinzuwaschen".[228]

---

[226] Ibid, 861.51,/837, 4. Oktober 1920.

[227] Ibid, 861.51/837, 24. Oktober 1920.

[228] Ibid, 861.51/853, 11. November 1920.

Es gibt keine Aufzeichnungen über die endgültige Regelung dieses Falls, aber es ist anzunehmen, dass die Guaranty Trust Company für die Sendung bezahlt wurde. Es ist offensichtlich, dass mit dieser Goldhinterlegung das Mitte der 1920er Jahre zwischen der Guaranty Trust Company und der sowjetischen Regierung geschlossene Steuerabkommen umgesetzt werden sollte, durch das die Gesellschaft zum sowjetischen Agenten in den USA wurde (siehe Epigraph dieses Kapitels).

Später wurde festgestellt, dass das sowjetische Gold auch an die schwedische Münze geschickt wurde. Die schwedische Münze "schmilzt das russische Gold, prüft es und bringt den Stempel der schwedischen Münze auf Wunsch der schwedischen Banken oder anderer schwedischer Subjekte, die das Gold halten, an".[229] Und zur gleichen Zeit bot Olof Aschberg, Chef der Svenska Ekonomie A/B (sowjetischer Zwischenhändler und Tochtergesellschaft des Guaranty Trust), "unbegrenzte Mengen russischen Goldes" über schwedische Banken an.[230]

Kurz gesagt können wir die American International Corporation, den einflussreichen Professor Lomonossoff, den Guaranty Trust und Olof Aschberg (den wir bereits identifiziert haben) mit den ersten Versuchen, Sowjetgold in die USA einzuführen, in Verbindung bringen.

MAX MAY VON GUARANTY TRUST WIRD DIREKTOR DER RUSKOMBANK

Das Interesse des Guaranty Trust an Sowjetrussland wurde 1920 in Form eines Briefes von Henry C. Emery, stellvertretender Leiter der Abteilung für auswärtige Angelegenheiten des Guaranty Trust, an De Witt C. Poole im Außenministerium. Der Brief ist auf den 21. Januar 1920 datiert, wenige Wochen bevor Allen Walker, der Leiter des Außenministeriums, aktiv an der Gründung der virulenten antisowjetischen Organisation United Americans beteiligt war (siehe Seite 165). Emery stellte zahlreiche Fragen zur Rechtsgrundlage der Sowjetregierung und des Bankensektors in Russland und fragte, ob die Sowjetregierung die De-facto-Regierung in Russland sei.[231] "Revolte vor 1922 von den Roten geplant", behaupteten die Vereinigten Amerikaner 1920, doch der Guaranty Trust hatte Verhandlungen mit denselben Roten aufgenommen und agierte Mitte 1920 als sowjetischer Agent in den USA.

Im Januar 1922 intervenierte Handelsminister Herbert Hoover beim Außenministerium für ein Guaranty-Trust-Programm, das auf die Aufnahme von Austauschbeziehungen mit der "Neuen Staatsbank in Moskau" abzielte. Dieses Projekt, schrieb Herbert Hoover, "wäre nicht zu beanstanden, wenn festgelegt würde, dass alle Beträge, die in ihren Besitz gelangen, für den Kauf ziviler Waren

---

[229] Ibid, 316-119, 1132.

[230] Ibid, 316-119-785. Dieser Bericht enthält mehr Daten über den Transfer von russischem Gold durch andere Länder und Vermittler. Siehe auch 316-119-846.

[231] Ibid, 861.516/86.

in den Vereinigten Staaten verwendet werden müssen"; und nachdem Hoover erklärt hatte, dass diese Beziehungen der allgemeinen Politik zu entsprechen schienen, fügte er hinzu: "Es könnte von Vorteil sein, diese Transaktionen so zu gestalten, dass wir wissen, was Bewegung anstelle der gegenwärtigen desintegrierten Operationen ist". Natürlich entsprechen solche "desintegrierten Transaktionen" den Vorgängen auf einem freien Markt, aber dieser Ansatz wurde von Herbert Hoover abgelehnt, der es vorzog, den Handel durch spezifizierte und kontrollierbare Quellen in New York zu kanalisieren. Außenminister Charles E. Hughes äußerte seine Abneigung gegen das Hoover-Guaranty-Trust-System, das seiner Meinung nach als De-facto-Anerkennung der Sowjets angesehen werden konnte, während die erworbenen ausländischen Kredite zum Nachteil der Vereinigten Staaten verwendet werden konnten. Eine unverbindliche Antwort wurde von der Regierung an Guaranty Trust gesandt. Dennoch machte Guaranty weiter (mit Unterstützung von Herbert Hoover), beteiligte sich an der Gründung der ersten sowjetischen internationalen Bank und Max May von Guaranty Trust wurde Leiter der Abteilung für auswärtige Angelegenheiten der neuen Ruskombank.

KAPITEL X

J.P. Morgan hilft dem Feind auf die Sprünge

Ich würde mich nicht zum Mittagessen mit einem Morgan hinsetzen - außer vielleicht, um etwas über seine Motive und Einstellungen zu erfahren.
William E. Dodd, *Tagebuch des Botschafters Dodd, 1933-1938*

Unsere Geschichte hat sich bislang um ein einziges großes Finanzhaus gedreht - die Guaranty Trust Company, der größte Finanztrust der USA und von der Firma J.P. Morgan kontrolliert. Guaranty Trust benutzte den bolschewistischen Bankier Olof Aschberg vor und nach der Revolution als Mittelsmann in Russland. Guaranty war ein Geldgeber für Ludwig Martens und sein sowjetisches Büro, die ersten sowjetischen Vertreter in den USA. Und Mitte der 1920er Jahre war Guaranty der sowjetische Steueragent in den USA; auch die ersten sowjetischen Goldlieferungen in die USA gingen auf den Guaranty Trust zurück.

Diese pro-bolschewistische Aktivität hat eine überraschende Kehrseite: Guaranty Trust ist einer der Gründer von United Americans, einer virulenten antisowjetischen Organisation, die 1922 lautstark mit der roten Invasion drohte, behauptete, dass 20 Millionen Dollar an sowjetischen Geldern unterwegs seien, um die rote Revolution zu finanzieren, und Panik auf den Straßen und eine Massenhungersnot in New York vorhersagte. Diese Doppelzüngigkeit wirft natürlich ernsthafte Fragen zu den Absichten des Guaranty Trust und seiner Direktoren auf. Die Tatsache, dass man mit den Sowjets Geschäfte machte oder sie sogar unterstützte, könnte aus unpolitischer Gier oder einfach aus Gewinnstreben erklärt werden. Andererseits ist die Verbreitung von Propaganda, die Angst und Panik erzeugen soll und gleichzeitig die Bedingungen fördert, die Angst und Panik hervorrufen, ein weitaus größeres Problem. Sie deutet auf eine völlige moralische Verderbtheit hin. Betrachten wir zunächst die antikommunistischen United Americans genauer.

AMERIKANER VEREINT IM KAMPF GEGEN DEN KOMMUNISMUS[232]

Im Jahr 1920 wurde die Organisation United Americans gegründet. Sie war auf US-Bürger beschränkt und auf fünf Millionen Mitglieder ausgelegt, "deren einziges Ziel es sein sollte, die Lehren der Sozialisten, Kommunisten, der I.W.W., der russischen Organisationen und der radikalen Bauerngewerkschaften zu bekämpfen".

Mit anderen Worten: Die vereinigten Amerikaner sollten alle Institutionen und Gruppen bekämpfen, die als antikapitalistisch galten.

Die Offiziere der vorläufigen Organisation, die zum Aufbau der Vereinigten Staaten eingerichtet wurde, waren Allen Walker von der Guaranty Trust Company; Daniel Willard, Präsident der Baltimore & Ohio Railroad; H. H. Westinghouse von der Westinghouse Air Brake Company; und Otto H. Kahn von Kuhn, Loeb & Company und der American International Corporation. Diese Wall-Street-Bonzen wurden von verschiedenen Universitätspräsidenten unterstützt, darunter Newton W. Gilbert (ehemaliger Gouverneur der Philippinen). Offensichtlich waren die Vereinigten Amerikaner auf den ersten Blick genau die Art von Organisation, die die Kapitalisten des Establishments finanzieren und denen sie beitreten sollten. Ihre Gründung hätte keine großen Überraschungen mit sich bringen sollen.

Andererseits waren diese Finanziers, wie wir bereits gesehen haben, auch stark in die Unterstützung des neuen Sowjetregimes in Russland involviert - obwohl diese Unterstützung hinter den Kulissen stattfand, nur in den Regierungsakten festgehalten wurde und 50 Jahre lang nicht öffentlich bekannt war. Im Rahmen von United Americans spielten Walker, Willard, Westinghouse und Kahn ein doppeltes Spiel. Otto H. Kahn, einer der Gründer der antikommunistischen Organisation, wurde von dem britischen Sozialisten J. H. Thomas berichtet, dass er sein "Gesicht zum Licht" habe. Kahn schrieb das Vorwort zu Thomas' Buch. 1924 wandte sich Otto Kahn an die Liga für industrielle Demokratie und bekannte sich zu gemeinsamen Zielen mit dieser militanten sozialistischen Gruppe (siehe Seite 49). Die Baltimore & Ohio Railroad (Willards Arbeitgeber) war in den 1920er Jahren aktiv an der Entwicklung in Russland beteiligt. Westinghouse betrieb 1920, im Jahr der Gründung von United Americans, eine Fabrik in Russland, die von der Verstaatlichung ausgenommen worden war. Und die Rolle des Guaranty Trust wurde bereits minutiös beschrieben.

UNITED AMERICANS ENTHÜLLT „ÜBERRASCHENDE ENTHÜLLUNGEN" ÜBER ROUGES

Im März 1920 berichtete die *New York Times* auf ihrer Titelseite ausführlich über die Invasion der USA durch die Roten innerhalb von zwei Jahren, eine

---

[232] *New York Times*, 21. Juni 1919.

Invasion, die mit 20 Millionen Dollar an sowjetischen Geldern finanziert werden sollte, die "durch Mord und Raub am russischen Adel erlangt" worden waren.[233]

Dies geschah im Rahmen ihrer Rolle als Organisation, die gebildet wurde, um "die Verfassung der Vereinigten Staaten mit der repräsentativen Regierungsform und dem Recht auf individuellen Besitz, wie es in der Verfassung vorgesehen ist, zu bewahren".

Außerdem, so wurde verkündet, habe die Umfrage die Unterstützung des Vorstands erhalten, "insbesondere von Otto H. Kahn, Allen Walker von der Guaranty Trust Company, Daniel Willard" und anderen. In der Umfrage wurde behauptet, dass:

> sind die linken Führer davon überzeugt, dass sie innerhalb von zwei Jahren eine Revolution durchführen werden, dass der Anfang in New York mit einem Generalstreik gemacht werden muss, dass die roten Führer viel Blutvergießen vorhergesagt haben und dass die russische Sowjetregierung 20.000.000$ zur radikalen Bewegung in den USA beigesteuert hat.

Die sowjetischen Goldlieferungen für den Guaranty Trust Mitte der 1920er Jahre (540 Dosen mit je drei Pudeln) hatten einen Wert von etwa 15.000.000$ (bei 20$ pro Feinunze), und weitere Goldlieferungen über Robert Dollar und Olof Aschberg erhöhten den Gesamtwert auf sehr nahe 20 Millionen$. Die für die radikale Bewegung bestimmten Informationen über Sowjetgold wurden als "absolut zuverlässig" bezeichnet und "der Regierung übergeben". Die Roten, so wurde behauptet, planten, New York auszuhungern, damit es sich innerhalb von vier Tagen unterwerfen würde:

> Inzwischen rechnen die Roten mit einer Finanzpanik in den nächsten Wochen, um ihre Sache voranzutreiben. Eine solche Panik würde bei den Arbeitern Not hervorrufen und sie somit eher dazu bringen, sich der Doktrin der Revolution anzuschließen.

Der Bericht der Amerikaner überschätzte die Zahl der Radikalen in den USA grob, indem er zunächst Zahlen wie zwei oder fünf Millionen nannte und sich dann mit 3 465 000 Mitgliedern in vier radikalen Organisationen zufrieden gab. Der Bericht schließt mit dem Hinweis auf die Möglichkeit von Blutvergießen und zitiert "Skaczewski, Präsident der International Publishing Association, wenn nicht sogar der Kommunistischen Partei, [der] damit prahlte, dass ... der Zeitpunkt gekommen sei, an dem die Kommunisten die gegenwärtige Form der Gesellschaft vollständig zerstören würden".

Kurz gesagt, die Amerikaner haben einen Bericht ohne Beweise veröffentlicht, der den Mann auf der Straße in Panik versetzen soll: Der springende Punkt ist natürlich, dass es sich um dieselbe Gruppe handelt, die dafür verantwortlich war,

---

[233] Ibid, 28. März 1920.

die Sowjets zu schützen und zu subventionieren, ja sogar zu unterstützen, damit sie dieselben Pläne in Angriff nehmen konnten.

SCHLUSSFOLGERUNGEN ZU UNITED AMERICANS

Handelt es sich um einen Fall, in dem die rechte Hand nicht weiß, was die linke Hand tut? Wahrscheinlich nicht. Wir sprechen hier von Unternehmern, übrigens von eminent erfolgreichen Unternehmen. United Americans war also wahrscheinlich ein Trick, um die Aufmerksamkeit der Öffentlichkeit - und der Behörden - von den unterirdischen Bemühungen abzulenken, in den russischen Markt einzudringen.

United Americans ist das einzige bekannte dokumentierte Beispiel dieses Schriftstellers für eine Organisation, die dem sowjetischen Regime hilft und auch in der Opposition gegen die Sowjets an vorderster Front steht. Dies ist keineswegs eine inkohärente Linie, und künftige Forschungen sollten sich zumindest auf die folgenden Aspekte konzentrieren:

(a) Gibt es weitere Beispiele für doppelte Loyalität, die von einflussreichen Gruppen begangen wurden, die allgemein als Etablierte bekannt sind?

(b) Lassen sich diese Beispiele auf andere Bereiche ausdehnen? Gibt es zum Beispiel Beweise dafür, dass Arbeitskonflikte von diesen Gruppen angezettelt wurden?

(c) Was ist das ultimative Ziel dieser dialektischen Rahmungstaktiken? Können sie mit dem marxistischen Axiom in Verbindung gebracht werden: These gegen Antithese ermöglicht Synthese? Es ist ein Rätsel, warum die marxistische Bewegung den Kapitalismus frontal angreifen sollte, wenn ihr Ziel eine kommunistische Welt wäre und sie die Dialektik wirklich akzeptieren würde. Wenn das Ziel eine kommunistische Welt ist - das heißt, wenn der Kommunismus die gewünschte Synthese ist - und der Kapitalismus die These ist, dann muss etwas anderes als der Kapitalismus oder der Kommunismus die Antithese sein. Könnte es also sein, dass der Kapitalismus die These und der Kommunismus die Antithese ist und das Ziel der revolutionären Gruppen und ihrer Anhänger darin besteht, diese beiden Systeme zu einem noch nicht beschriebenen Weltsystem zu synthetisieren?

MORGAN UND ROCKEFELLER HELFEN KOLCHAK

Parallel zu diesen Bemühungen, dem Sowjetbüro und den Vereinigten Amerikanern zu helfen, leistete die Firma J.P. Morgan, die den Guaranty Trust kontrollierte, finanzielle Unterstützung für einen der Hauptgegner der Bolschewiki, Admiral Alexander Kolchak in Sibirien. Am 23. Juni 1919 brachte Kongressabgeordneter Mason die Resolution 132 des Repräsentantenhauses ein, in der das Außenministerium angewiesen wurde, "alle und jeden einzelnen Pressebericht zu untersuchen", in dem die Inhaber russischer Anleihen beschuldigt wurden, ihren Einfluss geltend gemacht zu haben, um die "Beibehaltung von US-

Truppen in Russland" zu erreichen, um die fortlaufende Zahlung der Zinsen für russische Anleihen zu gewährleisten. Laut einer Aktennotiz von Basil Miles, einem Partner von William F. Sands, beschuldigte der Kongressabgeordnete Mason einige Banken, sie hätten versucht, die Anerkennung von Admiral Kolchak in Sibirien zu erreichen, um die Zahlung alter russischer Anleihen zu sichern.

Dann, im August 1919, erhielt Staatssekretär Robert Lansing von der von Rockefeller beeinflussten National City Bank of New York ein Schreiben, in dem um eine offizielle Stellungnahme zu einem geplanten Kredit von 5 Millionen Dollar an Admiral Kolchak gebeten wurde; und von J.P. Morgan & Co. und anderen Bankiers ein weiteres Schreiben, in dem das Ministerium um eine Stellungnahme zu einem geplanten zusätzlichen Kredit von 10 Millionen Pfund Sterling an Kolchak durch ein Konsortium britischer und amerikanischer Bankiers gebeten wurde.[234]

Sekretär Lansing teilte den Bankiers mit, dass die USA Kolchak nicht anerkannt hätten und dass das Ministerium zwar bereit sei, ihm zu helfen, "aber nicht glaube, dass es die Verantwortung für die Förderung solcher Verhandlungen übernehmen könne, aber dennoch scheine es keine Einwände gegen ein Darlehen zu geben, sofern die Bankiers es für angebracht hielten".[235]

Anschließend, am 30. September, informierte Lansing den amerikanischen Generalkonsul in Omsk, dass das "Darlehen seither seinen normalen Lauf genommen hat".[236] Zwei Fünftel wurden von britischen und drei Fünftel von US-amerikanischen Banken gezeichnet. Zwei Drittel des Gesamtbetrags sollten in Großbritannien und den USA ausgegeben werden und das restliche Drittel dort, wo die Regierung Kolchak es wünschte. Der Kredit wurde durch russisches Gold (Kolchaks Gold) besichert, das nach San Francisco verschifft wurde. Der zuvor beschriebene Zeitplan für die sowjetischen Goldexporte legt nahe, dass die Zusammenarbeit mit den Sowjets bei den Goldverkäufen im Zuge des Kolchak-Goldleihvertrags festgelegt wurde.

Die sowjetischen Goldverkäufe und das Kolchak-Darlehen legen außerdem nahe, dass Carroll Quigleys Aussage, Morgans Interessen hätten die Linke im Inland infiltriert, auch für revolutionäre und konterrevolutionäre Bewegungen in Übersee galt. Der Sommer 1919 war eine Zeit sowjetischer militärischer Rückschläge auf der Krim und in der Ukraine, und dieses negative Image mag die britischen und amerikanischen Bankiers dazu veranlasst haben, sich mit den antibolschewistischen Kräften zu versöhnen. Der offensichtliche Grund dafür wäre, dass man auf allen Seiten einen Fuß in der Tür hat und sich somit in einer günstigen Position befindet, um Zugeständnisse und Geschäfte auszuhandeln, nachdem die Revolution oder Konterrevolution erfolgreich war und sich eine neue Regierung stabilisiert hat. Da der Ausgang eines Konflikts nicht von Anfang an festgestellt werden kann, besteht die Idee darin, auf alle Pferde im Revolutionsrennen zu wetten. So wurde einerseits den Sowjets und andererseits

---

[234] Dezimaldatei des US-Außenministeriums, 861.51/649.

[235] Ibid, 861.51/675

[236] Ibid, 861.51/656

Kolchak Hilfe geleistet - während die britische Regierung Denikin in der Ukraine unterstützte und die französische Regierung den Polen zu Hilfe kam.

Im Herbst 1919 beschuldigte die *Berliner Zeitung am Mittak* (8. und 9. Oktober) die Firma Morgan, die westrussische Regierung und die russisch-deutschen Streitkräfte im Baltikum, die gegen die Bolschewiki kämpften - beide mit Kolchak verbündet -, zu finanzieren. Die Firma Morgan wies den Vorwurf energisch zurück: "Diese Firma hat zu keinem Zeitpunkt irgendwelche Gespräche oder Treffen mit der westrussischen Regierung oder mit irgendjemandem, der vorgibt, sie zu vertreten, gehabt."[237] Doch wenn der Vorwurf der Finanzierung unzutreffend war, gibt es Beweise für eine Zusammenarbeit. Dokumente, die der Geheimdienst der lettischen Regierung unter den Papieren von Oberst Bermondt, dem Kommandeur der Westlichen Freiwilligenarmee, gefunden hatte, bestätigten "die angeblich bestehenden Beziehungen zwischen Kolchaks Londoner Agenten und dem deutschen Industrienetzwerk, das hinter Bermondt stand".[238]

Mit anderen Worten: Wir wissen, dass J.P. Morgan, die Bankiers in London und New York Kolchak finanziert haben. Es gibt auch Beweise, die Kolchak und seine Armee mit anderen anti-bolschewistischen Armeen in Verbindung bringen. Und es scheint klar zu sein, dass deutsche Industrie- und Bankenkreise die russische anti-bolschewistische Armee im Baltikum finanzierten. Es ist offensichtlich, dass die Gelder der Bankiers keine Nationalflagge haben.

---

[237] Ibid, 861.51/767 - Brief von J. P. Morgan an das Außenministerium, 11. November 1919. Die Finanzierung selbst war ein Hoax (siehe AP-Bericht in den Akten des Außenministeriums im Anschluss an Morgans Brief).

[238] Ibid, 861.51/6172 und /6361.

KAPITEL XI

DIE ALLIANZ DER BANKIERS UND DER REVOLUTION

Der Name Rockefeller klingt nicht nach einem Revolutionär, und mein Lebensstil hat eine vorsichtige und umsichtige Haltung begünstigt, die an Konservatismus grenzt. Ich bin nicht dafür bekannt, aussichtslose Fälle zu unterstützen...

John D. Rockefeller III, *Die zweite amerikanische Revolution.*
(New York: Harper & Row. 1973)

BEWEISZUSAMMENFASSUNG

Die bereits von George Katkov, Stefan Possony und Michael Futrell veröffentlichten Beweise haben ergeben, dass die Rückkehr Lenins und seiner Partei der Exilbolschewiki nach Russland, der einige Wochen später eine Partei der Menschewiki folgte, von der deutschen Regierung finanziert und organisiert wurde.[239] Die notwendigen Gelder wurden teilweise über die Nya Banken in Stockholm, die Olof Aschberg gehörte, transferiert, und das doppelte deutsche Ziel war: (a) Russland dem Krieg zu entziehen und (b) den russischen Markt in der Nachkriegszeit zu kontrollieren.[240]

Wir sind nun über diese Beweise hinausgegangen und haben eine kontinuierliche Arbeitsbeziehung zwischen dem bolschewistischen Bankier Olof Aschberg und der von Morgan kontrollierten Guaranty Trust Company in New York vor, während und nach der Russischen Revolution nachgewiesen. In der Zarenzeit war Aschberg Morgans Agent in Russland und Verhandlungsführer für russische Kredite in den USA; 1917 war Aschberg der Finanzvermittler der Revolutionäre; und nach der Revolution wurde Aschberg Direktor der Ruskombank, der ersten internationalen Bank der Sowjetunion, während Max

---

[239] Michael Futrell, *Northern Underground* (London: Faber and Faber, 1963); Stefan Possony, *Lenin: The Compulsive Revolutionary* (London: George Allen & Unwin, 1966); und George Katkov, "German Foreign Office Documents on Financial Support to the Bolsheviks in 1917", *International Affairs 32* (Royal Institute of International Affairs, 1956).

[240] Ibid. und vor allem Katkov.

May, ein Vizepräsident der von Morgan kontrollierten Guaranty Trust, Direktor und Leiter der Abteilung für auswärtige Angelegenheiten der Ruskom-bank wurde. Wir haben dokumentarische Beweise für eine kontinuierliche Arbeitsbeziehung zwischen der Guaranty Trust Company und den Bolschewiken vorgelegt. Die Direktoren von Guaranty Trust im Jahr 1917 sind in Anhang 1 aufgelistet.

Darüber hinaus gibt es Beweise für Geldtransfers von Wall-Street-Bankern an internationale revolutionäre Aktivitäten. So gibt es beispielsweise die (durch ein Telegramm belegte) Aussage von William Boyce Thompson - einem Direktor der Federal Reserve Bank of New York, Großaktionär der von Rockefeller kontrollierten Chase Bank und Finanzpartner der Guggenheims und Morgans -, dass er (Thompson) die bolschewistische Revolution mit einer Million Dollar für Propagandazwecke unterstützt habe. Ein weiteres Beispiel ist John Reed, das amerikanische Mitglied des Exekutivkomitees der Dritten Internationale, der von Eugene Boissevain, einem Privatbankier aus New York, finanziert und unterstützt wurde und bei Harry Payne Whitneys Zeitschrift *Metropolitan* angestellt war. Whitney war zu dieser Zeit Direktor des Guaranty Trust. Wir haben auch festgestellt, dass Ludwig Martens, der erste sowjetische "Botschafter" in den USA, (laut dem Chef des britischen Geheimdienstes Sir Basil Thompson) mit Geldern der Guaranty Trust Company unterstützt wurde. Als wir Trotzkis Finanzierung in den USA zurückverfolgten, stießen wir auf noch zu identifizierende deutsche Quellen in New York. Obwohl wir die genauen deutschen Quellen von Trotzkis Geldern nicht kannten, wissen wir, dass von Pavenstedt, der Hauptverantwortliche für die deutsche Spionage in den USA, auch Hauptgesellschafter der Firma Amsinck & Co. war. Amsinck gehörte der allgegenwärtigen American International Corporation - die auch von der Firma J.P. Morgan kontrolliert wurde.

Darüber hinaus waren Wall Street-Unternehmen, darunter Guaranty Trust, während des Krieges an den revolutionären Aktivitäten von Carranza und Villa in Mexiko beteiligt. Wir haben auch dokumentarische Beweise dafür gefunden, dass ein Wall Street Syndikat die von Sun Yat-sen angeführte Revolution von 1912 in China finanziert hat, eine Revolution, die heute von den chinesischen Kommunisten als Vorläufer von Maos Revolution in China gefeiert wird. Charles B. Hill, ein New Yorker Anwalt, der im Namen dieses Syndikats mit Sun Yat-sen verhandelte, war Direktor von drei Westinghouse-Tochtergesellschaften, und wir fanden heraus, dass Charles R. Crane von Westinghouse in Russland in die russische Revolution verwickelt war.

Neben dem Finanzsektor haben wir noch andere, vielleicht bedeutsamere Beweise für die Beteiligung der Wall Street an der bolschewistischen Sache ausgemacht. Die Mission des Amerikanischen Roten Kreuzes in Russland war ein Privatunternehmen von William B. Thompson, der die Bolschewiki öffentlich parteilich unterstützte. Die derzeit verfügbaren Dokumente des britischen Kriegskabinetts deuten darauf hin, dass die britische Politik durch Thompsons persönliche Intervention bei Lloyd George im Dezember 1917 auf das Regime von Lenin und Trotzki gelenkt wurde. Wir haben die Aussagen von Direktor Thompson und Vizepräsident William Lawrence Saunders, beide von der Federal Reserve Bank in New York, wiedergegeben, die die Bolschewiki stark unterstützten. John Reed wurde nicht nur von der Wall Street finanziert, sondern genoss auch ständige Unterstützung für seine Aktivitäten, bis hin zur Intervention von William Franklin Sands, Exekutivsekretär der American International Corporation, im Außenministerium. Im Fall des Aufruhrs von Robert Minor gibt es starke Hinweise und einige Indizienbeweise, dass Colonel Edward House intervenierte, um Minor freizubekommen. Die Bedeutung des Minor-Falls liegt darin, dass William B. Thompsons Programm für die bolschewistische Revolution in Deutschland genau das Programm war, das Minor umsetzte, als er in Deutschland verhaftet wurde.

Einige internationale Agenten, z. B. Alexander Gumberg, arbeiteten für die Wall Street und die Bolschewiki. Gumberg war 1917 Vertreter eines amerikanischen Unternehmens in Petrograd, arbeitete für die Thompson-Mission des amerikanischen Roten Kreuzes, wurde bis zu seiner Deportation aus Norwegen zum Hauptagenten der Bolschewiki in Skandinavien und wurde dann zum vertraulichen Assistenten von Präfekt Schley von der Chase Bank in New York und später von Floyd Odium von der Atlas Corporation.

Diese Aktivität im Namen der Bolschewiki stammt größtenteils von einer einzigen Adresse: 120 Broadway, New York City. Die Beweise für diese Beobachtung werden dargelegt, aber es wird kein schlüssiger Grund für die ungewöhnliche Konzentration der Aktivitäten auf eine einzige Adresse genannt, außer dass es sich dabei offenbar um das ausländische Gegenstück zu Carroll Quigleys Behauptung handelt, dass J.P. Morgan die nationale Linke infiltriert habe. Morgan hat auch die internationale Linke infiltriert.

Die Federal Reserve Bank of New York befindet sich am 120 Broadway. Das Vehikel für diese pro-bolschewistischen Aktivitäten war die American International Corporation - am 120 Broadway. Die Ansichten der AIC über das bolschewistische Regime wurden nur wenige Wochen nach Ausbruch der Revolution von Außenminister Robert Lansing befragt, und Sands, der Exekutivsekretär der AIC, konnte seine Begeisterung für die bolschewistische Sache kaum zurückhalten. Ludwig Martens, der erste sowjetische Botschafter, war Vizepräsident von Weinberg & Posner gewesen, das ebenfalls am 120-Broadway ansässig war. Die Guaranty Trust Company befand sich nebenan am 140-Broadway, die Guaranty Securities Co. jedoch am 120-Broadway. Im Jahr 1917 befand sich Hunt, Hill & Betts am 120 Broadway und Charles B. Hill von dieser Firma war der Unterhändler in den Geschäften von Sun Yat-sen. Die Firma John MacGregor Grant, die von Olof Aschberg in Schweden und Guaranty Trust in den USA finanziert wurde und auf der schwarzen Liste des militärischen Geheimdienstes stand, befand sich am 120 Broadway. Die Guggenheims und das geschäftsführende Herz von General Electric (das ebenfalls an American International interessiert war) befanden sich ebenfalls am 120 Broadway. Es ist daher nicht überraschend, dass sich der Bankers Club ebenfalls am 120 Broadway befand, und zwar im obersten Stockwerk (dem vierunddreißigsten).

Es ist bezeichnend, dass die Unterstützung für die Bolschewiki mit der Konsolidierung der Revolution nicht aufhörte; daher kann diese Unterstützung nicht vollständig mit dem Krieg mit Deutschland erklärt werden. Das russisch-amerikanische Syndikat, das 1918 gebildet wurde, um Zugeständnisse in Russland zu erwirken, wurde von den Interessen von White, Guggenheim und Sinclair unterstützt. Die Direktoren der von diesen drei Finanziers kontrollierten Unternehmen waren Thomas W. Lamont (Guaranty Trust), William Boyce Thompson (Federal Reserve Bank) und Harry Payne Whitney (Guaranty Trust), der Arbeitgeber von John Reed. Dies deutet stark darauf hin, dass die Gewerkschaft gegründet wurde, um von der Unterstützung für die bolschewistische Sache während der Revolutionszeit zu profitieren. Und dann fanden wir heraus, dass der Guaranty Trust 1919 das Sowjetbüro in New York finanziell unterstützte.

Das erste wirklich konkrete Signal, dass die frühere politische und finanzielle Unterstützung Früchte trug, kam 1923, als die Sowjets ihre erste internationale Bank, die Ruskombank, gründeten. Morgans Partner Olof Aschberg wurde nomineller Direktor dieser sowjetischen Bank; Max May, ein Vizepräsident von Guaranty Trust, wurde Direktor der Ruskom-bank, und die Ruskombank ernannte bald die Guaranty Trust Company zu ihrem amerikanischen Agenten.

DIE ERKLÄRUNG FÜR DIE UNHEILIGE ALLIANZ

Welches Motiv erklärt diese Koalition von Kapitalisten und Bolschewiken?

Russland war damals - und ist heute - der größte unerschlossene Markt der Welt. Darüber hinaus stellte Russland damals wie heute die größte potenzielle Wettbewerbsbedrohung für die industrielle und finanzielle Vormachtstellung der USA dar. (Ein Blick auf eine Weltkarte genügt, um den geografischen Unterschied zwischen der riesigen Landfläche Russlands und der kleineren der USA zu verdeutlichen). Die Wall Street bekam Gänsehaut, wenn sie Russland als zweiten industriellen Superriesen der USA visualisierte.

Aber warum sollte man Russland erlauben, ein Konkurrent und eine Herausforderung für die amerikanische Vormachtstellung zu werden? Ende des 19. Jahrhunderts hatten Morgan/Rockefeller und Guggenheim ihre monopolistischen Tendenzen demonstriert. In *Railroads and Regulation 1877-1916* zeigte Gabriel Kolko, wie die Eigentümer der Eisenbahnen, und nicht die Landwirte, wollten, dass der Staat die Eisenbahnen kontrolliert, um ihr Monopol zu erhalten und den Wettbewerb abzuschaffen. Die einfachste Erklärung für unsere Beweise ist daher, dass ein Finanzsyndikat der Wall Street den Horizont ihrer monopolistischen Ambitionen erweiterte und die Operationen auf globaler Ebene erleichterte. *Der riesige russische Markt sollte in einen gefangenen Markt und eine technische Kolonie umgewandelt werden, die von einigen mächtigen amerikanischen Finanziers und den von ihnen kontrollierten Unternehmen betrieben wurde.* Was die Interstate Commerce Commission und die Federal Trade Commission unter der Führung der US-Industrie für diese Industrie im Inland erreichen konnten, konnte eine geplante sozialistische Regierung im Ausland erreichen - mit entsprechender Unterstützung und Anreizen von der Wall Street und aus Washington, D.C..

Und schließlich, damit diese Erklärung nicht zu radikal klingt, sollten Sie sich daran erinnern, dass es Trotzki war, der zaristische Generäle ernannte, um die Rote Armee zu festigen; dass es Trotzki war, der amerikanische Offiziere aufforderte, das revolutionäre Russland zu kontrollieren und zugunsten der Sowjets zu intervenieren; dass es Trotzki war, der zuerst das libertäre Element in der russischen Revolution und dann die Arbeiter und Bauern zerschlug; und dass die Geschichtsschreibung die 700.000 Mann starke Grüne Armee, die aus ehemaligen Bolschewiki bestand, die wütend über den Verrat an der Revolution waren und gegen die Weißen *und* Roten kämpften, völlig ignoriert. Mit anderen Worten, wir schlagen vor, dass die bolschewistische Revolution ein Bündnis der Statistiken war: staatliche Revolutionäre und staatliche Finanziers, die sich gegen die wahren libertären revolutionären Elemente in Russland ausgerichtet haben.[241]

Die Frage, die sich den Lesern nun stellt, lautet: Waren diese Bankiers auch geheime Bolschewiken? Nein, natürlich nicht. Die Finanziers waren ideologiefrei. Es wäre eine Fehlinterpretation anzunehmen, dass die Unterstützung der Bolschewiki im engeren Sinne ideologisch motiviert war. Die Finanziers waren machtmotiviert und halfen daher jedem politischen Instrument, das ihnen den Weg zur Macht ebnen würde: Trotzki, Lenin, der Zar, Koltschak, Denikin - alle erhielten Hilfe, mehr oder weniger. Alle, das heißt, außer denen, die eine wirklich freie individualistische Gesellschaft wollten.

Die Unterstützung war auch nicht auf die staatlichen Bolschewiki und die staatlichen Gegenbolschewiki beschränkt. John P. Diggins[242] stellte in *Mussolini and fascism: The View from America in* Bezug auf Thomas Lamont vom Guaranty Trust fest, dass von allen amerikanischen Unternehmern Thomas W. Lamont die Sache des Faschismus am stärksten unterstützt hat. Als Chef des mächtigen Bankennetzwerks J.P. Morgan war Lamont in gewisser Weise ein Unternehmensberater für die Regierung des faschistischen Italiens.

Lamont vermittelte Mussolini 1926 einen Kredit in Höhe von 100 Millionen Dollar, zu einem besonders kritischen Zeitpunkt für den italienischen Diktator. Man kann sich auch daran erinnern, dass der Direktor des Guaranty Trust der Vater von Corliss Lamont war, einem nationalen Kommunisten. Dieser unvoreingenommene Umgang mit den beiden totalitären Systemen, Kommunismus und Faschismus, war nicht auf die Familie Lamont beschränkt. So war beispielsweise Otto Kahn, Direktor der American International Corporation und von Kuhn, Loeb & Co, davon überzeugt, dass "amerikanisches Kapital, das in Italien investiert wird, Sicherheit, Ermutigung, Gelegenheit und Belohnung finden wird".[243] Es war derselbe Otto Kahn, der 1924 gegenüber der Sozialistischen Liga für industrielle Demokratie erklärte, dass deren Ziele die gleichen seien wie seine eigenen. Sie unterschieden sich - so Otto Kahn - nur in den Mitteln, mit denen diese Ziele erreicht werden sollten.

Ivy Lee, Rockefellers PR-Mann, machte ähnliche Aussagen und war dafür verantwortlich, dass das Sowjetregime in den späten 1920er Jahren an die leichtgläubige amerikanische Öffentlichkeit verkauft wurde. Wir haben auch

---

[241] Siehe auch Voline (V.M. Eichenbaum), *Nineteen-Seventeen: The Russian Revolution Betrayed* (New York: Libertarian Book Club, n.d.).

[242] Princeton, N.J.: Princeton University Press, 1972.

[243] Ibid, S. 149.

beobachtet, dass Basil Miles, Leiter des Russlandbüros im Außenministerium und ehemaliger Geschäftspartner von William Franklin Sands, Geschäftsleuten, die sich für die bolschewistischen Anliegen einsetzten, entschieden nützlich war; doch 1923 schrieb derselbe Miles einen profaschistischen Artikel mit dem Titel "Italiens Schwarzhemden und das Geschäft".[244] "Der Erfolg der Faschisten ist ein Ausdruck der italienischen Jugend", schrieb Miles, während er die faschistische Bewegung verherrlichte und ihre Wertschätzung für die amerikanische Geschäftswelt bejubelte.

DER MARBURG-PLAN

Der Marburg-Plan, der aus dem umfangreichen Erbe von Andrew Carnegie finanziert wurde, wurde in den ersten Jahren des 20. Er legt einen Vorsatz für diese Art von oberflächlicher Schizophrenie nahe, hinter der sich in Wirklichkeit ein integriertes Programm zur Erlangung von Macht verbirgt: "Was wäre, wenn Carnegie und sein unbegrenzter Reichtum, die internationalen Finanziers und die Sozialisten sich in einer Bewegung organisieren könnten, um die Bildung einer Liga zur Erzwingung des Friedens zu erzwingen".[245]

Die Regierungen der Welt sollten nach Marburgs Plan vergesellschaftet werden, während die ultimative Macht in den Händen der internationalen Finanziers verbleiben sollte, "um ihre Räte zu kontrollieren und den Frieden durchzusetzen [und so] eine geeignete Lösung für alle politischen Übel der Menschheit zu bieten".[246]

Diese Idee wurde mit anderen Elementen verschränkt, die ähnliche Ziele verfolgten. Lord Milner in England liefert ein Beispiel für transatlantische Bankinteressen, die die Tugenden und Möglichkeiten des Marxismus erkannten. Milner war ein Bankier, einflussreich in der britischen Politik während der Kriegszeit und pro-marxistisch.[247] In New York wurde 1903 der sozialistische Club "X" gegründet. Zu seinen Mitgliedern zählten nicht nur der Kommunist Lincoln Steffens, der Sozialist William English Walling und der kommunistische Bankier Morris Hillquit, sondern auch John Dewey, James T. Shotwell, Charles Edward Russell und Rufus Weeks (Vizepräsident der New York Life Insurance Company). Auf dem Jahrestreffen des Economic Club im Astor Hotel in New York traten sozialistische Redner auf. Als 1908 A. Barton Hepburn, Präsident der Chase National Bank, Präsident des Economic Club war, war der Hauptredner der bereits erwähnte Morris Hillquit, der "die Gelegenheit hatte, den Sozialismus vor

---

[244] *Nation's Business*, Februar 1923, S. 22-23.

[245] Jennings C. Wise, *Woodrow Wilson: Disciple of Revolution* (New York: Paisley Press, 1938), S. 45.

[246] Ibid, S.46.

[247] Siehe S. 89.

einer Versammlung zu predigen, die Reichtum und finanzielle Interessen repräsentierte".[248]

Aus diesen unwahrscheinlichen Keimen entstand die moderne internationalistische Bewegung, zu der nicht nur die Finanziers Carnegie, Paul Warburg, Otto Kahn, Bernard Baruch und Herbert Hoover gehörten, sondern auch die Carnegie-Stiftung und ihr Auswuchs der *International Conciliation*. Die Kuratoren von Carnegie waren, wie wir gesehen haben, wichtige Mitglieder des Vorstands der American International Corporation. 1910 spendete Carnegie 10 Millionen Dollar, um das Carnegie Endowment for International Peace zu gründen. Zu den Mitgliedern des Kuratoriums gehörten Elihu Root (Root-Mission in Russland, 1917), Cleveland H. Dodge (ein Geldgeber von Präsident Wilson), George W. Perkins (Partner von Morgan), G. J. Balch (AIC und Amsinck), R. F. Herrick (AIC), H. W. Pritchett (AIC) und andere Persönlichkeiten der Wall Street. Woodrow Wilson stand unter dem mächtigen Einfluss dieser Gruppe von Internationalisten, denen er auch finanziell verpflichtet war. Wie Jennings C. Wise, "Historiker sollten nie vergessen, dass Woodrow Wilson ... Leon Trotzki erlaubte, mit einem amerikanischen Pass nach Russland einzureisen."[249]

Aber auch Leo Trotzki bekannte sich als Internationalist. Mit einigem Interesse haben wir seine Beziehungen als hochrangiger Internationalist oder zumindest seine Freunde in Kanada zur Kenntnis genommen. Trotzki war damals weder pro-russisch, noch pro-alliiert, noch pro-deutsch, wie viele versuchten, uns glauben zu machen. Trotzki war *für die* Weltrevolution, *für die* Weltdiktatur; er war, mit einem Wort, ein Internationalist.[250] Bolschewiken und Bankiers hatten damals diese wichtige Gemeinsamkeit: den Internationalismus. Die Revolution und die internationale Finanzwelt stehen keineswegs im Widerspruch zueinander, wenn das Ergebnis der Revolution die Errichtung einer stärker zentralisierten Autorität ist. Die internationale Finanzwelt zieht es vor, mit Zentralregierungen zu verhandeln. Das Letzte, was die Bankengemeinschaft will, ist eine freie Wirtschaft und eine dezentralisierte Macht, da diese Elemente ihre Macht schmälern.

Es handelt sich also um eine Erklärung, die mit den Beweisen übereinstimmt. Diese Handvoll Banker und Promoter war weder bolschewistisch, noch kommunistisch, noch sozialistisch, noch demokratisch, noch nicht einmal amerikanisch. Diese Männer wollten in erster Linie Märkte, vorzugsweise fesselnde internationale Märkte - und ein Monopol auf dem fesselnden Weltmarkt als Endziel. Sie wollten Märkte, die monopolistisch ausgebeutet werden konnten, ohne die Konkurrenz von Russen, Deutschen oder irgendjemandem fürchten zu müssen - einschließlich amerikanischer Geschäftsleute außerhalb des Kreises der Eingeweihten. Diese geschlossene Gruppe war unpolitisch und amoralisch. Im Jahr 1917 hatte sie ein einziges Ziel: die Konsolidierung eines gefangenen Marktes in Russland, alles unter dem Deckmantel einer Liga zur Durchsetzung des Friedens präsentiert und durch diesen intellektuell geschützt.

---

[248] Morris Hillquit, *Loose Leaves from a Busy Life* (New York: Macmillan, 1934), S. 81.

[249] Wise, a. a. O., S. 647

[250] Leon Trotzki, *The Bolsheviki and World Peace* (New York: Boni & Liveright, 1918).

Die Wall Street hat in der Tat ihr Ziel erreicht. Die von diesem Syndikat kontrollierten amerikanischen Unternehmen sollten später den Aufbau der Sowjetunion fortsetzen und sind heute auf dem besten Weg, den sowjetischen militärisch-industriellen Komplex in das Computerzeitalter zu führen.

Heute ist das Ziel immer noch aktuell. John D. Rockefeller erklärt es in seinem Buch *The Second American Revolution,* auf dessen erster Seite ein fünfzackiger Stern abgebildet ist.[251] Das Buch enthält ein nacktes Plädoyer für den Humanismus, d. h. ein Plädoyer dafür, dass es unsere oberste Priorität ist, für andere zu arbeiten. Mit anderen Worten: ein Plädoyer für den Kollektivismus. Humanismus ist Kollektivismus. Es ist bemerkenswert, dass die Rockefellers, die diese humanistische Idee ein Jahrhundert lang gefördert haben, ihr EIGENES Vermögen nicht an andere abgetreten haben... Wahrscheinlich ist es in ihrer Empfehlung implizit enthalten, dass wir alle für die Rockefellers arbeiten sollten. Das Rockefeller-Buch fördert den Kollektivismus unter dem Anschein von "vorsichtigem Konservatismus" und "Gemeinwohl". In Wirklichkeit ist es ein Plädoyer für die Fortsetzung der früheren Unterstützung von Morgan-Rockefeller für kollektivistische Unternehmen und die massive Unterwanderung der individuellen Rechte.

Kurz gesagt: Das Gemeinwohl wurde und wird bis heute von einem elitären Kreis, der für Weltfrieden und menschlichen Anstand plädiert, als Mittel und Ausrede zur Selbstvergrößerung missbraucht. Doch solange der Leser die Weltgeschichte im Sinne eines unaufhaltsamen marxistischen Konflikts zwischen Kapitalismus und Kommunismus betrachtet, bleiben die Ziele eines solchen Bündnisses zwischen der internationalen Finanzwelt und der internationalen Revolution unfassbar. Dasselbe wird für die Absurdität der Förderung des Gemeinwohls durch diese Plünderer gelten. Wenn diese Allianzen dem Leser immer noch entgehen, dann sollte er über die offensichtliche Tatsache nachdenken, dass dieselben internationalen Interessen und Förderer immer bereit sind, zu bestimmen, was andere Menschen tun sollten, aber offensichtlich nicht bereit sind, als Erste auf ihren eigenen Reichtum und ihre eigene Macht zu verzichten. Ihre Münder sind offen, ihre Taschen geschlossen.

Diese Technik, mit der Monopolisten die Gesellschaft betrügen, wurde Anfang des 20. Jahrhunderts von Frederick C. Howe in *The Confessions of a Monopolist* dargelegt.[252] Zunächst einmal, so Howe, ist die Politik ein notwendiger Teil des Geschäfts. Um die Industrie zu kontrollieren, ist es notwendig, den Kongress und die Regulierungsbehörden zu kontrollieren und somit die Gesellschaft für Sie, den Monopolisten, arbeiten zu lassen. So lauten laut Howe die beiden Grundsätze eines erfolgreichen Monopolisten: "Erstens, lassen Sie die Gesellschaft für sich

---

[251] Im Mai 1973 eröffnet die Chase Manhattan Bank (deren Präsident David Rockefeller ist) ein Büro in Moskau, 1 Karl Marx Square. Das Büro in New York befindet sich am 1 Chase Manhattan Plaza.

[252] Chicago: Public Publishing, s.d.

arbeiten; und zweitens, machen Sie die Politik zu einem Geschäft wie jedes andere".²⁵³ Dies sind laut Howe die "Grundregeln des Big Business".

Gibt es Belege dafür, dass dieses wunderbar ehrgeizige Ziel auch dem Kongress und der akademischen Welt bekannt war? Es steht fest, dass die Möglichkeit bekannt war und öffentlich gemacht wurde. Davon zeugt zum Beispiel die Aussage von Albert Rhys Williams, einem scharfsinnigen Kommentator der Revolution, vor dem Overman-Ausschuss des Senats:

> ... Es ist wahrscheinlich wahr, dass sich das industrielle Leben unter der Sowjetregierung vielleicht viel langsamer entwickeln wird als unter dem üblichen kapitalistischen System. Aber warum sollte ein großes Industrieland wie Amerika die Entstehung und den konsequenten Wettbewerb eines anderen großen industriellen Rivalen wünschen? Stimmen Amerikas Interessen in dieser Hinsicht nicht mit dem langsamen Entwicklungstempo überein, das Sowjetrussland sich vorstellt?
> **SENATOR WOLCOTT**: Ihr Argument ist also, dass es in Amerikas Interesse wäre, Russland unterdrücken zu lassen?
> **Hr. WILLIAMS**: Nicht unterdrückt...
> **SENATOR WOLCOTT**: Das sagen Sie. Warum sollte Amerika wollen, dass Russland ein industrieller Konkurrent an seiner Seite wird?
> **Herr WILLIAMS**: Das heißt, von einem kapitalistischen Standpunkt aus zu sprechen. Ich denke, Amerikas Interesse besteht nicht darin, dass ein weiterer großer industrieller Rivale wie Deutschland, England, Frankreich und Italien als Konkurrent auf den Markt geworfen wird. Ich denke, eine andere Regierung als die sowjetische würde vielleicht das Tempo oder die Entwicklungsrate Russlands erhöhen, und wir hätten einen weiteren Rivalen. Natürlich ist dies eine Debatte aus kapitalistischer Sicht.
> **SENATOR WOLCOTT**: Sie bringen hier also ein Argument vor, das Ihrer Meinung nach dem amerikanischen Volk gefallen könnte, nämlich dass wir, wenn wir die sowjetische Regierung Russlands in ihrer jetzigen Form anerkennen, eine Regierung anerkennen würden, die viele Jahre lang nicht mit uns in der Industrie konkurrieren kann?
> **M. WILLIAMS**: Das ist eine Tatsache.
> **SENATOR WOLCOTT**: Ist das ein Argument, dass Russland unter der Sowjetregierung zumindest seit vielen Jahren nicht in der Lage ist, sich industriell den Renditen Amerikas zu nähern?
> **M. WILLIAMS**: Absolut.²⁵⁴

Und in dieser offenen Aussage von Albert Rhys Williams findet sich der grundlegende Hinweis auf die revisionistische Interpretation der russischen Geschichte während des letzten halben Jahrhunderts.

Die Wall Street bzw. der Morgan-Rockefeller-Komplex, der am 120 Broadway und in der 14 Wall Street vertreten ist, wollte etwas, das dem Argument von

---

²⁵³ Ibid.

²⁵⁴ USA, Senat, *Bolschewistische Propaganda*, Anhörungen vor einem Unterausschuss des Justizausschusses, 65 Cong., S. 679-80. Siehe auch S. 107 zu Williams' Rolle in Radeks Pressebüro.

Williams sehr nahe kommt. Die Wall Street kämpfte in Washington für die Bolschewiki. Er hatte Erfolg. Das totalitäre Sowjetregime überlebte. In den 1930er Jahren bauten ausländische Unternehmen, hauptsächlich aus der Morgan-Rockefeller-Gruppe, die Fünfjahrespläne. Sie bauten Russland weiter auf, sowohl wirtschaftlich als auch militärisch.[255] Andererseits sah die Wall Street wahrscheinlich nicht den Koreakrieg und den Vietnamkrieg voraus - in denen 100.000 Amerikaner und unzählige Verbündete ihr Leben durch sowjetische Waffen verloren, die mit eben dieser importierten amerikanischen Technologie gebaut worden waren. Was für eine Wall-Street-Gewerkschaft wie eine weitsichtige und zweifellos profitable Politik aussah, wurde für Millionen von Menschen außerhalb des elitären Machtzirkels und der herrschenden Klasse zu einem Albtraum.

---

[255] Siehe Antony C. Sutton, *Western Technology and Soviet Economic Development*, 3 Bde. (Stanford, Kalifornien: Hoover Institution, 1968, 1971, 1973); siehe auch *National Suicide: Military Aid to the Soviet Union* (New York: Arlington House, 1973).

ANHANG I

DIREKTOREN DER IN DIESEM BUCH ERWÄHNTEN GROßEN BANKEN, UNTERNEHMEN UND INSTITUTIONEN (IN DEN JAHREN 1917-1918)

AMERICAN INTERNATIONAL CORPORATION (120 Broadway)

J. Ogden Rüstung
G. J. Baldwin
C. A. Sarg
W. E. Corey
Robert Dollar
Pierre S. du Pont
Philip A. S. Franklin
J. P. Grace
R. F. Herrick
Otto H. Kahn
H. W. Pritchett

Percy A. Rockefeller
John D. Ryan
W.L. Saunders
J.A. Stillman
C.A. Stone
T.N. Vail
F.A. Vanderlip
E.S. Webster
A.H. Wiggin
Beckman Winthrop
William Woodward

CHASE NATIONAL BANK

J. N. Hill
A. B. Hepburn
S. H. Miller
C. M. Schwab
H. Bendicott
Guy E. Tripp

Newcomb Carlton
D.C. Jackling
E.R. Tinker
A.H. Wiggin
John J. Mitchell

EQUITABLE TRUST COMPANY (37-43 Wall Street)

Charles B. Alexander
Albert B. Boardman
Robert.C. Clowry
Howard E. Cole
Henry E. Cooper
Paul D. Cravath Hunter
Franklin Wm. Cutcheon
Bertram Cutler
Thomas de Witt Cuyler
Frederick W. Fuller

Henry E. Huntington
Edward T. Jeffrey
Otto H. Kahn
Alvin W. Krech
James W. Lane
S. Marston
Charles G. Meyer
George Welwood Murray
Henry H. Pierce
Winslow S. Pierce

Robert Goelet
Carl R. Gray
Charles Hayden
Bertram G. Work

Lyman Rhoades
Walter C. Teagle
Henry Rogers Winthrop

BUNDESBEIRAT (1916)

Daniel G. Wing, Boston, Distrikt 1
J. P. Morgan, New York, Bezirk Nr. 2
Levi L. Straße, Philadelphia, Bezirk 3
W. S. Rowe, Cincinnati, Bezirk Nr. 4
J. W. Norwood, Greenville, S.C., Distrikt Nr. 5
C. A. Lyerly, Chattanooga, Distrikt Nr. 6
J. B. Forgan, Chicago, Vorsitzender, Distrikt 7
Frank O. Watts, St. Louis, Distrikt 8
C. T. Jaffray, Minneapolis, Bezirk Nr. 9
E. F. Swinney, Kansas City, Distrikt Nr. 10
T. J. Record, Paris, Distrikt Nr. 11
Herbert Fleishhacker, San Francisco, Distrikt Nr. 12

FEDERAL RESERVE BANK OF NEW YORK (120 Broadway)

William Woodward (1917)
Robert H. Treman (1918)   A-Klasse
Franklin D. Locke (1919)

Charles A. Stone (1920)
Wm. B. Thompson (1918)   Klasse B
L. R. Palmer (1919)

Pierre Jay (1917)
George F. Peabody (1919)   Klasse C
William Lawrence Saunders (1920)

FEDERAL RESERVE BOARD

William G. M'Adoo
Charles S. Hamlin (1916)
Paul M. Warburg (1918)
John Skelton Williams

Adolf C. Miller (1924)
Frederic A. Delano (1920)
W.P.G. Harding (1922)

GUARANTY TRUST COMPANY (140 Broadway)

Alexander J. Hemphill (Vorsitzender)
Charles H. Allen
A. C. Bedford Grayson
Edward J. Berwind
W. Murray Crane
T. de Witt Cuyler
James B. Duke
Caleb C. Dula
Robert W. Goelet

Edgar L. Marston
M-P Murphy
Charles A. Peabody
William C. Potter
John S. Runnells
Thomas F. Ryan
Charles H. Sabin
John W. Spoor

Daniel Guggenheim
W. Averell Harriman
Albert H. Harris
Walter D. Hines
Augustus D. Julliard
Thomas W. Lamont
William C. Lane

Albert Straus
Harry P. Whitney
Thomas E. Wilson
Londoner Komitee:
Arthur J. Fraser (Vorsitzender)
Cecil F. Parr
Robert Callander

NATIONAL CITY BANK

P. A. S. Franklin
J.P. Grace
G. H. Dodge
H. A. C. Taylor
R. S. Lovett
F. A. Vanderlip
G. H. Miniken
E. P. Swenson
Frank Trumbull
Edgar Palmer

P.A. Rockefeller
James Stillman
W. Rockefeller
J. O. Rüstung
J.W. Sterling
J.A. Stillman
M.T. Pyne
E.D. Bapst
J.H. Post
W.C. Procter

NATIONALBANK FÜR DEUTSCHLAND

(Wie schon 1914 wurde sie 1918 von Hjalmar Schacht aufgenommen)

Emil Wittenberg
Hjalmar Schacht
Martin Schiff
Franz Rintelen

Hans Winterfeldt
Th Marba
Paul Koch

SINCLAIR CONSOLIDATED OIL CORPORATION (120 Broadway)

Harry F. Sinclair
H. P. Whitney
Wm. E. Corey
Wm. B. Thompson

James N. Wallace
Edward H. Clark
Daniel C. Jackling
Albert H. Wiggin

J. G. WHITE ENGINEERING CORPORATION

James Brown
Douglas Campbell
G. C. Clark, Jr.
Bayard Dominick, Jr.
A. G. Hodenpyl
T. W. Lamont
Marion McMillan
J. H. Pardee
G. H. Walbridge
E. N. Chilson
A. N. Connett

C.E. Bailey
J.G. White
Gano Dunn
E.G. Williams
A.S. Crane
H.A. Lardner
G.H. Kinniat
A.F. Kountz
R.B. Marchant
Henry Parsons

Anhang II

Die jüdische Verschwörungstheorie der bolschewistischen Revolution

Is gibt eine umfangreiche Literatur in englischer, französischer und deutscher Sprache, die das Argument widerspiegelt, die bolschewistische Revolution sei das Ergebnis einer "jüdischen Verschwörung"; genauer gesagt, einer Verschwörung der jüdischen Weltbankiers. Im Allgemeinen wird die Kontrolle der Welt als das ultimative Ziel angesehen; die bolschewistische Revolution war nur eine Phase in einem größeren Programm, das angeblich einen jahrhundertealten religiösen Kampf zwischen dem Christentum und den "Kräften der Finsternis" widerspiegelt.

Das Argument und seine Varianten lassen sich an den überraschendsten Stellen und bei völlig unterschiedlichen Personen finden. Im Februar 1920 schrieb Winston Churchill einen - heute nur noch selten zitierten - Artikel für den *London Illustrated Sunday Herald* mit dem Titel "Zionismus gegen Bolschewismus". In diesem Artikel kam Churchill zu dem Schluss, dass es "besonders wichtig ... ist, dass die nationalen Juden jedes Landes, die ihrer Wahlheimat treu ergeben sind, bei jeder Gelegenheit ... in Erscheinung treten ... und eine wichtige Rolle bei allen Maßnahmen zur Bekämpfung der bolschewistischen Verschwörung übernehmen". Churchill zieht eine Linie zwischen den "nationalen Juden" und den von ihm so genannten "internationalen Juden". Er argumentiert, dass die "meist atheistischen internationalen Juden" sicherlich eine "sehr große" Rolle bei der Entstehung des Bolschewismus und beim Zustandekommen der russischen Revolution gespielt haben. Er behauptet (im Gegensatz zur Realität), dass mit Ausnahme von Lenin "die Mehrheit" der Führungsfiguren der Revolution Juden waren, und fügt (ebenfalls im Gegensatz zur Realität) hinzu, dass in vielen Fällen jüdische Interessen und jüdische Kultstätten von den Bolschewiki von ihrer Beschlagnahmepolitik ausgenommen wurden. Churchill nennt die internationalen Juden eine "finstere Konföderation", die aus den verfolgten Bevölkerungen der Länder hervorgegangen ist, in denen Juden aufgrund ihrer Rasse gemartert wurden. Winston Churchill führt diese Bewegung auf Spartacus-Weishaupt zurück, setzt sie mit Trotzki, Bela Kun, Rosa Luxemburg und Emma Goldman fort und erhebt Anklage: "Diese Weltverschwörung zum Umsturz der Zivilisation und zur Neugründung der Gesellschaft auf der Grundlage einer gestoppten Entwicklung, neidischer Bosheit und unmöglicher Gleichheit hat sich unaufhörlich ausgebreitet".

Churchill argumentiert dann, dass diese verschworene Gruppe um Spartacus-Weishaupt die treibende Kraft hinter allen subversiven Bewegungen des 19Jahrhunderts war. Während Churchill betont, dass der Zionismus und der Bolschewismus um die Seele des jüdischen Volkes konkurrieren, beschäftigt er sich (1920) mit der Rolle des Juden in der bolschewistischen Revolution und mit der Existenz einer jüdischen Weltverschwörung.

Ein weiterer bekannter Autor der 1920er Jahre war Henry Wickham Steed, der im zweiten Band seines Buches *Through 30 Years 1892-1922* (S. 302) beschreibt, wie er versuchte, Colonel Edward M. House und Präsident Woodrow Wilson auf das Konzept der jüdischen Verschwörung aufmerksam zu machen. An einem Tag im März 1919 rief Wickham Steed Oberst House an und fand ihn durch Steeds jüngste Kritik an der Anerkennung der Bolschewiki durch die Vereinigten Staaten beunruhigt. Steed wies House darauf hin, dass Wilson bei den vielen Völkern und Nationen Europas in Verruf geraten würde, und "betonte, dass ohne sein Wissen die Hauptakteure Jacob Schiff, Warburg und andere internationale Finanziers waren, die vor allem die jüdischen Bolschewiken unterstützen wollten, um den Boden für die deutsche und jüdische Ausbeutung Russlands zu sichern".[256] Laut Steed setzte sich Colonel House für die Aufnahme von Wirtschaftsbeziehungen mit der Sowjetunion ein.

Die auf den ersten Blick wohl überwältigendste Sammlung von Dokumenten über die jüdische Verschwörung findet sich in der Dezimaldatei des Außenministeriums (861.00/5339). Das zentrale Dokument ist das Dokument mit dem Titel "Bolschewismus und Judentum", das auf den 13. November 1918 datiert ist. Darin heißt es, die Revolution in Russland sei "im Februar 1916" konzipiert worden und "es wurde festgestellt, dass die folgenden Personen und Unternehmen an dieser zerstörerischen Arbeit beteiligt waren":

(1) Jacob Schiff	Jude
(2) Kuhn, Loeb & Company	Jüdisches Unternehmen
Verwaltung: Jacob Schiff	Jude
Felix Warburg	Jude
Otto H. Kahn	Jude
Mortimer L. Schiff	Jude
Jerome J. Hanauer	Jude
(3) Guggenheim	Jüdisch
(4) Max Breitung	Jude
(5) Isaac Seligman	Jude

Weiter heißt es in dem Bericht, es bestehe kein Zweifel daran, dass die russische Revolution von dieser Gruppe initiiert und konzipiert worden sei und dass im April 1917

> Jacob Schiff machte eine öffentliche Ankündigung und es war seinem finanziellen Einfluss zu verdanken, dass die russische Revolution erfolgreich vollzogen wurde.

---

[256] Siehe Anhang 3 für Schiffs tatsächliche Rolle.

Im Frühjahr 1917 begann Jacob Schiff, den Juden Trotzki zu finanzieren, um eine soziale Revolution in Russland zu erreichen.

Der Bericht enthält weitere verschiedene Informationen über die Finanzierung Trotzkis durch Max Warburg, die Rolle der Gewerkschaft in Rheinland-Westfalen und Olof Aschberg von der Nya Banken (Stockholm) mit Schiwotowski. Der anonyme Autor (der eigentlich beim amerikanischen War Trade Board angestellt war) [257]behauptet, dass die Verbindungen zwischen diesen Organisationen und ihre Finanzierung der bolschewistischen Revolution zeigen, wie "die Verbindung zwischen den jüdischen Multimillionären und den jüdischen Proletariern geschmiedet wurde". Der Bericht listet dann eine große Anzahl von Bolschewiki auf, die ebenfalls Juden waren, und beschreibt dann die Aktionen von Paul Warburg, Judas Magnes, Kuhn, Loeb & Company und Speyer & Company.

Der Bericht endet mit einer Spitze gegen "das internationale Judentum" und stellt das Argument in den Kontext eines jüdisch-christlichen Konflikts, der durch Zitate aus den Protokollen der Weisen von Zion untermauert wird. Der Bericht wird von einer Reihe von Kabeln zwischen dem Außenministerium in Washington und der US-Botschaft in London begleitet, in denen es darum geht, was mit diesen Dokumenten zu tun ist:[258]

> 5399 Großbritannien, TEL. 3253 13 Uhr; 16. Oktober 1919 In der vertraulichen Akte Secret for Winslow von Wright. Finanzielle Unterstützung des Bolschewismus und der bolschewistischen Revolution in Russland durch prominente amerikanische Juden: Jacob Schiff, Felix Warburg, Otto Kahn, Mendell Schiff, Jerome Hanauer, Max Breitung und einer der Guggenheims. Dokument aus französischer Quelle im Besitz der britischen Polizeibehörden. Bittet um Bestätigung der Fakten.
>
> * * * * *
>
> 17. Oktober Großbritannien TEL. 6084, midi r c-h 5399 Top secret. Wright für Winslow. Finanzielle Unterstützung der bolschewistischen Revolution in Russland durch prominente Juden aus Amerika. Keine Beweise, aber Untersuchung. Bitte an die britischen Behörden, die Veröffentlichung zumindest bis zum Eingang des Dokuments beim Außenministerium auszusetzen.
>
> * * * * *
>
> 28. November Großbritannien TEL. 6223 R 5 pro. 5399
> FÜR WRIGHT. Dokument über die finanzielle Unterstützung der Bolschewiken durch prominente amerikanische Juden. Berichte - identifiziert als französische Übersetzung einer Erklärung, die ursprünglich von einem russischen Bürger in

---

[257] Der anonyme Autor war ein Russe, der beim U.S. War Trade Board angestellt war. Einer der drei Direktoren des U.S. War Trade Board zu dieser Zeit war John Foster Dulles.

[258] Dezimaldatei des US-Außenministeriums, 861.00/5399.

Amerika auf Englisch verfasst wurde etc. Scheint unklug, auch nur die geringste Werbung zu machen.

Es wurde vereinbart, dieses Material zu entfernen, und die Akten kommen zu dem Schluss: "Ich denke, wir müssen das Ganze vertuschen".

Ein weiteres Dokument mit dem Vermerk "Top Secret" liegt diesem Materialpaket bei. Die Herkunft dieses Dokuments ist unbekannt; es könnte sich um ein Dokument des FBI oder des militärischen Geheimdienstes handeln. Es untersucht eine Übersetzung der Protokolle der Versammlungen der Weisen von Zion und kommt zu dem Schluss:

> In diesem Zusammenhang wurde ein Brief an Herrn W. geschickt, dem ein Memorandum von uns über bestimmte Informationen des amerikanischen Militärattachés beigefügt war, wonach die britischen Behörden Briefe verschiedener Gruppen internationaler Juden abgefangen hatten, in denen ein Plan zur Erlangung der Weltherrschaft dargelegt wurde. Kopien dieser Dokumente wären für uns sehr hilfreich.

Diese Information war offenbar ausgearbeitet worden, und ein späterer Bericht des britischen Geheimdienstes erhebt den kategorischen Vorwurf:

> ZUSAMMENFASSUNG: Es ist nunmehr eindeutig erwiesen, dass der Bolschewismus eine internationale Bewegung ist, die von Juden kontrolliert wird; zwischen den Führern in Amerika, Frankreich, Russland und England wird kommuniziert, um eine konzertierte Aktion zu planen.[259]

Keine der oben genannten Aussagen kann jedoch durch solide empirische Beweise gestützt werden. Die bedeutsamste Information ist in dem Absatz enthalten, dass die britischen Behörden "abgefangene Briefe von verschiedenen Gruppen internationaler Juden, in denen ein Plan für die Weltherrschaft dargelegt wird", besaßen. Wenn solche Briefe tatsächlich existieren, dann würden sie eine Begründung (oder auch nicht) für eine derzeit unbegründete Hypothese liefern: nämlich dass die bolschewistische Revolution und andere Revolutionen das Werk einer jüdischen Weltverschwörung sind.

Wenn Aussagen und Behauptungen nicht durch handfeste Beweise untermauert werden und wenn Versuche, handfeste Beweise aufzuspüren, im Kreis zum Ausgangspunkt zurückführen - insbesondere wenn jeder jeden zitiert - müssen wir die Geschichte als irreführend zurückweisen. *Es gibt keine konkreten Beweise dafür, dass Juden in die bolschewistische Revolution verwickelt waren, weil sie Juden waren.* Es mag in der Tat sein, dass ein größerer Anteil von Juden beteiligt war, aber was hätten wir angesichts der zaristischen Behandlung der Juden sonst erwarten sollen? Wahrscheinlich gab es in der Amerikanischen Revolution viele Engländer oder Menschen englischer Abstammung, die gegen

---

[259] Großbritannien, Directorate of Intelligence, *A Monthly Review of the Progress of Revolutionary Movements Abroad*, Nr. 9, 16. Juli 1913 (861.99/5067).

die Rotröcke kämpften. Was ist damit? Macht das die Amerikanische Revolution zu einer englischen Verschwörung? Winston Churchills Behauptung, Juden hätten eine "sehr große Rolle" in der bolschewistischen Revolution gespielt, wird nur durch verzerrte Beweise gestützt. Die Liste der an der bolschewistischen Revolution beteiligten Juden muss gegen die Listen der an der Revolution beteiligten Nichtjuden abgewogen werden. Wenn dieser wissenschaftliche Ansatz verfolgt wird, sinkt der Anteil der beteiligten ausländischen bolschewistischen Juden auf weniger als zwanzig Prozent der Gesamtzahl der Revolutionäre - und diese Juden wurden in den folgenden Jahren größtenteils deportiert, ermordet oder nach Sibirien geschickt. Das moderne Russland behielt tatsächlich einen Antisemitismus zaristischer Prägung bei.

Bezeichnenderweise bestätigen Dokumente in den Akten des Außenministeriums, dass der Investmentbanker Jacob Schiff, der oft als Geldquelle für die bolschewistische Revolution genannt wird, in Wirklichkeit gegen die Unterstützung des bolschewistischen Regimes war.[260] Diese Position stand, wie wir sehen werden, in direktem Widerspruch zur Förderung der Bolschewiken durch Morgan-Rockefeller.

Die Hartnäckigkeit, mit der der Mythos der jüdischen Verschwörung vorangetrieben wurde, legt nahe, dass es sich hierbei um eine bewusste Maßnahme handeln könnte, um von den wahren Problemen und Ursachen abzulenken. Die in diesem Buch vorgelegten Beweise legen nahe, dass New Yorker Bankiers, die auch Juden waren, relativ unbedeutende Rollen bei der Unterstützung der Bolschewiki spielten, während New Yorker Bankiers, die auch Nichtjuden waren (Morgan, Rockefeller, Thompson), bedeutende Rollen spielten.

Gibt es eine bessere Möglichkeit, von den *eigentlichen* Betreibern abzulenken, als den mittelalterlichen Schwarzen Mann des Antisemitismus einzusetzen?

---

[260] Siehe Anhang 3.

ANHANG III

AUSGEWÄHLTE DOKUMENTE AUS DEN REGIERUNGSARCHIVEN DER USA UND GROßBRITANNIENS

Anmerkung: Manche Dokumente enthalten mehrere Papiere, die eine verwandte Gruppe bilden.

DOKUMENT NR. 1 Kabel des Botschafters Francis in Petrograd an das US-Außenministerium und entsprechendes Schreiben des Außenministers Robert Lansing an Präsident Woodrow Wilson (17. März 1917)

DOKUMENT NR. 2 Dokument des britischen Foreign Office (Oktober 1917), in dem behauptet wird, dass Kerenski im Sold der deutschen Regierung stand und den Bolschewiki half

DOKUMENT NR. 3 Jacob Schiff von Kuhn, Loeb & Company und seine Haltung zum Kerenski- und Bolschewiki-Regime (November 1918)

DOKUMENT NR. 4 Memorandum von William Boyce Thompson, Direktor der Federal Reserve Bank of New York, an den britischen Premierminister David Lloyd George (Dezember 1917)

DOKUMENT NR. 5 Brief von Felix Frankfurter an den sowjetischen Agenten Santeri Nuorteva (9. Mai 1918)

DOKUMENT NR. 6 Personal des Sowjetbüros, New York, 1920; Liste aus den Akten des Lusk-Komitees des Staates New York

DOKUMENT NR. 7 Brief der National City Bank an das US-Finanzministerium, der sich auf Ludwig Martens und Dr. Julius Hammer bezieht (15. April 1919)

DOKUMENT NR. 8 Brief des sowjetischen Agenten William (Bill) Bobroff an Kenneth Durant (3. August 1920)

DOKUMENT NR. 9 Memo mit Verweis auf ein Mitglied der Firma J. P. Morgan und den britischen Propagandaleiter Lord Northcliffe (13. April 1918)

DOKUMENT NR. 10 Memo des US-Außenministeriums (29. Mai 1922) über General Electric Co.

DOKUMENT NR. 1

Kabel des Botschafters Francis in Petrograd an das Außenministerium in Washington, D.C., vom 14. März 1917, das über die erste Phase der Russischen Revolution berichtet (861.00/273).

> Petrograd 14. März 1917, 15Geburtstag, 2.30 Uhr.
> Staatssekretärin, Washington
> 1287. Es ist nicht möglich, ein Kabelgramm von der 11 zu senden. Die Revolutionäre haben die absolute Kontrolle in Petrograd und bemühen sich sehr, die Ordnung aufrechtzuerhalten, was bis auf wenige Fälle gelingt. Keine Telegramme seit Ihrem 1251 vom 9., eingegangen am 11. März. Die provisorische Regierung hat sich unter der Autorität der Duma organisiert, die sich geweigert hat, dem Vertagungsbefehl des Kaisers zu gehorchen. Rodzianko, der Vorsitzende der Duma, erteilte Befehle unter seiner eigenen Unterschrift. Das Ministerium soll zurückgetreten sein. Die gefundenen Minister werden vor die Duma geführt, ebenso wie zahlreiche russische Offiziere und andere hohe Beamte. Die meisten, wenn nicht alle in Petrograd befohlenen Regimenter schlossen sich nach ihrer Ankunft den Revolutionären an. Die amerikanische Kolonie ist sicher. Keine Kenntnis von Verletzungen amerikanischer Staatsbürger.
> FRANCIS,
> Amerikanischer Botschafter

Nach Erhalt des vorherigen Kabels stellte Staatssekretär Robert Lansing dessen Inhalt Präsident Wilson zur Verfügung (861.00/273):

> PERSÖNLICH UND VERTRAULICH
> Mein lieber Herr Präsident:
> Ich lege Ihnen ein sehr wichtiges Telegramm bei, das soeben aus Petrograd eingetroffen ist, sowie einen Zeitungsausschnitt aus der New York WORLD von heute Morgen, in dem sich eine Erklärung von Signor Scialoia, Minister ohne Geschäftsbereich im italienischen Kabinett, befindet, die angesichts des Berichts von Herrn Francis bedeutsam ist. Mein eigener Eindruck ist, dass die Alliierten über diesen Fall Bescheid wissen und ich nehme an, dass sie den Revolutionären wohlgesonnen sind, da die Hofpartei während des gesamten Krieges insgeheim pro-deutsch war.
> In Treue zu Ihnen, ROBERT LANSING
> Anhang: Der Präsident, das Weiße Haus

KOMMENTAR

Der bezeichnende Satz in Lansing-Wilsons Brief lautet: "Mein eigener Eindruck ist, dass die Alliierten von dieser Angelegenheit wissen, und ich nehme an, dass sie den Revolutionären wohlgesonnen sind, da die Hofpartei während des gesamten Krieges insgeheim pro-deutsch gewesen ist". Wir erinnern uns (Kapitel zwei): Botschafter Dodd behauptete, dass Charles R. Crane, von Westinghouse und der Crane Co. in New York und Berater von Präsident Wilson, in diese erste Revolution verwickelt war.

DOKUMENT NR. 2

Memorandum des britischen Außenministeriums, Akte FO 371/ 2999 (Der Krieg - Russland), 23. Oktober 1917, Aktennr. 3743.

> DOKUMENT
> Persönlich (und) geheim.
> Aus verschiedenen Quellen haben uns beunruhigende Gerüchte erreicht, dass Kerenski im Sold Deutschlands steht und dass er und seine Regierung alles daran setzen, Russland zu schwächen (und) desorganisieren, um eine Situation zu erreichen, in der mehr als ein Separatfrieden nicht mehr möglich ist. Sind Sie der Ansicht, dass es ein Motiv für solche Unterstellungen gibt und dass die Regierung durch die Unterlassung wirksamer Maßnahmen absichtlich zulässt, dass bolschewistische Elemente stärker werden?
> Wenn es um Korruption ginge, könnten wir wettbewerbsfähig sein, wenn wir wüssten, wie und durch welche Agenten dies geschehen könnte, obwohl das kein angenehmer Gedanke ist.

KOMMENTAR
Bezieht sich auf die Information, dass Kerenski von Deutschland finanziert wurde.

DOKUMENT NR. 3

Es besteht aus vier Teilen:

(a) Kabel von Botschafter Francis am 27. April 1917 in Petrograd nach Washington, D.C., mit der Bitte um Übermittlung einer Nachricht von prominenten russisch-jüdischen Bankiers an prominente jüdische Bankiers in New York mit der Bitte um Zeichnung des Kerensky Liberty Loan (861.51/139).
(b) Antwort von Louis Marshall (10. Mai 1917), der die amerikanischen Juden vertritt; er lehnt die Einladung ab, drückt aber seine Unterstützung für den American Liberty Loan aus (861.51/143).
(c) Brief von Jacob Schiff von Kuhn, Loeb (25. November 1918) an das Außenministerium (M. Polk), in dem eine Botschaft des russisch-jüdischen Bankiers Kamenka weitergeleitet wird, in der er die Alliierten um Hilfe *gegen* die Bolschewiki bittet ("weil die bolschewistische Regierung das russische Volk nicht repräsentiert").
(d) Kamenkas Kabel von Jacob Schiff weitergeleitet.

> DOKUMENTE
> (a) Außenminister in Washington.
> 1229, siebenundzwanzigste.
> Bitte übergeben Sie Jacob Schiff, Richter Brandies [sic], Professor Gottheil, Oscar Strauss [sic], Rabbi Wise, Louis Marshall und Morgenthau die folgenden Dokumente:
> "Wir russischen Juden haben immer geglaubt, dass die Befreiung Russlands auch unsere Befreiung bedeutete. Da wir unserem Land zutiefst ergeben sind, haben wir implizit Vertrauen in die provisorische Regierung gesetzt. Wir wissen, dass Russlands unbegrenzte Wirtschaftskraft und seine immensen natürlichen Ressourcen sowie die von uns erlangte Emanzipation es uns ermöglichen werden, an der Entwicklung des Landes teilzuhaben. Wir glauben fest daran, dass das

siegreiche Ende des Krieges dank der Hilfe unserer Verbündeten und der Vereinigten Staaten in greifbare Nähe gerückt ist.

Die vorläufige Regierung gibt nun einen neuen öffentlichen Kredit aus und wir sind der Ansicht, dass unser Kredit zur Unterstützung der nationalen Pflicht für den Krieg und die Freiheit höchst lebenswichtig ist. Wir sind sicher, dass Russland über eine unerschütterliche Macht des öffentlichen Kredits verfügt und eine notwendige finanzielle Belastung leicht tragen wird. Wir haben ein spezielles Komitee russischer Juden für das Unterstützungsdarlehen gebildet, das sich aus Vertretern der Finanz-, Industrie- und Handelskreise und führenden Männern des öffentlichen Lebens zusammensetzt.

Wir informieren Sie hier und bitten unsere Brüder jenseits der Meere, die Freiheit Russlands zu unterstützen, die zu einer Angelegenheit der Menschheit und der Weltzivilisation geworden ist. Wir schlagen vor, dass Sie ein Sonderkomitee bilden und uns über die Maßnahmen informieren, die Sie ergreifen können, um das Freiheitsdarlehen des jüdischen Komitees zu unterstützen. Boris Kamenka, Vorsitzender, Baron Alexander Gunzburg, Henry Silosberg".

FRANCIS

* * * * *

(b) Herr Sekretär:
Nachdem wir unseren Teilhabern das Ergebnis der Unterredung, die Sie Herrn Morgenthau, Herrn Straus und mir freundlicherweise gewährt haben, über die Zweckmäßigkeit berichtet haben, Zeichnungen für das russische Freiheitsdarlehen zu erbitten, wie es in dem Telegramm des Barons von Gunzburg und der Herren Kamenka und Silosberg aus Petrograd, das Sie uns kürzlich übermittelt haben, gefordert wird, sind wir zu dem Schluss gekommen, streng auf Ihren Rat zu handeln. Vor einigen Tagen haben wir unseren Freunden in Petrograd eine schnelle Antwort auf ihren Hilferuf versprochen. Wir wären Ihnen daher sehr dankbar, wenn Sie uns das folgende Telegramm zukommen lassen würden, vorausgesetzt, Sie stimmen den Bedingungen zu:

"*Boris Kamenka,*
Bank Don Azov, Petrograd.
Unser Außenministerium, das wir konsultiert haben, ist der Ansicht, dass jeder gegenwärtige Versuch, hier öffentliche Zeichnungen für jedes ausländische Darlehen zu garantieren, nicht ratsam ist; die Konzentration aller Bemühungen auf den Erfolg der amerikanischen Kriegsanleihen ist von entscheidender Bedeutung, wodurch unsere Regierung in die Lage versetzt wird, ihren Verbündeten Gelder zu niedrigeren Zinssätzen zur Verfügung zu stellen, als dies sonst möglich wäre. Unsere Energien, um der russischen Sache so effektiv wie möglich zu helfen, müssen daher zwangsläufig darauf gerichtet sein, die Zeichnungen für den amerikanischen Liberty Loan zu fördern. Schiff, Marshall, Straus, Morgenthau, Wise, Gonheil".

Es steht Ihnen natürlich frei, an der Phraseologie dieses vorgeschlagenen Kabelogramms jede Änderung vorzunehmen, die Sie für wünschenswert halten und die darauf hinweist, dass unsere Unfähigkeit, direkt auf die an uns gerichtete Anfrage zu reagieren, auf unser Bestreben zurückzuführen ist, unsere Aktivitäten effizienter zu gestalten.

Darf ich Sie bitten, mir eine Kopie des Kabelgramms, wie es übermittelt wurde, zusammen mit einer Kostenaufstellung zu schicken, damit das Ministerium die Kosten schnell zurückerstattet bekommt.

Ich bin, mit größtem Respekt, treu Ihr, [sgd.] Louis Marshall. Der Staatssekretär in Washington, D.C.

* * * * *

(c) Lieber Herr Polk:
Erlauben Sie mir, Ihnen eine Kopie eines Telegramms zu schicken, das ich heute Morgen erhalten habe und das aus Gründen der Regelmäßigkeit meiner Meinung nach dem Staatssekretär oder Ihnen zur Kenntnis gebracht werden sollte, für jede Erwägung, die man für nützlich halten könnte.
Herr Kamenka, der Absender dieses Telegramms, ist einer der einflussreichsten Männer Russlands und war, wie mir gesagt wurde, Finanzberater der Regierung von Prinz Lvoff und der Kerenski-Regierung. Er ist Präsident der Asowschen Don-Handelsbank in Petrograd, eines der wichtigsten Finanzinstitute Russlands, musste Russland aber vermutlich mit dem Aufstieg Lenins und seiner "Genossen" verlassen.
Lassen Sie mich diese Gelegenheit nutzen, um Sie und Frau Polk aufrichtig zu grüßen und der Hoffnung Ausdruck zu verleihen, dass Sie wieder völlig gesund sind und dass es Frau Polk und den Kindern gut geht.

In Treue zu Ihnen, Jacob H. Schiff
M. Frank L. Polk Berater des Außenministeriums Washington, D.C.
MM-Encl. [Datiert vom 25. November 1918].

* * * * *

(d) Übersetzen:
Der vollständige Triumph der Freiheit und des Rechts bietet mir eine weitere Gelegenheit, Ihnen meine tiefe Bewunderung für die edle amerikanische Nation zu wiederholen. Ich hoffe nun auf rasche Fortschritte seitens der Alliierten, um Russland bei der Wiederherstellung der Ordnung zu unterstützen. Ich mache Sie auch auf die dringende Notwendigkeit aufmerksam, in der Ukraine die feindlichen Truppen auf ihrem Rückzug zu ersetzen, um bolschewistische Verwüstungen zu verhindern. Ein freundliches Eingreifen der Alliierten würde überall mit Begeisterung aufgenommen und als demokratische Handlung betrachtet werden, da die bolschewistische Regierung nicht das russische Volk vertritt. Ich schrieb Ihnen am 19. September. Herzliche Grüße.

Kamenka

KOMMENTAR

Dies ist eine wichtige Serie, da sie die Geschichte einer jüdischen Bankenverschwörung hinter der bolschewistischen Revolution widerlegt. Es ist klar, dass Kuhns Jacob Schiff, Loeb nicht daran interessiert war, Kerenskis Freiheitsdarlehen zu unterstützen, und Schiff machte sich die Mühe, die Aufmerksamkeit des Außenministeriums auf Kamenkas Plädoyer für eine alliierte Intervention gegen die Bolschewiki zu lenken. Offensichtlich waren Schiff und sein Bankierskollege Kamenka im Gegensatz zu J.P. Morgan und John D. Rockefeller mit den Bolschewiki genauso unzufrieden wie sie es mit den Zaren gewesen waren.

DOKUMENT NR. 4

Beschreibung

Memorandum von William Boyce Thompson (Direktor der Federal Reserve Bank of New York) an Lloyd George (Premierminister von Großbritannien), Dezember 1917.

ZUERST:

Die russische Situation ist verloren und Russland steht der deutschen Ausbeutung ohne Widerstand völlig offen, sofern die Alliierten nicht sofort eine radikale Kehrtwende in ihrer Politik einleiten.

ZWEITENS:

Aufgrund ihrer kurzsichtigen Diplomatie haben die Alliierten seit der Revolution nichts Nützliches erreicht und ihren eigenen Interessen sehr geschadet.

DRITTENS:

Die alliierten Vertreter in Petrograd verstanden den Wunsch des russischen Volkes nach Demokratie nicht mit Sympathie. Unsere Vertreter waren zunächst offiziell mit dem Zarenregime verbunden. Natürlich wurden sie von diesem Umfeld beeinflusst.

4:

Andererseits haben die Deutschen eine Propaganda betrieben, die ihnen zweifellos materiell dabei geholfen hat, die Regierung zu zerstören, die Armee zu zerschlagen und Handel und Industrie zu vernichten. Wenn dies ohne Widerstand weitergeht, kann dies zur vollständigen Ausbeutung des großen Landes durch Deutschland gegen die Alliierten führen.

FÜNFTENS:

Ich stütze meine Meinung auf ein sorgfältiges und intimes Studium der Situation sowohl außerhalb als auch innerhalb der offiziellen Kreise während meines Aufenthalts in Petrograd zwischen dem 7. August und dem 29. November 1917.

6:

"Was kann getan werden, um die Situation der Alliierten in Russland zu verbessern"?

Das diplomatische Personal, sowohl das britische als auch das amerikanische, sollte in demokratisch gesinnte Menschen umgewandelt werden, die in der Lage sind, demokratische Bestrebungen zu unterstützen.

Es sollte ein starkes inoffizielles Komitee mit Sitz in Petrograd eingerichtet werden, um sozusagen im Hintergrund zu arbeiten, dessen Einfluss auf die Politik von den DIPLOMATISCHEN, KONSULARISCHEN und MILITÄRISCHEN Verantwortlichen der Alliierten anerkannt und akzeptiert würde. Dieser Ausschuss sollte personell so besetzt sein, dass er mit weitreichenden Ermessensbefugnissen ausgestattet werden könnte. Der Ausschuss würde wahrscheinlich über verschiedene Kanäle arbeiten, deren Natur sich im Laufe der Arbeit herausstellen wird. Er würde darauf abzielen, auf alle neuen Bedingungen zu reagieren, die sich ergeben könnten.

SEPTEMBER:

Es ist nun unmöglich, den Aufgabenbereich dieses neuen Alliiertenkomitees vollständig zu definieren. Ich kann vielleicht dazu beitragen, seinen möglichen Nutzen und Dienst besser zu verstehen, indem ich kurz auf die Arbeit verweise, die ich begonnen habe und die nun in den Händen von Raymond Robins liegt, der mit Oberst Buchan gut bekannt ist - eine Arbeit, die in Zukunft zweifellos etwas verändert und ergänzt werden muss, um neuen Bedingungen gerecht zu werden. Meine Arbeit wurde hauptsächlich von einem russischen "Komitee für staatsbürgerliche Erziehung" durchgeführt, das von Madame Breschkowsky, der Großmutter der Revolution, unterstützt wurde. Sie wurde unterstützt von Dr. David Soskice, dem Privatsekretär des damaligen Premierministers Kerenski (heute in London), von Nikolaus Basil Tschaikowski, der eine Zeit lang Vorsitzender der Genossenschaft der Bauern war, und von anderen wichtigen Sozialrevolutionären, die das rettende Element der Demokratie zwischen dem äußersten "rechten" Teil der offiziellen und besitzenden Klasse und dem äußersten "linken" Teil, der die radikalsten Elemente der sozialistischen Parteien verkörperte, bildeten. Das Ziel dieser Kommission, das in einer telegrafischen Nachricht von Frau Breschkowski an Präsident Wilson dargelegt wurde, lässt sich aus folgendem Zitat ableiten: "Eine allgemeine Bildung ist notwendig, um aus Russland eine geordnete Demokratie zu machen. Wir planen, diese Bildung dem Soldaten im Lager, dem Arbeiter in der Fabrik und dem Bauern im Dorf zukommen zu lassen". Diejenigen, die an dieser Arbeit beteiligt waren, erkannten, dass die Massen jahrhundertelang unter der Herrschaft der Autokratie gestanden hatten, die ihnen nicht Schutz, sondern Unterdrückung gegeben hatte; dass eine demokratische Regierungsform in Russland nur DURCH DIE ZERSTÖRUNG DER DEUTSCHEN ARMEE; DURCH DEN SIEG ÜBER DIE DEUTSCHE AUTOKRATIE aufrechterhalten werden konnte. Konnte ein freies Russland, das nicht auf große Regierungsverantwortung vorbereitet war und weder Bildung noch Ausbildung besaß, darauf hoffen, lange mit dem kaiserlichen Deutschland, seinem unmittelbaren Nachbarn, zusammenzuleben? Ganz gewiss nicht. Das demokratische Russland würde schnell zur größten Kriegsbeute werden, die die Welt je gesehen hat.

Das Komitee entwarf in jedem Regiment der russischen Armee ein Bildungszentrum in Form von Soldatenclubs. Diese Clubs wurden so schnell wie möglich organisiert, und es wurden Referenten eingesetzt, die zu den Soldaten sprachen. Die Redner waren in Wirklichkeit Lehrer, und man muss bedenken, dass 90% der Soldaten in Russland weder lesen noch schreiben können. Zum Zeitpunkt der bolschewistischen Epidemie waren viele dieser Redner vor Ort, machten einen guten Eindruck und erzielten hervorragende Ergebnisse. Allein in Moskau gab es 250 von ihnen. Das Komitee plante, mindestens 5.000 dieser Referenten zu haben. Wir hatten viele Zeitungen der Klasse "A B C" im Erscheinen, die Material in einfachstem Stil druckten, und wir unterstützten etwa 100 weitere. Diese Zeitungen trugen den Aufruf zu Patriotismus, Einheit und Koordination in die Haushalte der Arbeiter und Bauern.

Nach dem Sturz der letzten Kerenski-Regierung leisteten wir materielle Hilfe bei der Verbreitung der bolschewistischen Literatur, indem wir sie durch Agenten und Flugzeuge an die deutsche Armee verteilten. Wenn der Vorschlag zulässig ist, sollten wir uns fragen, ob es nicht wünschenswert wäre, wenn dieselbe bolschewistische Literatur über die West- und die Italienfront nach Deutschland und Österreich geschickt würde.

ACHTENS:

Die Anwesenheit einer kleinen Anzahl alliierter Truppen in Petrograd hätte sicherlich viel dazu beigetragen, den Sturz der Kerenski-Regierung im November zu verhindern. Ich möchte Ihrer Überlegung vorschlagen, dass, wenn die gegenwärtigen Bedingungen anhalten, alle Angestellten der britischen und französischen Regierung in Petrograd konzentriert werden sollten, und dass sie, wenn die Notwendigkeit dazu besteht, in eine ziemlich effektive Truppe umgewandelt werden könnten. Vielleicht wäre es sogar wünschenswert, einen kleinen Betrag an eine russische Truppe zu zahlen. Es gibt auch eine große Anzahl von Freiwilligen, die in Russland rekrutiert wurden, von denen viele zur Intelligenzia des "Zentrums" gehören und die in den Schützengräben eine prächtige Arbeit geleistet haben. Sie könnten angemessen unterstützt werden.

NEU:

Wenn Sie nach einem zusätzlichen Programm fragen, muss ich sagen, dass es unmöglich ist, es jetzt zu geben. Ich glaube, dass intelligente und mutige Arbeit Deutschland weiterhin davon abhalten wird, das Feld allein zu besetzen und Russland auf diese Weise auf Kosten der Alliierten auszubeuten. Es wird viele Möglichkeiten geben, diesen Dienst zu leisten, die mit zunehmendem Fortschritt der Arbeit deutlich werden.

KOMMENTAR

Aufgrund dieses Memorandums änderte das britische Kriegskabinett seine Politik zugunsten eines lauwarmen Bolschewismus. Beachten Sie, dass Thompson zugibt, bolschewistische Literatur durch seine Agenten verteilt zu haben. Die Verwirrung über das Datum, an dem Thompson Russland verließ (er gibt in diesem Dokument den 29. November an), wird durch Pirnies Papiere bei der Hoover Institution beseitigt. Es gab mehrere Änderungen der Reisepläne und Thompson befand sich Anfang Dezember immer noch in Russland. Das Memorandum wurde wahrscheinlich Ende November in Petrograd verfasst.

DOKUMENT NR. 5

BESCHREIBUNG
Brief vom 9. Mai 1918 von Felix Frankfurter (damals Sonderassistent des Kriegsministers) an Santeri Nuorteva (alias Alexander Nyberg), bolschewistischer Agent in den USA. Aufgenommen als Dokument Nr. 1544 in den Akten des Lusk-Komitees, New York:

DOKUMENT
WASHINGTON KRIEGSDIREKTOR 9. Mai 1918
Mein lieber Herr Nhorteva [sic]:
Vielen Dank für Ihren Brief vom 4. Ich wusste, dass Sie den rein freundschaftlichen und völlig inoffiziellen Charakter unseres Gesprächs verstehen würden, und ich schätze die schnellen Schritte, die Sie unternommen haben, um Ihren Brief an Sirola* zu korrigieren. Seien Sie versichert, dass nichts geschehen ist, was mein Interesse an den von Ihnen vorgetragenen Themen mindert. Ganz im Gegenteil. Ich bin sehr interessiert an** den Überlegungen, die Sie anstellen, und an dem Standpunkt, den Sie vertreten. Die Fragen***, um die es geht, sind Interessen, die

für die ganze Welt von großer Bedeutung sind. Um sie angemessen beantworten zu können, brauchen wir alles Wissen und alle Weisheit, die wir bekommen können****.

Mit freundlichen Grüßen, Felix Frankfurter
Santeri Nuorteva, Esq.

* Yrjo Sirola war ein Bolschewik und Kommissar in Finnland.
** Originaltext, "fortwährend dankbar für Sie".
*** Originaltext, "interests".
**** Originaltext hinzugefügt "in diesen Tagen".

KOMMENTAR

Dieser Brief Frankfurters wurde an Nuorteva/Nyberg, einen bolschewistischen Agenten in den USA, zu einer Zeit geschrieben, als Frankfurter eine offizielle Position als Sonderassistent des Kriegssekretärs Baker im Kriegsministerium innehatte. Offenbar war Nyberg bereit, einen an Kommissar "Sirola" gerichteten Brief nach Frankfurters Anweisungen zu ändern. Das Lusk-Komitee erwarb den ursprünglichen Frankfurter Entwurf einschließlich der Frankfurter Änderungen, nicht aber den Brief, den Nyberg erhalten hatte.

DAS SOWJETISCHE BÜRO IM JAHR 1920

Position	Name	Staatsbürgerschaft	Geboren	Frühere Beschäftigung
Vertreter der UdSSR	Ludwig C.A.K. MARTENS	Deutsch	Russland	V-P von Weinberg & Posner Engineering (120 Broadway)
Büroleiter	Gregory WEINSTEIN	Russisch	Russland	Journalist
Sekretärin	Santeri NUORTEVA	Auf Finnisch	Russland	Journalist
Stellvertretender Sekretär	Kenneth DURANT	VEREINIGTE STAATEN	VEREINIGTE STAATEN	(1) Amerikanisches Komitee für öffentliche Information. (2) Ehemaliger Assistent von Colonel House
Privatsekretärin von NUORTEVA	Dorothy KEEN	VEREINIGTE STAATEN	VEREINIGTE STAATEN	Gymnasium
Übersetzer	Mary MODELL	Russisch	Russland	Schule in Russland
Commis au dossier	Alexander COLEMAN	VEREINIGTE STAATEN	VEREINIGTE STAATEN	Gymnasium
Telefonist	Blanche ABUSHEVITZ	Russisch	Russland	Gymnasium
Büroangestellter	Nestor KUNTZEVICH	Russisch	Russland	-
Militärexperte	Oberstleutnant Boris Tagueeff Roustam BEK	Russisch	Russland	Militärkritik auf dem *Daily Express* (London)

Kommerzielle Abteilung

Direktor	A. HELLER	Russisch	VEREINIGTE STAATEN	International Oxygen Company
Sekretärin	Ella TUCH	Russisch	VEREINIGTE STAATEN	Amerikanische Unternehmen
Gerichtsschreiber	Rose HOLLAND	VEREINIGTE STAATEN	VEREINIGTE STAATEN	Schulliga Gary
Gerichtsschreiber	Henrietta MEEROWICH	Russisch	Russland	Sozialarbeiter/in
Gerichtsschreiber	Rose BYERS	Russisch	Russland	Schule
Statistiker	Vladimir OLCHOVSKY	Russisch	Russland	Russische Armee

Abteilung für Information

Direktor	Evans CLARK	VEREINIGTE STAATEN	VEREINIGTE STAATEN	Universität Princeton
Gerichtsschreiber	Nora G. SMITHMAN	VEREINIGTE STAATEN	VEREINIGTE STAATEN	Ford-Expedition für den Frieden
Steno	Etta FOX	VEREINIGTE STAATEN	VEREINIGTE STAATEN	Rat für Kriegshandel
-	Wilfred R. HUMPHRIES	VEREINIGTES KÖNIGREICH	-	Amerikanisches Rotes Kreuz

Technische Abteilung

Direktor	Arthur ADAMS	Russisch	VEREINIGTE STAATEN	-

Abteilung für Bildung

Direktor	William MALISSOFF	Russisch	VEREINIGTE STAATEN	Columbia University

Medizinische Abteilung

Direktor	Leo A. HUEBSCH	Russisch	VEREINIGTE STAATEN	Arzt
	D. H. DUBROWSKY	Russisch	VEREINIGTE STAATEN	Arzt

Rechtsabteilung

Direktor	Morris HILLQUIT Anwalt zurückgehalten: Charles RECHT	Auf Litauisch	-	-
	Dudley Field MALONE George Cordon BATTLE			

Abteilung für Wirtschaft und Statistik

Direktor	Isaac A. HOURWICH	Russisch	VEREINIGTE STAATEN	US-Zensusbüro
	Eva JOFFE	Russisch	VEREINIGTE STAATEN	Nationale Kommission für Kinderarbeit
Steno	Elizabeth GOLDSTEIN	Russisch	VEREINIGTE STAATEN	Student/in

Redaktion Sowjetrussland

Chefredakteur	Jacob W. HARTMANN	VEREINIGTE STAATEN	VEREINIGTE STAATEN	College der Stadt New York
Steno	Ray TROTSKY	Russisch	Russland	Student/in
Übersetzer	Theodor BRESLAUER	Russisch	Russland	-
Gerichtsschreiber	Vaste IVANOFF	Russisch	Russland	-
Gerichtsschreiber	David OLDFIELD	Russisch	Russland	-
Übersetzer	J. BLANKSTEIN	Russisch	Russland	-

QUELLE: Vereinigte Staaten, Kammer, *Bedingungen in Russland* (Ausschuss für auswärtige Angelegenheiten), 66 Cong., 3 sess. (Washington, D.C., 1921). Siehe auch die britische Liste in der Dezimaldatei des US-Außenministeriums, 316-22- 656, die ebenfalls den Namen Julius Hammer trägt.

DOKUMENT NR. 7

BESCHREIBUNG
Schreiben der National City Bank of New York an das US-Finanzministerium, 15. April 1919, betreffend Ludwig Martens und seinen Partner Dr. Julius Hammer (316-118).

DOKUMENT
Die Nationalbank der Stadt New York
New York, den 15. April 1919
Ehrenwerter Joel Rathbone,
Stellvertretender Sekretär des Finanzministeriums Washington, D.C.
Lieber Herr Rathbone:
Ich bitte Sie, uns anbei Fotografien von zwei Dokumenten zukommen zu lassen, die wir heute Morgen per Einschreiben von einem Herrn M. Martens erhalten haben. L. Martens, der behauptet, der Vertreter der Russischen Sozialistischen Föderativen Sowjetrepublik in den USA zu sein, und im Beisein eines Dr. Julius Hammer für den amtierenden Leiter der Finanzabteilung.
Sie werden in diesen Dokumenten sehen, dass wir aufgefordert werden, alle bei uns verwahrten Gelder im Namen von Herrn Boris Bakhmeteff, dem angeblichen russischen Botschafter in den Vereinigten Staaten, oder im Namen einer Person, eines Komitees oder einer Mission, die angeblich im Namen der russischen Regierung unter der Aufsicht von Herrn Bakhmeteff oder direkt handelt, auszuzahlen.
Wir freuen uns über jeden Ratschlag oder jede Anweisung, die Sie uns diesbezüglich geben können.
Bei allem Respekt, J. H. Carter, Vizepräsident.
JHC:M Anlage

KOMMENTARE
Die Bedeutung dieses Briefes hängt mit der langjährigen (1917-1974) Verbindung der Familie Hammer mit den Sowjets zusammen.

DOKUMENT NR. 8

BESCHREIBUNG
Brief vom 3. August 1920 des sowjetischen Kuriers "Bill" Bobroff an Kenneth Durant, den ehemaligen Gehilfen von Oberst House. Auszug von Bobroff durch das US-Justizministerium.

DOKUMENT
Ermittlungsbüro des Justizministeriums,
15 Park Row, New York City, N. Y., 10. August 1920
Leiter des Untersuchungsbüros

Justizministerium der Vereinigten Staaten, Washington, D.C.
Sehr geehrter Herr: In Bestätigung des heutigen Telefongesprächs mit Herrn Ruch übersende ich Ihnen anbei Originaldokumente aus den Effekten von B. L. Bobroll vom Dampfschiff *Frederick VIII*.
Der an Mr. Kenneth Durant gerichtete, von Bill unterzeichnete und auf den 3. August 1920 datierte Brief sowie die von Trotzki unterzeichnete Übersetzung der "Pravda", 1. Juli 1920, und Kopien von Telegrammen wurden im Inneren des blauen Umschlags gefunden, der an Mr. Kenneth Durant, 228 South Nineteenth Street, Philadelphia, Pa, adressiert war. Dieser blaue Umschlag war wiederum in dem beigefügten weißen Umschlag versiegelt.
Der Großteil von Mr. Bobroffs Habseligkeiten bestand aus Maschinenkatalogen, Spezifikationen, Korrespondenz über den Versand verschiedener Ausrüstungsgegenstände usw. an russische Häfen. Herr Bobroff wurde von Agent Davis und den Zollbehörden eingehend befragt, und ein ausführlicher Bericht wird nach Washington geschickt.

Herzliche Grüße an Sie,
G. F. Lamb, Superintendent der Abteilung

BRIEF AN KENNETH DURANT

Lieber Kenneth: Vielen Dank für Ihren Willkommensbrief. Ich habe mich sehr isoliert und eingesperrt gefühlt, ein Gefühl, das durch die jüngsten Erfahrungen stark verstärkt wurde. Ich war erschüttert über die Unfähigkeit, eine andere Haltung gegenüber dem Büro durchzusetzen und Ihnen auf die eine oder andere Weise Geld zukommen zu lassen. Ihnen 5000 Dollar per Kabel zu schicken, wie es letzte Woche geschehen ist, ist nichts weiter als ein trauriger Witz. Ich hoffe, dass der Vorschlag, Gold in Amerika zu verkaufen, über den wir kürzlich verkabelt haben, bald als durchführbar befunden wird. Gestern kabelten wir mit der Frage, ob Sie 5.000.000 Rubel zu einem Mindestpreis von 45 Cent verkaufen könnten, da der aktuelle Marktkurs bei 51,44 Cent liegt. Dies würde mindestens 2.225.000 USD einbringen. Das Unternehmen benötigt derzeit 2.000.000$, um die Firma Niels Juul & Co. in Christiania für den ersten Teil des Kohletransports von Amerika nach Vardoe, Murmansk und Archangelsk zu bezahlen. Das erste Schiff näherte sich Vardoe und das zweite verließ New York um den 28. Juli. Insgesamt wurde die Firma Niels Juul & Co bzw. die Norges' Bank aus Christiania auf ihrem und unserem Konto 11.000.000 Rubel Gold, das sie selbst von Reval nach Christiania gebracht haben, als Sicherheit für unsere Kohlebestellung und die erforderliche Tonnage, aber die Angebote für den Kauf dieses Goldes, die sie bislang erhalten konnten, sind sehr schlecht, das beste lag bei 575 Dollar pro Kilo, während der von der amerikanischen Münze oder dem Finanzministerium angebotene Kurs derzeit bei 644,42 Dollar liegt, und angesichts der großen Summe, die auf dem Spiel steht, wäre es schade, sie einen zu großen Verlust verursachen zu lassen. Ich hoffe, dass Sie, bevor es dazu kommt, den Verkauf durchführen und gleichzeitig eine Viertelmillion Dollar oder mehr für das Büro erzielen konnten. Wenn wir die 2.000.000$ aus Christiania, die vor vier Tagen fällig waren, nicht auf die eine oder andere Weise innerhalb einer sehr kurzen Frist bezahlen können, hat Niels Juul & Co. das Recht, unser Gold, das sie jetzt besitzt, zum damals bestmöglichen Preis zu verkaufen, der, wie oben erwähnt, ziemlich niedrig ist.
Wir wissen noch nicht, wie die kanadischen Verhandlungen verlaufen sind. Wir glauben zu wissen, dass Nuorteva die Fäden an Shoen übergeben hat, als die Verhaftung von N. unmittelbar bevorzustehen schien. Wir wissen noch nicht, wo

sich Nuorteva aufhält. Wir glauben, dass Sir Basil Thomson ihn nach seiner erzwungenen Rückkehr aus Esbjerg, Dänemark, nach England an Bord eines Dampfers nach Reval brachte, aber wir haben noch keine Nachricht aus Reval, dass er dort angekommen war, und wir würden sicherlich von Gukowski oder N. selbst hören. Humphries hat Nuorteva in Esbjerg gesehen und ist deswegen selbst in Schwierigkeiten mit der dänischen Polizei. Alle seine Verbindungen werden gesucht; sein Pass wurde ihm abgenommen: Er ist zweimal zur Prüfung erschienen und es scheint, dass er Glück haben wird, wenn er der Deportation entgeht. Vor zwei Wochen kam Nuorteva in Esbjerg an, das 300 Meilen von hier entfernt liegt. Da er kein dänisches Visum hatte, verweigerten ihm die dänischen Behörden das Recht, von Bord zu gehen, und er wurde auf einen Dampfer verlegt, der am nächsten Morgen um 8 Uhr abfahren sollte. Durch die Hinterlegung von 200 Kronen erhielt er eine Erlaubnis, für ein paar Stunden an Land zu gehen. Da er Kopenhagen per Ferntelegramm erreichen wollte und praktisch kein Geld mehr hatte, verpfändete er erneut seine goldene Uhr für 25 Kronen und nahm so Kontakt zu Humphries auf, der innerhalb einer halben Stunde auf den Nachtzug sprang, auf dem Boden schlief und um 7.30 Uhr in Esbjerg ankam. Humphries fand die Nuorteva, holte sich die Erlaubnis des Kapitäns, an Bord zu gehen, hatte 20 Minuten mit N., musste dann an Land gehen und das Schiff lief aus. Humphries wurde anschließend von zwei Männern in Zivil, die das Verfahren beobachtet hatten, ins Polizeibüro gebeten. Er wurde eingehend verhört, seine Adresse wurde aufgenommen, dann wurde er freigelassen und in der Nacht fuhr er mit dem Zug zurück nach Kopenhagen. Er schickte Telegramme an Ewer vom *Daily Herald*, Shoen, und an Kliskho in der 128 New Bond Street, in denen er sie drängte, sicher zu sein und sich mit Nuortevas Schiff zu treffen, damit N. nicht mehr mitgenommen werden könne, aber es ist bis heute nicht bekannt, was passiert ist. Die britische Regierung bestritt energisch, dass sie vorhatte, ihn nach Finnland zu schicken. Moskau drohte mit Vergeltungsmaßnahmen, falls ihm etwas zustoßen sollte. Inzwischen hatten die Ermittlungen gegen H. begonnen. Die Polizei bestellte ihn in sein Hotel, forderte ihn auf, sich im Hauptquartier einzufinden (er wurde jedoch nicht verhaftet), und wir glauben zu wissen, dass sein Fall nun dem Justizminister vorliegt. Unabhängig vom endgültigen Ausgang kommentiert Humphries die vernünftige Höflichkeit, die er an den Tag gelegt hat, und vergleicht sie mit der Grausamkeit der Razzien der Roten in Amerika.
Er fand heraus, dass man im Hauptquartier der Detektive einige seiner Briefe und Telegramme kannte.
Ich war an Ihrem positiven Kommentar zu Tobenkens Interview mit Krassin interessiert (Sie erwähnen nicht das Interview mit Litvinoff), da ich mit L. wie ein Dämon kämpfen musste, um die Möglichkeiten für Tobenken zu erhalten. Durch T., der mit einem Brief von Nuorteva ankam, wie auch Arthur Ruhl, lehnte L. in weniger als einer Minute den Antrag, den T. auf Einreise nach Russland stellte, brüsk ab, würde sich kaum die Zeit nehmen, ihn anzuhören, und sagte, es sei unmöglich, zwei Korrespondenten derselben Zeitung die Einreise nach Russland zu gestatten. Er gab dem Ruhl ein Visum, größtenteils aufgrund eines Versprechens, das L. im letzten Sommer dem Ruhl gegeben hatte. Ruhl fuhr dann nach Reval, dort, um auf die Erlaubnis zu warten, die L. verdrahtet hatte, als er Moskau um Erlaubnis bat. Tobenken, ein nervöser Mann, der wegen seiner Ablehnung fast gebrochen war, blieb hier. Ich erkannte den Fehler, den der Schnellrichter begangen hatte, und begann, ihn zu ändern. Um es kurz zu machen, brachte ich ihn mit einem Brief von L an Gukowski nach Reval. In der Zwischenzeit lehnte Moskau Ruhl ab, trotz Ls Visier. L war wütend über den Affront gegen sein Visier und bestand darauf, dass er geehrt wurde. Dies geschah und Ruhl bereitete sich auf die Abreise

vor. Plötzlich teilte Moskau dem Ruhl mit, dass es die Genehmigung widerrufe, und Litvinoff, dass in Moskau Informationen eingegangen seien, wonach der Ruhl im Dienste des Außenministeriums stehe. Während wir diese Zeilen schreiben, sitzen sowohl Tobenken als auch Ruhl in Reval fest.

Ich habe heute Morgen mit L. über das Schiff gesprochen, das morgen abfährt, und über die verfügbare Post B., ich habe ihn gefragt, ob er etwas an Martens zu schreiben habe, ich habe ihm angeboten, es für ihn in Steno zu übernehmen, aber nein, er hat gesagt, dass er nichts zu schreiben hat und dass ich vielleicht Duplikate unserer jüngsten Telegramme an Martens schicken kann.

Kameneff kam hier auf einem britischen Zerstörer auf dem Weg nach London vorbei und hielt sich hier überhaupt nicht auf, und Krassin ging direkt von Stockholm aus. Über die Verhandlungen, die alliierten und die polnischen, und die allgemeine Lage wissen Sie genauso viel wie wir hier. Die Verhandlungen von L mit den Italienern führten schließlich zur Einrichtung einer gegenseitigen Vertretung. Unser Vertreter, Vorovsky, ist bereits nach Italien gereist und ihr Vertreter, Herr Gravina, ist auf dem Weg nach Russland. Wir haben gerade zwei Ladungen russischen Weizen von Odessa nach Italien geschickt.

Bitte richten Sie meine Grüße an Personen in Ihrem Bekanntenkreis aus, die ich kenne. Mit den besten Wünschen für Ihren Erfolg.

Mit freundlichen Grüßen, Bill

Die Sendung mit den Briefen, die Sie geschickt haben - 5 Cranbourne Road, Charlton cum Hardy, Manchester, ist noch nicht angekommen.

Die Empfehlung von L. in Moskau, seit M. beantragt hat, nach Kanada zu ziehen, lautet, dass M. dort ernannt werden soll und N., nachdem er einige Wochen in Moskau verbracht hat, um sich kennenzulernen, zum Vertreter in Amerika ernannt werden soll.

L. kritisiert das Büro scharf dafür, dass es zu leichtfertig Ziele und Empfehlungen gegeben habe. Er war offensichtlich überrascht und wütend, als B. hier mit Verträgen ankam, die er in Moskau auf der Grundlage von Briefen erhalten hatte, die ihm M. gegeben hatte. Die spätere Nachricht von M. hat Moskau offensichtlich nicht erreicht. Ich weiß nicht, was L. diesbezüglich zu tun gedenkt. Ich würde vorschlagen, dass M. seine Empfehlung an L. in dieser Angelegenheit beziffert. L. hätte hier nichts mit B. zu tun. Es könnte eine unangenehme Situation entstehen.

L. hob auch die Empfehlung von Rabinoff hervor.

Zwei Umschläge, Mr. Kenneth Durant, 228 South Nineteenth Street, Philadelphia, Pennsylvania, USA.

QUELLE: Dezimaldatei des US-Außenministeriums, 316-119-458/64.

ANMERKUNG: PERSONENIDENTIFIKATION

William (Bill) L. BOBROFF: Kurier und sowjetischer Agent. Leitete die Bobroff Foreign Trading and Engineering Company in Milwaukee. Erfindet das in der Legislative von Wisconsin verwendete Wahlsystem.

Kenneth DURANT: Hilfe für Oberst House; siehe Text.

SHOEN: Angestellter der Firma International Oxygen Co., die Heller gehört, einem prominenten Finanzier und Kommunisten.

EWER: Sowjetischer Agent, Reporter beim *Daily Herald in London*.

KLISHKO: Sowjetischer Agent in Skandinavien

NUORTEVA Auch bekannt als Alexander Nyberg, erster sowjetischer Vertreter in den USA; siehe Text.

Sir Basil THOMPSON: Leiter des britischen Geheimdienstes

"L": LITVINOFF.

"H": Wilfred Humphries, Partner von Martens und Litvinoff, Mitglied des Roten Kreuzes in Russland.

KRASSIN: Bolschewistischer Kommissar für Handel und Arbeit, ehemaliger Chef von Siemens-Schukert in Russland.

KOMMENTARE
Dieser Brief deutet auf eine enge Verbindung zwischen Bobroff und Durant hin.

DOKUMENT NR. 9

BESCHREIBUNG
Memorandum, das sich auf eine Anfrage von Davison (Morgans Partner) an Thomas Thacher (Wall Street Anwalt, der mit den Morgans verbunden ist) bezieht und an Dwight Morrow (Morgans Partner) weitergeleitet wurde, 13. April 1918.

DOKUMENT
Das Berkeley Hotel, London
13. April 1918.
Der ehrenwerte Walter H. Page
US-Botschafter in England, London.
Sehr geehrter Herr:
Vor einigen Tagen erhielt ich eine Anfrage von Herrn H. P. Davison, dem Präsidenten des Kriegsrats des Amerikanischen Roten Kreuzes, mit Lord Northcliffe über die Lage in Russland zu sprechen und anschließend zu weiteren Vorträgen nach Paris zu reisen. Aufgrund der Krankheit von Lord Northcliffe konnte ich nicht mit ihm sprechen, aber ich fahre mit Herrn Dwight W. Morrow, der sich derzeit im Hotel Berkeley aufhält, zu einem Memorandum über die Lage, das Herr Morrow Lord Northcliffe bei seiner Rückkehr nach London vorlegen wird. Zu Ihrer Information und zur Information der Dienststelle füge ich Ihnen anbei eine Kopie des Memorandums bei.

Hochachtungsvoll an Sie,
Thomas D. Thacher.

KOMMENTAR
Lord Northcliffe war gerade zum Direktor für Propaganda ernannt worden. Dies ist im Lichte der Tatsache, dass William B. Thompson die bolschewistische Propaganda subventioniert, und seiner Verbindungen zu den Interessen von Morgan-Rockefeller interessant.

Dokument Nr. 10

BESCHREIBUNG
Bei diesem Dokument handelt es sich um ein Memorandum von D.C. Poole, Abteilung für russische Angelegenheiten des Außenministeriums, an den Außenminister über ein Gespräch mit Herrn M. Oudin von General Electric.

> DOKUMENT
> 29. Mai 1922
> Herr Sekretär:
> Herr Oudin von der General Electric Company teilte mir heute Morgen mit, dass nach Ansicht seines Unternehmens der Zeitpunkt näher rückt, um mit Krassin Gespräche über eine Wiederaufnahme der Geschäfte in Russland zu führen. Ich teilte ihm mit, dass das Ministerium der Ansicht sei, dass der Weg, den amerikanische Unternehmen in dieser Angelegenheit einschlagen sollten, eine Frage des geschäftlichen Ermessens sei, und dass das Ministerium sicherlich nicht eingreifen werde, um ein amerikanisches Unternehmen daran zu hindern, seine Geschäfte in Russland auf jeder Grundlage wieder aufzunehmen, die das Unternehmen für praktikabel halte.
> Er sagte, dass derzeit Verhandlungen zwischen der General Electric Company und der Allgemeinen Elektrizitats Gesellschaft über eine Wiederaufnahme des Arbeitsabkommens, das sie vor dem Krieg hatten, laufen. Er erwarte, dass das Abkommen, das geschlossen werde, eine Bestimmung über die Zusammenarbeit Russlands beinhalten werde.
>
> Hochachtungsvoll, DCP D.C. Poole

KOMMENTAR
Dieses Dokument ist insofern wichtig, als es die bevorstehende Wiederaufnahme der Beziehungen zu Russland durch ein großes US-Unternehmen betrifft. Es veranschaulicht die Tatsache, dass die Initiative von dem Unternehmen und nicht vom Außenministerium ausging und dass keine Rücksicht auf die Wirkung des Technologietransfers von General Electric an einen selbsternannten Feind genommen wurde. Das Abkommen mit GE war der erste Schritt in einer Reihe größerer technischer Transfers, die direkt zum Tod von 100.000 Amerikanern und unzähligen Verbündeten führten.

WALL STREET UND FRANKLIN D. ROOSEVELT

KAPITEL I

DIE ROOSEVELTS UND DIE DELANOS

Die Wahrheit ist, wie Sie und ich wissen, dass eine aus den großen städtischen Zentren stammende Finanzmacht die Regierung seit der Zeit von Andrew Jackson kontrolliert - und die Regierung von W.W.[261] ist keine Ausnahme. Das Land erlebt eine Wiederholung von Jacksons Kampf mit der Bank of the United States - nur diesmal auf einer viel größeren Basis.
Präsident Franklin Delano Roosevelt an Colonel Edward Mandell House, 21. November 1933, *F.D.R.: His Personal Letters* (New York: Duell, Sloan and Pearce 1950), S. 373.

Das Buch[262] stellt Franklin Delano Roosevelt als Wall-Street-Finanzier dar, der während seiner ersten Amtszeit als Präsident der Vereinigten Staaten die Ziele der im New Yorker Geschäftsestablishment konzentrierten Finanzmacht widerspiegelte. Angesichts der langen historischen Verbindung - seit dem späten 18. Jahrhundert - der Familien Roosevelt und Delano mit der New Yorker Finanzwelt und FDRs eigener Karriere von 1921 bis 1928 als Banker und Spekulant am 120 Broadway und 55 Liberty Street sollte ein solches Thema den Leser nicht überraschen. Andererseits scheinen es FDRs Biografen Schlesinger, Davis, Freidel und die ansonsten präzisen Kommentatoren Roosevelts zu vermeiden, sehr weit in die aufgezeichneten und dokumentierten Verbindungen zwischen den New Yorker Bankiers und FDR einzudringen. Wir beabsichtigen, die Fakten so darzulegen, wie sie in den Akten der FDR-Briefe aufgezeichnet sind. Diese Fakten sind nur insofern neu, als sie zuvor nicht veröffentlicht wurden; sie sind für die Archivrecherche leicht zugänglich und die Untersuchung dieser Informationen legt eine Neubewertung der Rolle von FDR in der Geschichte des 20. Jahrhunderts nahe.

Es mag politisch immer gut sein, sich vor der amerikanischen Wählerschaft als Kritiker, wenn nicht gar als erklärter Feind des internationalen Bankenklüngels zu präsentieren. Zweifellos stellen Franklin D. Roosevelt, seine Anhänger und seine

---

[261] W.W. ist Woodrow Wilson.

[262] Ein früherer Band, Antony C. Sutton, *Wall Street and the Bolschewical Revolution*, untersuchte die Verbindungen zwischen den Finanziers der Wall Street und der bolschewistischen Revolution. Zum größten Teil, angesichts der Todesfälle und der neuen Gesichter, konzentriert sich dieses Buch auf dasselbe Segment des New Yorker Finanzestablishments.

Biografen FDR als weißen Ritter dar, der das Schwert der gerechten Rache gegen die Raubritter in den Wolkenkratzern von Downtown Manhattan schwingt. So wurde beispielsweise in der Roosevelt-Präsidentschaftskampagne von 1932 Präsident Herbert Hoover systematisch angegriffen, weil er angeblich mit internationalen Bankiers zusammenarbeitete und den Forderungen der Großkonzerne nachgab. Davon zeugt das Versagen von FDR auf dem Tiefpunkt der Großen Depression, als Hoover in seiner Wahlkampfrede in Columbus, Ohio, am 20. August 1932 öffentlich die Geschäftswelt und den Individualismus unterstützte:

> Wenn wir die Situation an einem kalten Morgen beurteilen, was stellen wir fest? Wir stellen fest, dass zwei Drittel der amerikanischen Industrie in einigen hundert Unternehmen konzentriert sind und dass diese Unternehmen tatsächlich von höchstens fünf Personen geleitet werden.
> Mehr als die Hälfte der Ersparnisse des Landes wird in Aktien und Unternehmensanleihen investiert und beglückt die US-Börse.
> Es gibt weniger als drei Dutzend Privatbanken und Filialen von Geschäftsbanken, die die amerikanischen Kapitalströme lenken.
> Mit anderen Worten: Wir finden eine in wenigen Händen konzentrierte Wirtschaftsmacht vor, das genaue Gegenteil des Individualismus, von dem der Präsident spricht.[263]

Diese Aussage lässt Franklin Delano Roosevelt als einen weiteren Andrew Jackson erscheinen, der das Monopol der Bankiers und ihren Griff nach der amerikanischen Industrie anzweifelte. Aber war FDR auch ein Werkzeug der Wall-Street-Banker, wie man aus seinem Brief an Colonel Edward House schließen kann, der in der Einleitung dieses Kapitels zitiert wird?

Es ist klar, dass, wenn, wie Roosevelt an House schrieb, "eine Finanzmacht in den Großstädten die Regierung seit der Zeit Andrew Jacksons kontrolliert hat", dann haben weder Hoover noch Roosevelt bei der Darstellung der Probleme gegenüber der amerikanischen Öffentlichkeit intellektuelle Redlichkeit bewiesen. Die grundlegenden Fragen bezogen sich wahrscheinlich darauf, wer diese "Finanzmacht" war und wie sie ihre "Kontrolle" über die US-Regierung aufrechterhielt.

Um diese faszinierende Frage vorübergehend beiseite zu schieben: Das allgegenwärtige historische Bild von FDR ist das eines Präsidenten, der im Namen des einfachen Mannes auf der Straße kämpft, inmitten von Arbeitslosigkeit und finanzieller Depression, die von den mit der Wall Street verbündeten Spekulanten der Großkonzerne ausgelöst wurde. Wir werden stattdessen feststellen, dass dieses Bild die Wahrheit insofern verzerrt, als es FDR als Feind der Wall Street darstellt; das liegt einfach daran, dass die meisten Historiker, die die Untaten der Wall Street untersuchen, nur ungern die gleichen Maßstäbe der Redlichkeit an Franklin D. Roosevelt anlegen wie an andere politische Führer. Was für Herbert Hoover oder sogar für den demokratischen Präsidentschaftskandidaten von 1928, Al Smith,

---

[263] *The Public Papers and Addresses of Franklin D. Roosevelt*, Volume 1 (New York: Random House, 1938), S. 679.

eine Sünde ist, wird im Fall von FDR als Tugend vorausgesetzt. Nehmen Sie Ferdinand Lundberg in *The Rich and the Super-Rich*[264]. Lundberg befasst sich ebenfalls mit den Präsidenten und der Wall Street und stellt folgende Behauptung auf:

> 1928 erhielt Al Smith die wichtigste finanzielle und emotionale Unterstützung von seinem katholischen Mitbruder John J. Raskob, dem Premierminister der Du Ponts. Hätte Smith gewonnen, wäre er weit weniger katholisch gewesen als ein Präsident der Du Ponts.[265]

Nun haben die Du Ponts tatsächlich einen wichtigen Beitrag zur demokratischen Präsidentschaftskampagne von Al Smith im Jahr 1928 geleistet. Diese Beiträge werden in diesem Band in Kapitel 8, "Wall Street kauft den New Deal", ausführlich besprochen, und diese Behauptung kann nicht bestritten werden. Lundberg befasst sich anschließend mit Smiths Gegenspieler Herbert Hoover und schreibt:

> Hoover, der Republikaner, war eine Marionette von J. P. Morgan; Smith, sein demokratischer Gegenspieler, steckte in der Tasche der Du Ponts, deren Bankier J. P. Morgan & Company war.

Lundberg lässt finanzielle Details aus, aber die Du Ponts und Rockefeller werden in den Untersuchungen des Kongresses sicherlich als die größten Geldgeber der Hoover-Kampagne von 1928 genannt. Die Wall Street zog jedoch 1932 ihre Unterstützung für Herbert Hoover zurück und wechselte zu FDR. Lundberg unterlässt es, diesen kritischen und entscheidenden Rückzug zu erwähnen. Warum wechselte die Wall Street zu FDR? Weil Herbert Hoover, wie wir später sehen werden, den von Gerard Swope, dem langjährigen Präsidenten von General Electric, geschaffenen Swope-Plan nicht übernehmen würde. Stattdessen akzeptierte FDR den Plan, der zu FDRs National Industrial Recovery Act wurde. Während Hoover also der Wall Street verpflichtet war, war FDR viel stärker in der Schuld. Arthur M. Schlesinger Jr. ist in *The Crisis of the Old Orde: 1919-1933* näher am Thema als jeder andere Historiker des Establishments, aber wie andere Rooseveltophile schafft er es nicht, die Fakten zu ihren letzten und logischen Schlussfolgerungen zu bringen. Schlesinger stellt fest, dass die Demokratische Partei nach der Wahl von 1928 Schulden in Höhe von 1,6 Millionen Dollar hatte und dass "zwei der Hauptgläubiger, John J. Raskob und Bernard Baruch, philanthropische demokratische Millionäre waren, die bereit waren, der Partei zu helfen, sich bis 1932 zu halten".[266] John J. Raskob war Vizepräsident von Du Pont und auch von General Motors, dem größten Unternehmen der USA. Bernard Baruch stand, wie er selbst zugab, im Zentrum

---

[264] New York: Lyle Stuart, 1968.

[265] Ibid, S. 172.

[266] Boston: Riverside Press, 1957, S. 273.

der Wall Street-Spekulationen. Schlesinger fügte hinzu, dass sie als Gegenleistung für das Wohlwollen der Wall Street "natürlich erwarteten, Einfluss auf die Organisation und die Politik der Partei zu haben".[267] Leider lässt Arthur Schlesinger, der (im Gegensatz zu den meisten Biografen Roosevelts) den Finger auf dem eigentlichen Kern des Problems hat, die Frage fallen, um mit einer Diskussion über die Oberflächlichkeiten der Politik fortzufahren - Konventionen, Politiker, gegenseitige Zugeständnisse und gelegentliche Konfrontationen, die die zugrunde liegenden Realitäten verschleiern. Es ist klar, dass die Hand auf dem Geldbeutel letztlich bestimmt, welche Politik wann und von wem umgesetzt wird.

Eine ähnliche schützende Haltung für FDR findet sich in Frank Freidels vierbändiger Biografie *Franklin D. Roosevelt*.[268] Bei der Erwähnung des aufsehenerregenden Versagens der Bank der Vereinigten Staaten kurz vor Weihnachten 1930 verschweigt Freidel die Nachlässigkeit von FDR, während er Gouverneur des Staates New York war. Die Bank of the United States hatte 450.000 Einleger, von denen 400.000 Konten weniger als 400 US-Dollar aufwiesen. Mit anderen Worten: Die Bank of the United States war die Bank eines kleinen Mannes. Ein Bericht von Senator Robert Moses über den Stand eines früheren Bankversagens - City Trust - wurde von Gouverneur F. D. Roosevelt ignoriert. D. Roosevelt, der eine andere Kommission einsetzte, die moderatere Empfehlungen für eine Bankenreform erstellte. Freidel stellt die Frage:

> Warum gelang es ihm nicht, ein Reformgesetz zu verabschieden, das den Zusammenbruch der Bank of the United States verhindert hätte? Dies sind zugespitzte Fragen, die Roosevelts Kritiker damals und später stellten.[269]

Freidel kommt zu dem Schluss, dass die Antwort in FDRs "persönlichem Vertrauen in die Bankengemeinschaft" liegt. Warum hatte FDR dieses uneingeschränkte Vertrauen? Weil, schreibt Freidel:

> Herbert Lehman war einer der solidesten und politisch liberalsten Wall-Street-Banker; in Bankangelegenheiten scheint Roosevelt Lehmans Beispiel gefolgt zu sein, so weit wie möglich mit den Titanen der Bank zu kooperieren.[270]

Das heißt, wenn Ihr Banker ein Liberaler ist und Ihr Geld verliert, ist das in Ordnung, denn schließlich ist er ein Liberaler und ein Befürworter von FDR. Wenn Ihr Banker aber andererseits Ihr Geld verliert und weder ein Liberaler noch

---

[267] Ibid.

[268] Diese Reihe ist: Frank Freidel, Franklin D. Roosevelt: *The Apprenticeship* (1952), Freidel, Franklin D. Roosevelt: *The Ordeal* (1954), Franklin D. Roosevelt: The *Triumph* (1956), Freidel, Franklin D. Roosevelt, *Launching The New Deal* (1973). Alle vier Bände wurden in Boston bei Little, Brown veröffentlicht.

[269] Freidel, *The Triumph*, a. a. O., S. 187.

[270] Ibid, S. 188.

ein Anhänger von FDR ist, dann ist er ein Betrüger und muss den Preis für seine Sünden zahlen.

Freidels vierbändige Biografie enthält nur ein einziges Kapitel über FDR als "Geschäftsmann", was der größte Raum ist, den ein bedeutender FDR-Biograf einräumt. Selbst Freidel reduziert wichtige Unternehmen auf einen einzigen Absatz. Während beispielsweise die Firma American Investigation Corporation nicht genannt wird, wird ein verbundenes Unternehmen, General Air Service, zwar erwähnt, aber mit einem Absatz abgelehnt:

> 1923, zusammen mit Owen D. Young, Benedict Crowell (der unter Wilson stellvertretender Kriegsminister gewesen war) und anderen namhaften Persönlichkeiten den General Air Service, um mit Helium gefüllte Luftschiffe zwischen New York und Chicago zu betreiben.[271]

Wir werden sehen, dass der General Air Service (und vor allem die nicht erwähnte American Investigation Corporation) weit mehr war, als dieser Absatz andeutet. Insbesondere die Untersuchung von Freidels Formulierung "und andere Honoratioren" legt nahe, dass FDR Beziehungen zu einigen wichtigen Mitgliedern der Wall Street hatte und mit ihnen zusammenarbeitete.

Warum weichen Schlesinger, Freidel und andere, weniger bekannte FDR-Biografen der Frage aus und sind nicht bereit, die Spuren weiter zu verfolgen? Ganz einfach: Weil Roosevelt, wenn man die Fakten betrachtet, eine Schöpfung der Wall Street war, ein fester Bestandteil der New Yorker Bankenbruderschaft, dem die pekuniären Interessen des Finanzinstituts am Herzen lagen.

Wenn die Informationen im Detail dargestellt werden, ist es absurd zu denken, dass die Wall Street auch nur eine Sekunde zögern würde, Roosevelt als willkommenen Präsidentschaftskandidaten zu akzeptieren: Er war einer der ihren, während der Geschäftsmann Herbert Hoover 20 Jahre lang im Ausland gearbeitet hatte, bevor er von Woodrow Wilson zurückgerufen wurde, um während des Ersten Weltkriegs die Lebensmittelverwaltung zu übernehmen.

Um genau zu sein, war Franklin D. Roosevelt irgendwann in den 1920er Jahren Vizepräsident der Fidelity & Deposit Company (120 Broadway); Vorsitzender eines Berufsverbands der Industrie, des American Construction Council (28 West 44th Street); Partner von Roosevelt & O'Connor (120 Broadway); Partner von Marvin, Hooker & Roosevelt (52 Wall Street); Vorsitzender von United European Investors, Ltd. (7 Pine Street); ein Treuhänder von International Germanic Trust, Inc. (im Standard Oil Building am 26 Broadway); ein Direktor der Consolidated Automatic Merchandising Corporation, einer Papierorganisation; ein Direktor der Georgia Warm Springs Foundation (120 Broadway); ein Direktor der American Investigation Corporation (37-39 Pine Street); ein Direktor der Sanitary Postage Service Corporation (285 Madison Avenue); der Präsident der General Trust Company (15 Broad Street); ein Direktor von Photomaton (551 Fifth Avenue); ein Direktor der Mantacal Oil Corporation (Rock Springs, Wyoming); und ein Treuhänder des Federal International Investment Trusts.

---

[271] Freidel, *The Ordeal*, a. a. O., S. 149.

Das ist eine ziemlich faire Liste von Führungspositionen. Sie verdient FDR sicherlich den Titel des Wall Streeter[272] *par excellence.* Die meisten, die auf "der Straße" arbeiten, erreichen niemals und träumen wahrscheinlich nicht einmal davon, einen Rekord von elf Mandaten als Geschäftsführer von Unternehmen, zwei juristischen Partnerschaften und dem Vorsitz eines wichtigen Berufsverbands zu erreichen.

Wenn wir diese Führungspositionen und die damit verbundenen Aktivitäten untersuchen, stellen wir fest, dass Roosevelt ein Banker und ein Spekulant war - die beiden Beschäftigungen, die er bei den Präsidentschaftswahlen 1932 mit Nachdruck anprangerte. Außerdem haben Bank- und Spekulationsgeschäfte zwar legitime Rollen in einer freien Gesellschaft - sie sind in der Tat entscheidend für ein gesundes Geldsystem -, doch beide können missbraucht werden. Die FDR-Korrespondenz in den Akten, die in der FDR-Bibliothek im Hyde Park hinterlegt sind, liefert den Beweis - und man liest ihn schweren Herzens -, dass FDR mit den weniger anständigen Elementen des Bank- und Spekulationswesens der Wall Street in Verbindung gebracht wurde, und man kann zu keinem anderen Schluss kommen als dem, dass FDR die politische Arena und nicht den unparteiischen Markt für seine Profite nutzte.[273]

Es ist daher nicht überraschend, dass die Wall Street-Gruppen, die Al Smith und Herbert Hoover unterstützten, die beide stark mit der Finanzgemeinschaft verbunden waren, auch Franklin D. Roosevelt unterstützten. Tatsächlich entschied

---

[272] Neologismus erhalten, da unübersetzbar, Anm. d. Ü.

[273] Dies wirft eine berechtigte Frage nach dem Umfang des Buches und der Relevanz der Beweise auf. Der Autor interessiert sich ausschließlich für die Herstellung der Beziehung zwischen der Wall Street und FDR und die Schlussfolgerungen, die aus dieser Beziehung zu ziehen sind. Daher werden Episoden ausgelassen, die sich 1921 ereigneten, als FDR an der Wall Street war, die aber nicht direkt mit seinen Finanzaktivitäten in Verbindung standen. Beispielsweise veröffentlichte der Senatsausschuss für Marineangelegenheiten 1921 einen Bericht mit 27 Schlussfolgerungen, die fast alle kritisch gegenüber FDR waren und ernste moralische Fragen aufwarfen. Die erste Schlussfolgerung des Senatsberichts lautete: "Dass unmoralische und obszöne Handlungen auf Anweisung oder Vorschlag von einer Reihe von Soldaten der US-Marine, ob in Uniform oder nicht, vorgenommen wurden, um Beweise gegen sexuell Perverse zu sammeln, und dass die Erlaubnis, diese Männer als Operateure oder Detektive einzusetzen, Leutnant Hudson mündlich und schriftlich vom stellvertretenden Sekretär Franklin D. Roosevelt mit Wissen und Zustimmung von Josephus Daniels, dem Sekretär der Marine, erteilt worden war. Die 26 damit zusammenhängenden Schlussfolgerungen und der Minderheitsbericht sind enthalten in US-Senat, Ausschuss für Marineangelegenheiten, 67Kongress, 1 Sitzung, Mutmaßlich unmoralische Zustände in der Marineübungsstation Newport (R.I.) (Washington: Government Printing Office, 1921). Doch wenn FDRs Verhalten in der US-Marine unentschuldbar gewesen sein mag und seine moralische Ader widerspiegeln kann oder auch nicht, ist dieses Verhalten für dieses Buch nicht relevant, und diese Vorfälle werden ausgelassen. Es sei auch darauf hingewiesen, dass es in Fällen, in denen FDRs Korrespondenz für die Argumentation dieses Buches von entscheidender Bedeutung ist, üblich ist, Passagen wörtlich und ohne Paraphrase zu zitieren, damit der Leser seine eigenen Interpretationen vornehmen kann.

sich die Wall Street am politischen Scheideweg im Jahr 1932, als die Wahl zwischen Herbert Hoover und FDR bestand, für Roosevelt und ließ Hoover fallen.

Wie lässt sich angesichts dieser Informationen die Karriere von FDR an der Wall Street erklären? Und die Dienste, die er der Wall Street erwiesen hat, indem er zusammen mit Herbert Hoover die von der Bankenbruderschaft so sehnlichst gewünschten Berufsverbände der 20er Jahre gründete? Oder FDRs Freundschaft mit den wichtigsten Wall-Street-Händlern, John Raskob und Barney Baruch? Um all dies in die richtige Perspektive zu rücken, müssen wir in die Geschichte zurückgehen und die Vergangenheit der Familien Roosevelt und Delano untersuchen, die seit dem 18. Jahrhundert mit dem New Yorker Bankensektor verbunden sind.

DIE DELANO-FAMILIE UND DIE WALL STREET

Die Delano-Familie ist stolz darauf, ihre Vorfahren auf die Actii, eine römische Familie aus dem Jahr 600 v. Chr., zurückzuführen. Sie ist auch stolz auf Franklin Delano Roosevelt. Tatsächlich behaupten die Delanos, dass der Einfluss der Delanos der vorherrschende Faktor in FDRs Lebenswerk war und seine außergewöhnlichen Errungenschaften erklärt. Wie dem auch sei, es besteht kein Zweifel daran, dass die Delano-Seite der Familie FDR mit vielen anderen Führungspersönlichkeiten und anderen Politikern verbindet. Laut der Familiengeschichte der Delanos[274] "teilte Franklin eine gemeinsame Abstammung mit einem Drittel seiner Vorgänger im Weißen Haus". Präsidenten, die auf Seiten der Delanos mit dem FDR in Verbindung stehen, sind John Adams, James Madison, John Quincy Adams, William Henry Harrison, Zachary Taylor, Andrew Johnson, Ulysses S. Grant, Benjamin Harrison und William Howard Taft. Auf Seiten der Roosevelt-Familie ist FDR mit Theodore Roosevelt und Martin Van Buren verwandt, die Mary Aspinwall Roosevelt heirateten. George Washingtons Ehefrau Martha Dandridge gehörte zu FDRs Vorfahren, und Daniel Delano behauptet, Winston Churchill und Franklin D. Roosevelt seien "Cousins achten Grades" gewesen.[275] Das macht die Vereinigten Staaten fast zu einer Nation, die von einer königlichen Familie regiert wird, einer Mini-Monarchie.

Der Leser muss sein eigenes Urteil über Delanos genealogische Behauptungen fällen; dieser Autor hat nicht die Fähigkeit, die verwirrenden und komplexen Familienbeziehungen, die hier im Spiel sind, zu analysieren. Genauer gesagt und ohne jeden Zweifel waren die Delanos in den 1920er und 1930er Jahren und lange davor an der Wall Street aktiv. Die Delanos spielten eine führende Rolle bei der Entwicklung des Eisenbahnwesens in den USA und im Ausland. Lyman Delano (1883-1944) war ein wichtiger Eisenbahnmanager und der Großvater mütterlicherseits von Franklin D. Roosevelt. Als FDR begann Lyman seine Karriere in der Versicherungsbranche, bei der Northwestern Life Insurance in

---

[274] Daniel W. Delano, Jr., *Franklin Roosevelt and the Delano Influence* (Pittsburgh, Pa.: Publications Nudi, 1946), S. 53.

[275] Ibid, S. 54.

Chicago und anschließend zwei Jahre bei Stone & Webster.[276] Während des größten Teils seines Berufslebens war Lyman Delano im Vorstand der Atlantic Coast Line Railroad tätig, 1920 als Vorsitzender und von 1931 bis 1940 als Vorstandsvorsitzender. Lyman Delano war außerdem Direktor (zusammen mit W. Averell Harriman) der Aviation Corporation, der Pan American Airways, der P & O Steamship Lines und eines halben Dutzends Eisenbahngesellschaften.

Ein weiterer Wall-Street-Delano war Moreau Delano, Teilhaber von Brown Brothers & Co (nach 1933 ging er in Harriman & Co. auf und wurde zu Brown Brothers, Harriman) und Direktor von Cuban Cane Products Co. und der American Bank Note Company.

Der berühmteste Delano der Wall Street war FDRs "Lieblingsonkel" (laut Elliott Roosevelt), Frederic Adrian Delano (1863-1953), der seine Karriere bei der Chicago, Burlington and Quincy Railroad begann und später den Vorsitz bei der Wheeling & Lake Erie Railroad, der Wabash Railroad und 1913 bei der Chicago, Indianapolis and Louisville Railway übernahm. "Onkel Fred" wurde 1921 in einem kritischen Moment von FDRs Lähmungsanfall konsultiert, fand schnell Dr. Samuel A. Levine für eine dringende Diagnose und organisierte den privaten Sonderzug, um FDR von Maine nach New York zu bringen, während er den langen und schwierigen Weg zur Genesung begann.[277]

1914 ernannte Woodrow Wilson Onkel Fred zum Mitglied des Federal Reserve Board. Delanos enge Verbindung zur internationalen Bankenbruderschaft wird durch einen vertraulichen Brief des Zentralbankers Benjamin Strong an Fred Delano verdeutlicht, in dem er um vertrauliche Daten der FRB bittet:[278]

> (Persönlich)
> 11. Dezember 1916
> Mein lieber Fred: Wäre es möglich, dass du mir, streng vertraulich, die vom Finanzkontrolleur erhaltenen Zahlen über die Guthaben der nationalen Banken in ausländischen Wertpapieren übermitteln könntest? Ich wäre in meiner Meinung über die gegenwärtige Situation sehr beeinflusst, wenn ich diese Zahlen erhalten könnte, die mit dem Vertrauen behandelt würden, das du vorschlägst.
> Wenn irgendwann der Zeitpunkt kommt, an dem Sie sich für etwa eine Woche aus dem Staub machen können, um sich ein wenig zu erholen, warum fahren Sie dann nicht nach Denver und besuchen mich? Es gibt tausend Dinge, die ich gerne mit Ihnen besprechen würde.
>
> In Treue zu Ihnen,
> Benjamin Strong
> Der ehrenwerte F. A. Delano

---

[276] Siehe Sutton, *Wall Street and the Bolschevic Revolution*, op. cit.

[277] Elliott Roosevelt und James Brough, *An untold Story: The Roosevelts of Hyde Park* (New York: Putnam's, 1973), S. 142, 147-8.

[278] US-Senat, Anhörungen vor dem Sonderausschuss zur Untersuchung der Munitionsindustrie, 74. Kongress, zweite Sitzung, Teil 25, *World War Financing and United States Industrial Expansion 1914-1915, J. P. Morgan & Company* (Washington: Government Printing Office, 1937), S. 10174, Exhibit No. 3896.

Federal Reserve Board, Washington, D.C.

Nach dem Ersten Weltkrieg widmete sich Frédéric Delano dem, was euphemistisch als öffentlicher Dienst bezeichnet wird, und setzte gleichzeitig seine geschäftlichen Aktivitäten fort. 1925 war Delano Vorsitzender des Internationalen Komitees des Völkerbundes zur Opiumproduktion; 1927 war er Vorsitzender der Kommission für Raumplanung in New York; in dieser Zeit wurde er als Sponsor der Kommission für Nationalparks aktiv. 1934 ernannte FDR Onkel Fred Delano zum Vorsitzenden der Kommission für die Planung nationaler Ressourcen. Der Industrieausschuss des National Resource Planning Council, den Frederic Delano wahrscheinlich mit auswählte, war ein glücklicher kleiner Klüngel sozialistischer Planer, darunter Laughlin Currie, Leon Henderson, Isador Lublin (prominent beim Transfer von Industrietechnologie in die UdSSR vor dem Koreakrieg) und Mordecai Ezekiel.

Der Berater des Rates war Beardsley Ruml.

Dann, von 1931 bis 1936, während er an sozialistischen Planungsprojekten teilnahm, war Delano auch Vorstandsvorsitzender der Federal Reserve Bank in Richmond, Virginia. Kurz gesagt: Frederic Delano war sowohl Kapitalist als auch Planer.

Delano hinterließ einige Schriften, aus denen wir einige Konzepte seiner politischen Ideen entnehmen können. Wir finden darin Unterstützung für die These, dass die größten Befürworter staatlicher Regulierung die Geschäftsleute sind, die reguliert werden müssen, obwohl Delano davor warnt, dass die Verstaatlichung der Eisenbahnen durch die Regierung zu weit gehen könnte:

> Das öffentliche Eigentum an den Eisenbahnen ist ein frommer Wunsch, der zwar oft erwähnt, aber von der Öffentlichkeit nicht gefordert wird. Es wird ein trauriger Tag für die Republik sein, wenn die Regulierung so weit geht, dass die Eigentümer der Eisenbahnen nicht mehr bereit sind, die Verantwortung des Managements zu übernehmen.[279]

In einem anderen Buch, das etwa 20 Jahre später geschrieben wurde, ist Delano jedoch viel empfänglicher für die Regierungsplanung:

> Ein großes Problem, auf das die Planung stößt, ist die Aufklärung der Menschen. Wenn die Öffentlichkeit nur erkennen würde, dass gezielte Anstrengungen soziale Gewinne bringen können und dass die Zeit, die benötigt wird, um die meisten Dinge durch Planung zu erreichen, kommt, bevor die Notwendigkeit für Veränderungen entsteht, könnten die anderen Probleme der Planung leichter gelöst werden.[280]

---

[279] Frederic A. Delano, Werden unsere Eisenbahnen gerecht behandelt? Rede vor dem Wirtschaftsausschuss des New Yorker Clubs, 29. April 1913, S. 11.

[280] Frederic A. Delano, Was ist mit dem Jahr 2000? Joint Committee of the Bases of his Land Policy, s.d., S. 138-9.

Weiter:

> Die obige kurze Einordnung des Planungsproblems dient als Grundlage, um die Notwendigkeit einer direkten und indirekten sozialen Kontrolle aufzuzeigen.

Nur sehr wenige Menschen wissen wirklich, wie sie das Land am besten zu ihrem eigenen Vorteil nutzen können, ganz zu schweigen von der Planung der Landnutzung für das Gemeinwohl. Die Institutionen haben viel getan, um den Bauern beizubringen, wie man individuelle Betriebe plant, und doch sind viele Betriebe in diesem Land schlecht organisiert.[281]

Kurz gesagt, die Delano-Seite der Familie unternahm kapitalistische Unternehmen und hatte Interessen an der Wall Street, die bis ins 19. Jahrhundert zurückreichen. In den 1930er Jahren hatte Frederic Delano jedoch die kapitalistische Initiative zugunsten einer sozialistischen Planung aufgegeben.

DIE FAMILIE ROOSEVELT UND DIE WALL STREET

Franklin Delano Roosevelt stammte auch auf der Seite der Roosevelts von einer der ältesten Bankiersfamilien der Vereinigten Staaten ab. FDRs Urgroßvater, James Roosevelt, gründete 1784 die Bank of New York und war von 1786 bis 1791 deren Präsident. Die Investmentbank Roosevelt & Son of New York City wurde 1797 gegründet. In den 1930er Jahren war George E. Roosevelt, FDRs Cousin, das fünfte Familienmitglied in direkter Nachfolge, das die Firma leitete. Die New Yorker Bankwurzeln der Familie Roosevelt reichen also ununterbrochen bis zum Ende des 18. Jahrhunderts zurück. Im industriellen Bereich baute James Roosevelt in den 1740er Jahren die erste amerikanische Zuckerraffinerie in New York, und Roosevelt hatte noch in den 1930er Jahren Verbindungen zur kubanischen Zuckerraffinerie. FDRs Vater, auch James Roosevelt genannt, wurde 1828 in Hyde Park, New York, in diese alte und vornehme Familie hineingeboren. Dieser James Roosevelt schloss 1851 die Harvard Law School ab, wurde Direktor der Consolidated Coal Company of Maryland und war, wie die Delanos in den folgenden Jahren, mit der Entwicklung des Verkehrswesens verbunden, zunächst als Generaldirektor der Cumberland & Pennsylvania Railroad, dann als Präsident der Louisville, New Albany & Chicago Railroad, der Susquehanna Railroad Co, Champlain Transportation Co, Lake George Steamboat Co und der New York & Canada Railroad Co. James Roosevelt war auch Vizepräsident und Direktor der Delaware & Hudson Canal Co. und Präsident der Maritime Canal Company of Nicaragua, vor allem aber Organisator der Southern Railway Security Company, die 1871 gegründet wurde und eine der ersten Sicherheitsholdings war, die zum Kauf und zur Konsolidierung von Eisenbahnen gegründet wurde. Die Southern Railway Security Company war ein Konsolidierungs- oder Kartellisierungsprojekt, das in seinem monopolistischen Prinzip den von Franklin D. Roosevelt in den 1920er Jahren gebildeten Handelsverbänden und dem

---

[281] Ibid, S. 141.

National Recovery Act, einem weiteren Kartellisierungsprojekt, des New Deal ähnelte. James Roosevelts zweite Frau war Sara, die Tochter von Warren Delano, und ihr Sohn war Franklin Delano Roosevelt, der spätere Präsident der Vereinigten Staaten.

Franklin studierte in Groton und Harvard und besuchte anschließend die Columbia Law School. Laut seinem Sohn Elliott hat[282] FDR "nie einen Abschluss gemacht, aber er konnte sein Examen bei der Anwaltskammer des Staates New York ablegen".[283] FDRs erster Job war in der ehemaligen Anwaltskanzlei Carter, Ledyard and Milburn in der Innenstadt, deren Hauptmandant J. Pierpont Morgan war. Innerhalb von drei Jahren stieg FDR von kleineren Positionen in der Rechtsforschung bis zum Stadtgericht und den Admiralitätsabteilungen der Kanzlei auf. Nebenbei bemerkt: Als FDR 1916 zum ersten Mal nach Washington D.C. reiste, um stellvertretender Marinesekretär zu werden, war es Thomas W. Lamont - ein internationaler Banker und Morgans einflussreichster Partner -, der FDRs Haus in New York mietete.[284]

An der Wall Street gab es noch andere Roosevelts. George Emlen Roosevelt (1887-1963) war ein Cousin von Franklin und Theodore Roosevelt. Im Jahr 1908 wurde George Emlen Mitglied der Familienbankgesellschaft Roosevelt & Son. Im Januar 1934, nach der Verabschiedung des FDR-Bankgesetzes von 1933, wurde das Unternehmen in drei einzelne Einheiten aufgeteilt: Roosevelt & Son, bei dem George Roosevelt Hauptgesellschafter blieb, Dick & Merle-Smith und Roosevelt & Weigold. George Emlen Roosevelt war ein führender Finanzier im Eisenbahnsektor, der an nicht weniger als 14 Eisenbahnreorganisationen beteiligt war, sowie an Verwaltungsratsposten in mehreren wichtigen Unternehmen, darunter die von Morgan kontrollierte Guaranty Trust Company,[285] die Chemical Bank und die Bank for Savings in New York. Die vollständige Liste der Direktorenposten von George Emlen bis 1930 erfordert sechs Zoll Kleingedrucktes im Poor's *Directory of Directors*.

Ein weiterer Roosevelt, der mit Morgan in Verbindung gebracht wurde, war Theodore Roosevelt, 26 Präsident der Vereinigten Staaten und Enkel von Cornelius Roosevelt, einem der Gründer der Chemical National Bank. Wie Clinton Roosevelt, auf den wir später noch zu sprechen kommen, war Theodore von 1882 bis 1884 Mitglied der New Yorker Staatsversammlung; er wurde 1889 zum Mitglied der US-Beamtenkommission, 1895 zum Polizeichef von New York City und 1897 zum stellvertretenden Marinesekretär ernannt; 1900 wurde er zum Vizepräsidenten gewählt, um 1901 bei der Ermordung von Präsident McKinley

---

[282] Elliott Roosevelt, *An Untold Story, a. a. O.*, S. 43.

[283] Ibid, S. 67.

[284] Siehe Sutton, *Wall Street and the Bolschevic Revolution,* für zahlreiche Zitate aus Thomas Lamonts Buch über seine Verbindungen zur bolschewistischen Revolution im Jahr 1917, als er im gemieteten Haus von FDR in New York wohnte.

[285] Es ist wichtig zu beachten, während wir die Geschichte von FDR an der Wall Street entwickeln, dass Guaranty Das Vertrauen ist wichtig in der ersten bolschewistischen Revolution von Sutton.

Präsident der Vereinigten Staaten zu werden. Theodore Roosevelt wurde 1904 als Präsident wiedergewählt, um als Gründer der Progressive Party, unterstützt durch das Geld und den Einfluss von J. P. Morgan, die USA auf den Weg zum Wohlfahrtsstaat zu bringen. Der längste Abschnitt der Plattform der Progressive Party war der über "Geschäfte" und liest sich teilweise:

> Wir fordern daher eine starke nationale Regulierung von zwischenstaatlichen Unternehmen. Das Unternehmen ist ein wesentlicher Bestandteil des modernen Handels. Die Konzentration moderner Unternehmen bis zu einem gewissen Grad ist sowohl unvermeidlich als auch notwendig für die Effizienz nationaler und internationaler Unternehmen.

Der einzige wirklich bedeutende Unterschied zwischen dieser von Morgan unterstützten Aussage und der marxistischen Analyse besteht darin, dass Karl Marx die Konzentration von Großunternehmen eher als unvermeidlich denn als "notwendig" ansah. Dennoch wurde Roosevelts Progressive Party, die sich mit der Regulierung von Unternehmen befasste, von der Wall Street finanziert, insbesondere von der International Harvester Corporation, die von Morgan kontrolliert wurde, und von den Partnern von J. P. Morgan. In Kolkos Worten:

> In den Finanzunterlagen der Partei für 1912 wird C. K. McCormick, Mr. und Mrs. Medill McCormick, Mrs. Katherine McCormick, Mrs. A. A. McCormick, Fred S. Oliver und James H. Pierce. Die größten Spenden für die Progressiven kamen jedoch von Munsey, Perkins, dem Willard Straight der Morgan Company, Douglas Robinson, W. E. Roosevelt und Thomas Plant.[286]

Natürlich gibt es eine lange politische Tradition von Roosevelt, die sich auf den Staat New York und die Bundesregierung in Washington konzentriert und parallel zu dieser Wall Street-Tradition verläuft. Nicholas Roosevelt (1658-1742) war im Jahr 1700 Mitglied der Versammlung des Staates New York. Isaac Roosevelt (1726-1794) war Mitglied des Provinzkongresses von New York. James I. Roosevelt (1795-1875) war 1835 und 1840 Mitglied der Versammlung des Bundesstaates New York und 1841-1843 Mitglied des Repräsentantenhauses der Vereinigten Staaten. Clinton Roosevelt (1804-1898), der Autor eines Wirtschaftsprogramms von 1841, das Franklin Roosevelts New Deal bemerkenswert ähnlich ist (siehe Kapitel 6), war 1835 Mitglied der New Yorker Staatsversammlung. Robert Barnwell Roosevelt (1829-1906) war 1871-73 Mitglied des US-Repräsentantenhauses und 1888-1890 US-Minister in den Niederlanden. Dann gab es natürlich, wie bereits angemerkt, Präsident Theodore Roosevelt. Franklin setzte die politische Tradition von Theodore Roosevelt als Senator des Staates New York (1910-1913), stellvertretender Marineminister (1913-1920), Gouverneur des Staates New York (1928-1930) und schließlich als Präsident (1933-1945) fort.

---

[286] Gabriel Kolko, *The Triumph of Conservatism* (London: Free Press, 1963), S. 202. Willard Straight war der Besitzer von *The New Republic*.

Während FDR im Amt war, übernahmen andere Roosevelts kleinere Ämter. Theodore Roosevelt, Jr. (1887-1944) war von 1919 bis 1921 Mitglied der New Yorker Staatsversammlung und setzte dann das Quasi-Monopol der Roosevelt-Marine als stellvertretender Marineminister von 1921 bis 1924, Gouverneur von Puerto Rico von 1922 bis 1932 und Generalgouverneur der Philippinen von 1932 bis 1933 fort. Nicolas Roosevelt war 1930 Vizegouverneur der Philippinen. Andere Roosevelts haben diese politische Tradition seit der Zeit des New Deal fortgesetzt.

Eine Allianz zwischen der Wall Street und der Politik ist in dieser Roosevelt-Tradition implizit. Die Politik, die von vielen Roosevelts umgesetzt wurde, tendierte dazu, die staatliche Intervention in die Wirtschaft zu verstärken, was für Teile der Geschäftswelt wünschenswert ist. Der Euphemismus des "öffentlichen Dienstes" ist ein Deckmantel für die Nutzung der polizeilichen Macht des Staates für persönliche Zwecke, eine These, mit der wir uns auseinandersetzen müssen. Wäre Roosevelts Tradition die eines kompromisslosen *Laissez-faire* gewesen, eines Rückzugs des Staates aus den Geschäften statt einer Einmischung in die wirtschaftlichen Aktivitäten, würde unsere Bewertung zwangsläufig anders ausfallen. Doch seit mindestens Clinton Roosevelt im Jahr 1841 bis zu Franklin D. Roosevelt wurde die vom Roosevelt-Clan angehäufte politische Macht dazu genutzt, die Wirtschaft mit dem Ziel zu regulieren, den Wettbewerb einzuschränken, Monopole zu fördern und somit die Verbraucher im Interesse einer Finanzelite auszubluten. Darüber hinaus müssen wir die von Franklin D. Roosevelt an Edward House übermittelte und im Epigraph dieses Kapitels zitierte Beobachtung berücksichtigen, dass "eine Finanzmacht in den großen Zentren die Regierung seit der Zeit von Andrew Jackson kontrolliert hat". Daher ist es angebracht, dieses einleitende Kapitel mit den Beobachtungen von William Allen White aus dem Jahr 1943 zu schließen, einem ehrlichen Herausgeber, wenn man so will, der eine der besten Kritiken über dieses Finanzinstitut im Kontext des Zweiten Weltkriegs abgab; dies, man beachte, nach zehn Jahren FDR und auf dem Gipfel der politischen Macht von Roosevelt:

> Man kann nicht nach Washington reisen, ohne auf die Tatsache zu stoßen, dass wir zwei Kriege führen: einen Krieg im Ausland und einen Krieg im Inland.
> Der Krieg im Inland findet in den verschiedenen Kriegsräten statt. Alle großen Rohstoffindustrien in diesem Land sind auf nationaler Ebene organisiert und viele, vielleicht die meisten, sind Teil großer nationaler Organisationen, Kartelle und Abkommen, die auf beiden Seiten der Schlachtfront funktionieren.
> Hier in Washington ist jede Industrie daran interessiert, sich selbst zu retten. Sie will mit ihrer gesamten Organisation intakt aus dem Krieg hervorgehen, ob legal oder illegal.
> Man ist überrascht, in den verschiedenen Kriegsräten Männer zu finden, die große Trusts oder Warenabkommen oder Gewerkschaften vertreten, die gepflanzt wurden. Es ist töricht zu behaupten, dass es die New Dealers sind, die dieses Spektakel leiten. Sie wird größtenteils von abwesenden Eigentümern fusionierter industrieller Reichtümer geleitet, von Männern, die direkt oder über ihre Arbeitgeber kleine, straff organisierte Minderheitsblöcke kontrollieren, die die physischen Fabriken dieser Trusts manipulieren.

Die meisten dieser Managementmagnaten sind anständige und patriotische Amerikaner. Sie haben große Talente. Wenn man in neun von zehn Fällen auf sie zugeht, sind sie freundliche und höfliche christliche Gentlemen.

Aber in der zehnten Beziehung, in der sie ihre eigene Organisation berührt, sind sie völlig verrückt, rücksichtslos, ohne Respekt vor Gott oder Menschen, paranoid, eigentlich so schlimm wie Hitler in ihrem Handeln.

Sie sind entschlossen, für ihre eigenen Aktionäre siegreich aus diesem Krieg hervorzugehen - was nicht weiter verwunderlich ist. Es ist auch verständlich, dass Hitler um jeden Preis für das deutsche Volk siegreich aus diesem Krieg hervorgehen möchte.

Aber diese Haltung von Männern, die die großen Rohstoffindustrien kontrollieren und sich vornehmen, sie nach ihrem eigenen Urteil und ihrer eigenen Moral zu leiten, gibt in den Augen des gewöhnlichen Menschen kein schönes Bild ab.

Diese internationalen Kombinationen von Industriekapital sind wilde Höhlentiere, die mit enormer Macht ausgestattet sind und keinerlei soziale Rücksichtnahme irgendeiner Art kennen. Sie schweben wie ein altes silurisches Reptil über unserer anständigen, mehr oder weniger christlichen Zivilisation, wie große Drachen in dieser modernen Zeit, in der die Drachen angeblich ausgestorben sind.[287]

---

[287] Zitat aus George Seldes, *One Thousand Americans* (New York: Boni & Gaer, 1947), S. 149-150.

KAPITEL II

DIE POLITIK IM SEKTOR ANLEIHEN[288]

> *Ich werde unsere alte Freundschaft nutzen und Sie fragen, ob Sie mir helfen können, Garantien und Verträge von den Behörden in Brooklyn zu erhalten.*
> Franklin D. Roosevelt an den Kongressabgeordneten J. A. Maher, 2. März 1922.

Anfang 1921 wurde Franklin D. Roosevelt Vizepräsident der Fidelity & Deposit Company of Maryland und residierender Direktor des New Yorker Büros des Unternehmens am 120 Broadway. Fidelity & Deposit of Maryland war eine etablierte Versicherungsgesellschaft, die sich auf Bürgschafts- und Garantiepolicen spezialisierte, die in Regierungs- und Unternehmensverträgen verlangt wurden, sowie auf eine Reihe von Einzelbeschäftigungen, die vom Sekretär einer Gewerkschaft bis zum Angestellten von Maklerhäusern reichten. Tatsächlich gibt es überall dort ein Potenzial für Kautionsgeschäfte, wo ein Bauunternehmer oder Angestellter ein treuhänderisches Vertrauen verletzen oder einen Vertrag nicht erfüllen könnte, wie bei Bauprojekten. Kurz gesagt ist die Kautionsversicherung ein spezialisierter Bereich der Versicherung, der das Risiko der Nichteinhaltung von Vorschriften abdeckt. 1921 war Fidelity & Deposit die viertgrößte Bürgschaftsgesellschaft in den USA, allerdings nicht zu verwechseln mit der Fidelity and Casualty Company in New York, einer anderen Versicherungsgesellschaft, die übrigens W. Emlen Roosevelt, den Cousin von FDR, in ihrem Vorstand hatte.

Warum stellte Van-Lear Black, Besitzer der Baltimore Sun und Vorstandsvorsitzender von Fidelity & Deposit, den Versicherungsneuling Franklin D. Roosevelt als Vizepräsidenten des wichtigen New Yorker Büros ein? Mit ziemlicher Sicherheit stellte er FDR ein, weil das Bürgschaftsgeschäft ungewöhnlich stark vom politischen Einfluss abhängig ist. Wenn wir die Briefakten von Fidelity & Deposit aus den Jahren 1921 bis 1928 lesen, stellen wir fest, dass Preis oder Service nur selten als Wettbewerbselemente im Bürgschaftsgeschäft auftauchen. Die wichtigsten Wettbewerbswaffen sind "Wen kennen Sie?" und "Was ist Ihre Politik? Mit anderen Worten: Die Politik ist ein Ersatz für den Markt. Politik war die Stärke von FDR und Van-Lear Black kannte

---

[288] Dieses Kapitel basiert auf den Unterlagen von FDR in Hyde Park, New York: insbesondere Gruppe 14, Ordner mit dem Titel "Fidelity & Deposit Co. of Maryland, Korrespondenz von FDR als Vizepräsident, 1921-1928".

seine Bürgschaftswelt, als er FDR übernahm. Es ist wichtig, die politische Natur des Verbindungsgeschäfts zu beachten, denn FDRs Biografen haben in einigen Fällen angedeutet, dass FDR als Neuling im Geschäftsleben für Van-Lear Black relativ nutzlos war. So schreibt Frank Freidel beispielsweise:

> Es lässt sich nicht feststellen, ob Van-Lear Black ihn einstellte, weil es sich um eine clevere geschäftliche Geste handelte oder einfach nur, um eine Berühmtheit zu sammeln. Das Schlimmste, was die Wall Street Roosevelt vorwerfen konnte, war, dass die Firma die fünfundzwanzigtausend Dollar, die sie ihm pro Jahr als Gehalt zahlte, verschwendete.[289]

Welche Rolle spielten dann Politik und Politiker im Linkhandel im Bundesstaat New York in den 1920er Jahren?

POLITIKER SIND DIE UNTERZEICHNER VON STAATSANLEIHEN

Die allgegenwärtige politische Natur des Bürgschaftsgeschäfts spiegelt sich in einem zeitgenössischen, aber anonymen Zeitungsausschnitt wider, der in den Akten der FDR-Briefe gefunden und von FDR selbst sorgfältig markiert wurde. Der Ausschnitt bezieht sich auf Beamte der Regierung des Bundesstaates New York, die Staatsverträge aushandeln und gleichzeitig als Mitglieder von Privatunternehmen agieren, die Anleihen ausgeben und Bürgschaften an staatliche Unternehmer verkaufen. Die Zeitung führte klugerweise die Rubrik "All Under One Roof" und berichtete, dass Daniel P. O'Connell, Mitglied des Albany-Anleiheunternehmens O'Connell Brothers & Corning und gleichzeitig Leiter der Abteilung für öffentliche Angelegenheiten der Stadt und des Landkreises Albany, versuchte, Einfluss auf die Ausgabe seiner Anleihen im gesamten Bundesstaat auszuüben, sehr zum Leidwesen konkurrierender Anleiheersteller:

> Während Daniel P. früher etwas damit beschäftigt war, sich um die Anleihen verschiedener und unterschiedlicher Wähler zu kümmern, wird er nun, wie es heißt, alles daran setzen, seine Anleihen auch anderen Personen vorzulegen, insbesondere Unternehmern, die mit der Stadt und dem Landkreis Geschäfte machen.
> Seine Ankunft in der Welt des Schreibens war so willkommen wie ein Schneesturm für eine errötende Braut an einem hellen, sonnigen Junimorgen. Es heißt, dass die örtlichen Versicherer, Demokraten wie Republikaner, die sich seit vielen Jahren mit dem Verfassen von Bürgschaften für Unternehmer beschäftigen, Daniel Ps Eintritt in ihren Bereich nicht begrüßen, obwohl sie vielleicht seinen Ehrgeiz und die Demonstration von Mut und dergleichen bewundern; und in den politischen

---

[289] Freidel, *The Ordeal*, a. a. O., S. 138. Freidel ist unfair gegenüber Roosevelt. Es gibt keine Belege für die Kritik der Wall Street an der Ernennung. Kritik ist angesichts des politischen Charakters des Unternehmens, der Tatsache, dass seine Kenntnis der politischen Welt die Stärke von FDR war, und seiner langen Tradition der Kumpanei mit den Eliten der "Wall Street" unwahrscheinlich.

Kreisen des Staates heißt es, dass Royal K. Fuller, Staatskommissar des Amtes für Kanäle und Wasserstraßen, befürchtet, dass, wenn Daniel P. im lokalen Bereich Erfolg hat, [dies] zu seinem (Fullers) Nachteil sein wird, oder vielmehr zum Nachteil des Bürgschaftsunternehmens, mit dem er verbunden ist und zu dessen Gunsten er, wie es heißt, den Einfluss seiner Position nutzt.

Der Schriftsteller und Inhaber eines öffentlichen Amtes, Mr. O'Connell, schrieb daraufhin an alle Bauunternehmer in der Stadt und im Landkreis Albany Bewerbungsschreiben, in denen er ihnen mitteilte, dass er in der Abteilung für Baubürgschaften der städtischen Sparkasse tätig sei, die übrigens dem Bürgermeister von Albany, Mr. Hackett, gehört und zufällig auch der Sitz der demokratischen Organisation des Landkreises Albany ist. Mr. O'Connells Brief an die Unternehmer des Staates endete mit dem Aufruf:

> Ich wäre Ihnen dankbar, wenn Sie diesem Büro die Möglichkeit geben würden, Ihnen zu dienen. Ein Telefonanruf oder ein Brief, der an mich in diesem Büro gerichtet wird, wird eine schnelle Aufmerksamkeit erhalten.

Es ist wichtig, diese dominante und scheinbar akzeptable Nutzung des politischen Amtes und Einflusses zu beachten, um sich ein eigenes Nest zu bauen. Im Lichte der unten stehenden Beweise legt dies nahe, dass FDR lediglich den zeitgenössischen Sitten seiner Umgebung folgte. Die Nutzung der Politik, um an Bürgschaftsverträge zu gelangen, spiegelt sich in FDRs Briefakten wider und ist im Wesentlichen der einzige Weg, wie er an Bürgschaftsverträge gelangte, während er Vizepräsident von Fidelity & Deposit Company war. Natürlich sind seine Briefe, in denen er bei den anderen Roosevelts an der Wall Street um Geschäfte warb, völlig legitim. Wir finden zum Beispiel einen Brief an "Lieber Cousin Emlen" (W. Emlen Roosevelt von Roosevelt & Son, 30 Pine Street) vom 10. März 1922, in dem er sich nach der geplanten Bürgschaft für die Buffalo, Rochester and Pittsburgh Railway Company erkundigte, die damals von der National Surety Company, einem konkurrierenden Unternehmen, verfasst wurde. Emlen antwortete am 16. März prompt, dass er "mit dem Präsidenten über die Angelegenheit sprechen konnte". Das muss FDRs Fantasie angeregt haben, denn am 16. März 1922 schrieb er an "Dear George" (George E. Roosevelt), ebenfalls bei Roosevelt & Son, um sich nach der Gesamtbürgschaft zu erkundigen, die das Unternehmen selbst zu seinem eigenen Schutz gezeichnet hatte.

Gewerkschaften waren ein besonderes Ziel von FDR für Unternehmen; da jeder Sekretär und Schatzmeister einer Gewerkschaftssektion eine Bürgschaft haben musste, war dies ein lukratives Feld. Am 13. Dezember 1921 schrieb der Generalsekretär und Schatzmeister E. C. Davison von der Internationalen Maschinenarbeitervereinigung an FDR:

> Wir wickeln nun den Großteil unseres Bürgschaftsgeschäfts mit Ihrer Firma ab, was in hohem Maße durch Ihre Vermittlung beeinflusst wurde.

Dann, am 26. Januar 1922, schrieb Joseph F. Valentine, Präsident der Internationalen Union der Former aus Nordamerika, an FDR, dass er alle Bemühungen FDRs um die Union sehr schätze, während er stellvertretender Sekretär der Marine war und:

> Ich möchte der Fidelity and Deposit Company of Maryland den größtmöglichen Anteil an unseren Geschäften übertragen... sobald unsere bestehenden Anleihen fällig werden, wird es mir eine persönliche Freude sein, dass Ihre Firma künftig unsere Geschäfte führt.

Die Gewerkschaftsführer in Washington und anderswo forderten ihre Ortsverbände schnell auf, die Geschäfte zu ihrem alten Freund FDR umzuleiten und sie von anderen Bürgschaftsgesellschaften fernzuhalten. Die lokalen Gewerkschaftsführer waren ihrerseits schnell bereit, über ihre Umleitungsaktionen zu berichten, wobei die Informationen wiederum schnell an FDR weitergeleitet wurden. So schrieb beispielsweise der Präsident des Internationalen Verbands der Kesselschmiede an den Sekretär Berres der Abteilung für Metallberufe, A. F. of L., in Washington, D.C., und schrieb ihm, dass er in der Lage sein müsse, die Kosten für die Unterschlagung zu tragen:

> ... Sie können versichert sein, dass alles, was ich tun kann, um Mr. Roosevelt in seinem neuen Amt einen Dienst zu erweisen, für mich ein Vergnügen sein wird, und deshalb schreibe ich heute an Mr. Roosevelt.

Natürlich nutzte FDR seine alten politischen Freunde bis zum Äußersten und mit lobenswerter Detailgenauigkeit aus. In einer Verkaufsrede vom 2. März 1922, die an den Kongressabgeordneten J. A. Maher gerichtet war, schrieb FDR zwei Briefe, nicht nur einen. Der erste Brief lautete teilweise:

> Howe [Louis Howe, die rechte Hand von FDR] hat mir von seinem Telefongespräch mit Ihnen erzählt, und ich schlage einen formelleren Brief zur Klarstellung vor. Dies ist eine kleine freundliche Anmerkung, damit Sie nicht denken, dass ich plötzlich förmlich geworden bin, seit ich die Wall Street als Geschäftsadresse angenommen habe.
> Bitte kommen Sie zu mir. Ich weiß, dass es Ihnen gut tun wird, die Sprache zu hören, die Bruder Berres und andere mit dem Arbeitsamt verbundene Personen gegenüber der derzeitigen Verwaltung im Allgemeinen und den Mitgliedern des Kongresses im Besonderen verwenden. Sollte es vorkommen, dass die Frau bei Ihrer Ankunft nicht gehört wird, werde ich einige der am häufigsten zitierten Auszüge wiederholen.

FDR hat dem Abgeordneten Maher einen formelleren Brief beigelegt, den man natürlich Mahers Freunden zeigen muss und in dem genau steht, was er will: "Treue- und Vertragspflichten von den Mächten in Brooklyn:".

> Ich möchte unsere alte Freundschaft nutzen und Sie fragen, ob Sie mir helfen können, von den Behörden in Brooklyn Treue- und Vertragsgarantien zu erhalten.

Es gibt eine große Anzahl von Bürgschaften, die im Rahmen der Arbeit der Stadtregierung erforderlich sind, zusätzlich zu den persönlichen Bürgschaften, die jeder Stadtbeamte abgeben muss, und ich hoffe, dass einige meiner alten Freunde bereit sind, sich an mich zu erinnern. Leider kann ich diese Frage im Moment nicht mit ihnen besprechen, aber da alle meine Freunde auch Ihre Freunde sind, denke ich, dass Sie mir, wenn Sie Zeit und Lust haben, wirklich helfen können. Ich versichere Ihnen, dass dieser Gefallen nicht so schnell in Vergessenheit geraten wird.

Wir werden später sehen, inwieweit dieser Ansatz für F & E erfolgreich war.

POLITISCHE EINFLUSSNAHME UND VERGABE VON AUFTRÄGEN

FDRs politische Kontakte und Einflüsse waren bei Fidelity & Deposit natürlich bekannt, und er wurde wiederholt von anderen Mitgliedern der Firma aufgefordert, sein politisches Fachwissen und seinen persönlichen Kredit zu nutzen, um Anleihegeschäfte auch außerhalb von New York zu generieren. Dies lässt sich anhand eines auf den 23. August 1928 datierten Schreibens des für das Chicagoer Büro zuständigen F & D-Direktors F. A. Price über Geschäfte mit Lokalpolitikern in Chicago veranschaulichen. Price schrieb "Lieber Franklin" mit der Botschaft, dass seit dem Tod des Chicagoer Spitzenpolitikers George Brennan mehrere Namen als Führer der lokalen Maschinerie der Demokratischen Partei vorgeschlagen worden waren. Vor seinem Tod habe Brennan darum gebeten, dass Mr. L. Igoe sein Nachfolger werde, schrieb Price an FDR:

> Wahrscheinlich haben Sie während Ihres Aufenthalts in Houston Kontakt zu ihm aufgenommen. Falls Sie ihn persönlich kennen, möchte ich Sie bitten, mir ein möglichst fundiertes Vorstellungsschreiben zukommen zu lassen.

Price merkte an, dass er kürzlich während seines Aufenthalts in Baltimore mit dem Vorsitzenden des F & D-Unternehmens, Charles Miller, "die Idee eines Abkommens mit dem neuen demokratischen Führer von Illinois" besprochen habe. In diesem Sinne möchte ich den einleitenden Brief". Da die Maschinenpolitik in Chicago für ihre niedrigen ethischen Standards bekannt ist, braucht man nicht viel Fantasie, um sich die Art von Vereinbarung vorzustellen, die Price vorschlug und für die FDR seinen Namen und seinen Einfluss nutzte, um sie voranzutreiben.

Diese persönliche Freundschaft reichte nicht aus, um Bürgschaftsverträge zu erhalten, und eine gewisse Verwässerung wird in einem Brief über die politische Lage in New York vom 23. September 1925 deutlich, der von John Griffin, dem Leiter der Vertragsabteilung des New Yorker Büros, an "My Dear Mr. Roosevelt" gerichtet wurde. In diesem Brief geht es um die komplexen Verflechtungen zwischen den politischen Büros in New York und der Anleihenmaklerbranche. Der Brief liest sich zum Teil wie folgt:

Walkers großer Sieg über Hylan wird natürlich die Situation der Anleihenmakler neu beleben. Sinnott & Canty, von denen wir zu Beginn der Hylan-Administration Anleihen bekommen konnten und die im letzten Teil nicht sehr begünstigt waren, werden wahrscheinlich aus dem Spiel sein und entweder Charles F. Murphy, Jr, Hyman & McCall, Jim Hoey oder ein Mann namens McLaughlin, ein Bruder des Superintendent of Banks, wird der Favorit sein. Meiner Meinung nach wird unsere stärkste Verbindung über Al Smith mit Charlie Murphy, McCall oder McLaughlin laufen, denn Hoey hat seine eigene Firma, die Columbia Casualty Company.

Vielleicht erhält Murphy von der National Surety Company oder der Gesellschaft, mit der er derzeit Geschäfte macht, eine höhere Provision als die, die wir bereit sein könnten, ihm für seine direkten Geschäfte zu geben, aber ein Wort in sein Ohr, durch Sie und natürlich durch den Gouverneur und vielleicht durch Jimmie Walker, würde uns zumindest unter die Meistbegünstigungsklausel stellen oder [für] jede Aufteilung dieser Anleihen, wie Sie wissen, müssen alle zwischen zwei oder mehr Gesellschaften aufgeteilt werden.

Ich kenne alle diese Leute ziemlich gut und günstig, aber eine einfache persönliche Freundschaft wird nicht ausreichen.

Eine akribische Lektüre dieses firmeninternen Schreibens legt nahe, dass Bestechung der übliche Weg war, um Bürgschaftsgeschäfte von New Yorker Regierungsbehörden zu erhalten; beachten Sie den Absatz, "Vielleicht erhält Murphy von der National Surety Company oder der Firma, der er jetzt Geschäfte vermittelt, eine höhere Provision als die, die wir bereit sein könnten, für seine direkten Geschäfte zu geben. Der Schlusssatz "... eine bloße persönliche Freundschaft wird nicht ausreichen" räsoniert auf beunruhigende Weise.

Die Politisierung des Bürgschaftsgeschäfts, die in Chicago und New York so offensichtlich war, erstreckte sich auch auf die Vertragsarena der Bundesregierung in Washington D.C. Am 5. Mai 1926 schrieb der zweite Vizepräsident von F & D, F. A. Bach, in Baltimore an FDR einen Bericht über ca. 1 $^{1/4}$ von Dollar; ein Gebäude des Veteranenamts im Wert von 1 Million Dollar, dessen Bau für das Frühjahr geplant war:

> Lieber Franklin,
> Unter den anderen Projekten des Veteranenamtes in diesem Frühjahr ist eines, bei dem es um etwa eineinviertel Millionen Dollar in Bedford, Massachusetts, geht, und ich hoffe insgeheim, dass wir dank eines Einflusses wie dem, Frau Rogers, die Vertreterin von Massachusetts, zu kennen, vielleicht eine Chance haben, einen Anteil an diesem Geschäft zu bekommen, obwohl natürlich das größte Projekt in North Port, Long Island, sein wird.

Ähnlich schrieb FDR an einen Kontakt in einem "Unternehmen, das Verträge mit der Marine hält":

> Ein gelegentlicher Hinweis in einem Brief eines meiner alten Freunde aus dem Marinedepartement auf die Vergabe einiger 8-Zoll-Kanonenstücke an Ihr Unternehmen erinnerte mich an die sehr angenehmen Beziehungen, die wir während meiner Amtszeit als stellvertretender Marinesekretär unterhielten, und ich fragte mich, ob Sie vielleicht Lust hätten, mein Unternehmen einige der Vertragsgarantien aufsetzen zu lassen, die Sie der Regierung von Zeit zu Zeit geben

müssen. Ich würde mich sehr freuen, wenn sich einer unserer Vertreter bei uns melden würde.

Louis Howe, die rechte Hand von FDR, arbeitete ebenfalls in den Büros von F & D, handelte aktiv mit Anleihen und war mit der Prospektion keineswegs im Rückstand. Howes Brief an Homer Ferguson von der Newport News Shipbuilding Company im Dezember 1921 vermerkt, dass die Firma Angebote für den Bau des Schiffes Leviathan abgegeben hatte, und dankt Ferguson für die Bürgschaft:

> Falls die Tatsache, dass es sich um das Unternehmen von Mr. Roosevelt handelt, Sie zufällig bei der Vergabe dieses Preises beeinflusst hat, würde es Mr. Roosevelt sehr freuen, wenn Sie ihm eine kurze Zeile dazu schreiben könnten.

Diese politischen Methoden, Geschäfte zu machen, sind natürlich weit entfernt vom umkämpften Markt der akademischen Lehrbücher. Es wäre naiv zu glauben, dass politische Präferenzen und persönliche Freundschaft in Geschäftsbeziehungen keine oder nur eine untergeordnete Rolle spielen. Bei der Betrachtung der Anleihengeschäfte von FDR fällt es jedoch schwer, sich ein anderes Geschäft vorzustellen, bei dem die Politik eine so umfassende Rolle spielt wie bei den Bürgschafts- und Garantiegeschäften in den 1920er Jahren. Die Moral der Bestechung und der Nutzung des politischen Amtes zur Generierung persönlicher Geschäfte ist fragwürdig, und die Legalität ist sicherlich zweifelhaft. Der daraus resultierende Verlust an wirtschaftlicher Effizienz und der Verlust für die Gesellschaft als Ganzes sind weit weniger offensichtlich. Wenn der Kauf und Verkauf dieser Anleihen durch den Preis und die bisherige Leistung bestimmt wird - und persönliches Wissen kann ein legitimer Faktor bei der Beurteilung der bisherigen Leistung sein -, dann wird der Markt den größtmöglichen wirtschaftlichen Nutzen und die größtmögliche Effizienz für die Gesellschaft bringen. In einer politisierten Handelsatmosphäre werden diese Faktoren des unparteiischen Wettbewerbs ausgeschaltet, die wirtschaftliche Effizienz geht verloren und die Vorteile werden geschmälert. Wir haben in der Tat einen Mikrokosmos einer sozialistischen Wirtschaft, in der alle Entscheidungen zum Nachteil der Gesellschaft als Ganzes politisiert werden. Kurz gesagt: Das Bürgschaftsgeschäft von FDR war in gewissem Maße unsozial.

Andere Briefe aus den Roosevelt-Akten geben einen authentischen Einblick hinter die Kulissen der Politik in der Zeit um 1920, der Machenschaften, die so oft in blanke Korruption ausarteten. Davon zeugt ein FDR-Schreiben vom 11. Juli 1928 an den Ersten Vizepräsidenten George L. Radcliffe in Baltimore, in dem es darum geht, wie John J. Raskob Vorsitzender des Democratic National Committee wurde. Raskob war Vizepräsident von Du Pont und General Motors und gehörte damit ebenso zum Wall Street Establishment wie die anderen:

> Bei einem Treffen gestern Abend wählte Gouverneur [Smith] John J. Raskob endgültig zum Vorsitzenden des Nationalkomitees. Er sagte, er wolle einen Organisator und einen Mann, der die Demokratische Partei zugunsten der Geschäftsinteressen des Landes aufstellen würde. Mein erstes Urteil ist, dass dies ein schwerer Fehler ist, denn er ist Katholik; zweitens ist er noch nasser als Smith

und versucht, die Aufhebung des achtzehnten Verfassungszusatzes zu erreichen; und drittens steht er an der Spitze der größten Handelsorganisation der Welt. Ich befürchte, dass er eine Menge Leute im Süden und Westen und im ländlichen Osten endgültig vertreiben wird, die Smith nicht besonders wohlgesonnen sind, sich aber bis heute von der Partei abgeschottet haben.
Ich kenne Raskob nicht sehr gut, aber ich hoffe, in ein paar Tagen eine Konferenz mit ihm zu haben, in der ich unter anderem die Möglichkeit von V. L. B. [Van-Lear Black] erwähnen werde.

Später in diesem Buch werden wir auf die enormen Geldmittel eingehen, die Raskob an die Demokratische Partei zahlte, und auf die Gegenleistungen für die Großunternehmen: den New Deal und die National Recovery Administration (NRA).

Am 24. August 1927 beschreibt ein weiterer Brief an George Radcliffe, wie die Anleihenindustrie auf den Namen James Beha, damals Superintendent für Versicherungen im Staat New York, zusammengefasst werden kann. Dieses Zitat bestätigt die Tatsache, dass "regulierte" Branchen nichts anderes sind als politische Vorkehrungen, um unerwünschte Konkurrenz in Schach zu halten, und dass sich die Regulierungsbehörden die Taschen füllen und im Namen der angeblich regulierten Branche handeln können:

> Vic Cullen[290] und ich hatten gerade eine Diskussion über die Direktorin Beha. Vic sagt, dass er glaubt, dass es eine von Joyce initiierte Bewegung gibt, die Beha in gewissem Maße in den National bringen soll, und Cullen macht einen Vorschlag, den ich für sehr stichhaltig halte. Nämlich, dass Beha die Führung der Bürgschaftsvereinigung übernehmen könnte. Wir alle lieben Beha und vertrauen ihm; er ist ein Mann mit Mut und Unabhängigkeit, und ich kann mir niemanden vorstellen, der besser geeignet wäre, diese Position zu übernehmen. Natürlich würde es ein hohes Gehalt kosten - ich schätze, es liegt bei 35.000 USD pro Jahr -, aber dieser Betrag, der auf alle Mitglieder aufgeteilt wird, ist nur ein Tropfen auf den heißen Stein.
> Wenn Sie diesen Vorschlag gut durchdenken, glauben Cullen und ich beide, dass Sie eher der Mann sind als einer von uns, der sich den Führern von U.S. F. & G. und ein oder zwei anderen auf informelle und vertrauliche Weise nähern sollte.

Andererseits gab es in New York Versuche, den Missbrauch der Kautionspflicht zu beseitigen. Einer dieser Versuche war der Plan des Staatsarchitekten Sullivan W. Jones, der versuchte, die staatlich verordnete Kautionspflicht abzuschaffen. Zunächst sah sich Gouverneur Al Smith dazu veranlasst, seine Zustimmung zum Jones-Plan zu erweitern. So schickte R.H. Towner vom 160 Broadway schnell einen Brief an FDR, in dem er ihm mitteilte, dass der Jones-Plan katastrophal wäre und dass (wenn) "Gouverneur Smith (vom Weg) abgekommen ist, einige seiner Freunde ihn wieder auf den rechten Weg bringen sollten". FDRs schnelle Antwort an Towner lautete: "Ich hoffe, den Gouverneur in den nächsten zwei Wochen zu sehen, und dann werde ich ihm wie ein niederländischer Onkel vom Jones-Plan erzählen". In den Akten von FDR

---

[290] Cullen war Leiter des Produktionsbüros in New York.

lesen wir nichts mehr über die Abschaffung der Kautionspflicht im Bundesstaat New York.

Die Tatsache, dass das F & D-Büro seine eigenen Interessen mit großer Härte verfolgte, spiegelt sich selbst in relativ kleinen Angelegenheiten wider: So konnte z. B. kein New Yorker Wirtschaftsverband finanzielle Unterstützung für F & D erlangen. Am 5. August 1926 rief ein Antrag des New Yorker Better Business Bureau auf ein Abonnement eine kalte Antwort von F & D hervor. FDR leitete den Brief an Vizepräsident Cullen weiter, damit dieser eine "angemessene Antwort" vorbereite, und Cullen lehnte das Better Business Bureau prompt ab. Diese Ablehnung wurde von Präsident Charles R. Miller in Baltimore unterstützt, "Ich bin nicht sehr begeistert von der Idee, zu dieser Zeit einen Beitrag zum Better Business Bureau zu leisten...". Dann schrieb die Merchants Association of New York am 23. Mai 1925 an FDR über die Mitgliedschaft von F & D in ihrem Verband. Erneut argumentiert Cullen, dass "die Merchants Association uns absolut keine Vorteile bringt". Es gibt kein Gesetz, das den Beitritt zu besseren Unternehmensverbänden vorschreibt, aber diese Ablehnungen führen zu verdächtigen sozialen Anrufen von Nichtmitgliedern.

AUSZEICHNUNG FÜR FIDELITY & DEPOSIT COMPANY

Dieser kurze Rückblick auf Franklin D. Roosevelts Karriere von 1921 bis 1928 als Vizepräsident der Fidelity & Deposit Company in New York deutet den philosophischen Weg an, den Roosevelt in den folgenden zwei Jahrzehnten beschritt. Das Bürgschaftsgeschäft war im Wesentlichen politisch, und FDR in der Politik war wie ein Fisch im Wasser. Die politischen Kontakte, die er während seiner Dienstzeit als stellvertretender Marinesekretär aufgebaut hatte, wurden voll ausgeschöpft, neue politische Kontakte, die von der Leitung von F & D in Baltimore gefördert wurden, wurden geknüpft, und FDR hatte sieben Jahre Zeit, diese Kunst der Politik im Geschäft zu üben. Die Ergebnisse von F & D waren außergewöhnlich gut. Die Geschäfte wuchsen, in gewissem Maße vielleicht, weil fast alle Vereinbarungen in den 1920er Jahren getroffen wurden, aber mit ziemlicher Sicherheit in großem Maße aufgrund der politischen Aktivitäten von FDR. Zwischen dem 1. Januar 1923 und dem 1. Januar 1924 verzeichnete Fidelity & Deposit einen Jahresgewinn von 3 Millionen US-Dollar und stieg auf den dritten Platz der Bürgschaftsgesellschaften auf, weit vor der amerikanischen Fidelity and Casualty Co, ihrem verdrängten Konkurrenten. Hier die Zahlen:

Anleihen von Bürgschaftsgesellschaften im Bundesstaat New York

	1. Januar 1923	1. Januar 1924	Gewinn/Verlust
Fidelity & Deposit Co.	$ 7,033,100	$10,184,600	+$3,151,500
National Surety Co.	$14,993,000	$15,677,550	+ 684,550
Fidelity & Casualty Co. Surety Co. von New York	$ 3,211,900	$ 3,215,150	+ 3,250
Aetna Casualty & Surety Co.	$ 5,517,200	4,799,500	- - 717,700
U.S. Fidelity & Casualty Co.	$ 8,064,500	$ 6,817,000	- - 1,247,500
American Surety Co.	$13,263,125	$12,127,400	- - 1,125,725

Das Büro von Fidelity & Deposit am 120 Broadway war in den 1920er Jahren die Operationsbasis von FDR, aber das Bürgschaftsgeschäft, so erfolgreich es auch sein mochte, war nicht die einzige Geschäftstätigkeit von FDR. Andere interessante Aktivitäten werden in den folgenden Kapiteln untersucht. Diese sieben Jahre in einer politisch aufgeladenen Geschäftsatmosphäre - ein Mikrokosmos einer sozialistischen Gesellschaft, denn sozialistische Gesellschaften sind auch politisch geführte Volkswirtschaften - hatten zweifellos einen entscheidenden Einfluss auf die späteren Ansätze von FDR zur Lösung nationaler Wirtschaftsprobleme. Dies war die erste Exposition der FDR gegenüber der Geschäftswelt. Es war keine Exposition gegenüber den Elementen des Wettbewerbsmarktes wie Preis und Qualität der Produkte; es war eine Exposition gegenüber der Geschäftswelt auf der Grundlage der Fragen "Wen kennen Sie? " und "Was sind Ihre Richtlinien? - letztlich die ineffizientesten und unrentabelsten Grundlagen, die für ein Handelsunternehmen möglich sind.

KAPITEL III

FDR DER INTERNATIONALE SPEKULANT

Einer der moralisch schädlichsten Aspekte der Inflation war der "Sack Deutschland", der sich auf dem Höhepunkt der Inflation [1923] ereignete. Jeder, der Dollar oder Pfund Sterling besaß, war in Deutschland König. Mit ein paar US-Dollar konnte ein Mann wie ein Millionär leben. Ausländer strömten ins Land und kauften Familienschätze, Landgüter, Schmuck und Kunstwerke zu unglaublich niedrigen Preisen.

Marjori Palmer, *1918-1923 Deutsche Hyperinflation*, (New York: Traders Press, 1967)

Franklin D. Roosevelt war der Organisator und Vorsitzende mehrerer spekulativer internationaler Finanzunternehmen, die Deutschland und die USA miteinander verbanden, und insbesondere eines Unternehmens, das von der ruinösen deutschen Hyperinflation 1922/23 profitieren sollte. 1922 wurde FDR Präsident und war einer der Organisatoren von United European Investors, Ltd. mit kanadischer Charta, aber Sitz am 160 Broadway, New York. 1927 war FDR auch Organisator der International Germanic Trust Company, Inc. und des Federal International Investment Trust, die jedoch nie gegründet wurden. Das bei weitem wichtigste dieser Spekulationsunternehmen in der internationalen Finanzwelt war die United European Investors, Ltd., die gegründet wurde, um die in den USA hinterlegten D-Mark zu akkumulieren und diese D-Mark in Deutschland durch den Kauf von Eigentum von mittellosen Deutschen zu reinvestieren. Um den Umfang und die Bedeutung von United European zu verstehen und die Aktivitäten der International Germanic Trust Company zu verfolgen, muss man sich kurz die deutschen Finanzbedingungen in den frühen 1920er Jahren vor Augen führen.

DIE DEUTSCHE HYPERINFLATION VON 1922-23

Lionel Robbins, der angesehene britische Ökonom, beschrieb die deutsche Inflation von 1922/23:

> Es war die kolossalste Sache dieser Art in der Geschichte: und nach wahrscheinlich dem Großen Krieg selbst muss sie die Verantwortung für viele der politischen und

wirtschaftlichen Schwierigkeiten unserer Generation tragen. Sie zerstörte den Reichtum der stärksten Elemente der deutschen Gesellschaft: und hinterließ ein moralisches und wirtschaftliches Ungleichgewicht, einen fruchtbaren Nährboden für die nachfolgenden Katastrophen. Hitler ist das Adoptivkind der Inflation.[291]

Der Versailler Vertrag erlegte dem besiegten Deutschland eine massive Reparationslast auf, einem Land, das bereits durch den Ersten Weltkrieg finanziell geschwächt war, mit defizitären Ausgaben und einer territorialen Nachkriegsschrumpfung mit entsprechend reduzierten natürlichen Ressourcen. Reparationen haben einen ähnlichen Effekt auf die Zahlungsbilanz wie Importe. Sie erfordern entweder eine Besteuerung oder defizitäre Ausgaben, um die Flucht zu kompensieren. Wenn man den Kurs der defizitären Ausgaben verfolgt, wird das Ergebnis inflationär sein, und das ist der Weg, den Deutschland eingeschlagen hat.

Deutschland wurde von den Alliierten verpflichtet, alle Schäden an Privateigentum außer in Russland zu beheben und alle Kosten der alliierten Truppen auf deutschem Boden zu bezahlen, aber es wurde keine Höchstgrenze für die Forderungen festgelegt. Deutschland sollte sofort 100 Milliarden Goldmark übergeben, mit Zahlungen von einer Milliarde Goldmark pro Jahr nach 1921. Der endgültige Zahlungsplan, der während des "Londoner Ultimatums" im Mai 1921 ausgearbeitet wurde, spiegelte diese harten und unmöglichen Bedingungen wider und war daher ein klarer Anreiz, zur Beseitigung der Last der Direktzahlungen aufzublähen.

Das Außergewöhnliche an dem Reparationsprogramm war die Identität der sogenannten Experten, die die Reparationsvorkehrungen treffen sollten, wodurch ganz nebenbei das von Lionel Robbins angesprochene Währungs- und Sozialchaos entstand. Das Reparationskomitee von 1923 hatte als amerikanische Mitglieder Brigadegeneral Charles G. Dawes und Owen D. Young von der General Electric Company.

Dem Expertenausschuss für den Young-Plan von 1928 gehören auf amerikanischer Seite Owen D. Young und J.P. Morgan, mit Thomas N. Perkins und Thomas W. Lamont als Stellvertreter. Auf deutscher Seite waren die Mitglieder Hjalmar Schacht und A. Voegler, mit C. Melchior und L. Kastl als Stellvertreter.

Kurz gesagt: Die Teile von General Electric-Morgan, die eine wichtige Rolle in der bolschewistischen Revolution und, wie wir sehen werden, auch im New Deal spielten, waren die Unterhändler eines Plans, der allgemein als einer der Hauptgründe für den Ausbruch des Zweiten Weltkriegs gilt - und ganz nebenbei auch eines Plans, bei dem dieselben Finanziers und Franklin Delano Roosevelt Gewinne machen sollten.

---

[291] Constantino Bresciani-Turroni, *The Economics of Inflation: a Study of Currency Depreciation in Post War Germany, 1914-1923* (London: Allen & Unwin, 1937), "Foreword", S. 5.

Interessant ist auch, dass die Geschäftsleute auf der deutschen Seite der Reparationsverhandlungen mit dem Aufstieg des Nationalsozialismus in Deutschland in Verbindung gebracht wurden.

Witness Hallgarten erzählt in seinem Essay *Adolf Hitler und die deutsche Schwerindustrie:*

> ... im November 1918 eine Gruppe der prominentesten Geschäftsleute des Reiches, darunter Stinnes, Albert Voegler (damals Direktor der Gelsenkirchener Mining Co, Ltd.), Carl Friedrich von Siemens, Felix Deutsche (von der German General Electric), Direktor Mankiewitz von der Deutschen Bank und Direktor Salomonsohn von der Diskontogesellschaft, finanzierte die Bewegung eines Vorläufers von Hitler, eines gewissen Dr. Eduard Stadtler, der die Gründung eines deutschen nationalsozialistischen Staates forderte.[292]

Der relevante Punkt ist, dass der erwähnte Felix Deutsche ein deutscher Direktor von General Electric war und zu den amerikanischen Vertretern der Reparationen Owen D. Young von General Electric gehörten, während der von Hallgarten erwähnte Albert Voegler der deutsche Vertreter bei den Verhandlungen über den Young-Plan war.

Die folgende Tabelle veranschaulicht die Abwertung der Deutschen Mark zu einer wertlosen Papierwährung aufgrund dieser von diesen Männern auferlegten Reparationslast:

Die Deutsche Mark in Bezug auf [293]

Datum	Ändern (1913=1.00)	Großhandelspreise in Deutschland
Januar 1913	1.0	1.0
Januar 1920	15.4	12.6
Januar 1921	15.4	14.4
Januar 1922	45.7	36.7
Juli 1922	117.0	101.0

Die Inflation beschleunigte sich nach der Gründung der United European Investors, Ltd. mit Franklin D. Roosevelt als Vorsitzendem und John von Berenberg Gossler als Mitglied des deutschen Beirats:

Januar 1923	4,279.0	2,785.0
Juli 1923	84,150.0	74,787.0
August 1923	1,100,100.0	944,041.0

Die Inflation geriet völlig außer Kontrolle, nachdem Kanzler Wilhelm Cuno, der als Vorsitzender der HAPAG zurückkehrte, und die Co-Direktoren John von Berenberg Gossler und Max Warburg abgesetzt worden waren:

September 1923	23,540,000.0	23,949,000.0

---

[292] George W. F. Hallgarten, *Adolf Hitler and German Heavy Industry* in *Journal of Economic History*, Sommer 1952, S. 224.

[293] Quelle: Statistisches Jahrbuch des Deutschen Reiches.

Oktober 1923	6.014.300.000,0	7.095.500.000,0
November 1923	1.000.000.000.000,0	750.000.000.000,0

Die Politik, die zur ruinösen deutschen Inflation führte, wurde unter Bundeskanzler Wilhelm Cuno eingeleitet, der kurz vor seiner Kanzlerschaft Vorsitzender der Hamburg-Amerika-Linie (HAPAG) war. Zwei von Cunos Co-Direktoren bei der HAPAG waren Max Warburg, Bankier aus Hamburg und Bruder von Paul Warburg, Mitglied des Beirats des Federal Reserve Systems in den USA, und John von Berenberg Gossler, Mitglied des deutschen Beirats von Franklin D. Roosevelts United European Investors, Ltd.

Cuno wurde im August 1923 als deutscher Kanzler entlassen, doch in der Tabelle ist zu vermerken, dass die Inflation bereits außer Kontrolle geraten war und die Mark im November des Jahres auf Null abgewertet hatte. Es sollte betont werden, dass Wilhelm Cuno 1922-23, als die Mark schnell an Wert verlor, Kanzler war und dass Cuno aus einem Geschäftsumfeld stammte, das in der Lage und willens war, aus der deutschen Inflation einen pekuniären und persönlichen Vorteil zu ziehen.

Diese erschreckende Währungsinflation und der endgültige Zusammenbruch der Deutschen Mark im Jahr 1923 ruinierten die deutsche Mittelschicht und kamen drei Gruppen zugute: einigen großen deutschen Geschäftsleuten, einigen ausländischen Geschäftsleuten, die in der Lage waren, von der Inflation zu profitieren, und der wachsenden Hitlerbewegung. Als Vorsitzender von United European Investors, Ltd. gehörte Franklin D. Roosevelt zu diesen ausländischen Geschäftsleuten, die das Elend Deutschlands für ihren eigenen Profit ausnutzten.

DIE GESCHICHTE VON WILLIAM SCHALL

Leider gibt es eine tiefere Perspektive auf diese Frage nach einer, wie man sagen könnte, elitären Gruppe, die sich mit dem Unglück der Welt befasst. Im vorherigen Band dieser Reihe, *Wall Street und die bolschewistische Revolution*, haben wir persönliche Verbindungen zwischen den Finanziers der Wall Street und den bolschewistischen Revolutionären aufgezeigt. Einige der gleichen persönlichen Verbindungen lassen sich auf FDR und United European Investors ausdehnen. Die genau ermittelten Verbindungen betrafen zuvor den damaligen deutschen Botschafter in den USA, Graf von Bernstorff, und seinen Freund Adolf von Pavenstedt, Hauptgesellschafter der Firma Amsinck & Co, der "viele Jahre lang ein Hauptschatzmeister des deutschen Spionagesystems in diesem Land" gewesen sei.[294] Amsinck & Co. wurde über die American International Corporation von J. P. Morgan, John D. Rockefeller und anderen New Yorker Finanzinteressen kontrolliert. Zusammen mit der Guaranty Trust Company bildete die American International Corporation die zentralen Punkte für die Finanzierung der deutschen und bolschewistischen Spionage in den USA und Nordamerika während des Ersten Weltkriegs. Adolf von Pavenstedt und Edmund Pavenstedt,

---

[294] Siehe Sutton, *Wall Street and the Bolschevic Revolution, a. a. O.*, S. 64-67, und Johann-Heinrich von Bernstorff, *My Three Years in America* (New York: Scribner's, 1920), S. 261.

die beiden Partner von Amsinck, waren auch Mitglieder eines anderen Finanzhauses, Müller, Schall & Company. Und bei Müller, Schall finden wir 1922 Franklin D. Roosevelt und seine Firma United European Investors, Ltd.

Nachdem 1918 die Verbindungen zwischen Amsinck & Co. und der deutschen Spionage öffentlich bekannt wurden, wurden die deutschen Interessen an Müller, Schall & Co. von Edmund S. Payne, einem Anwalt aus New York, vertreten. Müller, Schall & Co. wurde formell liquidiert und eine "neue" Firma - William Schall & Co. - nahm unter derselben Adresse, 45 William Street, New York City, ihren Sitz. Die neue Kanzlei wurde im Januar 1918 gegründet und bestand aus den beiden ursprünglichen Partnern William Schall und Carl Müller, zu denen nun John Hanway von Harris, Forbes & Co, Frank M. Welty, Vizepräsident der American Colonial Bank of Puerto Rico, und der Rechtsanwalt Edmund S. Payne, Partner der Kanzlei Rounds, Hatch, Dillingham & Debevoise, der die deutschen Interessen der ehemaligen Firma Müller, Schall & Co. vertrat.

Die Pavenstedts waren auch "stark an den Zuckerbesitzungen in Puerto Rico interessiert und besaßen und kontrollierten die Central Los Canos". William Schall war Präsident der Colonial Bank of Puerto Rico und Vorsitzender der South Puerto Rico Sugar Company.[295] Ebenso war die Familie Roosevelt seit dem späten 18. Jahrhundert an der karibischen Zuckerindustrie beteiligt, und George Emlen Roosevelt war 1918 Direktor der Cuban Cane Products Co. in New York. Es ist also denkbar, dass sich die Pavenstedts und die Roosevelts über dieses gemeinsame Interesse an karibischem Zucker kennengelernt haben. Wie dem auch sei, es war die Schall-Pavenstedt-Gruppe, die zuvor Teil der deutschen Spionageoperation in den USA war, die 1921-22 mit Franklin D. Roosevelt und mehreren dubiosen Finanzunternehmern zur United European Investors, Ltd. fusionierte, um von der erdrückenden Last der deutschen Inflation zu profitieren.

UNITED EUROPEAN INVESTORS LTD

Die ursprüngliche Organisationsgruppe von United European Investors Ltd. bestand aus den oben erwähnten William Schall und Franklin D. Roosevelt, zu denen sich A. R. Roberts, Charles L. Gould und Harvey Fisk & Sons gesellten. Die 60.000 ausgegebenen Vorzugsaktien befanden sich im Besitz von Harvey Fisk & Sons (25.000 US-Dollar), Franklin D. Roosevelt (10.000 US-Dollar) sowie Schall, Roberts und Gould (jeweils 5.000 US-Dollar). Kurz gesagt, FDR war der größte individuelle Vorzugsaktionär der Gründungsgruppe.

United European Investors, Ltd. wurde eine ungewöhnliche kanadische Charta verliehen, die dem Unternehmen einzigartige Befugnisse einräumte, darunter das Recht, den Handel und das Geschäft zwischen Kanada und jedem anderen Land zu fördern, Eigentumstitel zu erwerben, Anleihen zu zeichnen oder zu handeln, Aktien und Anteilen zu handeln, als Makler und Agent aufzutreten, alle Arten von Funktionen im Zusammenhang mit dem Kauf, dem Tausch und der Übertragung von Aktien und Anteilen zu übernehmen, Geld zu verleihen, jede Art von Geschäft

---

[295] Paul Haber, *The House of Roosevelt* (New York: Authors Publishing Co., 1936), S. 71.

zu betreiben, sei es "verarbeitend oder anderweitig", und Güter zu kaufen und zu verkaufen. Tatsächlich ist es bei der Lektüre der Charta schwierig, eine Aktivität zu visualisieren, die aufgrund der zahlreichen Klauseln nicht ausgeübt werden könnte.[296]

Der Kapitalstock wurde in zwei Segmente aufgeteilt: 60.000 kanadische Dollar, die in 60.000 Vorzugsaktien aufgeteilt wurden, und 60.000 Stammaktien, die auf 10.000 Deutsche Mark lauteten. Wie die zeitgenössische Presse berichtete, war es das Ziel des Unternehmens, die vielen Milliarden D-Mark, die damals in den USA und Kanada gehalten wurden, in deutsche Immobilien zu investieren:

Sobald die D-Mark in Immobilien in Deutschland investiert wird, müssen die Gelder sofort anfangen, sich zu rentieren und können nicht verschwinden, da sie durch das Eigentum an Sachwerten repräsentiert werden, und man kann immer von einer eventuellen Erhöhung des Tauschwerts profitieren. Im Vergleich dazu ist das Halten von Devisen oder D-Mark-Wechseln ein höchst gefährliches Geschäft, und die Gelder bleiben entweder ungenutzt oder werden nur sehr gering verzinst. Wenn sich die Währungsnotierung dem Punkt des Verschwindens nähern würde, bliebe für die Inhaber von D-Mark oder Wechseln außerdem nichts Greifbares mehr übrig. Das Kapital der Gesellschaft wird in verbesserte Immobilien, Hypotheken, die Finanzierung von Transitgütern und die Beteiligung an rentablen Industrie- und Handelsunternehmen investiert.[297]

Der Verweis auf die vorherige Tabelle, in der die Abwertung der Deutschen Mark verzeichnet ist (Seite 39), bestätigt die bemerkenswerte Schnelligkeit von United European Investors, Ltd. Im Juli 1922 lag die Mark, mit 1913 als Basis 100, bei 117 in Devisen. Dies spiegelt eine hohe Inflationsrate der Mark wider, aber nichts, was sie von der Inflation in vielen anderen Ländern unterscheidet. Dennoch wird in der Broschüre der Europäischen Union ausdrücklich die Möglichkeit erwähnt, dass sich die Mark "dem Punkt des Verschwindens nähert", was sie ein Jahr später, im November 1923, auch tat.

Die eigentliche Investition der U.E.I. erfolgte in Deutschland durch einen deutschen Beirat, der ein Büro in Hamburg besaß und von Senator August Lattman, einem ehemaligen Teilhaber der Firma G. Lattman, geleitet wurde. Amsinck & Company in New York (siehe Seite 41). Das zweite Mitglied dieses deutschen Beirats war Senator John von Berenberg Gossler, Direktor der Hamburger Bankgesellschaft Berenberg, Gossler & Co. Berenberg, Gossler war auch Mitglied des Verwaltungsrats der Hamburg-Amerika-Linie (HAPAG); weitere Mitglieder waren Wilhelm Cuno, damals deutscher Kanzler und verantwortlich für die Wirtschaftspolitik seines Landes, und Max Warburg, Bruder von Paul Warburg, Mitglied des Federal Reserve Board der Vereinigten Staaten.

---

[296] Die Kopie der U.E.I.-Charta in den Akten von FDR enthält eine Änderung von A. B. Copp, kanadischer Staatssekretär, der den Bau von Eisenbahnen und die Ausgabe von Papiergeld verbietet.

[297] Dies ist ein Auszug aus einer Pressemitteilung, die in den FDR-Akten mit "Vom ehrenwerten Franklin D. Roosevelt" gekennzeichnet ist.

In einem Brief vom 11. November 1922 an die U.E.I. hielt der deutsche Beirat seine anfänglichen Investitionen fest: "Alle bisherigen Investitionen sind Industrieaktien erster Klasse." Der in den USA veröffentlichte Prospekt legte jedoch den Schwerpunkt auf Investitionen in Immobilien, und zu diesem Punkt schrieb der deutsche Beirat:

> Was die Investition in Hypotheken betrifft, so verstehen wir Ihren Standpunkt, werden aber eventuell auf das Thema zurückkommen, falls wir in der Lage sind, Ihnen Hypotheken mit einer Goldklausel anzubieten, die möglicherweise möglich ist, und wir würden jedes zusätzliche Risiko ausschließen, falls die Marke weiter sinken sollte.

Nirgendwo in der United European Investors-Datei wird der Kauf von Immobilien oder anderen körperlichen Gütern erwähnt, die in der Unternehmenscharta und in öffentlichen Anzeigen erwähnt werden.

Die Investitionen, die der Vorstand in den folgenden Jahren tätigte, waren Aktien deutscher Unternehmen. Außerdem wurden die Preise der Investitionen auf ungewöhnliche Weise genannt, nicht in Deutscher Mark oder in absoluten Zahlen irgendwelcher Art, sondern als prozentuale Steigerung, wahrscheinlich bezogen auf eine Basis von 1913. Dies ermöglichte es dem deutschen Vorstand, nach New York zu schreiben: "Die Aktien, die Sie bisher gekauft haben, sind mit der Abwertung der Mark erheblich gestiegen".

Von diesen Anteilen und der genannten prozentualen Erhöhung z. B.:

Deutsche Maschinen A.G.	zu 1350% gekauft, jetzt zu 1805% notiert
Allgemeine Elektrizitätsgesellschaft	zu 740% gekauft und jetzt zu 5000% notiert.
Die Dynamik des Nobelpreises	zu 1119% gekauft jetzt zu 3975% notiert

Der deutsche Rat erwähnte nicht die Tatsache, dass die Abwertung der Mark im Verhältnis zum US-Dollar größer gewesen war als der Vorsprung der Aktienkurse, die sie gekauft hatten, wie sie in D-Mark notiert waren. In der Tat waren die Behauptungen über steigende Aktienpreise illusorisch. Ein früherer Autor beschrieb dies folgendermaßen: "eine reine Manipulation, die offensichtlich darauf abzielte, andere D-Mark-Besitzer abzuschrecken, um sie dazu zu bringen, in ein Unternehmen zu investieren, das solche Wunder vollbringen konnte".[298]

Der Verwaltungsrat in New York war darüber jedoch nicht beunruhigt. Auf der ordentlichen Sitzung des Verwaltungsrats am 15. Januar 1923 eröffnete Franklin D. Roosevelt die Sitzung und George W. Muller übernahm das Sekretariat. Es wurde dann festgehalten, dass der Wert der bisherigen Investitionen der Gesellschaft in deutsche Aktien plus/minus 73 Millionen Mark betrug, und diese Investition wurde derzeit mit 420 Millionen Mark notiert.

In den Akten von FDR findet sich ein interessanter Brief von Professor Homer B. Vanderblue, Professor für Betriebswirtschaftslehre an der Harvard-Universität,

---

[298] Haber, *The House of Roosevelt*, a. a. O., S. 81-2.

in dem er um eine Erklärung des U.E.I.-Investitionsprogramms bittet. Der Brief war an FDR als Vorsitzenden des Unternehmens gerichtet, aber Edmund S. Paine antwortete darauf, indem er erklärte, dass sich die ursprüngliche Idee, in Sachwerte wie Immobilien zu investieren, als nicht durchführbar erwiesen habe, da dies "aufgrund der Notwendigkeit von Aufsicht und Betrieb zu sehr hohen Gemeinkosten führen würde", und dass man daher beschlossen habe, nur in deutsche Aktien zu investieren, "die indirektes Eigentum an Sachwerten darstellen". Paine fügte hinzu, dass die Theorie in einem "bemerkenswerten Ausmaß" gerechtfertigt sei:"

> Wenn wir als Test die ersten 60.000.000 Mark nehmen, die das Unternehmen investiert hat, stellen wir fest, dass die Wertsteigerung des Preises der Wertpapiere die Abwertung des Tauschwerts der Mark etwas übertroffen hat. Mit anderen Worten: Die gekauften Wertpapiere könnten heute wahrscheinlich zu einem Preis in D-Mark verkauft werden, der in Dollar etwas mehr einbringen würde als das, was die D-Mark-Besitzer hätten erzielen können, wenn sie die Wertpapiere zum Zeitpunkt der Investition verkauft hätten, obwohl der Wert ihrer D-Mark enorm gesunken ist.

Paine behauptet jedoch das Gegenteil. Ein in den FDR-Akten gefundenes "Statement of Conditions as of January 31 1923" besagt, dass der Buchwert pro Stammaktie zu diesem Zeitpunkt 2,62 US-Dollar pro Aktie betrug, während der durchschnittliche Buchwert zum Zeitpunkt der Investition bei 2,64 US-Dollar lag - mit anderen Worten, ein leichter Rückgang.

Auf dem Treffen der Direktoren am 19. September 1923 wurde bestätigt, dass der Gesamtwert der Investitionen etwa 120.000 US-Dollar betrug, und im Mai 1925 war dies immer noch ungefähr der Betrag, der in der Kasse verzeichnet war. In den Jahren nach der Stabilisierung der Mark verbesserten sich die Bedingungen jedoch und eine Erklärung vom 12. Mai 1926 wies bei 17.275 ausstehenden Aktien einen Nettowert von 147.098,07 US-Dollar aus, was zu diesem Zeitpunkt 8,50 US-Dollar pro Aktie entsprach. Am 21. Mai 1926 bot das Unternehmen an, alle angebotenen Aktien innerhalb von 90 Tagen zu 7,50$ pro Aktie zu kaufen. Im Mai 1926 trat FDR als Präsident zurück und nahm das Angebot von 7,50$ pro Einheit für seine 1005 Stammaktien an.

Haben die amerikanischen D-Mark-Besitzer, die in United European Investors investiert hatten, mit ihrer Investition gewonnen oder verloren? Wenn wir annehmen, dass sie ihre Aktien bis 1926 hielten, das Angebot des Unternehmens zu 7,50 Dollar pro Stammaktieneinheit annahmen und dann im September 1922 (dem Datum des Angebots) zum Ausgabepreis von 10 000 D-Mark kauften, hätten sie erheblich verloren. Im September 1922 betrug der Wechselkurs des Dollars 1,00$ für 764 Deutsche Mark. Eine Aktie im Wert von 10 000 Mark entspräche also 13 US-Dollar pro Aktie, und eine von 1922 bis 1926 gehaltene Aktie hätte einen Verlust von etwa 5,50 US-Dollar pro Aktie erlitten; andererseits hätte ein Aktionär aufgrund seines Besitzes eine vollständige Entwertung und den Verlust seines gesamten Vermögens vermieden.

UMFRAGE ZU UNITED EUROPEAN INVESTORS, LTD.

Das Roberts-Gould-Element, das sich FDR und Schall im U.E.I.-Rat anschloss, hatte in "der Szene" einen schlechten Ruf. Tatsächlich wurde gegen Roberts und Gould wegen mutmaßlicher krimineller Aktivitäten ermittelt. Im Juli 1922, als sich die United European in den ersten Phasen ihrer Gründung befand, trat ein gewisser Mr. Crary, ein ehemaliger Ermittler der Mercantile Agency in Proudfoot - der führenden Ermittlungsbehörde, die von den angesehenen Wall-Street-Firmen genutzt wird - an die Sekretärin der FDR, Miss Le Hand, heran. Mr. Crary gab an "Missy" Informationen über eine, wie er es nannte, "Gaunerbande mit Büros in der Pine Street 7" weiter, deren Türschild die Aufschrift "United European Investors, Ltd. " trug. Missy Le Hand gab die Informationen an FDRs rechte Hand, Louis Howe, weiter, der wiederum das Problem bei Schalls ehemaligem Partner Müller zur Sprache brachte. Von Müller und anderen Quellen erfuhr Howe, dass Roberts und Gould zu der angeblichen "Gaunerbande" gehörten, die laut Crary "alle Arten von fragwürdigen Werbeaktionen durchführte und ... mit Sicherheit einen ehemaligen Häftling unter falschem Namen mit höchst zweifelhaftem Ruf zu ihren Mitgliedern zählte".[299] Als der Name United European Investors, Ltd. an der Tür ihres Büros in der Pine Street 7 angebracht wurde, begann der Ermittler Crary, der das Büro seit einem Jahr regelmäßig beobachtete, Roberts und Gould diskret auszuhorchen. Obwohl Roberts nie in dem Büro in der 7 Pine Street gewesen war, fand Crary heraus, dass Gould "dieses Büro seit mindestens einem Jahr zu benutzen pflegte und als einer ihrer (d. h. der Betrüger) bewährten Freunde galt". Goulds Verbindung zu "den Betrügern" machte Crary misstrauisch, denn obwohl die Agentur Proudfoot Gould zuvor "eine ziemlich saubere Akte" bescheinigt hatte, hatte sie ihn auch in die "Klasse der professionellen Bauherren" eingestuft.

Crarys Ermittlungen wurden im Namen der Eigentümer des Gebäudes in der 7 Pine Street aufgenommen, "die die Absicht haben, jeden in kurzer Zeit loszuwerden". Im Zuge der Ermittlungen stieß die Proudfoot Agency auf ein Rundschreiben, in dem Franklin D. Roosevelt als Vorsitzender von United European Investors, Ltd. und William Schall als Banker genannt wurden. Die von der Proudfoot Agency ans Licht gebrachten Beweise wurden Louis Howe von einem gewissen Mr. Hanway bestätigt, der Mitglied der Wertpapierhandelsfirma Harris, Forbes war. Mr. Hanway sagte, dass er "über mehrere Jahre hinweg von Goulds Aktivitäten wusste und ihm so sehr misstraute, dass er ihn dazu brachte, alle möglichen Anstrengungen zu unternehmen, um ein Treffen mit Schall von Anfang an zu vermeiden".

Außerdem vermutete die Proudfoot Agency, dass Gould versucht hatte, vertrauliche Informationen von ihnen zu erhalten, und dass Gould als "Spion für die Betrüger fungierte, um herauszufinden, welches Wissen Proudfoot & Company über ihre krummen Geschäfte hatte".

---

[299] Informationen aus dem Howe-FDR-Schreiben vom 29. Juni 1922 in den Akten von United European Investors, Ltd.

All diese Informationen wurden von Howe in einem Brief ("Lieber Chef") an FDR (29. Juli 1922) ordnungsgemäß wiedergegeben. Die meisten Geschäftsleute, die mit einem Partner dieses Kalibers konfrontiert sind, würden wahrscheinlich jedes von United European Investors vorgeschlagene Geschäft aufgeben, aber Howes Memorandum an FDR empfiehlt nichts dergleichen. Es lautet zum Teil wie folgt:

> Meine Empfehlungen lauten wie folgt: Dass Gould und Roberts aufgefordert werden, sich sofort neue Büroräume zu suchen, am besten in einer Kirche oder an einem anderen respektablen Ort. Dass man Roberts loswird, der ohnehin ein Werbewildfang ist und keine wichtige Funktion in diesem Spiel hat, und dass man Gould genau beobachtet. Wenn Herr Crary tatsächlich das Rundschreiben vorlegt, werde ich einen solchen Wirbel auslösen, dass die Verwendung des Rundschreibens ausgesetzt wird, bis wir bereit sind, eine offizielle Ankündigung zu machen. Ich denke, es wäre klug, darauf zu bestehen, dass ich im Sommer zum Vorstandsmitglied ernannt werde, zumal sowohl Jenks als auch Rogers die meiste Zeit abwesend sein werden und einige Leute jede unternommene Aktion überwachen wollen.

Mit anderen Worten: Howe deutet an, dass die Vorsichtsmaßnahmen gegen doppelte Loyalität ausreichend sein werden und dass dies am besten durch die Ernennung von Louis Howe zum Vorstandsmitglied erreicht werden kann.

Jedenfalls lief der Plan wie geplant; Roberts wurde Sekretär der U.E.I., und Gould, der angebliche Spion der Betrüger, behielt seine Rolle als aktiver Förderer bei und berichtete FDR weiterhin regelmäßig per Brief über den Fortschritt ihrer Fundraising-Bemühungen. Am 20. Juli, bevor Howe FDR über den Inhalt der Proudfoot-Untersuchung berichtete, hatte Gould FDR aus dem Southern Hotel in Baltimore über seine Gespräche mit Edward Clark & Co, den Bankiers aus Baltimore, geschrieben, deren Partner Herbert Clark FDR aus der Zeit kannte, als sie in Harvard studierten. Dann schrieb Gould am 13. August 1923 aus dem Canadian Club in New York an FDR, um die Telegramme weiterzuleiten, die er von William Schall in Europa erhalten hatte, und schloss:

> Es tut mir leid zu hören, dass Sie wieder einmal anfällig für Schwierigkeiten sind. Wahrscheinlich haben Sie sich zu viel vorgenommen, man sollte nach einer solchen Krankheit nicht versuchen, zu schnell zu handeln. Ich hoffe jedenfalls, dass ich das Vergnügen haben werde, Sie vor meiner Rückkehr nach Europa Anfang September zu sehen.

Es gibt keine Hinweise darauf, dass der FDR in irgendeiner Weise mit Gould kommunizierte, und der nächste Brief in den Akten ist von Gould an den FDR, datiert vom 14. September 1923 und ebenfalls vom Canadian Club in New York verfasst. In diesem Brief wurden die "eifersüchtigen Bankiers, deren Pläne wir vereitelt haben, kritisiert. Wenn wir diesen Brief heute nicht veröffentlicht hätten, wären wir gescheitert".

Gould schloss dann: "Danke für die große und edle Art, wie Sie uns unterstützt haben, und ich persönlich glaube, dass es Ihre starke Haltung ist, die unser Projekt zu einem vollen Erfolg macht", und fügt hinzu, dass er (Gould), als er (Gould) die großen Banken und Trusts dazu aufrief, "ihren Vorschlag" zu präsentieren, fand er, dass "Ihr Name [FDR] mit lautem Applaus bedacht wurde, da Sie der Baumeister waren, der dafür sorgte, dass die Hilfe für den unglücklichen amerikanischen Investor reibungslos funktionierte", und dass, wenn FDR diese Kommentare von den "größten Finanzhäusern" hätte hören können, ihm dies "große Genugtuung" bereitet hätte.

Auf der Grundlage dieser Briefe müssen wir zu dem Schluss kommen, dass FDR wissentlich eine Handelsvereinbarung mit Personen geschlossen hat, deren Ruf zumindest zweifelhaft war, und dass diese Handelsvereinbarung aufrechterhalten wurde, nachdem Missy Le Hand und Louis Howe FDR Beweise für Veruntreuung zur Kenntnis gebracht hatten.

Es gibt nur oberflächliche Beweise dafür, dass die gesamte Operation United European Investors von Roosevelt konzipiert wurde. Als Gould gegenüber FDR sagte, dass sein "Name als Mastermind beklatscht wurde", kann man davon ausgehen, dass Gould Roosevelt für seine eigenen Zwecke schmeichelte. Es gibt wirklich keinen Beweis, weder in den Akten noch anderswo, dass Roosevelts Hintergrund und Finanzwissen ausreichten, um einen so genialen Plan wie den der U.E.I. zu entwickeln.

BUNDESKANZLER WILHELM CUNO UND DIE HAPAG

Die verheerende Abwertung der Deutschen Mark, die der Grund für die Existenz von United European Investors war, konzentrierte sich auf den Zeitraum von Mitte 1922 bis November 1923. Die Tabelle zeigt, wie die Inflation nach Mitte 1922 völlig außer Kontrolle geriet. Der deutsche Bundeskanzler zwischen Mitte 1922 und August 1923 war Wilhelm Cuno (1876-1933). Cuno war ursprünglich ein Beamter, der immer noch in der Politik aktiv war, und im November 1917 wurde er zum Direktor der Hamburg-Amerika-Linie (HAPAG) gewählt.

Als Ballin, der Vorsitzende der HAPAG, 1918 Selbstmord beging, wurde Cuno deren Vorsitzender. Nach dem 10. Mai 1921 war Karl Wirth deutscher Bundeskanzler und Walter Rathenau, Präsident der General Electric (A.E.G.), war Reparationsminister. Es folgte eine Reihe von dramatischen Ereignissen. Der deutsche Finanzminister Matthias Erzberger wurde am 26. August 1921 ermordet. Im Januar 1922 wurde Rathenau Außenminister und am 24. Juni 1922 wurde auch er ermordet. Im Oktober 1922 wurde Friedrich Ebert zum Reichskanzler und Wilhelm Cuno von der HAPAG zum deutschen Bundeskanzler ernannt. Unter Cuno kam es zu einer Abwertung der Mark, die ihren Höhepunkt in der Finanzkrise und seiner Absetzung im August 1923 fand. Cuno kehrt als Präsident der Hamburg-Amerika-Linie zurück. Nebenbei sei auf die Dominanz von Firmenpräsidenten in der zeitgenössischen Politik hingewiesen: z. B. Rathenau von der deutschen General Electric und Cuno von der HAPAG. Owen D. Young von General Electric in den USA war auch der Schöpfer des Young-Plans für die deutschen Reparationen, und der Präsident der deutschen General Electric (A.E.G.), Rathenau, war 1922 Minister für die deutschen Reparationen. Diese Ernennungen werden in der Regel mit dem Prinzip "der beste Mann für den

Posten" erklärt, aber angesichts der Beweise, die im letzten Kapitel über die Politik im Bereich der Bürgschaften vorgelegt wurden, können wir zu Recht unsere Skepsis gegenüber dieser Erklärung zum Ausdruck bringen. Es ist viel wahrscheinlicher, dass die Youngs, die Cunos, die Rathenaus - und die Roosevelts - Geschäft und Politik für ihren eigenen pekuniären Gewinn vermischten. Wenn wir die Schlüsselfrage, inwieweit diese elitären Gruppen den Staatsapparat für ihre eigenen Zwecke nutzten, unbeantwortet lassen müssen, ist leider klar, dass wir bei der Betrachtung der Geschichte von Wilhelm Cuno zu Franklin D. Roosevelt und der Gründung von United European Investors, Ltd. zurückkehren. Cuno, unter dessen Schirmherrschaft die große deutsche Inflation tobte, war Direktor der Hamburg-America Line; John von Berenberg Gossler, der Berater von United European Investors in Deutschland, war ebenfalls Mitglied des Verwaltungsrats dieser Gesellschaft.

Zusammenfassend lässt sich sagen, dass Cuno und Gossler bei der HAPAG demselben Vorstand angehörten. Cunos Politik war im Wesentlichen für die deutsche Inflation von 1922-23 verantwortlich, während sein Co-Direktor Gossler in Zusammenarbeit mit Franklin D. Roosevelt von eben dieser Inflationspolitik profitierte. Das gibt zu denken.

INTERNATIONAL GERMANIC TRUST COMPANY

Die 1927 gegründete International Germanic Trust Company wurde laut ihren Initiatoren durch eine Anfrage von US-amerikanischen Bankinstituten in Mitteleuropa veranlasst. Zu den Organisatoren des Trusts, die vom New York State Department of Banking genehmigt wurden, gehörten Franklin D. Roosevelt, Herman A. Metz, Direktor der I.G. Farben, James A. Beha, Superintendent of Insurance of the State of New York, und E. Roland Harriman von der internationalen Bankgesellschaft W. A. Harriman & Co. Präsident der assoziierten International Germanic Company und Vorsitzender des Exekutivkomitees der Gesellschaft war Harold G. Aron, der mehr als nur seinen Anteil an den Prozessen bezüglich der Förderung der Aktien hatte. Das Hauptbüro des International Germanic Trust befand sich im Erdgeschoss des 26 Broadway, Standard Oil Building in New York. Das genehmigte Kapital bestand aus 30.000 Aktien mit einem Kapital von 3 Millionen US-Dollar und einem Überschuss von 2 Millionen US-Dollar. In ihrem Antrag an die Bankabteilung wurde die Gesellschaft von Senator Robert F. Wagner vertreten; obwohl sie nicht zu den Organisatoren gehörte, war FDRs alter Freund James A. Beha, Versicherungssuperintendent für den Staat New York, wurde Mitglied des Verwaltungsrats.

Die Ziele des Unternehmens, die von seinem Vorsitzenden Harold G. Aron dargelegt wurden, waren folgende:

> Es scheint einen echten Bedarf an einer Institution von ausreichender Größe und Unterstützung zu geben, die die vor dem Krieg existierenden Institutionen ersetzt, die sich hauptsächlich mit der Finanzierung der Handelsbeziehungen zwischen Amerika und der mitteleuropäischen Geschäftswelt befassten. Über ihre Gründer wird die Gesellschaft Beziehungen sowohl zu deutschstämmigen Amerikanern im

ganzen Land als auch zu Unternehmen und Bankinstituten in Deutschland haben und ausbauen. Die Gesellschaft beabsichtigt, besonderen Wert auf die Entwicklung ihrer Abteilungen für auswärtige Angelegenheiten und Trusts zu legen und eine effiziente Steueragentur bei der geplanten Liquidation von deutschem Eigentum und Trusts, die sich noch in der Obhut der Regierung befinden, bereitzustellen.

Von Anfang an wird sich die Gesellschaft der Unterstützung wichtiger Organisationen und Gesellschaften in diesem Land sicher sein, und der kleine Einleger in New York und anderswo wird willkommen sein. Sie wird sich bemühen, ihre Aktien in großem Umfang und in relativ geringen Mengen zu vertreiben. Es wird keine Truststimmen und keine individuelle oder kollektive Kontrolle geben.

Roosevelt war an der Börseneinführung des vorgeschlagenen Unternehmens beteiligt. In einem Telegramm vom 7. April 1927 von Julian Gerrard, dem Vorsitzenden der Gesellschaft, an FDR wurde dieser gebeten, Frank Warder, dem Superintendenten der Banken des Staates New York, zu telegrafieren, dass er (Roosevelt) Interesse an der Gesellschaft habe. Es wurde erwartet, dass durch diese Intervention die Verzögerung bei der Vergabe der Charter aufgeholt werden könnte. Die Vorstandssitzungen fanden im Standard Oil Building, im Büro von FDR und im Bankers Club statt, wobei sich letzterer am 120 Broadway befand. Die erste Sitzung des Organisationskomitees fand am Freitag, den 27. Mai 1927, im Bankers Club statt; obwohl FDR nicht daran teilnehmen konnte, schrieb er an Julian M. Gerrard: "Was gibt es Neues von der Gesellschaft? Am 15. August 1927 fragt FDR Gerrard erneut: "Wie läuft die Organisationsarbeit und was wird in Bezug auf die Zeichnung von Aktien getan?

Ein beträchtlicher Teil der Akten mit FDR-Briefen dieses Jahrgangs bestand aus Anträgen auf Beschäftigung, Beteiligung an dem vorgeschlagenen Unternehmen oder damit verbundene Gefälligkeiten. Beispielsweise schrieb die National Park Bank of New York am 26. Juli 1927 an den FDR, dass sie an der Gründung der German International Society interessiert sei und sich freuen würde, "wenn sich einer unserer Agenten an diese Organisation wendet und Einzelheiten über unsere Einrichtungen mitteilt". Mit anderen Worten: Die National Park Bank war auf der Suche nach einem Einlagengeschäft. FDR versprach, sich an das Organisationskomitee der neuen Gesellschaft zu wenden. Dann, am 12. August 1927, hinterließ Roosevelts Partner Basil O'Connor ihm eine Nachricht: "Lieber Franklin, über die Germanic Bank, schauen Sie, ob Sie mir 100 Aktien besorgen können". Die Aktienausgabe selbst war stark überzeichnet. Es war geplant, 30.000 Aktien auszugeben, aber die Gesamtnachfrage am 12. September betrug mehr als 109.000 Aktien, und am 20. September lagen die Anfragen bei mehr als 200.000 Aktien von etwa 1.900 Personen. Am 3. Oktober 1927 teilte der Trust dem FDR mit, dass seine Zuteilung 120 Aktien zu 170 USD pro Aktie betrage und bis zum 5. Oktober gezeichnet werden müsse. Das Telegramm fügte hinzu, dass die Emission stark überzeichnet sei und mit 187 Angeboten und 192 Nachfragen notiert werde, was FDR einen Gewinn aus einem sofortigen Weiterverkauf bescheren würde. Das Telegramm von Howe fügte hinzu: "Ich hätte gerne zehn Ihrer Aktien für Grace, wenn Sie damit einverstanden sind".

FDR wurde ordnungsgemäß zum Vorstandsmitglied gewählt und teilte am 4. November 1927 mit, dass die erste Vorstandssitzung am Freitag, dem 11.

November, im Bankers Club am 120 Broadway stattfinden würde. Roosevelts Rechtspartner Basil O'Connor hatte jedoch offenbar kalte Füße bekommen oder ungünstige Informationen über die Beförderung erhalten, denn er schrieb am 14. November an FDR:

> Ich weiß nicht, wie unsere derzeitige Position in diesem Bereich aussieht, aber wenn es so ist wie damals, als ich mich getrennt habe, fühle ich mich sehr schlecht. Der Vorschlag hat uns nicht dabei geholfen, andere Bankbeziehungen aufzubauen, an denen ich ein Jahr lang gearbeitet habe, und ehrlich gesagt hat er alle Merkmale, von denen Gerrard (sic) glaubt, dass er "Sie verarschen" kann.

O'Connor schlug vor, dass FDR aus dem Vorstand zurücktreten sollte, denn "bis jetzt konnte ich sagen, dass wir keine Bankverbindung haben, das war falsch. Ich kann das jetzt nicht sagen". Offenbar befolgte FDR diesen Rat nicht sofort, denn am 19. Januar 1928 wurde ihm mitgeteilt, dass er für das kommende Jahr erneut zum Verwaltungsratsmitglied gewählt worden war, aber in einem Brief vom 27. Januar 1928 schrieb FDR an Gerrard Folgendes:

> Lieber Julian,
> Je mehr ich meine Funktion als Direktor und die internationale germanische Gesellschaft betrachte, desto mehr bin ich geneigt zu glauben, dass dies etwas aussichtslos ist. Ich habe Ihnen bereits meine Gefühle und die meines Partners in Bezug auf die Außenbeziehungen des einen oder anderen von uns mitgeteilt, die sich auf die Teilnahme an gelegentlichen Treffen und nicht mehr beschränken. Natürlich fällt es mir angesichts der Etappen etwas schwer, an den Treffen am 26 Broadway teilzunehmen, aber ehrlich gesagt habe ich das Gefühl, dass ich mit der Beibehaltung meiner Position als Direktor nicht viel erreiche, weder für mich, noch für den Trust oder die German International Society.

FDR bot ihm daraufhin seinen Rücktritt an. Bemerkenswerterweise lautete die Begründung für seinen Rücktritt: "Ich erreiche nicht viel, weder für mich noch für den Trust". Angesichts des eher unrühmlichen Rufs der Promoter ist diese Erklärung etwas schwach.

KAPITEL IV

FDR DER UNTERNEHMENSENTWICKLER

> *Die Maschen unserer Bankgesetze sind so lose geknüpft, dass sie diesen niederträchtigsten aller Kriminellen, die die Gelder Hunderter kleiner Einleger durch rücksichtslose Spekulation für private Zwecke verschleudern, erlauben, ihre räuberischen Aktivitäten ungebremst auszuüben. Das gesamte Bankengesetz muss überarbeitet werden und das Bankendepartement braucht sofort viel bessere Inspektionsmöglichkeiten.*
>
> Franklin Delano Roosevelt, Jahresbotschaft an die Legislative. des Staates New York, 1. Januar 1930.

Die FDR war neben den schwebenden Spekulationsunternehmen im Bereich der internationalen Finanzwirtschaft eng in nationale Emissionen eingebunden, von denen mindestens eine von einiger Bedeutung war. Das wichtigste dieser Unternehmen wurde von einer prominenten Gruppe organisiert, zu der Owen D. Young von General Electric (der ewige Young des im letzten Kapitel beschriebenen Young-Plans für die deutschen Reparationen) und S. Bertron von Bertron Griscom, Investmentbanker in New York. Dieses Syndikat gründete 1921 die American Investigation Corporation. Im Jahr 1927 folgten Photomaton, Inc. und 1928 die Sanitary Postage Service Corporation. Dann wurde Roosevelt Direktor von CAMCO, Consolidated Automatic Merchandising Corporation, aber nur kurz, denn er trat zurück, als er zum Gouverneur des Staates New York gewählt wurde. Wie wir im obigen Epigraph gelesen haben, hatte FDR 1930 Zweifel, ob er mit dem Geld anderer Leute spielen sollte.

AMERICAN INVESTIGATION CORPORATION

Deutsche Wissenschaftler und Ingenieure begannen schon früh damit, Fahrzeuge oder Luftschiffe, die leichter als Luft waren, erfolgreich für den Transport von Passagieren und Gütern einzusetzen. Bereits 1910 betrieb Deutschland regelmäßige Personenbeförderungsdienste mit Luftschiffen. Die Patente für Luftschiffe wurden während des Ersten Weltkriegs von der US-Regierung gemäß dem Gesetz über den Handel mit dem Feind von 1917 beschlagnahmt, und nach dem Krieg verbot die Reparationskommission

Deutschland den Bau von Luftschiffen. Dadurch wurde das Feld für US-amerikanische Unternehmen frei. Die Chancen, die sich aus der deutschen Arbeit und den Entwicklungsbeschränkungen in Deutschland ergaben, wurden von einer Gruppe von Finanziers an der Wall Street beobachtet: S.R. Bertron von Bertron, Griscom & Co. (40 Wall Street) und, was nicht überraschend ist, da er eng mit den deutschen Reparationen verbunden war, von Owen D. Young von General Electric (120 Broadway). Diese Gruppe war besonders an den Möglichkeiten einer profitablen Entwicklung des Luftschifftransports in den USA interessiert. Am 10. Januar 1921, als FDR in den Büros der Fidelity & Deposit Company am 120 Broadway auspackte, erhielt er einen Brief von Bertron, aus dem hier zitiert wird:

> Mein lieber Herr Roosevelt:
> Stellvertretend für die kleine Gruppe prominenter Männer, die sich zunehmend für das Thema Lufttransport interessieren, habe ich letzte Woche in Washington eine lange Konferenz mit Armeebeamten zu diesem Thema abgehalten. Mir wurde gesagt, dass Sie als stellvertretender Marineminister mit diesem Thema vertraut sind, und ich würde sehr gerne mit Ihnen darüber diskutieren....

FDR und Bertron trafen sich, um bei einem Mittagessen in der Downtown Association über den Luftverkehr zu diskutieren. Es ist anzunehmen, dass Bertron Roosevelt über die technischen Entwicklungen bis zu diesem Zeitpunkt informierte. Aus den Akten wissen wir, dass es auch ein Treffen zwischen Owen D. Young, S.R. Bertron und dem Ingenieur-Attorney Fred S. Hardesty als Vertreter der deutschen Patentinhaber gab, die gute Beziehungen nach Washington hatten, wo sich die beschlagnahmten Patente in der Obhut des Depositars für ausländisches Vermögen befanden und noch nicht freigegeben worden waren.

Dieses zweite Treffen führte zu einer vorläufigen Vereinbarung vom 19. Januar 1921, die als Hardesty-Owen-Bertron-Vereinbarung bekannt wurde und den Weg für die Entwicklung des Betriebs von kommerziellen Luftschiffen in den Vereinigten Staaten vorsah. Daraufhin wurde von Owen-Bertron ein Syndikat gegründet, das "alle Phasen der Luftschifffahrt, die erforderliche Gesetzgebung und die Methoden der Geldbeschaffung untersuchen" sollte. Hardesty und seine Partner übergaben dem Syndikat alle ihre Daten und Rechte im Gegenzug für die Erstattung ihrer bis dahin angefallenen Kosten in Höhe von 20.000 US-Dollar und für die Teilnahme am Syndikat. FDRs Rolle war die eines Geldbeschaffers, der seine zahlreichen politischen Kontakte in den gesamten USA nutzte. Am 17. Mai 1921 schrieb Bertron an FDR, dass er versucht habe, bei Personen in St. Louis, Cincinnati und Chicago Geld zu sammeln, während Stanley Fahnestock, ein Partner seiner Kanzlei, in Kalifornien und Chicago herumgereist sei. Lewis Stevenson, ein weiteres Mitglied der Gewerkschaft, war unter seinen Kontakten im Mittleren Westen tätig. Bertron wandte sich daher an FDR für eine Reihe persönlicher Präsentationen vor potenziellen Mitwirkenden:

> Stevenson freut sich darauf, dass Sie ihn an Edward Hurley, E. F. Carey und Charles Piez, die Sie alle kennen, weiterempfehlen. Er würde auch gerne an Edward Hines,

R.P. Lamont und H.C. Chatfield-Taylor schreiben. Ich fürchte, das ist eine große Aufgabe. Werden Sie Ihr Bestes geben?

FDR nahm Bertrons Anfrage zur Kenntnis, wonach er Briefe an Stevenson schickte, "um ihn Edward Hurley und Charles Piez und E.F. Carey vorzustellen. Ich fürchte, ich kenne die anderen nicht". Charles Piez, Präsident der Link-Belt Company in Chicago, entschuldigte sich für seine Teilnahme mit den Worten: "... ich betreibe die rigideste Wirtschaft und stelle mich taub gegenüber den attraktivsten und verlockendsten Aussichten", und zitierte die "beklagenswerte Form" der Industrie. (Dieses Plädoyer für die Armut wurde durch Piez' Brief an FDR unterstützt, auf altem Briefpapier, mit der neuen Adresse über die alte gedruckt, die kaum einen Präsidenten eines großen Unternehmens wie der Link-Belt Company erahnen lässt). Edward N. Hurley schrieb, er sei "nicht sehr aktiv in der Geschäftswelt", aber wenn er in New York sei, "werde ich es mir zur Aufgabe machen, mich an Sie zu wenden und die Vergangenheit wieder aufleben zu lassen".

Am 1. Juni berichtete Lewis Stevenson Roosevelt über seine Fortschritte bei der Spendensammlung im Mittleren Westen. Er bestätigte, dass Piez knapp bei Kasse sei und Hurley später sprechen wolle, Carey aber ein gewisses Interesse haben könnte:

> Charles Swift, Thomas Wilson, beide Packer, prüfen derzeit den Vorschlag, ebenso wie Potter Palmer, Chauncey McCormick und ein Dutzend anderer. Seit ich den Vertrag mit Marshall Field erhalten habe, habe ich auf unserer Liste C. Bai Lehme, eine Zinkgießerei mit sehr großen Mitteln; M. Wrigley, Junior-Mitglied des großen Kaugummi-Unternehmens; John D. Black von Winston, Strawn & Shaw; B.M. Winston und Hampton Winston von Winston & Company und Lawrence Whiting, Präsident der neuen Boulevard Bridge Bank. Nach und nach stellte ich eine ansehnliche Gruppe zusammen, aber ich muss zugeben, dass es eine entmutigende, langsame und schwierige Arbeit war. Meiner Erfahrung nach kann ich einen Einzelnen von der Machbarkeit des Projekts überzeugen, aber sobald er es mit seinen Freunden bespricht, die nichts von dem Vorschlag wissen, entwickeln sie in seinem Geist ernsthafte Zweifel, gegen die ich wieder ankämpfen muss. Dank meiner Beobachtungen im Ausland bin ich fest davon überzeugt, dass es möglich ist, das Projekt zum Erfolg zu führen.

Stevenson bat abschließend den prominenten Chicagoer Anwalt Levy Meyer um einen Brief, in dem er sich vorstellte. Es ist klar, dass Stevenson Ende Juni 1921 eine Reihe prominenter Bürger Chicagos, darunter Marshall Field, Philip N. Wrigley und Chauncey McCormick, dazu veranlasst hatte, fleißig zu unterschreiben.

Was FDR betrifft, so würden seine Verkaufsbriefe zu diesem Projekt einem professionellen Verkäufer alle Ehre machen. Davon zeugt sein Brief an Oberst Robert R. McCormick vom Chicagoer Zeitungsimperium:

> Lieber Bert:
> Da Sie ein fortschrittlich denkender Mensch sind, bitte ich Herrn Lewis G. Stevenson, mit Ihnen über ein Thema zu sprechen, das auf den ersten Blick wie eine

vollkommen verrückte Idee erscheinen mag. Aber in Wirklichkeit geht es um etwas ganz anderes und ich kann Ihnen nur sagen, dass viele von uns hier im Raum, wie Young von der General Electric Company, Bertron von Bertron Griscom & Co. und eine Reihe anderer absolut respektabler Bürger genügend Interesse daran gezeigt haben, sich eingehender mit der Frage zu beschäftigen. Bei all dem geht es um die Einrichtung von Handelslinien für Luftschiffe in den Vereinigten Staaten...

Ähnliche Briefe wurden an Chauncey McCormick, Frank S. Peabody von Peabody Coal und Julius Rosenwald von Sears, Roebuck, gerichtet. Auf diese Initiativen folgten persönliche Abendessen. Am 21. April 1921 schrieb FDR zum Beispiel an Frank Peabody:

> ... ist es möglich, dass Sie mit Herrn Bertron, Herrn Snowden Fahnestock und einigen anderen von uns am kommenden Montagabend um 19.30 Uhr im Union Club zu Abend essen können? Bertron ist gerade von der anderen Seite des Atlantiks zurückgekehrt und hat einige sehr interessante Daten über diese kommerziellen Luftschiffe, die sich in Deutschland bewährt haben.

FDR fügte hinzu, dass die Gruppe "versprechen würde, Sie nicht gegen Ihren Willen festzuhalten". Daraufhin telegrafierte ein widerwilliger Peabody: "Unmöglich, dort zu sein, hätte überhaupt keine Angst, festgehalten zu werden, würde sich sehr über einen Besuch bei Ihnen freuen".

An Edsel B. Ford schrieb FDR: "Ich schicke diese Notiz von Mr. G. Hall Roosevelt, meinem Schwager, der mit der ganzen Angelegenheit vertraut ist." G. Hall Roosevelt, der zufällig als Abteilungsleiter für General Electric arbeitete, erwies sich als geschickter Verhandlungsführer, aber nicht genug, um Ford schon nach den ersten Gesprächen auf seine Seite zu ziehen.

Am 18. Februar 1922 hatte die American Investigation Corporation jedoch eine sehr gesunde Liste von Abonnenten erstellt, wie die folgende Teilliste bestätigt[300]:

Name	Mitgliedschaft	Ort
W.E. Boeing	Vorsitzender, Boeing Airplane Co.	Seattle
Edward H. Clark	Vorsitzender, Homestake Mining Co.	New York
Benedict Crowell	Crowell & Little Construction Co.	Cleveland
Arthur V. Davis	Vorsitzender, Aluminum Co. of America	Pittsburgh
L.L. Dunham	Equitable Building Association	New York
Snowden A. Fahnestock	Bertron, Griscom & Co.	New York
Marshall Field, III	Kapitalist	Chicago
E.M. Herr	Vorsitzender, Westinghouse Electric & Mfg. Co.	Pittsburg
J.R. Lovejoy	Vizepräsident der General Electric Company	New York
John R. McCune	Vorsitzender, Union National Bank	Pittsburgh
Samuel McRoberts	Kapitalist	New York
R.B. Mellon	Vorsitzender, Mellon National Bank	Pittsburgh
W.L. Mellon	Vorsitzender, Gulf Oil Co.	Pittsburgh
Theodore Pratt	Standard Oil Company	New York

---

[300] Liste mit Datum vom 18. Februar 1922 in den FDR-Akten.

Franklin D. Roosevelt	Stellvertretender Vorsitzender, Fidelity & Deposit Co.	New York
Philip N. Wrigley	Stellvertretender Vorsitzender, Wm. Wrigley Co.	Chicago
Owen D. Young	Vizepräsident von General Electric Co.	New York

Der erste Vorstand bestand aus Samuel McRoberts[301], Vizepräsident der National City Bank, William B. Joyce, Präsident der National Surety Company - einer der Konkurrenten von FDR im Bereich Bürgschaften und Anleihen - und Benedict Crowell, ehemaliger stellvertretender Kriegsminister und Vorstandsvorsitzender des Bauunternehmens Crowell & Little Construction in Cleveland. Snowden A. Fahnestock de Bertron, Griscom war der Sohn des New Yorker Finanziers Gibson Fahnestock und ein Teilhaber der Wertpapierhandelsfirma Fahnestock & Company. Gibsons Bruder William Fahnestock, Teilhaber in derselben Firma, war Direktor mehrerer großer Unternehmen, darunter Western Union und, zusammen mit Allen Dulles, der Gold Dust Corporation. David Goodrich, ein weiterer Zeichner, war Vorstandsvorsitzender der B.F. Goodrich Company und Mitglied des Verwaltungsrates der American Metals Company of New Mexico.

Es sollte sorgfältig beachtet werden, dass es sich bei diesem Unternehmen um ein Privatunternehmen handelte, bei dem das Risiko und die Belohnungen von erfahrenen und weitsichtigen Kapitalisten getragen wurden. Die Finanzierung dieses Unternehmens kann nicht kritisiert werden; die Kritik bezieht sich auf die Art und Weise, wie es seinen wichtigsten Vermögenswert, die deutschen Patente, erworben hat.

Der Bericht des Präsidenten für das Jahr 1922, der am 8. Januar 1923 veröffentlicht wurde, fasst die Errungenschaften der A.I.C. bis zu diesem Zeitpunkt zusammen.

Die deutsche Reparationskommission weigerte sich, den Bau großer Luftschiffe in Deutschland zu genehmigen, und es gab eine Verzögerung bei der Fertigstellung und Erprobung des neuen, vom amerikanischen Bergbauamt entworfenen Geräts zur wirtschaftlichen Herstellung von Heliumgas, aber man war der Ansicht, dass die A.I.C. nur noch wenige Monate von dem Zeitpunkt entfernt war, an dem sie die Öffentlichkeit um finanzielle Unterstützung bitten konnte. Laut diesem Bericht war die erste Phase der Arbeiten mit der Unterzeichnung eines Vertrags zwischen der American Investigation Corporation und der Schuette-Lanz Company am 11. März 1922 abgeschlossen worden, in dem die American Investigation Corporation die weltweiten Patentrechte an den Entwürfen und Baumethoden der starren Luftschiffe der Schuette erhielt. Der Vertrag sah Ratenzahlungen vor und beinhaltete eine Vereinbarung mit Schuette-Lanz, entweder ein Luftschiff zu bauen oder die Dienste von Experten zur Verfügung zu stellen, die den Bau in den USA in Angriff nehmen sollten.

Das Unternehmen hatte "über das Außenministerium endgültig festgestellt, dass die Reparationskommission und der Botschafterrat dem Bau des von der

---

[301] Samuel McRoberts ist prominent vertreten in Sutton, *Wall Street and the Bolschevic Revolution*, op. cit.

American Investigation Corporation geplanten Großschiffs in Deutschland nicht zustimmen würden", und Dr. Schuette wurde daher gebeten, in die Vereinigten Staaten zu reisen, um eine endgültige Einigung zu erzielen. Das Endziel, so der Bericht weiter, sei die Ansiedlung der Luftschiffindustrie in den Vereinigten Staaten und "wir sollten nicht aus den Augen verlieren; dennoch ist es höchst wünschenswert, das erste Schiff aus Deutschland zu geringen Kosten zu erhalten, das von den besten Experten gebaut wird".

Wie wichtig es war, eine Heliumversorgung für Luftschiffe sicherzustellen, wurde durch die Zerstörung der britischen R. 38 und der italienischen *Roma-Luftschiffe verdeutlicht*. Nach Rücksprache mit dem Helium Board und dem Chefchemiker des Bureau of Mines wurde eine Entscheidung über die Heliumfrage bis zur Fertigstellung des verbesserten Geräts verschoben, das das Bureau gerade für die kommerzielle Heliumproduktion entwarf. Gemäß den Bedingungen der Vereinbarung zwischen der American Investigation Corporation und dem Ingenieur Hardesty und seinen Partnern in Washington sollten zusätzlich zu den 20.000 Dollar, die zur Deckung ihrer Arbeit vor der Gründung der American Investigation Corporation bereitgestellt worden waren, bestimmte tatsächliche Ausgaben für die Unterstützung bei der Organisation der Gesellschaft erstattet werden. Die endgültige Vereinbarung war jedoch an die Unterzeichnung eines Vertrags über den Anteil gebunden, den Hardesty und seine Partner an der American Investigation Corporation und einer ihrer Tochtergesellschaften als Gegenleistung für ihre Werbearbeit erhalten sollten: Vor allem verlangte er, dass die deutschen Patente, die im Namen der amerikanischen Öffentlichkeit von der Alien Property Custodian gehalten wurden, an die A.I.C. übergeben werden sollten.

POLITIK, PATENTE UND LANDERECHTE

Folglich musste das A.I.C.-Syndikat ein großes Hindernis überwinden, bevor es mit der Arbeit an der kommerziellen Entwicklung von Luftschiffen in den USA beginnen konnte. Diese politische Hürde - die Rechte an den Schuette-Lanz-Patenten für den Bau von Luftschiffen zu erwerben - erforderte die kluge politische Unterstützung des FDR. Diese Patente waren zwar deutsch, standen aber unter der Kontrolle der US-Regierung. Nach US-amerikanischem Recht darf beschlagnahmtes ausländisches Eigentum nur durch Auktionen und Ausschreibungen veräußert werden. Wir finden jedoch im Bericht des A.I.C.-Präsidenten vom 26. Mai 1922, dass die A.I.C. damals "der Eigentümer der aktuellen Patente von Schuette-Lanz" war und 24 Patente und 6 Patentanmeldungen aus Deutschland, 6 Anmeldungen aus England und 13 Patente und 6 Anmeldungen aus den USA auflistete. Der Bericht fährt fort: "In den USA unterliegen 7 Patente der Rückgabe durch den Alien Property Custodian. Durch Abtretungen von Anmeldungen werden alle neuen US-Patente direkt an die A.I.C. erteilt". Wie kam das A.I.C.-Syndikat also in den Besitz der deutschen Patente, die von den USA treuhänderisch gehalten wurden? Dies ist besonders wichtig, da es keine Aufzeichnungen über Versteigerungen oder Ausschreibungen gibt. Der A.I.C.-Bericht enthält nur Notizen:

Die Interessen der A.I.C. wurden durch die Mitarbeit an den Verträgen und Vorladungen von M. J. Pickens Neagle (Solicitor of the Navy Department) Franklin Roosevelt, M. Howe und Blackwood Brothers geschützt.

Dies wirft sicherlich die Frage nach der Legitimität eines Anwalts des US-Marineministeriums auf, der im Namen eines privaten Interessenverbands handelt. Die deutschen Patente wurden von der US-Regierung für die A.I.C. dank der persönlichen Intervention von Franklin D. Roosevelt erteilt. Sehen wir uns an, wie er dabei vorging.

Franklin D. Roosevelt war der ehemalige stellvertretende Marineminister, einer der Roosevelts in dieser Position, und hatte daher gute politische Kontakte innerhalb des Marineministeriums. Mitte 1921 begann FDR, bei seinen ehemaligen Freunden in der Marineabteilung zu zwei Fragen nachzufragen: (1) die Stellung der Schuette-Patente und (2) die Möglichkeit, für das A.I.C.-Syndikat eine private Nutzung des Marinestützpunkts Lakehurst für A.I.C.-Luftschiffe zu erwerben. Am 4. Mai 1921 reagierte Admiral R.R. Byrd vom Office of Naval Operations auf eine Einladung, FDRs Anwesen in Campobello zu besuchen. Neun Monate später, am 23. Mai 1922, nahm auch Kommandant E.S. Land vom Büro für Marineflugoperationen eine Einladung zur Kenntnis, FDR bei seinem nächsten Besuch in New York zu besuchen. Land fügte hinzu, dass es "unwahrscheinlich erscheint, dass ich in den nächsten drei oder vier Wochen nach New York reisen werde. Wenn Sie mich bezüglich der Art Ihrer Anfragen beraten könnten, könnte ich Ihnen vielleicht einige Informationen in der gewünschten Richtung geben".

FDR antwortete dem Kommandeur der Landstreitkräfte in einem Brief mit dem Vermerk *"Personal"*, *der* jedoch an die Marineabteilung geschickt wurde, und wies darauf hin, dass seine Anfrage nicht telefonisch oder per Brief gestellt werden könne. FDR ging dann kurz auf die Position der A.I.C. ein und erklärte, dass das Unternehmen "kurz davor steht, mit dem Bau und dem eigentlichen Betrieb von Luftschiffen zu beginnen", aber mehr über das Programm der US-Regierung für diese Art von Wasserfahrzeugen wissen müsse: "Ich suche keine vertraulichen Informationen, sondern lediglich Fakten, die ich sicher ohne große Schwierigkeiten erhalten könnte, wenn ich selbst nach Washington reisen könnte".

Diese Information sei, schrieb FDR an Land, "zum Wohle der Sache im Allgemeinen", und er bot daraufhin an, die Kosten für Kommandant Land zu übernehmen, wenn er nach New York reisen würde. Dieses Angebot war offenbar nicht sehr erfolgreich, denn am 1. Juni forderte FDR die Informationen erneut an und ging noch einen Schritt weiter: "Übrigens, wäre etwas dagegen einzuwenden, wenn wir eine Kopie des Zeppelin-Vertrags bekämen? Theoretisch sind das alles öffentliche Dokumente".

Letztlich war es Pickens Neagle vom Büro des Generalstaatsanwalts der Marine, der die deutschen Patente, die für die A.I.C. erforderlich waren, hauptsächlich vermittelte; Neagle machte sich für FDR offensichtlich auch in anderen Bereichen nützlich. Am 15. Mai 1922 schrieb FDR an Neagle über Hardesty, den Ingenieur-Anwalt, der die Patentverhandlungen in Washington leitete:

> Herr Fahnestock und ich haben die sehr bescheidene Summe, die Hardesty Ihnen zur Verfügung gestellt hat, [Neagle] zweifelsfrei gebilligt, und ich bin sicher, dass die Direktoren sie bei ihrem Treffen, das nicht lange auf sich warten lassen wird, genehmigen werden.

Navy Solicitor Neagle antwortete am 16. Juni darauf, um FDR Informationen über mögliche Kautionsfälle zu geben:

> Ich schäme mich, etwas so Geringfügiges wie die Kaution zu erwähnen, die mit einem Vertrag über 29 000 Dollar einhergehen würde, aber die Dinge im öffentlichen Beschaffungswesen sind derzeit sehr ärgerlich. Die Midvale Steel and Ordnance Company hat gerade einen Auftrag für 8-Zoll-Schmiedeteile erhalten, der insgesamt weniger als 29.000 US-Dollar kostet. Die Kaution wird so etwas wie 15 bis 20% der Vertragssumme betragen.

Erneut schrieb Neagle am 9. August 1922 an Louis Howe und verwies auf die Marinedokumente von FDR, die offenbar die übliche Prüfung innerhalb der Abteilung durchliefen, bevor sie an FDR übergeben wurden. Das Problem von FDR bestand darin, zu verhindern, dass die Dokumente "in die Hände von Archivmitarbeitern oder neugierigen Personen mit wenig Verantwortungsbewusstsein gelangen". Das Marineministerium wollte die Dokumente auch nach Neagles persönlicher Intervention nicht ohne angemessene Prüfung weitergeben. Neagle schrieb an FDR:

> Ich wusste nicht, wie ich Herrn Curtis dazu bringen sollte, seine Meinung zu diesem Thema zu ändern, also ließ ich ihn in diesem Zustand, allerdings mit dem Vorbehalt, dass Sie bald selbst hier sein würden und ihn vielleicht schütteln würden.

Die bisherige Akte legt nahe, dass Pickens Neagle, Anwalt im Büro des Generalstaatsanwalts der Marine, mehr im Auftrag von FDR als für den Steuerzahler und das Marineministerium arbeitete. Der Inhalt dieser Akte verlagerte sich dann auf den Versuch, die Nutzung deutscher Patente für A.I.C. zu erwerben; diese Briefe waren nicht mehr auf Marinebriefpapier, sondern auf normalem Papier, ohne aufgedruckte Adresse, aber von Neagle unterzeichnet. Am 16. Februar 1922 berichtet ein Brief von Neagle an Howe, dass:

> unser Büro auf der Rückseite. (sic) ging zurück zum Luftfahrtsamt, das eine Form von Vertrag mit einem Zusatz vorschlug, der besagte, dass die Station an A.I.C. vermietet werden könnte und dass die [Marine-]Angestellten freigestellt würden, damit die Firma sie beschäftigen könnte.

Neagle fügte hinzu, dass Marineoffiziere zwar nicht die Mitarbeiter der A.I.C. leiten und beaufsichtigen dürften, diese aber in die Privatindustrie abgestellt werden könnten, um den Beruf des Luftschiffbauers zu erlernen. Auf diese private Information folgte ein offizieller Brief von Neagle an Fahnestock von der A.I.C. (der nun seine offizielle Kappe als Solicitor in der US-Marine trug), in dem er bestätigte, dass die Marine bereit war, die Station und die Fabrik in Cape May zu mieten, eine Genehmigung, die ohne Vorankündigung widerrufen werden konnte. Ein weiteres vom 6. Januar 1923 berichtet, dass Hardesty einen Vertrag unterzeichnet habe, der "für die Gesellschaft akzeptabel sein sollte".

Es ist klar, dass die Schuette-Patente ohne öffentliche Versteigerungen oder Ausschreibungen übertragen wurden, sondern durch eine private Vereinbarung zwischen der US-Regierung und Anwälten, die im Namen einer privaten Firma handelten. Dies stellt einen Verstoß gegen das Gesetz über den Handel mit dem Feind dar.

In den Akten wird auch ein weiterer Mitarbeiter des Marineministeriums erwähnt, der FDR zu Hilfe eilte. Ein Brief vom 31. März 1923 von M.N. McIntyre, dem Leiter des Marine-Nachrichtenbüros, an Louis Howe schlug vor, dass die A.I.C. das "im Bau befindliche deutsche Luftschiff für die Marine" sowie den Zugang zum Marinestützpunkt Lakehurst übernehmen solle. McIntyre ist erfrischend offen über seinen Vorschlag zur politischen Unterstützung: Wenn Sie mir Ihre Position zum Lakehurst-Vorschlag mitteilen, kann ich vielleicht etwas tun, um beim "Schmieren" zu helfen. Dasselbe gilt für den anderen Vorschlag".

Wir können anhand der Akten feststellen, dass FDR und seine Gewerkschaft möglicherweise Informations- und Unterstützungsquellen innerhalb des Marinedepartements in Anspruch genommen haben. Wie genau hatte die A.I.C. dann die Kontrolle über die Schuette-Lanz-Patente übernommen? Angeblich handelte es sich dabei um öffentliches Eigentum, das durch eine Ausschreibung veräußert werden sollte. Der Hardesty-Bericht vom Februar 1921 erläuterte den Rechtsstatus der Patente und warf mehr Licht auf ihre Übertragung.

Die Patente waren vom Guardian of Foreign Property beschlagnahmt worden und bis dahin nur für das Kriegs- und das Marineministerium lizenziert worden. Am 10. Januar 1921 wurde von Fred Hardesty ein Antrag gestellt, in dem es hieß, dass eine Gesellschaft (wahrscheinlich die A.I.C.) gegründet werden sollte und die Patente benötigte, doch Hardesty bestritt, "dass die Patente selbst einen hohen inneren Wert haben". Mit anderen Worten: Hardesty bewegte sich auf einem schmalen Grat. Die A.I.C. brauchte die Patente unbedingt, um sich vor Ausländern zu schützen. Gleichzeitig, so Hardesty, hatten die Patente keinen wirklich großen Wert. Sie seien notwendig, schrieb er an den Hüter des Eigentums von Ausländern, "um uns einen moralischen Schutzwall gegen die Aggression von äußeren Parteien zu errichten". Hardesty argumentierte, dass das öffentliche Interesse lebenswichtig sei und dass er "gerne Informationen darüber erhalten würde, welcher Wert für die Patente festgelegt wurde, ob ihr Wert geschätzt wurde und zu welchen Bedingungen sie an uns verkauft werden könnten".

Diesem Brief ist in den FDR-Akten ein "Memorandum für Mr. Hardesty" über die Patente von Johann Schuette beigefügt, das offenbar vom Amt für die Erhaltung ausländischen Eigentums ausgestellt wurde. Das Memorandum bestätigt die Tatsache, dass die Patente unter dem Gesetz über den Handel mit dem Feind von 1917 gehalten wurden, dass das einzige Recht, das dem deutschen Inhaber verblieb, das Recht auf Rückgabe war und dass diese Ansprüche gemäß den Anweisungen des Kongresses geregelt werden sollten. Es sei unwahrscheinlich, so das Memorandum, dass die Patente vom Verwahrer der ausländischen Güter verkauft würden, aber wenn die Patente zum Verkauf angeboten würden, "gäbe es wenig oder gar keinen Wettbewerb, da es wahrscheinlich nur sehr wenige bestehende oder vorgeschlagene Unternehmen gibt, die die Nutzung der Patente in Erwägung ziehen, und daher die angebotenen Preise nicht sehr hoch wären". Das Memorandum geht dann auf den Kern des Problems ein, mit dem sich die A.I.C. konfrontiert sieht:

> Die A.P.C. verkauft Patente, die nicht für die Regierung bestimmt sind, nur an US-Bürger bei einem öffentlichen Verkauf an den Meistbietenden nach öffentlicher Bekanntmachung, sofern der Präsident nichts anderes beschließt. Der Kauf von Gütern von der A.P.C. für einen nicht gemeldeten Auftraggeber oder zum Weiterverkauf an eine Person, die nicht US-Bürger ist, oder zum Nutzen einer Person, die nicht US-Bürger ist, ist unter Androhung schwerer Strafen verboten.

Dies lässt die Möglichkeit offen, dass der Kriegsminister oder der Marineminister dem Präsidenten "im Rahmen einer soliden Handelspolitik und im Interesse der Öffentlichkeit" einen sofortigen Verkauf empfehlen kann.

Die Gewerkschaft versuchte dann, dem präsidialen Weg zu folgen, offenbar mit Erfolg. Am 4. Februar 1921 schrieb FDR in New York an Hardesty in Washington:

> "Ich stimme mit Ihnen überein, dass wir in Bezug auf die Schuette-Patente sofort etwas unternehmen und zumindest den Versuch unternehmen sollten, bevor die derzeitige Regierung zurücktritt."

Zweitens geht aus einem in den Akten wiedergegebenen Memorandum der Dienststellen hervor, dass FDR am 9. und 17. Februar 1921 nach Washington reiste und sich zumindest mit dem Hüter des Auslandsvermögens traf. Später erteilte Schuette Hardesty eine Vollmacht, und die Patente wurden vom Hüter des Auslandsvermögens zurückgegeben, allerdings nicht sofort. Die FDR-Akten enthalten keine unterschriebenen Originaldokumente über die Freigabe, sondern nur Entwürfe, aber da die Patente schließlich an die A.I.C. zurückgegeben wurden, kann man davon ausgehen, dass diese Arbeitsentwürfe dem endgültigen unterschriebenen Dokument angemessen nahe kamen. Ein Dokument, das vom Verwahrer des ausländischen Vermögens und dem deutschen Patentinhaber Johann Schuette unterzeichnet wurde, lautet wie folgt:

> Darüber hinaus wird zwischen den Parteien vereinbart, dass der Preis oder die Preise, zu denen die oben aufgeführten Patente von Johann Schuette durch den Alien Property Custodian an die American Investigation Corporation verkauft werden können, nur als der von den Parteien festgelegte und vereinbarte Nennwert der Patente und deren tatsächlicher Wert angesehen werden; und dass der genannte Bevollmächtigte dem Alien Property Custodian eine vorbehaltlose Entlastung des genannten Johann Schuette und seines Bevollmächtigten und ihrer Erben, Rechtsnachfolger und gesetzlichen Vertreter von allen Ansprüchen, Forderungen usw. geben, ausführen und übergeben muss.

Aus diesem Dokument geht eindeutig hervor, (1) dass der Depositar für Auslandsvermögen die Patente an A.I.C. verkaufte, (2) dass er A.I.C. nur einen "Nominalpreis" in Rechnung stellte, (3) dass es keine Ausschreibung für die Patente gab und (4) dass der ehemalige deutsche Inhaber Schuette direkt oder indirekt ein Recht erlangt hatte. Diese vier Handlungen scheinen gegen die Anforderungen des Gesetzes über den Handel mit dem Feind von 1917 zu verstoßen, auch wenn die Verfahren (1) und (2) der Autorität des Präsidenten unterlagen.

Daraufhin wurde am 9. Mai 1922 ein Vertrag zwischen der American Investigation Corporation und Johann Schuette aufgesetzt. Er sah die Zahlung von 30.000 US-Dollar in bar an Schuette sowie weitere 220.000 US-Dollar vor, die in monatlichen Raten zu zahlen waren, wobei die letzte Zahlung spätestens am 1. Juli 1923 erfolgen sollte. Im Falle einer Nichtzahlung durch A.I.C. würden alle Rechte an den Patenten an Schuette übertragen. Schuette wurde eine Bestandszulage gewährt, die wiederum der A.I.C. technische Zusammenarbeit und Unterstützung bieten sollte. In den FDR-Akten befindet sich auch eine interne Notiz, die auf der Schreibmaschine geschrieben zu sein scheint, die normalerweise für FDR-Briefe verwendet wird; es könnte sich also um eine Notiz handeln, die entweder von FDR oder wahrscheinlicher von Louis Howe verfasst wurde. Dieses Memorandum fasste die Strategie der A.I.C. zusammen. Es zählt auf, "was wir zu verkaufen haben" und beantwortet diese Frage wie folgt:

> 1. Die Schuette-Lanz-Patente, die von Ford-Ingenieuren, die ebenfalls am Bau von Luftschiffen arbeiteten, als grundlegend und notwendig beschrieben wurden.
> 2. Ein vorläufiger Vertrag an die Marine, durch den mehr als eine Million Dollar für den Bau einer Fabrik und eines Konstruktionshangars eingespart werden. Dies ist unser Eigentum, da der vorgeschlagene Vertrag im Austausch für eine Lizenz zur Nutzung der Schuette-Patente durch die Marine steht.

Mit anderen Worten: Die A.I.C. konnte nicht nur die Patente ohne Ausschreibung hinter den Kulissen der politischen Manöver erwerben, sondern erwarb auch das Recht, sie an die Marine weiterzuverkaufen. Das ist die Art von Deal, von der die meisten armen Steuerzahler nicht einmal träumen, obwohl sie am Ende die Rechnung dafür bezahlen.

> 3. Alle Daten, Zeichnungen und Versuche der Patente von Schuette-Lanz.
> 4. Eine Vereinbarung zur Herstellung von Helium.
> 5. Eine Aktionärsliste, die aus Männern mit öffentlichem Geist und beträchtlichen Mitteln besteht.

Das war nicht genug, denn der nächste Abschnitt trägt die Überschrift "Was wir brauchen" und listet (1) Gelder und (2) Arbeit auf. Das Memo schlug dann eine Zusammenlegung der Arbeit der A.I.C. mit der Arbeit der Ford-Ingenieure vor.

Wir können die Vereinbarung, die FDR mit der American Investigation Corporation getroffen hat, wie folgt zusammenfassen:

Zunächst einmal konnte die A.I.C. dank der persönlichen Intervention von Franklin D. Roosevelt beschlagnahmte Patente als Geschenk oder zu einem symbolischen Preis erhalten. Das Gesetz verlangte, dass diese beschlagnahmten Patente bei einer öffentlichen Ausschreibung angeboten werden mussten und nicht zum Vorteil des ehemaligen deutschen Eigentümers. In der Praxis wurden sie nach einer privaten Vereinbarung zwischen FDR und dem Hüter des Auslandsvermögens hinter verschlossenen Türen zurückgegeben, möglicherweise unter Beteiligung des Präsidenten, obwohl keine Aufzeichnungen über eine solche Unterstützung gefunden werden konnten. Diese Patente, die zuvor als wertlos beschrieben worden waren, waren später Gegenstand eines Vertrags, der die Zahlung von 250.000 US-Dollar an den deutschen Staatsbürger Schuette beinhaltete, und das Hauptvermögen einer Firma, die den Bau von Luftschiffen in den USA fördern sollte. Auf den ersten Blick deuten die in den Akten enthaltenen Dokumente darauf hin, dass sowohl FDR als auch der Verwahrer der ausländischen Vermögenswerte gegen das Gesetz verstoßen haben.

Zweitens scheinen diese Patente zum indirekten Nutzen einer ausländischen Partei erteilt worden zu sein, ein Verfahren, das nach dem Gesetz strengen Sanktionen unterliegt.

Drittens konnte die A.I.C. die Nutzung von Einrichtungen der Marine im Wert von einer Million Dollar und offizielle Informationen innerhalb der Marineabteilung erlangen.

Viertens: Das einzige Risiko, das die Wall Street-Betreiber eingingen, war der Aufbau des Unternehmens. Die Patente wurden nominell erworben, die Gelder kamen von außerhalb New Yorks, und das Fachwissen stammte aus Deutschland oder von der Ford Motor Company. Franklin Delano Roosevelt lieferte den politischen Hebel, um ein Abkommen durchzusetzen, das auf den ersten Blick illegal war und sicherlich weit entfernt von dem Begriff des "öffentlichen Vertrauens", den FDR und seine Partner in ihren Schriften und Reden gerne propagierten.

FDR IN DER AUTOMATENBRANCHE

Der Verkauf von automatischen Briefmarkenautomaten begann 1911, war aber bis zur Entwicklung der Shermack-Maschine in den 1920er Jahren kein wirklich effektiver Absatzmarkt. 1927 wurde die Sanitary Postage Stamp Corporation gegründet, um die Shermack-Maschinen für die automatische Verteilung von Briefmarken zu vermarkten, die zuvor in den Geschäften als lose Briefmarken verkauft worden waren, die den Benutzer laut den Verkaufsunterlagen des Unternehmens der Übertragung von Krankheiten aussetzten. Der Vorstand des Unternehmens bestand aus dem Erfinder Joseph J. Shermack, Edward S. Steinam, J.A. de Camp (120 Broadway), dem Bankier George W. Naumburg, A.J. Sach, Nathan S. Smyth und Franklin D. Roosevelt.

Im April 1927 verkaufte das Unternehmen etwa 450 Maschinenanlagen pro Woche. Laut einem Brief, den FDR an A.J. Sach, den Vizepräsidenten des

Unternehmens, schrieb, gab es große Probleme mit den Sammlungen; tatsächlich hatte man seit über sechs Monaten nichts mehr von zehn Briefmarkenstandorten gehört, und die Liquidität war unzureichend. FDR machte einen eminent sinnvollen Vorschlag: Die Verkäufer sollten eine Woche lang nicht mehr verkaufen und die frei gewordene Zeit zum Geldsammeln nutzen. Abgesehen von diesen gelegentlichen Vorschlägen war die Rolle von FDR im Bereich der Gesundheitsbriefmarken minimal. Henry Morgenthau, Jr. beteiligte sie von Anfang an und zahlte sogar die Erstzeichnung von 812,50 Dollar für die ersten 100 FDR-Aktien: "Sie können mir einen Scheck über die gleiche Summe schicken, wenn es Ihnen passt." FDR schickte den Scheck noch am selben Tag. Die Sponsoren gaben 3000 Stammaktien von FDR "als Gegenleistung für die von Ihnen geleisteten Dienste" aus, offensichtlich um seinen Namen als Köder für Investoren zu verwenden.

FDR trat Ende 1928 zurück, als er zum Gouverneur von New York gewählt wurde.

FDR war auch Direktor von CAMCO (Consolidated Automatic Merchandising Corporation), nahm aber nie aktiv an dessen Börsengang teil. CAMCO war eine Holdinggesellschaft, die mehr als 70% des ausstehenden Aktienkapitals einer Reihe von Unternehmen, darunter die Sanitary Postage Stamp Corporation, übernehmen sollte, und ist bemerkenswert, weil dem Vorstand nicht nur FDR, sondern auch Saunders Norwell angehörte, der von 1926 bis 1933 Präsident der Remington Arms Company war. Im Jahr 1933 wurde Remington Arms an die Du Pont Company verkauft. In Kapitel 10 werden wir uns mit der Butler-Affäre befassen, einem gescheiterten Versuch, eine Diktatur im Weißen Haus zu installieren. Sowohl Remington Arms als auch Du Pont werden in der unterdrückten Zeugenaussage des Untersuchungsausschusses des Kongresses erwähnt. Dennoch finden wir 1928 FDR und Saunders Norvell als Co-Direktoren von CAMCO.

DIE GEORGIA WARM SPRINGS FOUNDATION

FDRs persönlicher und sehr lobenswerter Kampf, seine Beine nach einem Polioanfall im Jahr 1921 wieder benutzen zu können, führte ihn in die Georgia Warm Springs. Als er wieder zu Kräften kam, beschloss FDR, diese verlassenen und fast ungenutzten Quellen in ein kommerzielles Angebot umzuwandeln, um anderen Polio-Opfern zu helfen.

Leider kann die genaue Herkunft der wichtigsten Gelder, die zur Entwicklung von Georgia Warm Springs verwendet wurden, nicht aus den FDR-Dateien, wie sie heute existieren, ermittelt werden. Die FDR-Datei zu Georgia Warm Springs ist relativ mager, und es ist sehr unwahrscheinlich, dass sie alle Unterlagen zur Entwicklung des Projekts enthält. Die Akte erweckt den Eindruck, als sei sie vor der Übergabe an das Archiv im Hyde Park geprüft worden. Es gibt keine öffentlichen Aufzeichnungen über die Finanzierung von Georgia Warm Springs. Angesichts der knappen persönlichen Finanzen von FDR während der 1920er Jahre ist es unwahrscheinlich, dass die Mittel aus seinen persönlichen Ressourcen stammten. Wir haben Beweise für die Existenz von drei Finanzierungsquellen.

Erstens ist es mehr als wahrscheinlich, dass ihre Mutter, Mrs. James Roosevelt, eine solche war. Tatsächlich schrieb Eleanor Roosevelt an FDR: "Geben Sie nicht zu viel Geld aus und zwingen Sie Mama nicht, viel Geld zu investieren, denn wenn sie verliert, wird sie sich nie davon erholen!"[302] Zweitens: Edsel B. Ford soll Geld für den Bau des Schwimmbeckens bereitgestellt haben, war aber nicht Treuhänder der Stiftung. Drittens, und das ist das Wichtigste, gehörte das ursprüngliche Anwesen dem sozialistischen Unternehmen George Foster Peabody. Laut FDRs Sohn Elliott Roosevelt gab es eine hohe persönliche Hypothek auf das Anwesen selbst, und diese Sicherheit wurde wahrscheinlich von Peabody gehalten:

> Am 29. April 1926 erwarb er das verlassene Anwesen, auf dem sich Loyless zunehmend verschuldete. Auf dem Höhepunkt seiner Verpflichtungen als neuer Eigentümer hatte Vater genau 201.667,83 Dollar in Form einer privaten Forderung in den Ort investiert, die erst nach seinem Tod vollständig zurückgezahlt wurde, und dann erst aus einer Lebensversicherung, die er zugunsten von Warm Springs abgeschlossen hatte. Die 200.000 Dollar und mehr machten mehr als zwei Drittel seines gesamten Besitzes aus. Es war das einzige Mal, dass er ein so monumentales Risiko eingegangen war. Mutter war entsetzt bei dem Gedanken, dass, wenn es in die Richtung so vieler seiner Unternehmungen ging, keiner von uns das College besuchen könnte - ein Schicksal, dem ich für meinen Teil mehr als gewachsen war.[303]

Es ist bezeichnend, dass Elliott Roosevelt von einem privaten Darlehen in Höhe von 200.000 US-Dollar berichtet, das vor FDRs Tod nicht zurückgezahlt wurde. Es ist übrigens vernünftig anzunehmen, dass die Mittel von einem Teil oder allen Direktoren bereitgestellt wurden. Dies bringt FDR in die gleiche Position wie Woodrow Wilson, der seinen Gläubigern an der Wall Street verpflichtet war. Da diese Treuhänder zu den mächtigsten Männern der Wall Street gehörten, ist der Vorwurf, FDR sei "unter dem Einfluss der Banker" gestanden, durchaus plausibel.

Es ist daher vernünftig anzunehmen, dass die Mittel für Georgia Warm Springs von den Treuhändern der Georgia Warm Springs Foundation und des damit verbundenen Meriweather Reserve eingerichtet wurden oder unter ihrer Kontrolle standen. Die Treuhänder der Stiftung im Jahr 1934 und ihre wichtigsten Geschäftsverbindungen sind unten aufgeführt:

---

[302] Elliott Roosevelt, *The Untold Story*, a. a. O., S. 232.

[303] Ibid.

Georgia Warm Springs Foundation: Kuratoren 1934 [304]

Name des Administrators [305]	Wichtigste Affiliationen
Franklin D. Roosevelt	Präsident der Vereinigten Staaten von Amerika
Basil O'Connor	Rechtsanwalt, 120 Broadway, ehemaliger Rechtspartner von FDR
Jeremiah Milbank	Direktor, Chase National Bank of N.Y.
James A. Moffett	Vizepräsident und Direktor von Standard Oil in New Jersey
George Foster Peabody	Ursprünglicher Eigentümer des Grundstücks und Inhaber der Anmerkung zu den heißen Quellen in Georgien
Leighton McCarthy	Mitglied des Verwaltungsrates von Aluminum, Ltd (kanadische Tochtergesellschaft von ALCOA)
Eugene S. Wilson	Vorsitzender, American Telephone & Telegraph (195 Broadway)
William H. Woodin	Sekretärin des Schatzamtes unter FDR
Henry Pope	Geschäftsführer von Link-Belt
Cason J. Callaway	Vorsitzender von Callaway Mills, Inc. in New York

Die Direktoren von Georgia Warm Springs binden FDR offensichtlich an die Wall Street. Die prominentesten von ihnen waren Eugene Smith Wilson (1879-1973), Vizepräsident der American Telephone and Telegraph am 195 Broadway in New York. Wilson bekleidete auch Vorstandsposten bei vielen anderen Telefongesellschaften, darunter Northwestern and Southwestern Bell und die Wisconsin Telephone Company. 1919 arbeitete er als Anwalt für Western Electric und wurde später Rechtsberater für A.T.&T., bevor er 1920 zum Vizepräsidenten ernannt wurde. Wilson war lange Zeit an der Polio-Kampagne beteiligt, tat sich mit Franklin D. Roosevelt zusammen und war Mitte der 1930er Jahre Mitglied des Investitionsausschusses der Georgia Warm Springs Foundation. Zu seinen Kollegen bei A.T.&T. gehörte John W. Davis, der in der Butler-Affäre auftaucht (siehe Kapitel 10).

Ein anderer der Direktoren von Georgia Warm Springs war James A. Moffett, Vizepräsident der Standard Oil Company of New Jersey. Walter Teagle von derselben Firma war einer der wichtigsten Direktoren der NRA.

Der Verwalter Jeremiah Milbank war Direktor der Chase National Bank, die von Rockefeller und der Equitable Trust Company kontrolliert wurde.

Der Verwaltungsbeamte William H. Woodin war von 1926 bis 1931 Direktor der Federal Reserve Bank of New York und wurde von Franklin D. Roosevelt zum Finanzminister ernannt, nachdem er die Kandidatur der FDR bei den Wahlen von 1932 stark unterstützt hatte. Woodin trat innerhalb von sechs Monaten zurück, allerdings aus gesundheitlichen Gründen und nicht, weil er kein Interesse an dem Posten des Schatzmeisters hatte.

---

[304] Auszug aus einem Brief vom 5. März 1932 von Fred Botts, dem kaufmännischen Leiter von Warm Springs, an FDR im Weißen Haus.

[305] Zu den Direktoren gehörten auch Frank C. Root aus Greenwich, Connecticut, Keith Morgan aus New York und Arthur Carpenter, der als residierender Direktor fungierte.

Der Verwalter George Peabody wurde bereits im vorherigen Band identifiziert[306] und war maßgeblich mit der bolschewistischen Revolution von 1917 in Russland und der Federal Reserve Bank in New York verbunden.

---

[306] Sutton, *Wall Street and the Bolschevic Revolution*, op. cit.

KAPITEL V

DIE ENTSTEHUNG DES BETRIEBLICHEN SOZIALISMUS

> *Während die Gesellschaft um Freiheit kämpft, sind diese berühmten Männer, die sich an ihre Spitze gestellt haben, vom Geist des 17. und 18. Jahrhunderts durchdrungen. Sie haben nichts anderes im Sinn, als die Menschheit der philanthropischen Tyrannei ihrer eigenen sozialen Erfindungen zu unterwerfen.*
>
> Frederic Bastiat, *The Law*, (New York: Fondation for Economic Education, 1972), S. 52

Wir haben Franklin D. Roosevelts siebenjährige Karriere an der Wall Street beschrieben, die mit seiner Wahl zum Gouverneur von New York im Jahr 1928 endete. Diese Beschreibung stammt aus den Briefordnern von FDR. Um Fehlinterpretationen zu vermeiden, wurden Teile dieser Briefe wörtlich und detailliert wiedergegeben. Auf der Grundlage dieser Briefe besteht kein Zweifel daran, dass FDR seinen politischen Einfluss fast ausschließlich dazu nutzte, Bürgschaftsverträge zu erhalten, als er Vizepräsident von Fidelity & Deposit Co war; dass im Fall von United European Investors und International Germanic Trust große und dubiose internationale finanzielle und politische Verbindungen zum Vorschein kamen; und dass seine engen Geschäftspartner von Owen D. Young, dem Vorsitzenden von General Electric, einem Mitglied des elitären Finanzinstituts, bis hin zu Männern, die von einem Agenten der Proudfoot Agency als eine "Bande von Betrügern" beschrieben wurden.

Es gibt ein wiederkehrendes Thema in FDRs Arbeitsweise: Er hat den politischen Weg in außerordentlichem Maße genutzt. Mit anderen Worten: FDR nutzte die staatliche Polizeigewalt, wie sie durch die Regulierungsbehörden, durch Regierungsvorschriften und durch Regierungsbeamte auf seine Fürsprache hin umgesetzt wird, für seine persönlichen Zwecke, z. B. beim Guardian of Foreign Assets, der US-Marine, dem Federal Reserve System und dem Superintendent of Insurance des Bundesstaates New York. All diese politischen Kontakte, die im Rahmen seiner öffentlichen Funktion geknüpft wurden, verschafften FDR seinen Wettbewerbsvorteil in der Geschäftswelt. Es handelt sich um politische Arrangements, nicht um Arrangements, die auf dem freien Markt entstanden sind. Es sind Dispositive, die politischen Zwang widerspiegeln, und nicht einen freiwilligen Austausch auf dem Markt.

Die folgenden vier Kapitel im zweiten Teil dieses Buches führen dieses Thema der Politisierung des Wirtschaftsunternehmens weiter aus. Zunächst werfen wir ein breiteres Netz aus, um die These des Unternehmenssozialismus zu formulieren und einige prominente Unternehmenssozialisten zu identifizieren, die hauptsächlich mit FDR in Verbindung gebracht werden. Dann gehen wir in der Zeit zurück bis in die 1840er Jahre zu einem der Vorfahren von FDR, dem New Yorker Geschäftsmann Clinton Roosevelt und seiner ersten Version der NRA. Dieses Muster wird mit Baruchs War Industries Board aus dem Jahr 1917, der Funktionsweise des Federal Reserve Systems und dem Roosevelt-Hoover American Construction Council der 1920er Jahre verglichen. Im letzten Kapitel dieses Teils wird schließlich die finanzielle Investition der Wall Street in den New Deal detailliert beschrieben.

DIE URSPRÜNGE DES BETRIEBLICHEN SOZIALISMUS

Der alte John D. Rockefeller und seine kapitalistischen Gefährten des 19. Jahrhunderts waren von einer absoluten Wahrheit überzeugt: Kein großer monetärer Reichtum konnte nach den unparteiischen Regeln einer Gesellschaft auf der Grundlage des freien Wettbewerbshandels angehäuft werden. Der einzig sichere Weg zum Erwerb massiven Reichtums war das Monopol: Vertreiben Sie Ihre Konkurrenten, reduzieren Sie den Wettbewerb, schalten Sie den freien Wettbewerb aus und, was am wichtigsten ist, erhalten Sie staatlichen Schutz für Ihre Industrie durch Politiker und staatliche Vorschriften zu Ihren Gunsten. Dieser letzte Prozess führt zu einem legalen Monopol, und ein legales Monopol führt immer zur Anhäufung von riesigem Reichtum.

Dieses Räuberbaron-Schema ist unter verschiedenen Etiketten auch der sozialistische Plan. Der Unterschied zwischen einem korporativen Staatsmonopol und einem sozialistischen Staatsmonopol ist im Wesentlichen nur die Identität der Gruppe, die die Machtstruktur kontrolliert. Das Wesen des Sozialismus ist die monopolistische Kontrolle durch den Staat mithilfe von engagierten Planern und befehlshabenden Beamten. Andererseits versuchen Rockefeller, Morgan und ihre Freunde aus der Geschäftswelt, ihr Monopol zu erwerben und zu kontrollieren und ihre Profite zu maximieren, indem sie Einfluss auf den politischen Apparat des Staates ausüben; obwohl dies immer noch akademische Planer und Propagandisten erfordert, ist es ein diskreter Prozess und viel subtiler als das Staatseigentum im Sozialismus. Der Erfolg der Rockefeller-Strategie bestand unter anderem darin, die öffentliche Aufmerksamkeit auf weitgehend oberflächliche und irrelevante historische Kontroversen wie den Mythos eines Kampfes zwischen Kapitalisten und Kommunisten zu lenken und die politischen Kräfte sorgfältig von den Großunternehmen unterstützen zu lassen. Wir nennen dieses Phänomen der legalen Monopolstellung von Unternehmen - die Kontrolle des erworbenen Marktes unter Nutzung politischer Einflussnahme - "Unternehmenssozialismus".

Die klarste und offenste Beschreibung des Unternehmenssozialismus, seiner Sitten und Ziele findet sich in einer Broschüre von Frederick Clemson Howe aus dem Jahr 1906, *Confessions of a Monopolist*.[307]

Frederick Howes Rolle in der bolschewistischen Revolution von 1917 und ihren Folgen wurde in *Wall Street und die bolschewistische*[308] *Revolution* beschrieben . Howe taucht auch in Roosevelts New Deal als Verbraucherberater in der Agricultural Adjustment Administration auf. Howes Interesse an der Gesellschaft und ihren Problemen erstreckt sich also über den Beginn des 20. Jahrhunderts, von seiner Verbindung mit Newton D. Baker, dem späteren Kriegsminister, bis hin zum Kommunisten Lincoln Steffens. Als Sonderbeauftragter der Vereinigten Staaten untersuchte Howe das kommunale Eigentum an öffentlichen Dienstleistungen in England und wurde 1914 von Präsident Wilson zum US-Kommissar für Einwanderung ernannt.

Was ist das Geheimnis der Schaffung großen Reichtums? Howe beantwortet die Frage wie folgt:

> "Herr Rockefeller mag denken, dass er seine Hunderte von Millionen durch die Wirtschaft verdient hat, indem er bei seinen Gasrechnungen gespart hat, aber das ist nicht der Fall. Er hat es einfach geschafft, Menschen auf der ganzen Welt dazu zu bringen, für ihn zu arbeiten..."[309]

Kurz gesagt: Der Unternehmenssozialismus ist eng mit der Idee verbunden, die Gesellschaft zum Nutzen einiger weniger funktionieren zu lassen.

DAFÜR SORGEN, DASS DIE GESELLSCHAFT AUSSCHLIEßLICH ZUM VORTEIL EINIGER WENIGER FUNKTIONIERT

Das ist das wichtige Thema in Howes Buch, das immer wieder zum Ausdruck gebracht wird, wobei detaillierte Beispiele für das System "Lass andere für dich arbeiten" am Werk sind. Wie haben Mr. Rockefeller und seine Monopolistenkollegen dafür gesorgt, dass die ganze Welt für sie arbeitet? So geschah es laut Howe:

> Es ist die Geschichte von etwas, das nichts nützt - den anderen dazu zu bringen, dafür zu bezahlen. Diese Geschichte, den anderen zur Kasse zu bitten, etwas umsonst zu bekommen, erklärt den Hunger nach Franchisen, Schürfrechten,

---

[307] Frederic C. Howe, *Confessions of a Monopolist* (Chicago: Public Publishing Co. 1906). Der Auftraggeber von Howes Buch ist derselbe Verleger, der 1973 ein den Kollektivismus von John D. Rockefeller III verherrlichendes Buch mit dem Titel *The Second American Revolution* veröffentlichte.

[308] Sutton, *Wall Street and the Bolschevic Revolution*, op. cit.

[309] Howe, a. a. O., S. 145.

Zollprivilegien, Eisenbahnkontrollen und Steuerhinterziehung. All diese Dinge sind gleichbedeutend mit Monopolen, und jedes Monopol beruht auf Gesetzen.
Und Monopolgesetze werden in Korruption geboren. Der Merkantilismus der Presse oder der Bildung oder sogar der Wohltätigkeit ist Teil des Preises, der für die durch das Gesetz geschaffenen Sonderprivilegien zu zahlen ist. Der Wunsch, etwas umsonst zu bekommen, den anderen zur Kasse zu bitten, eine Ressource in irgendeiner Form zu monopolisieren, ist die Ursache von Korruption. Monopol und Korruption sind eine Ursache und die daraus resultierende Wirkung.
Gemeinsam arbeiten sie im Kongress, im Commonwealth sowie in unseren Kommunen. So ist es immer gewesen. Das war schon immer so. Aus Privilegien entsteht Korruption, so wie ein vergifteter Abwasserkanal Krankheiten hervorbringt. Chancengleichheit, faire Absprachen ohne Gefälligkeiten und direkter Austausch sind niemals korrupt. Sie enden nicht in Gerichtssälen oder vor den Hallen des Rates. Denn diese Aktivitäten bedeuten Arbeit für Arbeit, Wert für Wert, etwas für etwas. Deshalb sind der kleine Geschäftsmann, der Groß- und Einzelhändler, der Angestellte und der Fabrikant nicht die Geschäftsleute, deren Aktivitäten den politischen Prozess korrumpieren.[310]

Howes Gegensatz zu diesem korrupten Monopolsystem wird als "Arbeit um Arbeit, Wert um Wert, etwas für etwas" beschrieben. Diese Werte sind aber auch die wesentlichen Markenzeichen eines Marktsystems, d. h. eines reinen Wettbewerbssystems, in dem die Marktausgleichspreise durch die unparteiische Interaktion von Angebot und Nachfrage auf dem Markt festgelegt werden. Ein solches unparteiisches System kann natürlich nicht durch politischen Interventionismus beeinflusst oder korrumpiert werden. Das von Howe beschriebene monopolistische Wirtschaftssystem, das auf Korruption und Privilegien beruht, ist eine politisch gesteuerte Wirtschaft. Es ist auch ein System verdeckter Zwangsarbeit, das von Ludwig von Mises als *Zwangswirtschaft* bezeichnet wird. Es ist dieses Zwangselement, das allen politisch gesteuerten Wirtschaften gemeinsam ist: Hitlers Neue Ordnung, Mussolinis Konzernstaat, Kennedys Neue Grenze, Johnsons Große Gesellschaft und Nixons Kreativer Föderalismus. Zwang war auch ein Element von Herbert Hoovers Reaktion auf die Große Depression und, viel offensichtlicher, von Franklin D. Roosevelts New Deal und der National Recovery Administration.

Es ist dieses Element des Zwangs, das es einigen wenigen - denjenigen, die das legale Monopol besitzen und davon profitieren - ermöglicht, auf Kosten der Mehrheit in der Gesellschaft zu leben. Diejenigen, die die gesetzlichen Freigrenzen und Regelungen kontrollieren oder davon profitieren und gleichzeitig die Regierungsbürokratien beeinflussen, bestimmen die Regeln und Vorschriften, um ihren aktuellen Reichtum zu schützen, vom Reichtum anderer zu profitieren und Neulinge daran zu hindern, durch ihre Unternehmen reich zu werden. Um es klar zu sagen: Die 1880 gegründete Interstate Trade Commission beispielsweise existiert, um den Wettbewerb im Transportsektor zu beschränken, und nicht, um die bestmöglichen Bedingungen für Spediteure zu erreichen. Ebenso existiert der Rat für zivile Luftfahrt, um die nationale Luftfahrtindustrie zu schützen, und nicht den Flugreisenden. Als ein aktuelles Beispiel von Hunderten siehe die

---

[310] Howe, a. a. O., S. V-VI.

Beschlagnahmung einer DC-10 der Philippines Air Lines (PAL) durch die CAB im Juli 1974 auf dem Flughafen von San Francisco. Welche Sünde hatte die PAL begangen? Die Fluggesellschaft hatte einfach eine DC-10, für die die CAB keine Genehmigung erteilt hatte, durch eine DC-8 ersetzt. Wer hatte gewonnen? Die US-amerikanischen Fluggesellschaften aufgrund des geringeren Wettbewerbs. Wer hat verloren? Dem Reisenden wurden Sitzplätze und eine Auswahl an Ausrüstungsgegenständen verweigert. Zweifel darüber, auf welcher Seite das CAB stand, wurden durch einen Artikel zerstreut, der einige Wochen später im *Wall Street Journal* (13. August 1974) erschien und den Titel trug: "Das CAB ist ein begeisterter Befürworter von Maßnahmen zur Verbesserung des Service der Fluggesellschaften und zur Erhöhung der Flugpreise". Der Artikel enthielt eine Perle des CAB-Vizepräsidenten Whitney Gillillilland: "Wir haben in der Vergangenheit zu viel Wert auf den Komfort der Passagiere gelegt." Gillillilland fügte hinzu, dass die CAB gegenüber voll ausgelasteten Flugzeugen toleranter sein müsse, "auch wenn das bedeuten kann, dass jemand einen Tag auf einen Flug warten muss".

Kurz gesagt, Regulierungsagenturen sind Vorrichtungen, mit denen die Polizeigewalt des Staates eingesetzt werden kann, um begünstigte Branchen vor den Angriffen der Konkurrenz zu schützen, ihre Ineffizienzen abzuschirmen und ihre Gewinne zu maximieren. Und natürlich werden diese Vorkehrungen von ihren Nutznießern vehement verteidigt: den regulierten Geschäftsleuten oder, wie wir sie nennen, den "Unternehmenssozialisten".

Dieses System des gesetzlichen Zwangs ist der moderne Ausdruck von Frédéric Bastiats Maxime, dass Sozialismus ein System ist, in dem jeder versucht, auf Kosten der anderen zu leben. Folglich ist der Unternehmenssozialismus ein System, in dem die wenigen Personen, die die gesetzlichen Monopole der finanziellen und industriellen Kontrolle besitzen, auf Kosten aller anderen Mitglieder der Gesellschaft profitieren.

Im modernen Amerika ist das bedeutendste Beispiel dafür, dass die Gesellschaft als Ganzes für einige wenige arbeitet, der Federal Reserve Act von 1913. Das Federal Reserve System ist in der Tat ein privates Bankenmonopol, das weder dem Kongress noch der breiten Öffentlichkeit der Steuerzahler gegenüber verantwortlich ist, sondern eine legale monopolistische Kontrolle über die Geldmenge ausübt, ohne sich vom General Accounting Office behindern oder gar kontrollieren zu lassen.[311] Es war die unverantwortliche Manipulation der Geldmenge durch dieses Federal Reserve System, die die Inflation der 1920er Jahre, die Depression von 1929 und damit die vermeintliche Notwendigkeit eines New Deal durch Roosevelt verursachte. Im nächsten Kapitel werden wir das Federal-Reserve-System und seine Initiatoren genauer betrachten. Für den Moment wollen wir uns die Argumente näher ansehen, mit denen die Finanzphilosophen der Wall Street ihr Credo "die Gesellschaft zum Nutzen einiger weniger am Laufen halten" begründen.

---

[311] Eine sehr begrenzte Prüfung des Systems der Federal Reserve wurde 1974 vom Kongress verabschiedet.

BETRIEBSSOZIALISTEN PLÄDIEREN FÜR IHRE SACHE

Wir können die intellektuellen Produktionen zurückverfolgen, mit denen herausragende Finanziers die nationale Planung und Kontrolle zu ihrem eigenen Vorteil vorantrieben und die sich schließlich zu Roosevelts New Deal entwickelten.

In den Jahren nach der Veröffentlichung von *Howes Confessions of a Monopolist* im Jahr 1906 leisteten die Finanziers der Wall Street literarische Beiträge in Buchform - keiner so spezifisch wie Howe, aber alle zugunsten von Rechtsinstitutionen, die das gewünschte Mon*opol* und die daraus resultierende Kontrolle gewähren würden. Anhand dieser Bücher können wir die Ideen des New Deal und die theoretische Grundlage, auf der sich der Unternehmenssozialismus später rechtfertigte, zurückverfolgen. Zwei Themen sind in diesen intellektuellen Bemühungen der Wall Street gemeinsam. Erstens, dass Individualismus, individuelle Anstrengung und Eigeninitiative überholt sind und dass der "zerstörerische" Wettbewerb, der allgemein als "blinder Wettbewerb" oder "wilder Wettbewerb" bezeichnet wird, überholt, unerwünscht und zerstörerisch für die menschlichen Ideale ist. Zweitens können wir ein Thema ausmachen, das sich aus diesem Angriff auf den Individualismus und den Wettbewerb ergibt, nämlich dass große Vorteile aus der Zusammenarbeit entstehen, dass die Zusammenarbeit die Technologie vorantreibt und dass die Zusammenarbeit die "Verschwendung konkurrierender Energien" verhindert. Diese Finanzphilosophen kommen dann zu dem Schluss, dass Handelsverbände und letztlich Wirtschaftsplanung - mit anderen Worten erzwungene "Kooperation" - ein übergeordnetes Ziel für verantwortungsvolle und aufgeklärte moderne Geschäftsleute sind.

Diese Themen der Zusammenarbeit und der Ablehnung von Konkurrenz werden auf unterschiedliche Weise und mit unterschiedlichem Grad an Klarheit ausgedrückt. Geschäftsleute sind keine überzeugenden Schriftsteller. Ihre Bücher neigen dazu, prall, oberflächlich egoistisch und etwas schwer pedantisch zu sein. Einige Beispiele dieser Art werden jedoch zeigen, wie die Betriebssozialisten der Wall Street ihre Argumente vorgebracht haben.

Bernard Baruch war der prominente Unternehmenssozialist, dessen Ideen wir im nächsten Kapitel untersuchen werden. Nach Baruch und den Warburgs, die wir ebenfalls im nächsten Kapitel besprechen werden, ist der nächste produktivste Schriftsteller der einflussreiche Bankier Otto Kahn von Kuhn, Loeb & Co.

Kahn zeichnete sich durch seine Unterstützung für die bolschewistische Revolution und Benito Mussolini aus, eine Unterstützung, die er in totalitären Äußerungen wie "Der schlimmste Feind der Demokratie ist nicht die Autokratie, sondern die ungezügelte Freiheit" konkretisierte.[312] In Bezug auf den Sozialismus erklärte Otto Kahn wiederholt seine Sympathie für dessen Ziele. So enthielt

---

[312] Otto H. Kahn, *Frenzied Liberty: The Myth of a Rich Man's War*, Rede an der Universität von Wisconsin, 14. Januar 1918, S. 8.

beispielsweise seine Rede vor der Sozialistischen Liga für industrielle Demokratie im Jahr 1924 Folgendes:

> Lassen Sie mich betonen, dass Maßnahmen wie z. B. die progressive Einkommensteuer, Tarifverhandlungen für Angestellte, der Achtstundentag, die staatliche Aufsicht und Regulierung von Eisenbahnen und ähnlichen natürlichen Monopolen oder Halbmonopolen vom Gerechtigkeitssinn der Unternehmen gebilligt werden, sofern die Anwendung dieser Maßnahmen innerhalb vernünftiger Grenzen gehalten wird und sie nicht von den Unternehmen aufgehoben werden, wenn sie die Möglichkeit dazu hätten.
>
> Worin Sie, die Radikalen, und wir, die wir gegensätzliche Ansichten vertreten, unterschiedlicher Meinung sind, ist nicht so sehr das Ziel als vielmehr die Mittel, nicht so sehr das, was erreicht werden sollte, sondern die Art und Weise, wie es erreicht werden sollte und kann, wobei Sie wie wir glauben, dass das Schwelgen in Utopien nicht nur nutzlos und unwirksam ist, sondern auch ein Hindernis darstellt und den Fortschritt bei der Verwirklichung möglicher Verbesserungen verzögert.
>
> Bei allem Respekt wage ich zu unterstellen, dass der Radikalismus allzu oft dazu neigt, sich eher an theoretische Perfektion als an praktische Verbesserungen zu wenden; an Phantombeschwerden oder an Beschwerden aus der Vergangenheit, die ihre Realität verloren haben, statt an die tatsächlichen Fragen des Tages; an Slogans, Dogmen, Berufe statt an Tatsachen.[313]

Eine Reihe dieser philosophischen Wall-Street-Finanziers waren Treuhänder der Brookings Institution in Washington D.C., die für zahlreiche politische Leitfäden verantwortlich war, um das System zu erreichen, von dem sie träumten. Robert S. Brookings, der Gründer der Brookings Institution, wird allgemein als Ökonom bezeichnet, doch Brookings selbst schrieb: "Ich habe sicherlich kein Anrecht auf diese Berufsbezeichnung. Ich schreibe nur als jemand, der aufgrund einer langen Geschäftserfahrung von über sechzig Jahren viel mit der Herstellung und dem Vertrieb zu tun hatte ...".[314] In seiner Rolle als Geschäftsmann, wie er sich selbst beschreibt, hat Brookings drei Bücher veröffentlicht: *Industrial Ownership*, *Economic Democracy* und *The Way Forward*. In diesen drei Büchern argumentiert Brookings, dass die klassische politische Ökonomie, wie sie sich in der Arbeit von Adam Smith und seiner Schule widerspiegelt:

> obwohl logisch überzeugend, war in Wirklichkeit insofern unvollständig, als sie weder die moralische und intellektuelle Entwicklung des Menschen und seine Abhängigkeit vom Nationalismus als Ausdruck davon, die später von Adam Müller und Friedrich List so geschickt dargestellt wurde, noch den wirtschaftlichen Einfluss der mechanischen Produktion auf das Verhältnis zwischen Kapital und Arbeit berücksichtigte.[315]

---

[313] Otto H. Kahn, *Of Many Things*, (New York: Boni & Liveright, 1925), S. 175.

[314] R. S. Brookings, *Economic Democracy*, (New York: Macmillan, 1929), S. xvi.

[315] Ibid, S. XXI-XXII.

Folglich, aber ohne seine Beweise vorzulegen, lehnt Brookings die Ideen des freien Unternehmertums von Adam Smith ab und akzeptiert die etatistischen Ideen der Liste - die sich übrigens in Hitlers korporativem Staat widerspiegeln. Aus der Ablehnung des freien Unternehmertums leitet Brookings relativ leicht ein "moralisches" System ab, das den Markt ablehnt und an dessen Stelle eine Annäherung an die marxistische Arbeitswerttheorie setzt. So schreibt Brookings beispielsweise:

> Ein gesundes System der Wirtschaftsmoral verlangt daher, dass, anstatt der Arbeit einen einfachen Marktlohn zu zahlen, das Minimum, das notwendig ist, um ihre Dienste zu gewährleisten, das Kapital den Marktlohn erhält, der notwendig ist, um seine Dienste zu gewährleisten, und dass der Restbetrag an die Arbeit und die konsumierende Öffentlichkeit geht.[316]

Ausgehend von diesem fast marxistischen Argument konstruiert Brookings recht vage und ohne detaillierte Unterstützung die Grundzüge der Vorschläge, die notwendig sind, um die "Übel" des herrschenden Marktsystems zu bekämpfen. Zu diesen Vorschlägen gehört: "Der erste Vorschlag ist die Überarbeitung der Kartellgesetze, um eine umfassende Zusammenarbeit zu ermöglichen".[317] Laut Brookings hätte dies zwei Effekte: Fortschritte in Forschung und Entwicklung und eine Abflachung des Konjunkturzyklus. Brookings geht nicht näher darauf ein, wie sich diese Ziele aus der "Zusammenarbeit" ergeben, aber er zitiert ausführlich Herbert Hoover, um sein Argument zu untermauern, insbesondere Hoovers Artikel "Wenn die Unternehmen es nicht tun, wird es die Regierung tun".[318]

Dann kommt Brookings, wie jeder gute Sozialist, zu dem Schluss: "Effizient geführte Unternehmen haben nichts von einer intelligenten öffentlichen Aufsicht zu befürchten, die darauf ausgelegt ist, die Öffentlichkeit und den Handel vor gefangenen und unbelehrbaren Minderheiten zu schützen."[319] Dies ist notwendig, denn, wie Brookings an anderer Stelle argumentiert, zeigen die Statistiken, dass die meisten Unternehmen ineffizient arbeiten: "Wir wissen also aus trauriger Erfahrung, dass blinder oder ungezügelter Wettbewerb es nicht geschafft hat, seinen vernünftigen Beitrag durch Einnahmen zu unseren nationalen wirtschaftlichen Bedürfnissen zu leisten".[320]

1932 kam Brookings in *The Way Forward* aus seinem Schneckenhaus, um sich noch offener über die Entwicklung des sowjetischen Kommunismus zu äußern:

> Die verbale Verurteilung des Kommunismus, die heute in den USA sehr beliebt ist, wird uns nicht weiterbringen. Der Unterschied zwischen Kapitalismus und Kommunismus beruht auf einem Punkt. Kann sich der Kapitalismus an die neue

---

[316] R. S. Brookings, *Industrial Ownership* (New York: Macmillan, 1925), S. 28.

[317] Ibid, S. 44.

[318] The *Nation's Business*, 5. Juni 1924, S. 7-8.

[319] Brookings, *Industrial Ownership, a. a. O.*, S. 56.

[320] Brookings, *Economic Democracy, a. a. O.*, S. 4.

Ära anpassen? Kann er aus seinem alten, vom egoistischen Profitstreben beherrschten Individualismus ausbrechen und so eine neue, kooperative Ära mit sozialer Planung und Kontrolle schaffen, um besser als bisher dem Wohlergehen aller Menschen zu dienen? Wenn er das kann, kann er überleben. Wenn er das nicht kann, wird unseren Kindern eine bestimmte Form des Kommunismus aufgezwungen werden. Seien Sie sich dessen sicher![321]

Und im selben Buch hat Brookings ein paar gute Worte über ein anderes System der Zwangsarbeit zu sagen, den italienischen Faschismus:

Obwohl Italien eine Autokratie unter der Diktatur des Duce ist, wird jedem wirtschaftlichen Interesse des Landes die Möglichkeit zu Gesprächen und Verhandlungen geboten, damit sie gemeinsam einen fairen Kompromiss ihrer Differenzen erreichen können. Die Regierung wird jedoch weder durch Blockaden noch durch Streiks eine Einmischung in die Produktivität der Nation zulassen, und wenn sich die Gruppen letztendlich nicht untereinander einigen können, bestimmt die Regierung durch ihren Minister oder das Arbeitsgericht die Lösung aller Probleme. Aber in Italien wie auch anderswo scheint die Autokratie des Kapitals zu existieren, und die allgemeine Meinung der Arbeiterklasse ist, dass die Regierung die Arbeitgeber begünstigt.[322]

Was dann in Brookings' Schriften dominiert, ist seine Vorliebe für jedes Gesellschaftssystem - Kommunismus, Faschismus, nennen Sie es, wie Sie wollen -, das die individuelle Initiative und Anstrengung reduziert und sie durch kollektive Planung und Funktion ersetzt. Was Brookings und seine Kollegen, die Finanzphilosophen, nicht sagen, ist die Identität der wenigen Personen, die dieses Kollektiv der Zwangsarbeit leiten.

In ihren Argumenten ist implizit enthalten, dass die Betreiber des Systems die Betriebssozialisten selbst sein werden.

Von Brookings' rein theoretischen Vorschlägen können wir zu denen von George W. Perkins übergehen, der parallele Vorschläge mit einigen effektiven, aber wenig moralischen Mitteln zu ihrer praktischen Umsetzung kombiniert hat.

George W. Perkins war der energische Erbauer der großen Lebensversicherungsgesellschaft in New York. Zusammen mit Kahn und Brookings war Perkins auch der Experte für die durch den Wettbewerb verursachten Übel und die großen Vorteile, die sich aus einer geordneten Zusammenarbeit in geschäftlichen Angelegenheiten ergeben. Perkins predigte dieses kollektivistische Thema im Dezember 1907 im Rahmen einer Reihe von Vorträgen von Geschäftsleuten an der Columbia University. Seine Rede war wenig erfolgreich; der Biograph John Garraty behauptet, dass er, als er fertig war:

... Der Präsident der Columbia University, Nicholas Murray Butler, eilte ohne ein Wort der Gratulation davon und glaubte offensichtlich, so Perkins, dass er unbeabsichtigt einen gefährlichen Radikalen nach Morningside Heights eingeladen

---

[321] R. S. Brookings, *The Way Forward* (New York: Macmillan, 1932), S. 6.

[322] Ibid, S. 8.

hatte. Denn Perkins hatte einige der grundlegenden Konzepte des Wettbewerbs und des freien Unternehmertums angegriffen.[323]

Garraty fasst die Unternehmensphilosophie von Perkins zusammen:

> Das Grundprinzip des Lebens ist Kooperation statt Konkurrenz - das ist die Idee, die Perkins in seinem Vortrag entwickelt hat. Wettbewerb ist grausam, verschwenderisch, zerstörerisch und veraltet; Kooperation, die jeder Theorie eines wohlgeordneten Universums innewohnt, ist menschlich, effizient, unvermeidlich und modern.[324]

Auch hier finden wir, ähnlich wie bei Brookings, Vorschläge für die "Beseitigung von Verschwendung" und für mehr "Planung" bei der Verwaltung von materiellen und personellen Ressourcen sowie das Konzept, dass große Unternehmen eine "Verantwortung gegenüber der Gesellschaft" haben und eher als kleine Unternehmen fair gegenüber den Arbeitnehmern handeln werden. Diese hochtrabenden Sätze sind natürlich beeindruckend - vor allem, wenn die New York Life Insurance mit ihren Predigten über soziales Wohlwollen Schritt gehalten hätte. Leider finden wir, wenn wir unsere Untersuchung vertiefen, Beweise für Untaten der New York Life Insurance und eine vom Staat New York geleitete Untersuchung, die eine ausgesprochen antisoziale Vorgehensweise in Bezug auf das Verhalten der New York Life-Unternehmen aufdeckte. 1905-06 entdeckte der Armstrong-Ausschuss (der gemeinsame Ausschuss der Gesetzgebenden Versammlung des Staates New York zur Untersuchung von Lebensversicherungen), dass die New York Life Insurance Company in den Jahren 1896, 1900 und 1904 regelmäßig Beiträge an das Republikanische Nationalkomitee geleistet hatte. Es bestand kein Zweifel daran, dass diese finanziellen Zuwendungen darauf abzielten, die Interessen der Gesellschaft in politischen Kreisen zu fördern. 1905 wurde John A. McCall, Präsident der New York Life Insurance, vor den New Yorker Untersuchungsausschuss geladen und argumentierte, dass die Niederlage Byrans und die Freiheit, Silbermünzen zu schmelzen, für ihn eine *moralische* Frage seien. McCall sagte: ".... ich habe einer Zahlung zugestimmt, um Free Silver zu besiegen, nicht um die Demokratische Partei zu besiegen, sondern um die Ketzerei von Free Silver zu besiegen, und Gott sei Dank habe ich das getan".[325]

Bei derselben Anhörung brachte der Vizepräsident der Mutual Life Insurance auch das interessante Konzept vor, dass Unternehmen die "Pflicht" hätten, unerwünschten Ideen und Politiken "entgegenzuwirken". Die Geschichte der Finanzierung der Politik durch Unternehmen hat die Grundsätze der Verfassung und einer freien Gesellschaft kaum bewahrt. Genauer gesagt besteht ein eklatanter

---

[323] John A. Garraty, *Right hand man: The Life of George W. Perkins*, (New York: Harper & Row, o.D.), S. 216.

[324] Ibid.

[325] Zitiert in Louise Overacker, *Money in Elections*, (New York: Macmillan, 1932), S. 18.

Widerspruch zwischen den von Perkins und seinen Geschäftsmännerkollegen vertretenen Grundsätzen der sozialen Kooperation und des Wohlwollens und dem zeitgenössischen asozialen Verhalten seiner eigenen Lebensversicherungsgesellschaft in New York.

Im Klartext heißt das, dass die Grundsätze des Unternehmenssozialismus nur ein dünner Firnis für den Erwerb von Reichtum durch einige wenige auf Kosten vieler sind.

Wir können nun einen klaren Blick auf die Predigten dieser Finanziers werfen, die enger mit Roosevelt und dem New Deal verbunden sind. Einer dieser philosophischen Finanziers, der seine kollektivistischen Ideen schriftlich zum Ausdruck brachte, war Edward Filene (1860-1937). Die Filenes waren eine Familie von sehr innovativen Geschäftsleuten, die das Kaufhaus William Filene's Sons Co. in Boston besaßen. Ein Vizepräsident der Filenes wurde 1933 zu einem der drei Musketiere an der Spitze der National Recovery Administration; die beiden anderen Mitglieder des Triumvirats waren Walter Teagle, Präsident von Standard Oil, und John Raskob, Vizepräsident von Du Pont und General Motors.

Seit der Jahrhundertwende beschäftigte sich Edward Filene mit öffentlichen Angelegenheiten. Er war Vorsitzender der Metropolitan Planning Commission in Boston, Förderer der Volksbanken und unterstützte verschiedene Genossenschaftsbewegungen. Filene war im Roten Kreuz und in der Amerikanischen Handelskammer aktiv; er gründete die League to Enforce Peace (Liga zur Durchsetzung des Friedens); er gründete und leitete die Cooperative League, die später in Twentieth Century Fund umbenannt wurde; er war Mitglied der Foreign Policy Association und des Council on Foreign Relations (Rat für Auswärtige Beziehungen). Zu Roosevelts Zeiten war Filene Vorsitzender des Massachusetts State Recovery Board und beteiligte sich aktiv an der Kampagne von 1936 für die Wiederwahl von FDR. Filene schrieb mehrere Bücher, darunter zwei, *The Way Out* (1924)[326] und *Successful Living in this Machine Age*, (1932), in[327] denen er seine philosophischen Neigungen zum Ausdruck brachte. In *The Way Out* legt Filene den Schwerpunkt auf das Thema Abfallvermeidung und die Blindheit des Wettbewerbs und betont den Wert der Zusammenarbeit zwischen Unternehmen und der Regierung. Filene fasst seine Argumentation wie folgt zusammen:

> Zwei Dinge sind klar. Das erste ist, dass das Geschäft selbst wie ein öffentlicher Dienst geführt werden muss, um ein gutes Unternehmen zu sein. Das zweite ist, dass der bestmögliche öffentliche Dienst von Geschäftsleuten der ist, der in und von den privaten Unternehmen der Welt geleistet wird.[328]

---

[326] Edward A. Filene, *The Way Out*, (*A Forecast of Coming Changes in American Business and Industry*) (New York: Doubleday, Page, 1924).

[327] Edward A. Filene, *Successful Living in this Machine Age* (New York: Simon & Schuster, 1932).

[328] Filene, *The Way Out, a. a. O.*, S. 281.

Dieses Thema "Der öffentliche Dienst ist Privatsache" wird in einem anderen seiner Bücher weiterentwickelt:

> Meine eigene Einstellung ist, dass Unternehmen eine Sozialplanung vornehmen müssen, aber nicht mit dem Ziel, das Aufkommen neuer Theorien zu unterdrücken oder die alten zu bewahren, sondern weil es eine soziale Revolution gegeben hat. Die alte Ordnung ist verschwunden und es ist unmöglich, sie wiederherzustellen. Wir leben in einer neuen Welt. Es ist eine Welt, in der die Massenproduktion jeden mit jedem in Verbindung gebracht hat; und unsere Projekte müssen daher jeden berücksichtigen.[329]

In Filene findet sich auch das Argument "Der Weg zum Frieden liegt im Gleichgewicht der Kräfte" - eine Wiederholung einer Formel aus dem 19. Jahrhundert, die von Henry Kissinger in den 1970er Jahren wiederbelebt wurde und die letztlich immer zu Krieg statt zu Frieden geführt hat. Filene formuliert seine Version wie folgt:

> Kein Wunder, dass es zum Krieg kam. Bald entdeckte man, dass der Frieden nur durch ein Gleichgewicht der Kräfte zwischen den größten Konkurrenten aufrechterhalten werden konnte, und dieses Gleichgewicht der Kräfte wurde oft gestört. Schließlich explodierte diese ganze unmögliche Situation im größten Krieg in der Geschichte der Menschheit. Der Weltkrieg führte nicht zu den globalen Veränderungen, die wir erst seit kurzem beobachten können. Er war vielmehr eines der Phänomene dieses Wandels, so wie die Französische Revolution ein Phänomen der ersten industriellen Revolution war.[330]

Dieses Thema der Förderung des öffentlichen Interesses als eine Angelegenheit von vorrangigem Interesse für die Unternehmen selbst findet sich bei Myron C. Taylor, dem Vorsitzenden der United States Steel Company. Das öffentliche Interesse, so Taylor, braucht die Kooperation der Unternehmen für eine rationelle Produktion. Die Blindheit der Großunternehmen wird deutlich, wenn Taylor bestreitet, dass dies auch eine Beschränkung des Handels darstellen würde. Taylor versäumt es zu erklären, wie wir die Produktion an den Verbrauch anpassen können, ohne dass diejenigen, die nicht kooperieren wollen, dazu gezwungen werden. Taylor fasst seine Vorschläge wie folgt zusammen:

> Es geht also darum, herauszufinden, was wir als Nation besitzen, und zu lernen, es zu nutzen, anstatt sich auf die Suche nach dem Neuen zu begeben, nur weil es neu ist. Die Hauptverantwortung der Industrie besteht darin, Wege zu finden, das öffentliche Interesse und die Interessen ihrer eigenen Produzenten, Angestellten, Händler und Kunden zu fördern, indem sie alle konstruktiven Pläne, die nach den geltenden Gesetzen zulässig sind, entwickelt und umsetzt, offen handelt und, wo immer möglich, mit der Regierung zusammenarbeitet. Ich muss gestehen, dass es mir äußerst schwer fällt zu glauben, dass konstruktive und kooperative Pläne, die

---

[329] Filene, *Successful Living in This Machine Age*, a. a. O., S. 269.

[330] Ibid, S. 79.

von einer Grundstoffindustrie aufrichtig unternommen werden, um die Produktion rational an die Nachfrage in dieser Industrie anzupassen, und die jeden Versuch vermeiden, die Preise künstlich festzulegen oder zu kontrollieren, zu Recht als Behinderung von Handel und Gewerbe angesehen werden können. Denn der einzige Effekt wäre, dass lebenswichtige Produktions-, Handels- und Gewerbehemmnisse beseitigt und öffentliche Interessen gefördert werden.[331]

Der Beitrag von Standard Oil zu dieser Liturgie wird von Walter C. Teagle, Präsident der Standard Oil Company in New Jersey und von Präsident Roosevelt für eine hochrangige Position in seiner NRA nominiert, zum Ausdruck gebracht. Teagle drückt seine Version des Unternehmenssozialismus wie folgt aus:

> Die Übel der Ölindustrie sind branchenspezifisch und erfordern besondere Abhilfemaßnahmen. Dazu gehören die Änderung von Kartellgesetzen, die Zusammenarbeit zwischen den Produzenten und die Ausübung der staatlichen Polizeigewalt.[332]

Deutlicher als die anderen will Teagle, dass die staatliche Polizeigewalt die freiwillige Zusammenarbeit durchsetzt:

> Die freiwillige Zusammenarbeit innerhalb der Industrie reicht nicht aus, um deren Übel zu beheben. Sie würde selbst dann nicht ausreichen, wenn die gesetzlichen Beschränkungen für die Zusammenarbeit aufgehoben würden, selbst wenn die Aufhebung dieser Beschränkungen zu erheblichen Fortschritten führen würde.
> Um die korrelativen Rechte der Produzenten zu schützen und angemessene Erhaltungsgesetze durchzusetzen, muss die Polizeigewalt des Staates in Anspruch genommen werden. Dies ist eher eine Angelegenheit für die einzelnen Bundesstaaten als für die Bundesregierung, aber auch die Zusammenarbeit zwischen den einzelnen Bundesstaaten und zwischen den operativen Einheiten der Industrie wird notwendig sein, wenn die Produktion im ganzen Land auf die nationalen Märkte beschränkt werden soll.
> Die Lösung des Problems hängt also von der freiwilligen Zusammenarbeit innerhalb der Industrie, der Ausübung der staatlichen Polizeigewalt und der Zusammenarbeit zwischen den verschiedenen betroffenen Staaten sowie zwischen den Einheiten (sic) der Industrie in den verschiedenen Staaten ab. Um dies zu ermöglichen, müssen die Kartellgesetze der Bundesstaaten und der Föderation überarbeitet werden.[333]

Diese Auszüge spiegeln die grundlegende Sichtweise unserer Finanzphilosophen an der Wall Street wider. Sie waren keine unbedeutenden Figuren aus der Arbeiterschaft. Im Gegenteil, sie waren die mächtigen und einflussreichen Elemente und in wichtigen Fällen mit Roosevelt und dem New

---

[331] Aus dem Buch von Samuel Crowther, *A Basis for Stability*, (Boston: Little, Brown, 1932), S. 59.

[332] Ibid, S. 111.

[333] Ibid, S. 113.

Deal verbunden. Otto Kahn war einer der Hauptinitiatoren des Federal-Reserve-Systems. Lamont und Perkins waren Schlüsselfiguren im Bank- und Versicherungswesen. Der Geschäftsmann Brookings spendete seinen Namen und sein Geld dem einflussreichen Forschungsinstitut, das die Berichte erstellte, auf denen ein großer Teil der Politik beruhte. Louis Kirstein, ein Vizepräsident der Firma Filene, und Walter Teagle von Standard Oil wurden zu zwei der drei dominanten Männer, die die National Collection Administration unter der Leitung von Hugh Johnson, dem Schützling von Bernard Baruch, leiteten.

Bernard Baruch war wahrscheinlich das angesehenste Wall-Street-Mitglied aller Zeiten und übertraf vielleicht sogar Morgan und Rockefeller an Einfluss. Im Folgenden werden wir Baruchs Rolle und die der Warburgs untersuchen.

Welche Philosophie haben die Finanziers bislang beschrieben? Sicherlich alles außer dem Laissez-faire des freien Wettbewerbs, der das letzte System war, das sie gedeihen sehen wollten. Nur Sozialismus, Kommunismus, Faschismus oder deren Varianten waren akzeptabel. Das Ideal für diese Finanziers war "Kooperation", notfalls erzwungen. Individualismus war inakzeptabel, und Wettbewerb war unmoralisch. Andererseits wurde Kooperation ständig als moralisch und würdevoll gepriesen, und nirgends wurde Zwang als unmoralisch abgelehnt. Warum ist das so? Weil, wenn der Wortschwall von all den hochtrabenden Phrasen entkleidet wird, die Zwangskooperation ihr Königsweg zum Erhalt eines legalen Monopols war. Unter dem Deckmantel des öffentlichen Dienstes, sozialer Ziele und einem Kontingent an guten Absichten ging es im Grunde darum, "die Gesellschaft im Auftrag der Wall Street arbeiten zu lassen".

KAPITEL VI

AUFTAKT ZUM NEW DEAL

Welche Partei auch immer gewinnt, Tyrannen oder Demagogen werden die Ämter am ehesten besetzen.
Der Abgeordnete Clinton Roosevelt aus New York, 1841.

Die vollständige Darstellung des Aufbaus des Unternehmenssozialismus in den USA, wie er von den im vorherigen Kapitel identifizierten Finanzphilosophen betrachtet wurde, würde den Rahmen dieses Buches sprengen, aber wir können breitere Perspektiven eröffnen, indem wir kurz einige Facetten des historischen Prozesses betrachten: zum Beispiel das System von Clinton Roosevelt ein Jahrhundert vor FDR, das War Industries Board von Bernard Baruch und das System der Federal Reserve von Paul Warburg.

1841 schlug FDRs entfernter Cousin, der New Yorker Geschäftsmann Clinton Roosevelt, einen dem New Deal ähnlichen Plan für die Wirtschaftsplanung und die Kontrolle der Gesellschaft durch eine Minderheit vor. Unter Präsident Woodrow Wilson folgte Bernard Baruch, ein Unternehmenssozialist *par excellence*, 1918[334] den Grundzügen des Roosevelt-Plans - mit ziemlicher Sicherheit unbewusst und wahrscheinlich aufgrund einer gewissen unbewussten Parallelität der Handlungen -, als er das War Industries Board, den organisatorischen Vorläufer der National Recovery Administration von 1933, gründete. Ein Teil der von Baruch-Hugh Johnson ernannten Unternehmenselite des WIB von 1918 fand beispielsweise in Roosevelts NRA administrative Nischen. 1922 schlossen sich der damalige Handelsminister Herbert Hoover und das spätere Wall-Street-Mitglied Franklin D. Roosevelt zusammen, um Handelsverbände zu fördern und damit Bernard Baruchs Vorschläge für die Wirtschaftsplanung nach dem Krieg umzusetzen. Kurz darauf marschierte der ehemalige sozialistische Redakteur Benito Mussolini nach Rom und gründete - mit der liberalen Hilfe der Firma J.P. Morgan - den italienischen Staat der Unternehmen, dessen Organisationsstruktur deutlich an Roosevelts NRA erinnert. In den USA wurde die Verherrlichung Mussolinis und seiner italienischen Errungenschaften von den immer noch präsenten Finanziers Thomas Lamont, Otto Kahn und anderen gefördert. Die Verwicklung der Wall Street in das bolschewistische Russland und Hitlers Deutschland - zwei totalitäre Staaten, die

---

[334] Auf Französisch im Text, Anm. d. Ü.

von einer selbsternannten Elite regiert wurden - soll hier nur kurz erwähnt werden, da diese Aspekte in anderen Bänden ausführlich behandelt werden.[335] Kurz gesagt, der Aufbau der FDR National Recovery Administration war nur eine Facette eines umfassenderen historischen Prozesses - des Aufbaus von Wirtschaftssystemen, in denen die Wenigen auf Kosten der Vielen, die aus dem Bürger und Steuerzahler bestehen, profitieren konnten - und das Ganze natürlich unter dem Deckmantel des Gemeinwohls gefördert wurde, egal ob es sich um Stalins Russland, Mussolinis Italien, Hitlers Deutschland oder Roosevelts New Deal handelte.

DIE RNA VON CLINTON ROOSEVELT - 1841

Der New Yorker Abgeordnete Clinton Roosevelt war ein Cousin aus dem 19. Jahrhundert von Franklin Delano Roosevelt und, nebenbei bemerkt, auch mit Präsident Theodore Roosevelt, John Quincy Adams und Präsident Martin Van Buren verwandt. Die einzige literarische Anstrengung Clinton Roosevelts ist in einer seltenen Broschüre aus dem Jahr 1841 enthalten.[336] Im Wesentlichen handelt es sich dabei um eine sokratische Diskussion zwischen dem Autor Roosevelt und einem "Produzenten", der wahrscheinlich den Rest von uns (d. h. die meisten) repräsentiert. Roosevelt schlägt eine totalitäre Regierung nach dem Vorbild von George Orwells Gesellschaft aus 1984 vor, in der alle Individualität in einem Kollektiv untergeht, das von einer elitären aristokratischen Gruppe (d. h. der kleinen Zahl) geleitet wird, die alle Gesetze erlässt. Roosevelt forderte die endgültige, aber nicht sofortige Aufgabe der Verfassung

> **P.** Aber ich frage noch einmal: Würden Sie die alten Doktrinen der Verfassung sofort aufgeben?
> **A.** Ganz und gar nicht. Genauso wenig, wie man, wenn man sich in einem leckenden Schiff befände, über Bord springen sollte, um nicht zu ertrinken. Es ist ein Schiff, das in aller Eile zusammengebaut wurde, als wir die britische Flagge verließen, und man hielt es damals für ein sehr fragwürdiges Experiment.[337]

---

[335] Zur Wall Street und den frühen Bolschewiki siehe Sutton, *Wall Street and the Bolschevic Revolution*, op. cit. Die Verwicklung der Wall Street in den Aufstieg Hitlers und des deutschen Nationalsozialismus ist Thema eines anderen Bandes, *Wall Street and Hitler's Rise*.

[336] Clinton Roosevelt, *The Science of Government Founded on Natural Law* (New York: Dean & Trevett, 1841). Es gibt zwei bekannte Exemplare dieses Buches: eines in der Library of Congress, Washington D.C. und ein weiteres in der Harvard University Library. Die Existenz dieses Buches ist in der letzten Ausgabe des Katalogs der Library of Congress nicht verzeichnet, wurde aber in der vorherigen Ausgabe von 1959 registriert (Seite 75). Eine Faksimile-Ausgabe wurde von Emanuel J. Josephson als Teil von *Roosevelts Kommunistischem Manifest* (New York: Chedney Press, 1955) herausgegeben.

[337] Ibid.

Dieser erste Ausdruck der Skepsis der Roosevelt-Familie gegenüber der Verfassung erinnert daran, dass der Oberste Gerichtshof im Oktober 1934 (*Schechter Poultry Corp. v. U.S.*) eine andere Art des von Roosevelt geförderten Wandels ablehnte, einen laut Gericht "ungehinderten" Wandel, der von den Regeln einer konstitutionellen Gesellschaft befreit war: den National Recovery Act, selbst eine seltsame Nachbildung von Clinton Roosevelts Programm für eine kollektive Wirtschaft aus dem Jahr 1841.

Das alte Roosevelt-System hing "in erster Linie von der Kunst und der Wissenschaft der Zusammenarbeit ab. Es geht darum, dass das Ganze zu unserem gegenseitigen Vorteil funktioniert".[338] Es ist diese Kooperation, d. h. die Fähigkeit, das Ganze zum Vorteil einiger weniger zu nutzen, die, wie wir gesehen haben, das übergreifende Thema der Schriften und Predigten von Otto Kahn, Robert Brookings, Edward Filene, Myron Taylor und der anderen Finanzphilosophen ist, die in Kapitel 5 besprochen werden. In Roosevelts Schema erklimmt jeder Mensch bestimmte Stufen im sozialen System und wird in die Funktion berufen, für die er am besten geeignet ist, wobei die Wahl des Berufs streng begrenzt ist. In Clinton Roosevelts Worten:

> **P.** Wer wird für die Benennung der einzelnen Klassen zuständig sein?
> **A.** Der Großmarschall.
> **P.** Wer wird dafür verantwortlich sein, dass die nominierten Männer die qualifiziertesten sind?
> **A.** Ein Kollegium aus Physiologen, Moralphilosophen, Landwirten und Mechanikern, das vom Großmarschall ausgewählt wird und ihm gegenüber verantwortlich ist.
> **P.** Würden Sie einen Bürger zwingen, sich bei der Wahl eines Berufes seinen Entscheidungen zu unterwerfen?
> **A.** Nein. Wenn jemand mit gutem Charakter darauf besteht, kann er es so lange versuchen, bis er den Beruf gefunden hat, der seinen Neigungen und Gefühlen am ehesten entspricht.[339]

Die Produktion im System sollte mit dem Verbrauch gleichgesetzt werden, und der Umgang mit "Überfluss und Mangel" spiegelte die Ideen wider, die im Swope-Plan,[340] intellektuellen Grundlage von Roosevelts NRA, verfolgt wurden. Das System ähnelte sicherlich demjenigen, das in Bernard Baruchs War Industries Board während des Ersten Weltkriegs verwendet wurde. So beschrieb Clinton Roosevelt die Pflichten des Marschalls der Schöpfung, dessen Aufgabe es ist, Produktion und Verbrauch ins Gleichgewicht zu bringen:

> **P.** Was ist die Pflicht des Marschalls des Schöpfer- oder Erzeugerordens?

---

[338] Ibid.

[339] Ibid.

[340] Siehe Anhang A.

A. Er schätzt die Menge an Produktion, die notwendig ist, um in jedem Departement unter ihm eine Suffizienz herbeizuführen. Wenn er im Amt ist, meldet er Überschüsse und Unzulänglichkeiten an den Großmarschall.
P. Wie wird er diese Überschüsse und Mängel entdecken?
A. Die einzelnen Händler teilen ihm die Nachfrage und das Angebot in den einzelnen Geschäftsbereichen mit, wie später noch erläutert wird.
P. Unter dieser Ordnung stehen die Landwirtschaft, die Manufakturen und der Handel, so wie ich es wahrnehme. Was ist also die Aufgabe des Marschalls der Landwirtschaft?
A. Er sollte vier Regionen unter sich haben, ansonsten muss der Außenhandel diese Lücke schließen.
P. Was sind die vier Regionen?
A. Die gemäßigte Region, die heiße Region, die sehr heiße Region und die feuchte Region.
P. Warum werden sie so aufgeteilt?
A. Weil die Produkte aus diesen verschiedenen Regionen unterschiedliche Anbausysteme erfordern und zu Recht unterschiedlichen Organisationen unterworfen sind.[341]

Dann gibt es einen Industriemarschall, der das gesamte System überwacht, ähnlich wie Baruch als Wirtschaftsdiktator im Jahr 1918 und Hugh Johnson als Verwalter der National Recovery Administration im Jahr 1933. Die Aufgaben des Marschalls werden von Clinton Roosevelt wie folgt beschrieben:

P. Welche Aufgaben hat der Maréchal des Manufactures?
A. Er teilt die Menschen nach dem abgedruckten Schema in fünf allgemeine Klassen ein.
1. Die Hersteller aller Mittel zur Verteidigung gegen das Wetter.
2d. Alle Arten von Fleisch.
3d. Metalle und Mineralien.
4. Chemische Produkte.
5. Maschinen.
Alle diese Elemente sind auf den gedruckten Diagrammen, den Bannern, mit einer Farbe auf der einen Seite und einem passenden Motto auf der Rückseite zu finden und zeigen den Vorteil, den jede Klasse für alle anderen darstellt: Und übrigens bemerken wir, dass dies universell angenommen werden sollte, um der Eitelkeit des Menschen eine richtige Richtung zu geben.
Mit Blick auf die Tabelle und das, was zuvor beobachtet wurde, werden die Aufgaben der Mitarbeiter in dieser Abteilung alle offensichtlich sein.

Die Industriekategorien von 1841 sind natürlich nicht genau die Kategorien von 1930, aber es lässt sich eine allgemeine Ähnlichkeit feststellen. Die 1.Abteilung ist die Abteilung für Bekleidung und Gewebe, die 1841 auf Baumwolle, Wolle und Leinen beschränkt war, heute jedoch auf synthetische Materialien einschließlich Kunststoffe und Fasern ausgeweitet wurde. Die 2. Abteilung ist die Abteilung, die sich mit Lebensmitteln befasst. Die 3 Abteilung ist den Rohstoffen gewidmet, und die 4 Abteilung umfasst Arzneimittel. Die 5 ist

---

[341] Clinton Roosevelt, *The Science of Government Founded on Natural Law*, op. cit.

die Abteilung für Maschinen. Heute umfasst die 5 Division die zahlreichen Unterteilungen der Elektronik, des Maschinenbaus und des Bauwesens, aber die fünf Kategorien könnten zur Unterteilung einer modernen Wirtschaft verwendet werden.

Clinton Roosevelts Gesellschaft lässt sich mit seinem Satz zusammenfassen: "Das System muss herrschen, und das System muss sich in erster Linie um das Gemeinwohl kümmern."

BERNARD BARUCHS DIKTATUR IN KRIEGSZEITEN

Während das Federal-Reserve-System und sein privates legales Monopol auf die Geldmenge für seine Betreiber eine Quelle des Reichtums waren, kann das von Frederick Howe und Clinton Roosevelt beschriebene ultimative Ziel, die Gesellschaft zum Nutzen einiger weniger funktionieren zu lassen, nur durch eine planmäßige Kontrolle der gesamten Wirtschaft erreicht werden, und das erfordert, dass sich die vielen Kleinunternehmer zwangsweise dem Diktat der wenigen Personen, die über die zu verfolgenden Pläne entscheiden, unterwerfen.

Die Ursprünge von Roosevelts NRA, einem System, das die Zwangsmitgliedschaft von Kleinunternehmern in einem von Großunternehmen entworfenen Plan vorsah, gehen auf den amerikanischen War Industries Board von Bernard Baruch zurück, der als Notmaßnahme in Kriegszeiten gegründet und ausgearbeitet wurde. Im Jahr 1915, vor dem Eintritt der USA in den Ersten Weltkrieg, leitete Howard E. Coffin, damals Präsident von General Electric, das American Industrial Preparation Board. Zusammen mit Bernard Baruch und Daniel Willard von der Baltimore and Ohio Railroad war Coffin auch Mitglied des Beratungsausschusses des National Defense Council. 1915 wurde Bernard Baruch von Präsident Woodrow Wilson aufgefordert, einen Plan für ein Komitee zur Mobilisierung der Verteidigung zu entwerfen. Dieser Baruch-Plan wurde später zum War Industries Board, das das frühere General Munitions Board aufnahm und ersetzte. Baruchs Biografin Margaret L. Coit beschreibt das War Industries Board als ein Konzept, das den genossenschaftlichen Handelsverbänden ähnelt, eine von der Wall Street lange gewünschte Einrichtung, um die Unwägbarkeiten des Wettbewerbs auf dem Markt zu kontrollieren:

> Industrie-, Groß- und Kleinunternehmensausschüsse, die beide in Washington vertreten sind und zu Hause eine Vertretung Washingtons haben, könnten das Rückgrat der gesamten Struktur bilden.[342]

Im März 1918 hatte Präsident Wilson, der ohne die Autorität des Kongresses handelte, Baruch mit mehr Macht ausgestattet als jede andere Person in der Geschichte der Vereinigten Staaten. Das War Industries Board, dessen Vorsitzender Baruch war, wurde für den Bau aller Fabriken und die Lieferung aller Rohstoffe, Produkte und Transporte verantwortlich, und alle seine endgültigen

---

[342] Margaret L. Coit, M. Baruch (Boston: Houghton, Mifflin, 1957), S. 147.

Entscheidungen unterlagen dem Präsidenten Bernard Baruch. Kurz gesagt, Baruch wurde zum Wirtschaftsdiktator der USA oder zum "Marshall der Fabrikanten" nach dem Schema von Clinton Roosevelt. Doch wie Margaret Coit betont, "... wurde die Einrichtung dieses Amtes nie ausdrücklich durch ein Gesetz des Kongresses genehmigt".[343]

So hatte Baruch im Sommer 1918, ausgestattet mit außergewöhnlichen und verfassungswidrigen Vollmachten, nach seinen eigenen Worten "endlich ein System der positiven 'Kontrolle' über den größten Teil des industriellen Gefüges entwickelt... Erfolg erzeugte Erfolg und der Handel wurde mit wachsender Bereitschaft der betroffenen Interessen übernommen".[344]

Zum Zeitpunkt des Waffenstillstands bestand das W.I.B. aus Baruch (Präsident), Alexander Legge von International Harvester (Vizepräsident), E.B. Parker und R.S. Brookings (dessen Ideen wir bereits untersucht haben), der für die Festlegung der Preise zuständig war. Die Assistenten des Vorsitzenden waren: Herbert Bayard Swope, der Bruder von Gerard Swope von General Electric; Clarence Dillon von der Wall Street Firma Dillon, Read & Co; Harrison Williams; und Harold T. Clark.[345]

Baruchs Abschlussbericht über die Tätigkeit des W.I.B. war mehr als nur eine Geschichte seiner Operationen; er war auch ein spezifischer Plan und eine Empfehlung für die Wirtschaftsplanung in Friedenszeiten.

Baruch begnügte sich nicht damit, die Lehren für die Planung in Kriegszeiten oder für die industrielle Vorbereitung in schwierigen Friedenszeiten zusammenzufassen. Vielmehr richteten sich Baruchs Schlussfolgerungen, wie er selbst sagte, auf "industrielle Praktiken im Frieden" und auf Empfehlungen "in Bezug auf Geschäftspraktiken in normalen Zeiten". Der Großteil der Schlussfolgerungen betrifft den Übergang von einem geplanten Wirtschaftssystem in Kriegszeiten zu einem geplanten Wirtschaftssystem in Friedenszeiten, und selbst die Vorschläge für Praktiken in Kriegszeiten beziehen sich auf Funktionen, die in Friedenszeiten anwendbar sind. Baruch schlug vor, dass die wichtigsten

---

[343] Ibid, S. 172.

[344] Bernard M. Baruch, *American Industry in the War: A Report of the War Industries Board* (März 1921), mit einer Einführung von Hugh S. Johnson (New York: Prentice-Hall, 1941) (enthält "einen Nachdruck des Berichts des War Industries Board aus dem Ersten Weltkrieg, Mr. Baruchs eigenes Programm für die vollständige Mobilisierung der Nation, wie es der Kommission für Kriegspolitik 1931 vorgelegt wurde, sowie aktuelle Dokumente über Prioritäten und Preisgestaltung").

[345] Eine vollständige Liste der Mitarbeiter des W.I.B. finden Sie in Grosvenor B. Clarkson, *Industrial America in the World War* (New York: Houghton, Mifflin, 1923), Anhang III. Im Lichte von Kapitel 11 unten ist es faszinierend zu sehen, dass viele Mitglieder des W.I.B.-Komitees Büros am 120 Broadway hatten, darunter Murry W. Guggenheim, Stephen Birch (Kennecott Copper), Edward W. Brush (American Smelting and Refining), F. Y. Robertson (United States Metals Refining Co.), Harry F. Sinclair (Sinclair Refining Co.), Charles W. Baker, (American Zinc), und Sidney J. Jennings (United States Smelting, Refining and Mining Co.).

"direkten Lehren aus dem Krieg" über die Funktionsweise des War Industry Council folgende waren:

1. Die Schaffung einer strukturierten Organisation in Friedenszeiten mit 50 Produktabteilungen, die zusammenkommen, um die Entwicklung der Industrie zu verfolgen und Informationen zu entwickeln. Der Kerngedanke dieses Vorschlags war, dass die für die Planung in Friedenszeiten notwendigen Informationen gesammelt werden sollten und dass die Führung der Organisation in großem Umfang aus der Industrie kommen sollte.
2. Dass die Regierung "ein System entwerfen sollte, um die interne Produktion bestimmter Rohstoffe, die im Krieg verwendet werden, zu schützen und zu fördern", und
3. Dass kriegsbezogene Industrien von der Regierung ermutigt werden sollten, strukturierte Organisationen für den Einsatz in Kriegszeiten aufrechtzuerhalten.

Abgesehen von diesen recht elementaren Vorschlägen beschäftigt sich Baruch in dem Bericht ausschließlich mit der "Planung" in Friedenszeiten. Zunächst wird uns der Hoax präsentiert, dass sich auf unerklärte Weise "die Prozesse des Handels" verändert hätten und nun gezwungen seien, "bestimmten neuen Prinzipien der Aufsicht" nachzugeben. Auf dieses non sequitur folgt die Erklärung:

> Wir wurden nach und nach gezwungen, von der alten angloamerikanischen Rechtslehre abzuweichen, nach der sich die Sphäre der Regierung auf die Verhinderung von Vertragsbrüchen, Betrug, physischen Schäden und Eigentumsverletzungen beschränken sollte und die Regierung ihren Schutz nur gegenüber nicht kompetenten Personen ausüben sollte.

Es sei notwendig, schreibt Baruch, dass die Regierung "die Hand ausstreckt", um "kompetente Individuen vor den diskriminierenden Praktiken der industriellen Massenmacht" zu schützen. Wenn Baruch die Bundeskontrolle über die Eisenbahnen und die Handelsflotte erwähnt, erklärt er nicht, warum die Vertreter des Großkapitals am besten geeignet wären, diese Kontrolle auszuüben. Mit anderen Worten: Er sagt nicht, warum der Fuchs als das kompetenteste Wesen vorgeschlagen wird, um den Hühnerstall zu verwalten. Baruch greift dann die Kartellgesetze von Sherman und Clayton mit der Begründung an, dass diese Gesetze nur Versuche seien, die Industrie zu zwingen, sich an "einfachere Prinzipien zu halten, die für die Bedingungen einer vergangenen Epoche ausreichend sind", und lobt den Erfolg des War Industries Board, weil es Hunderte von Handelsverbänden geschaffen hat, die die Preise und die Vertriebs- und Produktionsmethoden kontrollieren:

> Viele Geschäftsleute erlebten während des Krieges zum ersten Mal in ihrer Karriere, welche enormen Vorteile es für sie selbst und die breite Öffentlichkeit hat, wenn sie mit ihren natürlichen Konkurrenten kombinieren, kooperieren und gemeinsam handeln.

Wenn diese genossenschaftlichen Attribute nicht aufrechterhalten werden, so Baruch, dann werden Geschäftsleute versucht sein "und viele von ihnen werden nicht widerstehen können", "ihre Geschäfte für privaten Gewinn mit wenig Bezug auf das allgemeine öffentliche Wohlergehen" zu betreiben. Andererseits können Geschäftsverbände von großem öffentlichen Interesse sein, um das gewünschte Ziel der Zusammenarbeit zu erreichen, schließt Baruch:

> Die Frage ist also, welche Art von Regierungsorganisation so gestaltet werden kann, dass sie das öffentliche Interesse wahrt und gleichzeitig diese Verbände bewahrt, damit sie die gute Arbeit, zu der sie fähig sind, fortsetzen können.

Baruch schlägt, wie jeder gute Sozialist, staatliche Organisationen vor, um diese Prinzipien der Zusammenarbeit und Koordination zu entwickeln.

Wenn sich der Leser für einen Moment von der Vorstellung eines gegenseitigen Antagonismus zwischen *Kommunismus* und Kapitalismus verabschiedet, wird er in den Schriften von Bernard Baruch leicht die grundlegenden Ziele von Karl Marx erkennen, wie sie im *Kommunistischen Manifest* beschrieben sind. Was sich zwischen den beiden Systemen unterschiedet, sind die Namen der wenigen Elitären, die die als staatliche Planung bekannte Operation leiten; die Avantgarde des Proletariats bei Karl Marx wird bei Bernard Baruch durch die Avantgarde des Großkapitals ersetzt.

Wer würde von Baruchs Vorschlag profitieren? Die Verbraucher? Keineswegs, denn die Interessen der Verbraucher werden *immer* durch den freien Wettbewerb auf dem Markt geschützt, wo Waren und Dienstleistungen zu den geringsten Kosten und auf die effizienteste Weise hergestellt werden und wo der Verbraucher die größtmögliche Auswahl unter den konkurrierenden Produzenten hat. Die Gewinner von Baruchs Vorschlägen wären die wenigen Personen, die die wichtigsten Industriezweige kontrollieren - insbesondere Eisen und Stahl, Rohstoffe, Elektroprodukte, d.h. die bereits etablierten Industrien, die die Konkurrenz durch leistungsfähigere Neulinge fürchten. Mit anderen Worten: Die Gewinner seines Vorschlags wären Bernard Baruch und sein Wall-Street-Klüngel, der die großen Unternehmen dank seiner verschachtelten Vorstandsposten tatsächlich kontrolliert. Die grundlegende Frage lautet also: Wer profitiert von diesen Vorschlägen für die Wirtschaftsverbände und die staatliche Koordinierung der Industrie? Der wichtigste, wenn nicht sogar der einzige große Wohltäter - abgesehen von den Schwärmen akademischer Berater, Bürokraten und Planer - wäre die Finanzelite der Wall Street.

Wir haben hier also, in Baruchs eigenen Worten und Vorstellungen, eine Umsetzung von Frederic Howes Aufforderung, "die Gesellschaft für dich arbeiten zu lassen", den Monopolisten. Dies geschieht auch in Form eines Vorschlags, der mit dem System von Clinton Roosevelt vergleichbar ist. Es gibt keinen Beweis dafür, dass Baruch von Clinton Roosevelt gehört hatte. Er musste ihn auch nicht kennen; die Vorteile der Einschränkung von Handel und Möglichkeiten waren für das bereits etablierte Unternehmen immer offensichtlich. Es wird daher nicht überraschen, Bernard Baruch im Herzen von Roosevelts NRA zu finden, die ihrerseits Parallelen zu vielen von Baruchs Nachkriegsvorschlägen aufweist und

200.000 Dollar in die FDR-Wahl investierte. Dies erklärt, warum Baruchs Mitarbeiter während des Ersten Weltkriegs den New Deal unterschrieben. General Hugh Johnson beispielsweise verbrachte die 1920er Jahre damit, auf Baruchs Kosten die industrielle Organisation zu studieren, und wurde 1933 Chef der National Recovery Administration. Dies erklärt auch, warum Franklin Delano Roosevelt, der selbst während eines Großteils der 1920er Jahre zur Finanzelite der Wall Street gehörte, zusammen mit Herbert Hoover - einem weiteren Wall Streeter in den 1920er Jahren - Mitbegründer des ersten der von Baruch vorgeschlagenen Berufsverbände war, der American Steel Construction Association, auf die im nächsten Kapitel eingegangen wird.

Parallel zu Bernard Baruchs Ideen, die in der NRA verwirklicht wurden, gibt es ein zeitgenössisches Beispiel, das in der Praxis weitaus erfolgreicher für den Unternehmenssozialismus ist: das Federal-Reserve-System.

PAUL WARBURG UND DIE SCHAFFUNG DES FEDERAL-RESERVE-SYSTEMS

Obwohl viele an der Gesetzgebung der Federal Reserve mitgewirkt hatten oder glaubten, mitgewirkt zu haben, war das System im Wesentlichen das Produkt des Gehirns eines einzigen Mannes: Paul Warburg, der Bruder von Max Warburg, den wir in Kapitel 3 kennengelernt haben. Paul Moritz Warburg (1868-1932) stammte aus der deutschen Bankiersfamilie Oppenheim. Nach einer ersten Ausbildung in den Büros von Samuel Montagu & Co. in London und der Banque Russe pour le Commerce Étranger in Paris trat Warburg in das Bankhaus seiner Familie, M.M. Warburg & Co. in Hamburg, ein. 1902 wurde Warburg Partner des New Yorker Bankhauses Kuhn, Loeb & Co. und blieb weiterhin Partner der Warburg in Hamburg. Fünf Jahre später, nach der Finanzpanik von 1907, schrieb Warburg zwei Broschüren über das amerikanische Bankensystem: *Defekte und Bedürfnisse unseres Bankensystems* und *Ein Plan für eine veränderte Zentralbank*.[346]

In den Jahren nach 1907 ließ Warburg keine Gelegenheit aus, öffentlich über die Notwendigkeit einer Banken- und Währungsreform in den USA zu sprechen und zu schreiben, und 1910 schlug er offiziell die Gründung einer Reservebank der Vereinigten Staaten vor. Dieser Plan wurde zum Federal Reserve System, und Warburg wurde von Präsident Woodrow Wilson zum Mitglied des ersten Federal Reserve Board ernannt. Während des Ersten Weltkriegs kam es wegen der Rolle seines Bruders Max in Deutschland zu erheblicher Kritik an Warburg, und er wurde 1918 nicht erneut in den Rat berufen. Von 1921 bis 1926, nachdem die Kritik nachgelassen hatte, wurde Warburg jedoch Mitglied des Beirats des Federal Reserve Board und war von 1924 bis 1926 dessen Vorsitzender.

Nach der Verabschiedung des Federal Reserve Act von 1913 begannen Warburg und seine Bankpartner schnell damit, das gesetzliche Bankenmonopol für ihre eigenen Zwecke und Ziele zu nutzen, wie Frederic Howe es vorgeschlagen

---

[346] Siehe auch Paul Warburg, *The Federal Reserve System, Its Origin & Growth; Reflections & Recollections* (New York: Macmillan, 1930).

hatte. 1919 organisierte Warburg den American Acceptance Council und war 1919-20 Vorsitzender seines Exekutivkomitees und 1921-22 sein Präsident. Dann organisierte Warburg 1921 die Privatbank International Acceptance Bank, Inc. und wurde ihr Präsident, während er weiterhin im Beirat des Federal Reserve Board saß. Im Jahr 1925 fügte Warburg zwei weitere private Akzeptanzbanken hinzu: die American and Continental Corp. und die International Acceptance Trust Co. Diese Banken waren der Bank of the Manhattan Company angeschlossen, die von Warburg kontrolliert wurde. Am Rande sei erwähnt, dass Paul Warburg auch Direktor der American IG Chemical Corp war, der amerikanischen Tochtergesellschaft der IG Farben in Deutschland. I.G. Farben spielte eine wichtige Rolle bei der Machtübernahme Hitlers im Jahr 1933 und stellte das Zyklon-B-Gas her, das in den Konzentrationslagern der Nazis verwendet wurde. Warburg war Gründungsmitglied der Carl Schurz Memorial Foundation, einer 1930 gegründeten Propagandaorganisation, Direktor des renommierten Council on Foreign Relations, Inc. und Treuhänder der Brookings Institution.

Aber nur dank eines Quasi-Monopols der International Acceptance Bank Inc. und ihrer angegliederten Einheiten konnte Warburg die Gesellschaft dazu bringen, für die Warburgs und ihre Bankerfreunde zu arbeiten. Der revisionistische Historiker Murray Rothbard untersuchte die Ursprünge der Inflation der 1920er Jahre, die zum Zusammenbruch von 1929 führte, und machte folgende treffende Beobachtung:

> Während der Kauf von US-Wertpapieren stärker beworben wurde, waren die gekauften Banknoten mindestens genauso wichtig und sogar wichtiger als die Rabatte. Gekaufte Banknoten führten die inflationäre Kreditparade der Notenbank 1921 und 1922 an, waren während des Inflationsschubs von 1924 erheblich wichtiger als Wertpapiere und ebenso wichtig während des Schubs von 1927. Darüber hinaus trieben allein gekaufte Banknoten die Inflation auch in der letzten, fatalen Hälfte des Jahres 1928 weiter an.[347]

Was waren diese "gekauften Banknoten", die Rothbard als Hauptschuldigen für die Depression von 1929 bezeichnete? Die gekauften Scheine waren Akzepte, und fast alle waren Bankakzepte.

Wer schuf den Markt für Akzeptanz in den USA, der vor 1920 weitgehend unbekannt war? Paul Warburg.

Wer hat den Löwenanteil an diesem Geschäft mit der Akzeptanz zu künstlich niedrig gehaltenen subventionierten Zinssätzen verdient? Die International Acceptance Bank, Inc.

Wer war die International Acceptance Bank, Inc. Ihr Präsident war Paul Warburg, mit Felix Warburg und James Paul Warburg als Co-Direktoren. Ein genauerer Blick auf die Zusammensetzung der Banken (siehe unten Seite 95) legt jedoch nahe, dass es sich um ein Vehikel handelte, das die Finanzelite der Wall Street repräsentierte.

---

[347] Murray N. Rothbard, *America's Great Depression* (Los Angeles: Nash Publishing Corp. 1972), S. 117.

Wussten die Warburgs und ihre Freunde an der Wall Street, wohin ihre Finanzpolitik führen würde? Mit anderen Worten, enthielt ihre Finanzpolitik in den 1920er Jahren Elemente der Überlegung? Es gibt ein Memorandum von Paul Warburg, in dem er klar feststellt, dass die Banken die Fähigkeit hatten, Inflation zu verhindern:

> Wenn die Regierung und die Banken der USA hilflose Automaten wären, müsste es wohl zu einer Inflation kommen. Aber es ist eine Beleidigung für unsere Banken, wenn der Eindruck entsteht, dass sie nicht in der Lage sein sollten, an einem gemeinsamen Schutzplan mitzuarbeiten, wie z. B. alle Liquiditätsreserven auf einem höheren als dem gesetzlich vorgeschriebenen Niveau zu halten, wenn eine solche Maßnahme zur größeren Sicherheit des Landes tatsächlich wünschenswert werden sollte.[348]

Folglich kommt Rothbard zu Recht zu dem Schluss:

> Warburgs führende Rolle im Federal-Reserve-System war sicherlich nicht unwesentlich dafür verantwortlich, dass er den Löwenanteil der Gewinne aus seiner Akzeptanzpolitik erntete.[349]

Kurz gesagt, die Politik der Schaffung von Akzeptanzen zu künstlich subventionierten Zinssätzen war nicht nur inflationär, sondern der wichtigste Faktor, offenbar eine bewusste Bankenpolitik, die zur Inflation der 1920er Jahre und zum endgültigen Zusammenbruch 1929 führte und somit den New Deal von FDR oder die nationale Wirtschaftsplanung als notwendig erscheinen ließ. Außerdem, so Rothbard, "...die Gewährung eines besonderen Privilegs an eine kleine Gruppe auf Kosten der Allgemeinheit". Mit anderen Worten: Die Wall Street hat die gesamte amerikanische Gesellschaft für ein Finanzoligopol arbeiten lassen.

Warburgs revolutionärer Plan, die amerikanische Gesellschaft für die Wall Street arbeiten zu lassen, war verblüffend einfach. Noch heute, im Jahr 1975, decken akademische Theoretiker ihre Schultafeln mit bedeutungslosen Gleichungen ab, und die breite Öffentlichkeit schlägt sich in verwirrender Weise mit Inflation und dem drohenden Kreditkollaps herum, während die recht einfache Erklärung des Problems ignoriert und fast völlig missverstanden wird. Das Federal Reserve System ist ein legales privates Geldmengenmonopol, das unter dem Deckmantel des Schutzes und der Förderung des öffentlichen Interesses zum Vorteil einiger weniger funktioniert.

Revolutionär? Ja, das war es in der Tat! Aber wie einer von Warburgs bewundernden Biografen bemerkte:

> Paul M. Warburg ist wahrscheinlich der Mann mit den sanftesten Manieren, der jemals persönlich eine Revolution angeführt hat. Es war eine unblutige Revolution:

---

[348] US-Senat, Hearings, Munitions Industry, Teil 25, a. a. O., S. 8103.

[349] Murray Rothbard, *America's Great Depression*, a. a. O., S. 119.

Er versuchte nicht, die Bevölkerung dazu zu bringen, zu den Waffen zu greifen. Er ging mit einer einfachen Idee bewaffnet los. Und er siegte. Das ist das Erstaunliche. Als schüchterner und sensibler Mann setzte er seine Idee einer Nation von 100 Millionen Menschen durch.[350]

Worin unterscheidet sich diese Warburg-Revolution von der sozialistischen Revolution? Nur darin, dass im Sozialismus, sobald die Revolution vollzogen und die Staatsmacht in den richtigen ideologischen Händen konzentriert ist, die angehäuften persönlichen Belohnungen in der Regel nicht so substanziell sind - obwohl die von Hitlers Nationalsozialismus und den modernen Sowjets geschaffenen Lehen diese Beobachtung in Frage stellen könnten -, und die Ergebnisse sind auch nicht so dünn. Die Währungsdiktatur der Sowjets ist offensichtlich. Die Währungsdiktatur des Federal-Reserve-Systems wird unterdrückt und umgangen.

Als Nächstes sollten wir uns die International Acceptance Bank, das Vehikel für dieses revolutionäre Ausbeutungsmanöver, genauer ansehen, denn sie liefert gültige Signale dafür, dass die Wall Street auch ein echtes Interesse an einer nationalen Wirtschaftsplanung und einem FDR-ähnlichen New Deal hatte.

THE INTERNATIONAL ACCEPTANCE BANK, INC.

Die Bank wurde 1921 in New York gegründet und ist mit der Bank of the Manhattan Company in Warburg verbunden. Der Vorstand legt jedoch nahe, dass die wichtigsten Elemente der Wall Street auch ein erhebliches Interesse und eine Kontrolle über die International Acceptance Bank hatten und davon profitierten. Darüber hinaus sehen wir eine auffällige Verbindung zwischen ihren angegliederten Finanzinstituten und einem allgemeinen Plan zur Etablierung des Unternehmenssozialismus in den Vereinigten Staaten.

Wie bereits angemerkt, war Paul M. Warburg Vorsitzender des Verwaltungsrats: Sein Bruder Felix, ebenfalls Teilhaber von Kuhn Loeb & Co, und sein Sohn James P. Warburg waren Co-Direktoren. Stellvertretender Vorstandsvorsitzender war John Stewart Baker, der auch Präsident und Direktor der Bank of Manhattan Trust Co. und International Manhattan Co. sowie Vorsitzender des Exekutivkomitees und Direktor der Manhattan Trust Co. war. Baker war auch Direktor der American Trust Co. und der New York Title and Mortgage Co. F. Abbot Goodhue war Präsident und Direktor der International Acceptance Bank, Mitglied des Vorstands der anderen Warburger Banken und Direktor der First National Bank of Boston. Weitere Direktoren der International Acceptance Bank waren Newcomb Carlton, Direktor der von Rockefeller kontrollierten Chase National Bank, der von Morgan kontrollierten Metropolitan Life Insurance Co. und anderer großer Unternehmen wie der American Express Co., der American Sugar Refining Co. und der American Telegraph and Cable Co. Newcomb Carlton war auch Direktor der American Telegraph and Cable und

---

[350] Harold Kellock, "Warburg, der Revolutionär", in: *The Century Magazine*, Mai 1915, S. 79.

Direktor der American International Corporation, einem Unternehmen, das eng mit der bolschewistischen Revolution verbunden war.[351] Ein weiterer Direktor der International Acceptance Bank, der auch Direktor der American International Corp. war, war Charles A. Stone, der am 120 Broadway ansässig war und von 1919 bis 1932 Direktor der Federal Reserve Bank war. Bronson Winthrop war ebenfalls Direktor der American International Corp. und der International Acceptance Corp. So hatten drei Direktoren der International Acceptance Bank miteinander verflochtene Verwaltungsratsmandate bei der American International Corp, dem Schlüsselvehikel für die amerikanische Beteiligung an der bolschewistischen Revolution.

Ein weiterer Direktor der International Acceptance Bank war David Franklin Houston, der auch Direktor der Carnegie Corp, der von Morgan kontrollierten Guaranty Trust Co, von U.S. Steel und A.T.&T. sowie Präsident der Mutual Life Insurance Co. war. Weitere Direktoren der I.A.B. waren Philip Stockton, Präsident der First National Bank of Boston und Direktor von A.T.&T., General Electric, International Power Securities und vielen anderen Unternehmen; William Skinner, Direktor von Irving Trust Co, Equitable Life Assurance und der Union Square Savings Bank; Charles Bronson Seger, Direktor der Aviation Company, der Guaranty Trust Company und von W.A. Harriman; Otto V. Schrenk, Direktor der Agfa Ansco Company, von Krupp Nirosta und Mercedes Benz; und Henry Tatnall, Direktor der Girard Trust Company. Paul Warburg war auch Direktor von Agfa Ansco, Inc, einem Unternehmen, das zu 60% im Besitz der I.G. Farben war und eine "Fassade" des Unternehmens in den USA darstellte.

Zusammenfassend lässt sich sagen, dass die Direktoren der International Acceptance Bank die mächtigsten Elemente der Wall Street widerspiegelten: die Morgans, die Rockefellers und Harrimans sowie die Bankiers aus Boston.

Darüber hinaus war Warburg sein ganzes Leben lang mit den Roosevelts verbunden, und zwar auf intime Weise, von der Kindheit bis zum New Deal. Diese Warburg-Roosevelt-Assoziation wird durch einen Auszug aus James P. Warburgs Memoiren veranschaulicht:

> "Zufällig kannte ich den ältesten Sohn des gewählten Präsidenten, James Roosevelt, seit einigen Jahren, da er in einem der Landhäuser auf dem Anwesen meines Onkels Felix in White Plains lebte."[352]

Später wurde derselbe James P. Warburg Berater von Präsident Franklin D. Roosevelt für nationale und internationale Währungsangelegenheiten. Warburgs tiefes Interesse am Programm der NRA spiegelt sich in einem Memorandum Warburgs aus dem Jahr 1933 an FDR:

> Memorandum für den Präsidenten: Problem der nationalen Währung. Die Regierung war meiner Meinung nach noch nie mit einer ernsteren Situation

---

[351] Siehe Sutton, *Wall Street and the Bolschevic Revolution*, a. a. O., Kapitel 8.

[352] James P. Warburg, *The Long Road Home: The Autobiography of a Maverick* (Garden City: Doubleday, 1964), S. 106.

konfrontiert als heute. Das gesamte Sanierungsprogramm, das den Kern ihrer Politik bildet, wird durch die Unsicherheit und den Zweifel im Währungsbereich gefährdet. Das Gesetz zur nationalen Sanierung kann nicht sinnvoll funktionieren, wenn man eine Geldentwertung in unbekannter Höhe befürchtet und Angst vor Währungsexperimenten hat. Es hat bereits eine gewaltige Kapitalflucht stattgefunden, und diese Flucht wird sich mit zunehmender Geschwindigkeit fortsetzen, solange Unsicherheit herrscht.[353]

Dann, nach Warburgs Neigung zum Monopol, empfahl James Warburg dem FDR, dass alle geldpolitischen Ideen, Handlungen und Entscheidungen im Finanzministerium und im Federal Reserve Board zentralisiert werden sollten.

Natürlich würde dieser Vorschlag sicherstellen, dass alle geldpolitischen Entscheidungen von der elitären Gruppe getroffen werden, die mit der International Acceptance Bank und dem Federal Reserve System verbunden ist. Im Juli 1933, als James Warburg sein Memorandum an die FDR schrieb, war der Finanzminister William H. Woodin, der von 1925 bis 1931 Direktor der FRB in New York gewesen war. Wir können auch FDRs eigene Assoziationen mit dem Federal Reserve System nennen. Sein "Lieblingsonkel" Frederic Delano wurde 1914 von Präsident Woodrow Wilson zum stellvertretenden Vorsitzenden des Federal Reserve Board ernannt, und von 1931 bis 1936 war Delano Vorsitzender des Verwaltungsrats der Federal Reserve Bank in Richmond, Virginia. FDR ernannte Delano 1934 zum Vorsitzenden des National Resources Planning Board.

1933/34 befanden sich die USA in der größten Finanzkrise ihrer Geschichte. Und was tat FDR? Er wandte sich als Finanzmediziner an dieselben Marktteilnehmer, die für die Krise verantwortlich waren - eine Politik, die so vernünftig war, als würde man die Irren die Irrenanstalt leiten lassen.

Es finden sich also Assoziationen zwischen Franklin D. Roosevelt, der Warburg-Familie und dem von Warburg inspirierten Zentralbanksystem, die von der Kindheit bis zur Ernennung Warburgs zum wichtigsten geldpolitischen Berater des FDR reichen. Später werden wir sehen, dass es Warburg war, der die endgültige Form der National Industrial Recovery Administration bestimmte. Andererseits kontrollierten die Warburg-Familie und ihre Freunde an der Wall Street die private monopolistische Geldmenge, die als Federal Reserve System bekannt ist, und nutzten dieses Monopol über die International Acceptance Bank für ihre eigenen Zwecke aus.

Die Gründerväter bewiesen tiefe Weisheit und Einsicht in die Gefahren einer monopolistischen Ausgabe von Papiergeld, die sich in Artikel I, Abschnitt 9 der amerikanischen Verfassung widerspiegeln:

"Kein Staat darf ... etwas anderes als Gold- und Silbermünzen als Zahlungsmittel für Schulden ausgeben....".

---

[353] Franklin D. Roosevelt and the Foreign Affairs, Vol. I, S. 325. Memorandum von James P. Warburg an Roosevelt, 24. Juli 1933

Eine verfassungsrechtliche Anfechtung der Ausgabe der Banknoten der Federal Reserve durch ein privates Bankenmonopol, das Federal Reserve System, ist längst überfällig. Es ist zu hoffen, dass der Wert des Dollars nicht wie im Nachkriegsdeutschland auf null gesenkt werden muss, bevor eine solche Anfechtung eingeleitet und vom Obersten Gerichtshof der Vereinigten Staaten unterstützt wird.

KAPITEL VII

ROOSEVELT, HOOVER, UND WECHSEL

Es kommt selten vor, dass sich Menschen aus demselben Beruf treffen, selbst wenn sie sich nur unterhalten wollen, ohne dass das Gespräch in einer Verschwörung gegen die breite Öffentlichkeit oder in einer List zur Erhöhung der Preise endet.
Adam Smith, An Inquiry into the Nature and Causes of the Wealth of Nations (London: George Routledge, 1942), S. 102.

Die Idee, die Gesellschaft für eine privilegierte Gruppe innerhalb der Gesellschaft arbeiten zu lassen, wurde weder von den Betriebssozialisten der Wall Street noch von der Finanzgemeinde im Allgemeinen oder gar von marxistischen Sozialisten geboren. Tatsächlich ist diese Vorstellung älter als unsere eigene Industriegesellschaft, und es gibt eine interessante Parallele zwischen den Kodizes des New Deal America (die wir später untersuchen werden) und der Handelsgesetzgebung des 13Jahrhunderts in England.[354]

EIN MITTELALTERLICHER NEW DEAL

Im Jahr 1291 wurden die Gerber in Norwich, England, vor das örtliche Gericht gestellt, das ihre Gerberei zum Nachteil der örtlichen Bürger organisieren und kodifizieren sollte. Zwei Jahre später, im Jahr 1293, sahen sich die Schuhmacher und Sattelhersteller von Norwich mit ähnlichen Anklagen konfrontiert. Indem sie die Gesetzgeber "schmierten", wurde die politische Machtstruktur im mittelalterlichen Norwich zu der Ansicht veranlasst, dass die Gerber vielleicht doch Schutz brauchten.

Dieser Schutz führte dazu, dass er die gleichen Grundprinzipien der Wirtschaftsplanung beinhaltete wie die, die fast 700 Jahre später im Roosevelt New Deal umgesetzt wurden. So wurde 1307 die Gerbereiindustrie in Norwich gesetzlich kodifiziert und Löhne und Arbeitsbedingungen vorgeschrieben, alles

---

[354] Siehe Erwin F. Meyer, "English Medieval Industrial Codes" in *The American Federationist*, Januar 1934. Meyer zieht faszinierende Parallelen zwischen den mittelalterlichen Gilden und der Praxis der NRA unter Roosevelt. Im Mittelalter bestand das Ergebnis, wie in den 1930er Jahren, darin, "eine Oligarchie von Kapitalisten" in der englischen Wirtschaft zu schaffen,

unter dem Deckmantel des Verbraucherschutzes, in der Praxis jedoch durch die Gewährung eines gesetzlichen Monopols für die Gerber.

Im Jahrzehnt vor dem New Deal, in den 1920er Jahren, war Wall Streeter Roosevelt im Namen der Wirtschaft aktiv, um dieselben Grundideen zu fördern, nämlich die Macht des Staates zu nutzen, um den Handel zu beschränken, die Zusammenarbeit voranzutreiben und staatliche Regulierung zu nutzen, um unerwünschte Konkurrenz von effizienteren Ausländern zu verhindern. Die Handelsverbände der 1920er Jahre waren in ihren Vorschlägen diskreter als die Gerber von Norwich im 13. Jahrhundert, aber das zugrunde liegende Prinzip war das gleiche.

Leider wurde die Rolle von Franklin D. Roosevelt in der Wall Street der 1920er Jahre von Historikern ignoriert. Daniel Fusfield stellt zu Recht fest, dass FDR "eine aktive Rolle in der Vereinsbewegung übernahm, die später zur N.R.A. des ursprünglichen New Deal werden sollte";[355] andererseits kommt Fusfield, der die einzige detaillierte Beschreibung von FDRs geschäftlichen Aktivitäten bietet, zu dem Schluss, dass seine Einstellung zum Geschäft "eine seltsame Mischung" darstellte. FDR, so Fusfield, "bestand darauf, dass bloße Gewinne die Geschäftstätigkeit nicht vollständig rechtfertigen", dass ein Geschäftsmann auch "die Motivation des öffentlichen Dienstes haben" müsse. Für Fusfield war dies unvereinbar mit der Beteiligung "an einer Reihe von rein spekulativen Unternehmen und an kommerziellen Aktivitäten, die wenig mit dem öffentlichen Dienst zu tun hatten".[356]

Fusfield und seine Kollegen, die Historiker der Roosevelt-Ära sind, haben übersehen, dass der "öffentliche Dienst" für einen Geschäftsmann absolut konsistent mit der "Gewinnmaximierung" ist; tatsächlich ist der öffentliche Dienst der einfachste und sicherlich lukrativste Weg zur Gewinnmaximierung. Außerdem ist der Vorteil, den man aus dem öffentlichen Dienst ziehen kann, wahrscheinlich umso größer, je riskanter und spekulativer das Unternehmen ist.

Wenn man diese realistischere Sicht des sozialen Wohls annimmt, dann ist Roosevelts Haltung gegenüber Unternehmen keineswegs "kurios". Es handelt sich vielmehr um ein kohärentes Programm zur Gewinnmaximierung.

DER AMERIKANISCHE RAT FÜR BAUWESEN

Der im Mai 1922 gegründete American Construction Council (A.C.C.) war der erste von vielen Handelsverbänden, die in den 1920er Jahren gegründet wurden, Geräte, die zur Erhöhung der Preise und zur Verringerung der Produktion eingesetzt wurden. Der ursprüngliche Vorschlag und der Anstoß für den Rat kamen von Handelsminister Herbert Hoover, und der Rat arbeitete unter der Leitung von Franklin D. Roosevelt, der damals seine Karriere an der Wall Street begann, nachdem er zuvor stellvertretender Marinesekretär gewesen war. Die

---

[355] Daniel R. Fusfield, *The Economic Thought of Franklin D. Roosevelt and the Origins of the New Deal*.

[356] Ibid.

erklärten öffentlichen Ziele des A.C.C. waren ein "Ethikkodex" (ein Euphemismus für die Einschränkung des freien Handels), Effizienz und die Standardisierung der Produktion. Noch wichtiger, aber weniger bekannt, war, dass die A.C.C. der Industrie die Möglichkeit geben sollte, ihre eigenen Preis- und Produktionsniveaus festzulegen, ohne eine Kartellverfolgung durch die Regierung befürchten zu müssen. Die *New York Times* erwähnte:

> Es waren diese enormen Möglichkeiten in der Hingabe an den öffentlichen Dienst und der Beseitigung von Verschwendung, die die Fantasie von Mr. Hoover und Mr. Roosevelt beflügelten und sie dazu brachten, Führungspositionen in der Bewegung anzunehmen.[357]

Wie die Preisfestsetzungsausschüsse von Baruchs Kriegsindustrierat war der A.C.C. tatsächlich ein primitiver Industrieverband, obwohl das erklärte Ziel des Rats sehr ehrgeizig war:

> ... um die Bauindustrie auf ein hohes Niveau an Integrität und Effizienz zu bringen und die Verbesserungsbemühungen bestehender Agenturen durch einen Verband zu korrelieren, der sich der Verbesserung des Service innerhalb der Bauindustrie widmet ...[358]

und damit die Gewinnbedingungen für die Industrie, die Arbeiter und die Allgemeinheit zu stabilisieren. Dieses Ziel verfolgte Baruch auch bei den Handelsverbänden in Friedenszeiten: die Industrie unter der Kontrolle der Regierung zu regulieren, alles im Namen des Gemeinwohls. Im American Construction Council wurde das öffentliche Wohl als Vorwand benutzt, um die Skandale zu beseitigen, die von der Lockwood-Kommission aufgedeckt wurden, die die Bauindustrie in New York untersuchte.

Da es bei diesem Skandal jedoch größtenteils um die Exklusivität und ähnliche Zwangsbedingungen ging, die die United States Steel Corporation und Bethlehem Steel den Auftragnehmern und Monteuren auferlegten, macht das öffentliche Wohl als Rechtfertigung wenig Sinn. Diese Industriegiganten wurden von Morgans Wall-Street-Interessen kontrolliert, die, wie wir sehen werden, auch hinter dem A.C.C.-Vorschlag standen. Kurz gesagt, die angeblich unsozialen Bedingungen, die durch eine Handelsvereinigung gelöst werden sollten, hätten viel einfacher und effektiver durch ein Memorandum von J.P. Morgan und seinen Partnern gestoppt werden können; es war nicht nötig, eine Handelsvereinigung zu fördern, um diese Missstände abzustellen. Wir müssen daher anderswo nach dem Grund für die Existenz von Berufsverbänden suchen. Der wahre Grund ist natürlich, die Branche vor unerwünschter Konkurrenz zu schützen und Monopolbedingungen für diejenigen zu schaffen, die bereits im Geschäft sind. Wie Howe uns erzählt hat, ist ein legales Monopol der sichere Weg zum Profit. Es war die Bildung dieses gesetzlichen Monopols, die Roosevelt und Herbert Hoover

---

[357] *The New York Times*, 15. Mai 1922, S. 19.

[358] Zitiert in Fusfield, *Economic Thought, a. a. O.*, S. 102.

dazu veranlasste, sich gegen das öffentliche Interesse die Hand zu reichen, obwohl, so Freidel:

> FDRs Freund Elliott Brown warnte ihn vor den "sozialistischen" Tendenzen dieser Vereinigungen und Hoovers im Besonderen. Sozialistisch, weil die Regierung, sobald sich eine Vereinigung bildet, durch einen Mitarbeiter des Handelsministeriums ein Interesse an ihr hat, der viele Fragen, die die Initiative und das Wohlergehen aller Völker betreffen, billigt oder missbilligt.[359]

Die Rolle von FDR ist nicht wirklich überraschend. Damals versuchte er, eine Karriere als Geschäftsmann zu starten. Er verfügte über politische Kontakte und war mehr als bereit, ja sogar willens, diese zu nutzen. Andererseits gibt es eine seltsame Dichotomie in Herbert Hoovers Ideen und Praktiken in diesem Bereich der Beziehungen zwischen Regierung und Wirtschaft. Herbert Hoover erklärte, dass er sich zu den Prinzipien des freien Unternehmertums und der individuellen Initiative bekenne und dass ihm die Intervention der Regierung suspekt sei. Diese Behauptungen waren mit anderen gegenteiligen Aussagen vermischt, die das Eingreifen der Regierung aus fast unbedeutenden Gründen förderten oder sogar zuließen. Leider wurden diese Konflikte in den Memoiren von Herbert Hoover, der einzigen letztlich maßgeblichen Quelle, nicht gelöst. Der American Construction Council wird in Hoovers Memoiren nicht erwähnt, obwohl Band II, "Das Kabinett und die Präsidentschaft", die Übel staatlicher Eingriffe in die Wirtschaft hervorhebt und mit dem Finger auf Kommunismus, Sozialismus und Faschismus zeigt, um zu kommentieren: "Dieses linke Heilmittel für alle Übel des Geschäftslebens" erscheint nun als "nationale Planung". Hoover fügte hinzu, dass der "Missbrauch" von Unternehmen nur "marginal" sei und dass es anstelle einer Regierungsintervention "besser wäre, wenn die Geschäftswelt zusammenarbeiten würde, um ihren eigenen Missbrauch zu beheben".[360]

Andererseits legt Hoovers private Korrespondenz mit Roosevelt über den American Construction Council nahe, dass Hoover, obwohl er eine Regierungsintervention befürwortete, darauf achtete, dieses anhaltende Interesse zu verbergen, aus Angst, die öffentliche Opposition auf seinen eigenen Kopf fallen zu lassen und den Vorschlag zu ruinieren. In einem Brief Hoovers an Roosevelt vom 12. Juni 1923 wird dieser Punkt geltend gemacht:

> 12. Juni 1923
> Franklin D. Roosevelt, Vizepräsident.
> Fidelity and Deposit Company of Maryland 120 Broadway
> New York City
> Mein lieber Roosevelt:
> Ich bin etwas verwirrt über Ihr Telegramm vom 7. Juni. Ich hatte gehofft, dass der Baurat nur aus der Industrie kommen würde, ohne Druck von der Regierung.

---

[359] Freidel, *The Ordeal*, a. a. O., S. 152.

[360] *Die Memoiren von Herbert Hoover*. The Cabinet and the Presidency 1920-1933, (London: Hollis and Carter 1952), S. 67.

Andernfalls wird er bald auf denselben Widerstand stoßen, den alles, was die Regierung in Bezug auf dieses Problem anfasst, sofort hervorruft.

Die breite Stimmung in der Geschäftswelt gegen die Einmischung der Regierung neigt dazu, selbst eine freiwillige Anstrengung zu zerstören, wenn man glaubt, dass sie unter der Inspiration der Regierung durchgeführt wird.

den Ausdruck meiner ausgezeichnetsten Hochachtung.

Herbert Hoover

In jedem Fall war der American Construction Council eine genossenschaftliche Vereinigung von Unternehmen, Arbeitnehmern und Regierungen,

> die am 19. Juni auf Anregung und unter der Leitung von Sekretär Hoover vom Handelsministerium in Washington gebildet wurde (und die) die ersten Schritte zur Umsetzung eines Programms für Bauanstrengungen unternahm, das hoffentlich viele der Übel beseitigen wird, die sich im letzten Jahrzehnt in der Branche entwickelt haben.[361]

So war es der freie Unternehmer Herbert Hoover, der zum Schirmherrn des ersten der Berufsverbände, des American Construction Council, wurde, der unter anderem:

> Architekten, Ingenieure, Bauarbeiter, Generalunternehmer, Subunternehmer, Material- und Geräteherstellern, Material- und Gerätehändler, Bürgschafts-, Versicherungs- und Immobilieninteressen und Bauabteilungen der Bundes-, Landes- und Kommunalregierungen.[362]

Das Organisationstreffen des American Construction Council fand bei FDR in New York statt und wurde von etwa 20 Personen besucht. Diese Gruppe diskutierte das Konzept des Rates und insbesondere die Frage, ob er:

> ein Zentrum für den Informationsaustausch für die verschiedenen nationalen Verbände sein sollte, ein Zentrum für den Austausch von Fachinformationen, oder ob sie eine aktive, aggressive (sic) und militante Organisation sein sollte, die dem öffentlichen Wohl der Bauindustrie dient.[363]

Es wurde einstimmig beschlossen, dass der Rat eine aggressive militante Organisation sein sollte und nicht nur ein Informationszentrum. Dieses Konzept wurde mit Dwight Morrow von der Firma J.P. Morgan; mit M. Dick, dem Sekretär von Richter Gary von der U.S. Steel Corporation; mit Gano Dunn, dem Vorsitzenden der J.G. White Engineering Corporation; und mit Stone & Webster

---

[361] *The New York Times*, 9. Juli 1922, VIII 1:3.

[362] *The New York Times*, 15. Mai 1922, S. 19, Spalte 8.

[363] Protokoll des Vorstandsdes American Construction Council, 20. Juni 1922. FDR-Akten, Gruppe 14: American Construction Council.

diskutiert. Interessanterweise sind die meisten dieser Personen und Firmen in meinem früheren Band *Wall Street und die bolschewistische Revolution* sehr präsent.

Nachdem das Finanzinstitut seine Unterstützung für die A.C.C. zum Ausdruck gebracht hatte, wurde die Baubranche als Ganzes auf ihre Reaktion angesprochen. Diese Vorarbeit führte zu einem Organisationstreffen im Washington Hotel, Washington D.C., am Dienstag, den 20. Juni 1922. Franklin D. Roosevelt wurde zum Vorsitzenden des Rates gewählt, und John B. Larner, Vizepräsident der American Bankers Association, wurde zum Schatzmeister gewählt. Vorsitzender des Finanzausschusses war Willis H. Booth von der Guaranty Trust Company. Das Komitee richtete daraufhin seine Ausschüsse ein und legte die Prioritäten für seine Probleme fest.

Roosevelts Interpretation der Ursachen für die Probleme der Bauindustrie wurde von der *New York Times* berichtet:

> "Do-it-yourself" ist die charakteristische Methode, die in den letzten Jahren von der Bauindustrie angewandt wurde. Es gab kein System, keine Kooperation und keine intensive nationale Planung".

Nachdem er darauf hingewiesen hatte, dass ein Eisenbahner nicht wegen schlechten Wetters entlassen wird, kommentierte Roosevelt:

> In der Baubranche haben wir jedoch diese große Unwägbarkeit in unserem Wirtschaftsleben, die Saisonarbeit. Alle Arbeiten werden in den Sommermonaten konzentriert, während im Winter keine einzige Arbeit verrichtet wird. Die Ergebnisse dieses Stapelns sind offensichtlich. Im Sommer sind die Arbeitskräfte knapp und die Preise steigen in die Höhe, im Winter sinken Arbeitslosigkeit und Einkommen. Das Einzige, was das ganze Jahr über anhält, ist die Verbitterung der Männer, die sich der Arbeit verschrieben haben.[364]

Wie schlägt FDR vor, dies alles zu ändern?

> Ein großer Teil der Arbeit kann über das Jahr verteilt werden. Es gibt keinen Grund auf der Welt, warum ein qualifizierter Mechaniker, der in New York lebt, z. B. im Juni gerufen werden sollte, um beim Bau eines öffentlichen Gebäudes in Georgia mitzuwirken. Georgia kann in den Jahreszeiten bauen, in denen es für New York unmöglich ist, zu bauen; das Gleiche gilt für Louisiana und alle Südstaaten.

---

[364] *The New York Times*, 4. Juni 1922. Einen praktikablen und durchführbaren Vorschlag zur Lösung der angeblichen Probleme der Bauindustrie sucht man vergebens. Die brauchbarsten Vorschläge, die von Roosevelt und seinen Planerkollegen vorgebracht wurden, verlangten, Zeit zu gewinnen, um das Bauen oder die Bewegung von Menschen und Materialien das ganze Jahr über durch "Planung" zu ermöglichen. Natürlich bewegt ein Marktsystem automatisch Menschen und Materialien, ein Punkt, der FDR wahrscheinlich unbekannt war.

Roosevelts Vorschlag, ein Non sequitur ohne Ziel, lautete, dass die Bauindustrie "sich über diese Situation beraten sollte: Baumaterialien in der Nebensaison verlagern und die Arbeitskräfte verteilen". Bei einer ersten Sitzung des Gouverneursrats, die am 16. Mai 1923 in FDRs Haus in New York stattfand, machte FDR auf den Weg aufmerksam, den der Rat eingeschlagen hatte:

> "Der American Construction Council war organisiert, aber ehrlich gesagt hat er seit dieser Zeit nicht eine einzige Sache getan, außer die Mitgliedsbeiträge von etwa 115 verschiedenen Organisationen einzutreiben, glaube ich."

FDR stellte die versammelten Gouverneure vor die grundlegende Wahl: Wollten sie weiterhin der alten Methode folgen, "alles zu bauen, was wir können, und jeden Preis zu zahlen, solange wir die Aufträge erhalten"? Denn wenn das der Fall wäre, sagte FDR, "könnten wir genauso gut vertagen". Andererseits, so fuhr er fort, scheine dies nicht die Ansicht der Mehrheit zu sein, und "Wir wollen zum eigentlichen, grundlegenden Ziel des Rates zurückkehren, das darin bestand, solche Dinge zu verhindern". Es folgte eine Reihe von Resolutionsvorschlägen, die einstimmig angenommen wurden und die eine Verlangsamung der Bauarbeiten bewirken würden. Der Rat hatte weiterhin seine Probleme, die in einem Brief vom 29. April 1924 von Executive Vice President D. Knickerbocker Boyd an Franklin D. Roosevelt zusammengefasst wurden, "um die Aufmerksamkeit auf den zu dieser Zeit bestehenden sehr ernsten Zustand der Geschäfte zu lenken". Boyd erinnerte FDR daran, dass der Exekutivsekretär, Dwight L. Hoopingarner, "praktisch" ohne Gehalt gedient habe und dass ihm 7.000 Dollar an ausstehenden Gehältern zustehen würden. Boyd fügte hinzu: "Das ist nicht fair und sollte nicht weiter erlaubt werden. Er sollte nicht nur schnell alle ausstehenden Löhne zurückerstattet bekommen, sondern auch die Zusicherung erhalten, dass er in Zukunft schnell bezahlt wird - oder die Arbeit sollte eingestellt werden". Anschließend sagte Boyd, dass auch er erwarte, dass die Zeit, die der Rat für seine Arbeit aufwendet, vergütet wird, und merkte an, dass sich die bisher aufgewendete Zeit auf 3168,41 USD beläuft, zuzüglich Reisekosten. Boyd schlug vor, dass der Rat sich seiner Verantwortung stellen, sich auf eine angemessene finanzielle Basis stellen oder sich auflösen solle. Der letzte Absatz von Boyds Brief zeigt das grundlegende Ziel derjenigen, die den Amerikanischen Baurat fördern:

> Sollte der Rat verschwinden, wäre das meiner Meinung nach eine nationale Kalamität - denn ich bezweifle, dass sich nach diesem zweiten Versuch, die große Bauindustrie auf menschlicher Basis zu verstaatlichen, genügend Menschen mit der nötigen Begeisterung, dem Glauben und der Geduld finden würden, um einen dritten Versuch zu starten.

Franklin D. Roosevelt, der Vorsitzende des American Construction Council, hatte sich für eine "Wirtschaftsplanung" ausgesprochen; heute erkennt der Executive Vice President eine "Verstaatlichungsbemühung" der Bauindustrie an.

Dieser Versuch, die Bauindustrie unter dem schläfrigen Auge der Regierung zu organisieren, angeblich zum Wohle der Allgemeinheit, ist gescheitert.

KAPITEL VIII

WALL STREET KAUFT DEN NEW DEAL

> *B.M. [Bernard Baruch] spielte eine effektivere Rolle. Das Hauptquartier hatte schlichtweg kein Geld. Manchmal konnten sie nicht einmal die Radiorechnung für die Reden der Kandidaten bezahlen. Sie hatten praktisch nichts, um den Wahlkampf im kritischen Bundesstaat Maine fortzusetzen. Jedes Mal, wenn eine Krise auftrat, spendete B.M. das benötigte Geld oder holte es.*
>
> Hugh S. Johnson, *The Blue Eagle from Egg to Earth (Der blaue Adler vom Ei zur Erde)*. (New York: Doubleday, Doran, 1935), S. 141.
> Über die FDR-Kampagne von 1932.

Im Präsidentschaftswahlkampf 1928 standen sich Gouverneur Alfred E. Smith, ein von Tammany Hall unterstützter Katholik und Kollektivist aus Überzeugung, und Herbert Hoover, ein Quäker, der sich auf den traditionellen amerikanischen Individualismus und die Selbstversorgung berief, gegenüber. Herbert Hoover gewann mit 21.392.000 Stimmen gegenüber 15.016.000 Stimmen für Smith.

Wo haben die Banker-Philosophen der Wall Street ihre Unterstützung und ihren Einfluss bei der Wahl von Smith-Hoover platziert? Auf der Grundlage der akzeptierten Interpretation der Philosophie der Finanziers hätte ihre Unterstützung Herbert Hoover gelten sollen. Hoover warb für die geliebten Handelsverbände, die von der Finanz- und Handelsgemeinschaft geliebt wurden. Darüber hinaus machte[365] Herbert Hoover in *American Individualism* deutlich, dass das ideale System für Amerika nach seinen eigenen Worten "kein System des freien Unternehmertums" war, sondern im Gegenteil eine regulierte Wirtschaft. Andererseits war das 1928 politisch am stärksten engagierte Mitglied des Finanzestablishments der Wall Street John J. Raskob, Vizepräsident von Du Pont und General Motors sowie Treuhänder von Bankers Trust Co. und County Trust Co. Auf persönliches Drängen von Gouverneur Al Smith wurde Raskob Vorsitzender des Finanzausschusses der Demokratischen Partei. Raskob war auch der größte Einzelspender mit über 350.000 Dollar für die Kampagne. Welche politischen Ziele strebten Raskob und seine Verbündeten an, die Al Smith als Kandidaten so attraktiv machten?

1928 stellten John J. Raskob, Bernard Baruch und andere Mitglieder der Wall Street der Öffentlichkeit die Schlüsselelemente dessen vor, was später zum

---

[365] New York: Doubleday, Seite 1922.

Nationalen Genesungsprogramm wurde. Roosevelts Förderung der NRA geht eigentlich auf Raskobs Reden von 1928 zurück, die er während der Präsidentschaftskampagne von Al Smith gehalten hatte. Obwohl sowohl Al Smith als auch Herbert Hoover in Bezug auf Wahlkampfgelder stark vom "Goldenen Zirkel" der Wall Street abhingen, wie wir später in diesem Kapitel noch ausführlich erläutern werden, ruhte das Geld von Du Pont-Raskob-Baruch stark auf Al Smith.

Smith verlor natürlich die Wahl 1928 für die Demokraten, und Herbert Hoover wurde republikanischer Präsident. Trotz der Lauheit der Wall Street berief Hoover viele Wall Streeters in seine Ausschüsse und Aufsichtsräte. Als Hoover dann Mitte 1932 vor der brutalen Wahl zwischen einem nationalen Sanierungsprogramm in Form des Swope-Plans oder einer weniger faschistischen Politik stand, weigerte er sich, den Betriebssozialismus einzuführen, identifizierte den Swope-Plan als das, was er war, und ließ den Zorn der Wall Street auf sich niederprasseln.

Daher können und werden wir in diesem Kapitel Baruchs Vorschläge für die RNA und die finanzielle Unterstützung der beiden Präsidentschaftskandidaten bei jeder Wahl durch Raskob, Baruch, Du Pont, Rockefeller und andere aus der Finanzelite zurückverfolgen. In jedem Fall ging die Hauptunterstützung an den demokratischen Kandidaten, der den Unternehmenssozialismus fördern wollte. 1928 war dies Al Smith, der auch Direktor der von Morgan kontrollierten Metropolitan Life Insurance Company war; 1930 ging sie mit den vorgezogenen Beiträgen zum Konvent für den Hoover-Roosevelt-Wettbewerb 1932 an Roosevelt. Mitte 1932 wurde Herbert Hoover ein Großteil der Unterstützung der Wall Street entzogen und der Einfluss und das Geld wurden in großem Umfang auf die Wahl Roosevelts übertragen.

In der Folgezeit ließ FDR seine Anhänger nicht im Stich. Der National Recovery Act mit seiner eingebauten Fähigkeit, kleine Unternehmen zu zwingen, wurde verkündet und trat im Juni 1933 in Kraft. Lassen Sie uns daher diese Ereignisse und die dazugehörigen Beweise genauer betrachten.

BERNARD BARUCHS EINFLUSS AUF FDR

Nach eigenen Angaben absolvierte Hugh Johnson, Roosevelts NRA-Administrator, in den 1920er Jahren ein Trainingsprogramm unter Bernard Baruch. Johnson berichtet über diese Erfahrung wie folgt:

> Ich bezweifle, dass jemand direkteren oder umfassenderen Zugang zu Informationsquellen hatte als B.M., und er ließ mir immer freie Hand bei der Konsultation und Nutzung von Wissenschaftlern und Experten, die ich möglicherweise benötigte. Mehrere Jahre lang war ich das einzige Mitglied des Forschungspersonals, das er ständig konsultierte. Dies und das davor waren eine hervorragende Ausbildung für den Dienst in der NRA, weil diese Studien ein

beachtliches Segment der gesamten amerikanischen Industrie abdeckten und die Erfahrung mit der Regierung beides miteinander verband.[366]

Johnson selbst betrachtet Raskobs Reden vom September und Oktober 1928 in der Kampagne von Al Smith als den Beginn von Roosevelts NRA:

> "Es gab nichts besonders Neues in der Substanz der entwickelten Prinzipien. Wir hatten genau dieselbe Philosophie in der Kampagne von Al Smith im Jahr 1928 entwickelt und zum Ausdruck gebracht...".[367]

Al Smith, der demokratische Präsidentschaftskandidat von 1928, war, wie bereits angemerkt, ein Direktor der Metropolitan Life Insurance, der größten Lebensversicherungsgesellschaft der USA, die von J.P. Morgan kontrolliert wurde, und der Großteil seiner Wahlkampfgelder stammte aus dem Goldenen Zirkel der Wall Street. Bernard Baruch stellte den Plan der NRA selbst am 1. Mai 1930 - einem Tag, der sich für eine sozialistische Maßnahme anbot - in einer Rede in Boston vor. Der gesamte Inhalt der NRA war darin enthalten, die Regulierung, die Kodizes, die Durchsetzung und das Zuckerbrot der Wohlfahrt für die Arbeiter. Es wurde in Baruchs Plattform vom Juni 1932 übernommen - die Plattform, die Herbert Hoover nicht übernehmen wollte. Die NRA wurde von Baruch bei seiner Zeugenaussage vor dem Senat und in Reden vor der Brookings Institution und an der Johns Hopkins University erneut vorgestellt. Insgesamt zählt Hugh Johnson zehn Dokumente und Reden, die alle vor der Wahl Roosevelts 1932 gehalten wurden, in denen "die Entwicklung der Wirtschaftsphilosophie der Kampagne von 1928 und von fast allem, was seitdem geschehen ist, zu finden ist. Von einem Teil dieser Philosophie war die NRA ein konkreter Ausdruck".[368]

Die folgenden Auszüge aus Baruchs Rede vom 1. Mai 1930 enthalten den Kern seiner Vorschläge:

> Was die Unternehmen brauchen, ist ein gemeinsames Forum, in dem Probleme, die eine Zusammenarbeit erfordern, mit der konstruktiven und nicht politischen Sanktion der Regierung erörtert und behandelt werden können. Es mag sinnvoll gewesen sein, alles, was auf eine Regulierung der Produktion abzielte, per Gesetz zu verbieten, als die Welt eine Hungersnot befürchtete, aber es ist öffentlicher Wahnsinn, den unbegrenzten Betrieb eines Systems zu verordnen, das periodisch unverdauliche Massen an unbrauchbaren Produkten ausspuckt. Kein repressives, inquisitorisches und mittelmäßiges Amt ist gut genug - wir müssen ein neues Konzept dafür entwickeln - ein Gericht, das wie der Oberste Gerichtshof mit so viel Prestige und Würde ausgestattet ist, dass unsere größten Unternehmer gerne jedes persönliche Interesse an Geschäften ablegen und so dem Gemeinwohl dienen werden. Wie der Oberste Gerichtshof muss es auch absolut unpolitisch sein.

---

[366] Hugh S. Johnson, *The Blue Eagle from Egg to Earth* (New York: Doubleday, Doran, 1935), S. 116.

[367] Ibid, S. 141.

[368] Ibid, S. 157.

Er sollte nicht die Macht haben, zu unterdrücken oder zu zwingen, aber er sollte die Macht haben, eine Konferenz einzuberufen, eine vernünftige Zusammenarbeit zwischen Industrieeinheiten vorzuschlagen und zu bestrafen oder zu genehmigen, um zu verhindern, dass unsere wirtschaftlichen Wohltaten zu unerträglichen Belastungen werden. Ihre einzige Strafgewalt sollte darin bestehen, die Bedingungen für ihre Lizenzen vorzuschreiben und diese dann bei Verstößen gegen diese Bedingungen zu widerrufen.
Seine Beratungen müssen offen sein und sollten vollständig wissenschaftlich sein, wie ein Ingenieurbericht präsentiert und weltweit veröffentlicht werden. Ein solches System würde das öffentliche Interesse wahren und sollte an die Stelle der hemmenden Abdeckungen der Sherman- und Clayton-Gesetze treten...
Es ist nicht die Einmischung der Regierung in die Wirtschaft im hier gemeinten Sinne, die verurteilt wird. Es handelt sich lediglich um eine Lockerung des Einflusses, den die Regierung durch die Kartellgesetze bereits auf die Unternehmen ausgeübt hat. Es ist kein Fehler, eine ruinöse Überproduktion zu begrenzen - eine Politik, die die Bundesregierung nun im Bereich der Landwirtschaft kräftig fördert. Aber wenn der Konzeptwechsel von einem bürokratischen Präzedenzfall zu einem offenen Forum, in dem Unternehmen Gruppenautonomie praktizieren können, indem sie aus eigener Initiative unter der Sanktion eines unpolitischen, konstruktiven und nützlichen Gerichts handeln, nicht praktisch ist, dann ist die Idee nicht durchführbar. Aber die Möglichkeit einer solchen industriellen Autonomie unter Regierungssanktion wurde 1918 deutlich demonstriert. Dabei treten zahlreiche Schwierigkeiten auf. Erstens sollte alles, was in der Euphorie und im Eifer des Krieges getan wird, nur mit Vorsicht als Kriterium akzeptiert werden.
Bei der Regulierung der Produktion ist der Preis nur ein Bezugselement. Doch das ist ein brisantes Thema.
Es gibt noch weitere offensichtliche Vorbehalte. Die Überlegungen werden in diesem kritischen Moment neu angestoßen, weil sie es wert zu sein scheinen, als Hilfe bei einer drohenden wirtschaftlichen Entwicklung "ungewöhnlichen Ausmaßes" und als Alternative zur Einmischung der Regierung und der weitreichenden Ausweitung der politischen Befugnisse im wirtschaftlichen Bereich betrachtet zu werden - eine Möglichkeit, die ohne konstruktives Handeln der Unternehmen selbst fast so sicher ist wie Tod und Steuern.[369]

Baruch wollte nach eigenen Worten eine Wiederauferstehung der Handelsverbände, eine Lockerung der Kartellgesetze und eine Kontrolle der Unternehmensleiter. Er verweist den Leser auf den War Industries Board von 1918. Zwar schlägt Baruch "keine Zwangsgewalt" und "offene" Beratungen vor, doch solche gutgläubigen Beteuerungen haben im Lichte der Wirtschaftsgeschichte und der wütenden vergangenen Bemühungen derselben Gruppe, Kartelle und Kombinationen zur Beschränkung des Handels zu etablieren, wenig Gewicht. Zu diesem Zweck wurden die Kandidaten der Demokraten und Republikaner finanziell unterstützt; der Großteil der Mittel stammte aus einem relativ kleinen geografischen Gebiet in New York.

---

[369] Ibid, S. 156-7. Kursivschrift im Original.

DIE WALL STREET FINANZIERT DIE PRÄSIDENTSCHAFTSKAMPAGNE 1928

Die Richtung der politischen Unterstützung kann anhand der entsprechenden finanziellen Unterstützung gemessen und identifiziert werden. Die Ursprünge der finanziellen Zuwendungen für die Kampagnen von Smith und Hoover 1928 können identifiziert werden, und wir stellen fest, dass es entgegen der vorherrschenden Meinung die Demokraten waren, die den Löwenanteil der Gelder von der Wall Street erhielten; wie wir gesehen haben, wurden während der Kampagne der Demokraten die Grundzüge des Gesetzes zur nationalen Wiederherstellung zum ersten Mal von Baruch und Raskob verkündet.

Nach den Präsidentschaftswahlen 1928 untersuchte der Steiwer-Ausschuss des US-Repräsentantenhauses die Quellen der für die Wahl erhaltenen Wahlkampfspenden [370]. Die detaillierten Informationen wurden veröffentlicht, doch der Steiwer-Ausschuss untersuchte nicht die Herkunft und Zugehörigkeit der Spender: Er listete lediglich die Namen und die Höhe der Spenden auf. Tabelle XIII des Berichts trägt die Überschrift "Personen, die im Namen des republikanischen Präsidentschaftskandidaten Beträge von 5.000 US-Dollar und mehr spendeten". Der republikanische Präsidentschaftskandidat war natürlich Herbert Hoover. In dieser Tabelle werden die vollständigen Namen und die gespendeten Beträge aufgelistet, jedoch ohne die Zugehörigkeit der Spender. Ähnlich ist Tabelle XIV des Berichts überschrieben mit "Personen, die im Namen des demokratischen Präsidentschaftskandidaten Beträge von 5000$ und mehr spendeten". Auch hier werden die vollständigen Namen und die Beträge angegeben, aber die Zugehörigkeit der Person wird nicht genannt.

Diese Listen wurden vom Autor dem *Directory of Directors in the City of New York 1929-1930* entnommen und verglichen.[371] Wenn der auf der Liste des Steiwer-Komitees aufgeführte Beitragszahler mit einer Adresse im Umkreis von einer Meile um den 120 Broadway in New York identifiziert wurde, wurden der Name und der Betrag der Spende vermerkt. Es gab keine Erwähnung von Personen, die nicht im Verzeichnis standen und höchstwahrscheinlich außerhalb von New York City wohnten, aber es wurde ein Register über die Geldbeträge geführt, die von Personen ohne Wohnsitz in New York City gezahlt wurden. Mit anderen Worten: Aus den Daten des Steiwer-Komitees wurden zwei Gesamtsummen gebildet: (1) die Beiträge von Personen, die als Direktoren von Unternehmen mit Sitz in New York eingetragen waren, und (2) die Beiträge aller anderen Personen. Darüber hinaus wurde eine Liste mit den Namen der

---

[370] Kongress der Vereinigten Staaten, Sonderausschuss des Senats zur Untersuchung der Ausgaben für den Präsidentschaftswahlkampf, Ausgaben für den Präsidentschaftswahlkampf. Bericht gemäß Resolution 234, 25. Februar (Kalendertag, 28. Februar), 1929. 70. Kongress, zweite Sitzung. Bericht des Senats. 2024 (Washington: Government Printing Office, 1929). Im Folgenden zitiert als Bericht der Steiwer-Kommission.

[371] New York: *Directory of Directors Co.*, 1929.

Beitragszahler aus New York erstellt. In der Praxis war das Suchverfahren gegen die Einbeziehung von Direktoren mit Sitz in New York verzerrt. Beispielsweise wurde Van-Lear Black in der Liste der Demokratischen Partei vom Autor als nicht in New York ansässig eingetragen, obwohl Black Präsident der Fidelity & Casualty Co war; die Firma hatte Büros am 120 Broadway, und Franklin D. Roosevelt war in den frühen 1920er Jahren ihr Vizepräsident in New York. Black war jedoch in Baltimore ansässig und galt daher nicht als New Yorker Direktor. Wiederum wurde der Zuckermillionär Rudolph Spreckels im Bericht des Steiwer-Komitees mit einem Beitrag von 15.000 Dollar erwähnt, aber nicht in die New Yorker Gesamtsumme aufgenommen, da er nicht in New York ansässig war. Ebenso steuerte James Byrne 6.500 US-Dollar zur Kampagne von Smith for President bei, wird aber in der New Yorker Gesamtsumme nicht aufgeführt - er war Direktor der Fulton Savings Bank in Brooklyn und außerhalb des Tausenderkreises. Jesse Jones, der texanische Banker, steuerte 20.000 US-Dollar bei, wird aber nicht als New Yorker Direktor aufgeführt, weil er ein texanischer und kein New Yorker Banker war. Mit anderen Worten: Die Definition eines Wall-Street-Beitragszahlers wurde sehr streng und konsequent festgelegt.

Die wichtigsten Unterstützer von Al Smith an der Wall Street
Für die Präsidentschaftskampagne - 1928

Name	Beiträge Die Kampagne gegen das Defizit von 1924	1928	Beitrag zum Defizit von 1928	Gesamt
John J. Raskob (Du Pont und General Motors)	-	$110,000	$250,000	$360,000
William F. Kenny (W.A. Harriman)	$25,000	$100,000	$150,000	$275,000
Herbert H. Lehman	$10.000	$100.00	$150,000	$260,000
M.J. Meehan (120 Broadway)	-	$50,000	$100,000	$150,000

Quelle: Bearbeitet von Louise Overacker, *Money in Elections* (New York: Macmillan, 1932), S. 155.

Nach dieser eingeschränkten Definition belief sich die Gesamtsumme der Beiträge der Wall-Street-Manager, von denen die meisten mit den Großbanken verbunden waren, für die Präsidentschaftskampagne von Al Smith 1928 auf 1 864 339 Dollar. Die Gesamtsumme der Beiträge von Personen, die nicht zu diesem goldenen Kreis gehörten, belief sich auf 500.531 US-Dollar, was eine Gesamtsumme von 2.364.870 US-Dollar ergibt. Kurz gesagt: Der Prozentsatz der Mittel für Al Smiths Präsidentschaftskampagne, die von Personen stammten, die mehr als 5.000 Dollar spendeten und ebenfalls als Wall-Street-Manager identifiziert wurden, betrug 78,83%. Der Anteil der Spender außerhalb des Golden Circle betrug nur 21,17%. Betrachtet man die Gesamtspenden von Al Smith auf andere Weise, so spendeten Großspender (über 5.000 US-Dollar) für Smiths Wahlkampf, also diejenigen, die am besten in der Lage sind, politische Gefälligkeiten zu fordern und zu erhalten, fast vier von fünf US-Dollar.

Die Identität der wichtigsten Spender für die Al-Smith-Kampagne und den Fonds des Demokratischen Nationalkomitees ist in den beigefügten Tabellen aufgeführt.

Beitragszahler von 25.000$ oder mehr an das Demokratische Nationalkomitee von Januar bis Dezember 1928 (einschließlich der in der vorherigen Tabelle aufgeführten Beiträge)

			ANMERKUNG
Herbert H. Lehman und Edith A. Lehman	Lehman Brothers, und Studebaker Corp.	$135,000	Der politische Chefberater von FDR
John J. Raskob	Stellvertretender Vorsitzender von Du Pont und General Motors	$110,000	RNA-Administrator
Thomas F. Ryan	Vorsitzender, Bankers Mortgage Co., Houston	$75,000	Vorsitzender, Reconstruction Finance Corp.
Harry Payne Whitney	Vertrauensgarantie	$50,000	Siehe Kapitel 10: "Der Fall Butler".
Pierre S. Du Pont	Compagnie Du Pont, General Motors	$50,000	Siehe Kapitel 10: "Der Fall Butler".
Bernard M. Baruch	Finanziell, 120 Broadway	$37,590	RNA-Planer
Robert Sterling Clark	Singer Sewing Machine Co.	$35,000	Siehe Kapitel 10: "Der Fall Butler".
John D. Ryan	Nationalbank der Stadt, Anaconda Copper	$27,000	-
William H. Woodin	General Motors	$25,000	Sekretärin im Schatzamt, 1932

Quelle: *Bericht der Steiwer-Kommission*, op. cit.

Beiträge zu den demokratischen Präsidentschaftsvorwahlen 1928 von den Direktoren* der County Trust Company.

Name des Direktors	Beitrag zur Kampagne und zum Defizit	Andere Mitgliedschaften
Vincent Astor	$10,000	Great Northern Railway, U.S. Trust Co. Trustee, N.Y. Public Library Metropolitan Opera
Howard S. Cullman	$6,500	Stellvertretender Vorsitzender, Cullman Brothers, Inc.
William J. Fitzgerald	$6,000	-
Edward J. Kelly	$6,000	-
William F. Kenny	$275,000 **	Vorsitzender und Direktor, William F. Kenny Co. Direktor, The Aviation Corp., Chrysler Corp.
Arthur Lehman	$14,000 ***	Partner, Lehman Brothers. Direktor, American International Corp, RKO Corp, Underwood-Elliott-Fisher Co.
M.J. Meehan	$150,000**	61 Broadway

Daniel J. Mooney	-	120 Broadway
John J. Raskob	$360,000 **	Direktor, American International Corp, Bankers Trust Co, Christiania Securities Co. Vizepräsident, E.I. Du Pont de Nemours & Co und General Motors Corp.
James J. Riordan	$10,000	-
Alfred E. Smith	-	Präsidentschaftskandidat Direktor: Metropolitan Life Insurance Co.
Gesamt	$842,000	

Anmerkungen: *Die folgenden Direktoren der County Trust Company haben nichts beigetragen (laut Akten): John J. Broderick, Peter J. Carey, John J. Cavanagh, William H. English, James P. Geagan, G. Le Boutillier, Ralph W. Long, John J. Pulleyn und Parry D. Saylor.
**Einschließlich der Beiträge zum Defizit der Kampagne.
***Ausgenommen sind die Beiträge anderer Mitglieder der Lehman-Familie für die demokratische Präsidentschaftskampagne, die sich auf 168.000$ beliefen.

Wenn man sich die Namen in diesen Tabellen ansieht, wäre es weder gemein noch unfair zu sagen, dass der demokratische Kandidat vor der Wahl von der Wall Street gekauft worden war. Außerdem war Al Smith ein Direktor der County Trust Company, und die County Trust Company war die Quelle eines außerordentlich hohen Prozentsatzes der Wahlkampfgelder der Demokraten.

HERBERT HOOVERS WAHLKAMPFFONDS

Wenn wir uns die Kampagne von Herbert Hoover aus dem Jahr 1928 anschauen, sehen wir ebenfalls eine Abhängigkeit von der Finanzierung durch die Wall Street, die ihren Ursprung im Goldenen Viereck hat, wenn auch nicht in demselben Ausmaß wie bei der Kampagne von Al Smith. Von den insgesamt 3.521.141 US-Dollar an Großspenden für Herbert Hoover stammten rund 51,4 Prozent aus dem Goldenen Viereck in New York und 48,6 Prozent von außerhalb des Finanzdistrikts.

Beiträge von 25.000$ oder mehr an das Republikanische Nationalkomitee, von Januar bis Dezember 1928

Die Familie Mellon	Mellon National Bank	$50,000
Die Rockefeller-Familie	Standardöl	$50,000
Die Guggenheim-Familie	Schmelzen von Kupfer	$75,000
Eugene Meyer	Federal Reserve Bank	$25,000
William Nelson Cromwell	Wall Street-Anwalt	$25,000
Otto Kahn	Equitable Trust Company	$25,000
Mortimer Schiff	Banker	$25,000

Gesamt $275,000

Quelle: *Bericht der Steiwer-Kommission,* op. cit.

Herbert Hoover wurde natürlich zum Präsidenten gewählt; seine Beziehung zur Einführung des Unternehmenssozialismus wurde von den meisten akademischen und medialen Quellen falsch interpretiert. Die meisten liberal orientierten Bücher argumentieren, dass Herbert Hoover eine Art nicht wiederaufgebauter Laissez-faire-Neandertaler war. Diese Ansicht wird jedoch durch Hoovers eigene Aussagen zurückgewiesen: z. B.:

> Diejenigen, die behaupten, dass unser Wirtschaftssystem während der Zeit meiner Regierung ein Laissez-faire-System gewesen sei, wissen nur wenig über das Ausmaß der staatlichen Regulierung. Die Wirtschaftsphilosophie des Laissez-faire oder "des wilden Wettbewerbs" war in den USA vierzig Jahre zuvor gestorben, als der Kongress die Interstate Trade Commission und die Sherman Antitrust Laws verabschiedete.[372]

Murray Rothbard weist darauf hin[373], dass Herbert Hoover ein wichtiger Anhänger der Progressive Party von Theodore Roosevelt war, und laut Rothbard hat Hoover "die orthodoxe Laissez-faire-Ansicht, dass Arbeit eine Ware ist und die Löhne durch die Gesetze von Angebot und Nachfrage geregelt werden müssen, auf neomarxistische Weise herausgefordert".[374] Als Handelsminister drängte Hoover darauf, dass die Regierung Unternehmen und Handelsverbände kartellierte, und sein "bemerkenswerter" Beitrag, so Rothbard, "bestand darin, der Radioindustrie den Sozialismus aufzuzwingen", während die Gerichte an einem vernünftigen System privater Eigentumsrechte an Radiofrequenzen arbeiteten. Rothbard erklärt diese Ausflüge in den Sozialismus damit, dass Hoover "das Opfer einer schrecklich unzureichenden Beherrschung der Wirtschaft wurde". In [375]der Tat argumentiert Rothbard, dass Herbert Hoover der eigentliche Schöpfer von Roosevelts New Deal war.

Obwohl die hier vorgelegten Beweise nahelegen, dass Baruch und Raskob mehr mit dem New Deal von FDR zu tun hatten, hat Rothbards Argument eine gewisse Gültigkeit. Hoovers praktische Politik war nicht kohärent. Es gibt einige Aktionen zugunsten des freien Marktes; es gibt viele Befürwortungen gegen den freien Markt. Es scheint plausibel, dass Hoover bereit war, einen - vielleicht substanziellen - Teil eines sozialistischen Programms zu akzeptieren, aber eine klare Grenze hatte, über die er nicht hinauszugehen bereit war.

In den 1920er Jahren, in den Jahren nach der Gründung des American Construction Council, wurden über 40 von Berufsverbänden zusammengestellte

---

[372] *The Memoirs of Herbert Hoover: The Cabinet and the Presidency 1920-1923* (London: Hollis and Carter, 1952), S. 300.

[373] *New Individualist Review,* Winter 1966.

[374] Ibid, S. 5.

[375] Ibid, S.10.

Praxiskodizes verabschiedet. Als er Präsident wurde, setzte Herbert Hoover trotz seiner frühen Verbindung zum A.C.C. diesen Industriekodizes schnell ein Ende. Er tat dies mit der Begründung, dass es sich wahrscheinlich um illegale Vereinigungen zur Kontrolle von Preisen und Produktion handelte und dass keine Regierung sie im Interesse der Öffentlichkeit regulieren könne. Dann bildete die Amerikanische Handelskammer im Februar 1931 eine Gruppe mit dem Titel "Committee on Continuity of Business and Employment" unter der Leitung von Henry I. Harriman. Dieses Komitee machte Vorschläge, die denen des New Deal sehr ähnlich waren: dass die Produktion bei gleichem Verbrauch ausgeglichen werden sollte, dass die Sherman-Kartellgesetze geändert werden sollten, um Vereinbarungen zur Beschränkung des Handels zu ermöglichen, dass ein nationaler Wirtschaftsrat unter der Schirmherrschaft der US-Handelskammer eingerichtet werden sollte und dass Vorkehrungen für kürzere Arbeitszeiten in der Industrie, für Renten und für die Arbeitslosenversicherung getroffen werden sollten. Diesem Vorschlag folgte ein weiteres Hoover-Komitee, bekannt als "Committee on Work Periods in Industry", unter der Leitung von P.W. Litchfield, dem Vorsitzenden der Goodyear Tire and Rubber Company. Dann empfahl ein anderes Komitee unter der Leitung von Walter Teagle, Präsident der Standard Oil Company of New Jersey, die Arbeitsteilung, ein Vorschlag, der vom Litchfield-Komitee gebilligt wurde. Dann kam 1931 der Swope-Plan (siehe Anhang A). Die Pläne wurden vorgelegt, aber Herbert Hoover tat nicht viel.

So waren die Großunternehmen unter Herbert Hoover produktiv bei der Veröffentlichung von Plänen zur Änderung des Sherman-Kartellgesetzes, zur Ermöglichung der Selbstregulierung der Industrie und zur Einführung von Kodizes zur Beschränkung des Handels. Präsident Herbert Hoover unternahm nichts gegen sie.

Tatsächlich erkannte Hoover den Swope-Plan als faschistische Maßnahme und hielt dies in seinen Memoiren fest, ebenso wie sein Bedauern darüber, dass die Wall Street ihn vor die Wahl gestellt hatte, den Swope-Plan - faschistisch oder nicht - anzunehmen und Roosevelts Kandidatur durch ihr Geld und ihren Einfluss unterstützen zu lassen. So beschrieb Herbert Hoover das Ultimatum der Wall Street unter der Überschrift "Der Faschismus kommt ins Geschäft - mit schrecklichen Folgen":

> Zu den ersten faschistischen Maßnahmen Roosevelts gehörte das Gesetz zur Wiederbelebung der nationalen Industrie (National Recovery of Industry Act, NRA) vom 16. Juni 1933. Die Ursprünge dieser Regelung verdienen es, wiederholt zu werden. Die Ideen wurden erstmals von Gerard Swope (von der General Electric Company) bei einem Treffen der Elektroindustrie im Winter 1932 angeregt. Sie wurden später von der US-amerikanischen Handelskammer übernommen. Während des Wahlkampfs von 1932 war Henry I. Harriman, der Vorsitzende dieses Gremiums, mich darum, diese Vorschläge zu unterstützen, und informierte mich, dass Herr Roosevelt sich dazu bereit erklärt hatte. Ich versuchte ihm zu zeigen, dass diese Sache purer Faschismus sei, dass es sich lediglich um eine Neufassung von Mussolinis "Korporativem Staat" handele, und weigerte mich, all das zu akzeptieren. Er teilte mir mit, dass die Geschäftswelt angesichts meiner Haltung

Roosevelt mit Geld und Einfluss unterstützen würde. Dies stellte sich größtenteils als wahr heraus.[376]

WALL STREET UNTERSTÜTZT FDR BEI SEINER KANDIDATUR FÜR DAS AMT DES GOUVERNEURS VON NEW YORK

Der wichtigste Spendensammler für die Wiederwahlkampagne von FDR im Jahr 1930 war Howard Cullman, Hafenbeauftragter von New York und Direktor der County Trust Company. Freidel[377] listet die Spender der Kampagne von 1930 auf, ohne Hinweise auf ihre Firmenzugehörigkeit. Wenn wir die Firmenzugehörigkeit dieser Spender identifizieren, stellen wir erneut fest, dass die County Trust Company in 97 Eighth Avenue, New York, ein außerordentlich großes Interesse an der Wiederwahl von FDR hatte. Neben Howard Cullman waren die folgenden Hauptbeitragszahler zu FDRs Kampagne auch Direktoren der County Trust Company: Alfred Lehman, Alfred (Al) Smith, Vincent Astor und John Raskob. Ein weiterer Direktor war FDRs alter Freund Dan Riordan, ein Kunde von Fidelity & Deposit days am 120 Broadway, und William F. Kenny, ein weiterer FDR-Unterstützer und Direktor von County Trust. Um diese Liste zu verdeutlichen, müssen wir uns daran erinnern, dass Freidel 16 Personen als wichtigste Unterstützer dieser Kampagne auflistet, und von diesen 16 können wir nicht weniger als fünf als Direktoren des County Trust und zwei weitere Direktoren, die nicht als bekannte FDR-Unterstützer aufgelistet sind, identifizieren. Weitere Wall Streeters, die die FDR-Kampagne von 1930 finanzierten, waren die Familie Morgenthau (zusammen mit den Lehmans die größten Geldgeber); Gordon Rentschler, Präsident der National City Bank und Direktor der International Banking Society; Cleveland Dodge, Direktor der National City Bank und der Bank of New York; Caspar Whitney; August Heckscher von der Empire Trust Company (120 Broadway); Nathan S. Jones von der Manufacturers Trust Company; William Woodin von der Remington Arms Company; Ralph Pulitzer; und die Warburg-Familie. Kurz gesagt, während der Kampagne von 1930 kam der Großteil der finanziellen Unterstützung für FDR von Wall Street Bankern.

Beiträge zu vorvertraglichen Ausgaben von FDR ($3.500 und mehr)

Edward Flynn	$21,500	Direktor der Bronx County Safe Deposit Co.
W.H. Woodin	$20,000	Federal Reserve Bank of New York, Remington Arms Co.
Frank C. Walker	$15,000	Boston Financial

---

[376] Herbert Hoover, *The Memoirs of Herbert Hoover*: The Great Depression 1929-1941 (New York: Macmillan, 1952), S. 420.

[377] Freidel, *The Ordeal, a. a. O.*, S. 159.

Joseph Kennedy	$10,000	-
Lawrence A. Steinhardt	$8,500	Mitglied von Guggenheim, Untermeyer & Marshall, 120 Broadway
Henry Morgenthau	$8,000	Underwood-Elliott-Fisher
F.J. Matchette	$6,000	-
Die Familie Lehman	$6,000	Lehman Brothers, 16 William Street
Dave H. Morris	$5,000	Direktor mehrerer Wall-Street-Firmen
Sara Roosevelt	$5,000	-
Guy P. Helvering	$4,500	
H.M. Warner	$4,500	Direktor, Motion Picture Producers & Distributors of America
James W. Gerard	$3,500	Finanziell, 57 William Street
Gesamt	$117,500	

Kurz nach FDRs Wiederwahl im Jahr 1930 begannen diese Geldgeber, Spenden für den Präsidentschaftswahlkampf 1932 zu sammeln. Diese "frühen" Beiträge vor dem Parteitag wurden von Flynn wie folgt beschrieben: "Diese Beitragszahler, die sehr früh halfen, als die Not groß war, gewannen Roosevelts Ergebenheit so sehr, dass sie in den meisten Fällen schließlich erhebliche Rückflüsse in Form von öffentlichen Ämtern und Ehrungen erhielten".[378]

WALL STREET LÄSST FDR 1932 WÄHLEN

Im Jahr 1932 war Bernard Baruch der Schlüsselakteur, der hinter den Kulissen - und manchmal gar nicht so sehr - daran arbeitete, dass FDR gewählt wurde, und zwar mit dem Geld und dem Einfluss der Großunternehmen (siehe Epigraph in diesem Kapitel). Darüber hinaus sammelten Bernard Baruch und Hugh Johnson in den 1920er Jahren zahlreiche Statistiken und Dokumente, um ihr Konzept der nationalen Wirtschaftsplanung durch die Wirtschaftsverbände zu untermauern. Johnson berichtet, wie diese Informationen den FDR-Redenschreibern zur Verfügung gestellt wurden. Während der Roosevelt-Kampagne von 1932:

> Ray Moley und Rex Tugwell kamen zu B.M. und wir gingen das gesamte Material durch, das B.M. und ich im Laufe unserer jahrelangen Arbeit gesammelt und zusammengefasst hatten. Zusammen mit Adolf Berle hatten sie schon lange die Themen für das, was sie für ein ideales Schema für Wirtschaftsreden eines Präsidentschaftskandidaten hielten, ausgearbeitet, aber sie verfügten nur über wenige Fakten. Von da an schlossen wir uns Ray Moleys Kräften an und machten uns alle an die Arbeit, um für Franklin Roosevelt die Ideen zu finden, die er in der sehr bemerkenswerten Reihe von einfach ausgedrückten Reden über die

---

[378] John T. Flynn, "Whose Child is the NRA?". *Harper's Magazine*, September 1932, S. 84-5.

Volkswirtschaft entwickelte, die dieses Land davon überzeugten, dass er der Führer war, auf den es sich verlassen konnte.[379]

Wenn man die Reden der FDR-Kampagne noch einmal liest, wird deutlich, dass es ihnen an Konkretem und genauen Fakten mangelt. Das Moley-Tugwell-Team hat zweifellos das allgemeine Thema dargelegt, und Baruch und Johnson haben unterstützende Aussagen zu Bereichen wie der Kreditexpansion, den Folgen der Spekulation, der Rolle des Federal-Reserve-Systems usw. eingebracht. Es ist bemerkenswert, aber vielleicht nicht überraschend, dass diese von Baruch beeinflussten Reden den Leser zum Ersten Weltkrieg zurückführten, die zeitgenössische Notlage als größer als die des Krieges anführten und dann subtil Lösungen vorschlugen, die denen von Baruch befürworteten ähnelten. Beispielsweise sagte Roosevelt in seiner Rede beim Jefferson Day Dinner am 18. April 1932 oder wurde dazu angestiftet:

> Vergleichen Sie diese von Panik geprägte Politik der Verzögerung und Improvisation mit der Politik, die vor fünfzehn Jahren als Antwort auf die Notsituation des Krieges konzipiert wurde. Wir reagierten auf spezifische Situationen mit durchdachten, relevanten und konstruktiven Maßnahmen. Es gab das War Industries Board, die Food and Fuel Administration, das War Trade Board, das Shipping Board und viele andere.[380]

Dann, am 22. Mai 1932, widmete sich Roosevelt dem Thema "Die Bedürfnisse des Landes, die Forderungen des Landes, das anhaltende Experimentieren" und forderte eine nationale Wirtschaftsplanung. Auf diese Rede folgte am 2. Juli 1932 der erste Index des New Deal.

Schließlich erklärte FDR bei der Annahme der Nominierung für das Präsidentenamt in Chicago: "Ich verspreche Ihnen - ich verpflichte mich zu einem New Deal für das amerikanische Volk".

HINWEIS: Liste von Freidels vorvertraglichen Beiträgen zur Präsidentschaftskampagne von Franklin Delano Roosevelt im Jahr 1932.[381]

Beitragszahler der Rekonvention von 1932 (über 2000$)	**Mitgliedschaften**
James W. Gerard	Gerard, Bowen & Halpin (siehe Julian A. Gerard)
Guy Helvering	-
Col. E.M. House, New York	-
Joseph P. Kennedy, 1560 Broadway	Botschafter am Hof von St. James New England Fuel & Transportation Co.
Henry Morgenthau, Sr.	Bank of N.Y. & Trust Co. (Stellvertretender Prüfer)

---

[379] Hugh S. Johnson, *The Blue Eagle from Egg to Earth*, a. a. O., S. 140-1.

[380] *The Public Papers and Addresses of Franklin D. Roosevelt*; Vol. 1, The Genesis of the New Deal, 1928-1932 (New York: Random House, 1938), S. 632.

[381] Freidel, *The Ordeal*, a. a. O., S. 172.

Underwood-Elliott-Fisher 1133 Fifth Avenue	Amerikanische Sparbank (Trustee)
Dave Hennen Morris	-
Frau Sara Delano Roosevelt, Hyde Park, N.Y.	Die Mutter von FDR
Laurence A. Steinhardt 120 Broadway	Guggenheim, Untermeyer & Marshall
Harry M. Warner 321W. 44th St.	Motion Picture Producers & Distributors of America, Inc.
William H. Woodin Finanzminister	American, Car & Foundry; Remington Arms Co.
Edward J. Flynn 529 Courtlandt Ave.	Bronx County Safe Deposit Co.

James A. Farley kommt hinzu:

William A. Julian	Direktor, Central Trust Co.
Jesse I. Straus 1317 Broadway	Vorsitzender, R.H. Macy & Co. N.Y. Lebensversicherung
Robert W. Bingham	Herausgeber, Louisville Courier-Journal
Basil O'Connor 120 Broadway	Der Rechtspartner von FDR

KAPITEL IX

FDR UND DIE BETRIEBSSOZIALISTEN

> *Ich denke, das ist genauso revolutionär wie alles, was in diesem Land 1776 oder in Frankreich 1789 oder in Italien unter Mussolini oder in Russland unter Stalin passiert ist.*
>
> Senator Thomas P. Gore bei den Anhörungen der National Recovery Administration, Finanzausschuss des US-Senats, 22. Mai 1933.

DER SWOPE-PLAN

Während der New Deal und seine wichtigste Komponente, die National Recovery Administration (NRA), allgemein als Nachkommen der grauen Eminenzen von FDR dargestellt werden, waren, wie wir gesehen haben, die wichtigsten Grundsätze schon lange vor dem Machtantritt von FDR und seinen Partnern im Detail ausgearbeitet worden. Die Denkfabrik hinter FDR tat kaum mehr, als einem bereits vorbereiteten Plan das Siegel der akademischen Zustimmung zu verleihen.

Die Wurzeln von Roosevelts NRA sind von besonderer Bedeutung. Wie wir in Kapitel 6 gesehen haben, näherte sich die NRA, indem sie weitreichende Veränderungen in der Industriestruktur ermöglichte, einem Schema an, das 1841 vom Vorfahren der FDR, dem New Yorker Geschäftsmann Clinton Roosevelt, entwickelt worden war.

Wir haben dann festgestellt, dass der Diktator Bernard Baruch in den 1920er Jahren ein NRA-ähnliches Programm vorbereitete und dass er und sein Assistent Hugh Johnson fester Bestandteil der Vorplanung waren. Darüber hinaus war Roosevelts NRA in ihren Einzelheiten ein Plan, der von Gerard Swope (1872-1957), dem langjährigen Präsidenten der General Electric Company, vorgelegt wurde.

Dieser Swope-Plan[382] war wiederum vergleichbar mit einem deutschen Plan, der während des Ersten Weltkriegs von seinem Gegenüber Walter Rathenau, dem Chef der deutschen General Electric (Allgemeine Elektizitäts Gesellschaft) in Deutschland, ausgearbeitet wurde, wo er als Rathenau-Plan bekannt war. Betrachten wir also den Swope-Plan genauer.

---

[382] Siehe Anhang A für den vollständigen Text.

DIE FAMILIE SWOPE

Die Familie Swope war deutscher Abstammung. Im Jahr 1857 ließ sich Isaac Swope, ein deutscher Einwanderer, in St. Louis als Hersteller von Uhrengehäusen nieder. Zwei von Swopes Söhnen, Herbert Bayard Swope und Gerard Swope, erreichten später den Höhepunkt des amerikanischen Unternehmens. Herbert Bayard Swope war lange Zeit Chefredakteur der *New York World*, ein begeisterter Rennfahrer, ein enger Freund von Bernard Baruch und wurde von FDR während der Zeit des New Deal als inoffizieller Gesandter eingesetzt. Herberts Bruder Gerard machte Karriere bei der General Electric Company. Swope begann 1893 als Fabrikhelfer, wurde 1899 Handelsvertreter, 1901 Leiter des Büros in St. Louis und 1913 Leiter der Western Electric Company. Während des Ersten Weltkriegs war Swope stellvertretender Direktor für Einkauf, Lagerung und Verkehr in der Bundesregierung unter General George W. Goethals und plante das Versorgungsprogramm der US-Armee. Im Jahr 1919 wurde Swope der erste Präsident der International General Electric Company. Die erfolgreiche Förderung der Außenpolitik von G.E. führte dazu, dass er 1922 als Nachfolger von Edwin Rice, Jr. zum Präsidenten von G.E. ernannt wurde. Swope blieb von 1922 bis 1939 Präsident von G.E..

General Electric war ein von Morgan kontrolliertes Unternehmen und hatte immer einen oder zwei Partner von Morgan im Vorstand, während Swope auch Direktor anderer Wall-Street-Unternehmen war, darunter International Power Securities Co. und die National City Bank.

Gerard Swopes politische Entwicklung begann in den 1890er Jahren. Der Biograf David Loth berichtet, dass Swope kurz nach seiner Ankunft in Chicago den Sozialisten Jane Addams, Ellen Gates Starr und ihrer Kolonie in Hull House vorgestellt wurde. Dieses Interesse an sozialen Angelegenheiten entwickelte sich weiter und gipfelte im Swope-Plan zur Stabilisierung der Industrie von 1931, der zu 90 Prozent aus einem Plan für die Entschädigung von Arbeitern, Lebens- und Invaliditätsversicherungen, Altersrenten und Schutz vor Arbeitslosigkeit bestand. Der Swope-Plan ist ein außergewöhnliches Dokument. Ein kurzer Absatz hebt die gesamte Industrie von den Kartellgesetzen auf - ein langjähriges industrielles Ziel -, während in vielen langen Absätzen die vorgeschlagenen Sozialpläne detailliert beschrieben werden. Zusammenfassend lässt sich sagen, dass der Swope-Plan ein durchsichtiges Konstrukt war, mit dem die Grundlage für den Konzernstaat gelegt werden sollte, indem potenzielle Arbeiteropposition mit einem massiven sozialen Zuckerbrot entschärft wurde.

Der Swope-Plan und der frühere und ähnliche Vorschlag von Bernard Baruch wurden zu Roosevelts Gesetz zur nationalen Erholung. Die Ursprünge der NRA an der Wall Street blieben nicht unbemerkt, als das Gesetz im Kongress diskutiert wurde. Davon zeugt zum Beispiel die - allerdings nicht ganz zutreffende - Empörung von Senator Huey P. Long:

> Ich komme jetzt hierher und beschwere mich. Ich beschwere mich im Namen des Volkes meines Landes, des souveränen Staates, den ich vertrete. Ich beschwere mich im Namen des Volkes, wo auch immer es bekannt ist. Ich beschwere mich,

wenn es stimmt, was mir die hier anwesenden Senatoren gesagt haben, dass nach diesem Gesetz Herr Johnson, ein ehemaliger Angestellter von Herrn Baruch, mit der Durchsetzung des Gesetzes beauftragt wurde und bereits den Direktor der Standard Oil Co., den Direktor von General Motors und den Direktor der General Electric Co. als Assistenten berufen hat.

Ich beschwere mich, wenn Herr Peek, der ein Angestellter von Herrn Baruch ist oder, wie mir im Senat gesagt wurde, mit der Umsetzung des Landwirtschaftsgesetzes betraut war, so gut er auch sein mag und welche Ideen er auch immer haben mag.

Ich beschwere mich, wenn Mr. Brown, der, wie mir im Senat gesagt wurde, zu einem einflussreichen Manipulator im Büro des Haushaltsdirektors gemacht wurde, ein Angestellter von Mr. Baruch war und nun diese Autorität zugesprochen bekommt. Ich beschwere mich, weil ich am 12. Mai 1932, bevor wir nach Chicago fuhren, um einen Präsidenten der Vereinigten Staaten zu ernennen, hier auf dieser Etage aufstand und den Menschen dieses Landes sagte, dass wir nicht den Einfluss von Mr. Baruch haben würden, der damals so mächtig mit Hoover zusammenarbeitete und die Demokratische Partei vor der Ernennung, nach der Ernennung oder nach der Wahl manipulierte.[383]

Huey Long hat zu Recht auf die Dominanz der Wall Street über die NRA hingewiesen, aber seine Identifizierungen sind ein wenig riskant. Hugh Johnson, ein langjähriger Geschäftspartner von Bernard Baruch, wurde tatsächlich an die Spitze der NRA berufen. Außerdem waren Johnsons wichtigste Assistenten in der NRA drei Unternehmer: Walter C. Teagle, Präsident von Standard Oil of New Jersey; Gerard Swope, Präsident von General Electric und Autor des Swope-Plans; und Louis Kirstein, Vizepräsident von William Filene's Sons of Boston. Wie wir gesehen haben, war Filene ein langjähriger Befürworter des Unternehmenssozialismus. Der von Senator Long zitierte "Chef von General Motors" war Alfred P. Sloan, der keine Verbindung zur NRA hatte, sondern der Vizepräsident von G.M., John Raskob, der 1928 und 1932 der große Spendensammler und der Hinterzimmeroperator war, der die Wahl von Franklin D. Roosevelt 1932 förderte. Mit anderen Worten: Die Schlüsselpositionen in der NRA und in der Roosevelt-Administration selbst waren mit Männern der Wall Street besetzt. Die Erklärung der Öffentlichkeitsarbeit für Geschäftsleute, die zu Bürokraten wurden, lautete, dass Geschäftsleute Erfahrung hätten und sich im öffentlichen Dienst engagieren sollten. In der Praxis bestand die Absicht darin, die Industrie zu kontrollieren. Es sollte uns jedoch nicht überraschen, wenn die Unternehmenssozialisten nach der Wahl ihrer Lieblingssöhne nach Washington D.C. reisen, um die Zügel der Monopolverwaltung in die Hand zu nehmen. Man müsste schon naiv sein, um zu glauben, dass dies nach den massiven Wahlinvestitionen, die in Kapitel 8 verzeichnet sind, anders wäre.

Vor der Amtseinführung von Präsident Roosevelt im März 1933 wurde auf mehr oder weniger informelle Weise ein "Brain Trust" eingerichtet, der Wirtschaftspläne für die Roosevelt-Ära ausarbeiten sollte. Zu dieser Gruppe gehörten General Hugh Johnson, Bernard Baruch (siehe oben zu seinen politischen Beiträgen), Alexander Sachs von Lehman Brothers (siehe unten zu

---

[383] Senator Huey P. Long, Protokoll des Kongresses, 8. Juni 1933, S. 5250.

seinen politischen Beiträgen), Rexford G. Tugwell und Raymond Moley. Diese kleine Gruppe, drei von der Wall Street und zwei Akademiker, erzeugte Roosevelts Wirtschaftsplanung.

Diese Verbindung zwischen Bernard Baruch und der Planung der NRA wurde von Charles Roos in seinem endgültigen Band über die NRA festgehalten:

> Anfang März 1933 begaben sich Johnson und Baruch auf eine Jagdreise und machten unterwegs in Washington Halt. Moley aß mit ihnen zu Abend und schlug vor, dass Johnson in Washington bleiben sollte, um einen Plan zur Wiederbelebung der Industrie auszuarbeiten... . Die Idee gefiel Baruch, und er gewährte Johnson schnell eine Beurlaubung von seinen üblichen Aufgaben. Dann machten sich Johnson und Moley, nachdem sie die verschiedenen Vorschläge, die er für stichhaltig hielt, geprüft hatten, daran, einen Gesetzesentwurf zu verfassen, der die Industrie organisieren sollte, um den Auswirkungen der Depression entgegenzuwirken.[384]

Laut Roos war Johnsons erster NRA-Entwurf auf zwei Blättern Schmierpapier verfasst und sah lediglich die Aussetzung der Kartellgesetze sowie eine fast unbegrenzte Macht für Präsident Roosevelt vor, fast alles mit der Wirtschaft zu machen, was er wollte, einschließlich der Lizenzierung und Kontrolle der Industrie. Laut Roos "wurde dieser Vorschlag natürlich von der Regierung abgelehnt, da er den Präsidenten zu einem Diktator gemacht hätte, und eine solche Macht war nicht wünschenswert".

Diese scheinbar zufällige Ablehnung der unerwünschten diktatorischen Macht durch die Roosevelt-Administration kann von einiger Bedeutung sein. In Kapitel 10 werden wir die Butler-Affäre beschreiben, einen Versuch der gleichen Wall-Street-Interessen, Roosevelt als Diktator zu installieren oder ihn bei Widerspruch seinerseits durch eine flexiblere Führungsfigur zu ersetzen. Johnsons frühe Versuche zielten darauf ab, die NRA in einer Form einzuführen, die mit Roosevelt als Wirtschaftsdiktator kompatibel war, und seine Ablehnung durch Roosevelt steht im Einklang mit den schweren Vorwürfen, die der Wall Street zu Füßen gelegt wurden (S. 141). In diesem Stadium der Planung schlossen sich laut Roos Johnson und Moley Tugwell und später Donald R. Richberg, ein Arbeitsrechtsanwalt aus Chicago, an. Alle drei machten sich daran, einen "umfassenderen" Gesetzentwurf zu verfassen, was auch immer das heißen mag.

General Hugh Johnson, wurde zum Leiter der unter dem Namen N.I.R.A. gegründeten Nationalen Sanierungsbehörde ernannt und glaubte eine Zeit lang, dass er auch die Verwaltung für öffentliche Arbeiten leiten würde. Die von General Johnson und Alexander Sachs von Lehman Brothers ausgearbeiteten Pläne und Schemata gingen davon aus, dass der Leiter der NRA auch das Programm für öffentliche Arbeiten leiten würde.

Folglich sind in dieser kleinen Gruppe an der Wall Street die Wurzeln der NRA-Gesetzesvorlage und der Verwaltung für öffentliche Arbeiten zu finden. Ihre Bemühungen spiegeln sowohl Swope als auch Baruchs Pläne für einen

---

[384] Charles F. Ross, *NRA Economic Planning* (Indianapolis: The Principia Press 1937), S. 37.

Betriebssozialismus wider, zusammen mit einem ersten Versuch, eine staatliche Handelsdiktatur in den USA zu organisieren.

DIE SOZIALISTISCHEN PLANER DER 1930 JAHRE

Natürlich gab es in den frühen 1930er Jahren viele andere Pläne; tatsächlich war die Wirtschaftsplanung unter Akademikern, Politikern und Geschäftsleuten in dieser Zeit endemisch. Das Gewicht der informierten Meinung betrachtete die Wirtschaftsplanung als wesentlich, um Amerika aus der Depression zu führen. Diejenigen, die an der Wirksamkeit und Weisheit der Wirtschaftsplanung zweifelten, waren nur wenige. Leider gab es Anfang der 1930er Jahre keine empirischen Erfahrungen, die belegten, dass Wirtschaftsplanung ineffizient ist, mehr Probleme schafft als sie löst und zu einem Verlust an individueller Freiheit führt. Zwar hatte Ludwig von Mises das Buch *Socialisme* geschrieben und präzise Vorhersagen über das Planungschaos gemacht, aber von Mises war damals ein unbekannter Wirtschaftstheoretiker. Es gibt eine mystische Anziehungskraft für die Wirtschaftsplanung. Ihre Anhänger visualisieren sich implizit immer als Planer, und die antikapitalistische Psychologie, die von Mises so treffend beschrieb, ist der psychologische Druck, der hinter den Kulissen ausgeübt wird, um den Plan zu verwirklichen. Selbst heute, 1975, lange nachdem die Wirtschaftsplanung völlig in Verruf geraten ist, haben wir immer noch den Sirenengesang von Wohlstand durch Planung. J. Kenneth Galbraith ist ein beredtes Beispiel dafür, wahrscheinlich weil Galbraiths persönliche Einschätzung seiner Fähigkeiten und seiner Weisheit größer ist als die von Amerika im Allgemeinen. Galbraith erkennt an, dass die Planung einen Weg bietet, seine vermeintlichen Fähigkeiten voll auszuschöpfen. Der Rest von uns soll durch die Polizeigewalt des Staates zur Teilnahme am Plan gezwungen werden: eine Verneinung liberaler Grundsätze vielleicht, aber Logik war noch nie eine Stärke von Wirtschaftstheoretikern.

In den 1930er Jahren hatte die Wirtschaftsplanung jedenfalls viel mehr begeisterte Anhänger und viel weniger Kritiker als heute. Fast jeder war ein Galbraith, und der grundlegende Inhalt der vorgeschlagenen Pläne war dem seinen im Wesentlichen ähnlich. In der folgenden Tabelle sind die wichtigsten Pläne und ihre bemerkenswertesten Merkmale aufgeführt. Die Industrie, die stets darauf bedacht war, in der Staatsmacht einen Schutz vor der Konkurrenz zu finden, schlug selbst drei Pläne vor. Der wichtigste dieser Industriepläne, der Swope-Plan, wies Merkmale auf, die für alle Unternehmen mit mehr als 50 Beschäftigten verbindlich waren, und kombinierte eine kontinuierliche Regulierung mit, wie bereits angemerkt, außerordentlich teuren Vorschlägen für soziale Unterstützung. Der Swope-Plan ist in Anhang A vollständig wiedergegeben; der vollständige Text spiegelt das Fehlen durchdachter Verwaltungsvorschläge und die Dominanz unverantwortlicher sozialer Merkmale wider. Die ersten Absätze des Plans geben den Kern von Swopes Vorschlägen wieder: Berufsverbände, die vom Staat kontrolliert werden und deren Ausführungsgewalt über ein System von Industriestimmen in den Händen der Großunternehmen konzentriert ist. Während 90% des Textes des Vorschlags sich mit den Renten der Arbeitnehmer, der

Arbeitslosenversicherung, der Lebensversicherung usw. befasst, ist der Text des Vorschlags auf die Renten der Arbeitnehmer ausgerichtet. Kurz gesagt, der Swope-Plan war ein Zuckerbrot, um das zu bekommen, was sich die Wall Street so sehnlichst wünschte: monopolistische Wirtschaftsverbände mit der Fähigkeit, die Staatsmacht zu nutzen, um Frederic Howes Maxime "die Gesellschaft für dich arbeiten zu lassen" in der Praxis durchzusetzen.

Pläne zur wirtschaftlichen Stabilisierung: 1933

Name des Plans	Vorschlag für die Industrie	Staatliche Vorschriften	Vorschläge im Bereich der Sozialhilfe
Swope-Plan (General Electric)	Pläne für die Industrie Berufsverbände, Pflichtmitgliedschaft nach drei Jahren für Unternehmen mit 50 oder mehr Beschäftigten. Obligatorische Beschlüsse	Fortlaufende Regulierung durch die Federal Trade Commission	Lebens- und Erwerbsunfähigkeitsversicherung, Renten und Arbeitslosenversicherung
Plan der Amerikanischen Handelskammer	Nationaler Wirtschaftsrat; nicht obligatorische Befugnis	Keine Regulierung	Individuelle Pläne von Unternehmen; Planung von öffentlichen Arbeiten
Plan der assoziierten Generalunternehmer von Amerika	Erteilung von mehr Macht durch den Kongress an den Federal Reserve Board. Ermächtigung zur Ausgabe von Anleihen für den revolvierenden Baufonds; Anleihe für die Steigerung des öffentlichen und halböffentlichen Bauwesens. Die Federal Reserve muss die Solvenz der Banken garantieren Arbeitsplatten	Regulierung der Finanzen. Vergabe von Lizenzen an Bauunternehmer. Einrichtung von Baukreditbüros	Ankurbelung der Beschäftigung durch mehr Aktivität im Baugewerbe und in der Bauwirtschaft. Staatsanleihen für öffentliche Gebäude; Ausbau der Bank für Wohnungsbaudarlehen
Plan der American Federation of Labor	Nationaler Wirtschaftsrat; nicht obligatorische Befugnis	Keine Regulierung	Verteilung der Arbeitsplätze; Lohnfortzahlung; Arbeitsplatzgarantie; langfristige Stabilisierungspläne. Fünf-Tage-Woche und sofort kürzerer Tag. Öffentliches Bauprogramm

	Akademisch und allgemein		
Karte Stuart Chase	Rat für die Wiederbelebung der Kriegsindustrie mit Zwangs- und Pflichtbefugnissen, beschränkt auf 20 oder 30 Grundindustrien	Fortlaufende Regulierung	Nationale Arbeitsämter; Arbeitszeitverkürzung; Arbeitslosenversicherung; Lohnerhöhungen; Verteilung der Arbeitskräfte
Nationaler Plan für die Bürgerföderation	"Business Congress" der Industrieverbände. Keine Einschränkungen oder Begrenzungen; volle Befugnis, Preise festzulegen oder zu kombinieren	Fortlaufende Regulierung	System der Arbeitslosenversicherung. Löhne erhöhen
Plan Bart	Nationaler Wirtschaftsrat", der vom Kongress autorisiert wird, um Finanzen, Betrieb, Verteilung und öffentliche Versorgungsunternehmen zu koordinieren. Jeder Sektor wird von untergeordneten Gewerkschaften geregelt	Fortlaufende Regulierung	Einsatz von Arbeitslosen in Wohnungsbauprogrammen und öffentlichen Projekten

Der Plan der US-Handelskammer war dem Swope-Plan ähnlich, verlangte jedoch nur eine freiwillige Einhaltung des Kodex und enthielt nicht die weitreichenden Sozialklauseln des Swope-Planes. Der Plan der Handelskammer basierte ebenfalls auf einer freiwilligen Einhaltung und nicht auf der zwangsweisen staatlichen Regulierung, die dem Swope-Vorschlag innewohnt.

Der dritte Industrieplan wurde von der Associated General Contractors of America vorgeschlagen. Der AGC-Plan schlug vor, dem Federal Reserve System größere Befugnisse zu geben, um die Anleihen der Banken für öffentliche Bauvorhaben zu garantieren, und - wenig überraschend - die Einrichtung spezieller, staatlich finanzierter Kreditbüros für die Bauwirtschaft, gekoppelt mit der Vergabe von Lizenzen an Bauunternehmer. Kurz gesagt, der AGC wollte Wettbewerb verhindern und Bundesgelder (der Steuerzahler) zur Förderung der Bauindustrie einsetzen.

Der Plan der American Federation of Labour schlug einen nationalen Wirtschaftsrat vor, der die Beschäftigung verbreiten und sichern und eine Wirtschaftsplanung zur Stabilisierung vornehmen sollte. Die Gewerkschaften setzten sich nicht für eine staatliche Regulierung ein.

Die Pläne der Universitäten waren insofern bemerkenswert, als sie die Ziele der Industrie unterstützten. Stuart Chase, ein bekannter Sozialist, schlug etwas vor, das den Wall-Street-Plänen sehr ähnlich war: in der Tat eine Übernahme von Bernard Baruchs War Industries Board von 1918, mit einer der Industrie zugestandenen Zwangsgewalt, die jedoch auf 20 oder 30 Kernindustrien beschränkt war, mit einer kontinuierlichen Regulierung. Der Chase-Plan war eine Annäherung an den italienischen Faschismus. Der Beard-Plan schlug ebenfalls Gewerkschaften nach italienischem Vorbild vor, mit fortlaufender Regulierung und dem Einsatz von Arbeitslosen in öffentlichen Programmen, die von Marx und seinem "Kommunistischen Manifest" inspiriert waren. Die National Civic Federation trat für das Konzept der totalen Planung ein: die vollständige und uneingeschränkte Macht, Preise und Kombinationen festzulegen, mit staatlicher Regulierung und Sozialschutzeinrichtungen, um die Forderungen der Arbeiterschaft zu beschwichtigen.

Kaum jemand, außer natürlich Ludwig von Mises, hat auf die Wurzeln des Problems hingewiesen, um die logische Schlussfolgerung aus der Wirtschaftsgeschichte zu ziehen, dass die beste Wirtschaftsplanung nicht die Wirtschaftsplanung ist.[385]

SOZIALISTEN BEGRÜßEN SWOPE-PLAN

Die orthodoxen Sozialisten begegneten Swopes Plan mit einer merkwürdigen, wenn auch vielleicht verständlichen Zurückhaltung. Einerseits, so erklärten die Sozialisten, habe Swope die Übel des ungezügelten Kapitalismus erkannt. Andererseits würde das Swope-System, so beklagten sich die Sozialisten, die Kontrolle über die Industrie in den Händen der Industrie selbst und nicht beim Staat belassen. Wie Norman Thomas erklärte:

> Swope's Regulierungsplan ist ein wahrscheinlich verfassungswidriger Plan, der darauf abzielt, die Regierungsmacht in die Hände mächtiger kapitalistischer Gewerkschaften zu legen, die versuchen werden, die sie regulierende Regierung zu kontrollieren, und sie andernfalls bekämpfen werden.[386]

Die sozialistische Kritik am Swope-Plan von General Electric befasste sich nicht mit der Frage, ob das Swope-System funktionieren oder betrieblich effizient sein würde oder wie es zu funktionieren gedachte; die orthodoxe sozialistische Kritik beschränkte sich auf die Beobachtung, dass die Kontrolle in den falschen Händen liegen würde, wenn die Industrie die Kontrolle übernahm, und nicht in den richtigen Händen der Planer der Regierung, d. h. der Sozialisten selbst. Kurz

---

[385] Wenn der Leser die Erklärung für diese allgegenwärtige Unfähigkeit, das Offensichtliche zu sehen, weiter verfolgen möchte, könnte er nicht mit einem besseren Autor als Ludwig von Mises, *The Anti-Capitalistic Mentality* (New York; Van Nostrand, 1956) beginnen.

[386] "A Socialist Looks at the Swope Plan", *The Nation*, 7. Oktober 1931, S. 358.

gesagt, der Konflikt drehte sich um die Frage, wer die Wirtschaft kontrollieren würde: Mr. Gerard Swope oder Mr. Norman Thomas.

Folglich weist Thomas' Kritik an Swope eine merkwürdige, manchmal lobenswerte Dualität auf:

> Es ist sicherlich bezeichnend, dass wenigstens einer unserer authentischen Wirtschaftskapitäne, einer der wahren Führer Amerikas, den tiefen und ratlosen Widerwillen der Mächtigen, über die traurigsten Plattitüden hinauszugehen, überwunden hat, indem er uns sagte, wie wir die Auswirkungen der Depression, die sie so sehr verursacht und so wenig verhindert haben, wieder gutmachen können. Offensichtlich hatte Mr. Swopes Rede auch ihre guten Seiten...[387]

Ein anderes Mal ist Thomas skeptisch und betont, dass Swope "... nicht mehr auf individuelle Initiative, Wettbewerb und das automatische Funktionieren der Märkte vertraut", sondern vorschlägt, das System zugunsten der "Klasse der Aktionäre" zu lenken.

Es gibt keinen Beweis dafür, dass Gerard Swope und seine Partner jemals auf Eigeninitiative, Wettbewerb und freie Märkte vertraut haben, genauso wenig wie Norman Thomas. Das ist eine wichtige Beobachtung, denn sobald wir uns von den Mythen aller Kapitalisten als Unternehmer und aller liberalen Planer als Retter des Durchschnittsmenschen verabschieden, sehen wir beide als das, was sie sind: Totalitaristen und Gegner der individuellen Freiheit. Der einzige Unterschied zwischen ihnen besteht darin, wer der Diktator sein soll.

DIE DREI MUSKETIERE DER NRA

Die National Recovery Administration, das wichtigste Segment des New Deal, wurde dann von der Wall Street entworfen, aufgebaut und gefördert. Die NRA wurde im Wesentlichen von Bernard Baruch und seinem langjährigen Assistenten, General Johnson, ins Leben gerufen. Im Detail war die NRA der Swope-Plan, und seine allgemeinen Grundsätze wurden im Laufe der Jahre von vielen prominenten Wall Streetern gefördert.

Es gab natürlich Planungsvarianten, die von sozialistisch und marxistisch beeinflussten Planern stammten, aber diese Varianten waren nicht die Versionen, die schließlich zur NRA wurden. Die NRA war im Wesentlichen insofern faschistisch, als die Industrie und nicht die zentralstaatlichen Planer die Planungsmacht hatten, und diese Industrieplaner kamen aus dem New Yorker Finanzestablishment. Bernard Baruchs Büro befand sich am 120 Broadway; die Büros von Franklin D. Roosevelt (die New Yorker Büros von Fidelity & Deposit und die Anwaltskanzleien von Roosevelt & O'Connor) befanden sich ebenfalls am 120 Broadway. Das Büro von Gerard Swope und die Exekutivbüros der General Electric Company befanden sich an der gleichen Adresse. Wir können

---

[387] Ibid, S. 357.

also in einem begrenzten Sinne sagen, dass die Roosevelt NRA am 120 Broadway in New York entstanden ist.

General Hugh Johnson hatte drei Hauptassistenten bei der NRA, und "diese drei Musketiere waren schon länger im Dienst und gingen in meinem Büro ein und aus, sobald sie etwas entdeckten, das Aufmerksamkeit erforderte".[388] Die drei Assistenten waren Wall Streeters aus den großen Industrien, die selbst wichtige Positionen in den großen Unternehmen dieser Industrien innehatten: Gerard Swope, Präsident von General Electric, Walter C. Teagle von Standard Oil of New Jersey und Louis Kirstein von William Filene's Sons, den Einzelhändlern. Dank dieses Trios hatte auf dem Höhepunkt der NRA ein dominierendes Element der Großunternehmen die Kontrolle. Diese Konzentration der Kontrolle erklärt die Tausenden von Beschwerden über die Unterdrückung durch die NRA, die von mittleren und kleinen Geschäftsleuten stammten.

Wer waren diese Männer? Wie bereits angemerkt, war Gerard Swope von General Electric während des Ersten Weltkriegs der Assistent von General Johnson im War Industries Board gewesen. Als die NRA im Gespräch war, "schlug Johnson seinen Namen sofort dem Sekretär Roper vor". 1930 war General Electric der größte Hersteller von Elektrogeräten, wobei Westinghouse zahlreiche grundlegende Patente in diesem Bereich hielt und eine große Beteiligung an RCA sowie zahlreiche internationale Tochter- und Beteiligungsgesellschaften besaß. Ende der 1920er Jahre stellten G.E. und Westinghouse etwa drei Viertel der Grundausrüstung für die Verteilung und Erzeugung von elektrischer Energie in den USA her. General Electric war jedoch das dominierende Unternehmen in der Branche für elektrische Ausrüstungen.[389] Im Rahmen der NRA wurde die National Electrical Manufacturers Association (NEMA) als die Behörde benannt, die den Kodex der Elektroindustrie überwachen und verwalten sollte. Die NEMA handelte schnell und legte im Juli 1933 den zweiten Kodex für "fairen Wettbewerb" zur Unterzeichnung durch den Präsidenten vor.

Johnsons zweiter Musketier war Walter Teagle, Vorstandsvorsitzender von Standard Oil of New Jersey. Standard of New Jersey war die größte integrierte Ölgesellschaft der USA, und nur die Royal Dutch forderte sie im internationalen Verkauf heraus. Standard of New Jersey wurde von der Rockefeller-Familie kontrolliert, deren Vermögen in den frühen 1930er Jahren auf 20 bis 25 Prozent geschätzt wurde.[390] Man könnte also sagen, dass Teagle die Interessen der Rockefellers in der NRA vertrat, während Swope die Interessen von Morgan vertrat. Interessant ist übrigens, dass der größte Konkurrent von Standard Gulf Oil war, das von Mellons Interessen kontrolliert wurde, und dass es zu Beginn der Roosevelt-Regierung hartnäckige Bemühungen gab, Mellon wegen Steuerhinterziehung zu verklagen.

---

[388] Hugh S. Johnson, *The Blue Eagle from Egg to Earth*, a. a. O., S. 217.

[389] Weitere Informationen finden Sie in Harry W. Laidler, *Concentration of Control in American Industry* (New York: Crowell, 1931), Kapitel XV.

[390] Ibid, S. 20.

Der dritte von Johnsons drei Musketieren bei der NRA war Louis Kirstein, Vizepräsident von Filene's of Boston. Edward Filene ist bekannt für seine Bücher über die Vorteile von Handelsverbänden, fairen Wettbewerb und Kooperation (siehe Seite 81 unten).

Die Spitze der Roosevelt National Recovery Administration bestand aus dem Vorsitzenden des größten Stromkonzerns, dem Vorsitzenden des größten Ölkonzerns und dem Vertreter des größten Finanzspekulanten der USA.

Kurz gesagt, die NRA-Verwaltung war ein Spiegelbild des New Yorker Finanzinstituts und seiner pekuniären Interessen. Da der Plan selbst an der Wall Street entstand, kann, wie wir gesehen haben, die Präsenz von Geschäftsleuten in der NRA-Verwaltung nicht auf der Grundlage ihrer Erfahrung und ihrer Verwaltungskapazitäten erklärt werden. Die NRA war ein Geschöpf der Wall Street, das von der Elite der Wall Street umgesetzt wurde.

UNTERDRÜCKUNG VON KLEINUNTERNEHMEN

Die Befürworter des National Industrial Recovery Act zeigten eindrucksvoll, dass die NRA kleine Unternehmen schützen würde, die ihrer Meinung nach in der Vergangenheit unter der unfairen Anwendung der Kartellgesetze gelitten hatten; die Aussetzung der Kartellgesetze würde ihre unerwünschtesten Merkmale beseitigen, während die NRA ihre willkommenen Antimonopolbestimmungen bewahren würde. Senator Wagner sagte, dass die gesamte Industrie die vorgeschlagenen Industriekodizes formulieren würde, nicht nur die großen Unternehmen. Senator Borah hingegen argumentierte, dass das "Monopol" kurz davor stehe, einen Dienst zu erhalten, den es seit über 25 Jahren begehre, nämlich "den Tod der Kartellgesetze", und dass die NRA-Industriekodizes "Kombinationen oder Verträge sein werden, die den Handel einschränken, und es nicht notwendig wäre, die Kartellgesetze auszusetzen". Borah beschuldigte Senator Wagner außerdem, den rechtmäßigen Geschäftsmann zugunsten der Wall Street zu verraten:

> Der alte Rockefeller brauchte kein Strafrecht, das ihm half, sich zu bereichern. Er zerstörte die Unabhängigen überall, er zerstreute sie in alle Winde, er konzentrierte seine große Macht. Aber der Senator gab den Mähdreschern nicht nur alle Macht, ihren Kodex zu schreiben, er gab ihnen auch die Macht, den Mann, der gegen den Kodex verstieß, anzuklagen und zu verfolgen, selbst wenn er ein völlig legitimes Unternehmen verfolgte.
>
> Herr Präsident, es ist mir egal, wie sehr wir das Kartellgesetz stärken, wie sehr wir es aufbauen, wie sehr wir es stärken; ich bin gegen eine Aussetzung aus welchem Grund auch immer, weil ich weiß, dass wir, wenn diese Gesetze ausgesetzt werden, diesen 200 Nichtbankenunternehmen, die den Reichtum der Vereinigten Staaten kontrollieren, eine ungeheure Macht verleihen, die niemals anders kontrolliert werden kann als durch Strafgesetze, die von den Gerichten angewandt werden. [391]

---

[391] Bericht über den Kongress, 1933, S. 5165.

Senator Borah zitierte daraufhin Adam Smith in diesem Zusammenhang und wies darauf hin, dass in dem Gesetzentwurf keine Definition von fairem Wettbewerb enthalten sei und dass Kodizes für fairen Wettbewerb zu Diktaten der Großunternehmen verkommen würden. Ebenso sprach Senator Gore die Möglichkeit an, dass der Präsident verlangen könnte, dass alle Mitglieder einer Branche eine Lizenz besitzen, und dass dies bedeute, dass der Präsident eine Lizenz nach Belieben widerrufen könne, was eine klare Verletzung des Gesetzes und der grundlegenden Eigentumsrechte darstelle:

> **SENATOR GORE.** Könnte der Präsident diese Lizenz nach Belieben widerrufen?
> **SENATOR WAGNER.** Ja, wegen eines von der Bundesregierung auferlegten Verstoßes gegen den Kodex.
> **SENATOR GORE.** Bei welchem Publikum?
> **SENATOR WAGNER.** Nach einer Anhörung. Es ist vorgesehen, dass eine Anhörung abgehalten werden kann, bevor eine Lizenz widerrufen werden kann.
> **SENATOR GORE.** Es ist etwas, das tatsächlich Leben und Tod einer bestimmten Branche oder eines bestimmten Unternehmens beeinflusst, wenn er die Macht hat, die Lizenz zu widerrufen.
> **SENATOR WAGNER.** Ja, es ist eine Strafe.
> **SENATOR GORE.** Was ich Sie fragen wollte, Senator, ist Folgendes: Glauben Sie, dass Sie diese Macht einem leitenden Angestellten anvertrauen könnten?
> **SENATOR WAGNER.** Das tue ich, in Notfällen.
> **SENATOR GORE.** Um eine Industrie auszulöschen?
> **SENATOR WAGNER.** All diese Macht ist natürlich in einer einzigen Person untergebracht, und wir müssen uns darauf verlassen, dass sie von ihr auf faire und gerechte Weise verwaltet wird. Die gleiche Art von Macht hatten wir auch während des Krieges.
> **SENATOR GORE.** Ich weiß es, und Mr. Hoover, wenn ich diese Worte benutzen darf, diese Vorrichtung bringt frei geborene US-Bürger ohne Geschworenenprozess in den Bankrott.
> **SENATOR WAGNER.** Die Philosophie dieses Gesetzentwurfs ist es, freiwillige Maßnahmen und Initiativen seitens der Industrie zu fördern, und ich bezweifle, dass diese verbindlichen Methoden überhaupt angewandt werden, außer in sehr seltenen Fällen; aber wenn Sie den Standard erhöhen wollen, müssen Sie über bestimmte Sanktionen verfügen, um den Kodex, der möglicherweise verabschiedet wird, durchzusetzen.
> **SENATOR GORE.** Ich verstehe, aber wenn Sie dieses System einführen wollen, müssen Sie die Macht haben, es zu tun. Was ich meine, ist, warum in einem freien Land ein freier Mann gezwungen sein sollte, eine Lizenz zu erwerben, um in einer legitimen Industrie tätig zu werden, und warum in unserem Verfassungssystem jemand die Macht haben sollte, den Wert seines Eigentums zu zerstören, was Sie tun, wenn Sie eine Situation schaffen, in der er nicht operieren kann. Mir scheint, dass wir uns dem Punkt nähern, an dem man sich Eigentum ohne rechtliches Verfahren aneignet.[392]

---

[392] Senat der Vereinigten Staaten, National Industrial Recovery, Anhörungen vor dem Finanzausschuss, 73. Kongress, 1 Sitzung, S.17und H.R. 5755 (Washington: Government Printing Office, 1933), S. 5.

Wenn wir die Ergebnisse der N.R.A. selbst einige Monate nach der Verabschiedung des Gesetzentwurfs betrachten, stellen wir fest, dass diese Befürchtungen des Senats völlig berechtigt waren und dass Präsident Roosevelt den Kleinunternehmer der Vereinigten Staaten der Kontrolle der Wall Street überlassen hatte. Viele Industriezweige wurden von einigen wenigen Großunternehmen beherrscht, die wiederum von den Investmentgesellschaften der Wall Street kontrolliert wurden. Diese Großunternehmen beherrschten über die drei Musketiere die Festlegung der NRA-Kodizes. Sie hatten die meisten Stimmen und konnten Preise und Bedingungen festlegen, die für kleine Unternehmen ruinös waren.

Die Stahlindustrie ist ein gutes Beispiel dafür, wie große Unternehmen den NRA-Code beherrschten. In den 1930er Jahren kontrollierten zwei große Unternehmen, United States Steel mit 39% und Bethlehem Steel mit 13,6%, mehr als die Hälfte der Stahlbarrenproduktionskapazität des Landes. Zum Vorstand von U.S. Steel gehörten J.P. Morgan und Thomas W. Lamont sowie der Vorsitzende Myron C. Taylor. Dem Vorstand von Bethlehem gehörten Percy A. Rockefeller und Grayson M-P. Murphy vom Guaranty Trust an, die wir in Kapitel 10 wiederfinden werden.

1930 waren die größten Aktionäre von U.S. Steel George F. Baker und George F. Baker, Jr. mit einem kombinierten Besitz von 2.000 Vorzugsaktien und 107.000 Stammaktien; Myron C. Taylor, Leiter des Finanzausschusses von U.S. Steel, besaß 27.800 Stammaktien; J. P. Morgan besaß 1261 Aktien; und James A. Farrell besaß den Titel von 4.850 Vorzugsaktien. Diese Männer waren auch wichtige Unterstützer der Präsidentschaftskampagne. So trugen sie beispielsweise während Hoovers Wahlkampf 1928

    J.P. Morgan......................$5000
    J.P. Morgan Company...................$42 500
    George F. Baker...........................$27.000
    George F. Baker Jr........................$20 000
    Myron C. Taylor...........................$25 000

Innerhalb der NRA stellen wir fest, dass U.S. Steel und Bethlehem Steel aufgrund ihrer Stimmen in den Industriekodizes tatsächlich die gesamte Branche kontrollierten; von insgesamt 1428 Stimmen entfielen allein auf diese beiden Unternehmen 671 Stimmen oder 47,2%, gefährlich nahe an der absoluten Kontrolle und mit der unbestreitbaren Fähigkeit, unter den kleineren, aber immer noch wichtigen Unternehmen einen Verbündeten zu finden.

Die Stärke der NRB-Stimmen im Stahlindustriecode

Unternehmen[393]	Abstimmungen innerhalb	Prozent der

---

[393] Darüber hinaus hatten die folgenden kleinen Unternehmen Stimmen: Acme Steel (9), Granite City Steel (8), Babcock and Wilcox (8), Alan Wood (7), Washburn Wire (7), Interlake Iron (7), Follansbee Bros. (6), Ludlum Steel (6), Superior Steel (6), Bliss and

	der Kodexbehörde	Gesamtmenge
Amerikanischer Stahl	511	36.0
Stahl aus Bethlehem	160	11.2
Republik Stahl	86	6.0
Nationaler Stahl	81	5.7
Jones und Laughlin	79	5.5
Youngstown Sheet & Tube	74	5.1
Stahl für Räder	73	5.1
Amerikanisches Walzwerk	69	4.8
Stahl innen	51	3.6
Stahl im Tiegel	38	2.7
Weißblech McKeesport	27	1.9
Allegheny Steel	21	1.5
Spang-Chalfant	17	1.2
Sharon Steel Hoop	16	1.1
Continental Steel	16	1.1

Quelle: NRA-Bericht über die Funktionsweise des Basispunktesystems in der Stahlindustrie.

Obwohl U.S. Steel und Bethlehem vor der Verabschiedung des NRA die größten Einheiten in der Stahlindustrie waren, konnten sie die Konkurrenz vieler kleinerer Unternehmen nicht kontrollieren. Nach der Verabschiedung des NIRA konnten diese beiden Unternehmen dank ihrer Dominanz im Codesystem auch die Stahlindustrie dominieren.

John D. Rockefeller organisierte 1882 den Standard Oil Trust, doch aufgrund von Gerichtsbeschlüssen nach dem Sherman-Gesetz wurde das Kartell in 33 unabhängige Unternehmen aufgelöst. Noch 1933 wurden diese Unternehmen von den Interessen der Rockefeller-Familie kontrolliert; das Sherman-Gesetz war eher ein Schatten als Substanz:

Unternehmen	Nettoeinkommen (1930) in Millionen$.
Standard Oil von New Jersey	57
Standard Oil of Indiana	46
Standard Oil of California	46
Standard Oil in New York	16

Laughlin (6), Laclede Steel (5), Apollo Steel (5), Atlantic Steel (4), Central Iron and Steel (4), A.M. Byers Company (4), Sloss-Sheffield (4), Woodward Iron (3), Firth-Sterling (2), Davison Coke and Iron (2), Soullin Steel (1), Harrisburg Pipe (1), Eastern Rolling Mill (1), Michigan Steel Tube (1), Milton Manufacturing Company (1) und Cranberry Furnace (1).

Die Büros der "unabhängigen" Standard-Unternehmen befanden sich weiterhin im Hauptsitz von Rockefeller, damals am Broadway 25 und 26. In den 1920er Jahren floss neues Kapital ein und die Bedeutung der einzelnen Standard Oil-Unternehmen veränderte sich relativ stark.

Zum Zeitpunkt des New Deal war die größte Einheit die Standard Oil of New Jersey, an der die Rockefellers einen Anteil von 20 bis 25 Prozent besaßen. Der Präsident der Standard of New Jersey, Walter S. Teagle, wurde zu einem der drei Musketiere der NRA.

Wenn wir uns die Automobilindustrie im Jahr 1930 anschauen, stellen wir fest, dass zwei Unternehmen, Ford und General Motors, etwa drei Viertel aller in den USA produzierten Autos verkauften. Wenn man Chrysler mit einbezieht, verkauften die drei Unternehmen etwa fünf Sechstel aller in den USA hergestellten Autos:

                Ford Motor Co................................. 40 Prozent
                General Motors................................ 35 Prozent
                Chrysler Corp................................. 8 Prozent

Unter der Führung ihres Gründers Henry Ford hatte die Ford Motor Company kaum einen Nutzen für die Politik, obwohl James Couzens, einer der ersten Aktionäre von Ford, später Senator von Michigan wurde. Ford behielt seine Exekutivbüros in Dearborn, Michigan, und nur ein Verkaufsbüro in New York bei. Ford war auch ein vehementer Gegner der NRA und der Wall Street, und Henry Ford zeichnete sich dadurch aus, dass er nicht auf den Listen der Spender für die Präsidentschaftskampagnen auftauchte.

Andererseits war General Motors ein Geschöpf der Wall Street. Das Unternehmen wurde von der Firma J.P. Morgan kontrolliert; der Vorstandsvorsitzende war Pierre S. Du Pont von der Du Pont Company, der 1933 rund 25 Prozent der Anteile an General Motors hielt. Im Jahr 1930 bestand der Vorstand von General Motors aus Junius S. Morgan, Jr. und George Whitney von der Firma Morgan, den Direktoren der First National Bank und des Bankers Trust, sieben Direktoren von Du Pont und Owen D. Young von General Electric.

Ein weiteres Beispiel ist die International Harvester Company, 1930 unter der Führung ihres Vorsitzenden Alexander Legge ein Gigant in der Landmaschinenindustrie. Legge war Mitglied der NRA. Die Landmaschinenvereinigung war 1920 von der J.P. Morgan Company gegründet worden und kontrollierte rund 85% der gesamten Produktion von Erntemaschinen in den USA. Noch 1930 war das Unternehmen in der Branche dominant:

Unternehmen	Vermögenswerte	Prozent des Marktes
International Harvester (11 Broadway)	384 Millionen Dollar (1929)	60
Deere & Co.	$107	17
Fall J.I.	$55	8
Andere	$100	15
Gesamt	646 Millionen Dollar	100

1930 bauten mindestens 80 große Unternehmen in den USA Ölkohle ab; zwei davon - Pittsburgh Coal und Consolidation Coal - waren marktbeherrschend. Pittsburgh Coal wurde von der Bankiersfamilie Mellon aus Pittsburgh kontrolliert. Consolidation Coal befand sich größtenteils im Besitz von J.D. Rockefeller, der 72% der Vorzugsaktien und 28% der Stammaktien besaß. Sowohl die Mellons als auch die Rockefellers sind große politische Beitragszahler. Ebenso war die Anthrazitproduktion in den Händen der Reading Railroad konzentriert, die 44% der amerikanischen Steinkohle förderte. Reading wurde von der Baltimore and Ohio Railroad kontrolliert, die 66% der Aktien besaß, und der Vorsitzende von B& O war E.T. Stotesbury, ein Partner der Firma Morgan.

Wenn wir uns die Maschinenbauunternehmen in den USA im Jahr 1930 anschauen, stellen wir fest, dass das mit Abstand größte Unternehmen General Electric war - und der Präsident Swope von G.E. war eng mit der NRA verbunden.

Große Maschinenbauunternehmen (1929)

Unternehmen	Vermögenswerte in Millionen	Gewinn (1929) in Millionen	Verkäufe (1929) in Millionen
General Electric, 120 Broadway	$500	$71	$415.3
Amerikanischer Heizkörper & Standard Sanitary, 40 W. 40th St.	$226	$20	
Westinghouse Electric, 150 Broadway	$225	$27	$216.3
Baldwin-Lokomotive, 120 Broadway	$100	$3	$40
American Locomotive, 30 Church St.	$106	$7	
American Car & Foundry, 30 Church St.	$120	$2.7	
International Business Machines, 50 Broadway	$40	$6.7	
Otis Lift, 260 11th Avenue	$57	$8	
Crane-Gesellschaft	$116	$11.5	

Wenn wir die Liste durchgehen, stellen wir fest, dass American, Car & Foundry (dessen Vorsitzender Woodin unter Roosevelt Finanzminister wurde), American Radiator & Standard und Crane Company alle einen wichtigen Beitrag zu FDRs politischer Karriere geleistet haben.

Angesichts dieses dominierenden Einflusses der Großunternehmen innerhalb der NRA und der Roosevelt-Regierung ist es nicht überraschend, dass die NRA für Kleinunternehmen unterdrückerisch verwaltet wurde. Selbst während der kurzen Existenz der RNA, bis sie für verfassungswidrig erklärt wurde, finden wir Beweise für Unterdrückung: Sehen Sie sich die Beschwerden von Kleinunternehmen in den Sektoren an, über die wir gesprochen haben, im Vergleich zu anderen Sektoren in Kleinunternehmen mit viel mehr Einheiten:

Industrie	Anzahl der Beschwerden wegen Unterdrückung

	(Januar-April 1934)
Große Industrie	
Eisen und Stahl	66
Investment Banking	47
Erdöl	60
Elektrische Herstellung	9
Kleine Unternehmen	
Reinigen und Färben	31
Eis	12
Drucken	22
Stiefel und Schuhe	10
Wäscherei	9

Quelle: Roos, *NRA Economic Planning*, S. 411, basierend auf unveröffentlichten Daten der NRA.

KAPITEL X

FDR, DER WEIßE RITTER

> *In den letzten Wochen seines offiziellen Bestehens erhielt das Komitee Beweise dafür, dass bestimmte Personen versucht hatten, in diesem Land eine faschistische Organisation aufzubauen. Es besteht kein Zweifel daran, dass diese Versuche diskutiert wurden, geplant waren und hätten ausgeführt werden können, wann und wenn die Geldgeber es für angebracht hielten....*
> *Dieser Ausschuss erhielt die Zeugenaussage von General Smedley D. Butler (im Ruhestand), der vom US-Kongress zweimal ausgezeichnet wurde ... Ihr Ausschuss konnte alle relevanten Aussagen von General Butler überprüfen....*
> John W. McCormack, Vorsitzender des Sonderausschusses für unamerikanische Aktivitäten, Repräsentantenhaus, 15. Februar 1935.

Ährend der Weihnachtszeit 1934 tauchte in Washington und New York die Nachricht von einer seltsamen Verschwörung zur Einsetzung eines Diktators im Weißen Haus auf, und die Geschichte - von beispielloser Bedeutung - wurde vom Kongress und der Presse des Establishments schnell unterdrückt.[394]

Am 21. November 1934 veröffentlichte die *New York Times* den ersten Teil von Butlers Geschichte, wie sie dem Ausschuss für unamerikanische Aktivitäten

---

[394] Siehe Jules Archer, *The Plot to Seize the White House* (New York: Hawthorn Books, 1973) Archers Buch ist "der erste Versuch, die gesamte Geschichte der Intrige in der richtigen Reihenfolge und mit allen Details zu erzählen". Siehe auch George Wolfskill, *The Revolt of the Conservatives* (Boston: Houghton, Mifflin, 1962), das viel Material über die Intrige enthält. Der interessierte Leser sollte auch einen Blick auf George Seldes, *One Thousand Americans* (New York: Honi & Gaer, 1947) werfen.
Leider spiegeln diese Bücher, obwohl sie die Erinnerung an das Ereignis wachgehalten haben - eine mutige Anstrengung, die auf keinen Fall unterschätzt werden sollte - eine Verwechslung des Faschismus mit Mäßigung wider. Die Befürworter der Verfassung würden die beschriebenen diktatorischen Bestrebungen natürlich absolut ablehnen. Einige Gruppen, wie zum Beispiel die American Conservative Union, richten seit einem Jahrzehnt ihre Angriffe auf die von Archer und Seldes identifizierten Ziele. Die Fehlinterpretation der letztgenannten Autoren wird durch die Tatsache verstärkt, dass die Verwirrung über die Bedeutung des Konservatismus diese Autoren auch davon abgehalten hat, die Möglichkeit zu untersuchen, dass die Wall Street nur Franklin Delano Roosevelt als "Mann mit dem weißen Pferd" im Sinn hatte.

des Repräsentantenhauses erzählt worden war, und gab ihr eine Titelseitenbehandlung und einen faszinierenden Hauptabsatz:

> Eine Verschwörung der Interessen der Wall Street zum Sturz von Präsident Roosevelt und zur Errichtung einer faschistischen Diktatur, die von einer Privatarmee aus 500.000 ehemaligen Soldaten und anderen unterstützt wurde, wurde von Generalmajor Smedley D. Butler, einem pensionierten Offizier des Marine Corps, angeklagt...

Der Bericht der *New York Times* fügt hinzu, dass General Butler "... seinen Freunden erzählte, dass General Hugh S. Johnson, ein ehemaliger NRA-Verwalter, für die Rolle des Diktators vorgesehen sei und dass J.P. Morgan & Co. sowie Murphy & Co. hinter der Verschwörung steckten."

Nach diesem vielversprechenden Auftakt verblasste die Berichterstattung der *New York Times* zunehmend und verschwand schließlich ganz. Glücklicherweise sind seitdem genügend Informationen aufgetaucht, die zeigen, dass die Butler-Affäre oder die Verschwörung zur Übernahme des Weißen Hauses ein fester Bestandteil unserer Geschichte von FDR und Wall Street ist.

GRAYSON M-P. MURPHY COMPANY, AM 52 BROADWAY

Die zentrale Figur der Handlung war Generalmajor Smedley Darlington Butler, ein farbenfroher, beliebter und sehr bekannter Offizier des Marine Corps, der zweimal mit der Ehrenmedaille des Kongresses ausgezeichnet wurde und 33 Jahre lang als Veteran in der Armee gedient hatte. General Butler sagte 1934 vor dem McCormack-Dickstein-Ausschuss, der die Aktivitäten der Nazis und Kommunisten in den USA untersuchte, aus, dass ihm ein Plan für eine Diktatur im Weißen Haus von zwei Mitgliedern der American Legion dargelegt worden sei: Gerald C. MacGuire, der für Grayson M-P. Murphy & Co, 52 Broadway, New York City, arbeitete, und Bill Doyle, den Butler als Offizier der American Legion identifizierte. General Butler erklärte, dass diese Männer "die königliche Familie auf dem Kongress, der in Chicago stattfinden sollte, von der Kontrolle über die American Legion verdrängen wollten und [sehr darauf bedacht waren], dass ich daran teilnehme". General Butler wurde ein Plan vorgelegt: Er sollte als Delegierter der Honolulu Legion auf dem Kongress erscheinen; im Publikum würden zwei- oder dreihundert Mitglieder der American Legion sitzen; und "diese versprengten Männer sollten anfangen zu klatschen und eine Rede fordern, und dann sollte ich auf die Plattform gehen und eine Rede halten."

Die vorbereitete Rede sollte von John W. Davis, Morgans Partner, verfasst werden. Um seine finanzielle Unterstützung der Wall Street zu beweisen, zeigte MacGuire General Butler ein Bankbuch, in dem Einlagen von 42.000 und 64.000 Dollar aufgelistet waren, und erwähnte, dass deren Quelle der Abgeordnete Grayson war. Murphy, Direktor der Guaranty Trust Company und anderer von Morgan kontrollierter Unternehmen. Ein millionenschwerer Bankier, Robert S. Clark, dessen Büro sich im Börsengebäude in der Wall Street 11 befindet, war ebenfalls beteiligt.

Robert Clark war General Butler übrigens seit seinem Feldzug in China bekannt. MacGuire und Doyle boten Butler auch eine beträchtliche Summe an, damit er eine ähnliche Rede vor dem Kongress der Veteranen ausländischer Kriege in Miami Beach halten würde. Laut MacGuire hatte seine Gruppe die Vorgeschichte Mussolinis und des italienischen Faschismus, Hitlers Organisation in Deutschland und das Croix de Feu in Frankreich untersucht und angedeutet, dass es an der Zeit sei, eine ähnliche Organisation in den Vereinigten Staaten zu gründen. General Butler sagte vor dem Kongressausschuss über MacGuires Erklärung wie folgt aus

> Er sagte: "Jetzt ist die Zeit gekommen, die Soldaten zu versammeln."
> "Ja", sagte ich, "das denke ich auch". Er antwortete mir: "Ich bin ins Ausland gegangen, um die Rolle des Veteranen in den verschiedenen Strukturen ausländischer Regierungen zu untersuchen. Ich bin für zwei oder drei Monate nach Italien gegangen und habe die Stellung der Italien-Veteranen in der faschistischen Regierungsstruktur untersucht und herausgefunden, dass sie Mussolinis Hintergrundunterstützung sind. Sie halten sie auf verschiedene Weise auf den Gehaltslisten und halten sie glücklich und zufrieden; und sie sind sein eigentliches Rückgrat, die Kraft, auf die er sich im Falle von Problemen verlassen kann, um ihn zu unterstützen. Allerdings wäre diese Regelung für uns überhaupt nicht geeignet. Den amerikanischen Soldaten würde das nicht gefallen. Ich ging also nach Deutschland, um zu sehen, was Hitler tat, und seine ganze Stärke lag auch in den militärischen Organisationen. Aber das wäre nicht möglich gewesen. Ich habe mir die russischen Angelegenheiten angeschaut. Ich fand heraus, dass der Einsatz der Soldaten dort unseren Leuten nicht gefallen würde. Also ging ich nach Frankreich und fand dort genau die Organisation, die wir haben werden. Es ist eine Organisation von Supersoldaten". Er nannte mir den französischen Namen dieser Organisation, aber ich kann mich nicht erinnern, was es ist. Ich hätte ihn ohnehin nie aussprechen können. Aber ich weiß, dass es eine Superorganisation von Mitgliedern aller anderen Soldatenorganisationen in Frankreich ist, die aus Unteroffizieren und Offizieren besteht. Er sagte mir, dass sie ungefähr 500.000 waren und dass jeder von ihnen 10 andere anführte, was ihnen 5.000.000 Stimmen einbrachte. Und er sagte: "Nun ist es unsere Idee hier in Amerika, eine solche Organisation zu gründen".[395]

Was wäre das Ziel dieser Superorganisation? Laut der *New York Times*[396], soll General Butler erklärt haben, dass es sich um einen *Putschversuch handelte*, um[397] Präsident Roosevelt zu stürzen und durch einen faschistischen Diktator zu ersetzen. Diese Interpretation wurde von Archer, Seldes und anderen Schriftstellern übernommen. Dies ist jedoch nicht der Vorwurf, den General Butler vor dem Ausschuss erhob. Butlers genaue Aussage über die geplante Organisation,

---

[395] House of Representatives, Enquête sur les activités de propagande nazie et enquête sur certaines autres activités de propagande, Audiences n° 73-D.C.-6, a. a. O., S. 17.

[396] *The New York Times*, 21. November 1934.

[397] Auf Französisch im Text, Anm. d. Ü.

den einmal etablierten Verwendungszweck und die Rolle von Präsident Roosevelt lautet wie folgt; General Butler berichtete über sein Gespräch mit MacGuire:

> Ich sagte: "Was wollen Sie mit ihm machen, wenn Sie ihn an die Macht bringen?"
> "Nun", sagte er, "wir wollen den Präsidenten unterstützen".
> Ich sagte: "Der Präsident braucht die Unterstützung einer solchen Organisation nicht. Seit wann sind Sie ein Unterstützer des Präsidenten? Als ich das letzte Mal mit Ihnen gesprochen habe, waren Sie gegen ihn".
> Er sagte: "Nun, er wird uns jetzt begleiten".
> "Ist er das?"
> "Ja."
> "Nun, was werden Sie mit diesen Männern tun, angenommen, Sie haben diese 500.000 Männer in Amerika? Was werden Sie mit ihnen machen?"
> "Nun", sagte er, "sie werden die Unterstützung des Präsidenten sein".
> Ich sagte: "Der Präsident hat das gesamte amerikanische Volk bekommen. Warum will er sie?"
> Er sagte: "Verstehen Sie nicht, dass wir die Konstellation ein wenig ändern müssen? Jetzt haben wir ihn, wir haben den Präsidenten. Er muss mehr Geld bekommen. Es gibt kein Geld mehr, das man ihm geben kann. Achtzig Prozent des Geldes sind jetzt in Form von Staatsanleihen, und er kann diese Erpressung nicht länger fortsetzen. Er muss etwas dagegen unternehmen. Entweder muss er mehr Geld aus uns herauspressen oder er muss die Methode der Regierungsfinanzierung ändern, und wir werden dafür sorgen, dass er diese Methode nicht ändert. Er wird sie nicht ändern".
> Ich sagte: "Die Idee dieser großen Gruppe von Soldaten ist es also, ihm Angst zu machen, nicht wahr?
> "Nein, nein, nein; nicht, um ihn zu erschrecken. Sondern um ihn zu unterstützen, wenn er von anderen angegriffen wird".
> Ich sagte: "Nun, ich weiß es nicht. Wie würde der Präsident es erklären?"
> Er sagte: "Er wird es nicht unbedingt erklären müssen, denn wir werden ihm helfen. Nun, ist es Ihnen in den Sinn gekommen, dass der Präsident überlastet ist? Wir könnten einen stellvertretenden Vorsitzenden haben, jemanden, dem wir die Schuld geben können; und wenn die Dinge nicht funktionieren, kann er ihn fallen lassen".
> Er fuhr fort zu sagen, dass es nicht notwendig sei, die Verfassung zu ändern, um ein weiteres Kabinettsmitglied zuzulassen, jemanden, der die Details des Büros übernimmt - sie von den Schultern des Präsidenten nimmt. Er erwähnte, dass es sich bei dem Posten um einen Sekretär für allgemeine Angelegenheiten handeln würde - eine Art Supersekretär.
> **PRÄSIDENT** [Kongressabgeordneter McCormack]. Ein Sekretär für allgemeine Angelegenheiten?
> **BUTLER**. Diesen Begriff benutzte er - oder ein Sozialstaatssekretär - ich weiß nicht mehr, welcher. Ich ging mit diesem Namen im Kopf aus dem Gespräch. Die Idee kam mir, als ich mit den beiden sprach, wissen Sie. Sie hatten beide über die gleiche Art von Erleichterung gesprochen, die dem Präsidenten gewährt werden sollte, und er sagte: "Wissen Sie, das amerikanische Volk wird das schlucken. Wir haben die Zeitungen. Wir werden eine Kampagne starten, in der es darum geht, dass die Gesundheit des Präsidenten angeschlagen ist. Jeder kann es sagen, wenn er ihn ansieht, und die dummen Amerikaner werden in einer Sekunde darauf hereinfallen".
> Und ich konnte es sehen. Sie hatten diesen Sympathieschläger, dass sie jemanden haben würden, der ihm die Schirmherrschaft von den Schultern nehmen würde und

ihm alle Sorgen und Details abnehmen würde, und dann würde er wie der Präsident von Frankreich sein.
Ich sagte: "Von dort haben Sie also diese Idee? "
Er sagte: "Ich bin herumgereist und habe mich umgeschaut. Nun zu dieser tollen Organisation: Wären Sie daran interessiert, sie zu leiten? "
Ich sagte: "Das interessiert mich, aber ich weiß nicht, ob ich sie leiten werde. Sie interessiert mich sehr, weil Sie wissen. Jerry, mein Interesse ist, mein einziges Hobby ist, eine Demokratie zu erhalten. Wenn Sie diese 500.000 Soldaten bekommen, die etwas predigen, das nach Faschismus riecht, werde ich weitere 500.000 bekommen und Ihnen in den Arsch treten, und wir werden einen richtigen Krieg bei uns zu Hause haben. Das wissen Sie doch".
"Oh, nein. Das wollen wir nicht. Wir wollen, dass der Präsident weniger anspruchsvoll ist".
"Ja; und dann setzen Sie dort jemanden ein, den Sie führen können; ist das die Idee? Der Präsident wird herumgehen und Babys taufen, Brücken einweihen und Kinder küssen. Mr. Roosevelt selbst wird damit nie einverstanden sein".
"Oh ja, das wird er. Er wird damit einverstanden sein".[398]

Mit anderen Worten: Das Wall-Street-Komplott zielte gar nicht darauf ab, Präsident Roosevelt loszuwerden, sondern ihn vor die Tür zu setzen und einen Vizepräsidenten mit absoluten Vollmachten zu installieren. Warum man sich die Mühe machen musste, einen Vizepräsidenten einzusetzen, ist unklar, da der Vizepräsident im Amt war. Auf jeden Fall war geplant, die Vereinigten Staaten mit einem Generalsekretär für allgemeine Angelegenheiten zu führen, was die leichtgläubige amerikanische Öffentlichkeit unter dem Deckmantel des notwendigen Schutzes vor einer kommunistischen Machtübernahme akzeptieren würde.

An dieser Stelle ist es interessant, an die Rolle derselben Finanziers und Finanzunternehmen in der bolschewistischen Revolution zu erinnern - eine Rolle, die General Butler übrigens nicht gekannt haben kann[399]- und an die Anwendung ähnlicher Angsttaktiken seitens der Roten in der Organisation der Vereinigten Staaten von 1922. Grayson M-P. Murphy war Anfang der 1930er Jahre Direktor mehrerer von J.P. Morgans Interessen kontrollierter Unternehmen, darunter die aus der bolschewistischen Revolution bekannte Guaranty Trust Company, die New York Trust Company und Bethlehem Steel, und gehörte dem Vorstand der Inspiration Copper Company, der National Aviation Corporation, der Intercontinental Rubber Co. und der U.S. & Foreign Securities an. John W. Davis, der Redenschreiber von General Butler, war Partner bei Davis, Polk, Wardwell, Gardner & Reed in der 15 Broad Street. Polk und Wardwell aus dieser renommierten Anwaltskanzlei sowie Grayson Murphy spielten beide eine Rolle in der bolschewistischen Revolution. Darüber hinaus war Davis zusammen mit Murphy auch Co-Direktor in der von Morgan kontrollierten Guaranty Trust Company und zusammen mit der Präsidentenhoffnung Al Smith Co-Direktor in

---

[398] Repräsentantenhaus, Investigation of Nazi Propaganda Activities and Investigation of Certain Other Propaganda Activities, Hearings No. 73-D.C.-6, a. a. O., S. 17-18.

[399] Siehe Sutton, *Wall Street and the Bolschevic Revolution*, op. cit.

der Metropolitan Life Insurance Co. sowie Direktor der Mutual Life Insurance Co., der U.S. Rubber Co. und der American Telephone and Telegraph, der Kontrolleinheit des Bell-Systems.

Zum Glück für die Geschichte. General Butler besprach das Angebot gleich zu Beginn seiner Gespräche mit MacGuire und Doyle mit einer unparteiischen journalistischen Quelle. Der McCormack-Dickstein-Ausschuss hörte die eidesstattliche Aussage dieses Vertrauten, Paul Comley French, an. French bestätigte, dass er Reporter für den *Philadelphia Record* und die *New York Evening Post* war *und* dass General Butler ihm im September 1934 von der Verschwörung erzählt hatte. Daraufhin reiste French am 13. September 1934 nach New York und traf sich mit MacGuire. Das Folgende ist Teil von Frenchs Erklärung gegenüber dem Komitee:

> MR. FRENCH. [Ich sah] Gerald P. MacGuire in den Büroräumen von Grayson M.-P. Murphy & Co. im zwölften Stock am 52 Broadway kurz nach 13 Uhr. Es gibt dort ein kleines Privatbüro und ich ging in sein Büro. Ich habe hier einige direkte Zitate von ihm. Sobald ich sein Büro verlassen hatte, trat ich an eine Schreibmaschine und schrieb alles auf, was er mir sagte. "Wir brauchen eine faschistische Regierung in diesem Land", betonte er, "um die Nation vor den Kommunisten zu retten, die sie niederreißen und alles zerstören wollen, was wir in Amerika aufgebaut haben. Die einzigen Männer, die den Patriotismus dazu haben, sind Soldaten, und Smedley Butler ist der ideale Anführer. Er könnte in einer Nacht eine Million Männer mobilisieren". Im Laufe des Gesprächs erzählte er mir, dass er im Sommer 1934 und im Frühjahr 1934 in Italien und Deutschland gewesen war und dass er den Hintergrund der Nazi- und Faschistenbewegung und die Art und Weise, wie Veteranen dabei eine Rolle gespielt hatten, gründlich untersucht hatte. Er behauptete, er habe genügend Informationen über die faschistische und nazistische Bewegung und die Rolle der Veteranen erhalten, um in diesem Land eine solche zu gründen.
>
> Er betonte während des gesamten Gesprächs mit mir, dass das alles extrem patriotisch sei, dass es darum gehe, die Nation vor den Kommunisten zu retten, und dass die Männer, mit denen sie zu tun hätten, diese verrückte Vorstellung hätten, dass die Kommunisten die Nation auseinandernehmen würden. Er sagte, die einzige Rettung seien die Soldaten. Anfangs schlug er vor, dass der General diese Kleidung selbst organisieren und jeden bitten sollte, einen Dollar pro Jahr als Mitgliedsbeitrag zu zahlen. Wir diskutierten darüber, dann kam er auf den Punkt, externe Gelder zu beschaffen, und er sagte, es wäre kein Problem, eine Million Dollar aufzubringen.
>
> Im Laufe des Gesprächs sprach er immer wieder von der Notwendigkeit eines weißen Ritters, wie er ihn nannte, eines Diktators, der auf seinem weißen Pferd im Galopp kommen würde. Er sagte, dies sei die einzige Möglichkeit, das kapitalistische System zu retten, entweder durch die Androhung von Waffengewalt oder durch die Delegation von Macht und den Einsatz einer Gruppe organisierter Veteranen.
>
> Er erhitzte sich beträchtlich, nachdem wir gegangen waren, und sagte: "Wir könnten Roosevelt folgen und dann mit ihm das tun, was Mussolini mit dem König von Italien getan hat". Das passt zu dem, was er General [Butler] sagte, dass wir einen Sekretär für allgemeine Angelegenheiten bekommen würden und dass, wenn

Roosevelt mitspielt, er großartig wäre; und wenn er nicht mitspielt, würden sie ihn hinausdrängen.[400]

ACKSON MARTINDELL, 14 WALL STREET

Die eidesstattlichen Aussagen von General Smedley Butler und Paul French bei den Anhörungen des Ausschusses haben einen roten Faden. General Butler schweifte von Zeit zu Zeit ab und einige Teile seiner Aussage waren vage, aber es ist offensichtlich, dass die Geschichte nicht auf eine unschuldige Ansammlung von Mitgliedern der American Legion in einer Superorganisation hinausläuft. Gibt es unabhängige Beweise, die die These von General Butler und Paul French bestätigen? Ohne das Wissen von Butler und French war der Guaranty Trust in die Machenschaften der Wall Street während der bolschewistischen Revolution von 1917 verwickelt gewesen, was zumindest auf eine Veranlagung zur Vermischung von Finanzgeschäften und diktatorischer Politik hindeutet; zwei der in die Verschwörung verwickelten Personen waren Direktoren des Guaranty Trust. Außerdem hörte der Ausschuss, bevor die Anhörungen abrupt unterbrochen wurden, die Aussage einer unabhängigen Quelle, die viele der von General Butler und Paul French berichteten Details bestätigte. Im Dezember 1934[401] wurde Hauptmann Samuel Glazier, Kommandant des CCC-Lagers in Elkridge, Maryland, vor den Ausschuss geladen.

Am 2. Oktober 1934, so bezeugt Kapitän Glazier, habe er einen Brief von A.P. Sullivan, stellvertretender Generaladjutant der US-Armee, erhalten, in dem ein gewisser Mr. Jackson Martindell vorgestellt wurde, "der sich Ihnen gegenüber sehr höflich zeigen wird". Dieser Brief war vom Kommando des Generalmajors Malone der US-Armee an Glazier gesandt worden. Wer war Jackson Martindell? Er war Finanzberater und arbeitete in der 14 Wall Street. Zuvor war er Partner bei Stone & Webster & Blodget, Inc., Investmentbanker am 120 Broadway, und bei Carter, Martindell & Co, Investmentbanker am 115 Broadway.[402] Martindell war ein Mann mit Substanz, lebte laut *New York Times* "... inmitten eines herrlichen, sechzig Morgen großen Anwesens", das er von Charles Pfizer gekauft hatte[403], und war einflussreich genug, dass General Malone eine Führung durch das Camp des Conservation Corps in Elkridge, Maryland, organisierte.

Martindells Verbindung mit Stone & Webster (120 Broadway) ist bedeutend und rechtfertigt allein schon die Beobachtung seiner Geschäftspartner in der Wall Street-Region.

---

[400] House of Representatives, Enquête sur les activités de propagande nazie et enquête sur certaines autres activités de propagande, Audiences n° 73-D.C.-6, a. a. O., S. 26.

[401] Ibid, Teil 1 und 2. Basierend auf der Aussage vor dem McCormack-Dickstein-Ausschuss.

[402] 120 Broadway ist Gegenstand eines Kapitels in diesem Buch und in einem früheren Buch, Sutton, *Wall Street and the Bolschevic Revolution*, op. cit.

[403] *The New York Times*, 28. Dezember 1934.

Hauptmann Glazier verschaffte Martindell den gewünschten Besuch des Lagers und sagte vor dem Ausschuss aus, dass Martindell viele Fragen über ein ähnliches Lager für Männer, die in der Industrie und nicht im Wald arbeiteten, gestellt hatte. Etwa eine Woche nach dem Besuch. Hauptmann Glazier besuchte Martindells Haus in New Jersey, erfuhr, dass er ein persönlicher Freund von General Malone war, und wurde darüber informiert, dass Martindell ähnliche Lager wie das CCC organisieren wollte, um 500.000 junge Männer auszubilden. Laut Glazier hatte dieses Gespräch einen antisemitischen Unterton und deutete auf einen Putschversuch in den USA hin. Die Organisation, die für diesen Umsturz Pate stand, hieß American Vigilantes, deren Emblem eine Flagge mit einem roten Adler auf blauem Grund anstelle des deutschen Hakenkreuzes war. Dabei handelte es sich zum Teil um eine unabhängige Überprüfung der Aussage von General Butler.

DAS ZEUGNIS VON GERALD C. MACGUIRE

Gerald MacGuire, einer der angeklagten Verschwörer, wurde vor den Ausschuss zitiert und sagte ausführlich unter Eid aus. Er sagte aus, dass er General Butler 1933 getroffen habe und dass die Gründe für seinen Besuch bei Butler gewesen seien, (1) das Komitee für einen gesunden Dollar zu besprechen und (2) dass er dachte, Butler wäre "ein guter Mann, um Kommandeur der Legion zu sein".

MacGuire gab zu, General Butler erzählt zu haben, dass er Mitglied des Komitees für hochrangige Gäste der amerikanischen Legion sei; er habe eine "vage Erinnerung", dass der Millionär Robert S. Clark mit Butler gesprochen habe, habe aber "kategorisch bestritten", dass er Vorkehrungen für ein Treffen Clarks mit Butler getroffen habe. MacGuire gab zu, dass er Butler Postkarten aus Europa geschickt hatte, dass er sich mit dem General im Hotel Bellevue-Stratford unterhalten hatte und dass er Butler erzählt hatte, dass er zur Convention nach Miami fahren würde. Auf die Frage, ob er mit Butler über die Rolle der Veteranen in den europäischen Regierungen gesprochen habe, antwortete er jedoch, dass dies nicht der Fall sei, obwohl er angab, Butler gesagt zu haben, dass seiner Meinung nach "Hitler in Deutschland kein Jahr mehr durchhalten würde und Mussolini auf dem absteigenden Ast sei".[404]

MacGuires Aussage über seine Begegnung mit French unterscheidet sich erheblich von Frenchs Erzählung:

> **QUESTION.** Warum hat Mr. French angerufen, um Sie zu sehen, Mr. MacGuire?
> **ANTWORT.** Er rief mich laut Herrn Frenchs Geschichte an, um mich zu treffen und kennenzulernen, denn ich hatte General Butler gekannt und war ein Freund von ihm, und er wollte mich kennenlernen, und das war hauptsächlich der Zweck seines Besuchs.
> **QUESTION.** Wurde sonst nichts besprochen?

---

[404] House of Representatives, Enquête sur les activités de propagande nazie et enquête sur certaines autres activités de propagande, Audiences n° 73-D.C.-6, a. a. O., S. 45.

> **ANTWORT.** Eine Reihe von Dingen wurde diskutiert; ja. Die Position des Anleihemarkts, des Aktienmarkts; was ich im Moment für einen guten Kauf halte; was er kaufen könnte, wenn er sieben oder achthundert Dollar hätte; die Position des Landes; die Aussichten auf eine Erholung und verschiedene Themen, die zwei Männer besprechen würden, wenn sie sich zusammensetzen würden.
> **QUESTION.** Sonst nichts?
> **ANTWORT.** Nichts weiter als das, Herr Präsident: Wie ich gestern sagte, glaube ich, als Herr French zu mir kam, sagte er: General Butler wird oder wurde von zwei oder drei Organisationen angesprochen - und ich glaube, er erwähnte eine davon als ein Wachsamkeitskomitee in diesem Land - und er sagte: "Was denken Sie darüber? " und ich glaube, ich habe ihm geantwortet: "Warum, ich denke nicht, dass sich der General in diese Angelegenheiten in diesem Land einmischen sollte. Ich denke, dass all diese Leute versuchen, ihn zu benutzen, seinen Namen zu Werbezwecken und um Mitglied zu werden, und ich denke, dass er sich von diesen Organisationen fernhalten sollte.
> **QUESTION.** Sonst nichts?
> **ANTWORT.** Nichts anderes. Das war die Quintessenz des gesamten Gesprächs.[405]

MacGuire sagte außerdem aus, dass er für Grayson Murphy arbeitete und dass Robert S. Clark 300.000 Dollar zur Verfügung gestellt hatte, um das Komitee für einen gesunden Dollar zu bilden.

Die McCormack-Dickstein-Kommission konnte die Tatsache bestätigen, dass Robert Sterling Clark Geld für politische Zwecke an MacGuire weitergeleitet hat:

> Er [MacGuire] erklärte weiter, dass ihm dieses Geld lange nach der Chicagoer Legionsversammlung von Mr. Clark gegeben worden sei und dass er außerdem von Walter E. Frew von der Corn Exchange Bank & Trust Co. die Summe von 1.000 Dollar erhalten habe, die ebenfalls dem Sound Money Committee gutgeschrieben worden sei.
> MacGuire sagte später aus, dass er von Robert Sterling Clark ca. 7200 US-Dollar für Reisekosten nach, von und innerhalb Europas erhalten habe, zu denen bei einer anderen Gelegenheit 2500 US-Dollar und zu einem anderen Zeitpunkt 1000 US-Dollar hinzugekommen seien, und er sagte unter Eid aus, dass er von niemandem sonst etwas erhalten habe, und bezeugte außerdem, dass er es auf sein persönliches Konto bei der Manufacturers Trust Co. 55 Broad Street eingezahlt habe.
> MacGuire sagte außerdem aus, dass er derzeit ein Konto habe, von dem er monatlich 432 Dollar abheben könne, zu denen noch einige Provisionen hinzukämen. Später sagte MacGuire aus, dass die 2500$ und die 1000$ mit der Organisation des Komitees für einen gesunden Dollar zusammenhingen.
> Präsident McCormack stellte dann die Frage: "Hat Herr Clark außer den 30 000 Dollar und den anderen von Ihnen aufgezählten Beträgen, die er Ihnen persönlich gegeben hat, noch auf andere Weise etwas beigetragen? " Darauf antwortete MacGuire: "Nein, Sir, er wurde mehrmals gebeten, zu verschiedenen Fonds beizutragen, aber er hat sich geweigert." [406]

---

[405] Ibid, S. 45.

[406] Pressemitteilung. New York City, S. 12.

In seiner New Yorker Pressemitteilung wies der Ausschuss auf mehrere Diskrepanzen in MacGuires Aussage über den Erhalt der Gelder hin. Der Abschnitt lautet wie folgt:

> MacGuire konnte sich auch nicht mehr daran erinnern, was der Zweck seiner Reise nach Washington war oder ob er der Zentralbank in Hannover dreizehn Tausend-Dollar-Scheine gegeben oder eines der Akkreditive mit einem bestätigten Scheck gekauft hatte, der auf das Konto von Mr. Christmas gezogen worden war.
> Während des Verhörs konnte sich MacGuire nicht daran erinnern, ob er jemals mit Tausend-Dollar-Scheinen hantiert hatte, und er konnte sich sicherlich nicht daran erinnern, in der Bank dreizehn Scheine auf einmal hergestellt zu haben. In diesem Zusammenhang ist zu bedenken, dass der Kauf von 13.000 Dollar mit Tausend-Dollar-Scheinen in der Bank nur sechs Tage nachdem Butler behauptet hatte, MacGuire habe ihm in Newark achtzehn Tausend-Dollar-Scheine gezeigt, stattfand.
> Aus dem oben Gesagten ist leicht zu erkennen, dass Clark zusätzlich zu den 30.000 Dollar, die er MacGuire für das Sound Money Committee gab, weitere rund 75.000 Dollar produzierte, was MacGuire widerwillig zugab, als er mit den Beweisen konfrontiert wurde.
> Diese 75.000 US-Dollar sind enthalten in 26.000 US-Dollar, die auf das Konto des Manufacturers Trust eingezahlt wurden, 10.000 US-Dollar in Devisen beim Mittagessen, dem Kauf von Akkreditiven in Höhe von insgesamt 30.300 US-Dollar, wobei der beglaubigte Weihnachtsscheck mit 15.000 US-Dollar vertreten war, Ausgaben für Europa in Höhe von fast 8000 US-Dollar. All dies bleibt unerklärt. Der Ausschuss weiß noch nicht, ob und wie viel mehr es war.[407]

Der Ausschuss stellte MacGuire dann eine offensichtliche Frage: Kannte er Jackson Martindell? Leider blieb ein ebenso offensichtlicher Fehler in MacGuires Antwort unbemerkt. Die Abschrift des Ausschusses liest sich wie folgt:

> Im Namen des Vorsitzenden:
> **QUESTION**. Kennen Sie Mr. Martindell, Mr. MacGuire?
> **ANTWORT**. Herr Martin Dell? Nein, Sir; ich kenne ihn nicht.
> **DER** PRÄSIDENT Ist das sein Name?
> **MR. DICKSTEIN**. Ich denke, ja.[408]

So haben wir, kurz gesagt, drei zuverlässige Zeugen - General Butler, Paul French und Hauptmann Samuel Glazier -, die unter Eid über die Pläne einer Verschwörung zur Errichtung einer Diktatur in den Vereinigten Staaten aussagen. Und wir haben widersprüchliche Zeugenaussagen von Gerald MacGuire, die eindeutig eine weitere Untersuchung rechtfertigen. Eine solche Untersuchung war ursprünglich die erklärte Absicht des Ausschusses: "Der Ausschuss erwartet die Rückkehr von Mr. Clark und Mr. Christmas in dieses Land. Bei der gegenwärtigen

---

[407] Ibid, S. 13.

[408] House of Representatives, Enquête sur les activités de propagande nazie et enquête sur certaines autres activités de propagande, Audiences n° 73-D.C.-6, a. a. O., S. 85.

Beweislage verlangt er eine Erklärung, die der Ausschuss von Herrn MacGuire nicht erhalten konnte".[409]

Aber der Ausschuss hat weder Herrn Clark noch Herrn Christmas als Zeugen aufgerufen. Er unternahm keine zusätzlichen Anstrengungen - zumindest sind in den öffentlichen Archiven keine zusätzlichen Anstrengungen zu erkennen -, um eine Erklärung für die Ungereimtheiten und Ungenauigkeiten in MacGuires Aussage zu finden, einer Aussage, die dem Ausschuss unter Eid gemacht worden war.

ABSCHAFFUNG DER BETEILIGUNG DER WALL STREET

Die Geschichte eines Versuchs, die Exekutive in den Vereinigten Staaten zu übernehmen, wurde nicht nur von den direkt betroffenen Parteien unterdrückt, sondern auch von mehreren Institutionen, die üblicherweise als Beschützer der verfassungsmäßigen Freiheit und der Untersuchungsfreiheit gelten. Zu den Gruppen, die Informationen unterdrücken, gehören (1) der US-Kongress, (2) die Presse, insbesondere *Time* und *New York Times*, und (3) das Weiße Haus selbst. Bemerkenswert ist auch, dass keine akademische Untersuchung zu einem der sicherlich besorgniserregendsten Ereignisse der jüngeren amerikanischen Geschichte durchgeführt wurde. Die Unterdrückung ist angesichts der aktuellen Tendenz zum Kollektivismus in den USA und der Wahrscheinlichkeit eines weiteren diktatorischen Machtergreifungsversuchs, der angebliche Bedrohungen von links oder rechts als Vorwand nutzt, noch bedauerlicher.

Die Repressionen des Ausschusses für unamerikanische Aktivitäten des Repräsentantenhauses bestanden in der Streichung zahlreicher Auszüge, die sich auf Finanziers der Wall Street bezogen, darunter der Direktor des Guaranty Trust, Grayson Murphy, J.P. Morgan, die Interessen von Du Pont, Remington Arms und andere Personen, die angeblich in den Verschwörungsversuch verwickelt waren. Selbst heute, im Jahr 1975, ist es unmöglich, eine vollständige Abschrift der Anhörungen zu finden.

Einige der gelöschten Teile des Transkripts wurden von dem Journalisten John Spivak entdeckt.[410] Ein Verweis auf den NRA-Administrator Hugh Johnson wies auf die Art der unterdrückten Informationen hin; der Ausschuss entfernte kursive Wörter aus der gedruckten Zeugenaussage; Butler spricht mit MacGuire:

> Ich sagte: "Ist noch etwas in Bewegung?
> "Ja", sagte er, "Sie schauen, in zwei oder drei Wochen werden Sie es in den Zeitungen auftauchen sehen. Es wird einige Großkopferte geben" ... und innerhalb von etwa zwei Wochen erschien die American Liberty League, was in etwa dem entspricht, was er beschrieben hat. Wir könnten einen stellvertretenden Vorsitzenden haben, jemanden, dem man die Schuld geben kann; und wenn die Dinge nicht funktionieren, kann er ihn fallen lassen.

---

[409] Pressemitteilung, New York City, S. 13.

[410] Siehe Jules Archer, *The Plot to Seize the White House*, op. cit.

Er sagte: "Deshalb hat er Hugh Johnson aufgebaut. Hugh Johnson hat zu viel geredet und ihn in ein Loch gesteckt, und er wird ihn in den nächsten drei oder vier Wochen feuern".
Ich fragte: "Woher wissen Sie das alles?"
"Oh", sagte er, "wir sind die ganze Zeit bei ihm. Wir wissen, was passieren wird".[411]

Auch die Aussage von Paul French wurde vom Parlamentsausschuss zensiert. Davon zeugt der folgende Auszug aus Frenchs Zeugenaussage, der sich auf John W. Davis, J.P. Morgan, die Du Pont Company und andere Personen der Wall Street bezieht und die Aussage von General Butler stark bestätigt:

> Zunächst schlug er [MacGuire] General [Butler] vor, das Treffen selbst zu organisieren und von jedem einen Jahresbeitrag von einem Dollar zu verlangen. Wir diskutierten darüber, dann kam er auf die Beschaffung von Fremdmitteln zu sprechen und sagte, es sei nicht schwer, eine Million Dollar aufzubringen. Er sagte, er könne sich an John W. Davis [Anwalt von J.P. Morgan & Co] oder an Perkins von der National City Bank und an jede andere Person wenden, um sie zu bekommen. Natürlich kann das etwas bedeuten oder auch nicht. Das heißt, er bezieht sich auf John W. Davis und Perkins von der National City Bank. Im Laufe des Gesprächs mit ihm habe ich den General natürlich zu nichts verpflichtet. Ich hatte einfach ein gutes Gefühl bei ihm.
> Später besprachen wir die Frage der Waffen und Ausrüstung und er schlug vor, dass diese von der Remington Arms Co. auf Kredit über die Du Ponts bezogen werden könnten.
> Ich glaube nicht, dass er damals Du Ponts Verbindungen zur American Liberty League erwähnt hat, aber er ging um das Thema herum. Mit anderen Worten, ich glaube nicht, dass er die Liberty League erwähnte, aber er umging die Idee, dass es sich um einen letzten Ausweg handelte; einer der Du Ponts sitzt im Vorstand der American Liberty League und besitzt eine Mehrheitsbeteiligung an der Remington Arms Co ... Er sagte, dass der General kein Problem damit hätte, 500.000 Männer zu rekrutieren.[412]

John L. Spivak, der Journalist, der die Streichung in den Transkripten des Kongresses entdeckt hatte, bestritt die Aussage des Co-Vorsitzenden des Ausschusses, Samuel Dickstein aus New York. Dickstein gab zu, dass:

> der Ausschuss Teile der Zeugenaussage gestrichen hatte, weil es sich um Hörensagen handelte".
> "Aber Ihre veröffentlichten Berichte sind voll von Zeugenaussagen vom Hörensagen". "Sind sie das?", sagte er.
> "Warum wurde Grayson Murphy nicht angerufen? Wusste Ihr Komitee, dass Murphys Männer Teil der antisemitischen Spionageorganisation Order of '76 sind?
> "Wir hatten keine Zeit. Wir hätten uns um die Wall-Street-Gruppen gekümmert, wenn wir Zeit gehabt hätten. Ich hätte nicht gezögert, die Morgans zu holen".

---

[411] George Seldes, *One Thousand Americans*, a. a. O., S. 288.

[412] Ibid, S. 289-290.

"Sie haben Belgrano, den Kommandanten der amerikanischen Legion, als Zeugen vorladen lassen. Warum wurde er nicht befragt? "
"Ich weiß es nicht. Vielleicht können Sie Herrn McCormack bitten, Ihnen das zu erklären. Ich habe damit nichts zu tun".[413]

Tatsache ist, dass der Ausschuss Grayson Murphy, Jackson Martindell oder John W. Davis, die alle im Rahmen einer eidesstattlichen Aussage direkt beschuldigt wurden, nicht einberufen hat. Darüber hinaus entfernte der Ausschuss alle Teile der Zeugenaussage, die andere Persönlichkeiten betrafen: J.P. Morgan, die Du Ponts, die Rockefeller-Interessen, Hugh Johnson und Franklin D. Roosevelt. Als der Kongressabgeordnete Dickstein gegenüber John Spivak seine Unschuld beteuerte, stand dies im Widerspruch zu seinem eigenen Brief an Präsident Roosevelt, in dem er behauptete, selbst der öffentlichen Verbreitung der gedruckten Anhörungen des Ausschusses Beschränkungen auferlegt zu haben, "damit sie nicht in unverantwortliche Hände fallen". Der Abschlussbericht, den der Ausschuss am 15. Februar 1935 veröffentlichte, begrub die Geschichte noch tiefer. John L. Spivak fasst diese Verschleppung kurz und bündig zusammen: "Ich habe ... studierte den Bericht der Kommission. Er widmete sechs Seiten der Bedrohung durch die in diesem Land operierenden Nazi-Agenten und elf Seiten der Bedrohung durch die Kommunisten sowie eine Seite der Verschwörung zur Übernahme der Regierung und zur Zerstörung unseres demokratischen Systems."[414]

Die Rolle der wichtigsten meinungsbildenden Zeitungen und Zeitschriften bei der Berichterstattung über den Fall Butler ist ebenfalls verdächtig. Tatsächlich hat ihre Behandlung des Ereignisses den Anschein einer totalen Verzerrung und Zensur. Der Wahrheitsgehalt einiger großer Zeitungen wurde in den letzten 50 Jahren weitgehend in Frage gestellt,[415] und in manchen Kreisen wurden die Medien sogar einer Verschwörung beschuldigt, um "alles zu unterdrücken, was den Wünschen der Interessen der Mächtigen zuwiderläuft". Beispielsweise fügte der Kongressabgeordnete Callaway 1917 in The Congressional Record die folgende verheerende Kritik an Morgans Kontrolle der Presse ein:

> **HERR CALLAWAY.** Herr Präsident, mit einstimmiger Zustimmung füge ich an dieser Stelle eine Erklärung in das Protokoll ein, die auf die Kombination der Zeitungen hinweist und ihre Aktivität in dieser Kriegsangelegenheit erklärt, über die der Herr aus Pennsylvania (Herr Moore) soeben gesprochen hat:
> Im März 1915 versammelten die Interessen von J.P. Morgan, die Interessen der Stahl-, Schiffbau- und Pulverindustrie und ihre Unterorganisationen 12 hochrangige Männer aus der Welt der Presse und setzten sie ein, um die einflussreichsten Zeitungen der USA und eine ausreichende Anzahl von ihnen auszuwählen, um die Politik der Tagespresse in den USA generell zu kontrollieren.

---

[413] John L. Spivak, *A Man in his Time* (New York: Horizon Press, 1967), S. 311, 322-25.

[414] Ibid, S. 331.

[415] Siehe Herman Dinsmore, *All the News That Fits,* (New Rochelle: Arlington House, 1969).

Diese 12 Männer lösten das Problem, indem sie 179 Zeitungen auswählten und dann mit einem Eliminierungsprozess begannen, um nur diejenigen zu behalten, die für die Kontrolle der allgemeinen Politik der Tagespresse im ganzen Land notwendig waren. Sie stellten fest, dass es nur bei 25 der größten Zeitungen notwendig war, die Kontrolle zu erwerben. Die 25 Zeitungen wurden vereinbart; Emissäre wurden ausgesandt, um die politische, nationale und internationale Analyse dieser Zeitungen zu kaufen; es wurde eine Vereinbarung getroffen; die Veröffentlichungen der Zeitungen wurden monatlich gekauft; für jede Zeitung wurde ein Redakteur bereitgestellt, der die Informationen über Fragen der Vorbereitung, des Militarismus, der Finanzpolitik und andere Elemente nationaler und internationaler Natur, die als lebenswichtig für die Interessen der Auftraggeber angesehen wurden, überwachen und korrekt bearbeiten sollte.

Dieser Vertrag besteht derzeit und erklärt, warum die Nachrichtenspalten der Tagespresse des Landes mit allen möglichen Argumenten und Falschaussagen über den aktuellen Zustand der US-Armee und der US-Marine sowie über die Möglichkeit und Wahrscheinlichkeit eines Angriffs auf die USA durch ausländische Feinde gefüllt werden.

Diese Politik beinhaltete auch die Unterdrückung von allem, was den Wünschen der bedienten Interessen entgegenstand. Die Wirksamkeit dieses Systems wurde schlüssig durch den Charakter der Nachrichten bewiesen, die seit März 1915 in der Tagespresse im ganzen Land veröffentlicht wurden. Sie griffen zu jedem Mittel, um die öffentliche Stimmung zu lenken und den Nationalkongress in die Schranken zu weisen, um unter dem falschen Vorwand, dies sei notwendig, extravagante und unnötige Kredite für die Armee und die Marine zu erhalten. Ihr Hauptargument ist, dass es sich um "Patriotismus" handelt. Sie spielen mit allen Vorurteilen und Leidenschaften des amerikanischen Volkes.[416]

Im Fall Butler waren die angeklagten Interessen ebenfalls die vom Abgeordneten Callaway identifizierten: die Firma J.P. Morgan und die Stahl- und Pulverindustrie. General Butler beschuldigte Grayson Murphy, einen Direktor der von Morgan kontrollierten Guaranty Trust Company; Jackson Martindell, Partner von Stone & Webster, der mit den Morgans verbündet war; die Firma Du Pont (die Pulverindustrie); und die Remington Arms Company, die von Du Pont und den finanziellen Interessen von Morgan-Harriman kontrolliert wurde. Darüber hinaus sind die Unternehmen, die in der unterdrückten Aussage des Kongresses von 1934 auftauchen, J.P. Morgan, Du Pont und Remington Arms. Kurzum, wir können die Unterdrückung der Informationen, die die 1917 gegen den Kongressabgeordneten Callaway erhobenen Anschuldigungen stützen, durch den Kongress im Jahr 1934 verifizieren.

Erstreckt sich diese Abschaffung auch auf große Nachrichtenzeitungen? Wir können zwei erstklassige Beispiele heranziehen: die *New York Times* und das *Time* Magazine. Wenn es eine Kombination wie Callaways Anschuldigungen gäbe, dann würden diese beiden Zeitungen sicherlich zu den "25 größten Zeitungen, die in den 1930er Jahren involviert waren" gehören. Die Berichterstattung der *New York Times* über das "Komplott" beginnt mit einem Artikel auf der ersten Seite vom 21. November 1934: "General Butler spricht von einem "faschistischen

---

[416] Congressional Record, Vol. 55, pp. 2947-8 (1917).

Komplott", um die Regierung gewaltsam zu übernehmen", mit dem oben zitierten Hauptabsatz (S. 143). Dieser *Times-Artikel* ist eine recht gute Berichterstattung und enthält eine direkte Aussage des Kongressabgeordneten Dickstein: "Nach den bisherigen Angaben hat Butler die Beweise. Er wird keine ernsthaften Anschuldigungen erheben, wenn er nicht etwas hat, um sie zu untermauern. Wir werden hier Männer mit wichtigeren Namen als seinem haben". Zweitens heißt es in dem Times-Artikel: "Herr Dickstein sagte, dass etwa 16 Personen, die General Butler vor dem Ausschuss erwähnte, vorgeladen würden, und dass eine öffentliche Anhörung am kommenden Montag stattfinden könnte." Die *Times* enthält auch kategorische und teilweise wütende Dementis von Hugh Johnson, Thomas W. Lamont und Grayson M-P. Murphy vom Guaranty Trust.

Am nächsten Morgen, dem 22. November, nahm die *Times* eine wichtige Änderung in der Art und Weise vor, wie sie über die Intrige berichtete. Die Enthüllungen wurden auf einer Innenseite veröffentlicht, obwohl sich die Aussage nun auf Gerald MacGuire, einen der angeklagten Verschwörer, bezog. Darüber hinaus ist eine entschiedene Veränderung in der Haltung des Ausschusses erkennbar. Der Kongressabgeordnete McCormack soll gesagt haben, dass "der Ausschuss nicht entschieden hat, weitere Zeugen zu laden. Er sagte, der wichtigste Zeuge neben Mr. MacGuire sei Robert Sterling Clark, ein wohlhabender New Yorker mit Büroräumen im Börsengebäude".

Während die Berichterstattung der *Times* in einer einzigen Spalte festgehalten wurde, enthielt die Redaktionsseite, ihr einflussreichster Teil, einen Hauptleitartikel, der den Ton für die weitere Berichterstattung vorgab. Unter der Überschrift "Unbegrenzte Leichtgläubigkeit" argumentierte sie, dass Butlers Anklage eine "wackelige und wenig überzeugende Erzählung" sei. ... Die ganze Geschichte sieht aus wie ein gigantischer Hoax ... sie verdient keine ernsthafte Diskussion", und so weiter. Kurz gesagt: Bevor die 16 wichtigen Zeugen aufgerufen wurden, bevor die Beweise aufgenommen wurden, bevor die Anklage erörtert wurde, entschied die *New York Times*, dass sie nichts von der Geschichte hören wollte, weil es sich um einen Hoax handelte, der es nicht wert war, veröffentlicht zu werden.

Am nächsten Tag, dem 23. November, änderte die *Times* ihre Berichterstattung erneut. Die Schlagzeilen handelten nun von den Roten und dem Kampf der roten Gewerkschaften und bezogen sich auf die angeblichen Aktivitäten von Kommunisten in den amerikanischen Gewerkschaften, während Butlers Aussage und die sich anhäufenden Beweise in die Tiefen der Berichterstattung über die Aktivitäten der Roten verbannt wurden. Die daraus resultierende Geschichte war natürlich vage und verwirrend, aber sie begrub Butlers Beweise tatsächlich unter sich.

Am 26. November wurden die Anhörungen fortgesetzt, doch der Ausschuss selbst zeigte sich nun zögerlich und veröffentlichte eine Erklärung:

> "Diese Kommission hatte keine Beweise vor sich, die es auch nur im Geringsten rechtfertigen würden, Männer wie John W. Davis, General Hugh Johnson, General James G. Harbord, Thomas W. Lamont, Admiral William S. Sims oder Hanford MacNider."

Es ist anzumerken, dass diese Namen während einer Aussage unter Eid auftauchten, um später aus dem offiziellen Register gelöscht zu werden. Die *Times* berichtete weiterhin in gekürzter Form auf einer Innenseite unter der Überschrift "Ausschuss Ruhig über Butlers "Verschwörung", hat keine Beweise, um die Aussage von Johnson und anderen zu rechtfertigen". Am 27. November kürzte die *Times* ihre Berichterstattung auf fünf Spalten auf einer Innenseite unter der ominösen Überschrift "Die Butler-Ermittlung darf nicht eingestellt werden". Über die Anhörungen im Dezember berichtete die *Times* auf der ersten Seite (28. Dezember 1934), aber die Verschwörung wurde nun als "Verschwörung der Roten zur Entführung des Präsidenten, Anschuldigungen von Zeugen bei der parlamentarischen Untersuchung" bezeichnet.

Wenn man sich die Geschichte des Falles Butler in der *Times* 40 Jahre nach dem Ereignis ansieht und ihre Erzählung mit der gedruckten offiziellen Zeugenaussage vergleicht, die selbst stark zensiert wurde, wird deutlich, dass die Zeitung aus eigenem Antrieb oder unter äußerem Druck entschied, dass die Geschichte nicht öffentlich gemacht werden sollte. Im Einklang mit dieser Interpretation stellen wir fest, dass die *New York Times*, die "offizielle Zeitung", Butlers Zeugenaussage in den Einträgen ihres jährlichen Indexes, auf den Forscher und Akademiker angewiesen sind, auslässt. Der Index der *Times* für 1934 enthält einen Eintrag "BUTLER (Maj Gen), Smedley D", listet aber nur einige seiner Reden und ein biografisches Porträt auf. Butlers Aussage ist nicht verzeichnet. Es gibt einen Eintrag "Siehe auch: Fascism-U.S.", aber unter diesem Querverweis steht nur: "Generalmajor S.D. Butler beschuldigt eine Verschwörung zum Sturz der gegenwärtigen Regierung; die Interessen der Wall Street und G.P. MacGuire sind in die Anhörung vor dem Kongressausschuss verwickelt. Der einzige bedeutende Name aus der Wall Street, der im Index erwähnt wird, ist der von R.S. Clark, der als "perplex" über die Anschuldigungen berichtet. Keiner der von General Butler erwähnten wichtigen Partner von Morgan und Du Pont ist im Index aufgeführt. Mit anderen Worten: Es scheint, als habe das Tagebuch absichtlich versucht, die Historiker zu täuschen.

Die Berichterstattung des *Time* Magazine ist durch seine Versuche, General Butlers Beweise als Unsinn abzutun, in die Fiktion abgedriftet. Falls ein Schüler jemals ein Beispiel für eine voreingenommene Berichterstattung konstruieren möchte, gibt es ein erstklassiges Beispiel in dem Vergleich der Beweise, die General Butler dem McCormack-Dickstein-Komitee vorlegte, mit der späteren Berichterstattung von *Time*. Die *Time*-Ausgabe vom 3. Dezember 1934 präsentierte die Geschichte unter der Überschrift "Die Verschwörung ohne Verschwörer", doch die Geschichte hat keinerlei Ähnlichkeit mit der Zeugenaussage, nicht einmal mit der zensierten Zeugenaussage. Die Geschichte zeigt General Butler, wie er eine halbe Million Männer einen amerikanischen Highway entlangführt und ruft: "Meine Herren, Washington ist nur 30 Meilen entfernt! Würden Sie mir bitte folgen? " Butler wird später so dargestellt, als habe er die Kontrolle über die US-Regierung von Präsident Roosevelt gewaltsam übernommen. Der Rest der Time-Story ist voll von Verweisen auf Butlers Vergangenheit und einer Auswahl an Dementis des Angeklagten. Nirgendwo wird versucht, die Aussagen von General Butler wiederzugeben, obwohl die Dementis von J.P. Morgan, Hugh Johnson, Robert Sterling Clark und Grayson Murphy korrekt zitiert werden. Zwei Fotografien sind enthalten: J.P. Morgan, der geniale Großvater, und General Butler in einer Pose, die universell als Symbol für Wahnsinn gilt - mit einem Finger, der auf das Ohr zeigt. Die Reportage war Trash-Journalismus, unehrlich und beschämend bis ins Mark. Was auch immer wir über Nazipropaganda oder die Verzerrung der sowjetischen Presse denken *mögen*, weder Goebbels noch *Goslit haben* jemals die hypnotische Expertise der *Time-Journalisten* und -Redakteure erreicht. Das gefürchtete Problem ist, dass die Meinungen und Sitten von Millionen von Amerikanern und Englischsprachigen in der ganzen Welt von dieser verzerrten Journalistenschule geprägt wurden.

Um unsere Kritik zu relativieren, muss man anmerken, dass *Time* bei der Verfolgung eines korrupten Journalismus scheinbar unparteiisch war. Selbst Hugh S. Johnson, Administrator der NRA und einer der mutmaßlichen Verschwörer im Fall Butler, wurde zur Zielscheibe der Missetaten von *Time*. Wie Johnson in seinem Buch berichtet:

> Ich war bei dieser Parade auf der Tribüne und kannte Hunderte von Menschen, die im Vorbeigehen grüßten. Unten standen Batterien von Fotoapparaten und ich wusste, wenn ich die Hand höher als die Schultern heben würde, wäre das anscheinend ein "faschistischer Gruß" und würde öffentlich gemacht werden. Daher hob ich meine Hand nie höher. Ich streckte nur meinen Arm aus und wedelte mit der Hand. Aber das half mir nicht - *Time* berichtete, dass ich ständig nach Mussolinis Art gegrüßt hatte und dass es sogar ein Foto gab, das dies belegen sollte, aber es war nicht mein Arm auf diesem Foto. Er trug die Klebebandmanschette eines abgeschnittenen Mantels und eine steife runde Manschette mit einem altmodischen Manschettenknopf, und ich habe in meinem ganzen Leben weder das eine noch das andere getragen. Ich glaube, es war der Arm von Bürgermeister O'Brien, der neben mir stand, der über meinen Körper gelegt worden war.[417]

EINE BEWERTUNG DES FALLS BUTLER

Der wichtigste Punkt, den es zu bewerten gilt, ist die Glaubwürdigkeit von General Smedley Darlington Butler. Hat General Butler gelogen? Sagte er die Wahrheit? Hat er aus Gründen der Glaubwürdigkeit übertrieben?

General Butler war ein außergewöhnlicher Mann mit einer außergewöhnlichen Laufbahn in den Streitkräften: Er wurde zweimal mit der Ehrenmedaille ausgezeichnet, war ein unbestrittener Anführer von Menschen mit unbestreitbarer persönlicher Tapferkeit, tiefer Loyalität gegenüber seinen Mitmenschen und einem ausgeprägten Sinn für Gerechtigkeit. All diese Eigenschaften sind bewundernswert. Sicherlich war General Butler kaum der Typ Mann, der aus einem kleinlichen Grund lügen oder gar übertreiben würde. Seine Vorliebe für Dramatik lässt die Tür für Übertreibungen offen, aber eine absichtliche Lüge ist bei ihm sehr unwahrscheinlich.

---

[417] Hugh S. Johnson, *The Blue Eagle from Egg to Earth*, a. a. O., S. 267.

Unterstützen die Beweise seine Version oder entkräften sie sie? Der Journalist Paul French vom *Philadelphia Record* unterstützt Butler voll und ganz. Die Aussage von Hauptmann Glazier, dem Kommandanten des CCC-Lagers, unterstützt Butler. In diesen beiden Fällen gibt es keine Diskrepanz in der Beweislage. MacGuires vor dem Kongress unter Eid abgegebene Erklärungen unterstützen Butler nicht. Wir haben also einen Konflikt zwischen den unter Eid vorgelegten Beweisen. Darüber hinaus wurde MacGuire vom Ausschuss in mehreren Punkten für fehlerhaft befunden; er hat mehrfach die Vermeidung von "nicht erinnern" benutzt, und in wichtigen Bereichen wie der Finanzierung durch Clark unterstützt MacGuire Butler gegen seinen Willen. Es gibt einen harten Kern von Plausibilität in Butlers Geschichte. Es gibt eine Möglichkeit der Übertreibung, die vielleicht nicht untypisch für einen Mann mit einer flammenden Persönlichkeit wie ihn ist, aber das ist weder bewiesen noch widerlegt.

Es besteht kein Zweifel daran, dass der US-Kongress der Sache der Freiheit einen schweren Dienst erwiesen hat, als er Butlers Geschichte unterdrückte. Wir können nur hoffen, dass einige Kongressabgeordnete oder Kongressausschüsse auch zu diesem späten Zeitpunkt den Faden wieder aufnehmen und die gesamte unzensierte Zeugenaussage veröffentlichen werden. Wir können auch hoffen, dass die *New York Times beim* nächsten Mal in einem Fall von vergleichbarer Bedeutung ihrem Anspruch gerecht wird, die führende Zeitung zu sein - ein Name, den sie vier Jahrzehnte später bei der Watergate-Untersuchung so wunderbar rechtfertigte.

KAPITEL XI

BETRIEBSSOZIALISTEN IN 120 BROADWAY, NEW YORK CITY

> Er [FDR] hatte bereits begonnen, im Büro der Fidelity and Deposit Company am 120 Broadway wieder aufzutauchen. Zu seiner Anwaltskanzlei in der 52 Wall Street war er wegen der hohen Stufen an der Fassade noch nicht gegangen - er konnte den Gedanken, in die Öffentlichkeit getragen zu werden, nicht ertragen. Am 120 Broadway konnte er es selbst schaffen, einen kleinen Schritt auf den Bürgersteig zu machen.
>
> Frank Freidel, Franklin D. Roosevelt: *The Ordeal.*
> (Boston; Little, Brown, 1954), S. 119.

In der *Wall Street und die bolschewistische Revolution* finden sich viele der in diesem Buch beschriebenen Hauptfiguren (darunter FDR), Unternehmen und sogar einige der Ereignisse an einer einzigen Adresse wieder: dem Equitable Office Building am 120 Broadway in New York City.

Das Büro von Franklin D. Roosevelt in den frühen 1920er Jahren, als er Vizepräsident der Fidelity and Deposit Company war, befand sich am 120 Broadway. Der Biograf Frank Freidel berichtet oben, wie er nach seinem lähmenden Poliomyelitis-Anfall in das Gebäude zurückkehrte. Zu dieser Zeit befand sich auch Bernard Baruchs Büro am 120 Broadway und Hugh Johnson, der später der Verwalter der NRA werden sollte, war Bernard Baruchs Forschungsassistent an derselben Adresse.

Außerdem befanden sich hier die Exekutivbüros von General Electric und die Büros von Gerard Swope, dem Autor des Swope-Plans, der zu Roosevelts NRA wurde. Der Bankers Club befand sich im obersten Stockwerk desselben Equitable Office Building und war 1926 der Ort, an dem sich die Verschwörer der Butler-Affäre trafen. Es ist offensichtlich, dass es an dieser besonderen Adresse eine Konzentration von Talenten gab, die eine nähere Beschreibung verdiente.

DIE BOLSCHEWISTISCHE REVOLUTION UND DER 120 BROADWAY

In der *Wall Street und in der bolschewistischen Revolution* haben wir festgestellt, dass die mit der Revolution verbundenen Finanziers an einer einzigen Adresse in New York konzentriert waren, demselben Equitable Office Building.

Im Jahr 1917 befand sich der Sitz des Distrikts Nr. 2 des Federal Reserve Systems, des größten der Federal Reserve Distrikte, am 120 Broadway; von den neun Direktoren der Federal Reserve Bank of New York waren vier physisch am 120 Broadway angesiedelt, und zwei dieser Direktoren saßen gleichzeitig im Vorstand der American International Corporation. Die American International Corporation war 1915 von Morgans Interessen mit der enthusiastischen Beteiligung der Rockefeller- und Stillman-Gruppe gegründet worden. Das Hauptbüro der A.I.C. befand sich am 120 Broadway. Ihre Direktoren waren stark mit anderen großen Finanz- und Industrieinteressen der Wall Street verflochten, und es besteht kein Zweifel daran, dass die American International Corporation eine wichtige Rolle beim Erfolg und der Konsolidierung der bolschewistischen Revolution von 1917 spielte. Der Exekutivsekretär der A.I.C., William Franklin Sands, den das Außenministerium wenige Wochen nach dem Ausbruch der bolschewistischen Revolution im November 1917 (lange bevor ein Teil Russlands unter sowjetische Kontrolle geriet) um seine Meinung zur Revolution gebeten hatte, brachte seine starke Unterstützung für die Revolution zum Ausdruck. Der Brief von Sands wird in *Wall Street and the Bolschevik Revolution* zitiert. Ein Memorandum des Morgan-Partners Dwight Morrow an David Lloyd George, Premierminister von England, forderte ebenfalls dazu auf, die bolschewistischen Revolutionäre und ihre Armeen zu unterstützen. Ein Direktor der FRB in New York, William Boyce Thompson, spendete eine Million Dollar für die bolschewistische Sache und intervenierte bei Lloyd George im Namen der Sowjets, die kurz vor der Machtübernahme standen.

Kurz gesagt, wir fanden ein erkennbares Muster pro-bolschewistischer Aktivitäten einflussreicher Mitglieder der Wall Street, die sich auf die Federal Reserve Bank of New York und die American International Corporation konzentrierten, die beide am 120 Broadway ansässig waren. Im Jahr 1933 war die Bank in die Liberty Street umgezogen.

DIE FEDERAL RESERVE BANK OF NEW YORK UND 120 BROADWAY

Die Namen der FRB-Direktoren änderten sich zwischen 1917 und den 1930er Jahren, aber es wurde festgestellt, dass, obwohl die FRB umgezogen war, vier FRB-Direktoren während der Zeit des New Deal noch Büros an dieser Adresse hatten, wie die folgende Tabelle zeigt:

Direktoren der Federal Reserve Bank of New York während der Zeit des New Deal

Name	Verwaltungsratsmandate für ansässige Unternehmen in 120 Broadway
Charles E. Mitchell	Direktor der FRB in New York, 1929-1931, und Direktor der Corporation Trust Co. (120 Broadway)
Albert H. Wiggin	Nachfolger von Charles E. Mitchell als Direktor der FRB in

Clarence M. Woolley	New York, 1932-34, und Direktor der American International Corp, und Stone and Webster, Inc. (beide 120 Broadway) Direktor der FRB in New York, 1922-1936, und Direktor der General Electric Co. (120 Broadway), und Direktor der General Electric Co.
Owen D. Young	Direktor der FRB in New York, 1927-1935, und Präsident der General Electric Co. (120 Broadway)

Personen und Unternehmen befinden sich in:

120 BROADWAY
Franklin Delano Roosevelt
Bernard Baruch
Gérard Swope
Owen D. Young

42 BROADWAY
Herbert Clark Hoover

Andere

American International Corp.
Das Unternehmen The Corporation Trust Co. Empire Trust Co. Inc.
Fidelity Trust Co.
American Smelting & Refining Co.
Armour & Co. (Büro in New York).
Baldwin-Lokomotivenfabrik
Federal Mining & Smelting Co.
General Electric Co.
Kennecott Copper Corp.
Metal & Thermit Corp.
National Dairy Products Corp.
Yukon Gold Co.
Stone & Webster & Blodget, Inc.

Grayson M-P Murphy (52 Broadway)
International Acceptance Bank, (52 Cedar St.)

International Acceptance Trust (52 Cedar St.)

International Manhattan Co. Inc. (52 Cedar St.)
Jackson Martindell (14 Wall St.)
John D. Rockefeller, Jr. (26 Broadway)
Percy A. Rockefeller (25 Broadway)
Robert S. Clark (11 Wall St.)

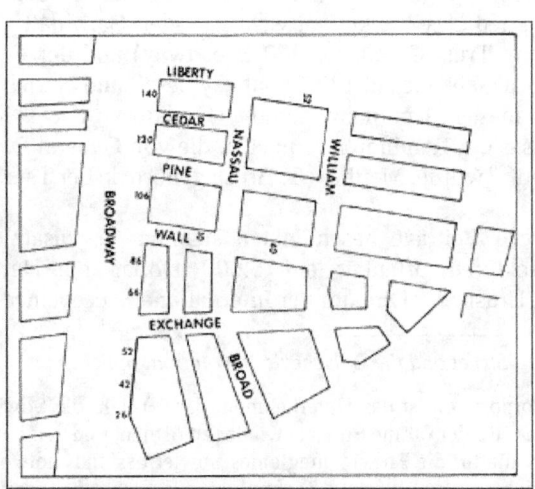

Karte der Wall-Street-Region, auf der die Standorte der Büros für die in diesem Buch erwähnten Personen und Unternehmen verzeichnet sind.

DIE AMERICAN INTERNATIONAL CORPORATION UND 120 BROADWAY

Die American International Corporation (AIC) wurde 1915 von einer Interessenkoalition aus Morgan, Stillman und Rockefeller gegründet; ihr Hauptbüro befand sich von 1915 bis 1920 am 120 Broadway. Die große Begeisterung der Wall Street für die Gründung der AIC führte zu einer Konzentration der finanzkräftigsten Elemente in ihrem Vorstand - im Grunde eine monopolistische Organisation für die Entwicklung und Ausbeutung ausländischer Ressourcen.[418] Von den neun Direktoren des Vorstands im Jahr 1930 gehörten fünf 1917, zur Zeit der bolschewistischen Revolution, dem Vorstand der AIC an: Matthew C. Brush, Vorsitzender des Exekutivkomitees der American International Corporation und Direktor der Empire Trust Company; Pierre S. Du Pont, Mitglied der Familie Du Pont und Verwalter der Bankers Trust Company; Percy A. Rockefeller, aus der Familie Rockefeller und Verwalter der National City Bank; Albert H. Wiggin, Verwalter der Federal Reserve Bank of New York und der Rockefeller Chase National Bank; und Beekman Winthrop, von der Warburg International Banking Corporation und der National City Bank. Mehrere führende Finanziers traten in den 1920er Jahren dem Vorstand der AIC bei, darunter Frank Altschul und Halstead G. Freeman von der Chase National Bank, Arthur Lehman von Lehman Brothers und der Manufacturers Trust Company sowie John J. Raskob, Vizepräsident von Du Pont und Direktor von General Motors und der Bankers Trust Company.

Mathew C. Brush, Präsident, Direktor und Vorsitzender des Exekutivausschusses der American International Corporation und Präsident der Tochtergesellschaft Allied Machinery, war außerdem Direktor und Mitglied des Exekutivausschusses der International Acceptance Bank (siehe Kapitel 6), Direktor und Mitglied des Exekutivausschusses der Barnsdall Corporation,[419] Direktor der Empire Trust Company (120 Broadway) und der Equitable Office Corporation (die das Gebäude am 120 Broadway besaß und betrieb), Direktor der Georgian Manganese Company und Direktor und Mitglied des Exekutivausschusses der Remington Arms Co, die von General Butler im letzten Kapitel identifiziert[420] wurde. Matthew C. Brush gehörte in der Tat zur Avantgarde der Wall Street.

Brushs politische Beiträge beschränkten sich im Gegensatz zu denen der anderen AIC-Direktoren offenbar auf 5.000 Dollar für Herbert Hoovers Wahlkampf 1928. Brush war Direktor der International Acceptance Bank, die von

---

[418] Siehe Sutton, *Wall Street and the Bolschevic Revolution*, op. cit.

[419] Die Barnsdall Corporation ist das Unternehmen, das 1921 in die Sowjetunion eintrat, um die kaukasischen Ölfelder für die Sowjets wieder zu öffnen, und damit der Sowjetunion die Möglichkeit gab, die für die Entwicklung eines Sowjetrusslands notwendigen Devisen zu erwirtschaften; siehe Sutton, *Western Technology and Soviet Economic Development, 1917 to 1930* (Stanford: Hoover Institution, 1968), Bd. 1.

[420] Ibid.

der Inflation der 1920er Jahre profitierte, sowie Direktor von Remington Arms (ein Name, der im Fall Butler gestrichen wurde), als er Präsident von American International war, aber er scheint bei den in diesem Buch erforschten Ereignissen nur am Rande mitgespielt zu haben. Andererseits wurden vier Direktoren von American International als wichtige finanzielle Unterstützer von Franklin D. Roosevelt identifiziert: Frank Altschul, Pierre S. Du Pont, Arthur Lehman und John J. Raskob zwischen 1928 und 1932. Die Familie Lehman und John J. Raskob waren, wie wir gesehen haben, das Herzstück von Roosevelts Unterstützung. Es ist bezeichnend, dass die AIC, der Hauptträger der amerikanischen Beteiligung an der bolschewistischen Revolution, auch in einer Studie aus der Zeit Roosevelts ans Licht kommt, wenn auch nur in zufälliger Form.

DER FALL BUTLER UND DER 120 BROADWAY

Die Zeugenaussage des Ausschusses für unamerikanische Aktivitäten des Repräsentantenhauses über den Versuch, die Roosevelt-Administration in eine Diktatur mit Generalmajor Butler in der Schlüsselrolle des Generalsekretärs für allgemeine Angelegenheiten umzuwandeln, hatte mehrere Verbindungen zum 120 Broadway. Der Ausschuss hätte mindestens ein halbes Dutzend Personen damit beauftragen sollen, die eidesstattlichen Erklärungen von General Butler, Hauptmann Glazier und Paul French zu untersuchen; vier von ihnen befanden sich im 120 Broadway oder hatten eine wichtige Verbindung zu diesem.

Laut dem angeklagten Verschwörer Gerald MacGuire fand das erste Treffen der mutmaßlichen Teilnehmer 1926 im Bankers Club, 120 Broadway, statt. Der folgende Auszug aus den Anhörungen des Ausschusses zeichnet MacGuires Aussage auf; der Fragesteller war Präsident McCormack:

> **FRAGE.** Wie lange kennen Sie Clark schon?
> **ANTWORT.** Ich glaube, ich habe gesagt, dass ich mit ihm Geschäfte gemacht habe und dass ich ihn seit 1925 oder 1926 kenne.
> **FRAGE.** Hat er Ihnen jemals diese Art von Geld gegeben, bevor er es, wie Sie sagen, auf die Art und Weise verwendete, wie er wollte, dass Sie ihn bei diesen Transaktionen vertreten?
> **ANTWORT.** In welchen Transaktionen?
> **FRAGE.** In diesen Geldtransaktionen seit dieser Zeit?
> **ANTWORT.** In welchen monetären Transaktionen?
> **FRAGE.** Was ich meine, ist, dass Sie seit 1926, als Sie ihn kennenlernten, und danach; war es wirklich das erste Mal, dass Sie dieses Geld ohne Quittung, Papier oder sonst etwas erhielten?
> **ANTWORT.** Ja.
> **QUESTION.** Und dieses Abendessen war im Bankers Club, 120 Broadway, nicht wahr?
> **ANTWORT.** Ja.
> **FRAGE.** Wem wurde dieses Abendessen gegeben; wurde es jemand Bestimmtem gegeben?
> **ANTWORT.** Es war ein reguläres Mittagessen.
> **QUESTION.** Wer war an Ihrem Tisch anwesend?
> **ANTWORT.** Herr Christmas.

QUESTION. Was ist mit Ihnen?
ANTWORT. Ja.
QUESTION. Was ist mit Herrn Clark?
ANTWORT. Ja.[421]

Obwohl also das erste Treffen, das Robert S. Clark, seinen Anwalt Christmas und den Anleihenverkäufer Gerald MacGuire zusammenbrachte, am 120 Broadway stattfand und Christmas und Clark auf vielfältige Weise mit MacGuire verbunden waren, wurden weder Christmas noch Clark vom Komitee einberufen. Darüber hinaus berichtete Hauptmann Samuel Glazier vom CCC-Lager in Elkridge, Maryland, dem Ausschuss, dass Jackson Martindell sich über die Ausbildung von 500.000 zivilen Soldaten für politische Zwecke erkundigt hatte. Martindell wurde vom Ausschuss nicht vorgeladen, um die Aussage, in die er im Fall Butler verwickelt war, zu bestreiten oder zu bestätigen.

Die Firma Du Pont, die in dem gestrichenen Teil der Zeugenaussage genannt wird, befand sich am 120 Broadway. Hugh S. Johnson, der von General Butler als wahrscheinlicher Teilnehmer genannt wurde, befand sich am 120 Broadway, als er als Forschungsassistent für Baruch arbeitete; Baruchs Büro befand sich an derselben Adresse.[422] Clark, MacGuire und Grayson M-P. Murphy hatte seine Büros direkt am Ende der Straße von Nr. 120; Clark in der 11 Wall Street und MacGuire und Murphy in der 52 Broadway.

Es ist auch bezeichnend, dass die vom Komitee gestrichenen Namen am 120 Broadway lagen: das Exekutivbüro der Du Pont Company und Remington Arms, eine Tochtergesellschaft von Du Pont. Die anderen namentlich genannten Teilnehmer MacGuire, Clark, Christmas, Martindell, Grayson M-P. Murphy (in der Rockefeller-Zentrale, 25 Broadway) befanden sich alle nur wenige Häuserblocks vom 120 Broadway entfernt und innerhalb des zuvor beschriebenen Goldenen Kreises.

FRANKLIN D. ROOSEVELT UND 120 BROADWAY

Wir stellten fest, dass das bevorzugte Büro von FDR - er hatte Anfang der 1920er Jahre zwei - das Büro am 120 Broadway war. FDRs Georgia Warm Springs Foundation, Inc. wurde im Juli 1926 als Gesellschaft in Delaware mit einem Büro am 120 Broadway gegründet und blieb mindestens bis 1936 an dieser Adresse. Im Jahresbericht 1934 der Georgia Warm Springs Foundation heißt es, dass der Präsident Franklin D. Roosevelt, The White House, Washington D.C., war und dass sich der Sitz der Stiftung am 120 Broadway befand. Der Vizepräsident und

---

[421] Repräsentantenhaus, Untersuchung der Nazi-Propagandaaktivitäten und Untersuchung bestimmter anderer Propagandaaktivitäten, Anhörungen Nr. 73-D.C.-6, a. a. O., S. 80. "Mr. Clark" war Robert Sterling Clark und "Mr. Christmas" war Clarks Anwalt.

[422] Senat der Vereinigten Staaten, *Digest of Data From the Files of a Special Committee to Investigate Lobbying Activities*, 74. Kongress, zweite Sitzung, Teil 1: Liste der Beiträge, (Washington, 1936), S. 3.

der stellvertretende Sekretär waren Raymond H. Taylor und der Sekretär und Schatzmeister Basil O'Connor, die beide am 120 Broadway anwesend waren.

Basil O'Connor war ein enger Mitarbeiter und Geschäftspartner von Franklin D. Roosevelt. Basil O'Connor wurde 1892 geboren. 1915 schloss er sein Jurastudium in Harvard ab und arbeitete anschließend ein Jahr lang in der New Yorker Kanzlei Cravath and Henderson, bevor er für drei Jahre zu Streeter & Holmes in Boston wechselte. 1919 eröffnete Basil O'Connor unter seinem eigenen Namen eine Anwaltskanzlei in New York. Im Jahr 1925 wurde die Kanzlei von Roosevelt und O'Connor gegründet, bis 1933 FDR eröffnet wurde. Nach 1934 war O'Connor Seniorpartner der Kanzlei O'Connor & Farber und 1944 trat er die Nachfolge von Norman H. Davis als Präsident des Amerikanischen Roten Kreuzes an.

O'Connor war Verwaltungsratsmitglied mehrerer Unternehmen: in den 1920er Jahren der New England Fuel Oil Corp., in den 1940er Jahren der American Reserve Insurance Co. und der West Indies Sugar Corp. Von 1928 bis zu seinem Tod war er für die Verwaltung der Georgia Warm Springs Foundation verantwortlich.

Der Roosevelt New Deal war eine Goldgrube für einige der FDR-Partner, darunter Basil O'Connor. Globe & Rutgers war eine Versicherungsgesellschaft, die mit öffentlichen Geldern rekapitalisiert worden war, und die Reorganisation erwies sich als reiche Honorarquelle für die mit der Liquidation und Reorganisation beauftragten Anwälte. Unter diesen Anwälten verlangte die ehemalige Kanzlei von Präsident Roosevelt, O'Connor & Farber, die höchsten Honorare, bis Jesse Jones von der Reconstruction Finance Corporation sie reduzierte. Hier ist ein Brief, den Jesse Jones an Earle Bailie von J. & W. Seligman & Company über diese Honorare schrieb:

> 6. Oktober 1933. Lieber Herr Bailie:
> Unser Vorstand ist nicht bereit, in eine Versicherungsgesellschaft zu investieren oder ihr Aktien zu leihen, wenn wir tatsächlich das Recht dazu haben, die plant, Anwaltshonorare zu zahlen, eine Reorganisation durchzuführen oder ähnliches, wie es im Fall von Globe & Rutgers vorgeschlagen wird, die nach den uns zur Verfügung stehenden Informationen
>
> | | |
> |---|---|
> | Basil O'Connor | $200,000 |
> | Root, Clark, Buckner & Ballantine | $165,000 |
> | Sullivan & Cromwell | $95,000 |
> | Prentice & Townsend | $50,000 |
> | Cravath, von Gersdorff, Swaine & Wood37. | $500 |
> | Martin Conboy | $35,000 |
> | Joseph V. McKee | $25,000 |
> | Gebrüder Coudert | $12,000 |
>
> also insgesamt 619 500 Dollar. Selbst die vorgeschlagene Reduzierung auf insgesamt 426.000 US-Dollar wäre weit mehr als das, was diesem Unternehmen als angemessene Kosten erscheinen würde, die von einer Versicherungsgesellschaft zu zahlen sind, die mit öffentlichen Mitteln rekapitalisiert wird.
> Mit freundlichen Grüßen, JESSE J. JONES

Aufgrund eines Gerichtsbeschlusses erhielt Mr. O'Connors Firma 1934 100.000 US-Dollar und im darauffolgenden Jahr weitere 35.000 US-Dollar.[423]

SCHLUSSFOLGERUNGEN ZU 120 BROADWAY

Es ist praktisch unmöglich, eine unerschütterliche Schlussfolgerung über die Bedeutung des 120 Broadway zu ziehen; die Erklärungen reichen von Verschwörung bis Zufall.

Was können wir mit direkten Beweisen statt mit Indizien beweisen?

Erstens wissen wir, dass die amerikanische Unterstützung für die bolschewistische Revolution 1917 im Golden Circle der Wall Street ihren Anfang nahm und sich stark auf diese bestimmte Adresse konzentrierte. Zweitens: Als FDR 1921 in die Geschäftswelt eintrat, befand sich eines seiner beiden Büros an dieser Adresse, ebenso wie seine Rechtspartnerschaft mit Basil O'Connor und der Georgia Warm Springs Foundation. Drittens befanden sich Bernard Baruch und sein Assistent Hugh Johnson, der später an der Planung und Verwaltung des Gesetzes zur Wiederbelebung der nationalen Industrie beteiligt war, im selben Gebäude. Die NRA war die logische Folge der Handelsverbände der 1920er Jahre, und FDR spielte zusammen mit Herbert Hoover eine führende Rolle bei der Umsetzung der Handelsverbandsvereinbarungen in den 1920er Jahren. Viertens gab es eine Verbindung zwischen General Electric und der bolschewistischen Revolution, zumindest beim Aufbau der entstehenden Sowjetunion. Die Exekutivbüros von G.E. befanden sich an dieser Adresse, ebenso wie die von Gerard Swope, dem Vorsitzenden von G.E., der den Swope-Plan verfasste.

Schließlich hatte der seltsame Fall Butler einige Verbindungen zum 120 Broadway. Zum Beispiel war dies die Adresse von Du Pont in New York, obwohl Remington Arms zum Hauptsitz von Rockefeller am 25 Broadway fuhr. Die meisten Verschwörer hatten andere Adressen, aber immer innerhalb des Goldenen Kreises.

Nichts wird durch eine gemeinsame geografische Lage bewiesen. Auch wenn der 120 Broadway ein massives Gebäude war, so war er doch keineswegs das größte Gebäude in New York. Aber wie erklärt sich die Konzentration von so vielen Links zu so vielen wichtigen historischen Ereignissen an ein und derselben Adresse? Man könnte sagen, dass sich die Vögel einer einzigen Feder versammeln. Andererseits ist es mehr als plausibel, dass diese Wall Streeters der Maxime von Frederick Howe folgten und es praktischer oder vielleicht auch effektiver für ihre Zwecke fanden, an einer einzigen Adresse zu sein. Der springende Punkt ist, dass es keine andere geografische Konzentration dieser Art gibt, und wenn wir die Personen und Unternehmen am 120 Broadway ignorieren, gibt es keinen Grund, eine Verbindung zwischen diesen historischen Ereignissen und der Wall Street herzustellen. Dies ist übrigens ein ausgezeichneter Grund, seinen Standpunkt beizubehalten und die Tatsache zu akzeptieren, dass wir über

---

[423] Jesse H. Jones, *Fifty Billion Dollars* S. 209-210.

einen kleinen Teil der Bankengemeinschaft sprechen, einen Teil, der tatsächlich das Finanzzentrum einer freien Wirtschaft verraten hat.

KAPITEL XII

FDR UND DIE BETRIEBSSOZIALISTEN

Bei der ersten Kabinettssitzung nach dem Amtsantritt des Präsidenten 1933 kamen Roosevelts Finanzier und Berater Bernard Baruch und sein Freund General Hugh Johnson, der später Chef der National Recovery Administration werden sollte, mit einem Exemplar eines Buches von Gentile, dem italienischen Faschismustheoretiker, für jedes Kabinettsmitglied, und wir lasen es alle sehr gründlich.

Frau Frances Perkins, Sekretärin für Arbeit der FDR.

In dieser Stelle sei an das Epigraph in Kapitel 1 erinnert, demzufolge Franklin D. Roosevelt privat der Meinung war, dass die amerikanische Regierung von einer Finanzelite gehalten wird. Diese Beobachtung ist natürlich nicht besonders originell: Sie war im 19. Jahrhundert gang und gäbe. In der Neuzeit behaupteten so unterschiedliche Schriftsteller wie Robert Welch und William Domhoff, dass Amerika von einer in New York ansässigen Finanzelite kontrolliert werde.

Die Sowjets, die nicht immer falsch liegen, haben dieses Thema jahrzehntelang in ihrer Propaganda verwendet, und es war ein marxistisches Thema, bevor Lenin an die Macht kam.[424]

Unter Roosevelt wurden in Washington pittoreske keynesianische Vorstellungen - moderne Versionen von John Laws Betrugsspiel mit Papiergeld - eingeführt, und so wurde in den frühen 1930er Jahren unter Roosevelt die Saat für unser heutiges Wirtschaftschaos gelegt. Die heutige zweistellige Inflation, ein bankrottes Sozialversicherungssystem, eine kaputte Staatsbürokratie, steigende

---

[424] Es ist vielleicht überflüssig, diese Literatur zu zitieren, aber der Vollständigkeit halber und zum Vorteil des unschuldigen *Lesers* können einige Titel aufgenommen werden: William Domhoff, *Who Leads America?* (Englewood Cliffs, N.J.: Prentice-Hall, 1967); Ferdinand Lundberg, *The Rich and the Super Rich* (New York: Lyle Stuart, 1968), und Gary Allen, *None Dare Call It Conspiracy* (Seal Beach, California: Concord Press, 1972) Sicherlich hätte die Macht jeder Finanzelite schon längst zusammenbrechen müssen, wenn das Gewicht des bedruckten Papiers irgendeinen Einfluss hat. Das Establishment scheint einen beachtlichen langen Atem zu haben, aber sein Einfluss ist bei weitem nicht so groß, wie viele glauben. Die akademische Gemeinschaft ist der wichtigste Pfeiler, der die Glaubwürdigkeit und damit die Macht der Elite aufrechterhält. Diese Gruppe hat zum großen Teil Wahrheit und Integrität gegen einen Teil der politischen Macht und des finanziellen Handelns eingetauscht. Offenbar können Akademiker gekauft werden - und zwar nicht zu teuer!

Arbeitslosigkeit - all das und noch viel mehr lässt sich auf Franklin Delano Roosevelt und seinen gesetzgeberischen Wirbelwind zurückführen.

Doch während wir heute den Preis für diese ungesunde und unverantwortliche Politik zahlen, ist die Desinformation so weit verbreitet, dass sogar die Identität der Initiatoren von Roosevelts New Deal und ihre Gründe in Vergessenheit geraten sind. Während unsere Wirtschaftswissenschaftler ihre schwarzen Tafeln mit bedeutungslosen statischen Gleichungen bedecken, findet seitens der wahren Formulierer des liberalen New Deal eine dynamische Plünderung der Wirtschaft statt.

Während weichherzige Sozialingenieure den Kapitalismus als Ursache für das Elend in der Welt beschimpften, waren sie sich selig unbewusst, dass ihre eigenen Sozialformeln zum Teil von denselben sogenannten kapitalistischen Eliten stammten - und sicherlich diskret subventioniert wurden. Die engstirnige Sichtweise unserer akademischen Welt ist schwer zu überbieten und wird nur von ihrer Gier nach Subventionen übertroffen.

Was wir sehen, ist, dass das Eingreifen der Regierung in die Wirtschaft die Ursache unserer heutigen Probleme ist; dass ein Wall-Street-Klüngel innerhalb dieser Regierungsstruktur über eine substanzielle, wenn auch subtile Kraft verfügt, um eine für ihn vorteilhafte Gesetzgebung zu erreichen; und dass ein Paradebeispiel für diese eigennützige Gesetzgebung, die auf die Errichtung eines legalen Monopols unter der Kontrolle der Großunternehmen abzielt, der New Deal von FDR und insbesondere die National Recovery Administration war.

Der Name Franklin Delano Roosevelt sollte - wenn auch selten - eine Verbindung zur Wall Street nahelegen. Sowohl Delano als auch Roosevelt sind wichtige Namen in der Geschichte der US-amerikanischen Finanzinstitute.

Wer war Franklin Delano Roosevelt?

Roosevelts vorpolitische Karriere kann nur als die eines Finanziers beschrieben werden. Sowohl seine Familie als auch seine Karriere vor 1928 und seine Wahl zum Gouverneur von New York waren in der Geschäftswelt, genauer gesagt in der Finanzwelt, angesiedelt. Zwischen 1921 und 1928 war Roosevelt Direktor von elf Unternehmen, die ihren Sitz im Golden Circle der Wall Street hatten, und Vorsitzender eines wichtigen Wirtschaftsverbands. Der American Construction Council.

Darüber hinaus war Roosevelt nicht nur Vorsitzender der United European Investors, Ltd, die gegründet wurde, um aus dem Elend der deutschen Hyperinflation pekuniären Nutzen zu ziehen, sondern er war auch einer der Organisatoren der American Investigation Corporation, eines mächtigen Finanzsyndikats. Die Roosevelts gründeten Ende des 18. Jahrhunderts die Finanzgesellschaft Roosevelt & Son, und die Delanos agierten in der Finanzarena mindestens seit Mitte des 19.

Die Roosevelts und Delanos haben vielleicht nicht den großen Reichtum der Morgans und Rockefellers angehäuft, aber sie waren in den internationalen Finanzzönakeln bekannte und respektierte Namen. Selbst in den 1920er Jahren finden wir Onkel Frederic Delano im Vorstand der Federal Reserve und George Emlen Roosevelt als Direktor des Guaranty Trust, der den Linken ein Dorn im Auge war.

Es ist auch bekannt, dass Theodore Roosevelts Progressive Party, der erste Schritt zum modernen Wohlfahrtsstaat, von den Interessen J.P. Morgans finanziert wurde; daher ist es nicht verwunderlich, dass die Wall Street Roosevelt 1928, 1930 und 1932 unterstützte.

Kurz gesagt, wir haben gezeigt, dass Roosevelt ein Wall Streeter war, der von wichtigen Wall-Street-Familien abstammte und von der Wall Street finanziell unterstützt wurde. Die Politik, die das Roosevelt-Regime umsetzte, war genau die Politik, die von der internationalen Finanzwelt gefordert wurde. Dass die internationalen Bankiers die Politik beeinflussen, sollte für uns nichts Neues sein. Was in der Geschichte der Roosevelt-Ära offenbar übersehen wurde, ist, dass FDR nicht nur seine Ziele widerspiegelte, sondern auch eher dazu geneigt war als der sogenannte Reaktionär Herbert Hoover. Tatsächlich verlor Hoover 1932, weil er nach seinen eigenen Worten nicht bereit war, den Swope-Plan alias NRA zu akzeptieren, den er nicht zu Unrecht als "faschistische Maßnahme" bezeichnete.

Man kann nicht behaupten, dass der Wall Streeter Roosevelt in seinen finanziellen Entscheidungen immer ein sehr ethischer Förderer war. Die Käufer seiner Anleihen haben Geld verloren, und zwar beträchtliche Summen, wie die folgende kurze Tabelle auf der Grundlage der vorgelegten Daten nahelegt:

Wie Anleger von den FDR-Maßnahmen an den Schalthebeln der Macht profitierten

Mit FDR assoziiertes Unternehmen	Ausgabepreis der Aktien	Geschichte der späteren Preise
United European Investors, Ltd	10.000 Mark (ca. 13 Dollar)	Unternehmen liquidiert, Aktionären werden 7,50$ angeboten
International Germanic Trust Company, Inc.	$170	Er stieg 1928 auf 257$ und wurde 1930 zu 19$ pro Aktie aufgelöst.

Der Verlust der Gelder der Aktionäre kann jedoch auch auf einen Unfall oder Missmanagement zurückzuführen sein. Viele ehrliche Finanziers haben versagt. Die Verbindung mit bekannten Personen mit schlechtem Ruf wie Roberts und Gould in United European Investors, Ltd. war jedoch kein Zufall.

Die Verbindung von FDR mit dem American Construction Council erinnert an Adam Smiths *obita dicta*, wonach das Gesetz "... nicht verhindern kann, dass sich Leute desselben Gewerbes gelegentlich treffen, aber es darf nichts tun, um diese Treffen zu erleichtern, geschweige denn sie notwendig zu machen".[425] Und warum nicht? Weil der American Construction Council im Interesse der Bauindustrie handelte und nicht im Interesse des Verbrauchers von Bauleistungen.

Das Bürgschaftsgeschäft in New York war für FDR eine Auftragsarbeit. Als Vizepräsident der Fidelity & Deposit Company in Maryland wusste FDR genau, wie man in der politisierten Geschäftswelt agiert, in der Preis und Qualität der Produkte auf dem Markt durch Fragen wie "Wen kennen Sie? " und "Was sind Ihre Richtlinien? "

---

[425] Adam Smith, *An Inquiry Into the Nature and Causes of the Wealth of Nations* (London: George Routledge s.d.), S. 102.

Der Coup der United European Investors war ein Versuch, aus der Misere der deutschen Hyperinflation von 1921-23 Profit zu schlagen. Die Gesellschaft operierte unter einer kanadischen Charter, wohl weil die Registrierungsbedingungen in Kanada damals lockerer waren. Die krasseste Beobachtung betrifft die FDR-Partner in der U.E.I., darunter John von Berenberg Gossler, Co-Direktor der HAPAG des deutschen Kanzlers Cuno, der für die Inflation verantwortlich war! Und dann ist da noch William Schall, der New Yorker Partner von FDR, der einige Jahre zuvor an der deutschen Spionage in den USA beteiligt gewesen war - am 120 Broadway. Gegen das Roberts-Gould-Element in United European Investors wurde strafrechtlich ermittelt; FDR wusste, dass gegen ihn ermittelt wurde, aber er setzte seine Geschäftsverbindungen fort.

Später fanden wir heraus, dass der Hintergrund des New Deal mit hochrangigen Finanziers gespickt war. Die Konjunkturkomponente des New Deal war eine Kreation der Wall Street - genauer gesagt von Bernard Baruch und Gerard Swope von General Electric - in Form des Swope-Plans. In Kapitel 5 haben wir daher die Idee der Politisierung der Wirtschaft weiterentwickelt und die These des Unternehmenssozialismus formuliert: Die politische Art und Weise, eine Wirtschaft zu steuern, ist für große Unternehmen attraktiver, weil sie die Strenge und die aufgezwungene Effizienz eines freien Marktsystems vermeidet. Außerdem ist das politische System durch die Kontrolle der Unternehmen oder den Einfluss der Regulierungsbehörden und der staatlichen Polizeigewalt ein wirksames Mittel, um ein Monopol zu erlangen, und ein legales Monopol führt immer zu Reichtum. Daher interessiert sich die Wall Street intensiv für die politische Arena und unterstützt politische Kandidaten, die in der Lage sind, die Anzahl der politischen Entscheidungen - wie auch immer sie heißen mögen - zu maximieren und das Ausmaß, in dem die wirtschaftlichen Entscheidungen der Gesellschaft auf dem Markt getroffen werden, zu minimieren.

Die Wall Street hat ein direktes Interesse an der Politik, denn über die Politik kann sie dafür sorgen, dass die Gesellschaft für die Wall Street arbeitet. So kann sie Strafen und Marktrisiken vermeiden.

Wir haben eine frühe Version dieser Idee untersucht: Clinton Roosevelts Planned Society, die 1841 veröffentlicht wurde. Anschließend haben wir kurz Bernard Baruchs Wirtschaftsdiktatur von 1917 und seine erklärte Absicht, den Kurs einer Planwirtschaft in Friedenszeiten zu verfolgen, diskutiert. Wir verfolgten die Geschichte von Baruch und seinem wirtschaftlichen Assistenten Hugh Johnson bis ins Herz der Verwaltung des nationalen Aufschwungs. Anschließend wurde dem System der Federal Reserve als wichtigstem Beispiel eines privaten legalen Monopols und der Rolle der Warburgs über die International Acceptance Bank und der Art und Weise, wie die Bank die Gesellschaft dazu bringen konnte, für die Wall Street zu arbeiten, einige Aufmerksamkeit gewidmet. In einem letzten Blick auf die Jahre vor FDRs New Deal haben wir die Funktionsweise des American Construction Council untersucht, einer Handelsvereinigung, deren Konzept mit Herbert Hoover entstand, deren Vorsitzender aber FDR war. Die erklärten Ziele des Councils waren die Begrenzung der Produktion und die Regulierung der Industrie - ein

Euphemismus dafür, dass die Industrie die Maximierung ihrer eigenen Gewinne kontrollierte.

Anschließend haben wir die finanziellen Beiträge zu den Wahlen von 1928, 1930 und 1932 untersucht, weil diese Beiträge ein sehr genaues Maß für die politischen Tendenzen sind. Im Jahr 1928 kam ein außerordentlicher Prozentsatz der größten Spenden, nämlich die über 25.000 Dollar, aus dem Goldenen Zirkel der Wall Street. Solch hohe Summen sind aufschlussreich, denn ihre Beitragszahler sind nach den Wahlen höchstwahrscheinlich identifizierbar, wenn sie Gefälligkeiten als Gegenleistung für ihre früheren Zuwendungen einfordern. Wir haben festgestellt, dass nicht weniger als 78,83% der Beiträge von mehr als 1000 Dollar für Al Smiths Präsidentschaftskampagne aus einem Kreis von einer Meile stammten, der um den 120 Broadway zentriert war. Ebenso stammten 51,4 Prozent von Hoovers Spenden, eine geringere, aber dennoch signifikante Zahl, aus demselben Kreis. Wir haben dann nachgewiesen, dass Herbert Hoover nach seiner Wahl von der Wall Street ein Ultimatum gestellt wurde: Entweder er akzeptierte den Swope-Plan (die NRA) oder das Geld und der Einfluss der Wall Street gingen an FDR, der bereit war, diesen Plan umzusetzen. Um seiner ewigen Ehre willen lehnte Herbert Hoover die Einführung eines solchen Plans mit der Begründung ab, dass er Mussolinis faschistischem Staat gleichkomme. FDR war nicht so zimperlich.

Während der 1930er Kampagne der FDR für das Amt des Gouverneurs von New York erkannten wir einen großen Einfluss der Wall Street. Es gab einen außergewöhnlichen Geldfluss über die County Trust Company, und John J. Raskob von Du Pont und General Motors wurde Vorsitzender des Wahlkampfkomitees der Demokratischen Partei und die Macht hinter den Kulissen bestimmte die Wahl von FDR. Achtundsiebzig Prozent der vorkonventionellen "Early-Bird"-Beiträge für FDRs Präsidentschaftskandidatur 1932 kamen von der Wall Street.

Der Swope-Plan war ein Plan, mit dem die US-Industrie gezwungen werden sollte, obligatorischen Handelsverbänden beizutreten, und der sie von den Kartellgesetzen ausnehmen sollte. Er nutzte den Köder einer massiven sozialen Karotte, um die Ängste der Arbeitnehmer und anderer Gruppen zu beschwichtigen. Der Verwalter der National Recovery Administration, die sich aus dem Swope Plan entwickelte, war Baruchs Assistent, General Hugh Johnson. Zu den drei Musketieren, dem Kreis von Johnsons Assistenten, gehörten Gerard Swope von General Electric, Walter Teagle von Standard Oil in New Jersey und Louis Kirstein von Filene's in Boston. Die Einhaltung der NRA-Kodizes war für alle Unternehmen mit mehr als 50 Mitarbeitern verpflichtend. Der Swope-NRA-Plan wurde von Sozialisten wie Norman Thomas begrüßt. Ihr Haupteinwand war, dass sie, die orthodoxen Sozialisten, den Plan nicht verwalten sollten.

Glücklicherweise ist die NRA gescheitert. Die großen Unternehmen versuchten, die Mittelschicht zu unterdrücken. Die Gesetzbücher waren voller Missbrauch und Inkonsistenzen. Der Oberste Gerichtshof setzte dem in der Schechter Poultry-Entscheidung von 1935 ein Ende, obwohl sein Scheitern schon lange vor der Entscheidung des Obersten Gerichtshofs offensichtlich war. Aufgrund des Scheiterns der NRA wurde der sogenannte Butler-Fall aus dem Jahr

1934 von besonderem Interesse. Laut der Aussage von General Smedley Butler vor dem Kongress, die von unabhängigen Zeugen unterstützt wurde, gab es einen Plan, einen Diktator im Weißen Haus zu installieren. Präsident Roosevelt sollte vor die Tür gesetzt werden und einem neuen Generalsekretär, General Butler, wurde die Nachkriegszeit angeboten, um im Namen der Wall Street die Wirtschaft zu übernehmen. So weit hergeholt dieser Vorwurf auch erscheinen mag, können wir drei große Tatsachenaussagen isolieren:

1. Die Aussagen von General Butler wurden von unabhängiger Seite bestätigt, und bis zu einem gewissen Grad wollte einer der Verschwörer sie nicht bestätigen.

2. Die Wall Street hatte ein Motiv für eine so verzweifelte Wette: Der NRA-Swope-Vorschlag war im Begriff, zusammenzubrechen.

3. Die mutmaßliche Identität der Männer hinter den Kulissen ist die gleiche wie die der Männer, die in der bolschewistischen Revolution und bei der politischen Förderung von FDR identifiziert wurden.

Leider und zu seiner ewigen Schande unterdrückte der Kongress den Großteil von Butlers Aussage. Außerdem berichtete die *New York Times* zunächst fair über die Geschichte, begrub dann aber ihre Berichterstattung und verzerrte sie bis hin zu einer unvollständigen Indizierung. Es bleibt die sichere Möglichkeit, dass dem Scheitern des Baruch-Swope-Johnson-Plans der NRA eine geheimere und zwangsweise Übernahme der amerikanischen Industrie folgen wird. Dieses Ereignis verdient die volle Aufmerksamkeit, die unparteiische Akademiker ihm widmen können. Offensichtlich ist die gesamte Geschichte noch nicht enthüllt worden.

Wieder einmal, wie schon im vorherigen Band, fanden wir eine bemerkenswerte Konzentration von Personen, Unternehmen und Ereignissen an einer einzigen Adresse vor: 120 Broadway, New York City. Es war die Adresse von FDRs Büro als Vorsitzender der Fidelity & Deposit Company. Es war die Adresse von Bernard Baruch und die von Gerard Swope. Die drei wichtigsten Förderer der National Recovery Administration - FDR, Baruch und Swope - befanden sich in den 1920er Jahren an derselben Adresse. Am beunruhigendsten ist, dass das erste Treffen für den Butler-Fall 1926 im Bankers Club stattfand, der sich ebenfalls am 120 Broadway befand.

Es gibt noch keine Erklärung für diese bemerkenswerte Konzentration von Talenten und Ideen an einer einzigen Adresse. Es ist jedoch klar, dass es sich um eine Feststellung handelt, die früher oder später berücksichtigt werden muss. Wir fanden auch eine Konzentration von Direktoren der American International Corporation, dem Vehikel für die Beteiligung der Wall Street an der bolschewistischen Revolution, und von Großspendern der Roosevelt-Kampagne.

Kann man diese Geschichte aus einer breiteren Perspektive betrachten? Die Ideen hinter dem Roosevelt New Deal waren nicht wirklich die der Wall Street; sie gehen tatsächlich bis in die römische Zeit zurück. Von 49 bis 44 v. Chr. hatte Julius Cäsar seine öffentlichen Bauprojekte im Rahmen des New Deal; 91 n. Chr. wandte sich Domitian an sein Äquivalent des American Construction Council, um die Überproduktion zu stoppen. Der endgültige Untergang Roms spiegelte alle Elemente wider, die wir heute erkennen: extravagante Staatsausgaben, schnelle

Inflation und erdrückende Steuern, alles in Verbindung mit totalitärer staatlicher Regulierung.[426]

Unter Woodrow Wilson erhielt die Wall Street ein Zentralbankmonopol, das Federal Reserve System. Die Bedeutung der International Acceptance Bank, die vom Finanzinstitut der Wall Street kontrolliert wurde, bestand darin, dass die Banken der Federal Reserve die Polizeigewalt des Staates nutzten, um sich eine immerwährende Geldmaschine zu schaffen: die Fähigkeit, mit einem Bleistiftstrich oder dem Drücken einer Computertaste Geld zu erschaffen. Die Warburgs, Schlüsselfiguren der International Acceptance Bank - einer Geldmaschine zur Herstellung von Geld im Ausland -, waren Berater der Roosevelt-Regierung und ihrer Geldpolitik. Gold wurde als "barbarisches Relikt" bezeichnet und ebnete den Weg für eine wertlose Papierwährung in den USA. Im Jahr 1975, als wir dies schrieben, befand sich das Papiergeld des nicht konvertierbaren Dollars offensichtlich auf dem Weg zur ultimativen Entwertung.

Hat die Wall Street das Ergebnis des Goldabzugs als Unterstützung für die Währung anerkannt? Natürlich hat sie das getan! Hier ist Paul Warburgs Aussage vor einem Ausschuss des Kongresses:

> "Die Aufgabe des Goldstandards bedeutet eine abrupte Schwankung der Wechselkurse und damit die Zerstörung des freien Kapitalverkehrs und der Außenhandelsgeschäfte. Schwache Länder werden reputieren - oder, um einen höflicheren Ausdruck zu verwenden, "ihre Schulden finanzieren" -, aber es wird keine allgemeine Demonetarisierung des Goldes geben. Am Ende des Krieges wird das Gold nicht weniger, sondern mehr wert sein."[427]

Die unausweichliche Schlussfolgerung, die uns diese Beweise aufzwingen, ist, dass es tatsächlich eine Finanzelite gibt, wie Franklin D. Roosevelt betonte, und dass das Ziel dieser Elite der monopolistische Erwerb von Reichtum ist. Wir haben diese Elite als Anhänger des Unternehmenssozialismus bezeichnet. Sie gedeiht dank des politischen Prozesses und würde aussterben, wenn sie den Aktivitäten eines freien Marktes ausgesetzt wäre. Das große Paradox ist, dass die einflussreiche globale sozialistische Bewegung, die sich selbst als Feind dieser Elite betrachtet, in Wirklichkeit der Erzeuger dieser Politisierung der Wirtschaftstätigkeit ist, die das Monopol an der Macht hält, und dass ihr großer Held, Franklin D. Roosevelt, ein Instrument mit furchterregender Wirksamkeit dafür war.

---

[426] H. J. Haskell, *The New Deal in Old Rome: How Government in the Ancient World Tried to Deal with Modern Problems* (New York: Knopf, 1947), S. 239-40.

[427] US-Senat, Hearings, Munitions Industry, Teil 25, a. a. O., S. 8105.

ANHANG A

DER SWOPE-PLAN

1. Alle Industrie- und Handelsunternehmen (einschließlich Tochtergesellschaften) mit 50 oder mehr Beschäftigten, die zwischenstaatlich tätig sind, können einen Berufsverband gründen, der unter der Aufsicht einer weiter unten genannten Bundesbehörde steht.
2. Diese Berufsverbände können Geschäftspraktiken, Geschäftsethik, Standardmethoden der Buchführung und Kostenkalkulation, Standardformulare für Bilanz und Gewinn- und Verlustrechnung usw. beschreiben und können Informationen über das Volumen der Handelsgeschäfte, die Lagerbestände an Waren, die Vereinfachung und Standardisierung von Produkten, die Preisstabilisierung und alle Fragen, die von Zeit zu Zeit in Bezug auf das Wachstum und die Entwicklung von Industrie und Handel auftreten können, sammeln und verteilen, um die Stabilisierung der Beschäftigung zu fördern und der Öffentlichkeit den bestmöglichen Service zu bieten. Ein großer Teil dieser Art von Informations- und Datenaustausch wird bereits von den bestehenden Berufsverbänden geleistet. Eine viel wertvollere Arbeit dieser Art ist möglich.
3. Das öffentliche Interesse wird durch die Überwachung von Unternehmen und Handelsverbänden durch die Bundeshandelskommission oder durch ein Büro des Handelsministeriums oder durch ein speziell eingerichtetes Aufsichtsorgan des Bundes geschützt.
4. Alle Unternehmen, die unter diesen Plan fallen, müssen standardisierte Buchführungs- und Kostensysteme sowie standardisierte Formen der Bilanz und Gewinn- und Verlustrechnung einführen. Diese Systeme und Formulare können sich je nach Sektor unterscheiden, werden aber einem einheitlichen Plan für jeden Sektor folgen, wie er vom Berufsverband angenommen und von der föderalen Kontrollstelle genehmigt wurde.
5. Jede Gesellschaft, deren Anteilseigner oder Aktionäre 25 oder mehr sind und die in mehr als einem Staat ansässig sind, muss ihren Anteilseignern oder Aktionären und dem Aufsichtsorgan mindestens vierteljährlich eine Aufstellung ihrer Geschäftstätigkeit und ihrer Gewinne in der vorgeschriebenen Form zusenden. Mindestens einmal im Jahr senden sie den Teilnehmern oder Anteilseignern und dem Aufsichtsorgan eine vollständige Bilanz und Gewinn- und Verlustrechnung in der vorgeschriebenen Form. Auf diese Weise werden die Eigentümer über die Bedingungen des Unternehmens so detailliert informiert, dass es keine Kritik an der Unregelmäßigkeit oder Seltenheit der Aufstellungen oder Darstellungsmethoden geben kann.

6. Die Bundesaufsichtsbehörde arbeitet mit dem Steuerministerium und den Wirtschaftsverbänden zusammen, um für jeden Sektor je nach Art des Unternehmens standardisierte Formen der Bilanz und der Gewinn- und Verlustrechnung zu entwickeln, um die Methoden zur Angabe von Vermögenswerten und Einkünften mit der Grundlage der für die Bundessteuer berechneten Werte und Einkünfte in Einklang zu bringen.

7. Alle Gesellschaften der hier beschriebenen Art können die Bestimmungen dieses Plans sofort übernehmen, sind aber verpflichtet, dies innerhalb von drei Jahren zu tun, sofern diese Frist nicht von der föderalen Aufsichtsbehörde verlängert wird. Ähnliche Gesellschaften, die nach Inkrafttreten des Plans gegründet wurden, können ihre Tätigkeit sofort aufnehmen, sind aber verpflichtet, dies vor Ablauf einer Frist von drei Jahren nach ihrer Gründung zu tun, sofern diese Frist nicht durch das föderale Aufsichtsorgan verlängert wird.

8. Zum Schutz der Arbeitnehmer werden von all diesen Unternehmen die folgenden Pläne verabschiedet:

A. **Ein Gesetz über die Entschädigung von Arbeitnehmern,** das Teil der im Rahmen dieses Plans erforderlichen Gesetzgebung ist, muss nach einer gründlichen Untersuchung nach den besten Merkmalen der Gesetze, die von den verschiedenen Staaten erlassen wurden, gestaltet werden.

B. **LEBENSVERSICHERUNG UND INVALIDITÄTSVERSICHERUNG.** Alle Angestellten der in diesem Plan enthaltenen Unternehmen können nach zwei Jahren Dienstzeit in diesen Unternehmen und müssen vor Ablauf von fünf Jahren Dienstzeit eine Lebens- und Invaliditätsversicherung haben.

1) Die Form der Police wird von dem Verband, dem die Gesellschaft angehört, festgelegt und von der Bundesaufsichtsbehörde genehmigt. Die Police gehört dem Arbeitnehmer und kann von ihm aufbewahrt werden und in vollem Umfang in Kraft bleiben, wenn er die Stelle wechselt oder einen bestimmten Dienst, wie weiter unten beschrieben, beendet.

2) Der Nennwert einer Police beträgt ungefähr ein Jahresgehalt, aber nicht mehr als 5.000 US-Dollar, mit der Ausnahme, dass der Arbeitnehmer, wenn er dies wünscht, die Höhe der abgeschlossenen Versicherung auf eigene Kosten erhöhen kann, vorbehaltlich der Zustimmung des Verwaltungsrats, die später festgelegt wird.

3) Die Kosten dieser Lebens- und Erwerbsunfähigkeitsversicherung werden je zur Hälfte vom Arbeitnehmer und vom Unternehmen, für das er arbeitet, getragen, mit folgender Ausnahme: Die Kosten des Unternehmens werden für Arbeitnehmer unter 35 Jahren auf der Grundlage von Prämien im tatsächlichen Alter und für alle Arbeitnehmer ab 35 Jahren auf der Grundlage von 35 Jahren ermittelt und haben einen Nennwert von etwa einem halben Jahresgehalt, sind aber auf eine maximale Versicherungsprämie von 2500$ begrenzt. Ein Beschäftigter, der eine Versicherung im Alter von 35 Jahren oder älter abschließt, zahlt die Prämie, die über den auf dem Alter von 35 Jahren basierenden Betrag hinausgeht. Diese Maßnahme wird die Notwendigkeit beseitigen, die Einstellung von Angestellten oder ihren Wechsel von einem Unternehmen zu einem anderen aufgrund ihres fortgeschrittenen Alters zu beschränken, da sie dem Unternehmen keine übermäßige Belastung durch hohe Prämien auferlegen wird.

4) Die Lebens- und Invaliditätsversicherung kann von einer Lebensversicherungsgesellschaft abgeschlossen werden, die vom Berufsverband ausgewählt und von der Bundesaufsichtsbehörde genehmigt wird, oder kann von einer Gesellschaft abgeschlossen werden, die vom Berufsverband organisiert und von der Bundesaufsichtsbehörde genehmigt wird, oder es kann eine einzige Gesellschaft gegründet werden, um alle Verbände zu bedienen.

5) Die Verwaltung des Versicherungssystems jedes Unternehmens unterliegt der Leitung eines Verwaltungsrates, der sich aus Vertretern zusammensetzt, von denen die Hälfte von den Arbeitnehmermitgliedern gewählt wird. Die Befugnisse und Pflichten des Verwaltungsrats für jedes Unternehmen bestehen darin, allgemeine Regeln für die Wählbarkeit von Arbeitnehmern usw. aufzustellen, aber diese Regeln müssen mit dem allgemeinen Plan übereinstimmen, der vom allgemeinen Verwaltungsrat des Berufsverbands, dem das Unternehmen angehört, aufgestellt und von der Bundesaufsichtsbehörde genehmigt wurde.

6) Die Bestimmungen über die Fortführung einer Police, nachdem ein Arbeitnehmer ein Unternehmen verlässt und in ein anderes im selben Verband geht oder in ein Unternehmen in einem anderen Berufsverband geht; die Fortführung der Police nach der Pensionierung im Ruhestand; die Bestimmungen über die Begünstigten; vollständige oder teilweise Invalidität; die Art der Prämienzahlung durch Abzug vom Lohn oder auf andere Weise, wöchentlich, monatlich oder jährlich, müssen in den vom Berufsverband formulierten Plan aufgenommen werden, der von der Bundesaufsichtsbehörde genehmigt werden muss.

7) Wenn ein Arbeitnehmer ein Unternehmen verlässt, um sich einem Unternehmen anzuschließen, das nicht Mitglied des Berufsverbands ist, wenn er eine gewerbliche Tätigkeit für sich selbst aufnimmt oder wenn er sich aus einer industriellen oder gewerblichen Tätigkeit zurückzieht, kann er wählen, ob er den Teil der Police, für den er bezahlt hat, ganz oder teilweise behält und weiterhin die Kosten für die anteiligen Vollprämien zahlt, oder er kann eine frei gewordene Police erhalten oder den Rückkaufswert des Teils, für den er die Prämien bezahlt hat, ausgezahlt bekommen. Der Rückkaufswert des Teils der Police, den die Gesellschaft bezahlt hat, wird an die Gesellschaft ausgezahlt, die die Prämien gezahlt hat.

C. PENSIONEN. Alle Beschäftigten der in diesen Plan einbezogenen Unternehmen sind durch Altersrentenpläne abgesichert, die von den Berufsverbänden angenommen und von der föderalen Aufsichtsbehörde genehmigt werden. Die wichtigsten Regelungen werden wie folgt aussehen:

1) Jeder Arbeitnehmer kann nach zweijähriger Dienstzeit in einem Unternehmen, das in den Geltungsbereich dieses Systems fällt, und muss vor Ablauf von fünf Jahren Dienstzeit in das Altersrentensystem aufgenommen werden.

2) Jeder Arbeitnehmer kann nach zwei Dienstjahren und ist nach fünf Dienstjahren verpflichtet, mindestens ein Prozent seines Einkommens, jedoch nicht mehr als 50 US-Dollar pro Jahr, für den Rentenfonds zurückzustellen. Der Arbeitnehmer kann, wenn er dies wünscht, einen höheren Betrag zurücklegen, sofern der Verwaltungsrat zustimmt.

3) Das Unternehmen muss einen Betrag in Höhe des oben genannten Minimums zurücklegen, d. h. ein Prozent des Einkommens der Beschäftigten, aber nicht mehr als 50 US-Dollar pro Jahr und Beschäftigten.

4) Der obige Mindestprozentsatz ist für alle Beschäftigten, die bei Beginn der Zahlungen jünger als 35 Jahre sind, derselbe und der Mindestprozentsatz für diese Beschäftigten bleibt auch danach derselbe. Der Prozentsatz, der von Beschäftigten, die mit 35 Jahren oder älter in den Pensionsplan eintreten, zurückgestellt werden muss,

wird so festgelegt, dass er ihnen im Alter von 70 Jahren eine Pensionsleistung sichert, so als hätten sie mit der Einzahlung von einem Prozent im Alter von 35 Jahren begonnen. Diese Bestimmungen ermöglichen es den Beschäftigten, in jedem Alter von einem Unternehmen zu einem anderen innerhalb desselben Verbands oder in verschiedenen Verbänden zu wechseln, wobei die Rückstellung für die Ruhestandsbezüge nicht unter dem Mindestsatz eines Beschäftigten liegt, der mit 35 Jahren in den Ruhestand eingetreten ist.

5) Die Beträge, die vom Arbeitnehmer und vom Unternehmen mit einem halbjährlichen Zinseszins von 5% bis zur Pensionierung mit 70 Jahren für einen typischen Durchschnittsangestellten beiseite gelegt werden, würden eine Rente von etwa der Hälfte des Gehalts ergeben.

6) Die Verwaltung des Rentensystems jedes Unternehmens unterliegt der Leitung eines Verwaltungsrats, der sich aus Vertretern zusammensetzt, von denen die Hälfte von der Unternehmensleitung ernannt und die andere Hälfte von den Arbeitnehmermitgliedern gewählt wird. Die Befugnisse und Pflichten des Verwaltungsrats für jedes Unternehmen werden darin bestehen, allgemeine Regeln bezüglich der Wählbarkeit der Arbeitnehmer, der Rentenbedingungen usw. zu formulieren, wobei diese Regeln jedoch mit dem allgemeinen Plan übereinstimmen müssen, der vom allgemeinen Verwaltungsrat des Berufsverbandes, dem das Unternehmen angehört, aufgestellt und von der Bundesaufsichtsbehörde genehmigt wurde.

7) Die von den Arbeitnehmern und Unternehmen gesammelten Gelder werden in den von der Vereinigung organisierten Pensionsfonds eingezahlt, dessen Verwaltung unter der Leitung des unten genannten Gesamtverwaltungsrats steht. In keinem Fall dürfen diese Gelder unter der Kontrolle eines einzelnen Unternehmens belassen werden.

8) Der Pensionsfonds muss alle Gelder investieren und sie den einzelnen Arbeitnehmern gutschreiben, einschließlich des vom Fonds verdienten Einkommens. Wenn ein Arbeitnehmer innerhalb desselben Verbands von einem Unternehmen zu einem anderen wechselt, werden die auf sein Guthaben angesammelten Mittel mit einem ordnungsgemäßen Transfereintrag auf seinem Guthaben belassen. Wenn ein Arbeitnehmer zu einem Unternehmen in einem anderen Verband wechselt, werden die auf sein Guthaben angesammelten Mittel auf sein Guthaben im Pensionsfonds des Verbands, zu dem er wechselt, übertragen. Wenn ein Arbeitnehmer zu einer Gesellschaft geht, die nicht unter diese Bestimmungen fällt oder nicht Mitglied eines Berufsverbandes ist, wenn er sich selbstständig macht oder sich aus einer industriellen oder kommerziellen Tätigkeit zurückzieht, wird ihm der Betrag seiner Einzahlungen zuzüglich Zinsen zum Durchschnittszinssatz der Fonds ausgezahlt. Stirbt ein Arbeitnehmer vor Erreichen des Rentenalters, erhält der Begünstigte den Betrag seiner Einzahlungen zuzüglich Zinsen zum Durchschnittssatz, den die Fonds erwirtschaftet haben. Wenn ein Mitarbeiter das Rentenalter erreicht, wird ihm der gesamte auf seinem Guthaben angesammelte Betrag, einschließlich seiner eigenen Zahlungen und der des Unternehmens, zuzüglich der aufgelaufenen Zinsen, in Form einer Rente ausgezahlt. Wenn ein Arbeitnehmer zu einem Unternehmen geht, das nicht unter diese Bestimmungen fällt oder nicht Mitglied eines Berufsverbandes ist, wenn er sich selbstständig macht oder sich aus einer industriellen oder kommerziellen Tätigkeit zurückzieht, kann er sich dafür entscheiden, den ihm gutgeschriebenen Betrag (d.h. seine eigenen Zahlungen plus die des Unternehmens und die aufgelaufenen Zinsen) beim Rententrust zu belassen, um ihn zu übertragen, wenn er in ein Unternehmen zurückkehrt, das unter die Bestimmungen dieses Plans fällt. Wenn er nicht in ein Unternehmen zurückkehrt, das unter diese Bestimmungen fällt, kann er jederzeit danach den Betrag seiner eigenen Einzahlungen zuzüglich der Zinsen zum

durchschnittlichen Zinssatz, den die Fonds bis zu diesem Zeitpunkt verdient haben, abheben. Unternehmensbeiträge und kumulierte Zinsen, die Arbeitnehmern gutgeschrieben werden, die sterben oder die aus den oben genannten Gründen ihre eigenen Beiträge und Zinsen erhalten oder abheben, werden dem Arbeitgeber bzw. den Arbeitgebern, die die Beiträge gezahlt haben, zurückerstattet.

9) Die Regeln für die Zahlung von Altersrenten und alle anderen Regeln für deren Aufrechterhaltung werden vom Berufsverband aufgestellt, von der Bundesaufsichtsbehörde genehmigt und vom Gesamtvorstand und den Vorständen der Mitgliedsunternehmen beachtet.

D. DIE ARBEITSLOSENVERSICHERUNG. Alle Arbeitnehmer, die auf Stück-, Stunden-, Tages-, Wochen- oder Monatsbasis arbeiten und einen normalen Lohn von 5.000$ pro Jahr oder weniger (ca. 96,15$ pro Woche) erhalten, sind von der Arbeitslosenversicherung abgedeckt.

1) Alle diese Beschäftigten können nach zwei Jahren Dienst in einem Unternehmen, das unter die Bestimmungen dieses Systems fällt, und sind nach fünf Jahren Dienst verpflichtet, jeder für sich mindestens 1% seines Lohns, aber nicht mehr als 50$ pro Jahr in eine Arbeitslosenversicherungskasse einzuzahlen.

2) Das Unternehmen ist verpflichtet, einen Betrag in gleicher Höhe wie der von den Arbeitnehmern zurückgelegte Betrag, wie oben beschrieben, zur Seite zu legen, d. h. ein Prozent des Gehalts jedes Arbeitnehmers, aber nicht mehr als 50 US-Dollar pro Jahr für jeden dieser Arbeitnehmer.

3) Wenn ein Unternehmen die Beschäftigung von mindestens 50% des normalen Lohns, der jährlich an diese Beschäftigten gezahlt wird, reguliert und garantiert, muss für die Beschäftigten, die unter diese Garantie fallen, keine Unternehmensbewertung durchgeführt werden, sondern die Beschäftigten zahlen mindestens ein Prozent ihres Einkommens, aber nicht mehr als 50$ pro Jahr, in einen speziellen Fonds zu ihrem eigenen Nutzen ein.

Wenn ein solcher Arbeitnehmer das Unternehmen verlässt, stirbt oder in den Ruhestand geht, wird der Betrag seines Guthabens im Sonderfonds zuzüglich Zinsen zum Durchschnittssatz des Sonderfonds an ihn oder seine Begünstigten ausgezahlt oder zu seiner Rente hinzugerechnet.

4) Wenn ein Unternehmen seine Arbeit so plant, dass es die Arbeitslosigkeit reduzieren kann, wenn sein Guthaben in der normalen Arbeitslosenkasse 5% des normalen Jahreseinkommens der erfassten Beschäftigten entspricht, aber nicht darunter liegt, kann das Unternehmen aufhören, Beiträge in die Kasse einzuzahlen. Die Einzahlungen der Arbeitnehmer werden jedoch fortgesetzt.

Das Unternehmen nimmt seine Zahlungen wieder auf, wenn sein Guthaben in der normalen Arbeitslosenkasse auf unter 5% des normalen Jahreseinkommens der erfassten Beschäftigten fällt.

5) Wenn die wöchentlichen Zahlungen der Arbeitslosenkasse 2% oder mehr des durchschnittlichen Wochenlohns der teilnehmenden Arbeitnehmer betragen, erklärt das Unternehmen den Arbeitslosennotstand und die normalen Zahlungen der Arbeitnehmer und des Unternehmens werden eingestellt. In der Folge zahlen alle Beschäftigten des Unternehmens (einschließlich der leitenden Angestellten), die 50% oder mehr ihres durchschnittlichen Vollzeitgehalts erhalten, 1% ihres aktuellen Gehalts in den Arbeitslosenfonds ein. Ein ähnlicher Betrag wird vom Unternehmen in den Fonds eingezahlt. Der Arbeitslosennotstand wird so lange fortgesetzt, bis die normalen

Bedingungen wieder hergestellt sind, was vom Vorstand der jeweiligen Gesellschaft festgelegt wird. Zu diesem Zeitpunkt werden die normalen Zahlungen wieder aufgenommen.

6) Die wichtigsten Bestimmungen zur Verteilung der Mittel folgen diesen Grundsätzen, sofern sie nicht vom Vorstand geändert werden, wie in Abschnitt D, Absatz 7 dieses Dokuments beschrieben. Ein gewisser Prozentsatz der normalen Zahlungen der Mitarbeiter und des Unternehmens kann als verfügbar angesehen werden, um bedürftigen teilnehmenden Mitarbeitern zu helfen. Ein größerer Prozentsatz dieser normalen Zahlungen kann als verfügbar angesehen werden für Darlehen an teilnehmende Arbeitnehmer in Höhe von jeweils nicht mehr als 200 USD, mit oder ohne Zinsen, je nachdem, was der Vorstand festlegt. Die restlichen Mittel stehen für das Arbeitslosengeld zur Verfügung. Die Arbeitslosenunterstützung beginnt nach den ersten zwei Wochen der Arbeitslosigkeit und beträgt etwa 50% des durchschnittlichen Wochen- oder Monatslohns des teilnehmenden Arbeitnehmers für eine Vollzeitstelle, aber in keinem Fall mehr als 20$ pro Woche. Diese Zahlungen an einzelne Arbeitnehmer werden für maximal zehn Wochen innerhalb von zwölf aufeinanderfolgenden Monaten fortgesetzt, sofern sie nicht vom Rat verlängert werden. Wenn ein teilnehmender Mitarbeiter aufgrund von Arbeitsmangel in Teilzeit arbeitet und weniger als 50% seines durchschnittlichen wöchentlichen oder monatlichen Vollzeitgehalts erhält, hat er Anspruch auf Zahlungen aus dem Fonds in Höhe der Differenz zwischen dem Betrag, den er als Gehalt vom Unternehmen erhält, und dem Höchstbetrag, auf den er wie oben beschrieben Anspruch hat.

7) Die Verwahrung und Anlage der Gelder sowie die Verwaltung des Arbeitslosenversicherungssystems jedes Unternehmens unterliegt der Leitung eines Verwaltungsrats, der sich aus Vertretern zusammensetzt, die zur Hälfte von der Geschäftsleitung ernannt und zur Hälfte von den Arbeitnehmermitgliedern gewählt werden. Die Befugnisse und Pflichten des Verwaltungsrates bestehen darin, allgemeine Regeln aufzustellen bezüglich der Anspruchsberechtigung von Arbeitnehmern, der Wartezeit bis zur Auszahlung von Leistungen, der Höhe der Leistungen und ihrer Dauer innerhalb eines Jahres, der Frage, ob bei Arbeitslosigkeit oder Bedürftigkeit Darlehen gewährt werden sollen, ob ein Teil der Mittel dem Verwaltungsrat zur Verfügung gestellt werden soll, um Bedürfnisse zu lindern, die aus anderen Gründen als Arbeitslosigkeit entstehen, usw. Der Verwaltungsrat hat auch die Aufgabe, den Arbeitnehmern die Möglichkeit zu geben, ihre Ansprüche auf Arbeitslosenunterstützung geltend zu machen, wenn sie sich in einer Notlage befinden.

8) Wenn ein Arbeitnehmer das Unternehmen verlässt und für ein anderes Unternehmen arbeitet, das unter die Bestimmungen dieses Plans fällt, wird der verbleibende anteilige Betrag seiner normalen Beiträge zuzüglich Zinsen zum Durchschnittszinssatz der Fonds auf dieses Unternehmen und auf sein Guthaben übertragen. Wenn er das Unternehmen aus anderen Gründen verlässt, stirbt oder in den Ruhestand geht, wird der verbleibende Anteil seiner normalen Beiträge zuzüglich Zinsen zum durchschnittlichen Fondssatz an ihn oder seinen Begünstigten ausgezahlt oder zu seiner Rente hinzugefügt. Wird das Guthaben dieses Arbeitnehmers auf eine andere Gesellschaft übertragen oder gemäß dieser Bestimmung an den Arbeitnehmer oder seinen Begünstigten ausgezahlt, so wird ein Betrag in gleicher Höhe an die kooperierende Gesellschaft gezahlt.

DIE ALLGEMEINE VERWALTUNG. Jeder Berufsverband bildet einen allgemeinen Verwaltungsrat, der aus neun Mitgliedern besteht, von denen drei vom Verband gewählt oder ernannt werden, drei von den Arbeitnehmern der Mitgliedsunternehmen gewählt werden und drei, die die Öffentlichkeit vertreten, von der Bundesaufsichtsbehörde ernannt werden. Die Mitglieder des Generalrats, mit Ausnahme der Arbeitnehmervertreter, üben ihre Tätigkeit ohne Vergütung aus. Die Arbeitnehmervertreter erhalten für die Zeit, die sie für die Arbeit des Rates aufwenden, eine normale Vergütung, und alle Mitglieder erhalten eine Reisekostenvergütung, die in voller Höhe vom Berufsverband getragen wird. Die Befugnisse und Pflichten dieses Generalrats bestehen darin, die vom Berufsverband angenommenen und von der Bundesaufsichtsbehörde genehmigten Lebens- und Invaliditäts-, Renten- und Arbeitslosenversicherungspläne auszulegen, die Vorstände der einzelnen Unternehmen zu beaufsichtigen, einen Pensionsfonds für die Verwahrung, Investition und Auslagen der Pensionsfonds einzurichten und zu leiten und allgemein alle Aktivitäten im Zusammenhang mit den Lebens- und Invaliditäts-, Renten- und Arbeitslosenversicherungsplänen zu beaufsichtigen und zu leiten.

ANHANG B

SPONSOREN DER PLÄNE, DIE IM APRIL 1932 FÜR DIE WIRTSCHAFTSPLANUNG IN DEN USA VORGELEGT WURDEN[428]

American Engineering Council, New York.

American Federation of Labor, Washington.

Associated General Contractors, Washington.

Charles A. Beard, New Milford, Conn.

Ralph Borsodi, Autor und Wirtschaftswissenschaftler. New York.

US-Handelskammer, Washington.

Stuart Chase, Autor und Wirtschaftswissenschaftler. Arbeitsamt, New York.

Wallace B. Donham, Dekan der Harvard School of Business.

Brüderlicher Orden der Adler (Ludlow bill).

Jay Franklin, Autor, *The Forum*.

Guy Greer, Wirtschaftswissenschaftler, *The Outlook*.

Otto Kahn, Bankier. New York.

Senator Robert M. La Follette, US-Senat.

Lewis L. Lorwin, Wirtschaftswissenschaftler, Brookings Institute, Washington.

Paul M. Mazur, Investmentbanker. New York.

McGraw-Hill Publishing Co, New York.

Rat von Neuengland, Boston.

Progressive Conference (Gesetzentwurf La Follette).

P. Redmond, Wirtschaftswissenschaftler, Schenectady, N.Y.

Sumner Slichter, Wirtschaftswissenschaftler und Autor, Madison Wis.

George Soule, Herausgeber, *The New Republic*.

C. R. Stevenson, von Stevenson, Jordanien, und Harrison, New York.

Gerard Swope, Vorsitzender der General Electric Co.

---

[428] Vom US-Handelsministerium zusammengestellte Liste.

Wisconsin Regional Plan, State Legislature, Madison, Wis.

National Civic Federation, New York.

AUSGEWÄHLTE BIBLIOGRAFIE

UNVERÖFFENTLICHTE QUELLEN

Das Archiv von Franklin D. Roosevelt im Hyde Park, New York

VERÖFFENTLICHTE QUELLEN

Archer, Jules. *The Plot to Seize the White House,* (New York: Hawthorn Books, 1973)

Baruch, Bernard M., Baruch, *The Public Years,* (New York: Holt, Rinehart and Winston, 1960)

Bennett, Edward W., *Germany and the Diplomacy of the Financial Crisis,* 1931, (Cambridge: Harvard University Press, 1962)

Bremer, Howard, *Franklin Delano Roosevelt,* 1882-1945, (New York; Oceana Publications, Inc., 1971),

Burton, David H., *Theodore Roosevelt,* (New York: Twayne Publishers, Inc., 1972)

Davis, Kenneth S., *FDR, The Beckoning of Destiny 1882-1928, A History,* (New York: G. P. Putnam's Sons, 1971)

Dilling, Elizabeth, *The Roosevelt Red Record and Its Background,* (Illinois: by the author, 1936)

Farley, James A., *Behind the Ballots, The Personal History of a Politician,* (New York; Harcourt, Brace and Company, 1938)

Filene, Edward A., *Successful Living in this Machine Age,* (New York: Simon and Schuster, 1932)

Filene, Edward A., *The Way Out, A Forecast of Coming Changes in American Business and Industry,* (New York: Doubleday, Page & Company, 1924)

Flynn, John T., *The Roosevelt myth,* (New York: *The* Devin-Adair Company, 1948)

Freedman, Max, *Roosevelt and Frankfurter,* Their Correspondence- 1928-1945, (Boston, Toronto: Little, Brown and Company, 1967)

Freidel, Frank, *Franklin D. Roosevelt, The Ordeal,* (Boston: Little, Brown and Company, 1952)

Hanfstaengl, Ernst, *Unheard Witness,* (New York: J.B. Lippincott Company, 1957)

Haskell, H.J., *The New Deal in Old Rome, How Government in the Ancient World Tried to Deal with Modern Problems* (New York: Alfred A. Knopf, 1947).

Hoover, Herbert C., *Memoirs. The Great Depression, 1929-1941*, (New York: Macmillan Company, 1952), Vol. 3.

Howe, Frederic C., *The Confessions of a Monopolist*, (Chicago; The Public Publishing Company, 1906)

Hughes, T.W., *Forty years of Roosevelt*, (1944...T.W. Hughes)

Ickes, Harold L., Administrator, *National Planning Board Federal Emergency Administration of Public Works*, (Washington, D.C. Government Printing Office, 1934). Final Report 1933-34.

Johnson, Hugh S., *The Blue Eagle from Egg to Earth*, (New York: Doubleday, Doran & Company, Inc., 1935)

Josephson, Emanuel M., *Roosevelt's Communist Manifesto. Incorporating a reprint of Science of Government Founded on Natural Law*, by Clinton Roosevelt, (New York: Chedney Press, 1955)

Kahn, Otto H., *Of Many Things*, (New York: Boni & Liveright, 1926)

Kolko, Gabriel, *The Triumph of Conservatism, A reinterpretation of American History*, (London: Collier-Macmillan Limited, 1963)

Kuczynski, Robert P., *Bankers' Profits from German Loans*, (Washington, D.C.: The Brookings Institution, 1932)

Laidler, Harry W., *Concentration of Control in American Industry*, (New York: Thomas Y. Crowell Company, 1931)

Lane, Rose Wilder, *The Making of Herbert Hoover*, (New York: The Century Co., 1920)

Leuchtenburg, William E., *Franklin D. Roosevelt and the New Deal 1932-1940*, (New York, Evanston und London: Harper & Row, 1963)

Moley, Raymond, *The First New Deal* (New York: Harcourt Brace & World, Inc., n.d.)

Nixon, Edgar B., Editor, *Franklin D. Roosevelt and Foreign Affairs*, (Cambridge: The Belknap Press of Harvard University Press, 1969), Volume I: January 1933-February 1934. Franklin D. Roosevelt Library. Hyde Park, New York.

Overacker, Louise, *Money in Elections*, (New York: The Macmillan Company, 1932)

Pecora, Ferdinand, *Wall Street Under Oath, The Story of our Modern Money Changers*, (New York: Augustus M. Kelley Publishers, 1968)

Peel, Roy V., und Donnelly, Thomas C., *The 1928 Campaign An Analysis*, (New York: Richard R. Smith, Inc., 1931)

Roos, Charles Frederick, *NRA Economic Planning*, (Bloomington, Indiana: The Principia Press, Inc., 1937)

Roosevelt, Elliott and Brough, James, *An Untold Story, The Roosevelts of Hyde Park*, (New York: G.P. Putnam's Sons, 1973)

Roosevelt, Franklin D., *The Public Papers and Addresses of Franklin D. Roosevelt*, (New York: Random House, 1938), Volume One.

Roosevelt, Franklin D., *The Public Papers and Addresses of Franklin D. Roosevelt*, (New York: Random House, 1938), Vol. 4.

Schlesinger, Arthur M., Jr., *The Age of Roosevelt, The Crisis of the Old Order 1919-1933*, (Boston: Houghton Mifflin Company, 1957)

Seldes, George, *One Thousand Americans*, (New York: Boni & Gaer, 1947).

Spivak, John L. *A Man in His Time*, (New York: Horizon Press, 1967)

Stiles, Leia, *The Man Behind Roosevelt, The Story of Louis McHenry Howe*, (New York: The World Publishing Company, 1954)

Kongress der Vereinigten Staaten, Repräsentantenhaus. Sonderausschuss zu den Aktivitäten der USA. *Untersuchung der Propagandaaktivitäten der Nationalsozialisten und Untersuchung bestimmter anderer Propagandaaktivitäten*. 29. Dezember 1934. (73. Kongress, 2. Sitzung. Anhörungen Nr. 73-D. C.-6). (Washington, Government Printing Office; 1935)

Kongress der Vereinigten Staaten, Senat. Sonderausschuss zur Untersuchung von Lobbying-Aktivitäten. *Liste der Beiträge*. Bericht gemäß den Resolutionen 165 und 184. (74. Kongress, 2. Sitzung). Washington, Government Printing Office, 1936)

Kongress der Vereinigten Staaten. Senat. Anhörungen vor einem Unterausschuss des Ausschusses für militärische Angelegenheiten. *Wissenschaftliche und technische Mobilisierung*. 30. März 1943. (78. Kongress, 1. Sitzung. S. 702). Teil 1. (Washington: Government Printing Office, 1943)

Kongress der Vereinigten Staaten. House of Representatives (Repräsentantenhaus). Sonderausschuss zu den US-Aktivitäten (1934) *Investigation of Nazi and other propaganda*, (74. Kongress, 1. Sitzung. Bericht Nr. 153) (Washington, Government Printing Office)

Kongress der Vereinigten Staaten. Senat, Anhörungen vor dem Finanzausschuss. *Nationale industrielle Erholung*. S. 1712 und H.R. 5755, 22., 26., 29., 31. Mai und 1. Juni 1933. (73. Kongress, 1. Sitzung) (Washington, Government Printing Office, 1933)

Kongress der Vereinigten Staaten. Senat. Sonderausschuss zur Untersuchung der Ausgaben für den Präsidentschaftswahlkampf. *Ausgaben für den Präsidentschaftswahlkampf*. Bericht gemäß Resolution 234, 25. Februar (Kalendertag, 28. Februar), 1929. (70. Kongress, 2. Sitzung. Bericht des Senats 2024). (Washington, Government Printing Office, 1929)

Warren, Harris, Gaylord, *Herbert Hoover and the Great Depression*, (New York: Oxford University Press, 1959)

Wolfskill, George, *The Revolt of the Conservatives, A History of The American Liberty League 1934-1940*, (Boston: Houghton Mifflin Company, 1962)

Wall Street und der Aufstieg Hitlers

Gewidmet dem Andenken an Floyd Paxton - Unternehmer, Erfinder, Schriftsteller und Amerikaner, der an die Rechte des Einzelnen in einer freien Gesellschaft gemäß der Verfassung glaubte und dafür arbeitete.

VORWORT

Das vorliegende Buch ist der dritte und letzte Band einer Trilogie, in der die Rolle der amerikanischen Betriebssozialisten, die auch als Finanzelite der Wall Street oder als liberales Ostküsten-Establishment bekannt sind, bei drei wichtigen historischen Ereignissen des 20. Jahrhunderts beschrieben wird: der Lenin-Trotzki-Revolution von 1917 in Russland, der Wahl Franklin D. Roosevelts 1933 in den USA und der Machtergreifung Adolf Hitlers 1933 in Deutschland.

Jedes dieser Ereignisse führte eine Variante des Sozialismus in einem großen Land ein - den bolschewistischen Sozialismus in Russland, den New-Deal-Sozialismus in den USA und den Nationalsozialismus in Deutschland.

Die offizielle zeitgenössische Geschichtsschreibung, vielleicht mit Ausnahme von Carroll Quigleys *Tragedy and Hope*, ignoriert diese Beweise. Andererseits ist es verständlich, dass Universitäten und Forschungseinrichtungen, die auf die finanzielle Unterstützung von Stiftungen angewiesen sind, die von derselben New Yorker Finanzelite kontrolliert werden, kaum Forschungsarbeiten zu diesen Aspekten der internationalen Politik unterstützen und veröffentlichen wollen. Es ist unwahrscheinlich, dass der mutigste Verwalter in die Hand beißt, die seine Organisation ernährt.

Aus den Elementen dieser Trilogie geht auch eminent klar hervor, dass die "öffentlich gesinnten Geschäftsleute" nicht als Lobbyisten und Verwaltungsbeamte nach Washington reisen, um den Vereinigten Staaten zu dienen. Sie sind in Washington, um ihre eigenen Interessen der Gewinnmaximierung zu verfolgen. Ihr Ziel ist es nicht, eine wettbewerbsfähige Marktwirtschaft zu fördern, sondern ein politisiertes Regime - nennen Sie es, wie Sie wollen - zu ihrem eigenen Vorteil zu manipulieren.

Es ist die kommerzielle Manipulation von Hitlers *Machtantritt* im März 1933, die das Thema von *Wall Street and Hitler's Rise ist*.

Juli 1976
Antony C. SUTTON

EINFÜHRUNG

DIE UNERFORSCHTEN FACETTEN DES NATIONALSOZIALISMUS

Seit den frühen 1920er Jahren kursieren unbegründete Berichte, wonach nicht nur deutsche Industrielle, sondern auch die Finanzwelt der Wall Street eine gewisse Rolle - vielleicht eine wichtige Rolle - beim Aufstieg Hitlers und des Nationalsozialismus gespielt haben. Dieses Buch präsentiert bisher unveröffentlichte Beweise für diese Hypothese, von denen ein Großteil aus den Akten der Nürnberger Militärtribunale stammt. Die Lektüre dieses einen Bandes reicht jedoch nicht aus, um die volle Wirkung und den suggestiven Charakter dieser Beweise zu erfassen. Zwei frühere Bücher dieser Reihe, Wall *Street* und die *bolschewistische Revolution*[429] *und Wall Street und FDR*[430]*,* beschreiben die Rollen derselben Unternehmen und oftmals derselben Einzelpersonen und ihrer Managerkollegen, die hart daran arbeiteten, die bolschewistische Revolution in Russland 1917 zu manipulieren und zu unterstützen, Franklin D. Roosevelt bei seinem Aufstieg zum Präsidenten der Vereinigten Staaten 1933 zu unterstützen sowie Hitlers Aufstieg im Vorkriegsdeutschland zu fördern. Kurzum, dieses Buch ist Teil einer umfassenderen Studie über die Einführung des modernen Sozialismus durch Betriebssozialisten.

Diese politisch aktive Gruppe an der Wall Street ist mehr oder weniger derselbe elitäre Kreis, der von Konservativen allgemein als "liberales Establishment", von Liberalen (z. B. G. William Domhoff) als "die herrschende Klasse"[431] und von den Verschwörungstheoretikern Gary Allen[432] und Dan Smoot[433] als "Insider" bezeichnet wird. Doch wie auch immer man diese elitäre Gruppe, die sich selbst fortsetzt, nennen mag, sie ist offenbar grundlegend

---

[429] (New York: Arlington House Publishers, 1974)

[430] (New York: Arlington House Publishers, 1975)

[431] *The Higher Circles: The Governing Class in America,* (New York: Vintage, 1970)

[432] *None Dare It Call Conspiracy,* (Rossmoor: Concord Press, 1971). Für eine andere Sichtweise, die auf "internen" Dokumenten beruht, siehe Carroll Quigley, *Tragedy and Hope,* (New York: The Macmillan Company, 1966)

[433] *The Invisible Government,* (Boston: Western Islands, 1962)

bedeutsam für die Bestimmung der Weltangelegenheiten, und zwar auf einer Ebene, die weit über der der gewählten Politiker liegt.

Der Einfluss und die Arbeit derselben Gruppe bei der Entstehung Hitlers und Nazi-Deutschlands sind das Thema dieses Buches. Es ist ein Bereich der historischen Forschung, der von der akademischen Welt fast völlig unerforscht ist. Es ist ein historisches Minenfeld für Unvorsichtige und Nachlässige, die sich der Feinheiten der Forschungsverfahren nicht bewusst sind. Die Sowjets haben die Wall-Street-Banker lange Zeit beschuldigt, den internationalen Faschismus zu unterstützen, aber ihre eigenen Aufzeichnungen über historische Genauigkeit geben ihren Anschuldigungen im Westen kaum Kredit, und sie kritisieren natürlich nicht die Unterstützung ihrer eigenen Form des politischen Faschismus.

Dieser Autor steht auf einer anderen Seite. Zuvor beschuldigt, zu kritisch gegenüber dem Sowjetismus und dem nationalen Sozialismus zu sein, während er die Wall Street und Hitlers Aufstieg ignoriert, wird dieses Buch hoffentlich ein vermeintlich völlig unzutreffendes philosophisches Ungleichgewicht korrigieren und den Fokus auf das eigentliche Element richten, um das es geht: wie auch immer Sie das kollektivistische System nennen - Sowjetsozialismus, New-Deal-Sozialismus, Betriebssozialismus oder Nationalsozialismus -, es ist der Durchschnittsbürger, der Typ von der Straße, der letztlich gegen die Bonzen, die die Operation an der Spitze leiten, den Kürzeren zieht. Jedes System ist auf seine Weise ein Plünderungssystem, ein organisatorischer Apparat, der dazu dient, dass alle auf Kosten der anderen leben (oder zu leben versuchen), während die elitären Führer, die Chefs und Politiker, die Crème de la Crème an der Spitze einstreichen.

Die Rolle dieser amerikanischen Machtelite bei Hitlers Machtergreifung muss auch im Zusammenhang mit einem wenig bekannten Aspekt des Hitlerismus gesehen werden, der erst jetzt erforscht wird: die mystischen Ursprünge des Nationalsozialismus und seine Beziehungen zur Thule-Gesellschaft und zu anderen verschwörerischen Gruppen. Dieser Autor ist kein Experte für Okkultismus oder Verschwörungstheorien, aber es ist offensichtlich, dass die mystischen Ursprünge, die neuheidnischen historischen Wurzeln des Nationalsozialismus, die bayerischen Illuminaten und die Thule-Gesellschaft relativ unbekannte Bereiche sind, die von technisch versierten Forschern erst noch erforscht werden müssen. Einige Forschungsarbeiten sind bereits auf Französisch verfasst; die beste englischsprachige Einführung ist wahrscheinlich eine Übersetzung von Jean Michel Angeberts *Hitler et la Tradition Cathare*.[434]

Angebert enthüllt den Kreuzzug des *Schutzstaffelmitglieds* Otto Rahn im Jahr 1933 *auf der* Suche nach dem Heiligen Gral, der sich angeblich in der Katharerhochburg in Südfrankreich befunden haben soll. Die erste Nazi-Hierarchie (Hitler und Himmler sowie Rudolph Hess und Rosenberg) war von einer neuheidnischen Theologie durchdrungen, die zum Teil mit der Thule-

---

[434] Auf Englisch veröffentlicht unter dem Titel *The Occult and the Third Reich*, (Die mystischen Ursprünge des Nationalsozialismus und die Suche nach dem Heiligen Gral), (New York: The Macmillan Company, 1974). Siehe auch Reginald H. Phelps, "*Before Hitler Came*" (Vor Hitlers Ankunft) *Thule Society and Germanen Orden*", in: *Journal of Modern History*, September 1968, Nr. 3.

Gesellschaft in Verbindung gebracht wurde, deren Ideale denen der bayerischen Illuminaten ähnelten. Diese Gesellschaft war eine vom Nationalsozialismus überrollte treibende Kraft mit einem mächtigen mystischen Einfluss auf die Anhänger der SS. Die Historiker unseres zeitgenössischen Establishments erwähnen diese okkulten Ursprünge kaum, geschweige denn, dass sie sie erforschen; folglich übersehen sie ein ebenso wichtiges Element wie die finanziellen Ursprünge des Nationalsozialismus.

1950 veröffentlichte James Stewart Martin das umfassende Buch *All Honorable Men, in dem er* seine Erfahrungen als Leiter der Abteilung für Wirtschaftskrieg des Justizministeriums beschreibt, die die Struktur der[435] Nazi-Industrie untersuchte. Martin behauptet, dass amerikanische und britische Geschäftsleute in Schlüsselpositionen in dieser Nachkriegsermittlung eingesetzt wurden, um die Ermittlungen gegen die Nazi-Industriellen zu hintertreiben, zu vertuschen und schließlich zu sabotieren und so ihre eigene Verstrickung verborgen zu halten. Ein britischer Offizier wurde vom Kriegsgericht zu zwei Jahren Haft verurteilt, weil er einen Nazi geschützt hatte, und mehrere US-Beamte wurden aus ihren Ämtern entfernt. Warum sollten amerikanische und britische Geschäftsleute Nazi-Geschäftsleute schützen wollen? In der Öffentlichkeit argumentierten sie, dass es sich lediglich um deutsche Geschäftsleute handelte, die nichts mit dem Nazi-Regime zu tun hatten und unschuldig an jeglicher Mitschuld an den Nazi-Verschwörungen waren. Martin geht dieser Erklärung nicht weiter nach, aber er ist offensichtlich unzufrieden und skeptisch darüber. Die Beweise legen nahe, dass es eine konzertierte Anstrengung gab, nicht nur die Nazi-Geschäftsleute zu schützen, sondern auch die kollaborierenden Elemente der amerikanischen und britischen Unternehmen.

Die deutschen Geschäftsleute hätten viele unangenehme Fakten enthüllen können: Im Gegenzug für den Schutz, den sie erhielten, sagten sie nicht viel. Es ist wahrscheinlich kein Zufall, dass die in Nürnberg vor Gericht gestellten Hitler-Industriellen weniger als einen Klaps auf die Finger erhielten. Wir fragen uns, ob die Nürnberger Prozesse nicht besser in Washington hätten stattfinden sollen - mit einigen prominenten amerikanischen Geschäftsleuten sowie Nazi-Geschäftsleuten auf der Anklagebank!

Zwei Auszüge aus zeitgenössischen Quellen werden in das zu entwickelnde Thema einführen und es andeuten. Der erste Auszug stammt aus Roosevelts eigenen Akten. Der amerikanische Botschafter in Deutschland, William Dodd, schrieb am 19. Oktober 1936 (drei Jahre nach Hitlers Machtübernahme) aus Berlin an FDR über amerikanische Industrielle und ihre Hilfe für die Nazis:

> *Obwohl ich glaube, dass Frieden unsere beste Politik ist, kann ich die Befürchtungen nicht von der Hand weisen, die Wilson in seinen Gesprächen mit mir am 15. August 1915 und später mehr als einmal betont hat: Der Zusammenbruch der Demokratie in ganz Europa wird für die Bürger eine Katastrophe sein. Aber was können Sie tun? Derzeit haben mehr als hundert US-amerikanische Unternehmen hier Niederlassungen oder Kooperationsvereinbarungen.*

---

[435] (Boston: Little Brown and Company, 1950)

> *Die DuPonts haben in Deutschland drei Verbündete, die im Bereich der Rüstung Hilfe leisten. Ihr wichtigster Verbündeter ist die I.G. Farben, ein Versorger der Regierung, der 200.000 Reichsmark pro Jahr an eine Propagandaorganisation spendet, die mit der amerikanischen Meinung operiert. Die Standard Oil Company (New Yorker Untergesellschaft) schickte im Dezember 1933 2.000.000 Dollar hierher und verdiente 500.000 Dollar pro Jahr, indem sie den Deutschen half, Ersatzgas für den Kriegsbedarf herzustellen; aber die Standard Oil Company kann keine ihrer Einnahmen außer in Waren außer Landes bringen. Sie macht nur sehr wenige, deklariert ihre Einkünfte zu Hause, erklärt aber nicht die Fakten. Der Präsident der International Harvester Company sagte mir, dass ihr Geschäft hier jährlich um 33% wächst (Waffenherstellung, glaube ich), aber sie können nichts abziehen. Sogar die Leute in unseren Flugzeugen haben eine geheime Abmachung mit Krupps. General Motor Company und Ford machen hier über ihre Tochtergesellschaften riesige Geschäfte und ziehen keinen Gewinn daraus. Ich erwähne diese Tatsachen, weil sie die Dinge komplizierter machen und die Kriegsgefahr erhöhen.*[436]

Zweitens: Ein Zitat aus dem Tagebuch desselben US-Botschafters in Deutschland. Der Leser sollte bedenken, dass ein Vertreter der zitierten Vacuum Oil Company - zusammen mit Vertretern anderer amerikanischer Unternehmen, die die Nazis unterstützten - in die Nachkriegskontrollkommission zur Entnazifizierung der:

> *Am 25. Januar. Donnerstag. Unser Handelsattaché hat Dr. Engelbrecht, den Präsidenten der Hamburger Vakuum-Ölgesellschaft, zu mir bestellt. Engelbrecht wiederholte, was er vor einem Jahr gesagt hatte: "Die Standard Oil Company in New York, die Muttergesellschaft der Vacuum, hat in Deutschland 10.000.000 Mark ausgegeben, um zu versuchen, Ölvorkommen zu finden und eine große Raffinerie in der Nähe des Hamburger Hafens zu bauen." Engelbrecht bohrte weiterhin Brunnen und fand viel Rohöl in der Region Hannover, aber er hatte keine Hoffnung, große Vorkommen zu finden. Er hofft, dass Dr. Schacht sein Unternehmen subventionieren wird, wie es einige deutsche Unternehmen tun, die kein Rohöl gefunden haben. Vacuum gibt sein gesamtes Einkommen hier aus, beschäftigt 1000 Männer und schickt nie Geld nach Hause. Ich könnte es nicht fördern.*[437]

Und noch mehr:

> *Die Männer hatten das Gebäude kaum verlassen, als der Anwalt zurückkam und von seinen Schwierigkeiten berichtete. Ich konnte nichts tun. Aber ich fragte ihn: Warum hat die Standard Oil Company in New York im Dezember 1933 1.000.000$ hierher geschickt, um den Deutschen zu helfen, Benzin aus Weichkohle für Kriegsnotfälle herzustellen? Warum produzieren die Leute von International*

---

[436] Edgar B. Nixon, Hrsg., *Franklin D. Roosevelt and Foreign Affairs*, Volume III: September 1935-January 1937, (Cambridge: Belknap Press, 1969), S. 456.

[437] Herausgegeben von William E. Dodd Jr. und Martha Dodd, *Ambassador Dodd's Diary*, 1933-1938, (New York: Harcourt Brace and Company, 1941), S. 303.

Harvester weiterhin in Deutschland, obwohl ihr Unternehmen nichts vom Land erhält und seine Kriegsverluste nicht einspielen konnte? Er verstand meinen Standpunkt und stimmte zu, dass dies dumm klinge und zu größeren Verlusten führen würde, wenn ein weiterer Krieg ausbrechen würde.[438]

Die Allianz zwischen der politischen Macht der Nazis und dem amerikanischen "Big Business" mag Botschafter Dodd und dem von ihm befragten amerikanischen Anwalt als dumm erschienen sein. In der Praxis ist das "Big Business" natürlich alles andere als dumm, wenn es darum geht, seine eigenen Interessen zu fördern. Die Investitionen in Nazi-Deutschland (und ähnliche Investitionen in der Sowjetunion) waren Ausdruck höherer Politik, wobei weit mehr als nur ein unmittelbarer Gewinn auf dem Spiel stand, auch wenn die Gewinne nicht repatriiert werden konnten. Um diese "höheren Politiken" nachzuvollziehen, muss man in die Finanzkontrolle der multinationalen Konzerne eindringen, denn diejenigen, die den Geldfluss kontrollieren, kontrollieren letztlich auch die Tagespolitik.

Carroll Quigley[439] zeigte, dass die Spitze dieses Systems der internationalen Finanzkontrolle vor dem Zweiten Weltkrieg die Bank für Internationalen Zahlungsausgleich war, mit Vertretern der internationalen Bankgesellschaften aus Europa und den USA in einem Arrangement, das während des gesamten Zweiten Weltkriegs fortgesetzt wurde. Während der Nazizeit war der Vertreter Deutschlands in der Bank für Internationalen Zahlungsausgleich Hitlers gutes Finanzgenie und Präsident der Reichsbank, Hjalmar Horace Greeley Schacht.

HJALMAR HORACE GREELEY SCHACHT

Die Verwicklung der Wall Street in Hitlers Deutschland hebt zwei Deutsche mit Verbindungen zur Wall Street hervor - Hjalmar Schacht und "Putzi" Hanfstaengl. Letzterer war ein Freund Hitlers und Roosevelts, der eine verdächtig wichtige Rolle bei dem Vorfall spielte, der Hitler an die Spitze der diktatorischen Macht brachte - dem Reichstagsbrand von 1933.[440]

Die Anfänge der Geschichte von Hjalmar Schacht und insbesondere seine Rolle in der Sowjetunion nach der bolschewistischen Revolution von 1917 wurden in meinem früheren Buch *Wall Street und die bolschewistische Revolution* beschrieben. Der älteste Schacht hatte Anfang des 20. Jahrhunderts im Berliner Büro der Equitable Trust Company in New York gearbeitet. Hjalmar wurde nur wegen der Krankheit seiner Mutter, die die Familie zur Rückkehr nach Deutschland zwang, in Deutschland und nicht in New York geboren. Der Bruder William Schacht war ein in den USA geborener Staatsbürger. Um seine amerikanischen Wurzeln zu markieren, wurden Hjalmars zweite Vornamen mit "Horace Greeley" bezeichnet, benannt nach dem berühmten demokratischen

---

[438] Ibid, S. 358.

[439] Quigley, op. cit.

[440] Weitere Informationen über den "Putzi" Hanfstaengl finden Sie in Kapitel neun.

Politiker. Folglich sprach Hjalmar fließend Englisch und Schachts Nachkriegsverhör im Rahmen des Dustbin-Projekts wurde sowohl auf Deutsch als auch auf Englisch durchgeführt. Es sollte betont werden, dass die Familie Schacht ihre Wurzeln in New York hat, dass sie für das wichtige Wall-Street-Finanzhaus Equitable Trust (das von der Firma Morgan kontrolliert wurde) gearbeitet hat und dass Hjalmar sein ganzes Leben lang diese Verbindungen zur Wall Street aufrechterhalten hat.[441] Zeitungen und zeitgenössische Quellen berichten von wiederholten Besuchen bei Owen Young von General Electric, Farish, dem Präsidenten von Standard Oil in New Jersey, und ihren Bankkollegen. Kurz gesagt: Schacht war ein Mitglied der internationalen Finanzelite, die ihre Macht hinter den Kulissen des politischen Apparats einer Nation ausübt. Er war eine Schlüsselverbindung zwischen der Wall-Street-Elite und Hitlers innerem Kreis.

Das Buch ist in zwei große Teile gegliedert. Im ersten Teil wird der Aufstieg der deutschen Kartelle durch den Dawes- und den Young-Plan in den 1920er Jahren nachgezeichnet. Diese Kartelle waren die wichtigsten Unterstützer Hitlers und des Nationalsozialismus und waren direkt dafür verantwortlich, dass die Nazis 1933 an die Macht kamen. Die Rolle der US-amerikanischen Unternehmen I.G. Farben, General Electric, Standard Oil of New Jersey, Ford und anderer US-amerikanischer Unternehmen wird beschrieben. Im zweiten Teil werden die bekannten dokumentarischen Beweise für Hitlers Finanzierung vorgestellt, mit einer fotografischen Reproduktion der Banküberweisungsscheine, mit denen über Hjalmar Horace Greeley Schacht Gelder von Farben, General Electric und anderen Unternehmen an Hitler überwiesen wurden.

---

[441] Siehe Sutton, *Wall Street and the Bolschewic Revolution*, a.a.O., zu Schachts Beziehungen zu den Sowjets und der Wall Street sowie zu seiner Leitung einer sowjetischen Bank.

KAPITEL I

WALL STREET EBNET DEN WEG EBNET DEN WEG FÜR HITLER

> *Der Dawes-Plan, der im August 1924 verabschiedet wurde, fügt sich nahtlos in die Pläne der Militärökonomen des deutschen Generalstabs ein. (Aussage vor dem US-Senat, Ausschuss für militärische Angelegenheiten, 1946).*

Der Kilgore-Ausschuss des US-Nachkriegssenats hörte detaillierte Zeugenaussagen von Regierungsbeamten, denen zufolge

> ... als die Nazis 1933 an die Macht kamen, stellten sie fest, dass seit 1918 lange Fortschritte gemacht worden waren, um Deutschland wirtschaftlich und industriell auf den Krieg vorzubereiten.[442]

Die Vorbereitung auf den europäischen Krieg vor und nach 1933 war größtenteils auf die finanzielle Hilfe der Wall Street in den 1920er Jahren zurückzuführen, um das deutsche Kartellsystem aufzubauen, sowie auf die technische Unterstützung bekannter amerikanischer Unternehmen, die später identifiziert wurden, beim Aufbau der deutschen Wehrmacht. Während diese finanzielle und technische Unterstützung als "zufällig" oder auf die "Blindheit" amerikanischer Geschäftsleute zurückzuführen bezeichnet wird, deutet das im Folgenden dargestellte Material stark auf ein gewisses Maß an Vorsatz seitens dieser amerikanischen Finanziers hin. Ähnliche inakzeptable "Unfall"-Plädoyers wurden im Namen amerikanischer Finanziers und Industrieller im Parallelbeispiel des Aufbaus der militärischen Macht der Sowjetunion ab 1917 formuliert. Dennoch waren diese amerikanischen Kapitalisten bereit, die Sowjetunion während des Vietnamkriegs zu finanzieren und zu subventionieren, wohl wissend, dass die Sowjets den Feind subventionierten, den die US-Armee auf der anderen Seite bekämpfte.

---

[442] Kongress der Vereinigten Staaten. Senat. Anhörungen vor einem Unterausschuss des Ausschusses für militärische Angelegenheiten. Eliminierung der deutschen Ressourcen für den Krieg. Bericht gemäß Resolutionen 107 und 146, 2. Juli 1945, Teil 7 (78. Kongress und 79. Kongress), (Washington: Government Printing Office, 1945), im Folgenden als Elimination of German Resources bezeichnet.

Der Beitrag des US-Kapitalismus zu den deutschen Kriegsvorbereitungen vor 1940 kann nur als phänomenal bezeichnet werden. Er war sicherlich entscheidend für die militärischen Fähigkeiten Deutschlands.

Beispielsweise produzierte Deutschland 1934 im eigenen Land nur 300.000 Tonnen natürliche Erdölprodukte und weniger als 800.000 Tonnen synthetisches Benzin; der Rest wurde importiert. Doch zehn Jahre später, während des Zweiten Weltkriegs, nachdem die Patente und die Hydrierungstechnologie von Standard Oil in New Jersey an I.G. Farben übertragen worden waren (die zur Herstellung von synthetischem Benzin aus Kohle verwendet wurde), produzierte Deutschland rund 6,5 Millionen Tonnen Erdöl - davon waren 85% (5,5 Millionen Tonnen) synthetisches Erdöl nach dem Hydrierungsverfahren von Standard Oil. Darüber hinaus lag die Kontrolle über die Produktion von synthetischem Öl in Deutschland bei der I.G. Farben-Tochter Braunkohle-Benzin A. G., und dieses Farben-Kartell selbst wurde 1926 mit finanzieller Hilfe der Wall Street gegründet.

Andererseits ist der allgemeine Eindruck, den moderne Historiker beim Leser hinterlassen, dass diese technische Unterstützung der USA zufällig war und dass die amerikanischen Industriellen an jeglicher Missetat unschuldig waren. So erklärte das Kilgore-Komitee beispielsweise:

> *Die USA spielten versehentlich eine wichtige Rolle bei der technischen Aufrüstung Deutschlands. Obwohl die deutschen Militärplaner die Fertigungsunternehmen anwiesen und überredeten, moderne Anlagen für die Massenproduktion zu installieren, schienen weder die Militärökonomen noch die Unternehmen in vollem Umfang zu erkennen, was dies bedeutete. Ihre Augen öffneten sich, als zwei der größten amerikanischen Automobilunternehmen Fabriken in Deutschland errichteten, um auf dem europäischen Markt verkaufen zu können, ohne das Handicap der hohen deutschen Seefrachtkosten und Tarife. Die Deutschen wurden nach Detroit gebracht, um die Techniken der spezialisierten Produktion von Bauteilen und der Montage am Fließband zu erlernen. Was sie sahen, führte zu einer Neuorganisation und Umgestaltung anderer wichtiger deutscher Kriegsfabriken. Die in Detroit erlernten Techniken wurden schließlich zu einem späteren Zeitpunkt zum Bau der Stukas .... für Sturzflugbombardements verwendet... I.G. Farben in diesem Land ermöglichte es einem Strom deutscher Ingenieure, nicht nur Flugzeugfabriken, sondern auch andere militärisch wichtige Fabriken zu besuchen, in denen sie viele Dinge lernten, die schließlich gegen die Vereinigten Staaten eingesetzt wurden.*[443]

Aufgrund dieser Beobachtungen, die den "zufälligen" Charakter der Hilfe betonen, kamen akademische Autoren wie Gabriel Kolko, der normalerweise kein Befürworter von Großunternehmen ist, zu dem Schluss, dass:

---

[443] Eliminierung der deutschen Ressourcen, S. 174.

> *Es ist fast überflüssig zu betonen, dass die Motive der amerikanischen Unternehmen, die mit Verträgen mit deutschen Unternehmen verbunden waren, nicht völlig pronazistisch waren...*[444]

Kolko behauptet jedoch im Gegenteil, dass die Analysen der zeitgenössischen amerikanischen Wirtschaftspresse bestätigen, dass sich die Wirtschaftszeitschriften und -zeitungen der Nazi-Bedrohung und ihres Wesens voll bewusst waren, während sie ihre Wirtschaftsleser vor den deutschen Kriegsvorbereitungen warnten. Und selbst Kolko gibt es zu:

> Die Wirtschaftspresse [in den USA] wusste bereits 1935, dass der deutsche Wohlstand auf den Kriegsvorbereitungen beruhte. Noch wichtiger war, dass sie sich der Tatsache bewusst war, dass die deutsche Industrie unter der Kontrolle der Nazis stand und dazu bestimmt war, der Wiederbewaffnung Deutschlands zu dienen. Das am häufigsten in diesem Zusammenhang erwähnte Unternehmen war der Chemieriese I.G. Farben.[445]

Darüber hinaus legen die unten dargestellten Beweise nahe, dass ein einflussreicher Teil der amerikanischen Wirtschaft sich nicht nur des Wesens des *Nationalsozialismus* bewusst war, sondern ihm auch half, wann immer es möglich (und profitabel) war - wohl *wissend, dass das wahrscheinliche Ergebnis ein Krieg sein würde, an dem Europa und die USA beteiligt wären*. Wie wir sehen werden, entsprechen die Unschuldsplädoyers nicht den Tatsachen.

1924: DER DAWES-PLAN

Der Vertrag von Versailles nach dem Ersten Weltkrieg erlegte dem besiegten Deutschland eine schwere Last an Reparationen auf. Diese finanzielle Belastung - die eigentliche Ursache für die deutsche Unzufriedenheit, die zur Akzeptanz des Hitlerismus führte - wurde von den internationalen Bankiers zu ihrem eigenen Vorteil genutzt.

Die Gelegenheit, den deutschen Kartellen in den USA profitable Kredite zu gewähren, wurde durch den Dawes-Plan und später durch den Young-Plan eröffnet. Beide Pläne wurden von diesen Zentralbankern entworfen, die die Ausschüsse für ihre eigenen pekuniären Vorteile einsetzten. Obwohl die Ausschüsse technisch gesehen nicht von der US-Regierung ernannt wurden, wurden die Pläne tatsächlich von der Regierung genehmigt und gesponsert.

Das Feilschen der Finanziers und Politiker nach dem Krieg legte die deutschen Reparationen auf eine jährliche Gebühr von 132 Milliarden Goldmark fest. Dies entsprach etwa einem Viertel der gesamten deutschen Exporte von 1921. Als Deutschland diese erdrückenden Zahlungen nicht leisten konnte, besetzten

---

[444] Gabriel Kolko, "American Business and Germany, 1930-1941", *The Western Political Quarterly*, Band XV, 1962.

[445] Ibid, S. 715.

Frankreich und Belgien das Ruhrgebiet, um sich mit Gewalt zu nehmen, was nicht freiwillig abgetreten werden konnte. 1924 ernannten die Alliierten ein Komitee aus Bankiers (unter der Leitung des amerikanischen Bankiers Charles G. Dawes), das einen Plan für Reparationszahlungen ausarbeiten sollte. Der daraus resultierende Dawes-Plan war laut Carroll Quigley, Professor für internationale Beziehungen an der Georgetown University, "größtenteils eine Produktion von J.P. Morgan".[446] Der Dawes-Plan organisierte eine Reihe von Auslandskrediten in Höhe von insgesamt 800 Millionen Dollar, deren Erlös an Deutschland ging. Diese Kredite sind für unsere Geschichte wichtig, denn die Erlöse, die größtenteils in den USA von Dollar-Investoren eingesammelt wurden, wurden Mitte der 1920er Jahre dazu verwendet, die gigantischen Chemie- und Stahlkombinate der I.G. Farben bzw. der Vereinigten Stahlwerke zu gründen und zu konsolidieren. Diese Kartelle verhalfen Hitler nicht nur 1933 zur Machtübernahme, sondern lieferten auch den Großteil des deutschen Kriegsmaterials, das während des Zweiten Weltkriegs verwendet wurde.

Zwischen 1924 und 1931 zahlte Deutschland im Rahmen des Dawes-Plans und des Young-Plans rund 86 Milliarden Reichsmark Reparationen an die Alliierten. Gleichzeitig nahm Deutschland im Ausland, hauptsächlich in den USA, Kredite in Höhe von rund 138 Milliarden Mark auf - was einer Nettozahlung von nur drei Milliarden Mark für Reparationen entspricht. Folglich wurde die Last der deutschen Währungsreparationen an die Alliierten in Wirklichkeit von den ausländischen Zeichnern deutscher Anleihen getragen, die von den Finanzinstituten der Wall Street ausgegeben wurden - natürlich mit erheblichen Gewinnen für sie selbst. Und, das sei angemerkt, diese Unternehmen gehörten denselben Finanziers, die in regelmäßigen Abständen ihre Bankerhüte abnahmen und neue aufsetzten, um "Staatsmänner" zu werden. Als "Staatsmänner" formulierten sie die Dawes- und Young-Pläne, um das "Problem" der Reparationen zu "lösen". Als Bankiers brachten sie die Kredite in Umlauf. Wie Carroll Quigley betont

> *Es sollte beachtet werden, dass dieses System von internationalen Bankiers eingerichtet wurde und dass das anschließende Verleihen fremden Geldes an Deutschland für diese Bankiers sehr profitabel war.*[447]

Wer sind die internationalen Bankiers in New York, die diese Wiedergutmachungskommissionen gebildet haben?

Die amerikanischen Experten für den Dawes-Plan von 1924 waren der Bankier Charles Dawes und der Morgan-Vertreter Owen Young, der Präsident der General Electric Company war. Dawes war 1924 Vorsitzender des alliierten Expertenausschusses. 1929 wurde Owen Young Vorsitzender des Expertenausschusses, unterstützt von J.P. Morgan selbst, mit T. Morgan als Stellvertreter. W. Lamont, ein Partner Morgans, und T. N. Perkins, ein Bankier aus Morgans Verbänden. Mit anderen Worten: Die US-Delegationen waren

---

[446] Carroll Quigley, op. cit.

[447] Ibid, S. 308.

schlicht und einfach, wie Quigley betonte, J. P. Morgan-Delegationen, die die Autorität und das Siegel der Vereinigten Staaten nutzten, um Finanzpläne zu ihrem eigenen pekuniären Vorteil zu fördern. Infolgedessen, so Quigley, "saßen die internationalen Banker im Paradies, unter einem Regen von Gebühren und Provisionen".[448]

Ebenso interessant waren die deutschen Mitglieder des Expertenausschusses. Im Jahr 1924 war Hjalmar Schacht Präsident der Reichsbank und hatte ebenso wie der deutsche Bankier Carl Melchior eine wichtige Rolle bei der Organisation des Dawes-Plans gespielt. Einer der deutschen Delegierten von 1928 war A. Voegler vom deutschen Stahlkartell Stahlwerke Vereinigte. Kurz gesagt, die beiden wichtigen beteiligten Länder - die USA und Deutschland - wurden durch die Bankiers Morgan auf der einen und Schacht und Voegler auf der anderen Seite vertreten, die beide eine Schlüsselrolle beim Aufstieg Hitlerdeutschlands und der anschließenden deutschen Wiederbewaffnung spielten.

Schließlich waren die Mitglieder und Berater der Dawes- und Young-Kommissionen nicht nur mit New Yorker Finanzhäusern verbunden, sondern, wie wir später sehen werden, auch Geschäftsführer von Unternehmen innerhalb der deutschen Kartelle, die Hitler zur Macht verhalfen.

1928: DER YOUNG-PLAN

Laut Hitlers Finanzgenie Hjalmar Horace Greeley Schacht und dem Nazi-Industriellen Fritz Thyssen war es der Young-Plan von 1928 (der Nachfolger des Dawes-Plans), der vom Morgan-Agenten Owen D. formuliert wurde. Young, der Hitler 1933 an die Macht brachte. Fritz Thyssen behauptet, dass

> Ich wandte mich der nationalsozialistischen Partei erst zu, nachdem ich zu der Überzeugung gelangt war, dass der Kampf gegen den Young-Plan unumgänglich war, wenn man den völligen Zusammenbruch Deutschlands verhindern wollte.[449]

Der Unterschied zwischen dem Young-Plan und dem Dawes-Plan bestand darin, dass der Young-Plan Zahlungen in Form von in Deutschland produzierten Gütern verlangte, die durch ausländische Kredite finanziert wurden, während der Dawes-Plan Geldzahlungen verlangte, und "Nach meinem Urteil [schreibt Thyssen] war die so entstandene Finanzschuld dazu bestimmt, die gesamte Wirtschaft des Reiches zu stören".

Der Young-Plan war angeblich eine Einrichtung, um Deutschland mit amerikanischem Kapital zu besetzen und deutsche Immobilien für eine gigantische, in den USA gehaltene Hypothek zu verpfänden. Es ist anzumerken, dass deutsche Unternehmen, die mit den USA verbunden waren, sich dem Plan durch vorübergehendes ausländisches Eigentum entzogen. Beispielsweise war A.E.G. (German General Electric), die mit General Electric in den USA verbunden

---

[448] Carroll Quigley, a. a. O., S. 309.

[449] Fritz Thyssen, *I Paid Hitler*, (New York: Farrar & Rinehart, Inc., n.d.), S. 88.

ist, an eine französisch-belgische Holding verkauft und entging so den Bedingungen des Young-Plans. Nebenbei sei erwähnt, dass Owen Young Franklin D. Roosevelts wichtigster Geldgeber für das Vereinigte Europäische Unternehmen war, als FDR als knospender Wall-Street-Finanzier versuchte, aus der deutschen Hyperinflation von 1925 Kapital zu schlagen. Das Vereinigte Europäische Unternehmen war ein Vehikel, um zu spekulieren und Gewinne zu machen, als der Dawes-Plan durchgesetzt wurde, und ist ein klarer Beweis dafür, dass private Finanziers (darunter Franklin D. Roosevelt) die Macht des Staates nutzen, um ihre eigenen Interessen durch Manipulation der Außenpolitik voranzutreiben.

Schachts parallele Anschuldigung, Owen Young sei für Hitlers Aufstieg verantwortlich, obwohl er offensichtlich eigennützig war, ist in einem Bericht des Geheimdienstes der US-Regierung über die Vernehmung von Dr. Fritz Thyssen im September 1945 festgehalten:

> *Durch die Annahme des Young-Plans und seiner Finanzprinzipien stieg die Arbeitslosigkeit immer weiter an, bis schließlich rund eine Million Menschen arbeitslos waren.*
>
> *Die Menschen waren verzweifelt. Hitler sagte, dass er die Arbeitslosigkeit beseitigen würde. Die Regierung, die zu dieser Zeit an der Macht war, war sehr schlecht und die Lage der Menschen wurde immer schlimmer. Aus diesem Grund hatte Hitler bei den Wahlen einen enormen Erfolg. Bei den letzten Wahlen erhielt er rund 40%.*[450]

Allerdings war es Schacht und nicht Owen Young, der die Idee entwarf, aus der später die Bank für Internationalen Zahlungsausgleich hervorging. Die konkreten Details wurden auf einer Konferenz unter dem Vorsitz von Jackson Reynolds, "einem der führenden Bankiers von New York", mit Melvin Traylor von der First National Bank of Chicago, Sir Charles Addis, ehemals Hong Kong and Shanghai Banking Corporation, und verschiedenen französischen und deutschen Bankiers ausgearbeitet.[451] Die B.I.S. war im Rahmen des Young-Plans von entscheidender Bedeutung, da sie ein einsatzbereites Instrument zur Förderung der internationalen Finanzbeziehungen bot. Nach eigenen Angaben gab Schacht Owen Young auch die Idee, aus der später die Internationale Bank für Wiederaufbau und Entwicklung der Nachkriegszeit wurde:

> *"Eine solche Bank wird eine finanzielle Zusammenarbeit zwischen Besiegten und Siegern erfordern, die zu einer Interessengemeinschaft führt, die wiederum zu gegenseitigem Vertrauen und Verständnis führt und so den Frieden fördert und sichert".*

---

[450] U.S. Group Control Council (Deutschland), Office of the Director of Intelligence, Intelligence Report No. EF/ME/1, 4. September 1945. Siehe auch Hjalmar Schacht, *Confessions of an Old Wizard*, (Boston: Houghton Mifflin, 1956)

[451] Hjalmar Schacht, a.a.O., S. 18. Fritz Thyssen fügte hinzu: "Schon damals sagte Mr. Dillon, ein New Yorker Bankier jüdischer Herkunft, den ich sehr bewundere, zu mir: 'An deiner Stelle würde ich den Plan nicht unterschreiben'".

Ich erinnere mich noch gut an den Rahmen, in dem dieses Gespräch stattfand. Owen Young saß in seinem Sessel, blies seine Pfeife, streckte die Beine aus und seine stechenden Augen waren auf mich gerichtet. Wie ich es zu tun pflege, wenn ich solche Argumente vorbringe, ging ich ruhig und gleichmäßig im Raum "auf und ab". Als ich geendet hatte, gab es eine kurze Pause. Dann erhellte sich sein ganzes Gesicht und seine Entschlossenheit fand ihren Ausdruck in den Worten:

"Dr. Schacht, Sie haben mich auf eine wunderbare Idee gebracht und ich werde sie der ganzen Welt verkaufen".[452]

DIE B. R. I. - DER GIPFEL DER KONTROLLE

Dieses Spiel der Ideen und der Zusammenarbeit zwischen Hjalmar Schacht in Deutschland und, durch Owen Young, den Interessen von J.P. Morgan in New York war nur eine Facette eines weitreichenden und ehrgeizigen Systems der internationalen Zusammenarbeit und Allianz zur Kontrolle der Welt. Wie Carroll Quigley beschreibt, bestand dieses System aus:

> "... nichts weniger als die Schaffung eines globalen Finanzkontrollsystems in privaten Händen, das in der Lage ist, das politische System jedes Landes und die Weltwirtschaft als Ganzes zu beherrschen.[453]

Dieses feudale System funktionierte in den 1920er Jahren genauso wie heute, nämlich über die privaten Zentralbanker der einzelnen Länder, die die nationale Geldmenge der verschiedenen Volkswirtschaften kontrollieren. In den 1920er und 1930er Jahren haben auch das Federal Reserve System in New York, die Bank of England, die Reichsbank in Deutschland und die Banque de France den politischen Apparat ihrer jeweiligen Länder mehr oder weniger indirekt durch die Kontrolle der Geldmenge und die Schaffung des monetären Umfelds beeinflusst. Eine direktere Einflussnahme erfolgte durch die Bereitstellung politischer Gelder für Politiker und politische Parteien oder durch die Entziehung ihrer Unterstützung. In den USA beispielsweise führte Präsident Herbert Hoover seine Niederlage 1932 auf den Entzug der Unterstützung durch die Wall Street und die Übertragung der Finanzen und des Einflusses von der Wall Street auf Franklin D. Roosevelt zurück.

Politiker, die für die Ziele des Finanzkapitalismus empfänglich sind, und Akademien, die mit Ideen zur globalen Kontrolle wuchern, die für die internationalen Bankiers nützlich sind, werden auf der Linie eines Systems von Belohnungen und Strafen gehalten. In den frühen 1930er Jahren war die Bank für Internationalen Zahlungsausgleich in Basel, Schweiz, der Träger dieses internationalen Systems der finanziellen und politischen Kontrolle, das Quigley als "Spitze des Systems" bezeichnete. Die Spitze der B.I.S. setzte ihre Arbeit während des Zweiten Weltkriegs als Mittel fort, mit dem die Bankiers - die sich offenbar nicht im Krieg miteinander befanden - einen für beide Seiten

---

[452] Ibid, S. 282.

[453] Carroll Quigley, a. a. O., S. 324.

vorteilhaften Austausch von Ideen, Informationen und Planungen für die Nachkriegswelt verfolgten. Wie ein Autor bemerkte, machte der Krieg für die internationalen Bankiers keinen Unterschied:

> *Die Tatsache, dass die Bank über wirklich internationales Personal verfügte, stellte in Kriegszeiten natürlich eine sehr ungewöhnliche Situation dar. Ein amerikanischer Präsident führte die laufenden Geschäfte der Bank über einen französischen Generaldirektor, der einen deutschen stellvertretenden Generaldirektor hatte, während der Generalsekretär ein italienischer Staatsangehöriger war. Andere Staatsangehörige besetzten weitere Posten. Diese Männer standen natürlich täglich in persönlichem Kontakt miteinander.*
>
> *Mit Ausnahme von Herrn McKittrick [siehe unten] befanden sich die Flüge während dieser Zeit natürlich ständig in der Schweiz und sollten zu keinem Zeitpunkt den Befehlen ihrer Regierung unterworfen sein. Die Direktoren der Bank blieben jedoch selbstverständlich in ihren jeweiligen Ländern und hatten keinen direkten Kontakt mit dem Personal der Bank. Es wird jedoch behauptet, dass H. Schacht, der Präsident der Reichsbank, während des größten Teils dieses Zeitraums einen persönlichen Vertreter in Basel unterhielt.*[454]

Es sind diese geheimen Treffen, "... Treffen, die geheimer sind als alle Treffen, die jemals von den Freimaurern der Royal Ark oder irgendeinem Rosenkreuzerorden abgehalten wurden ..."[455] zwischen den Zentralbankern an der "Spitze" der Kontrolle, die zeitgenössische Journalisten so fasziniert haben, obwohl sie nur selten und kurz in dieses Geheimnis eingedrungen sind.

DER AUFBAU DER DEUTSCHEN KARTELLE

Das deutsche Kartellsystem ist ein praktisches Beispiel dafür, wie die internationale Finanzwelt hinter den Kulissen operiert, um politisch-ökonomische Systeme aufzubauen und zu manipulieren. Die drei größten Kredite, die internationale Wall-Street-Banker in den 1920er Jahren im Rahmen des Dawes-Plans für deutsche Kreditnehmer verwalteten, kamen drei deutschen Kartellen zugute, die einige Jahre später Hitler und den Nazis zur Macht verhalfen. In zwei dieser drei deutschen Kartelle waren amerikanische Finanziers direkt in den Vorständen vertreten. Diese amerikanische Hilfe für die deutschen Kartelle wurde von James Martin wie folgt beschrieben:

---

[454] Henry H. Schloss, *Die Bank für Internationalen Zahlungsausgleich* (Amsterdam,: North Holland Publishing Company, 1958)

[455] John Hargrave, *Montagu Norman*, (New York: The Greystone Press, n.d.). S. 108.

"Diese Kredite für den Wiederaufbau wurden zu einem Vehikel für Absprachen, die mehr zur Förderung des Zweiten Weltkriegs taten als zur Schaffung von Frieden nach dem Ersten Weltkrieg."[456]

Die drei dominierenden Kartelle, die geliehenen Beträge und das Floating Syndicate der Wall Street waren wie folgt:

Das deutsche Kartell	Wall-Street-Gewerkschaft	Ausgegebener Betrag
Elektrizitats-Gesellschaft (A.E.G.) (Deutsche Gesellschaft für allgemeine Elektrizität)	National City Co.	$35,000,000
Vereinigte Stahlwerke (United Steelworks)	Dillon, Read & Co.	$70,225,000
Amerikanisch I.G. Chemical (I.G. Farben)	National City Co.	$30,000,000

Betrachtet man die Gesamtheit der vergebenen Kredite[457], so zeigt sich, dass nur eine Handvoll New Yorker Finanzinstitute die Finanzierung der deutschen Reparationen übernahmen. Drei Unternehmen - Dillon, Read Co, Harris, Forbes & Co und National City Company - gaben fast drei Viertel des gesamten Nennwerts der Kredite aus und kassierten den Großteil der Gewinne:

Leiter der Wall Street Union	Teilnahme an deutschen Industriefragen zum US-Kapitalmarkt	Gewinne aus deutschen Krediten*.	Prozent der Gesamtmenge
Dillon, Read & Co.	$241,325,000	2,7 Millionen Dollar	29.2
Harris, Forbes & Co.	$186,500,000	1,4 Millionen Dollar	22.6
National City Co.	$173,000,000	5,0 Millionen Dollar	20.9
Speyer & Co.	$59,500,000	0,6 Millionen Dollar	7.2
Lee, Higginson & Co.	$53,000,000	n.a.	6.4
Guaranty Co. of N.Y.	$41,575,000	0,2 Millionen Dollar	5.0
Kuhn, Loeb & Co.	$37,500,000	0,2 Millionen Dollar	4.5
Equitable Trust Co.	$34,000,000	0,3 Millionen Dollar	4.1
TOTAL	$826,400,000	10,4 Millionen Dollar	99.9

Quelle: Siehe Anhang A

---

[456] James Stewart Martin, a. a. O., S. 70.

[457] Siehe Kapitel 7 für weitere Einzelheiten zu den Krediten der Wall Street an die deutsche Industrie.

*Robert R. Kuczynski, Bankers Profits from German Loans (Washington, D.C.: Brookings Institution, 1932), S. 127.

Nach Mitte der 1920er Jahre dominierten die beiden großen deutschen Konzerne, I.G. Farben und Vereinigte Stahlwerke, das durch diese Kredite geschaffene System der Chemie- und Stahlkartelle.

Obwohl diese Unternehmen in den Kartellen nur bei zwei oder drei Grundstoffen über eine Stimmenmehrheit verfügten, konnten sie - dank der Kontrolle über diese Grundstoffe - ihren Willen während des gesamten Kartells durchsetzen. I.G. Farben war der Hauptproduzent von Grundchemikalien, die von anderen Chemikalienherstellern in Kombination verwendet wurden, so dass ihre wirtschaftliche Machtposition nicht allein an ihrer Fähigkeit gemessen werden kann, einige wenige Grundchemikalien zu produzieren. Ebenso konnten die Vereinigten Stahlwerke, deren Roheisenproduktionskapazität größer ist als die aller anderen deutschen Eisen- und Stahlproduzenten zusammen, einen weitaus größeren Einfluss auf das Halbzeug-Stahlkartell ausüben, als es ihre Roheisenproduktionskapazität vermuten lässt. Trotzdem war der prozentuale Anteil der Produktion dieser Kartelle an allen Produkten signifikant:

Produkte von Vereinigte Stahlwerke	Prozentualer Anteil an der deutschen Gesamtproduktion 1938
Bügeleisen	50.8
Rohre und Schläuche	45.5
Das starke Blech	36.0
Sprengstoff	35.0
Kohlenteer	33.3
Stahl in Stäben	37.1
I.G. Farben	**Prozent des deutschen Gesamtwertes Produktion im Jahr 1937**
Synthetisches Methanol	100.0
Magnesium	100.0
Chemischer Stickstoff	70.0
Sprengstoff	60.0
Synthetisches Benzin (mit hoher Oktanzahl)	46.0 (1945)
Braunkohle	20.0

Zu den Produkten, die I.G. Farben und die Vereinigten Stahlwerke zu einer gegenseitigen Zusammenarbeit veranlassten, gehörten Steinkohlenteer und chemischer Stickstoff, die beide für die Herstellung von Sprengstoffen von größter Bedeutung waren. I.G. Farben hatte eine Kartellstellung inne, die ihr eine beherrschende Stellung bei der Herstellung und dem Verkauf von chemischem Stickstoff sicherte, besaß aber nur etwa ein Prozent der Verkokungskapazitäten Deutschlands. Es wurde daher eine Vereinbarung getroffen, nach der die auf Sprengstoffe spezialisierten Tochtergesellschaften von Farben ihr Benzol, Toluol und andere Primärprodukte auf Kohlenteerbasis zu den von den Vereinigten Stahlwerken diktierten Bedingungen bezogen, während die auf Sprengstoffe spezialisierte Tochtergesellschaft der Vereinigten Stahlwerke für ihre Nitrate auf die von Farben festgelegten Bedingungen angewiesen war. Im Rahmen dieses Systems der gegenseitigen Zusammenarbeit und Abhängigkeit produzierten die beiden Kartelle, I.G. Farben und Vereinigte Stahlwerke, 1957-8 am Vorabend des Zweiten Weltkriegs 95% des deutschen Sprengstoffs. *Diese Produktion wurde mithilfe von US-amerikanischen Krediten und in gewissem Maße auch mit US-amerikanischer Technologie ermöglicht.*

Die Kooperation I.G. Farben-Standard Oil bei der Herstellung von synthetischem Erdöl aus Kohle verschaffte dem I.G. Farben-Kartell während des Zweiten Weltkriegs ein Monopol auf die deutsche Benzinproduktion. Im Jahr 1945 wurde etwas weniger als die Hälfte des deutschen hochoktanigen Benzins direkt von I.G. Farben und der Großteil des Rests von ihren verbundenen Unternehmen hergestellt.

Kurz gesagt: Was synthetisches Benzin und Sprengstoffe (zwei der Grundelemente der modernen Kriegsführung) betrifft, lag die Kontrolle über die deutsche Produktion des Zweiten Weltkriegs in den Händen zweier deutscher Konglomerate, die durch Kredite von der Wall Street im Rahmen des Dawes-Plans entstanden waren.

Darüber hinaus erstreckte sich die amerikanische Unterstützung für die Kriegsanstrengungen der Nazis auch auf andere Bereiche.[458] Die beiden größten Panzerproduzenten in Hitlers Deutschland waren Opel, eine hundertprozentige Tochtergesellschaft von General Motors (kontrolliert von der Firma J.P. Morgan), und die Tochtergesellschaft Ford A.G. der Ford Motor Company in Detroit. Die Nazis gewährten Opel 1936 einen steuerfreien Status, damit General Motors seine Produktionsanlagen ausbauen konnte. General Motors reinvestierte die daraus resultierenden Gewinne in die deutsche Industrie. Henry Ford wurde von den Nazis für seine Verdienste um den Nationalsozialismus ausgezeichnet. (Siehe S. 93.) Alcoa und Dow Chemical arbeiteten eng mit der Nazi-Industrie zusammen und führten zahlreiche Transfers ihrer amerikanischen Technologie durch. Bendix Aviation, an dem das von J.P. Morgan kontrollierte Unternehmen General Motors eine bedeutende Beteiligung hatte, versorgte die Siemens & Halske A. G. in Deutschland Daten über Autopiloten und Bordinstrumente. Bis 1940, während des "inoffiziellen Krieges", lieferte Bendix Aviation Robert Bosch umfassende technische Daten für Anlasser von Flugzeugen und Dieselmotoren und erhielt im Gegenzug Lizenzgebühren.

Kurz gesagt, die amerikanischen Unternehmen, die mit den internationalen Investmentbankern von Morgan-Rockefeller verbunden waren - und nicht, wie man anmerken muss, die große Mehrheit der unabhängigen amerikanischen Industriellen - waren eng mit dem Wachstum der Nazi-Industrie verbunden. Es ist wichtig, bei der Entwicklung unserer Geschichte zu beachten, dass General Motors, Ford, General Electric, DuPont und die Handvoll amerikanischer Unternehmen, die eng mit dem Wachstum Nazideutschlands verbunden waren, - mit Ausnahme der Ford Motor Company - von der Elite der Wall Street kontrolliert wurden - der Firma J.P. Morgan, der Rockefeller Chase Bank und, in

---

[458] Siehe Gabriel Kolko, a. a. O. für zahlreiche Beispiele.

geringerem Maße, der Warburg Manhattan Bank.[459] Dieses Buch ist keine Anklage gegen die gesamte amerikanische Industrie und Finanzwelt. Es ist eine Anklage gegen die "Elite" - jene Unternehmen, die von einer Handvoll Finanzhäuser kontrolliert werden, das System der Federal Reserve Bank, die Bank für Internationalen Zahlungsausgleich und ihre internationalen Kooperationsabkommen und Kartelle, die versuchen, den Lauf der Weltpolitik und der Weltwirtschaft zu kontrollieren.

---

[459] 1956 schlossen sich die Banken Chase und Manhattan zu Chase Manhattan zusammen.

KAPITEL II

DAS I.G. FARBEN-IMPERIUM

Farben war Hitler und Hitler war Farben.
(Senator Homer T. Bone vor dem Ausschuss des Senats.
der militärischen Angelegenheiten, 4. Juni 1943).

Am Vorabend des Zweiten Weltkriegs war der deutsche Chemiekomplex I.G. Farben der größte Chemieproduzent der Welt mit außerordentlicher politischer und wirtschaftlicher Macht und Einfluss innerhalb des Hitler-Nazi-Staates. I.G. Farben wurde zu Recht als "ein Staat im Staat" beschrieben.

Das Farben-Kartell geht auf das Jahr 1925 zurück, als das Organisationsgenie Hermann Schmitz (mit finanzieller Hilfe der Wall Street) aus sechs bereits riesigen deutschen Chemieunternehmen - Badische Anilin, Bayer, Agfa, Hoechst, Weilertermeer und Griesheim-Elektron - den Giga-Chemiekonzern schuf. Diese Unternehmen fusionierten zur Internationalen Gesellschaft Farbenindustrie A.G. - oder kurz I.G. Farben. Zwanzig Jahre später wurde derselbe Hermann Schmitz in Nürnberg wegen Kriegsverbrechen des I.G.-Kartells vor Gericht gestellt. Andere Direktoren der I.G. Farben wurden vor Gericht gestellt, aber die amerikanischen Tochtergesellschaften der I.G. Farben und die amerikanischen Direktoren der I.G. selbst wurden ruhig vergessen; die Wahrheit wurde in den Archiven vergraben.

Es sind diese amerikanischen Verbindungen zur Wall Street, die uns Sorgen bereiten. Ohne das von der Wall Street bereitgestellte Kapital hätte es nicht in erster Linie die I.G. Farben gegeben und mit ziemlicher Sicherheit nicht Adolf Hitler und den Zweiten Weltkrieg.

Zu den deutschen Bankiers, die Ende der 1920er Jahre im Farben-Aufsichtsrat saßen, gehörte der Hamburger Bankier Max Warburg, dessen Bruder Paul Warburg zu den Gründern des Federal-Reserve-Systems[460] in den USA gehörte. Es ist kein Zufall, dass Paul Warburg auch Mitglied des Vorstands von American I.G. war, der hundertprozentigen US-Tochter von Farben, war. Neben Max Warburg und Hermann Schmitz, die die Gründung des Farben-Imperiums vorantrieben, waren die ersten Mitglieder des *Farben-Vorstands* Carl Bosch,

---

[460] Deutsche Unternehmen haben einen zweistufigen Vorstand. Der *Aufsichtsrat* befasst sich mit der allgemeinen Aufsicht, einschließlich der Finanzpolitik, während sich der *Vorstand um das* Tagesgeschäft kümmert.

Fritzter Meer, Kurt Oppenheim und George von Schnitzler.[461] Alle außer Max Warburg wurden nach dem Zweiten Weltkrieg wegen "Kriegsverbrechen" angeklagt.

1928 wurden die US-Holdinggesellschaften der I.G. Farben *(d. h.* die Bayer Corporation, General Aniline Works, Agfa Ansco und Winthrop Chemical Company) in der Schweizer Holdinggesellschaft I.G. Chemic (Inter-nationale Gesellschaft fur Chemisehe Unternehmungen A. G.) organisiert, die von der I.G. Farben in Deutschland kontrolliert wurde. Im Jahr darauf fusionierten diese US-amerikanischen Unternehmen zur amerikanischen I.G. Chemical Corporation, die später in General Aniline & Film umbenannt wurde. Hermann Schmitz, der Organisator von I.G. Farben im Jahr 1925, wurde einer der ersten wichtigen Nazis und ein Unterstützer Hitlers, ebenso wie der Präsident des Schweizer Unternehmens I.G. Chemic und der Präsident des US-Unternehmens I.G. Der Farben-Komplex, sowohl in Deutschland als auch in den USA, wurde dann zu einem integralen Bestandteil der Ausbildung und des Funktionierens der Nazi-Staatsmaschinerie, der Wehrmacht und der SS.

I.G. Farben ist für die Bildung des NS-Staates von besonderem Interesse, da die Direktoren von Farben materiell dazu beigetragen haben. Hitler und die Nazis an der Macht 1933. Wir haben fotografische Beweise (siehe Seite 60), dass I.G. Farben 400.000 RM zu Hitlers politischer "schwarzer Kasse" beigetragen hat. Aus diesem Geheimfonds wurde die Übernahme durch die Nazis im März 1933 finanziert. Viele Jahre zuvor hatte Farben von der Wall Street Gelder für die Kartellisierung und Expansion 1925 in Deutschland und 30 Millionen Dollar für die amerikanische I.G. 1929 erhalten und hatte Wall-Street-Direktoren im Vorstand von Farben. Es ist anzumerken, dass diese Gelder Jahre, bevor Hitler zum deutschen Diktator befördert wurde, gesammelt und die Direktoren ernannt wurden.

DIE WIRTSCHAFTLICHE MACHT DER I.G. FARBEN

Qualifizierte Beobachter haben argumentiert, dass Deutschland ohne I.G. Farben 1939 nicht in den Krieg hätte eintreten können. Zwischen 1927 und dem Beginn des Zweiten Weltkriegs verdoppelte I.G. Farben seine Größe, eine Expansion, die größtenteils durch die technische Unterstützung der USA und die Ausgabe von US-Anleihen, wie die von der National City Bank angebotene Anleihe über 30 Millionen US-Dollar, ermöglicht wurde. Bis 1939 erwarb I.G. Anteile und Management-Einfluss an rund 380 anderen deutschen und über 500 ausländischen Unternehmen. Das Farben-Imperium besaß eigene Kohleminen, Kraftwerke, Stahlwerke, Banken, Forschungseinheiten und zahlreiche Handelsunternehmen. Es gab über 2.000 Kartellvereinbarungen zwischen I.G. und ausländischen Unternehmen - darunter Standard Oil aus New Jersey, DuPont, Alcoa, Dow Chemical und andere in den USA. Die vollständige Geschichte der I.G., Farben und ihrer weltweiten Aktivitäten vor dem Zweiten Weltkrieg wird nie

---

[461] Auszug aus *Der Farben-Konzern* 1928, (Hoppenstedt, Berlin: I928), S. 4-5.

bekannt werden können, da die wichtigsten deutschen Dokumente 1945 in Erwartung des Sieges der Alliierten vernichtet wurden. Eine nach dem Krieg vom US-Kriegsministerium durchgeführte Untersuchung kam jedoch zu dem Schluss, dass:

> *Ohne die riesigen Produktionsanlagen der I.G., ihre intensive Forschung und ihre weitreichenden internationalen Mitgliedschaften wäre die Fortsetzung des Krieges durch Deutschland undenkbar und unmöglich gewesen. Farben konzentrierte seine Energien nicht nur auf die Aufrüstung Deutschlands, sondern auch auf die Schwächung seiner potenziellen Opfer, und dieser in beide Richtungen gehende Versuch, das deutsche Industriepotenzial für den Krieg zu erweitern und das des Rests der Welt einzuschränken, wurde nicht "im normalen Geschäftsverlauf" geplant und durchgeführt. Der erdrückende Beweis, dass die Beamten der I.G. Farben vollständige Vorkenntnisse über Deutschlands Plan zur Eroberung der Welt und über jede spezifische aggressive Handlung, die danach unternommen wurde, hatten.*[462]

Zu den Direktoren der Farben-Unternehmen *(d. h. den in der Untersuchung erwähnten "I.G. Farben-Beamten")* gehörten nicht nur Deutsche, sondern auch prominente amerikanische Finanziers. Dieser Bericht des US-Kriegsministeriums aus dem Jahr 1945 kam zu dem Schluss, dass die von Hitler in der Vorkriegszeit erteilte Mission der I.G. darin bestand, Deutschland autark von Kautschuk, Benzin, Schmierölen, Magnesium, Fasern, Gerbstoffen, Fetten und Sprengstoffen zu machen. Um diese wichtige Aufgabe zu erfüllen, gab die I.G. große Summen für Verfahren aus, mit denen diese Kriegsmaterialien aus einheimischen deutschen Rohstoffen - insbesondere den reichlich vorhandenen deutschen Kohlevorkommen - gewonnen werden konnten. Wenn diese Verfahren nicht in Deutschland entwickelt werden konnten, wurden sie im Rahmen von Kartellvereinbarungen aus dem Ausland bezogen. So wurde beispielsweise das Verfahren für Iso-Oktan, das für Flugkraftstoffe unerlässlich ist, aus den USA bezogen,

> *... eigentlich ganz [aus] Amerika und wir haben es durch unsere Vereinbarungen mit ihnen [Standard Oil of New Jersey] in seinen verschiedenen Phasen genau kennengelernt und nutzen es sehr ausgiebig.*[463]

Das Verfahren zur Herstellung des für Flugbenzin wichtigen Tetraethylbleis erhielt I.G. Farben aus den USA. 1939 kaufte I.G. hochwertiges Flugbenzin im Wert von 20 Millionen Dollar von Standard Oil in New Jersey. Noch bevor Deutschland Tetraethylblei nach dem amerikanischen Verfahren herstellte, konnte es sich 500 Tonnen von der Ethyl Corporation "leihen". Diese essentielle Tetraethylblei-Anleihe wurde nicht zurückgezahlt und I.G. verlor die Bürgschaft in Höhe von einer Million Dollar. Darüber hinaus kaufte I.G. von Dow Chemical

---

[462] *Eliminierung der deutschen Ressourcen*, S. 943.

[463] Ibid, S. 945.

große Magnesiumvorräte für die Herstellung von Brandbomben und lagerte Sprengstoff, Stabilisatoren, Phosphor und Zyanide aus dem Ausland.

Im Jahr 1939 waren 28 der 43 wichtigsten von I.G. hergestellten Produkte für die deutschen Streitkräfte "von größter Bedeutung". Die ultimative Kontrolle von Farben über die deutsche Kriegswirtschaft, die sie in den 1920er und 1930er Jahren mit Hilfe der Wall Street erlangt hatte, lässt sich besser beurteilen, wenn man sich den Prozentsatz der deutschen Kriegsmaterialproduktion anschaut, der 1945 von den Farben-Fabriken hergestellt wurde. Zu dieser Zeit produzierte Farben 100% des deutschen synthetischen Kautschuks, 95% des deutschen Giftgases (einschließlich des gesamten Zyklon-B-Gases, das in den Konzentrationslagern verwendet wurde), 90% der deutschen Kunststoffe, 88% des deutschen Magnesiums, 84% der deutschen Sprengstoffe, 70% des deutschen Schießpulvers, 46% des deutschen Hochoktan-Benzins (Luftfahrt) und 33% des deutschen synthetischen Benzins.[464] (Siehe Grafik 2-1 und Tabelle 2-1).

Tabelle 2-1: Abhängigkeit der deutschen Armee (Wehrmacht) von der Produktion der I.G. Farben (1943):

Produkt	Deutsche Gesamtproduktion	Prozent produziert von I.G. Farben
Synthetischer Kautschuk	118.600 Tonnen	100
Methanol	251.000 Tonnen	100
Schmieröl	60.000 Tonnen	100
Farbstoffe	31.670 Tonnen	98
Giftiges Gas	-	95
Nickel	2000 Tonnen	95
Kunststoffe	57.000 Tonnen	90
Magnesium	27.400 Tonnen	88
Sprengstoff	221.000 Tonnen	84
Schießpulver	210.000 Tonnen	70
Hohe Oktanzahl (Aviation) Benzin	650.000 Tonnen	46
Schwefelsäure	707.000 Tonnen	35

Dr. von Schnitzler vom I.G. Farben *Aufsichsrat* machte 1943 die folgende relevante Aussage:

---

[464] *New York Times*, 21. Oktober 1945, Abschnitt 1, S. 1, 12.

> Es ist nicht übertrieben zu sagen, dass ohne die Dienstleistungen der deutschen Chemie, die im Rahmen des Vierjahresplans erbracht wurden, die Fortsetzung der modernen Kriegsführung undenkbar gewesen wäre.[465]

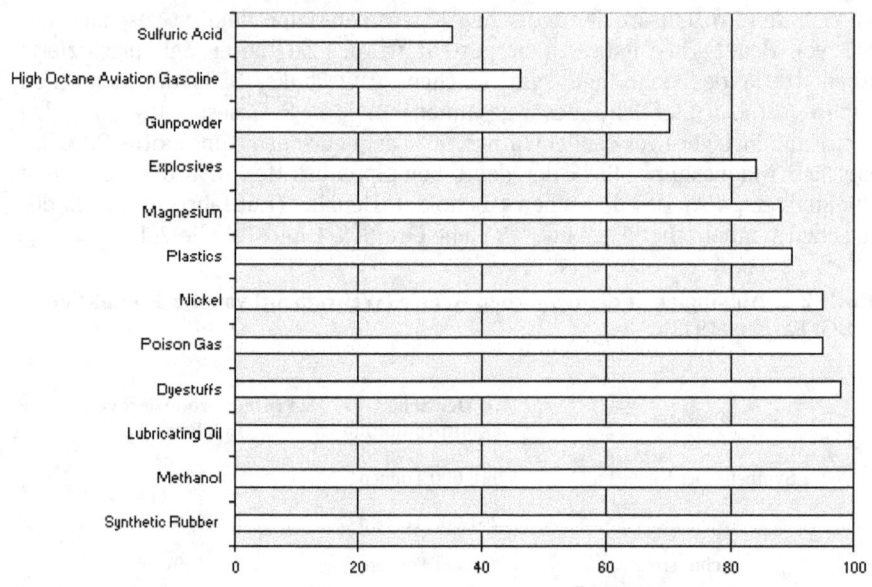

Chart 2-1: German Army (Wehrmacht) Dependence on I.G. Farben Production (1943):

Leider finden wir, wenn wir die technischen Ursprünge der wichtigsten dieser militärischen Materialien untersuchen - neben der finanziellen Unterstützung Hitlers - auch Verbindungen zur US-Industrie und zu amerikanischen Geschäftsleuten. Es gab zahlreiche Farben-Abkommen mit US-Unternehmen, darunter Kartellkommerzialisierungsabkommen, Patentabkommen und technischer Austausch, wie der oben erwähnte Standard Oil-Ethyl-Technologietransfer zeigt. Diese Abkommen wurden von I.G. genutzt, um die NS-Politik im Ausland voranzutreiben, strategische Informationen zu sammeln und ein weltweites Chemiekartell zu festigen.

Einer der schrecklichsten Aspekte des I.G. Farben-Kartells war die Erfindung, Herstellung und der Vertrieb des Gases Zyklon B, das in den Konzentrationslagern der Nazis eingesetzt wurde. Zyklon B war reine Blausäure, ein tödliches Gift, das von I.G. Farben Leverkusen produziert und vom Bayer-Verkaufsbüro über Degesch, einen unabhängigen Lizenznehmer, verkauft wurde. Der Verkauf von Zyklon B machte fast drei Viertel des Umsatzes von Degesch aus; genug Gas, um 200 Millionen Menschen zu töten, wurde von I.G. Farben produziert und verkauft. Der Bericht des Kilgore-Komitees von 1942 macht deutlich, dass die Direktoren

---

[465] Ibid, S. 947.

von I.G. Farben genaue Kenntnisse über die Konzentrationslager der Nazis und den Einsatz der I.G.-Chemikalien hatten. Dieses Vorwissen wird bedeutsam, wenn man später die Rolle der amerikanischen Direktoren in der amerikanischen I.G.-Tochtergesellschaft betrachtet. In der Vernehmung des Direktors von I.G. Farben, Von Schnitzler, von 1945 heißt es:

> **Q.** Was haben Sie unternommen, als Ihnen gesagt wurde, dass Stickstoffchemikalien zum Töten, zum Morden von Menschen, die in Konzentrationslagern festgehalten wurden, verwendet wurden?
> **A.** Ich war entsetzt.
> **Q.** Haben Sie etwas dagegen unternommen?
> **A.** Ich habe es für mich behalten, weil es zu schrecklich war...... Ich fragte Müller-Cunradi, ob er, Ambros und andere Direktoren in Auschwitz wussten, dass Gas und Chemikalien zur Ermordung von Menschen eingesetzt wurden.
> **Q.** Was hat er gesagt?
> **A.** Ja: Alle Direktoren der I.G. in Auschwitz wissen das.[466]

I.G. Farben versuchte nicht, die Produktion dieser Gase zu stoppen - für von Schnitzler eine eher ineffektive Art, seine Sorge um das menschliche Leben auszudrücken, "weil es zu schrecklich war".

Das Berliner Büro N.W. 7 der I.G. Farben war das wichtigste Zentrum der Nazi-Spionage im Ausland. Die Einheit arbeitete unter der Leitung von Max Ilgner, Direktor von Farben und Neffe von Hermann Schmitz, dem Vorsitzenden der I.G. Farben. Max Ilgner und Hermann Schmitz gehörten dem Vorstand der amerikanischen I.G. an, zusammen mit ihren Kollegen Henry Ford von der Ford Motor Company, Paul Warburg von der Bank of Manhattan und Charles E. Mitchell von der Federal Reserve Bank of New York.

Bei Kriegsbeginn 1939 wurden die VOWI-Mitarbeiter in die Wehrmacht eingegliedert, führten aber weiterhin die gleiche Arbeit aus, die sie unter dem Befehl der I.G. Farben verrichtet hatten. Einer der prominentesten dieser Farben-Geheimdienstmitarbeiter in N.W. 7 war Prinz Bernhard der Niederlande, der Anfang der 1930er Jahre zu Farben kam, nachdem er eine 18-monatige Dienstzeit bei der SS in schwarzer Uniform absolviert hatte.[467]

Der amerikanische Zweig des VOWI-Geheimdienstnetzwerks war Chemnyco, Inc. Nach Angaben des Kriegsministeriums,

---

[466] Eliminierung der deutschen Ressourcen.

[467] Bernhard ist heute eher für seine Rolle als Vorsitzender der geheimen Treffen, der sogenannten "Bilderberger", bekannt. Siehe US-Kongress, Repräsentantenhaus, Sonderausschuss für unamerikanische Aktivitäten, *Untersuchung von Nazi-Propagandaaktivitäten und Untersuchung bestimmter anderer Propagandaaktivitäten*. 73. Kongress, 2. Sitzung, Anhörungen Nr. 73-DC-4. (Washington: Government Printing Office, 1934), Band VIII, S. 7525.

> *Über seine üblichen Geschäftskontakte konnte Chemnyco riesige Mengen an Dokumenten nach Deutschland übermitteln, die von Fotografien und Plänen bis hin zu detaillierten Beschreibungen ganzer Industrieanlagen reichten.*[468]

Der Vizepräsident von Chemnyco in New York war Rudolph Ilgner, ein amerikanischer Staatsbürger und Bruder des Regisseurs Max Ilgner von American I. G. Farben. Kurz gesagt: Farben leitete vor dem Zweiten Weltkrieg VOWI, die Operation des Auslandsgeheimdienstes der Nazis, und die Operation VOWI war über American I.G. und Chemnyco mit wichtigen Mitgliedern des Wall-Street-Establishments verbunden.

Das US-Kriegsministerium beschuldigte I.G. Farben und seine US-Partner außerdem, die psychologischen und wirtschaftlichen Kriegsprogramme der Nazis durch die Verbreitung von Propaganda über Farben-Agenten im Ausland vorangetrieben und Devisen für diese Nazipropaganda bereitgestellt zu haben. Die Vereinbarungen des Farben-Kartells begünstigten den Nazi-Wirtschaftskrieg - das prominenteste Beispiel ist die freiwillige Beschränkung von Standard Oil aus New Jersey auf die Entwicklung von synthetischem Kautschuk in den USA auf Anweisung von I.G. Farben. Wie aus dem Bericht des Kriegsministeriums hervorgeht:

> *Zusammenfassend lässt sich sagen, dass Standard Oils Entschlossenheit, ein absolutes Monopol auf die Entwicklung von Synthesekautschuk in den USA aufrechtzuerhalten, es I.G. ermöglichte, sein Ziel, die US-Produktion zu verhindern, vollständig zu erreichen, indem es amerikanische Kautschukunternehmen davon abhielt, unabhängige Forschung zur Entwicklung von Synthesekautschukverfahren zu betreiben.*[469]

1945 bestätigt Dr. Oskar Loehr, stellvertretender Leiter der I.G. "Tea Buro", dass I.G. Farben und Standard Oil of New Jersey einen "vorgefassten Plan" umsetzten, um die Entwicklung der Industrie für synthetischen Kautschuk in den USA zugunsten der deutschen Wehrmacht und zum Nachteil der USA während des Zweiten Weltkriegs zu unterdrücken.

Die Aussage von Dr. Loehr liest sich (teilweise) wie folgt:

> **Q.** Stimmt es, dass Chemnyco und Jasco während der Verzögerung bei der Offenlegung der Buna-Verfahren [synthetischer Kautschuk] gegenüber den US-amerikanischen Kautschukunternehmen I.G. inzwischen gut über die Entwicklung von synthetischem Kautschuk in den USA auf dem Laufenden hielten?
> **A.** Ja
> **Q.** I.G. war sich also zu jedem Zeitpunkt des Entwicklungsstandes der amerikanischen Synthesekautschukindustrie voll bewusst?
> **A.** Ja
> **Q.** Waren Sie bei dem Treffen in Den Haag anwesend, als Herr Howard [von Standard Oil] 1939 dorthin reiste?

---

[468] Ibid. S. 949.

[469] Ibid. S. 952.

A. Nein
Q. Wer war anwesend?
A. M. Ringer, der von Dr. Brown aus Ludwigshafen begleitet wurde. Haben sie Ihnen von den Verhandlungen erzählt?
A. Ja, insofern, als sie auf der Buna-Seite waren.
Q. Stimmt es, dass Herr Howard I.G. bei diesem Treffen sagte, dass die Entwicklungen in den USA so weit fortgeschritten seien, dass es nicht mehr möglich sei, Informationen über die Herstellungsverfahren von Buna bei US-Firmen zu behalten?
A. M. Ringer berichtete darüber.
Q. War es bei diesem Treffen, dass Mr. Howard I.G. zum ersten Mal sagte, dass die amerikanischen Kautschukunternehmen möglicherweise über die Verfahren informiert werden müssten, und dass er I.G. versicherte, dass Standard Oil die Synthesekautschukindustrie in den USA kontrollieren würde? Ist das richtig?
A. Das ist richtig. Dieses Wissen habe ich durch Herrn Ringer erlangt.
Q. In all diesen Vereinbarungen, seit Beginn der Entwicklung der Synthesekautschukindustrie, war die Unterdrückung der Synthesekautschukindustrie in den USA also Teil eines vorgefassten Plans zwischen I.G. auf der einen Seite und Mr. Howard von Standard Oil auf der anderen Seite?
A. Diese Schlussfolgerung muss aus den vorherigen Fakten gezogen werden.[470]

I.G. Farben war die größte Devisenquelle des Vorkriegsdeutschlands. Mit diesen Devisen konnte Deutschland strategische Rohstoffe, militärische Ausrüstung und technische Verfahren kaufen und vor dem Zweiten Weltkrieg seine Spionage- und Propagandaprogramme sowie seine verschiedenen militärischen und politischen Aktivitäten im Ausland finanzieren. Da Farben im Auftrag des NS-Staates handelte, erweiterte es seinen eigenen Horizont auf eine globale Ebene, die enge Beziehungen zum NS-Regime und zur Wehrmacht unterhielt. Ein Verbindungsbüro, die *Vermittlungsstelle W*, wurde eingerichtet, um die Kommunikation zwischen I.G. Farben und dem deutschen Kriegsministerium aufrechtzuerhalten:

> *Das Ziel dieser Arbeit ist der Aufbau einer Einrichtung für die Rüstung, die problemlos in die bestehende Organisation der I.G. und ihrer verschiedenen Fabriken eingefügt werden könnte. Im Kriegsfall wird die I.G. von den mit Rüstungsfragen befassten Behörden wie eine große Fabrik behandelt, die sich in ihrer Aufgabe für die Rüstung, soweit dies technisch möglich ist, ohne jeden organisatorischen Einfluss von außen selbst reguliert (die Arbeit in dieser Richtung wurde grundsätzlich mit dem Kriegsministerium Wehrwirtschaftsant vereinbart) und von diesem Büro aus mit dem Wirtschaftsministerium zusammenarbeitet. In den Aufgabenbereich der Vermittlungsstelle W fiel neben der langfristigen Organisation und Planung die kontinuierliche Zusammenarbeit in*

---

[470] Ibid S. 1293.

rüstungstechnischen und technischen Fragen mit den Reichsbehörden und den I.G.-Werken.[471]

Leider wurden die Akten der Vermittlungsstelle vor Kriegsende vernichtet, obwohl aus anderen Quellen bekannt ist, dass sich ab 1934 ein komplexes Netzwerk von Transaktionen zwischen der I.G. und der Wehrmacht entwickelt hatte. 1934 begann die I.G. Farben mit der Mobilisierung für den Krieg, und jede I.G.-Fabrik bereitete ihre Pläne für die Kriegsproduktion vor und legte sie dem Kriegs- und dem Wirtschaftsministerium vor. 1935 fanden in den I.G. Farben-Fabriken sechs Kriegssimulationen statt, bei denen die technischen Verfahren für den Krieg geprobt wurden.[472] Diese Simulationen wurden von Dr. Struss, dem Leiter des Sekretariats des Technischen Komitees der I.G. Farben, beschrieben:

> *Es stimmt, dass seit 1934 oder 1935, kurz nach der Gründung der Vermittlungsstelle W, theoretische Kriegssimulationen durchgeführt wurden, um zu untersuchen, wie sich die Auswirkungen von Bombenangriffen auf bestimmte Fabriken materialisieren würden. Dabei wurde unter anderem berücksichtigt, was passieren würde, wenn 100- oder 500-Kilo-Bomben auf eine bestimmte Fabrik fallen würden, und wie das Ergebnis aussehen würde. Es ist auch richtig, dass dafür der Begriff "Kriegsspiele" verwendet wurde.*
>
> *Die Kriegsspiele wurden von Herrn Ritter und Dr. Eckell vorbereitet, später teilweise von Dr. von Brunning auf persönlichen Befehl von Dr. Krauch oder auf Befehl der Luftwaffe, ich weiß es nicht. Die Aufgaben wurden teils von der Vermittlungsstelle W und teils von Offizieren der Luftwaffe übertragen. Eine Reihe von Offizieren aus allen Wehrmachtsgruppen (Marine, Luftwaffe und Heer) nahmen an diesen Kriegsspielen teil.*
>
> *Die von den Bomben getroffenen Stellen wurden auf einer Karte der Fabrik markiert, um feststellen zu können, welche Teile der Fabrik beschädigt werden würden, z. B. ein Gaszähler oder eine wichtige Rohrleitung. Unmittelbar nach dem Luftangriff stellte die Fabrikleitung den Schaden fest und gab an, welcher Teil der Fabrik den Betrieb einstellen sollte; sie gab auch an, wie lange es dauern würde, den Schaden zu beheben. Bei einem anschließenden Treffen wurden die Folgen der Kriegsspiele beschrieben und es wurde festgestellt, dass im Fall von Leuna [der Fabrik] die Schäden erheblich waren; insbesondere wurde festgestellt, dass Änderungen an den Leitungen mit erheblichen Kosten vorgenommen werden müssten.*[473]

Folglich tat I.G. Farben während der gesamten 1930er Jahre mehr als nur die Befehle des Nazi-Regimes zu befolgen. Farben war der Initiator und Betreiber der Nazi-Pläne zur Eroberung der Welt. Farben fungierte als Forschungs- und Geheimdienstorganisation für die deutsche Armee und initiierte freiwillig Projekte der Wehrmacht. Tatsächlich musste sich die Armee nur selten an Farben wenden;

---

[471] Ibid S. 954.

[472] Ibid S. 954.

[473] Ibid, S. 954-5.

es wird geschätzt, dass etwa 40-50% der Farben-Projekte für die Armee von Farben selbst initiiert wurden. Kurz gesagt, in den Worten Dr. von Schnitzlers:

> Somit trug I.G., indem er so handelte, wie er es getan hatte, eine große Verantwortung und stellte eine substanzielle Hilfe im chemischen Bereich und eine entscheidende Hilfe für Hitlers Außenpolitik dar, die zum Krieg und zum Ruin Deutschlands führte. Ich muss daher zu dem Schluss kommen, dass I.G. zu einem großen Teil für Hitlers Politik verantwortlich ist.

DEN RUF VON I.G. FARBEN PFLEGEN

Dieses elende Bild der militärischen Vorbereitung vor dem Krieg war im Ausland bekannt und musste an die amerikanische Öffentlichkeit verkauft - oder verkleidet - werden, um die Geldbeschaffung und die technische Unterstützung der Wall Street im Namen der I.G. Farben in den USA zu erleichtern. Eine große New Yorker PR-Firma wurde ausgewählt, um den Todeshändler I.G. Farben in den USA zu verkaufen. Die bekannteste PR-Firma in den späten 1920er und 1930er Jahren war Ivy Lee & T.J. Ross aus New York. Ivy Lee hatte zuvor eine PR-Kampagne für die Rockefellers durchgeführt, um das Ansehen der Rockefellers in der amerikanischen Öffentlichkeit zu verbessern. Die Firma hatte auch ein unzusammenhängendes Buch mit dem Titel *USSR* produziert *und die* gleiche Säuberungsaktion für die Sowjetunion unternommen - und das, obwohl die sowjetischen Arbeitslager Ende der 20er und Anfang der 30er Jahre in vollem Gange waren.

Ab 1929 wurde Ivy Lee PR-Beraterin für I.G. Farben in den USA. Im Jahr 1934 legte Ivy Lee vor dem Ausschuss für unamerikanische Aktivitäten des Repräsentantenhauses eine Zeugenaussage über diese Arbeit für Farben ab.[474] Lee sagte aus, dass I.G. Farben der amerikanischen Firma Farben angegliedert war und dass "die amerikanische I.G. eine Holding mit Direktoren wie Edsel Ford, Walter Teagle, einem der Leiter der City Bank.... ist". Lee erklärte, dass er aufgrund eines Vertrags mit Max Ilgner von I.G. Farben 25.000 US-Dollar pro Jahr erhielt. Seine Aufgabe war es, der Kritik an I.G. Farben in den USA entgegenzuwirken. Die Ratschläge, die Ivy Lee Farben zu diesem Problem gab, waren hinreichend akzeptabel:

> Zunächst einmal sagte ich ihnen, dass sie vor den Augen der Welt niemals das amerikanische Volk mit seiner Behandlung der Juden versöhnen könnten: dass dies der amerikanischen Mentalität schlichtweg fremd sei und in der amerikanischen Öffentlichkeit niemals gerechtfertigt werden könne, und dass es keinen Sinn habe, es zu versuchen.
>
> Zweitens war alles, was mit der Nazipropaganda in diesem Land zu tun hat, ein Fehler und darf nicht wieder aufgenommen werden. Unser Volk ist der Ansicht,

---

[474] Kongress der Vereinigten Staaten. Repräsentantenhaus, Sonderausschuss für unamerikanische Aktivitäten, *Untersuchung von Nazi-Propagandaaktivitäten* und *Untersuchung bestimmter anderer Propagandaaktivitäten*, a.a.O. (englisch).

dass es sich in die amerikanischen Angelegenheiten eingemischt hat, und das war eine schlechte Idee.[475]

Die ursprüngliche Zahlung von 4500 US-Dollar an Ivy Lee im Rahmen dieses Vertrags wurde von Hermann Schmitz, dem Vorsitzenden von I.G. Farben in Deutschland, geleistet. Er wurde bei der New York Trust Company unter dem Namen I.G. Chemic (oder "der Schweizer I.G.", wie Ivy Lee ihn nannte) hinterlegt.

Die zweite und wichtigste Zahlung in Höhe von 14.450 US-Dollar wurde jedoch von William von Rath von der American I.G. geleistet und ebenfalls von Ivy Lee bei der New York Trust Company eingezahlt und ihrem persönlichen Konto gutgeschrieben. (Das Konto der Firma war bei der Chase Bank.) Dieser Punkt über die Herkunft der Gelder ist "wichtig, wenn man die Identität der Direktoren der American I.G. betrachtet, denn die Zahlung durch die American I.G. bedeutete, dass der größte Teil der Nazipropagandagelder nicht aus Deutschland stammte. *Es handelte sich um amerikanische Gelder, die in den USA verdient wurden und unter der Kontrolle amerikanischer Direktoren standen, obwohl sie für die Nazipropaganda in den USA verwendet wurden.*

Mit anderen Worten: Der Großteil der von Ivy Lee verwalteten NS-Propagandamittel wurde nicht aus Deutschland importiert.

Die Verwendung dieser US-Gelder wurde vom Ausschuss für unamerikanische Aktivitäten des Repräsentantenhauses in Frage gestellt:

> **HERR DICKSTEIN.** Wenn ich Sie richtig verstehe, haben Sie ausgesagt, dass Sie keine Propaganda erhalten haben und dass Sie mit der Verbreitung von Propaganda in diesem Land nichts zu tun haben?
> **HERR LEE.** Ich habe nicht ausgesagt, dass ich nichts erhalten habe Herr Dickstein.
> **HERR DICKSTEIN.** Ich werde diesen Teil der Frage also ausschließen.
> **HERR LEE.** Ich habe ausgesagt, dass ich keine Informationen verbreitet habe.
> **HERR DICKSTEIN.** Haben Sie oder Ihr Unternehmen zu irgendeinem Zeitpunkt Propagandaliteratur aus Deutschland erhalten?
> HERR **LEE**. Ja, Herr.
> **HERR DICKSTEIN.** Und wann war das?
> **HERR LEE**. Oh, wir haben - das hängt davon ab, was Sie als Propaganda bezeichnen. Wir haben eine immense Menge an Literatur erhalten.
> **HERR DICKSTEIN.** Sie wissen nicht, was diese Literatur war und was sie enthielt?
> **HERR LEE.** Wir haben Bücher, Broschüren, Zeitungsausschnitte und Dokumente erhalten, und zwar in großen Mengen.
> **HERR DICKSTEIN.** Ich nehme an, jemand aus Ihrem Büro würde sie durchgehen und sehen, was sie sind?
> HERR **LEE**. Ja, Herr.
> **HERR DICKSTEIN.** Und dann, nachdem Sie herausgefunden hatten, was sie waren, haben Sie wohl Kopien davon behalten?
> **HERR LEE.** In einigen Fällen ja: und in anderen nicht. Viele von ihnen waren natürlich auf Deutsch, und ich hatte das, was mir mein Sohn geschickt hatte. Er

---

[475] Ibid, S. 178.

sagte mir, dass sie interessant und bedeutsam seien und dass ich sie übersetzt oder Auszüge daraus gemacht hätte.[476]

Schließlich stellte Ivy Lee Burnham Carter ein, um die neuen amerikanischen Berichte über Deutschland zu untersuchen und geeignete pronazistische Antworten vorzubereiten. Es sei darauf hingewiesen, dass es sich bei dieser deutschen Literatur nicht um Farben-Literatur, sondern um offizielle Hitler-Literatur handelte:

> **HERR DICKSTEIN.** Mit anderen Worten: Sie erhalten dieses Material, das sich mit den aktuellen deutschen Verhältnissen befasst: Sie prüfen es und beraten sie. Das hat nichts mit der deutschen Regierung zu tun, obwohl das Material, die Literatur, offizielle Veröffentlichungen des Hitler-Regimes sind. Das ist richtig, nicht wahr?
> **HERR LEE.** Ein Großteil der Literatur war nicht offiziell.
> **HERR DICKSTEIN.** Das war doch keine I.G.-Literatur, oder?
> **HERR LEE.** Nein, I.G. hat es mir geschickt.
> **HERR DICKSTEIN.** Können Sie uns ein Stück Papier zeigen, das hier angekommen ist und mit dem G.I. zu tun hat?
> **MR. LEE.** Oh, ja. Sie veröffentlichen viel Literatur. Aber ich möchte diese Frage nicht stellen. Es besteht kein Zweifel daran, dass ich unter ihrer Autorität eine immense Menge an Material aus offiziellen und inoffiziellen Quellen erhalten habe.
> HERR **DICKSTEIN.** Genau so ist es. Mit anderen Worten, das Material, das von der G.I. hierher geschickt wurde, war Material, das - wir würden es Propaganda nennen - durch die Autorität der deutschen Regierung verbreitet wurde. Aber die Unterscheidung, die Sie in Ihrer Erklärung machen, ist, wenn ich es richtig verstehe, dass die deutsche Regierung es Ihnen nicht direkt geschickt hat; dass es Ihnen von der G.I. geschickt wurde.
> **HERR LEE.** Gut.
> **HERR DICKSTEIN.** Und das hat nichts mit ihren Geschäftsbeziehungen von vorhin zu tun.
> HERR **LEE.** Das ist richtig.

DIE AMERIKANISCHE I.G. FARBEN

Wer waren die Finanziers des Wall-Street-Establishments, die die Geschäfte der amerikanischen I.G. leiteten, der Tochtergesellschaft der I.G. Farben in den USA, die die Nazipropaganda förderte?

Die amerikanischen Direktoren von I.G. Farben gehörten zu den prominentesten Mitgliedern der Wall Street. Die deutschen Interessen etablierten sich nach dem Ersten Weltkrieg in den USA und überwanden erfolgreich die Hindernisse, die I.G. am Zugang zum US-Markt hindern sollten. Weder die Beschlagnahmung deutscher Patente noch die Gründung der Chemical Foundation oder hohe Zollschranken stellten ein größeres Problem dar.

---

[476] Ibid, S. 183.

1925 wurde die General Dyestuff Corporation zum exklusiven Handelsvertreter für die von Gasselli Dyestuff (1929 in General Aniline Works, Inc. umbenannt) hergestellten und aus Deutschland importierten Produkte. Die Aktien von General Aniline Works wurden 1929 auf die American I.G. Chemical Corporation und 1939 auf die General Aniline & Film Corporation übertragen, in der American I.G. und General Aniline Works fusionierten. American I.G. und ihr Nachfolger General Aniline & Film ist die Einheit, durch die die Kontrolle über die I.G.-Unternehmen in den USA aufrechterhalten wurde. Die Anzahl der Aktien von American I.G. betrug 3.000.000 A-Stammaktien und 3.000.000 B-Stammaktien. Im Austausch für Beteiligungen an General Aniline Works und Agfa-Ansco Corporation erhielt I.G. Farben in Deutschland alle B-Aktien und 400.000 A-Aktien. Wandelanleihen im Wert von 30 Millionen US-Dollar wurden an die amerikanische Öffentlichkeit verkauft und von der deutschen I.G. Farben hinsichtlich Kapital und Zinsen garantiert, die eine Kaufoption für weitere 1.000.000 A-Aktien erhielt.

Tabelle 2-2: Die Direktoren des American I.G. bis 1930: American I.G.

Amerikanischer Direktor I.G.	Staatsbürgerschaft	Andere große Verbände
Carl BOSCH	Deutsch	FORD MOTOR CO. A-G
Edsel B. FORD	VEREINIGTE STAATEN	FORD MOTOR CO. DETROIT
Max ILGNER	Deutsch	Leitet das Büro I.G. FARBEN N.W.7 (INTELLIGENZ). Schuldig im Nürnberger Prozess wegen Kriegsverbrechen.
F. Ter MEER	Deutsch	Schuldig bei den Nürnberger Kriegsverbrecherprozessen
H.A. METZ	VEREINIGTE STAATEN	Direktor von I.G. Farben Deutschland und BANK OF MANHATTAN (USA)
C.E. MITCHELL	VEREINIGTE STAATEN	Direktor der FEDERAL RESERVE BANK OF N.Y. und der NATIONAL CITY BANK
Herman SCHMITZ	Deutsch	In den Aufsichtsräten von I.G. Farben (Vorsitzender) (Deutschland), der Deutschen Bank (Deutschland) und der BANK FOR INTERNATIONAL SETTLEMENTS. Schuldig im Nürnberger Prozess wegen Kriegsverbrechen.
Walter TEAGLE	VEREINIGTE STAATEN	Direktor FEDERAL RESERVE BANK OF NEW YORK and STANDARD OIL OF NEW JERSEY
W.H. von RATH	Eingebürgert	Direktor von GERMAN GENERAL U.S. ELECTRIC (A.E.G.)
Paul M. WARBURG	VEREINIGTE STAATEN	Erstes Mitglied der FEDERAL RESERVE BANK OF NEW YORK und der BANK OF MANHATTAN
W.E. WEISS	VEREINIGTE STAATEN	Produkte in Pfund Sterling

Quelle: Moody's Investment Manual; 1930, S. 2149.

Anmerkung: Walter DUISBERG (USA), W. GRIEF (USA) und Adolf KUTTROFF (USA) waren zu dieser Zeit auch Direktoren der amerikanischen I.G. Farben.

Das Management der amerikanischen I.G. (später General Aniline) wurde von der I.G. oder ehemaligen I.G.-Beamten dominiert. Hermann Schmitz war von 1929 bis 1936 Präsident, danach folgte ihm sein Bruder Dietrich A. Schmitz, ein eingebürgerter US-Bürger, bis 1941. Hermann Schmitz, der auch Direktor der Bank für Internationalen Zahlungsausgleich, der "Spitze" des internationalen Finanzkontrollsystems, war. Er blieb von 1936 bis 1939 Vorsitzender des Vorstands.

Der ursprüngliche Vorstand bestand aus neun Mitgliedern, die entweder Vorstandsmitglieder von I.G. Farben in Deutschland waren oder gewesen waren (Hermann Schmitz, Carl Bosch, Max Ilgner, Fritzter Meer und Wilfred Grief) oder zuvor bei I.G. Farben in Deutschland beschäftigt waren (Walter Duisberg, Adolf Kuttroff, W.H. von Rath, Herman A. Metz). Herman A. Metz war amerikanischer Staatsbürger, ein überzeugter Demokrat in der Politik und ein ehemaliger Kontrolleur der Stadt New York. Ein Zehnter, W.E. Weiss, war bei der I.G. unter Vertrag gewesen.

Die Direktoren des amerikanischen I.G. waren nicht nur an der Wall Street und in der amerikanischen Industrie prominent, sondern stammten vor allem aus einigen sehr einflussreichen Institutionen:

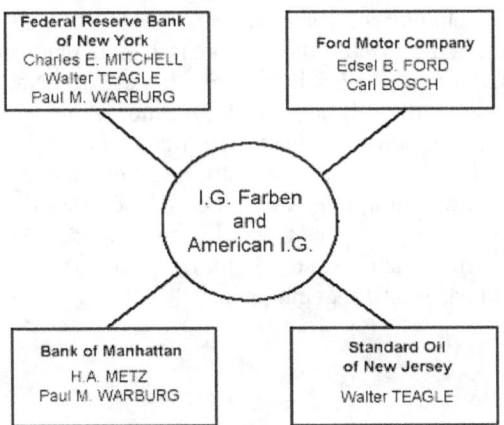

Die anderen vier Mitglieder des Vorstands der amerikanischen I.G. waren prominente US-Bürger und Mitglieder der Finanzelite der Wall Street: C.E. Mitchell, Präsident der National City Bank und der Federal Reserve Bank of New York; Edsel B. Ford, Präsident der Ford Motor Company; W.C. Teagle, ein weiterer Direktor der Standard Oil of New Jersey; und Paul Warburg, erstes Mitglied der Federal Reserve Bank of New York und Präsident der Bank of Manhattan Company.

Die Direktoren des amerikanischen I.G. waren nicht nur an der Wall Street und in der amerikanischen Industrie prominent, sondern stammten vor allem aus einigen sehr einflussreichen Institutionen. (Siehe Tabelle oben).

Zwischen 1929 und 1939 änderte sich die Zusammensetzung des Vorstands von American I.G.. Die Anzahl der Direktoren schwankte von Zeit zu Zeit, obwohl die Mehrheit von ihnen immer eine Vorgeschichte oder Beziehungen zu I.G. hatte, und der Vorstand hatte nie weniger als vier amerikanische Direktoren. 1939 - wahrscheinlich im Vorfeld des Zweiten Weltkriegs - wurde versucht, dem Rat einen stärker amerikanischen Charakter zu verleihen, aber trotz des Rücktritts von Hermann Schmitz, Carl Bosch und Walter Duisberg und der Ernennung von sieben neuen Direktoren gehörten immer noch sieben Mitglieder der I.G.-Gruppe an. Diese Dominanz der I.G. verstärkte sich in den Jahren 1940 und 1941, als amerikanische Regisseure, darunter Edsel Ford, die ungesunde Politik der I.G. erkannten und zurücktraten.

Anhand dieser Beweise lassen sich mehrere grundlegende Beobachtungen machen. Zunächst einmal gehörten dem Vorstand von American I.G. drei Direktoren der Federal Reserve Bank of New York an, der einflussreichsten der verschiedenen Banken der Federal Reserve. American I.G. hatte auch Verbindungen zu Standard Oil of New Jersey, der Ford Motor Company, der Bank of Manhattan (später Chase Manhattan) und der A.E.G. (German General Electric). Anschließend wurden drei Vorstandsmitglieder dieses amerikanischen Unternehmens bei den Nürnberger Prozessen wegen Kriegsverbrechen schuldig gesprochen. Dabei handelte es sich um die deutschen und nicht um die amerikanischen Mitglieder. Unter diesen Deutschen befand sich Max Ilgner, Leiter des Büros I.G. Farben N.W. 7 in Berlin, d.h. des Nazi-Nachrichtendienstes der Vorkriegszeit. Wenn die Direktoren eines Unternehmens kollektiv für die Aktivitäten des Unternehmens verantwortlich sind, dann hätten die amerikanischen Direktoren ebenfalls in Nürnberg vor Gericht gestellt werden müssen, und zwar zusammen mit den deutschen Direktoren - d. h. wenn das Ziel der Prozesse die Feststellung der Kriegsschuld gewesen wäre. Wenn das Ziel der Prozesse natürlich darin bestand, von der Beteiligung der USA an Hitlers Aufstieg abzulenken, ist ihnen das sehr gut gelungen...

KAPITEL III

GENERAL ELECTRIC FINANZIERT HITLER

> *Zu den ersten faschistischen Maßnahmen Roosevelts gehörte das Gesetz zur Wiederbelebung der nationalen Industrie (National Recovery of Industry Act, NRA) vom 16. Juni 1933. Die Ursprünge dieser Regelung verdienen es, wiederholt zu werden. Die Ideen wurden erstmals von Gerard Swope von der General Electric Company angeregt ... sie wurden dann von der US-Handelskammer ... übernommen.*
>
> (Herbert Hoover, Die *Memoiren von Herbert Hoover: Die Große Depression*, 1929-1941, New York: The Macmillan Company, 1952, S. 420)

Der multinationale Konzern General Electric hat in der Geschichte des 20. Jahrhunderts eine beispiellose Rolle gespielt. Die General Electric Company elektrifizierte die Sowjetunion in den 1920er und 1930er Jahren und erfüllte Lenins Maxime "Sozialismus ist Sowjetmacht + Elektrizität".[477] Der vom ehemaligen Vorsitzenden von General Electric, Gerard Swope, ins Leben gerufene Swope-Plan wurde zu Franklin D. Roosevelts New Deal, und zwar durch einen Prozess, der vom ehemaligen Präsidenten Herbert Hoover beklagt und in *Wall Street und FDR* beschrieben wurde.[478] Zwischen Swope und Young von der General Electric Company und der Familie Roosevelt bestand eine enge und dauerhafte Beziehung, so wie es auch eine zwischen General Electric und der Sowjetunion gab. Im Jahr 1936 berichtete Senator James A. Reed aus Missouri, ein früher Unterstützer Roosevelts, den Verrat an Roosevelts liberalen Ideen und griff Roosevelts New-Deal-Programm als "tyrannische" Maßnahme an, "die zu Despotismus führt [und] von ihren Hintermännern unter dem Deckmantel des kommunistischen Strebens nach "sozialer Gerechtigkeit" angestrebt wird". " Senator Reed beschuldigte im Senat auch, dass Franklin D. Roosevelt "ein Mann war, der sich für die

---

[477] Für technische Details siehe die dreibändige Studie, Antony C. Sutton, *Western Technology and Soviet Economic Development*, (Stanford, California: Hoover Institution Press, 1968, 1971), 1973), im Folgenden als *Western Technology Series* bezeichnet.

[478] Veröffentlicht in einem Band von Le Retour aux Sources, www.leretourauxsources.com.

Wirtschaftsroyalisten" an der Wall Street engagierte und dass die Familie Roosevelt "einer der größten Aktionäre der General Electric Company" sei.[479]

Wenn wir hinter die Kulissen der deutschen Geschichte der Zwischenkriegszeit und der Geschichte von Hitler und dem Nationalsozialismus blicken, finden wir Owen D. Young und Gerard Swope von General Electric, die mit dem Aufstieg des Hitlerismus und der Unterdrückung der deutschen Demokratie in Verbindung stehen. Die Tatsache, dass die Direktoren von General Electric in jeder dieser drei unterschiedlichen historischen Kategorien zu finden sind - d. h. die Entwicklung der Sowjetunion, die Schaffung von Roosevelts New Deal und der Aufstieg des Hitlerismus - lässt darauf schließen, wie stark die Elemente des Big Business daran interessiert sind, die Welt für ihre eigenen Zwecke und Ziele zu sozialisieren, anstatt den unparteiischen Markt in einer freien Gesellschaft aufrechtzuerhalten.[480] General Electric profitierte in hohem Maße vom Bolschewismus, dem Sozialismus von Roosevelts New Deal und, wie wir später sehen werden, vom Nationalsozialismus in Hitler-Deutschland.

GENERAL ELECTRIC IM DEUTSCHLAND VON WEIMAR

Walter Rathenau war bis zu seiner Ermordung 1922 Generaldirektor der Allgemeinen Elekrizitats Gesellschaft (A.E.G.), der deutschen General Electric, und war wie Owen Young und Gerard Swope, seine Pendants in den USA, ein prominenter Verfechter des Unternehmenssozialismus. Walter Rathenau sprach sich öffentlich gegen den Wettbewerb und das freie Unternehmertum aus. Warum war das so? Weil sowohl Rathenau als auch Swope den Schutz und die Zusammenarbeit des Staates für ihre eigenen besonderen Ziele und Profite wollten. (Aber natürlich nicht für die Ziele und Profite von jemand anderem.) Rathenau brachte ihr Plädoyer in *The New Political Economy*:

> *Die neue Wirtschaft wird, wie wir gesehen haben, keine Staats- oder Regierungswirtschaft sein, sondern eine Privatwirtschaft, die einer bürgerlichen Lösungskraft verpflichtet ist, die sicherlich die Kooperation des Staates für eine organische Konsolidierung erfordert, um interne Reibungen zu überwinden und die Produktion und Ausdauer zu steigern.*[481]

Wenn wir Rathenaus emphatische Prosa entwirren, bedeutet dies, dass die Macht des Staates privaten Unternehmen für ihre eigenen Zwecke zur Verfügung

---

[479] *New York Times*, 6. Oktober 1936. Siehe auch Antony C. Sutton, *Wall Street and FDR*, op. cit.

[480] Natürlich sind die sozialistischen Plädoyers der Geschäftsleute immer noch aktuell. Davon zeugen die Schreie der Verletzten, als Präsident Ford die Deregulierung der Fluggesellschaften und des Straßenverkehrs vorschlug. Siehe z. B. das *Wall Street Journal* vom 25. November 1975.

[481] VervielfältigteÜbersetzung in der Bibliothek der Hoover Institution, S. 67. Siehe auch Walter Rathenau, *In Days to Come*, (London: Allen & Unwin, s.d.).

gestellt werden sollte, also das, was gemeinhin als Nationalsozialismus bezeichnet wird. Rathenau sprach sich öffentlich gegen den Wettbewerb und das vererbbare freie Unternehmertum aus.[482] Nicht in Bezug auf ihren eigenen Reichtum, soweit man diesen bestimmen konnte, sondern in Bezug auf den Reichtum derjenigen, die im Staatsapparat keinen politischen Einfluss hatten.

Owen D. Young von General Electric war einer der drei amerikanischen Delegierten beim Treffen zum Dawes-Plan 1923, bei dem das deutsche Reparationsprogramm festgelegt wurde. Und in den Dawes- und Young-Plänen wird deutlich, wie einige Privatunternehmen von der Macht des Staates profitieren konnten. Die größten Kredite, die die Wall Street in den 1920er Jahren an Deutschland vergab, waren Reparationskredite; letztlich war es der amerikanische Investor, der die deutschen Reparationen bezahlte. Die Kartellisierung der deutschen Elektroindustrie unter dem Dach der A.E.G. (sowie der in den Kapiteln eins und zwei erwähnten Stahl- und Chemieindustrie) wurde durch diese Wall Street-Kredite ermöglicht:

Datum des Angebots	Kreditnehmer	Management Bank in den USA	Nominalbetrag der Emission
26. Januar 1925	Compagnie générale d'électricité (A. E, G.)	National City Co.	$10,000,000
9. Dezember 1925	Allgemeine Elektrizitätsitats-Gesellschaft (A. E.G.)	National City Co.	$10,000,000
22. Mai 1928	Compagnie générale d'électricité (A.E.G.) (Allgemeine Elektrizitätsgesellschaft)	National City Co.	$10,000,000
7. Juni 1928	Compagnie Générale d'Electricité (A. E.G.)	National City Co.	$5,000,000

Bei den Reparaturtreffen des Young-Plans im Jahr 1928 finden wir den Vorsitzenden von General Electric, Owen D. Young, im Vorsitz als amerikanischer Hauptdelegierter, der von der US-Regierung ernannt wurde, um die Macht und das Prestige der US-Regierung zu nutzen, um über internationale Finanzfragen zu entscheiden, indem er die Profite der Wall Street und von General Electric steigert. Im Jahr 1930 wurde Owen D. Young, nach dem der Young-Plan für die deutschen Reparationen benannt wurde, Vorsitzender des Verwaltungsrats der General Electric Company in New York. Young war außerdem Vorsitzender des Exekutivkomitees der Radio Corporation of America und Direktor der deutschen General Electric (A.E.G.) und von Osram in Deutschland. Young war auch im Vorstand anderer großer amerikanischer Unternehmen tätig, darunter General Motors, NBC und RKO; er war Berater des National Industrial Conference Board, Direktor der Internationalen Handelskammer und stellvertretender Vorsitzender des Vorstands der Federal Reserve Bank of New York.

---

[482] Ibid, S. 249.

Gerard Swope war Präsident und Direktor der General Electric Company und damit verbundener französischer und deutscher Unternehmen, darunter A.E.G. und Osram in Deutschland. Swope war auch Direktor von RCA, NBC und der National City Bank of New York. Andere Direktoren von International General Electric zu dieser Zeit spiegelten Morgans Kontrolle über das Unternehmen wider, und Young und Swope waren allgemein bekannt als Morgans Vertreter im Vorstand von G.E., dem auch Thomas Cochran, ein weiterer Partner der Firma J.P. Morgan, angehörte. Der Direktor von General Electric, Clark Haynes Minor, war in den 1920er Jahren Präsident von International General Electric. Ein weiterer Direktor war Victor M. Cutter von der First National Bank of Boston und eine Figur der "Bananenrepubliken" in Mittelamerika.

Ende der 1920er Jahre stiegen Young, Swope und Minor von International General Electric in die deutsche Elektroindustrie ein und erlangten, wenn auch nicht die Kontrolle, wie einige berichteten, so doch zumindest ein erhebliches Gewicht in den internen Angelegenheiten von A.E.G. und Osram. Im Juli 1929 wurde eine Vereinbarung zwischen General Electric und drei deutschen Unternehmen - A.E.G., Siemens & Halske und Koppel and Company - getroffen, die zusammen alle Aktien von Osram, dem Hersteller von Glühbirnen, besaßen. General Electric kaufte 16% der Osram-Aktien und schloss eine gemeinsame Vereinbarung über die internationale Kontrolle der Produktion und Vermarktung von Glühbirnen. Clark Minor und Gerard Swope werden Direktoren von Osram.[483]

Im Juli 1929 kursierten in deutschen Finanzkreisen Gerüchte, dass General Electric auch A.E.G. aufkaufen würde und dass zu diesem Zweck Gespräche zwischen A.E.G. und G.E. geführt würden.[484] Im August wurde bestätigt, dass 14 Millionen Mark an Stammaktien von A.E.G. an General Electric ausgegeben werden sollten. Diese Aktien, zusammen mit den auf dem freien Markt gekauften Aktien, verschafften General Electric eine 25%ige Beteiligung an A.E.G. Zwischen den beiden Unternehmen wurde ein engeres Kooperationsabkommen unterzeichnet, das dem deutschen Unternehmen amerikanische Technologie und Patente zur Verfügung stellte. In den Medien wurde betont, dass A.E.G. keine Beteiligung an G.E. erhalten würde, dass aber andererseits G.E. die Expansion von A.E.G. in Deutschland finanzieren würde.[485] Die deutsche Finanzpresse stellte außerdem fest, dass A.E.G. nicht im Vorstand von G.E. in den USA vertreten sei, dass aber nun fünf Amerikaner im Vorstand von A.E.G. säßen. Die *Vossische Zeitung* merkte an:

> *Die amerikanische Elektroindustrie hat die Welt erobert, und nur einige wenige verbliebene Bastionen der Opposition konnten dem Ansturm standhalten...*[486]

---

[483] *New York Times*, 2. Juli 1929.

[484] Ibid, 28. Juli 1929.

[485] Ibid, 2. August 1929 und 4. August 1929.

[486] Ibid, 6. August 1929.

1930 hatte General Electric, ohne das Wissen der deutschen Finanzpresse, auch ein effektives technisches Monopol in der sowjetischen Elektroindustrie erlangt und würde bald selbst in die letzten Bastionen Deutschlands, insbesondere des Siemens-Konzerns, eindringen. Im Januar 1930 wurden drei Männer von General Electric in den Vorstand von A.E.G. gewählt - Clark H. Minor, Gerard Swope und E. H. Baldwin - und International General Electric (I.G.E.) setzte seine Bemühungen fort, die weltweite Elektroindustrie zu einem riesigen Kartell unter der Kontrolle der Wall Street zu verschmelzen.

Im Februar konzentrierte sich General Electric auf den letzten deutschen Stromriesen, Siemens & Halske, und obwohl es sich einen großen Block von Anleihen sichern konnte, die im Namen der deutschen Firma von Dillon, Read aus New York, ausgegeben wurden, konnte G.E. keine Beteiligung oder Direktoren im Vorstand von Siemens bekommen. Obwohl die deutsche Presse anerkannte, dass selbst diese begrenzte Kontrolle "ein wirtschaftshistorisches Ereignis ersten Ranges und ein wichtiger Schritt zur Bildung eines zukünftigen globalen Stromtrusts" war,[487] behielt Siemens seine Unabhängigkeit von General Electric - und diese Unabhängigkeit ist wichtig für unsere Geschichte. Die *New York Times* berichtete:

> *Die gesamte Presse betont die Tatsache, dass Siemens im Gegensatz zu A.E.G. seine Unabhängigkeit für die Zukunft bewahrt, und stellt klar, dass kein Vertreter von General Electric im Vorstand von Siemens sitzen wird.*[488]

Es gibt keinen Beweis dafür, dass Siemens, sei es über Siemens & Halske oder Siemens-Schukert, direkt an der Finanzierung Hitlers beteiligt war. Siemens hat nur geringfügig und indirekt über eine Beteiligung an Osram zu Hitler beigetragen. Im Gegensatz dazu finanzierten sowohl A.E.G. als auch Osram Hitler direkt über die Nationale Treuhand in erheblichem Umfang. Siemens behielt seine Unabhängigkeit in den frühen 1930er Jahren, während sowohl A.E.G. als auch Osram unter amerikanischer Herrschaft und mit amerikanischen Direktoren standen. Es gibt keine Beweise dafür, dass Siemens ohne amerikanische Direktoren Hitler finanziert hat. Im Gegensatz dazu haben wir unwiderlegbare dokumentarische Beweise dafür, dass die deutsche General Electric und Osram, beide mit amerikanischen Direktoren, Hitler finanzierten.

In den Monaten nach dem Versuch der Wall Street, Siemens zu übernehmen, wurde das Muster des Weltvertrauens in die Entwicklung der Elektroindustrie klarer; die internationalen Kämpfe um Patente wurden beendet und die Beteiligung der G.E. an der A.E.G. stieg auf fast 30%.[489]

---

[487] Ibid, 2. Februar 1930.

[488] Ibid, 2. Februar 1930.

[489] Ibid, 11. Mai 1930. Zu den Machenschaften von General Electric, Osram und der niederländischen N.V. Philips Gloeilampenfabrieken aus Eindhoven Holland in der Vorkriegszeit siehe Kapitel 11, "Electric Eels", in James Stewart Martin, op cit. Martin war Leiter der Abteilung für Wirtschaftskrieg im US-Justizministerium und kommentiert, dass "die A.E.G. in Deutschland weitgehend von dem US-Unternehmen General Electric

Folglich war die deutsche General Electric (A.E.G.) Anfang der 1930er Jahre, als Hitler sich anschickte, die diktatorische Macht in Deutschland zu übernehmen - unterstützt von einigen, aber nicht allen deutschen und amerikanischen Industriellen -, im Besitz von International General Electric (ca. 30%), der Gesellschaft für Elektrische Unternemungen (25%) und Ludwig Lowe (25%). International General Electric hielt außerdem eine Beteiligung von ca. 16% $^{2/3}$ an Osram sowie zusätzlichen indirekten Einfluss in Unternehmen, die über Common Electric Directors mit German General Electric verbunden waren:

Unternehmen, die über gemeinsame Direktoren für Elektrizität mit German General Electric verbunden sind	Direktoren des deutschen Unternehmens General Electric (A.E.G.)	Beziehung zwischen dem verbundenen Unternehmen und Hitlers Finanzierung
Akkumulatoran-Fabrik	Quandt Pfeffer	Direkte Finanzierung
Osram	Mamroth Peierls	Direkte Finanzierung
Deutschen Babcock-Wilcox	Landau Wolff	Nicht bekannt
Vereinigte Stahlwerke	Nathan Kirdorf Goldschmidt	Direkte Finanzierung
Krupp	Nathan Klotzbach Bucher	Direkte Finanzierung
I.G. Farben	Flechtheim von Rath	Direkte Finanzierung
Stuttgarter Bündnis und Verein	von Rath Wolff	Gemeldet, aber nicht begründet
Phoenix	Fahrenhorst	Direkte Finanzierung
Thyssen	Fahrenhorst	Direkte Finanzierung
Demag	Fahrenhorst Flick	Direkte Finanzierung
Gelsenkirchener Dynamit	Flechtheim Kirdorf	Von I.G. Farben
Bergwerks	Flechtheim	Direkte Finanzierung
International General Electric	Jugendliche Swope Minor Baldwin	Über die A.E.G.
Die amerikanische I.G. Farben	von Rath	Von I.G. Farben
Internationale Bank (Amsterdam)	H. Furstenberg Goldschmidt	Nicht bekannt

kontrolliert wurde". Die Hypothese dieses Autors ist, dass der Einfluss von G.E. etwas unterhalb der Kontrolle lag, wenn auch ziemlich groß war. Aufgrund der offiziellen Position Martins und des Zugangs zu offiziellen, dem Autor unbekannten Dokumenten kann seine Aussage, dass die A.E.G. von der US-Firma General Electric "weitgehend kontrolliert" wurde, nicht leichtfertig zurückgewiesen werden. Wenn wir jedoch akzeptieren, dass G.E. A.E.G. "weitgehend kontrollierte", dann stellen sich die ernsthaftesten Fragen, die nach einer Untersuchung verlangen. A.E.G. war einer von Hitlers Hauptfinanziers und die "Kontrolle" würde die amerikanische Muttergesellschaft tiefer einbeziehen, als es die hier vorgelegten Beweise nahelegen.

Osram über die Direktoren der A.E.G. Im Vorstand der A.E.G. saßen neben den vier amerikanischen Direktoren (Young, Swope, Minor und Baldwin) auch Pferdmenges von Oppenheim & Co. (ein weiterer Finanzier Hitlers), und Quandt, der 75% der Accumlatoren-Fabrik besaß, ein wichtiger direkter Finanzier Hitlers. Mit anderen Worten: Unter den deutschen Vorstandsmitgliedern der A.E.G. finden wir Vertreter mehrerer der deutschen Unternehmen, die Hitler in den 1920er und 1930er Jahren finanzierten.

GENERAL ELECTRIC UND DIE FINANZIERUNG HITLERS

Die Wurzeln des modernen Unternehmenssozialismus sind tief in der Führung zweier angegliederter multinationaler Unternehmen verwurzelt: der General Electric Company in den USA und ihrer ausländischen Gesellschafter, darunter die deutsche General Electric (A.E.G.), und Osram in Deutschland. Wir haben festgestellt, dass Gerard Swope, zweiter Vorsitzender und Aufsichtsratsvorsitzender von General Electric, und Walter Rathenau von der A.E.G. radikale Ideen zur Kontrolle des Staates durch private Geschäftsinteressen gefördert haben.

Ab 1915 fungierte International General Electric (I.G.E.) mit Sitz am 120 Broadway in New York als ausländische Investitions-, Fertigungs- und Verkaufsorganisation für die General Electric Company. I.G.E. hielt Beteiligungen an ausländischen Fertigungsunternehmen, darunter eine 25-30%ige Beteiligung an der deutschen General Electric Company (A.E.G.) sowie Beteiligungen an der Osram G.m.b.H. Kommanditgesellschaft, ebenfalls in Berlin. Diese Beteiligungen verschafften International General Electric vier Direktoren im Vorstand von A.E.G. und einen weiteren Direktor bei Osram sowie erheblichen Einfluss auf die Innenpolitik dieser deutschen Unternehmen. Die Bedeutung dieses Eigentums von General Electric liegt darin, dass A.E.G. und Osram wichtige Geldgeber für Hitler waren, als er 1933 in Deutschland an die Macht kam. Ein Banküberweisungsschein vom 2. März 1933 von A.E.G. an Delbruck Schickler & Co. in Berlin verlangt, dass 60.000 Reichsmark auf das Konto der "Nationalen Treuhand" zur Verwendung durch Hitler eingezahlt werden. Dieser Zettel wird weiter unten abgedruckt.

I.G. Farben war der größte von Hitlers nationalen Geldgebern, und (wie an anderer Stelle angemerkt) I.G. Farben kontrollierte die amerikanische I.G.. Darüber hinaus waren mehrere Direktoren von A.E.G. auch im Vorstand von I.G. Farben - d.h. Hermann Bucher, Präsident von A.E.G., war im Vorstand von I.G. Farben; ebenso wie die A.E.G.-Direktoren Julius Flechtheim und Walter von Rath. I.G. Farben steuerte 30% zu Hitlers nationalem Vormundschafts- (oder Übernahme-) Fonds von 1933 bei.

Walter Fahrenhorst von der A.E.G. war auch im Vorstand von Phoenix A-G, Thyssen A-G und Demag A-G - und alle trugen zu Hitlers Fonds bei. Demag A-G trug 50.000 RM zum Hitler-Fonds bei. Er hatte einen Direktor bei A.E.G. - den berühmten Friedrich Flick und ersten Unterstützer Hitlers, der später in den Nürnberger Prozessen verurteilt wurde. Die Accumulatoren Fabrik A-G war ein Steuerzahler Hitlers (25.000 RM, siehe Seite 60) mit zwei Direktoren im Vorstand der A.E.G., August Pfeffer und Gunther Quandt. Quandt besaß persönlich 75% der Accumulatoren Fabrik.

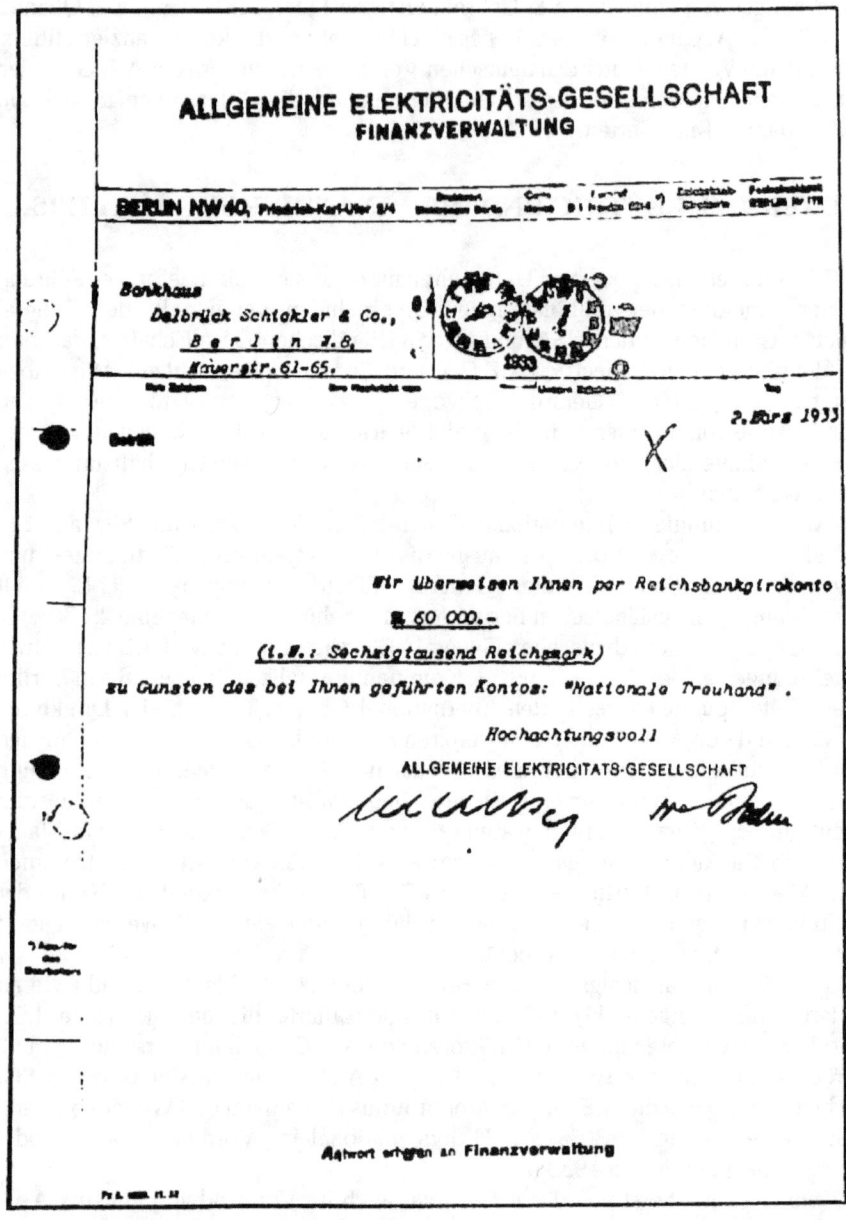

Original-Bankquittung der Überweisung vom 2. März 1933 von German General Electric an das Bankhaus Delbrück, Schickler in Berlin mit der Anweisung, 60.000 RM an die Nationale Treuhand (verwaltet von Hjalmar Schacht und Rudolf Hess) zu zahlen, die dazu verwendet wurde, Hitler im März 1933 wählen zu lassen. Quelle: Militärgericht Nürnberg Dokument Nr. 391-395.

Die Osram Gesellschaft, an der International General Electric mit 16 direkt beteiligt 2/3 war, hatte ebenfalls zwei Direktoren im Vorstand der A.E.G.: Paul Mamroth und Heinrich Pferls. Osram beteiligte sich mit 40.000 RM direkt am Hitler-Fonds. Die Gruppe Otto Wolff, Vereinigte Stahlwerke A-G, die in den 1920er Jahren in New York erhebliche Kredite erhielt, verfügte über drei Direktoren im Verwaltungsrat der A.E.G.: Otto Wolff, Henry Nathan und Jakob Goldschmidt. Alfred Krupp von Bohlen, Alleineigentümer der Krupp-Organisation und einer der ersten Unterstützer Hitlers, war Mitglied des Aufseherrats der A.E.G. Robert Pferdmenges, Mitglied des Himmler-Freundeskreises, war ebenfalls Direktor der A.E.G..

Mit anderen Worten: Fast alle deutschen Direktoren von General Electric waren finanzielle Unterstützer Hitlers und waren nicht nur mit A.E.G., sondern auch mit anderen Unternehmen verbunden, die Hitler finanzierten.

Walter Rathenau[490] wurde Direktor von A. E.G. im Jahr 1899 und war zu Beginn des 20. Jahrhunderts Direktor von über 100 Unternehmen. Rathenau war auch der Autor des "Rathenau-Plans", der eine bemerkenswerte Ähnlichkeit mit dem "Swope-Plan" aufweist - also dem New Deal von FDR, aber geschrieben von Swope von G.E. Mit anderen Worten, wir haben den außergewöhnlichen Zufall, dass die Autoren der Pläne nach dem Vorbild des New Deal in den USA und in Deutschland auch die Hauptunterstützer ihrer Ausführenden waren: Hitler in Deutschland und Roosevelt in den USA.

Herr Swope war Vorstandsvorsitzender der General Electric Company und der International General Electric. 1932 waren die amerikanischen Direktoren der A.E.G., wie folgt eng mit den amerikanischen Bank- und Politikkreisen verbunden

GERARD SWOPE	Vorsitzender von International General Electric und Präsident der General Electric Company, Direktor der National City Bank (und anderer Unternehmen), Direktor von A.E.G. und Osram in Deutschland. Autor des FDR New Deal und Mitglied zahlreicher Roosevelt-Organisationen.
Owen D. Young	Vorsitzender des Aufsichtsrats von General Electric und Vizepräsident der Federal Reserve Bank of New York. Verfasser, zusammen mit J. P, Morgan, des Young-Plans, der 1929 den Dawes-Plan ersetzte. (Siehe das erste Kapitel).
CLARK H. Minor	Präsident und Direktor von International General Electric, Direktor von British Thomson Houston, Compania Generale di Electtricita (Italien), und Japan Electric Bond & Share Company (Japan).

Kurzum, wir verfügen über solide Beweise von unbestreitbarer Authentizität, um zu zeigen, dass die deutsche General Electric wesentlich zu Hitlers politischer Finanzierung beigetragen hat. Es gab vier amerikanische Direktoren von A.E.G. (Baldwin, Swope, Minor und Clark), die zu 80% im Besitz von International General Electric war. I.G.E. und die vier US-Direktoren repräsentierten das größte

---

[490] Sohn von Emil Rathenau, dem Gründer von A.E.G., geboren 1867 und 1922 ermordet.

Interesse und hatten daher den größten Einfluss auf die Handlungen und die Politik der A.E.G. Darüber hinaus waren fast alle anderen Direktoren der A.E.G. mit Unternehmen (I.G. Farben, Accumulatoren Fabrik usw.) verbunden, die direkt zu Hitlers politischer Finanzierung beitrugen. Allerdings wurden nur die deutschen Direktoren der A.E.G. 1945 in Nürnberg vor Gericht gestellt.

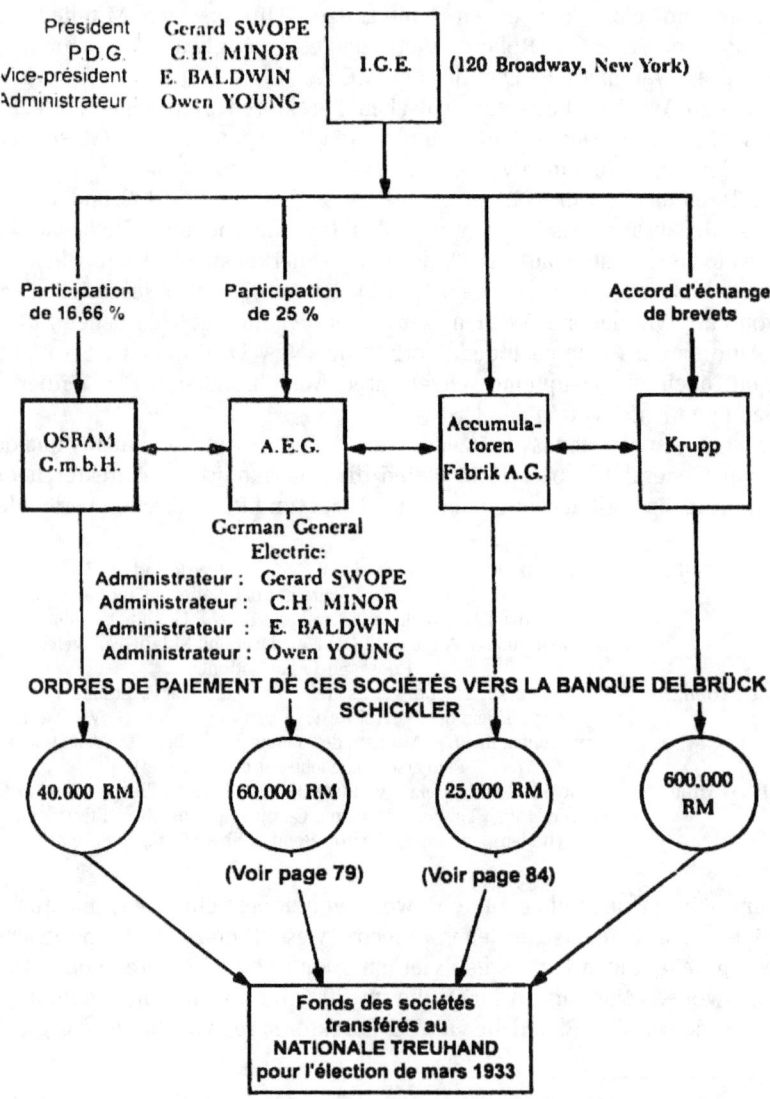

TECHNISCHE ZUSAMMENARBEIT MIT KRUPP

Zusätzlich zur finanziellen Unterstützung Hitlers weitete General Electric seine Hilfe auf Absprachen mit anderen Geldgebern Hitlers zu ihrem gegenseitigen Nutzen und dem des Nazi-Staates aus. Gesintertes Wolframkarbid ist ein Beispiel für diese G.E.-Nazi-Kooperation. Vor November 1928 verfügte die US-Industrie über mehrere Quellen für Wolframcarbid und Werkzeuge und Matrizen, die diese Schwermetallzusammensetzung enthielten. Zu diesen Quellen gehörten die Firma Krupp in Essen, Deutschland, und zwei amerikanische Unternehmen, an die Krupp damals versendete und verkaufte, die Union Wire Die Corporation und Thomas Prosser & Son. 1928 verpflichtete sich Krupp, Lizenzen für die von ihm gehaltenen US-Patente an die Firth-Sterling Steel Company und die Ludlum Steel Company zu vergeben. Vor 1928 wurde dieses Wolframkarbid zur Verwendung in Werkzeugen und Matrizen in den USA für etwa 50 Dollar pro Pfund verkauft.

Die US-Patente, die Krupp angeblich besaß, wurden von der Osram Kommanditgesellschaft abgetreten und waren zuvor von der deutschen Firma Osram an General Electric übertragen worden. General Electric hatte jedoch auch eigene Patente entwickelt, hauptsächlich die Hoyt- und Gilson-Patente, die konkurrierende Verfahren für gesintertes Wolframkarbid abdeckten. General Electric glaubte, diese Patente unabhängig nutzen zu können, ohne die Krupp-Patente zu verletzen oder mit ihnen zu konkurrieren. Doch anstatt die G.E.-Patente unabhängig im Wettbewerb mit Krupp zu nutzen oder seine Rechte unter den Patentgesetzen zu testen, schloss General Electric ein Kartellabkommen mit Krupp, um die Patente beider Parteien zusammenzulegen und General Electric die monopolistische Kontrolle über Wolframkarbid in den USA zu verschaffen.

Den ersten Schritt in diesem Kartell machte die Carboloy Company, Inc, eine Tochtergesellschaft von General Electric, die mit dem Ziel gegründet wurde, Wolframkarbid abzubauen. Der Preis aus den 1920er Jahren, der bei etwa 50 US-Dollar pro Pfund lag, wurde von Carboloy auf 458 US-Dollar pro Pfund erhöht. Natürlich konnte kein Unternehmen große Mengen Wolframcarbid in dieser Preisspanne verkaufen, aber der Preis würde die Gewinne von G.E. maximieren. 1934 konnten General Electric und Carboloy durch Kauf auch die von Krupp an die Ludlum Steel Company vergebene Lizenz erwerben und damit einen Konkurrenten ausschalten. 1936 wurde Krupp dazu angehalten, von weiteren Importen in die USA Abstand zu nehmen. Ein Teil des Preises, der für die Entfernung von im Ausland hergestelltem Wolframcarbid vom US-Markt gezahlt wurde, war eine gegenseitige Verpflichtung, dass General Electric und Carboloy nicht aus den USA exportieren würden. Diese US-Unternehmen banden sich also vertraglich aneinander oder erlaubten Krupp, sich die Hände zu binden, und verweigerten der US-Industrie die ausländischen Märkte. Die Firma Carboloy kaufte dann das Unternehmen von Thomas Prosser & Son auf, und 1937 kaufte Carboloy für fast eine Million Dollar das Konkurrenzunternehmen Union Wire Die Corporation. Als Krupp sich weigerte zu verkaufen, kooperierte er mit General Electric und Carboloy, um die Union Wire Die Corporation zum Verkauf zu überreden.

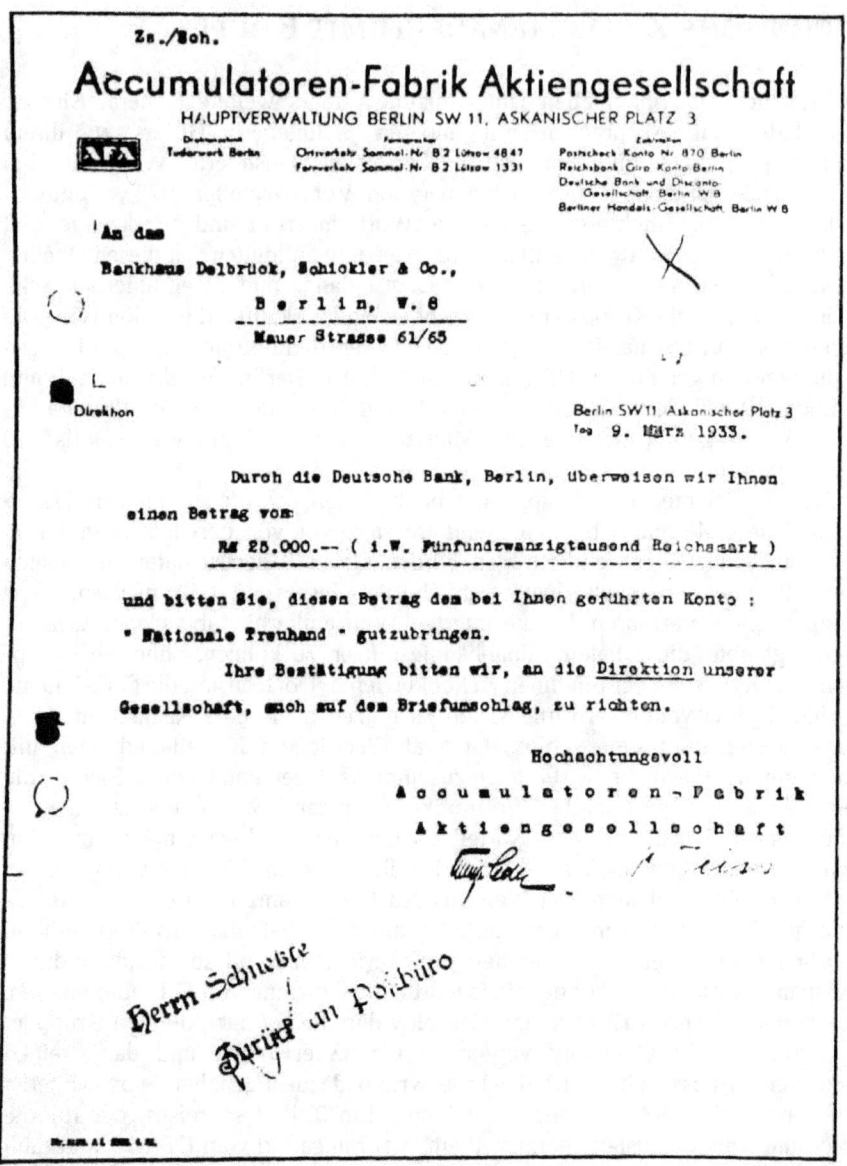

Quittung über die orignale Banküberweisung vom 9. März 1933 von der Accumulatoren-Fabrik an die Delbrück Schickler Bank in Berlin mit der Anweisung, 25.000 RM an die Nationale Treuhand (verwaltet von Hjalmar Schacht und Rudolf Hess) zu zahlen, die verwendet wurde, um Hitler im März 1933 wählen zu lassen.

Daraufhin wurden Lizenzen für die Herstellung von Wolframcarbid verweigert. Ein Lizenzantrag der Crucible Steel Company wurde 1936 abgelehnt. Ein Lizenzantrag der Chrysler Corporation wurde 1938 abgelehnt. Eine Lizenz der Triplett Electrical Instrument Company wurde am 25. April 1940 verweigert.

Auch der General Cable Company wurde eine Lizenz verweigert. Über mehrere Jahre hinweg äußerte die Ford Motor Company starken Widerstand gegen die von der Carboloy Company verfolgte Hochpreispolitik und beantragte irgendwann das Recht, für den Eigenbedarf zu produzieren. Dieser Antrag wurde abgelehnt. Als Ergebnis dieser Taktiken tauchten General Electric und seine Tochtergesellschaft Carboloy 1936 oder 1937 mit einem fast vollständigen Monopol für Wolframcarbid in den USA auf.

Kurz gesagt, General Electric - in Zusammenarbeit mit einem anderen Hitler-Unterstützer, Krupp - erhielt gemeinsam für G,E. ein Monopol in den USA für Wolframkarbid. So hatte General Electric zu Beginn des Zweiten Weltkriegs ein Monopol zu einem festgesetzten Preis von 450 Dollar pro Pfund - fast zehnmal so viel wie der Preis von 1928 - und die Verwendung in den USA war entsprechend eingeschränkt worden.

A.E.G. VERMEIDET BOMBENANGRIFFE WÄHREND DES ZWEITEN WELTKRIEGS

Bis 1939 war die deutsche Elektroindustrie eng mit zwei US-amerikanischen Unternehmen verbunden: International General Electric und International Telephone and Telegraph. Die größten Unternehmen der deutschen Elektroproduktion und ihre Zugehörigkeiten waren nach ihrer Bedeutung geordnet:

Unternehmen und Produktionsart	Prozent der deutschen Produktion 1939	Verbundenes Unternehmen in den USA
Starkstromindustrie		
General Electric (A.E.G.)	40 Prozent	International General Electric
Siemens Schukert A.G	40 Prozent	Keine
Brown Boveri und Co.	17 Prozent	Keine
Telefon und Telegraf		
Siemens und Halske	60 Prozent	Keine
Lorenz A.G.	85 Prozent	I.T.T.
Radio		
Telefunken (A.E.G. nach 1941)	60 Prozent	International General Electric
Lorenz	35 Prozent	I.T.T.
Drähte und Kabel		
Felton & Guilleaume A.G.	20 Prozent	I.T.T.
Siemens	20 Prozent	Keine
A.E.G.	20 Prozent	International General Electric

Mit anderen Worten: 1939 war die deutsche Elektrogeräteindustrie in einigen wenigen Großunternehmen konzentriert, die in einem internationalen Kartell und durch Aktienbesitz mit zwei großen US-Unternehmen verbunden waren. Dieser

Industriekomplex war nie ein bevorzugtes Ziel für die Bombenangriffe im Zweiten Weltkrieg. Die Fabriken von A.E.G. und I.T.T. wurden nur gelegentlich bei einzelnen Luftangriffen getroffen, aber eher selten. Die als Ziele bombardierten Fabriken für elektrische Ausrüstungen waren nicht diejenigen, die mit US-amerikanischen Unternehmen verbunden waren. Es waren die Brown Boveri-Werke in Mannheim und die Siemensstadt in Berlin - die nicht mit den USA verbunden waren -, die bombardiert wurden. Infolgedessen stieg die deutsche Produktion von elektrischem Kriegsmaterial während des gesamten Zweiten Weltkriegs stetig an und erreichte 1944 einen Höhepunkt. Laut den Berichten der amerikanischen Untersuchung der strategischen Bombardierungen:

> "Laut Speers' Assistenten und den Verantwortlichen in den Fabriken wurden die Kriegsanstrengungen in Deutschland nie wesentlich durch irgendeinen Mangel an elektrischem Material behindert".[491]

Die Fabrik A. E.G. in der 185 Muggenhofer Straße in Nürnberg ist ein Beispiel für die Nichtbombenpolitik der deutschen General Electric. Die Untersuchung der Produktion dieser Fabrik während des Zweiten Weltkriegs ist interessant, da sie veranschaulicht, wie die Produktion in Friedenszeiten in Kriegsarbeit umgewandelt wurde. In der Vorkriegsfabrik wurden Haushaltsgeräte wie Herdplatten, Elektroherde, elektrische Bügeleisen, Toaster, Industrieöfen, Heizkörper, Wassererhitzer, Küchenöfen und Industrieheizungen hergestellt. In den Jahren 1939, 1940 und 1941 wurden die meisten Produktionsanlagen des Werks in Nürnberg für die Herstellung von Produkten in Friedenszeiten verwendet. Im Jahr 1942 wurde die Produktion der Fabrik auf die Herstellung von Kriegsmaterial umgestellt. Es wurden Metallteile für Kommunikationsgeräte und Munition wie Bomben und Minen hergestellt. Die Kriegsproduktion bestand auch aus Teilen für Scheinwerfer und Verstärker. Die folgende Tabelle zeigt sehr anschaulich die Umstellung auf Kriegsarbeit:

Jahr	Gesamtumsatz in 1000 RM	Prozent für den Krieg	Prozent der gewöhnlichen Produktion
1939	12,469	5	95
1940	11,754	15	85
1941	21,194	40	60
1942	20,689	61	39
1948	31,455	67	33
1944	31,205	69	31

---

[491] The United States Strategic Bombing Survey, *German Electrical Equipment Industry/Report*, (Equipment Division, January 1947), S. 4.

Die tatsächlichen physischen Schäden, die durch die Bombardierung dieser Fabrik verursacht wurden, waren unbedeutend. Bis zu den Angriffen am 20. und 21. Februar 1945, gegen Ende des Krieges, traten keine ernsthaften Schäden auf, und der Schutz war damals recht gut ausgebaut. Die Angriffe, bei denen Bomben auf das Fabrikgelände fielen, und die unbedeutenden Schäden, die dabei entstanden, sind im Folgenden aufgelistet:

Datum des Raids	Bomben treffen eine Fabrik	Verursachte Schäden
8. März 1943	30 Stäbchen vom Typ I.B.	Eine Kleinigkeit, aber drei Lagerhäuser außerhalb der Hauptfabrik wurden zerstört.
9. September 1944	Keine (Explosionsschäden)	Schäden durch Bagatellen, Fensterscheiben und Verdunkelungsvorhänge.
26. November 1944	14000 lb HE im offenen Raum auf dem Fabrikgelände	Zerstörte Holzwerkstatt, gebrochene Wasserleitung.
20. Februar 1945	2 HE	3 beschädigte Gebäude.
21. Februar 1945	5 HE, viel I.B.	Das Verwaltungsgebäude wurde zerstört und die Emaillierarbeiten von der Zentralverwaltung beschädigt.

Ein weiteres Beispiel für ein deutsches General-Electric-Werk, das nicht bombardiert wurde, ist die A.E.G.-Fabrik in Koppelsdorf, die Radargeräte und Antennen für Bomber herstellt. Andere A.E.G.-Werke wurden nicht bombardiert[492] und ihre Produktion von Kriegsmaterial wurde bombardiert:

LISTE VON FABRIKEN, DIE WÄHREND DES ZWEITEN WELTKRIEGS NICHT BOMBARDIERT WURDEN, Z. B.

Name des Zweigs	Ort	Produkt
1 Fabrik in Reiehmannsdoff mit Unterabteilungen in Wallendorf und Unterweissbach	Kries Saalfeld	Messinstrumente
2. Werk Marktschorgast	Bayreuth	Start
3. Werk F18ha	Sachsen	Kurzwellen-Sendegruppen
4. Werk Reichenbach	Vogtland	Trockenzellenbatterien
5. Arbeit Burglengefeld	Sachsen/S.E. Chemnitz	Schwere Starter
6. Werk Nürnberg	Belringersdorf/ Nürnberg	Kleine Komponenten
7. Werk Zirndorf	Nürnberg	Schwere Starter
8. Arbeit in Mattinghofen	Oberdonau	1 KW Senders 250 Meter und lange Welle für Torpedoboote und U-Boote
9. Unterwerk Neustadt	Coburg	Radarausrüstung

---

[492] U.S. Strategic Bombing Survey, Plant Report of A.E.G. (Allgemeine Elektrizitats Gesellschaft), Nürnberg, Deutschland: Juni 1945), S. 6.

Die Tatsache, dass die A.E.G.-Fabriken in Deutschland während des Zweiten Weltkriegs nicht bombardiert wurden, wurde vom Strategic Bombing Survey der Vereinigten Staaten bestätigt, der von Akademikern wie John K. Galbraith und Wall Streeters wie George W. Ball und Paul H. Nitze geleitet wurde. Ihr "German Electrical Equipment Industry Report" vom Januar 1947 kommt zu dem Schluss:

> *Die Industrie wurde nie als grundlegendes Zielsystem angegriffen, aber einige Fabriken, wie Brown Boveri in Mannheim, Bosch in Stuttgart und Siemenstadt in Berlin, waren Ziel von Präzisionsangriffen; viele andere wurden bei Flächenangriffen getroffen.*[493]

Am Ende des Zweiten Weltkriegs wurde ein alliiertes Untersuchungsteam, das als FIAT bekannt war, entsandt, um die Bombenschäden an den Fabriken der deutschen Elektroindustrie zu untersuchen. Das für die Elektroindustrie zuständige Team bestand aus Alexander G.P.E. Sanders von der International Telephone and Telegraph in New York, Whitworth Ferguson von der Ferguson Electric Company, New York, und Erich J. Borgman von Westinghouse Electric. Obwohl das erklärte Ziel dieser Teams darin bestand, die Auswirkungen auf die alliierten Bombenangriffe auf deutsche Ziele zu untersuchen, war das Ziel dieses speziellen Teams, die deutsche Elektrogeräteindustrie so schnell wie möglich wieder in die Produktion zu bringen. Whirworth Ferguson verfasste am 31. März 1945 einen Bericht über die A.E.G. Ostland-werke und kam zu dem Schluss, dass "dieses Werk sofort für die Produktion von feinen Metallteilen und -baugruppen zur Verfügung steht".[494]

Abschließend stellen wir fest, dass sowohl Rathenau von der A.E.G. als auch Swope von General Electric in den USA ähnliche Ideen hatten, um den Staat für ihre eigenen Ziele einzuspannen. Die General Electric spielte eine wichtige Rolle bei der Finanzierung Hitlers, sie profitierte in hohem Maße von der Kriegsproduktion - und dennoch gelang es ihr, die Bombenangriffe im Zweiten Weltkrieg zu verhindern. Es ist klar, dass die hier kurz untersuchte Geschichte eine viel gründlichere - und wenn möglich offizielle - Untersuchung verdient.

---

[493] Daher war "die Produktion während des Krieges bis November 1944 ausreichend" und "laut Speers Assistenten und Werksleitern wurden die Kriegsanstrengungen in Deutschland niemals durch irgendeinen Mangel an elektrischem Material wesentlich behindert". Die Schwierigkeiten traten erst ganz am Ende des Krieges auf, als die gesamte Wirtschaft vom Zusammenbruch bedroht war. Der Bericht kam zu dem Schluss: "Man kann also sagen, dass alle wichtigen Bedürfnisse an elektrischem Material im Jahr 1944 befriedigt wurden, da die Pläne immer optimistisch waren".

[494] Amerikanische Studie über strategische Bombardements, AEG-Ostlandwerke GmbH, von Whitworth Ferguson, 31. Mai 1945.

Original-Überweisungsschein vom 27. Februar 1933 von IG Farben an das Bankhaus Delbrück-Schickler in Berlin mit der Anweisung, 400.000 RM an die Nationale Treuhand (verwaltet von Hjalmar Schacht und Rudolf Hess) zu zahlen, die für die Wahl Hitlers im März 1933 verwendet wurde. Quelle: Militärgericht Nürnberg, Dokument Nr. 391-395.

KAPITEL IV

STANDARD OIL VERSORGT DEN ZWEITEN WELTKRIEG MIT NACHSCHUB

In zwei Schritten wird Deutschland aus Kohle genügend Öl und Gas für einen langen Krieg produzieren. Die Standard Oil in New York stellt Millionen von Dollar zur Verfügung, um ihm dabei zu helfen.
(Bericht des Handelsattachés der US-Botschaft in Berlin, Deutschland, vom Januar 1933 an das Außenministerium in Washington, D.C.)

Die Unternehmensgruppe Standard Oil, an der die Rockefeller-Familie ein Viertel der Anteile (und die Kontrolle) besaß, spielte eine wesentliche[495] Rolle bei der Vorbereitung Nazideutschlands auf den Zweiten Weltkrieg. Diese militärische Vorbereitungshilfe entstand aus der Tatsache, dass die relativ unbedeutenden Rohölreserven Deutschlands für die moderne mechanisierte Kriegsführung völlig unzureichend waren; 1934 wurden beispielsweise rund 85% der deutschen Erdölfertigprodukte importiert. Die Lösung, die Nazi-Deutschland anwandte, bestand darin, synthetisches Benzin aus den reichlich vorhandenen heimischen Kohlevorräten herzustellen. Es war das Hydrierungsverfahren zur Herstellung von synthetischem Benzin und die Eigenschaften von Iso-Oktan in Benzin, die es Deutschland ermöglichten, 1940 in den Krieg einzutreten - und dieses Hydrierungsverfahren wurde von den Standard Oil Laboratories in den USA in Partnerschaft mit I.G. Farben entwickelt und finanziert.

Die Beweise, die den Ausschüssen Truman, Bone und Kilgore nach dem Zweiten Weltkrieg vorgelegt wurden, bestätigten, dass Standard Oil gleichzeitig "die Kriegsvorbereitungen der Vereinigten Staaten ernsthaft gefährdet" hatte. Den drei Kongressausschüssen wurde dokumentarisches Beweismaterial[496] vorgelegt, wonach Standard Oil vor dem Zweiten Weltkrieg mit I.G. Farben im Rahmen des so genannten Jasco-Abkommens vereinbart hatte, dass synthetischer Kautschuk in

---

[495] 1935 besaß John D. Rockefeller, Jr. Aktien im Wert von 245 Millionen Dollar an der Standard Oil of New Jersey, der Standard Oil of California und der Socony-Vacuun Company, *New York Times*, 10. Januar 1935.

[496] Eliminierung der deutschen Ressourcen, a. a. O., S. 1085.

den Einflussbereich von Farben fällt, während Standard Oil nur dann ein absolutes Monopol in den USA haben sollte, wenn und solange Farben die Entwicklung von synthetischem Kautschuk in den USA zulässt:

> *Folglich hat der Standard [des Kilgore-Komitees] das Ziel der US-Regierung, die US-Produktion zu verhindern, indem er die US-Kautschukunternehmen davon abhält, unabhängige Forschung zur Entwicklung von Verfahren für synthetischen Kautschuk zu betreiben, vollständig erreicht.*[497]

Leider haben die Kongressausschüsse einen noch beunruhigenderen Aspekt dieser Absprachen zwischen Standard Oil und I.G. Farben nicht untersucht: Zu dieser Zeit hatten die Direktoren von Standard Oil in New Jersey nicht nur kriegsstrategische Verbindungen zur I.G. Farben, sondern auch andere Verbindungen zu Hitlers Deutschland - bis hin zu dem Punkt, dass sie über deutsche Tochtergesellschaften zu Heinrich Himmlers persönlichem Fonds beitrugen und bis 1944 Mitglied des Himmler-Freundeskreises waren.

Während des Zweiten Weltkriegs wurde Standard Oil aus New Jersey wegen dieses vor dem Krieg geschlossenen Bündnisses mit Farben des Verrats beschuldigt, obwohl seine fortgesetzten Aktivitäten in Kriegszeiten im Freundeskreis Himmlers unbekannt waren. Die Vorwürfe des Verrats wurden von Standard Oil vehement bestritten. Eine der wichtigsten dieser Verteidigungen wurde von R.T. veröffentlicht. Haslam, ein Manager von Standard Oil aus New Jersey, in der *Petroleum Times* (25. Dezember 1943) und trug den Titel "Geheimnisse, die durch den I.G. Farben-Deal in mächtige Kriegswaffen verwandelt wurden".[498] Es handelte sich um einen Versuch, die Situation umzukehren und die Absprachen aus der Vorkriegszeit als vorteilhaft für die USA darzustellen.

Was auch immer die Kriegserinnerungen und die vorschnelle Verteidigung von Standard Oil gewesen sein mögen, die Verhandlungen und Verträge von 1929 zwischen Standard Oil und I.G. Farben wurden in der zeitgenössischen Presse aufgezeichnet und beschreiben die Vereinbarungen zwischen Standard Oil of New Jersey und I.G. Farben sowie deren Absichten. Im April 1929 wurde Walter C. Teagle, der Präsident von Standard Oil of New Jersey, Direktor der neuen amerikanischen Organisation I.G. Farben. Nicht weil Teagle sich für die chemische Industrie interessierte, sondern weil,

> *Seit einigen Jahren unterhält sie sehr enge Beziehungen zu bestimmten Zweigen der Forschungsarbeit der I.G. Farben, die eng mit der Ölindustrie verbunden sind.*[499]

---

[497] Ibid.

[498] *NMT*, Fall I.G. Farben, S. 1304.

[499] *New York Times*, 28. April 1929.

Teagle kündigte an, dass seit einiger Zeit gemeinsame Forschungsarbeiten zur Ölgewinnung aus Kohle durchgeführt wurden und dass in den USA[500] ein Forschungslabor für diese Arbeiten eingerichtet werden sollte. Im November 1929 wurde diese gemeinsame Forschungsgesellschaft Standard-Farben unter der Leitung der Standard Oil Company of New Jersey gegründet, und alle Forschungsarbeiten und Patente im Zusammenhang mit der Ölgewinnung aus Kohle, die I.G. und Standard besaßen, wurden zusammengelegt. Zuvor, im Zeitraum 1926-1929, hatten die beiden Unternehmen bei der Entwicklung des Hydrierungsverfahrens zusammengearbeitet und Versuchsanlagen in den USA und in Deutschland in Betrieb genommen. Nun wurde vorgeschlagen, in den USA neue Anlagen in Bayway, New Jersey, und Baytown, Texas, zu bauen, zusätzlich zur Erweiterung der früheren Versuchsanlage in Baton Rouge. Der Standard wurde bekannt gegeben:

> ... die Bedeutung des neuen Vertrags, wie er für dieses Land gilt, liegt darin, dass er sicherstellt, dass der Hydrierungsprozess in diesem Land unter der Leitung der US-amerikanischen Ölinteressen kommerziell entwickelt wird.[501]

Im Dezember 1929 wurde das neue Unternehmen, die Standard I.G. Company, gegründet. F.A. Howard wird zum Präsidenten ernannt, und seine deutschen und amerikanischen Direktoren werden wie folgt bekannt gegeben: E.M. Clark, Walter Duisberg, Peter Hurll, R.A. Reidemann, H.G. Seidel, Otto von Schenck und Guy Wellman.

Die Mehrheit der Aktien des Forschungsunternehmens befand sich im Besitz von Standard Oil. Die technische Arbeit, die Arbeit an der Verfahrensentwicklung und der Bau von drei neuen Anlagen zur Herstellung von Öl aus Kohle in den USA wurden von der Standard Oil Development Company, der technischen Tochtergesellschaft von Standard Oil, übernommen. Aus diesen zeitgenössischen Berichten geht eindeutig hervor, dass die Arbeiten zur Entwicklung von Öl aus Kohle von Standard Oil in New Jersey, USA, in Standard-Oil-Fabriken und mit einer Mehrheitsfinanzierung und -kontrolle durch Standard Oil durchgeführt wurden. Die Ergebnisse dieser Forschung wurden der I.G. Farben zur Verfügung gestellt und bildeten die Grundlage für die Entwicklung von Hitlers Programm für Öl aus Kohle, das den Zweiten Weltkrieg erst möglich machte.

Haslams Artikel, der von einem ehemaligen Professor für Chemieingenieurwesen am M.I.T. geschrieben wurde. (damals Vizepräsident von Standard Oil in New Jersey), behauptete - im Gegensatz zu diesen aufgezeichneten Fakten -, dass Standard Oil dank seiner Farben-Abkommen in der Lage war, deutsche Technologie für die USA zu beschaffen. Haslam nannte die Herstellung von Buna-Kautschuk, Toluol und Paraton (Oppanol), die zur Stabilisierung der Viskosität von Öl verwendet werden, einem wichtigen Material für Nachschuboperationen in der Wüste und im Winter in Russland. Dieser Artikel mit seinen falschen egoistischen Ansprüchen fand jedoch seinen Weg ins

---

[500] Ibid.

[501] Ibid, 24. November 1929.

Deutschland der Kriegszeit und war Gegenstand eines "geheimen" I.G. Farben-Memorandums vom 6. Juni 1944, das der Angeklagte in Nürnberg und der damalige Beamte von Knieriem an seine Kollegen in der Farben-Führung richtete. In diesem "geheimen" Memo von von Knieriem wurden die Fakten dargelegt, die Haslam in seinem Artikel in der *Petroleum Times* vermieden hatte. Das Memo war im Grunde eine Zusammenfassung dessen, was Standard nicht bereit war, der amerikanischen Öffentlichkeit zu offenbaren - nämlich den großen Beitrag, den Standard Oil aus New Jersey zur Kriegsmaschinerie der Nazis leistete. Aus dem Farben-Memorandum geht hervor, dass die Vereinbarungen von Standard Oil für die I.G. Farben *absolut wesentlich* waren:

> *Der Abschluss einer Vereinbarung mit Standard war aus technischen, kommerziellen und finanziellen Gründen notwendig: auf technischer Ebene, weil die spezialisierte Erfahrung, über die nur eine große Ölgesellschaft verfügte, für die Entwicklung unseres Verfahrens notwendig war und eine solche Industrie in Deutschland nicht existierte; auf kommerzieller Ebene, weil IG aufgrund der damals fehlenden staatlichen Wirtschaftskontrolle in Deutschland einen Konkurrenzkampf mit den großen Ölmächten vermeiden musste, die auf umstrittenen Märkten immer das beste Benzin zum niedrigsten Preis verkauften; finanziell, weil IG, die bereits außerordentlich hohe Summen für die Entwicklung des Verfahrens ausgegeben hatte, finanzielle Erleichterungen beantragen musste, um die Entwicklung in anderen neuen technischen Bereichen, wie z. B. Buna, fortsetzen zu können.*

Das Farben-Memorandum beantwortete dann die Schlüsselfrage: Was hat I.G. Farben von Standard Oil erworben, das "lebenswichtig für die Kriegsführung" war? Das Memorandum untersucht die von Haslam genannten Produkte - also Iso-Octan, Toluol, Oppanol-Paraton und Buna - und belegt, dass ihre Technologie entgegen den öffentlichen Behauptungen von Standard Oil größtenteils aus den USA und nicht aus Deutschland stammte.

Zu Iso-Oktan heißt es im Farben-Memorandum teilweise:

> *Aufgrund ihrer jahrzehntelangen Beschäftigung mit Kraftstoffen waren die Amerikaner uns in ihrem Wissen über die Qualitätsanforderungen, die für die verschiedenen Verwendungszwecke von Kraftstoffen erforderlich sind, weit voraus. Insbesondere hatten sie mit großem Aufwand eine Vielzahl von Methoden entwickelt, um Benzin für verschiedene Verwendungszwecke zu testen. Aufgrund ihrer Erfahrungen hatten sie die gute Klopffestigkeit von Iso-Oktan erkannt, lange bevor sie unser Hydrierverfahren kannten. Dies wird allein durch die Tatsache belegt, dass in Amerika Kraftstoffe nach ihrer Oktanzahl eingestuft werden und Iso-Oktan mit der Zahl 100 als bester Kraftstoff eingestuft wurde. All dieses Wissen wurde natürlich durch das Abkommen zu unserem Wissen, das uns viel Mühe ersparte und uns vor vielen Fehlern bewahrte.*

I.G. Farben fügte hinzu, dass Haslams Behauptung, die Herstellung von Iso-Octan sei in Amerika nur durch das Hydrierungsverfahren von Farben bekannt geworden, nicht korrekt sei:

> *Insbesondere im Fall von Iso-Octan wird gezeigt, dass wir den Amerikanern viel zu verdanken haben, denn in unserer eigenen Arbeit könnten wir uns weitgehend auf die amerikanischen Informationen über das Verhalten von Kraftstoffen in Motoren stützen. Darüber hinaus wurden wir von den Amerikanern auch über ihren Produktionsprozess und dessen weitere Entwicklung auf dem Laufenden gehalten.*
>
> *Kurz vor dem Krieg wurde in Amerika eine neue Methode zur Herstellung von Iso-Oktan gefunden - die Alkylierung mit Isomerisierung als Vorstufe. Dieses Verfahren, das Herr Haslain überhaupt nicht erwähnt, stammt tatsächlich vollständig von den Amerikanern, und wir haben es durch Vereinbarungen mit ihnen in seinen einzelnen Schritten ausführlich bekannt gemacht und wenden es sehr umfassend an.*

In Bezug auf Toluol weist I.G. Farben auf eine sachliche Ungenauigkeit in Haslams Artikel hin: Professor Haslam behauptet, Toluol sei in den USA nicht durch Hydrierung hergestellt worden. Im Fall von Oppanol bezeichnet das I.G.-Memo Haslams Informationen als "unvollständig", und in Bezug auf Buna-Kautschuk heißt es: "Wir haben den Amerikanern nie technische Informationen gegeben, und es hat keine technische Zusammenarbeit im Bereich Buna gegeben". Noch wichtiger ist, dass das Farben-Memo fortfährt, indem es einige Produkte beschreibt, die Haslam in seinem Artikel nicht erwähnt hat:

> *Als Folge unserer Verträge mit den Amerikanern erhielten wir von ihnen über das Abkommen hinaus viele sehr wertvolle Beiträge zur Synthese und Verbesserung von Treibstoffen und Schmierölen, die uns jetzt im Krieg sehr nützlich sind; und wir erhielten von ihnen auch andere Vorteile. An erster Stelle sind folgende zu nennen:*
> *1) Vor allem die Verbesserung von Treibstoffen durch die Zugabe von Tetraethylblei und die Herstellung dieses Produkts. Es ist nicht notwendig, speziell zu erwähnen, dass ohne Tetraethylblei die heutigen Kriegsmethoden unmöglich wären. Die Tatsache, dass wir seit Kriegsbeginn Tetraethylblei herstellen konnten, ist ausschließlich den Umständen zu verdanken, unter denen uns die Amerikaner kurz zuvor die Produktionspläne samt ihrem Know-how vorgelegt hatten. Es war übrigens das erste Mal, dass die Amerikaner beschlossen, eine Lizenz für dieses Verfahren in einem fremden Land zu vergeben (abgesehen von der Weitergabe ungeschützter Geheimnisse), und das auch nur auf unsere dringenden Bitten an Standard Oil hin, unseren Wunsch zu erfüllen. Vertraglich konnten wir das nicht verlangen, und wir fanden später heraus, dass das Kriegsministerium in Washington seine Genehmigung erst nach langen Beratungen erteilt hatte.*
> *2) Umwandlung von ungesättigten Stoffen mit niedrigem Molekulargewicht in verwendbares Benzin (Polymerisation). In diesem Bereich wurde sowohl hier als auch in Amerika viel Arbeit geleistet. Die Amerikaner waren jedoch die ersten, die den Prozess in großem Maßstab durchgeführt haben, was uns nahelegte, auch den Prozess in großem technischen Maßstab zu entwickeln. Aber darüber hinaus arbeiten in Deutschland Fabriken, die nach amerikanischen Verfahren gebaut wurden.*
> *3) Auch auf dem Gebiet der Schmieröle hat Deutschland durch den Vertrag mit Amerika Erfahrungen gesammelt, die für den aktuellen Krieg außerordentlich wichtig sind.*

In dieser Hinsicht erhielten wir nicht nur die Erfahrung von Standard, sondern über Standard auch die Erfahrung von General Motors und anderen großen US-amerikanischen Automobilunternehmen.

4) Ein weiteres bemerkenswertes Beispiel für die für uns vorteilhafte Wirkung des Vertrags zwischen IG und Standard Oil sollte erwähnt werden: In den Jahren 1934/1935 hatte unsere Regierung größtes Interesse daran, einen Vorrat an besonders wertvollen Ölprodukten (insbesondere Benzin und Schmieröl für die Luftfahrt) aus dem Ausland zu sammeln und für einen Betrag von ungefähr 20 Millionen Dollar zum Marktwert bereitzuhalten. Die deutsche Regierung fragte IG, ob es nicht möglich sei, auf der Grundlage freundschaftlicher Beziehungen zu Standard Oil, diesen Betrag im Namen von Farben zu kaufen; tatsächlich jedoch als Vertreter der deutschen Regierung. Dass es uns tatsächlich gelang, in schwierigsten Verhandlungen die von unserer Regierung gewünschte Menge von der American Standard Oil Company und dem niederländisch-englischen Royal - Dutch - Shell - Konzern zu kaufen und nach Deutschland zu transportieren, war nur dank der Hilfe der Standard Oil Co. möglich.

ETHYLBLEI FÜR DIE WEHRMACHT

Ein weiteres wichtiges Beispiel für die Hilfe, die Standard Oil - in Zusammenarbeit mit General Motors - Nazi-Deutschland leistete, war die Lieferung von Ethylblei. Ethylblei ist eine Anti-Klopf-Verbindung, die in Flug- und Autokraftstoffen verwendet wird, um das Klopfen zu beseitigen und so die Effizienz der Motoren zu verbessern; ohne diese Anti-Klopf-Verbindungen wäre die moderne mobile Kriegsführung nicht praktikabel.

1924 wurde in New York die Ethyl Gasoline Corporation gegründet, die sich im gemeinsamen Besitz der Standard Oil Company of New Jersey und der General Motors Corporation befand, um die US-Patente für die Herstellung und den Vertrieb von Tetraethylblei und Ethylflüssigkeit in den USA und im Ausland zu kontrollieren und zu nutzen. Bis 1935 wurde die Herstellung dieser Produkte nur in den USA unternommen. 1935 transferierte die Ethyl Gasoline Corporation ihr Know-how nach Deutschland, um es für das Aufrüstungsprogramm der Nazis zu nutzen. Dieser Transfer erfolgte trotz der Proteste der US-Regierung.[502]

Ethyls Absicht, seine Anti-Klopf-Technologie an Nazi-Deutschland zu übertragen, wurde dem Army Air Corps in Washington, D.C., zur Kenntnis gebracht. Am 15. Dezember 1934 wurde E. W. Webb, Präsident von Ethyl Gasoline, mitgeteilt, dass Washington von der Absicht erfahren habe, "mit der I.G. eine deutsche Gesellschaft zu gründen, um in diesem Land Ethylblei herzustellen". Das Kriegsministerium teilte mit, dass dieser Technologietransfer sehr kritisch gesehen werde, was für die USA "die schwersten Auswirkungen" haben könnte; die kommerzielle Nachfrage nach Ethylblei in Deutschland sei zu gering, um interessant zu sein,

---

[502] Siehe das in Anhang D abgedruckteSchreiben des US-Kriegsministeriums.

> ... es wurde gesagt, dass Deutschland heimlich aufrüstet [und] dass Ethylblei zweifellos eine wertvolle Hilfe für Militärflugzeuge wäre.[503]

Die Firma Ethyl wurde daraufhin vom Heeresfliegerkorps informiert, dass "Sie oder der Vorstand der Firma Ethyl Gasoline unter keinen Umständen in Deutschland Geheimnisse oder "Know-how" in Bezug auf die Herstellung von Tetraethylblei preisgeben dürfen.[504]

Am 12. Januar 1935 schickte Webb dem Chef des Heeresfliegerkorps eine "Darstellung der Tatsachen", die in Wirklichkeit eine Leugnung jeglicher Weitergabe dieses technischen Wissens war; er schlug vor, eine solche Klausel in den Vertrag aufzunehmen, um sich gegen jegliche Weitergabe dieser Art abzusichern. Entgegen seiner Verpflichtung gegenüber dem Heeresfliegerkorps unterzeichnete Ethyl jedoch später eine Vereinbarung über eine gemeinsame Produktion mit I.G. Farben in Deutschland zur Gründung von Ethyl G.m.b.H. und mit Montecatini im faschistischen Italien zum gleichen Zweck.

Bemerkenswert sind die Direktoren der Ethyl Gasoline Corporation zum Zeitpunkt dieser Übertragung[505]: E.W. Webb, Präsident und Direktor; C.F. Kettering; R.P. Russell; W.C. Teagle, Standard Oil of New Jersey und Treuhänder der Georgia Warm Springs Foundation von FDR; F. A. Howard; E. M. Clark, Standard Oil of New Jersey; A. P. Sloan, Jr.; D. Brown; J. T. Smith; und W.S. Parish von Standard Oil of New Jersey.

Die bei Kriegsende beschlagnahmten I.G. Farben-Dateien bestätigen die Bedeutung dieses besonderen technischen Transfers für die deutsche Wehrmacht:

> *Seit Kriegsbeginn waren wir nur deshalb in der Lage, Bleitetraethyl herzustellen, weil die Amerikaner kurz vor Kriegsbeginn für uns produktionsbereite Fabriken errichtet und uns das gesamte Know-how zur Verfügung gestellt hatten. Auf diese Weise brauchten wir die schwierige Entwicklungsarbeit nicht zu leisten, denn wir konnten sofort mit der Produktion beginnen, basierend auf all den Erfahrungen, die die Amerikaner über Jahre hinweg gesammelt hatten.*[506]

1938, kurz vor dem Ausbruch des Krieges in Europa, benötigte die deutsche Luftwaffe dringend 500 Tonnen Tetraethylblei. Ein Verantwortlicher von DuPont informierte Deutschland, dass solche Mengen Ethyl für militärische Zwecke

---

[503] Kongress der Vereinigten Staaten. Senat. Anhörungen vor einem Unterausschuss des Ausschusses für militärische Angelegenheiten. *Wissenschaftliche und technische Mobilisierung*, (78. Kongress, 1. Sitzung, S. 702), Teil 16, (Washington: Government Printing Office, 1944), S. 939. Im Folgenden zitiert als "*Wissenschaftliche und technische Mobilisierung*".

[504] Ibid.

[505] Annuaire du pétrole et des produits pétroliers (Jahrbuch für Erdöl und Erdölprodukte), 1938, S. 89.

[506] *New York Times*, 19. Oktober 1945, S. 9.

verwendet werden würden.[507] Diese 500 Tonnen wurden von der Ethyl Export Corporation in New York an die deutsche Ethyl G.m.b.H. verliehen, und zwar im Rahmen einer Transaktion, die das Reichsluftfahrtministerium mit dem Direktor der I.G. Farben, Mueller-Cunradi, arrangiert hatte. Die Bürgschaft wurde in einem Brief vom 21. September 1938[508] über Brown Brothers, Harriman & Co. in New York arrangiert.

STANDARD OIL OF NEW JERSEY UND SYNTHETISCHER KAUTSCHUK

Der Transfer der Ethyltechnologie für die Kriegsmaschinerie der Nazis wurde im Fall des synthetischen Kautschuks wiederholt. Es besteht kein Zweifel daran, dass die Fähigkeit der deutschen Wehrmacht, den Zweiten Weltkrieg zu bekämpfen, von synthetischem Kautschuk - ebenso wie von synthetischem Öl - abhing, da Deutschland über keinen Naturkautschuk verfügte und der Krieg ohne die Produktion von synthetischem Kautschuk durch Farben unmöglich gewesen wäre. Farben hatte in diesem Bereich ein Quasi-Monopol und das Programm zur Herstellung der benötigten großen Mengen wurde vom Reich finanziert:

> *Das Volumen der geplanten Produktion in diesem Bereich überstieg bei weitem den Bedarf der Wirtschaft in Friedenszeiten. Die damit verbundenen enormen Kosten entsprachen lediglich militärischen Überlegungen, bei denen die Notwendigkeit der Selbstversorgung ohne Rücksicht auf die Kosten ausschlaggebend war.*[509]

Wie beim Technologietransfer von Ethyl war Standard Oil aus New Jersey eng mit dem Synthesekautschuk der I.G. Farben verbunden. In den späten 1920er Jahren wurde eine Reihe von gemeinsamen Kartellvereinbarungen getroffen, um ein gemeinsames Weltmonopol für synthetischen Kautschuk zu bilden. Hitlers Vierjahresplan trat 1937 in Kraft und 1938 lieferte Standard sein neues Butylkautschukverfahren an I.G. Farben. Andererseits hielt Standard das deutsche Buna-Verfahren in den USA geheim und erst im Juni 1940 durften Firestone und U.S. Rubber an den Butyl-Tests teilnehmen und erteilten die Lizenzen für die Herstellung von Buna. Selbst zu dieser Zeit versuchte der Standard, die US-Regierung dazu zu bringen, ein groß angelegtes Buna-Programm zu finanzieren - indem sie ihre eigenen Mittel für das vielversprechendere Butylverfahren zurückhielt.[510]

---

[507] George W. Stocking & Myron W. Watkins, *Cartels in Action, (*New York: The Twentieth Century Fund, 1946), S. 9.

[508] Für Originaldokumente siehe *NMT*, I.G. Farben case, Band VIII, S. 1189-94.

[509] *NMT*, Fall I.G. Farben, Band VIII, S. 1264-5.

[510] Mobilisierung von Wissenschaft und Technik, S. 543.

Folglich beschränkte sich die Standard-Hilfe in Nazi-Deutschland nicht auf Öl aus Kohle, obwohl dies der wichtigste Transfer war. Nicht nur wurde das Verfahren für Tetraethyl an I.G. Farben übertragen und eine in Deutschland gebaute Fabrik gehörte gemeinsam I.G., General Motors und den Standard-Tochtergesellschaften; 1939 entwarf die deutsche Tochtergesellschaft von Standard auch eine deutsche Fabrik für Fluggas. Tetraethyl wurde für die Wehrmacht eilig verschifft, und es wurde große Hilfe bei der Herstellung von Butylkautschuk geleistet, während das Farben-Verfahren für Buna in den USA geheim gehalten wurde. Mit anderen Worten: Standard Oil aus New Jersey (zunächst unter Präsident W.C. Teagle, dann unter W.S. Farish) half der Nazi-Kriegsmaschinerie ständig, während sie sich weigerte, den USA zu helfen.

Diese Abfolge von Ereignissen war kein Zufall. Der Vorsitzende W.S. Farish argumentierte, dass es ungerechtfertigt gewesen wäre, der Wehrmacht "... *keine* derartige technische Unterstützung zu gewähren.[511] Die Unterstützung war gut informiert, erstreckte sich über mehr als ein Jahrzehnt und war so wichtig, dass die Wehrmacht ohne sie 1939 nicht in den Krieg hätte eintreten können.

DIE DEUTSCH-AMERIKANISCHE ÖLGESELLSCHAFT (DAPAG)

Die Tochtergesellschaft von Standard Oil in Deutschland, die Deutsche-Amerikanische Petroleum A.G. (DAPAG), war zu 94% im Besitz von Standard Oil of New Jersey. DAPAG hatte Niederlassungen in ganz Deutschland, eine Raffinerie in Bremen und einen Hauptsitz in Hamburg. Über DAPAG war Standard Oil of New Jersey in den inneren Kreisen des Nationalsozialismus vertreten - dem Keppler-Kreis und dem Himmler-Freundeskreis. Einer der Direktoren der DAPAG war Karl Lindemann, der auch Präsident der Internationalen Handelskammer in Deutschland war, sowie Direktor mehrerer Banken, darunter die Dresdner Bank, die Deutsche Reichsbank und die NS-orientierte Privatbank von C. Melchior & Company, sowie zahlreicher Unternehmen, darunter die HAPAG (Hamburg-Amerika Line). Lindemann war bis 1944 Mitglied des Freundeskreises von Keppler und gab der Standard Oil in New Jersey damit einen Vertreter im Herzen des Nationalsozialismus. Ein weiteres Mitglied des Vorstands der DAPAG war Emil Helfrich, der eines der ersten Mitglieder des Keppler-Kreises war.

Zusammenfassend lässt sich sagen, dass Standard Oil in New Jersey zwei Mitglieder des Keppler-Kreises als Direktoren ihrer hundertprozentigen deutschen Tochtergesellschaft hatte. Die Zahlungen an den Kreis seitens der Standard Oil-Tochter und von Lindemann und Helffrich als Einzeldirektoren dauerten bis 1944, dem Jahr vor dem Ende des Zweiten Weltkriegs, an.[512]

---

[511] Robert Engler, *The Politics of Oil*, (New York: The MacMillan Company, 1961), S. 102.

[512] Siehe Kapitel neun für weitere Einzelheiten.

KAPITEL V

DAS I.T.T. HILFT BEIDEN KRIEGSPARTEIEN

Während also die Focke-Wolfe-Flugzeuge des I.T.T. alliierte Schiffe bombardierten und die I.T.T.-Leitungen Informationen an deutsche U-Boote weiterleiteten, retteten die I.T.T.-Peiler andere Schiffe vor Torpedos.
(Anthony Sampson, *The Sovereign State of I.T.T.*,
New York: Stein & Day, 1973, S. 40).

Der multinationale Gigant International Telephone and Telegraph (I.T.T.)[513] wurde 1920 von Sosthenes Behn, einem auf den Jungferninseln geborenen Unternehmer, gegründet. Zu Lebzeiten war Behn die Verkörperung eines politisierten Geschäftsmannes, der seine Gewinne verdiente und das I.T.T.-Imperium eher durch politische Manöver als durch den Wettbewerbsmarkt aufbaute. Dank seines politischen Geschicks erwarb Behn 1923 das spanische Telefonmonopol, die Compania Telefonica de España. 1924 kaufte I.T.T., nun unterstützt von der Firma J.P. Morgan, den späteren Konzern International Standard Electric, der Produktionsstätten auf der ganzen Welt umfasste.

Der Vorstand von I.T.T. spiegelte die Interessen von J.P. Morgan wider, mit den Morgan-Partnern Arthur M. Anderson und Russell Leffingwell. Die Anwaltskanzlei Davis, Polk, Wardwell, Gardiner & Reed wurde durch die beiden Juniorpartner, Gardiner & Reed, vertreten.

DIREKTOREN DES I.T.T. IM JAHR 1933:

Direktoren	Zugehörigkeit zu anderen Wall Street-Unternehmen
Arthur M. ANDERSON	Partner, J.P. MORGAN und New York Trust Company
Hernand BEHN	Bank of America
Sosthene BEHN	NATIONALBANK DER STADT
F. Wilder BELLAMY	Partner von Dominick & Dominicik
John W. CUTLER	GRACE NATIONAL BANK, Lee Higginson
George H. GARDINER	Partner von Davis, Polk, Wardwell, Gardiner & Reed
Allen G. HOYT	NATIONALBANK DER STADT
Russell C. LEFFINGWELL	J.P. MORGAN, Partner, und CARNEGIE CORP.

---

[513] Für einen ausgezeichneten Überblick über die weltweiten Aktivitäten der T.I.T. siehe Anthony Sampson, *The Sovereign State of I.T.T.*, (New York: Stein & Day, 1973).

Bradley W. PALMER Vorsitzender des Exekutivkomitees, FRUIT UNI
Lansing P. REED Partner von Davis, Polk Wardwell, Gardiner & Reed

Die National City Bank (NCB) der Morgan-Gruppe war durch zwei Direktoren vertreten, Sosthenes Behn und Allen G. Hoyt. Kurz gesagt, I.T.T. war ein von Morgan kontrolliertes Unternehmen; und wir haben bereits das Interesse der von Morgan kontrollierten Unternehmen an Krieg und Revolution im Ausland und an politischen Manövern in den USA festgestellt.[514]

1930 erwarb Behn die deutsche Holdinggesellschaft Standard Elekrizitäts A.G., die von I.T.T. kontrolliert wurde. (62% der stimmberechtigten Aktien), A.E.G. (81,1% der stimmberechtigten Aktien) und Felton & Guilleaume (6% der stimmberechtigten Aktien) kontrolliert wird. Bei dieser Transaktion erwarb Standard zwei deutsche Produktionsstätten und eine Mehrheitsbeteiligung an der Telefonfabrik Berliner A.G.I.T.T. belieferte auch die Standard-Tochtergesellschaften in Deutschland, Ferdinand Schuchardt Berliner Fernsprech- und Telegraphenwerk A,G., sowie Mix & Genest in Berlin und Suddeutsche Apparate Fabrik G,m.b.H. in Nürnberg.

Interessant ist nebenbei bemerkt, dass Sosthenes Behns I.T.T. zwar die Telefongesellschaften und Produktionsstätten in Deutschland kontrollierte, der Kabelverkehr zwischen den USA und Deutschland aber unter der Kontrolle der Deutsch-Atlantischen Telegraphengesellschaft (der deutschen Atlantic Cable Company) stand. Diese Gesellschaft hatte zusammen mit der Commercial Cable Company und der Western Union Telegraph Company das Monopol auf die transatlantische Kabelkommunikation zwischen den USA und Deutschland. W.A. Harriman & Company kaufte 1925 ein Paket von 625.000 Aktien der Deutsch-Atlantischen auf, und der Vorstand des Unternehmens umfasste eine ungewöhnliche Palette von Persönlichkeiten, von denen viele auch anderswo anzutreffen waren. Zu ihm gehörten zum Beispiel H. F. Albert, der deutsche Spionageagent in den USA während des Ersten Weltkriegs, von Berenberg-Gossler, der ehemalige Geschäftspartner von Franklin D. Roosevelt, und Dr. Cuno, ein ehemaliger deutscher Kanzler während der Inflationszeit 1923. Das I.T.T. in den USA war im Vorstand durch von Guilleaume und Max Warburg aus der Bankiersfamilie Warburg vertreten.

BARON KURT VON SCHRODER UND DAS I.T.T.

Es gibt keine Aufzeichnungen über direkte Zahlungen von I.T.T. an Hitler vor der Machtergreifung der Nazis im Jahr 1933. Stattdessen wurden in den späten 1930er Jahren und während des Zweiten Weltkriegs selbst zahlreiche Zahlungen an Heinrich Himmler über deutsche I.T.T.-Tochtergesellschaften getätigt. Das erste Treffen zwischen Hitler und den Verantwortlichen von I.T.T. - soweit wir wissen - wurde im August 1933 berichtet[515], als Sosthenes Behn und der deutsche

---

[514] Siehe auch Sutton, *Wall Street and the Bolschevic Revolution*, op. cit.

[515] *New York Times*, 4. August 1933.

I.T.T.-Vertreter Henry Manne Hitler in Berchtesgaden trafen. In der Folge nahm Behn Kontakt zum Keppler-Kreis auf (siehe Kapitel neun) und unter Kepplers Einfluss wurde der Nazi-Baron Kurt von Schröder zum Hüter der I.T.T.-Interessen in Deutschland. Schröder diente als Kanal für TTI-Gelder, die 1944 an Heinrich Himmlers SS-Organisation weitergeleitet wurden, während der Zweite Weltkrieg im Gange war und die USA gegen Deutschland Krieg führten.[516]

Über Kurt Schröder erhielten Behn und sein I.T.T. Zugang zur hochprofitablen deutschen Rüstungsindustrie und erwarben erhebliche Anteile an deutschen Rüstungsunternehmen, insbesondere an Focke-Wolfe-Flugzeugen. Diese Rüstungsgeschäfte brachten beträchtliche Gewinne ein, die in die amerikanische Muttergesellschaft hätten zurückgeführt werden können. Stattdessen wurden sie in die deutsche Aufrüstung reinvestiert. Diese Reinvestition der Gewinne in deutsche Rüstungsunternehmen unter dem Vorwand, die Wall Street sei unschuldig an den Untaten der deutschen Wiederbewaffnung - und habe nicht einmal Hitlers Absichten gekannt - sind betrügerisch. Genauer gesagt bedeutete der Kauf einer erheblichen Beteiligung an Focke-Wolfe durch I.T.T., wie Anthony Sampson betonte, dass I.T.T. deutsche Flugzeuge herstellte, die zur Tötung von Amerikanern und ihren Verbündeten eingesetzt wurden - und das Unternehmen erzielte hervorragende Gewinne.

Mit Kurt von Schröder hatte I.T.T. Zugang zum Herzen der nationalsozialistischen Machtelite. Wer war Schröder? Baron Kurt von Schröder wurde 1889 in Hamburg als Sohn einer alten, alteingesessenen deutschen Bankiersfamilie geboren. Ein ehemaliges Mitglied der Familie Schröder zog nach London, änderte seinen Namen in Schroder (ohne die Raute) und organisierte die Bankgesellschaft von J. Henry Schroder in London und die J. Henry Schroder Banking Corporation in New York. Kurt von Schröder wurde auch Partner der Kölner Privatbank J. H. Stein & Company, die Ende des 18Jahrhunderts gegründet worden war. Sowohl Schröder als auch Stein hatten zusammen mit französischen Finanziers die deutsche Separatistenbewegung von 1919 vorangetrieben, die versuchte, das reiche Rheinland von Deutschland und seinen Wirren zu trennen. Während dieser Eskapade trafen sich am 7. Januar 1919 führende rheinische Industrielle bei J. H. Stein und organisierten einige Monate später unter Steins Vorsitz ein Treffen, um die öffentliche Unterstützung für die Separatistenbewegung auszubauen. Die Aktion von 1919 scheiterte. Die Gruppe versuchte es 1923 erneut und war die Speerspitze einer anderen Bewegung, die darauf abzielte, das Rheinland von Deutschland zu trennen und unter den Schutz Frankreichs zu stellen. Auch dieser Versuch scheiterte. Kurt von Schröder schloss sich daraufhin Hitler und den frühen Nazis an, und wie in den rheinischen Separatistenbewegungen von 1919 und 1923 vertrat und arbeitete Schröder für die deutschen Industriellen und Rüstungshersteller.

Im Gegenzug für die von von Schröder organisierte finanzielle und industrielle Unterstützung erlangte er später auch politisches Prestige. Unmittelbar nach der Machtübernahme der Nazis 1933 wurde Schröder der deutsche Vertreter in der

---

[516] Siehe auch Kapitel neun für dokumentarische Beweise für diese I.T.T.-Zahlungen an die SS.

Bank für Internationalen Zahlungsausgleich, die Quigley als Spitze des internationalen Kontrollsystems bezeichnet, sowie der Leiter der Gruppe von Privatbankiers, die die deutsche Reichsbank berieten. Heinrich Himmler ernannte Schroder zum Senior S.S. Group Chief, und Himmler wiederum wurde ein prominentes Mitglied des Keppler's Circle. (Siehe Kapitel neun).

1938 wurde das Bankhaus Schroder in London zum deutschen Finanzagenten in Großbritannien, der bei Finanztreffen durch seinen Generaldirektor (und einen Direktor der Bank of England), F.C. Tiarks, vertreten wurde. Bis zum Zweiten Weltkrieg hatte Baron Schröder so eine beeindruckende Liste von politischen und Bankbeziehungen erworben, die einen breiten Einfluss widerspiegelte; dem amerikanischen Kilgore-Komitee wurde sogar berichtet, dass Schroder 1940 einflussreich genug war, um Pierre Laval in Frankreich an die Macht zu bringen. Laut der vom Kilgore-Komitee erstellten Liste stellten sich Schroders politische Akquisitionen in den frühen 1940er Jahren wie folgt dar:

Senior SS-Gruppenleiter.	Handelskonzern für Groß- und Außenhandel - Verantwortlich.
Eisernes Kreuz der ersten und zweiten Klasse.	Akademie für Deutsches Recht - Mitglied
Generalkonsul von Schweden.	Stadt Köln - Berater.
Internationale Handelskammer - Mitglied des Verwaltungsausschusses.	Universität zu Köln - Mitglied des Kuratoriums.
Reichspostrat - Mitglied des Beirats.	Kaiser-Wilhelm-Stiftung - Senatorin.
Versammlung der Deutschen Industrie und des Deutschen Handels - vorsitzendes Mitglied.	Beirat der Germano-Albaner.
Mitglied des Reichsrats für Wirtschaftsfragen.	Clearingstelle für Waren - Mitglied.
Deutsche Reichsbahn - Vorsitzender des Verwaltungsrats.	Arbeitsausschuss der Reichsgruppe Industrie und Handel - Stellvertretender Vorsitzender [517]

Schröders Bankbeziehungen waren ebenso beeindruckend, und seine Geschäftsbeziehungen (hier nicht erwähnt) nahmen zwei Seiten ein:

Bank für Internationalen Zahlungsausgleich - Mitglied der Geschäftsleitung.	Deutsche Verkehrs-Kredit-Bank, A.G., Berlin (kontrolliert von der Deutschen Reichsbank) - Vorsitzender des Verwaltungsrats.
J.H. Stein & Co, Köln - Teilhaber (die Bank Worms war französischer Korrespondent).	Deutsche Ueberseeische Bank (kontrolliert von der Deutschen Bank, Berlin) - Direktor [518]
Deutsche Reichsbank, Berlin. Berater des Vorstands.	Wirtschaftsgruppe Private Bankegewerbe - Leader.

Schroder war es, der nach 1933 Sosthenes Behn von der I.T.T. und die Interessen der I.T.T. in Nazi-Deutschland vertrat. Gerade weil Schroder diese hervorragenden politischen Beziehungen zu Hitler und dem NS-Staat hatte, berief ihn Behn in die Vorstände aller deutschen I.T.T.-Gesellschaften: Standard

---

[517] Eliminierung der deutschen Ressourcen, S. 871.

[518] Ibid.

Electrizitatswerke A.G. in Berlin, C. Lorenz A.G. in Berlin und Mix & Genest A.G.. (an der die Standard eine 94% Beteiligung hielt).

Mitte der 1930er Jahre wurde eine weitere Verbindung zwischen der Wall Street und Schroder hergestellt, dieses Mal von den Rockefellers. 1936 wurden das Übernahmegeschäft und das allgemeine Wertpapiergeschäft der J. Henry Schroder Banking Corporation in New York in einer neuen Investmentbanking-Firma zusammengefasst - Schroder, Rockefeller & Company, Inc. in der Wall Street 48. Carlton P. Fuller von der Schroder Banking Corporation wurde Vorsitzender und Avery Rockefeller, Sohn von Percy Rockefeller (Bruder von John D. Rockefeller), wurde stellvertretender Vorsitzender und Direktor des neuen Unternehmens. Zuvor war Avery Rockefeller hinter den Kulissen mit der J. Henry Schroder Banking Corporation verbunden gewesen; die neue Firma hat ihn geoutet.[519]

WESTRICK, TEXACO UND I.T.T.

I.T.T. hatte noch einen weiteren Zugang zu Nazi-Deutschland, und zwar über den deutschen Anwalt Gerhard Westrick. Westrick gehörte zu einer kleinen Gruppe von Deutschen, die während des Ersten Weltkriegs in den USA spioniert hatten. Zu dieser Gruppe gehörten nicht nur Kurt von Schröder und Westrick, sondern auch Franz von Papen - den wir zusammen mit James Paul Warburg von der Bank of Manhattan in Kapitel 10 kennenlernen werden - und Dr. Heinrich Albert. Albert, der während des Ersten Weltkriegs angeblich deutscher Handelsattaché in den USA war, war in Wirklichkeit für die Finanzierung von von Papens Spionageprogramm zuständig. Nach dem Ersten Weltkrieg gründeten Westrick und Albert die Anwaltskanzlei Albert & Westrick, die sich auf Reparaturkredite der Wall Street spezialisierte und davon stark profitierte. Die Kanzlei Albert & Westrick kümmerte sich um den deutschen Teil der Kredite der Bank J. Henry Schroder, während die Kanzlei von John Foster Dulles bei Sullivan and Cromwell in New York den amerikanischen Teil der Schroder-Kredite betreute.

Kurz vor dem Zweiten Weltkrieg begann sich die Spionageoperation Albert-Papen-Westrick in den USA zu wiederholen, doch diesmal waren die US-Behörden wachsamer. Westrick kam 1940 in die USA, angeblich als Handelsattaché, in Wirklichkeit aber als persönlicher Vertreter Ribbentrops. Der Besucherstrom für den einflussreichen Westrick von prominenten Direktoren amerikanischer Öl- und Industrieunternehmen lenkte die Aufmerksamkeit des FBI auf Westrick.

Zu dieser Zeit wurde Westrick zum Direktor aller Operationen von I. T.T. in Deutschland, um die Interessen von I. T.T. während der geplanten Verwicklung

---

[519] *New York Times*, 20. Juli 1936.

der USA in den europäischen Krieg zu schützen.[520] Neben anderen Unternehmungen versuchte Westrick, Henry Ford davon zu überzeugen, Großbritannien von der Versorgung abzuschneiden, und die bevorzugte Behandlung von Fords Interessen in Frankreich durch die Nazis legt nahe, dass es Westrick teilweise gelungen war, die US-Hilfe für Großbritannien zu neutralisieren.

Obwohl Westricks wichtigste Geschäftsbeziehung in den USA während des Krieges mit International Telephone and Telegraph bestand, vertrat er auch andere amerikanische Unternehmen, darunter Underwood Elliott Fisher, Eigentümer der deutschen Mercedes Buromaschinen A.G., Eastman Kodak, die eine Kodak-Tochtergesellschaft in Deutschland hatte, und die International Milk Corporation mit einer Niederlassung in Hamburg. Unter Westricks Verträgen (und dem, der die meiste Publicity erhielt) war ein Vertrag über die Lieferung von Öl von Texaco an die deutsche Marine, den er mit Torkild Rieber, dem Vorstandsvorsitzenden der Texaco-Gesellschaft, arrangiert hatte.

1940 besprach Rieber mit Hermann Göring einen Öldeal, und Westrick in den USA arbeitete für die Texas Oil Company. Sein Auto wurde mit Geldern von Texaco gekauft, und in Westricks Führerscheinantrag wurde Texaco als Geschäftsadresse angegeben. Diese Aktivitäten wurden am 12. August 1940 öffentlich bekannt gemacht. Rieber trat daraufhin bei Texaco zurück und Westrick kehrte nach Deutschland zurück. Zwei Jahre später war Rieber Präsident von South Carolina Shipbuilding and Dry Docks, beaufsichtigte den Bau von Schiffen der US-Marine im Wert von über 10 Millionen Dollar und war Treuhänder der Barber Asphalt Corporation und der Seaboard Oil Company in Ohio, die der Guggenheim-Familie gehörten.[521]

I. T.T. IN DEUTSCHLAND WÄHREND DES KRIEGES

1939 kontrollierte I.T.T. in den USA Standard Elektrizitats in Deutschland, und Standard Elektrizitats wiederum kontrollierte 94% von Mix & Genest. Im Vorstand von Standard Elektrizitats saßen Baron Kurt von Schröder, ein Nazi-Bankier im Herzen des Nationalsozialismus, und Emil Heinrich Meyer, ein Schwager von Staatssekretär Keppler (Gründer des Keppler-Kreises) und Direktor der deutschen General Electric. Schröder und Meyer waren auch Direktoren von

---

[520] Anthony Sampson berichtet von einem Treffen zwischen dem I.T.T.-Vizepräsidenten Kenneth Stockton und Westrick, bei dem die Erhaltung des I.T.T.-Eigentums geplant wurde. Siehe Anthony Sampson, a. a. O., S. 39.

[521] Die Berichte, wonach Rieber 20.000 Dollar von den Nazis erhalten haben soll, sind unbegründet. Diese Berichte waren Gegenstand einer Untersuchung des FBI, ohne dass Beweise vorgelegt wurden. Siehe US-Senat, Unterausschuss zur Untersuchung der Verwaltung des . Internal Security Act, Committee on the Judiciary, *Morgenthau Journal (Deutschland)*, Band I, 90Congress, 1Session, 20. November 1967, (Washington: U.S. Government Printing Office, 1967), S. 316-8. Zu Rieber siehe auch den *Anhang zum Protokoll des Kongresses*, 20. August 1942, S, A 1501-2, Bemerkungen des ehrenwerten John M. Coffee.

Mix & Genest und der anderen I.T.T.-Tochter, der C. Lorenz Company; beide I.T.T.-Tochtergesellschaften waren monetäre Beitragszahler zu Himmlers Freundeskreis - d.h. zur schwarzen Kasse der Nazi-SS. Bis 1944 zahlte Mix & Genest 5.000 RM an Himmler und 20.000 RM an Lorenz. Kurz gesagt: Während des Zweiten Weltkriegs leistete International Telephone and Telegraph Barzahlungen an den SS-Führer Heinrich Himmler. Diese Zahlungen ermöglichten es I.T.T., seine Investition in Focke-Wolfe zu schützen, ein Flugzeugbauunternehmen, das Jagdflugzeuge herstellte, die gegen die USA eingesetzt wurden.

Das Verhör von Kurt von Schröder am 19. November 1945 macht deutlich, dass die enge und profitable Beziehung zwischen I.T.T.-Oberst Sosthenes Behn, Westrick, Schröder und der Nazi-Kriegsmaschinerie während des Zweiten Weltkriegs vorsätzlich und wohlinformiert war:

> **Q.** Sie haben uns in Ihrer früheren Zeugenaussage eine Reihe von Unternehmen in Deutschland genannt, an denen die International Telephone and Telegraphy Company oder die Standard Electric Company beteiligt waren. Hatten die International Telephone and Telegraph Company oder die Standard Electric Company eine Beteiligung an anderen Unternehmen in Deutschland?
> **A.** Ja. Die Firma Lorenz beteiligte sich kurz vor dem Krieg mit etwa 25 Prozent an der Firma Focke-Wolfe A.G. in Bremen. Focke-Wolfe stellte Flugzeuge für das deutsche Luftwaffenministerium her. Ich denke, dass später, als Focke-Wolfe expandierte und mehr Kapital übernahm, die Beteiligung der Firma Lorenz etwas unter diese 25 Prozent fiel.
> **Q.** Diese Beteiligung der Firma Lorenz an Focke-Wolfe begann also, nachdem die Firma Lorenz über die Internationale Telefon- und Telegrafengesellschaft zu fast 100% im Besitz von Oberst Behn war und von ihm kontrolliert wurde?
> **A.** Ja
> **Q.** Hat Oberst Behen [sic] diese Investition der Firma Lorenz in Focke-Wolfe genehmigt?
> **A.** Ich bin überzeugt, dass Oberst Behn der Transaktion zugestimmt hat, bevor seine Vertreter, die in engem Kontakt mit ihm standen, sie offiziell genehmigten.
> **Q.** In welchem Jahr hat die Firma Lorenz die Investition getätigt, durch die sie diese 25%ige Beteiligung an Foeke-Wolfe erhalten hat?
> **A.** Ich erinnere mich, dass es kurz vor dem Ausbruch des Krieges war, d. h. kurz vor dem Einmarsch in Polen. [Ed: 1939].
> **Q** Würde Westrick alles über die Details der Beteiligungen der Firma Lorenz an Foeke-Wolfe, A.G. in Bremen, wissen?
> **A.** Ja. Besser als ich.
> **Q.** Wie hoch war die Investition der Firma Lorenz in die AG Focke-Wolfe aus Bremen, die ihr eine anfängliche Beteiligung von 25% einräumte?
> **A.** Ursprünglich 250.000.000 RM, und dieser Betrag wurde erheblich erhöht, aber ich kann mich nicht an den Umfang der zusätzlichen Investitionen erinnern, die die Firma Lorenz in dieser Focke-Wolfe A.G. in Bremen getätigt hat.
> **Q.** War Oberst Behn von 1933 bis zum Ausbruch des europäischen Krieges in der Lage, die Gewinne aus den Investitionen seiner Unternehmen in Deutschland an seine Unternehmen in den USA zu überweisen?
> **A.** Ja. Obwohl seine Unternehmen aufgrund der Schwierigkeit, Devisen zu beschaffen, etwas weniger als die gesamte Dividende hätten nehmen müssen, hätte der größte Teil der Gewinne an Oberst Behns Unternehmen in den USA überwiesen

werden können. Oberst Behn entschied sich jedoch nicht dafür und fragte mich zu keinem Zeitpunkt, ob ich das für ihn erledigen könnte. Stattdessen schien er vollkommen zufrieden damit zu sein, dass alle Gewinne der Firmen in Deutschland, die er und seine Interessen kontrollierten, in neue Gebäude und Maschinen und in jedes andere Rüstungsunternehmen reinvestiert wurden.

Eine andere dieser Firmen, Huth and Company, G.m.b.H., aus Berlin stellte Radio- und Radarteile her, von denen viele in der Ausrüstung für die deutschen Streitkräfte verwendet wurden. Die Firma Lorenz war, wenn ich mich recht erinnere, zu 50% an Huth and Company beteiligt. Die Firma Lorenz hatte auch eine kleine Tochtergesellschaft, die als Handelsagentur für die Firma Lorenz bei Privatkunden fungierte.

Q. Sie waren von etwa 1935 bis heute Mitglied des Vorstands der Firma Lorenz. Während dieser Zeit war die Firma Lorenz zusammen mit einigen anderen Unternehmen wie Foeke-Wolfe, mit der sie große Anteile hielt, in der Herstellung von Ausrüstungen für die Rüstung und Kriegsproduktion engagiert. Wussten oder hörten Sie von irgendwelchen Protesten von Oberst Behn oder seinen Vertretern gegen diese Unternehmen, die an diesen Aktivitäten zur Vorbereitung Deutschlands auf den Krieg beteiligt waren?

A. Nein

Q. Sind Sie sicher, dass Westrick, Mann [sic], Oberst Behn oder eine andere Person, die mit den Interessen der Compagnie internationale de téléphone et de télégraphie en Allemagne in Verbindung steht, Sie bei keiner anderen Gelegenheit gebeten hat, im Namen der Firma bei den deutschen Behörden zu intervenieren.

A. Ja. Ich kann mich an keinen Antrag auf Intervention in einer Angelegenheit erinnern, die für die Lorenz-Gesellschaft oder irgendein anderes internationales Interesse an Telefon und Telegrafie in Deutschland von Bedeutung war.

Ich habe das Protokoll dieser Vernehmung gelesen und schwöre, dass die Antworten, die ich auf die Frage der Herren Adams und Pajus gegeben habe, nach bestem Wissen und Gewissen richtig sind. s/Kurt von Schröder

Es ist diese Geschichte der Zusammenarbeit zwischen der T.I.T. und den Nazis während des Zweiten Weltkriegs und der Verbindung der T.I.T. mit dem Nazi Kurt von Schröder, die die T.I.T. verheimlichen wollte - und fast erfolgreich verheimlicht hat. James Stewart Martin berichtet, dass er bei den Planungssitzungen der Finanzabteilung der Kontrollkommission die Aufgabe hatte, mit Captain Norbert A. Bogdan zusammenzuarbeiten, der ohne Uniform Vizepräsident der J. Henry Schroder Banking Corporation in New York war. Martin berichtet: "Hauptmann Bogdan hatte sich energisch gegen die Ermittlungen gegen die Stein-Bank mit der Begründung gewehrt, dass es sich um "Kleinigkeiten" handele.[522] Kurz nachdem er dieses Manöver blockiert hatte, beantragten zwei ständige Mitarbeiter von Bogdan die Erlaubnis, gegen die Stein- Bank zu ermitteln - obwohl Köln noch nicht in die Hände der US-Streitkräfte gefallen war. Martin erinnert sich, dass "die Geheimdienstabteilung diese blockiert

---

[522] James Stewart Martin, a. a. O., S. 52.

hat", aber einige Informationen über die Stein-Schröder-I.T.T.-Bankoperation waren im Umlauf.

KAPITEL VI

HENRY FORD UND DIE NAZIS

Ich möchte betonen, wie wichtig es für hohe [Nazi-] Beamte ist, den Wunsch zu respektieren und den guten Willen von "Ford" aufrechtzuerhalten, und mit "Ford" meine ich Ihren Vater, Sie und die Ford Motor Company, Dearborn.
(Josiah E. Dubois, Jr., Generals in Grey Suits,
London: The Bodley Head, 1953, S. 250).

Henry Ford wird oft als ein Rätsel innerhalb der Wall Street-Elite angesehen. Viele Jahre lang, in den 20er und 30er Jahren, war Ford als Feind des Finanzestablishments bekannt. Ford beschuldigte Morgan und andere, Krieg und Revolution zur Erzielung riesiger Gewinne zu nutzen und ihren Einfluss in sozial-politischen Kreisen als Mittel zur persönlichen Bereicherung einzusetzen. 1938 hatte Henry Ford in seinen öffentlichen Erklärungen die Finanziers in zwei Klassen unterteilt: diejenigen, die vom Krieg profitierten und ihren Einfluss nutzten, um den Krieg zu provozieren, um große Gewinne zu erzielen, und die "konstruktiven" Finanziers. Zu letzterer Gruppe zählte er nun auch das Haus Morgan. In einem Interview[523] mit der *New York Times* im Jahr 1938 äußerte sich Ford in diesem Sinne:

> Jemand hat einmal gesagt, dass sechzig Familien die Geschicke der Nation lenken. Man könnte durchaus sagen, dass, wenn jemand die Scheinwerfer auf fünfundzwanzig Personen richten würde, die die Finanzen der Nation verwalten, die wahren Kriegstreiber der Welt in kühner Weise hervorgehoben würden.

Der Reporter der *Times* fragte Ford, wie er diese Einschätzung mit seiner langjährigen Kritik am Haus Morgan vergleiche, worauf Ford antwortete:

> Es gibt eine konstruktive Wall Street und eine zerstörerische Wall Street. Das Haus Morgan steht für die konstruktive Seite. Ich kenne Herrn Morgan seit vielen Jahren. Er unterstützte und förderte Thomas Edison, der auch mein guter Freund war ...

---

[523] 4. Juni 1938, 2:2.

Nachdem er die Übel der begrenzten landwirtschaftlichen Produktion - angeblich von der Wall Street verursacht - dargelegt hatte, fuhr Ford fort,

> ... Wenn diese Finanziers getan hätten, was sie wollten, würden wir uns jetzt im Krieg befinden. Sie wollen den Krieg, weil sie aus einem solchen Konflikt Geld machen - aus dem menschlichen Elend, das Kriege mit sich bringen.

Wenn wir andererseits diese öffentlichen Äußerungen untersuchen, stellen wir fest, dass Henry Ford und sein Sohn Edsel Ford an der Spitze der amerikanischen Geschäftsleute standen, die auf der Suche nach Profit versuchten, auf beiden Seiten jeder ideologischen Barriere präsent zu sein. Nach Fords eigenen Kriterien gehörten die Fords zu den "zerstörerischen" Elementen.

Es war Henry Ford, der in den 1930er Jahren die erste moderne Autofabrik der Sowjetunion (mit Sitz in Gorki) baute und in den 1950er und 1960er Jahren die Lastwagen herstellte, mit denen die Nordvietnamesen Waffen und Munition für den Einsatz gegen die Amerikaner transportierten[524] gleichen Zeit war Henry Ford auch Hitlers berühmtester ausländischer Geldgeber und wurde in den 1930er Jahren für diese nachhaltige Unterstützung mit der höchsten Nazi-Auszeichnung für Ausländer belohnt.

Diese Nazi-Gefälligkeit löste in den USA einen Sturm der Entrüstung aus und eskalierte schließlich zu einem diplomatischen Notenwechsel zwischen der deutschen Regierung und dem Außenministerium. Während Ford öffentlich beteuerte, dass er totalitäre Regierungen nicht möge, stellen wir in der Praxis fest, dass Ford im Zweiten Weltkrieg wissentlich auf beiden Seiten profitierte - von deutschen und französischen Fabriken, die Fahrzeuge für die Wehrmacht herstellten, und von amerikanischen Fabriken, die Fahrzeuge für die US-Armee bauten, zum größten Nutzen des Ford-Konzerns.

Henry Fords Unschuldsbeteuerungen legen nahe, wie wir in diesem Kapitel sehen werden, dass er es nicht guthieß, dass jüdische Finanziers vom Krieg profitierten (wie es einige taten), aber wenn der Antisemit Morgan[525] und Ford selbst, vom Krieg profitierten, war das akzeptabel, moralisch und "konstruktiv".

HENRY FORD: HITLERS ERSTER AUSLÄNDISCHER GELDGEBER

Am 20. Dezember 1922 berichtet[526] die *New York Times*, dass der Automobilhersteller Henry Ford die nationalistischen und antisemitischen Bewegungen Adolf Hitlers in München finanziert.

---

[524] Eine Liste dieser Gorki-Fahrzeuge und ihrer Modellnummern findet sich in Antony G. Sutton, *National Suicide: Military Aid to the Soviet Union*, (New York: Arlington House Publishers, 1973), Tabelle 7-2, S. 125.

[525] Das Haus Morgan war für seine antisemitischen Ansichten bekannt.

[526] Seite 2, Spalte 8.

Gleichzeitig forderte das Berliner *Tageblatt* den amerikanischen Botschafter in Berlin auf, die Einmischung Henry Fords in die inneren Angelegenheiten Deutschlands zu untersuchen und zu stoppen. Es wurde berichtet, dass Hitlers ausländische Geldgeber ein "geräumiges Hauptquartier" mit einer "Schar von Leutnants und hochbezahlten Beamten" zur Verfügung gestellt hatten. Das Porträt von Henry Ford hing prominent an den Wänden von Hitlers persönlichem Büro:

> *Die Wand hinter seinem Schreibtisch in Hitlers Privatbüro ist mit einem großen Foto von Henry Ford geschmückt. Im Vorzimmer steht ein großer Tisch, der mit Büchern bedeckt ist, von denen fast alle eine Übersetzung eines von Henry Ford geschriebenen und veröffentlichten Buches sind.*[527]

Im selben Bericht der *New York Times* wurde kommentiert, dass Hitler am Sonntag zuvor eine Revue abgehalten hatte,

> *Das Storming Battalion ..., 1000 junge Männer in brandneuen Uniformen und mit Revolvern und Schlagstöcken bewaffnet, während Hitler und seine Gefolgsleute in zwei mächtigen, brandneuen Autos unterwegs sind.*

Die *Times* unterscheidet klar zwischen den deutschen monarchistischen Parteien und Hitlers faschistischer antisemitischer Partei. Henry Ford, so wurde angemerkt, ignorierte die Hohenzollern-Monarchisten und investierte sein Geld in die revolutionäre Bewegung Hitlers.

Diese Ford-Gelder wurden von Hitler verwendet, um die bayerische Rebellion anzuzetteln. Die Rebellion scheiterte und Hitler wurde gefangen genommen und anschließend vor Gericht gestellt. Im Februar 1923 sagte der Vizepräsident des bayerischen Parlaments, Auer, während des Prozesses aus:

> *Dem bayerischen Landtag ist seit langem bekannt, dass die Hitler-Bewegung teilweise von einem amerikanischen Antisemitenführer finanziert wurde, bei dem es sich um Henry Ford handelt. Mr. Fords Interesse an der bayerischen antisemitischen Bewegung begann vor einem Jahr, als einer seiner Agenten, der Traktoren verkaufen wollte, mit Diedrich Eckhart, dem berühmten Alldeutschen, in Kontakt trat. Kurze Zeit später bat Herr Eckhart den Agenten von Herrn Ford um finanzielle Unterstützung. Der Agent kehrte nach Amerika zurück und sofort begann das Geld von Mr. Ford in München anzukommen.*
>
> *Herr Hitler prahlt offen mit der Unterstützung von Herrn Ford und lobt Herrn Ford als großen Individualisten und großen Antisemiten. Eine Fotografie von Mr. Ford hängt in Mr. Hitlers Büro, das das Zentrum der monarchistischen Bewegung ist.*[528]

---

[527] Ibid.

[528] Jonathan Leonard, *The Tragedy of Henry Ford*, (New York: G.P. Putnam's Sons, 1932), S. 208. Siehe auch die Dezimaldatei des US-Außenministeriums, Mikrokopie des Nationalarchivs M 336, Rolle 80, Dokument 862.00S/6, "Money sources of Hitler", ein Bericht der US-Botschaft in Berlin.

Hitler erhielt eine milde und bequeme Gefängnisstrafe für seine bayerischen revolutionären Aktivitäten. Seine restlichen Aktivitäten ermöglichten es ihm, "*Mein Kampf*" zu schreiben. Henry Fords Buch *The International Jew*, das zuvor von den Nazis verbreitet worden war, wurde von ihnen in ein Dutzend Sprachen übersetzt, und Hitler verwendete Abschnitte des Buches Wort für Wort beim Schreiben von *Mein Kampf*.[529]

Wir werden später sehen, dass Hitlers Unterstützung in den späten 1920er und frühen 1930er Jahren eher von den Kartellen der Chemie-, Stahl- und Elektroindustrie als direkt von einzelnen Industriellen kam. 1928 fusionierte Henry Ford seine deutschen Vermögenswerte mit denen des Chemiekartells I.G. Farben. Eine wichtige Beteiligung, 40% der Ford Motor A.G. in Deutschland, wurde an I.G. Farben übertragen; Carl Bosch von I.G. Farben wurde Chef der Ford A.G. Motor in Deutschland.

Gleichzeitig tritt Edsel Ford in den USA dem Vorstand der amerikanischen I.G. Farben bei. (Siehe Kapitel zwei).

HENRY FORD ERHÄLT EINE NAZI-AUSZEICHNUNG

Ein Jahrzehnt später, im August 1938 - nachdem Hitler mit Hilfe der Kartelle an die Macht gekommen war - erhielt Henry Ford das Großkreuz des Deutschen Adlers, eine Auszeichnung der Nazis, die für illustre Ausländer gedacht war. Die *New York Times* berichtete, dass es das erste Mal war, dass das Großkreuz in den USA verliehen wurde, und dass damit Henry Fords 75.[530]

Die Auszeichnung löste in zionistischen Kreisen in den USA einen Sturm der Kritik aus. Ford schreckte so weit zurück, dass er sich öffentlich mit dem Rabbiner Leo Franklin aus Detroit traf, um sein Mitgefühl für das Schicksal der deutschen Juden auszudrücken:

> *Meine Annahme einer Medaille des deutschen Volkes [sagt Ford] impliziert nicht, wie einige zu denken scheinen, dass ich mit dem Nationalsozialismus sympathisiere. Diejenigen, die mich seit vielen Jahren kennen, werden erkennen, dass mir alles, was Hass erzeugt, zuwider ist.*[531]

Die Frage der Nazi-Medaille wurde in einer Rede des Innenministers Harold Ickes in Cleveland aufgegriffen. Ickes kritisierte Henry Ford und Oberst Charles A. Lindbergh dafür, dass sie die Nazi-Medaillen angenommen hatten. Der kuriose Teil von Ickes' Rede, die er bei einem Bankett der Cleveland Zionist Society hielt,

---

[529] Siehe hierzu Keith Sward, *The Legend of Henry Ford*, (New York: Rinehart & Co, 1948), S. 139.

[530] *New York Times*, 1. August 1938.

[531] Ibid, 1. Dezember 1938, 12:2.

war seine Kritik an den "reichen Juden" und ihrem Erwerb und ihrer Verwendung von Reichtum:

> *Ein Fehler, den ein nichtjüdischer Millionär macht, fällt auf ihn allein zurück, aber ein Fehltritt, den ein reicher jüdischer Mann begeht, fällt auf seine ganze Rasse zurück. Das ist hart und ungerecht, aber es ist eine Tatsache, der man sich stellen muss.*[532]

Vielleicht bezog sich Ickes tangential auf die Rollen der Warburgs im I.G. Farben-Kartell: Die Warburgs saßen im Vorstand der I.G. Farben in den USA und in Deutschland. Im Jahr 1938 wurden die Warburgs von den Nazis aus Deutschland vertrieben. Andere deutsche Juden, wie die Bankiers Oppenheim, schlossen Frieden mit den Nazis und erhielten den "arischen Ehrenstatus".

---

[532] Ibid, 19. Dezember 1938, 5:3.

DIE FORD MOTOR COMPANY BETEILIGT SICH AN DEN DEUTSCHEN KRIEGSANSTRENGUNGEN

Ein Unterausschuss des Nachkriegskongresses, der die amerikanische Unterstützung für die militärischen Anstrengungen der Nazis untersuchte, beschrieb die Art und Weise, wie es den Nazis gelang, technische und finanzielle Hilfe aus den USA zu erhalten, als "ziemlich fantastisch".[533] Neben anderen Beweisen konnte der Ausschuss ein Memorandum einsehen, das am 25. November 1941 in den Büros der Ford-Werke A.G. vorbereitet worden war und von Dr. H. F. Albert an R. H. Schmidt, den damaligen Vorstandsvorsitzenden der Ford-Werke A.G., geschrieben worden war. Das Memorandum zitierte die Vorteile einer Mehrheit der deutschen Firma, die sich im Besitz der Ford Motor Company in Detroit befand. Die deutsche Ford hatte Ford-Teile gegen Gummi und wichtiges Kriegsmaterial eintauschen können, das 1938 und 1939 benötigt wurde, "und sie hätten das nicht tun können, wenn Ford nicht im Besitz der Vereinigten Staaten gewesen wäre". Außerdem wäre German Ford mit einer amerikanischen Mehrheitsbeteiligung "leichter in der Lage, einzugreifen und Fords Vermögen in ganz Europa zu beherrschen". Dem Ausschuss wurde sogar berichtet, dass zwei hochrangige deutsche Ford-Manager persönlich darüber gestritten hatten, wer Ford von England aus kontrollieren würde, und zwar so sehr, dass "einer von ihnen schließlich aufstand und angewidert den Raum verließ".

Laut den dem Ausschuss vorgelegten Beweisen wurde die Ford-Werke A.G. Ende der 1930er Jahre technisch in ein deutsches Unternehmen umgewandelt. Alle Fahrzeuge und ihre Teile wurden in Deutschland von deutschen Arbeitern unter Verwendung deutscher Materialien und unter deutscher Leitung hergestellt und in die europäischen und überseeischen Gebiete der USA und Großbritanniens exportiert.

Die benötigten ausländischen Rohstoffe, Gummi und Nichteisenmetalle, wurden über die amerikanische Firma Ford beschafft. Der amerikanische Einfluss war mehr oder weniger in eine *Hilfsstellung* für die deutschen Ford-Werke umgewandelt worden.

Zu Beginn des Krieges stellten sich die Ford-Werke der Wehrmacht für die Rüstungsproduktion zur Verfügung. Die Nazis glaubten, dass es, solange die Ford-Werke A.G. mehrheitlich amerikanisch war, möglich sein würde, die anderen europäischen Ford-Unternehmen unter deutschen Einfluss - also den der Ford-Werke A.G. - zu stellen. - und so die nationalsozialistische "Groß-Europa"-Politik in den Ford-Werken in Amsterdam, Antwerpen, Paris, Budapest, Bukarest und Kopenhagen umzusetzen:

> *Eine - wenn auch nur knappe - Mehrheit von Amerikanern ist für die Weitergabe der neuesten amerikanischen Modelle sowie der amerikanischen Produktions- und Verkaufsmethoden unerlässlich. Mit der Abschaffung der amerikanischen Mehrheit würde dieser Vorteil ebenso wie die Intervention der*

---

[533] Eliminierung der deutschen Ressourcen, S. 656.

> Ford Motor Company zur Beschaffung von Rohstoffen und Exporten verloren gehen, und die deutsche Fabrik wäre praktisch nur noch so viel wert wie ihre Maschinenkapazität.[534]

Und natürlich hatte diese Art von strikter Neutralität, die eher einen internationalen als einen nationalen Standpunkt einnimmt, zuvor für die Ford Motor Company in der Sowjetunion Früchte getragen, wo Ford als das Nonplusultra an technischer und wirtschaftlicher Effizienz galt, das von den Stachanowisten erreicht werden sollte.

Im Juli 1942 schickte die französische Firma Ford Informationen über Fords Aktivitäten im Rahmen der deutschen Kriegsanstrengungen in Europa nach Washington. Die belastenden Informationen wurden schnell vergraben und selbst heute kann nur ein Teil der bekannten Unterlagen nach Washington zurückverfolgt werden.

Wir wissen jedoch, dass der US-Generalkonsul in Algerien im Besitz eines Briefes von Maurice Dollfuss vom französischen Ford-Konzern - der behauptete, der erste Franzose zu sein, der nach dem Fall Frankreichs nach Berlin reiste - an Edsel Ford war, in dem es um einen Plan ging, nach dem Ford Motor zu den Kriegsanstrengungen der Nazis beitragen könnte. Der französische Ford war in der Lage, 20 Lastwagen pro Tag für die Wehrmacht zu produzieren, was [schrieb Dollfuss] besser ist als das,

> ... was unsere weniger glücklichen französischen Konkurrenten tun. Der Grund dafür ist, dass unsere Lastwagen bei den deutschen Behörden sehr gefragt sind, und ich glaube, solange der Krieg andauert und zumindest für eine gewisse Zeit, wird alles, was wir produzieren, von den deutschen Behörden .... genommen werden; ich möchte mich darauf beschränken, Ihnen zu sagen, dass ... die Haltung der strikten Neutralität, die Sie und Ihr Vater eingenommen haben, ein unschätzbarer Vorteil für die Produktion Ihrer Unternehmen in Europa gewesen ist.[535]

Dollfuss enthüllte, dass der Gewinn dieses deutschen Unternehmens bereits 1,6 Millionen Franken betrug und der Nettogewinn für 1941 nicht weniger als 58.000.000 Franken betrug - weil die Deutschen die Produktion von Ford schnell bezahlt hatten. Nach Erhalt dieser Nachricht verkabelte Edsel Ford:

> Es freut mich zu hören, dass Sie Fortschritte machen. Ihre Briefe sind sehr interessant. Sie sind sich der großen Behinderung, unter der Sie arbeiten, voll bewusst. Ich hoffe, dass es Ihnen und Ihrer Familie gut geht.
> Grüße.
>
> s/ Edsel Ford[536]

---

[534] Eliminierung der deutschen Ressourcen, S. 657-8.

[535] Josiah E. Dubois, Jr., *Generals in Grey Suits*, (London: The Bodley Head, 1958), S. 248.

[536] Ibid, S. 249.

Obwohl es Beweise dafür gibt, dass europäische Fabriken, die sich im Besitz von Wall Street-Interessen befanden, während des Zweiten Weltkriegs nicht von der US-Luftwaffe bombardiert wurden, erreichte diese Einschränkung offenbar nicht das britische Bomberkommando. Im März 1942 bombardierte die Royal Air Force die Ford-Fabrik in Poissy, Frankreich. Ein späterer Brief von Edsel Ford an den Generaldirektor von Ford, Sorenson, über diesen RAF-Angriff kommentierte: "Fotos der brennenden Fabrik wurden in amerikanischen Zeitungen veröffentlicht, aber glücklicherweise wurde kein Hinweis auf die Ford Motor Company gemacht."[537] Auf jeden Fall zahlte die Vichy-Regierung 38 Millionen Francs an die Ford Motor Company als Ausgleich für die Schäden am Werk in Poissy. Dies wurde in der amerikanischen Presse nicht berichtet und würde von den Amerikanern, die sich im Krieg gegen den Nationalsozialismus befanden, kaum geschätzt werden. Dubois behauptet, dass diese privaten Nachrichten von Ford in Europa von dem stellvertretenden Staatssekretär Breckenridge Long an Edsel Ford weitergeleitet wurden. Es war derselbe Sekretär Long, der ein Jahr später die privaten Nachrichten über das Außenministerium über die Vernichtung der Juden in Europa unterdrückte. Die Offenlegung dieser Nachrichten hätte genutzt werden können, um diesen verzweifelten Menschen zu helfen.

Ein 1943 verfasster Geheimdienstbericht über die Bombardierungen der US-Luftwaffe vermerkt dies,

> *Die wichtigsten Kriegsaktivitäten [der Ford-Fabrik] sind wahrscheinlich die Herstellung von leichten Lastwagen und Ersatzteilen für alle Ford-Lastwagen und -Pkw, die in Achseneuropa im Einsatz sind (einschließlich der erbeuteten russischen Molotows).*[538]

Die russischen Molotows wurden natürlich im Ford-Werk in Gorki, Russland, hergestellt. In Frankreich wurde während des Krieges die Produktion von PKWs vollständig durch Militärfahrzeuge ersetzt und zu diesem Zweck wurde das Werk in Poissy um drei zusätzliche große Gebäude erweitert. Das Hauptgebäude enthielt etwa 500 Werkzeugmaschinen, die alle aus den USA importiert wurden und viele komplexere Typen wie Gleason-Zahnradfräsen, Bullard-Automaten und Ingersoll-Bohrwerke umfassten.[539]

Ford dehnte seine Kriegsaktivitäten auch auf Nordafrika aus. Im Dezember 1941 wurde eine neue Ford-Gesellschaft, Ford-Afrique, in Frankreich registriert und erhielt alle Rechte der ehemaligen Ford Motor Company, Ltd. von England in Algerien, Tunesien, Französisch-Marokko, Französisch-Equatorialguinea und Französisch-Westafrika. Da Nordafrika für den britischen Ford nicht zugänglich war, wurde diese neue Ford-Gesellschaft - eingetragen im von Deutschland besetzten Frankreich - organisiert, um diese Lücke zu schließen. Die Direktoren waren Pronazis und umfassten Maurice Dollfuss (der Korrespondent von Edsel

---

[537] Ibid, S. 251.

[538] Ibid.

[539] U.S. Army Air Force, *Aiming point report No I.E.2*, 29. Mai 1943.

Ford) und Roger Messis (vom US-Generalkonsul in Algier beschrieben als "bekannt aus diesem Büro, gilt als skrupellos, wird als 100% pro-deutsch erklärt").[540]

Der US-Generalkonsul berichtete außerdem, dass Propaganda in Algier üblich sei über:

> ... die Zusammenarbeit des deutsch-französisch-amerikanischen Kapitals und die zweifelhafte Aufrichtigkeit der amerikanischen Kriegsanstrengungen, [er] zeigt bereits mit dem anklagenden Finger auf eine Transaktion, die in Handelskreisen schon lange diskutiert wurde.[541]

Kurz gesagt: Es gibt dokumentarische Beweise dafür, dass die Ford Motor Company während des Zweiten Weltkriegs auf beiden Seiten gearbeitet hat. Wenn die in Nürnberg verurteilten Nazi-Industriellen sich Verbrechen gegen die Menschlichkeit schuldig gemacht haben, muss das auch für ihre Kollegen aus der Ford-Familie, Henry und Edsel Ford, gelten. Fords Geschichte wurde jedoch von Washington verschwiegen - offenbar wie fast alles, was den Namen und den Lebensunterhalt der Finanzelite der Wall Street berühren konnte.

---

[540] Dezimalkartei des US-Außenministeriums, 800/610.1.

[541] Ibid.

KAPITEL VII

WER FINANZIERTE ADOLF HITLER?

Die Finanzierung Hitlers und der Nazibewegung ist bisher noch nicht gründlich und umfassend untersucht worden. Die einzige veröffentlichte Untersuchung von Hitlers persönlichen Finanzen ist ein Artikel von Oron James Hale, "Adolf Hitler: Taxpayer", [542] der von Adolfs Reibereien mit den deutschen Steuerbehörden berichtet, bevor er Reichskanzler wurde. In den 1920er Jahren stellte sich Hitler den deutschen Steuerbehörden als einfacher verarmter Schriftsteller vor, der von Bankkrediten lebte und ein auf Kredit gekauftes Auto besaß. Leider ist aus den von Hale verwendeten Originaldokumenten nicht ersichtlich, woher Hitlers Einkommen, Darlehen oder Kredit stammten, und das deutsche Gesetz "verlangte von Selbstständigen oder Freiberuflern nicht, dass sie die Quellen ihres Einkommens oder die Art der erbrachten Dienstleistungen im Einzelnen offenlegten".[543] Offensichtlich stammten die Gelder für seine Autos, das Gehalt seines Privatsekretärs Rudolf Hess, eines weiteren Assistenten, eines Fahrers und die Ausgaben, die durch die politische Tätigkeit entstanden, irgendwoher.

Doch ebenso wie Leo Trotzkis Aufenthalt in New York im Jahr 1917 ist es schwierig, Hitlers bekannte Ausgaben mit der genauen Quelle seiner Einkünfte in Einklang zu bringen.

EINIGE VON HITLERS FRÜHEN UNTERSTÜTZERN

Wir wissen, dass prominente europäische und amerikanische Industrielle zu dieser Zeit alle Arten von totalitären politischen Gruppen sponserten, darunter Kommunisten und verschiedene Nazigruppen. Das amerikanische Kilgore-Komitee berichtet darüber:

> Bereits 1919 leistete Krupp finanzielle Unterstützung für eine der reaktionären politischen Gruppen, die den Samen für die heutige Nazi-Ideologie gesät haben. Hugo Stinnes war einer der ersten, der einen Beitrag zur NSDAP (Nationalsozialistische Deutsche Arbeiter Partei) leistete. Im Jahr 1924 spendeten andere führende Industrielle und Finanziers, darunter Fritz Thyssen, Albert

---

[542] *The American Historical Review*, Band LC, NO. 4, Juli. 1955. p, 830.

[543] Ebenda, Fußnote (2).

> *Voegler, Adolf [sic] Kirdorf und Kurt von Schroder, heimlich große Summen an die Nationalsozialisten. 1931 verpflichteten sich die Mitglieder der von Kirdorf geleiteten Vereinigung der Kohlebesitzer, 50 Pfennig für jede verkaufte Tonne Kohle zu zahlen, wobei das Geld an die Organisation gehen sollte, die Hitler gerade aufbaute.[544]*

Bei Hitlers Prozess in München 1924 wurde nachgewiesen, dass die Nazipartei 20.000 Dollar von den Nürnberger Industriellen erhalten hatte. Der interessanteste Name aus dieser Zeit war Emil Kirdorf, der zuvor als Mittelsmann für die Finanzierung der deutschen Beteiligung an der bolschewistischen Revolution fungiert hatte.[545] Kirdorfs Rolle bei der Finanzierung Hitlers war, wie er selbst sagte:

> *1923 kam ich zum ersten Mal mit der nationalsozialistischen Bewegung in Berührung; ich hörte den Führer zum ersten Mal in der Ausstellungshalle in Essen. Seine klaren Ausführungen überzeugten mich vollkommen und überwältigten mich. Im Jahr 1927 traf ich den Führer zum ersten Mal persönlich. Ich reiste nach München und führte im Haus der Familie Bruckmann ein Gespräch mit dem Führer. Viereinhalb Stunden lang erklärte mir Adolf Hitler ausführlich sein Programm. Anschließend flehte ich den Führer an, seine Ausführungen, die er mir gegeben hatte, in Form einer Broschüre zusammenzustellen. Anschließend verteilte ich diese Broschüre in meinem Namen in Handels- und Industriekreisen.*
>
> *Seitdem habe ich mich seiner Bewegung voll und ganz zur Verfügung gestellt. Kurz nach unserem Gespräch in München und nach dem Pamphlet, das der Führer verfasst und das ich verteilt hatte, fanden eine Reihe von Treffen zwischen dem Führer und führenden Persönlichkeiten aus der Industrie statt. Zum letzten Mal vor der Machtergreifung trafen sich die Unternehmer mit Adolf Hitler, Rudolf Hess, Hermann Göring und anderen führenden Persönlichkeiten der Partei bei mir zu Hause.[546]*

Im Jahr 1925 leistete die Familie Hugo Stinnes einen finanziellen Beitrag zur Umwandlung der Nazi-Wochenzeitung *Volkischer Beobachter* in eine Tageszeitung. Putzi Hanfstaengl, ein Freund und Schützling von Franklin D. Roosevelt, stellte die restlichen Mittel zur Verfügung. Tabelle 7-1 (siehe unten) fasst die derzeit bekannten finanziellen Beiträge und die Berufsverbände der Beitragszahler aus den USA zusammen. Putzi ist in Tabelle 7-1 nicht aufgeführt, da er weder Industrieller noch Finanzier war.

In den frühen 1930er Jahren begann die finanzielle Unterstützung für Hitler leichter zu fließen. Es gab in Deutschland eine Reihe von Treffen, die in mehreren

---

[544] *Elimination of German Resources*, S. 648. Der Albert Voegler, der in der Liste der frühen Hitler-Unterstützer des Kilgore-Komitees erwähnt wird, war der deutsche Vertreter in der Kommission für den Dawes-Plan. Owen Young von General Electric (siehe Kapitel drei) war ein amerikanischer Vertreter für den Dawes-Plan und formulierte dessen Nachfolger, den Young-Plan.

[545] Antony C. Sutton, *Wall Street and the Bolschevic Revolution*, op. cit.

[546] *Preußische Zettung*, 3. Januar 1937.

Quellen unwiderlegbar dokumentiert sind, zwischen deutschen Industriellen, Hitler selbst und häufiger Hitlers Vertretern Hjalmar Schacht und Rudolf Hess. Der kritische Punkt ist, dass die deutschen Industriellen, die Hitler finanzierten, hauptsächlich Direktoren von Kartellen mit amerikanischen Verbänden, Eigentum, Beteiligung oder einer Form von subsidiärer Verbindung waren. Hitlers Geldgeber waren im Großen und Ganzen keine Unternehmen rein deutscher Herkunft oder Vertreter deutscher Familienunternehmen. Mit Ausnahme von Thyssen und Kirdoff handelte es sich in den meisten Fällen um deutsche multinationale Konzerne - d. h. I.G. Farben, A.E.G., DAPAG etc. Diese multinationalen Konzerne waren mithilfe amerikanischer Kredite in den 1920er Jahren gegründet worden und wurden Anfang der 1930er Jahre von Amerikanern geleitet und verfügten über eine starke amerikanische Finanzbeteiligung.

Ein hier nicht berücksichtigter Strom ausländischer politischer Gelder ist der, der von der in Europa ansässigen Royal Dutch Shell gemeldet wurde, dem großen Konkurrenten von Standard Oil in den 20er und 30er Jahren und der gigantischen Erfindung des anglo-niederländischen Geschäftsmannes Sir Henri Deterding. Es wurde vielfach behauptet, dass Henri Deterding Hitler persönlich finanziert habe. Dieses Argument wird beispielsweise von dem Biografen Glyn Roberts in *Der mächtigste Mann der Welt* vorgebracht. Roberts stellt fest, dass Deterding bereits 1921 von Hitler beeindruckt war:

> ... und die niederländische Presse berichtete, dass er [Deterding] über den Agenten Georg Bell Hitler, als die Partei "noch im Entstehen" war, nicht weniger als vier Millionen Gulden zur Verfügung gestellt hatte.[547]

Es wurde berichtet (von Roberts), dass Deterdings Agent Georg Bell 1931 "als gemeinsamer Delegierter von Hitler und Deterding" an Treffen ukrainischer Patrioten in Paris teilnahm.[548] Roberts berichtet außerdem:

> Deterding wurde, wie Edgar Ansell Mowrer in seinem Buch "Deutschland stellt die Uhren neu" bezeugt, beschuldigt, den Nazis eine große Geldsumme übergeben zu haben, in der Annahme, dass der Erfolg ihm eine günstigere Position auf dem deutschen Ölmarkt verschaffen würde. Bei anderen Gelegenheiten wurden Zahlen von bis zu 55.000.000 Pfund genannt.[549]

Der Biograf Roberts fand Deterdings starken Antibolschewismus wirklich geschmacklos, und anstatt solide Finanzierungsbelege vorzulegen, neigt er dazu, eher zu vermuten als zu beweisen, dass Deterding pro-Hitler war. Aber pro-Hitler ist keine notwendige Folge des Antibolschewismus; Roberts bietet jedenfalls

---

[547] Glyn Roberts, *The Most Powerful Man in the World*, (New York: Covicl, Friede, 1938), S. 305.

[548] Ibid, S. 313.

[549] Ibid, S. 322.

keine Finanzierungsbelege an, und dieser Autor fand keine stichhaltigen Beweise für Deterdings Beteiligung.

Mowrers Buch enthält weder einen Index noch Fußnoten bezüglich der Quelle seiner Informationen, und Roberts hat keine spezifischen Beweise für seine Anschuldigungen. Es gibt indirekte Beweise dafür, dass Deterding ein Pronazi war. Er zog später in Hitlers Deutschland und erhöhte seinen Anteil am deutschen Ölmarkt. Es könnte also Beiträge gegeben haben, die jedoch nicht bewiesen wurden.

In ähnlicher Weise beschuldigte in Frankreich (am 11. Januar 1932) Paul Faure, Mitglied der Abgeordnetenkammer, das französische Industrieunternehmen Schneider-Creuzot, Hitler zu finanzieren - und verwickelte beiläufig die Wall Street in andere Finanzierungskreisläufe.[550]

Die Schneider-Gruppe ist eine berühmte Firma französischer Rüstungshersteller. Nachdem er an Schneiders Einfluss bei der Etablierung des Faschismus in Ungarn und seine umfangreichen internationalen Rüstungsgeschäfte erinnert hat, kommt Paul Fauré auf Hitler zu sprechen und zitiert die französische Tageszeitung *Le Journal, in der es* heißt, "dass Hitler 300.000 Schweizer Goldfranken" aus Zeichnungen erhalten habe, die in Holland im Namen eines Universitätsprofessors namens von Bissing eröffnet worden waren. Paul Fauré erklärt, dass die Skoda-Fabrik in Pilsen von der französischen Familie Schneider kontrolliert wurde und dass es die Skoda-Direktoren von Duschnitz und von Arthaber waren, die die Zeichnungen an Hitler vorgenommen hatten. Fauré kommt zu dem Schluss:

> ... Ich bin beunruhigt, dass die Direktoren von Skoda, die von Schneider kontrolliert werden, den Wahlkampf von Herrn Hitler subventionieren; ich bin beunruhigt, dass Ihre Unternehmen, Ihre Finanziers, Ihre Industriekartelle sich mit dem nationalistischsten aller Deutschen vereinen ...

Auch hier wurden keine konkreten Beweise für diesen angeblichen Fluss von Hitler-Geldern gefunden.

FRITZ THYSSEN UND DIE W.A. HARRIMAN COMPANY AUS NEW YORK

Ein weiterer schwer fassbarer Fall von Hitlers Finanzierung ist der des deutschen Stahlmagnaten Fritz Thyssen, der sich in den frühen 1920er Jahren mit der Nazibewegung verband.[551] Als Thyssen 1945 im Rahmen des Dustbin-Projekts befragt wurde, erinnerte er sich daran, dass er 1923 während der

---

[550] Siehe *Chambre des Députés - Débats,* 11. Februar 1932, S. 496-500.

[551] Kontrollrat der amerikanischen Gruppe (Deutschland0 Büro des Direktorsfür Nachrichtenwesen, Agentur für Feldinformationen, Technik). Nachrichtendienstlicher Bericht Nr. EF/ME/1,4. September 1945. "Examination of Dr. Fritz Thyssen", S, 13, im Folgenden zitiert als "Examination of Dr. Fritz Thyssen".

französischen Evakuierung des Ruhrgebiets von General Ludendorff angesprochen worden war. Kurz nach diesem Treffen wurde Thyssen Hitler vorgestellt und versorgte die Nazis über General Ludendorff mit Geld. 1930-1931 trat Emil Kirdorf an Thyssen heran und schickte anschließend Rudolf Hess, um eine neue Finanzierung für die Nazipartei auszuhandeln. Diesmal arrangierte Thyssen einen Kredit von 250.000 Reichsmark an die Bank Voor Handel en Scheepvaart N.V. mit Sitz in 18 Zuidblaak in Rotterdam, Holland, die 1918 mit H.J. Kouwenhoven und D.C. Schutte als geschäftsführende Gesellschafter gegründet worden war.[552] Diese Bank war eine Tochtergesellschaft der August Thyssen Bank of Germany (vormals von der Heydt's Bank A.G.). Sie war Thyssens persönliche Bank und mit den finanziellen Interessen von W. A. Harriman in New York verbunden. Thyssen berichtete seinen Vernehmern des Projekts Dustbin, dass:

> *Ich wählte eine niederländische Bank, weil ich in meiner Position nicht mit deutschen Banken verwechselt werden wollte, und weil ich dachte, dass es besser sei, mit einer niederländischen Bank Geschäfte zu machen, und ich dachte, dass ich die Nazis ein bisschen mehr in der Hand hätte.*[553]

Thyssens Buch *I Paid Hitler, das* 1941 veröffentlicht wurde, soll von Fritz Thyssen selbst verfasst worden sein, obwohl Thyssen die Urheberschaft bestreitet. In dem Buch wird behauptet, dass die Gelder für Hitler - etwa eine Million Reichsmark - hauptsächlich von Thyssen selbst stammten. *I Paid Hitler* stellt weitere unbegründete Behauptungen auf, z. B. dass Hitler in Wirklichkeit von einem unehelichen Kind der Familie Rothschild abstammte. Hitlers Großmutter, Frau Schickelgruber, soll ein Dienstmädchen der Familie Rothschild gewesen und schwanger geworden sein:

> *... eine vom verstorbenen österreichischen Bundeskanzler Engelbert Dollfuss angeordnete Untersuchung führte zu interessanten Ergebnissen, da die Akten des Polizeidienstes des österreichisch-ungarischen Monarchen bemerkenswert vollständig waren.*[554]

Diese Behauptung über Hitlers Illegitimität wird in einem fundierteren Buch von Eugene Davidson vollständig widerlegt, in dem die Familie Frankenberger und nicht die Familie Rothschild involviert ist.

Auf jeden Fall, und das ist aus unserer Sicht relevanter, hat die Fassadenbank August Thyssen in den Niederlanden - d. h. die Bank voor Handel en Scheepvaart N.V. - kontrollierte die Union Banking Corporation in New York. Die Harrimans hatten finanzielle Interessen an dieser Union Banking Corporation, von der E. Roland Harriman (der Bruder von Averell) einer der Direktoren war. Die Union

---

[552] Die Bank war in Deutschland unter dem Namen Bank *für Handel und Schiff* bekannt.

[553] Prüfung von Dr. Fritz Thyssen.

[554] Fritz Thyssen, *I Paid Hitler,* (New York: Farrar & Rinehart, Inc., 1941). S. 159.

Banking Corporation in New York war eine gemeinsame Transaktion von Thyssen und Harriman mit den folgenden Direktoren im Jahr 1932[555]:

E. Roland HARRIMAN	Vizepräsident von W. A. Harriman & Co, New York
H.J. KOUWENHOVEN	Nazi-Banker, geschäftsführender Teilhaber der August Thyssen Bank und der Bank voor Handel Scheepvaart N.V. (Thyssens Bank für Geldtransfer)
J. G. GROENINGEN	Vereinigte Stahlwerke (das Stahlkartell, das auch Hitler finanzierte)
C. LIEVENSE	Vorsitzender, Union Banking Corp, New York City
E. S. JAMES	Partner Brown Brothers, später Brown Brothers, Harriman & Co.

Als Averell Harriman 1929 diese russischen Geschäfte abwickelte, erhielt er einen unerwarteten Gewinn von einer Million Dollar von den Sowjets, die dafür bekannt waren, hartherzig zu sein und nichts ohne Gegenleistung zu geben. Neben diesen Erfolgen im internationalen Finanzwesen zog es Averell Harriman immer wieder in den sogenannten "öffentlichen" Dienst. 1913 begann Harrimans "öffentlicher" Dienst mit einer Berufung in die Palisades Park Commission. 1933 wurde Harriman zum Vorsitzenden des New York State Employment Committee ernannt, und 1934 wurde er Treuhänder von Roosevelts NRA - einer Mussolini-Kreation von Gerard Swope von General Electric.[556] Es folgte eine Flut von "öffentlichen" Posten, zunächst im Rahmen des Darlehens-Bail-Programms, dann als Botschafter in der Sowjetunion und schließlich als Handelsminister.

---

[555] Aus *Bankers Directory*, 1932 Ausgabe, S, 2557 und Poors, *Directory of Directors*. J.L. Guinter und Knight Woolley waren ebenfalls Direktoren.

[556] Siehe Antony C. Sutton, *Wall Street und FDR*. Kapitel 9, "Der Swope-Plan", a. a. O.

TABELLE 7-1: FINANZIELLE VERBINDUNGEN ZWISCHEN US-AMERIKANISCHEN INDUSTRIELLEN UND ADOLF HITLER

Datum	Amerikanische Banker und Industriellen	Verbundenes Unternehmen in den USA	Deutsche Quelle		Vermittler für Fonds/Agent
1923	Henry FORD	FORD MOTOR COMPANY	–		–
1931	E.R. HARRIMAN	UNION BANKING CORP	Fritz THYSSEN	250.000 RM	Bank voor Handel en Scheepvaart N.V. (Tochterunternehmen der August Thyssen Bank)
1932		Flick (ein AEG-Direktor)	Friedrich FLICK	150.000 RM	Direkt zur NSDAP
1932		KEINE	Emil KIRDORF	600.000 RM	"Nationale Treuhand" a/c an die Delbrück Schickler Bank
Februar-März 1933	Edsel B. FORD C.E. MITCHELL	AMERICAN I.G.	I.G. FARBEN	400.000 RM	"Nationale Treuhand
Februar-März 1933	Walter TEAGLE Paul M. WARBURG	KEINE	Reichsverband der Automobilindustrie	100.000 RM	"Nationale Treuhand
Februar-März 1933	Gérard SWOPE Owen D. YOUNG C.H. MINOR	INTERNATIONAL GENERAL ELECTRIC	A.E.G.	60.000 RM	"Nationale Treuhand
Februar-März 1933	E. Arthur BALDWIN	KEINE	DEMAG	50.000 RM	
Februar-März 1933	Owen D. YOUNG	INTERNATIONAL GENERAL ELECTRIC	OSRAM G.m.b.H.	40.000 RM	"Nationale Treuhand

Datum	Person	Firma	Betrag	Empfänger
Februar-März 1933	Sosthene BEHN	I.T.T.	35.000 RM	"Nationale Treuhand
Februar-März 1933		KEINE	300.000 RM	"Nationale Treuhand
Februar-März 1933		KEINE	200.000 RM	"Nationale Treuhand
Februar-März 1933		KEINE	50.000 RM	"Nationale Treuhand
Februar-März 1933		KEINE	36.000 RM	"Nationale Treuhand
Februar-März 1933	Edsel B. FORD	Ford Motor Co.		
1932-1944	Walter TEAGLE J.A. MOFFETT W.S. FARISH	Standard Oil aus N.J.		Heinrich Himmler SS über den Keppler-Kreis
1932-1944	Sosthene BEHN	I.T.T.		Heinrich Himmler SS über den Keppler-Kreis

Person (Firma)
Telefunken
Karl Herman
A. Steinke (Direktor von BYBUAG)
Karl Lange (Maschinenindustrie)
F. Springorum (Hoesch A.G.)
Carl BOSCH (I.G. Farben & Ford Motor A.G.)
Emil HELFFRICH (German-American Petroleum Co)
Kurt von SCHRÖDER Mix & Genest Lorenz

E. Roland Harriman hingegen beschränkte seine Aktivitäten auf private Geschäfte im Bereich der internationalen Finanzwirtschaft, ohne sich, wie sein Bruder Averell, in den "öffentlichen" Dienst zu wagen. Im Jahr 1922 gründeten Roland und Averell die Firma W. A. Harriman & Company. Noch später wurde Roland Vorstandsvorsitzender der Union Pacific Railroad und Kurator des Magazins *Newsweek*, der Mutual Life Insurance Company of New York, Mitglied des Gouverneursrats des Amerikanischen Roten Kreuzes und Mitglied des American Museum of Natural History.

Der Nazi-Finanzier Hendrik Jozef Kouwenhoven, Co-Direktor von Roland Harriman bei der Union Banking Corporation in New York, war Generaldirektor der Bank voor Handel en Scheepvaart N.V. (BHS) in Rotterdam. Im Jahr 1940 hielt die BHS rund 2,2 Millionen US-Dollar an Vermögenswerten bei der Union Banking Corporation, die wiederum den Großteil ihrer Geschäfte mit der BHS abwickelte.[557] In den 1930er Jahren war Kouwenhoven auch Direktor der Vereinigten Stahlwerke A.G., des Stahlkartells, das Mitte der 1920er Jahre mit Geldern der Wall Street gegründet worden war. Wie Baron Schroder war er ein prominenter Unterstützer Hitlers.

Ein weiterer Direktor der New York Union Banking Corporation war Johann Groeninger, ein deutscher Staatsbürger mit zahlreichen industriellen und finanziellen Verbindungen zu den Vereinigten Stahlwerken, der August Thyssen Gruppe und einer Position als Direktor der August Thyssen Hutte A.G..[558]

Diese Zugehörigkeit und das gegenseitige Geschäftsinteresse zwischen Harriman und den Thyssen-Interessen deuten nicht darauf hin, dass die Harrimans Hitler direkt finanziert haben. Stattdessen zeigt es, dass die Harrimans eng mit den Nazis Kouwenhoven und Groeninger sowie mit einer Nazi-Frontbank, der Bank voor Handel en Scheepvaart, verbunden waren. Es gibt Grund zu der Annahme, dass die Harrimans von Thyssens Unterstützung für die Nazis wussten. Im Fall der Harrimans ist es wichtig, ihre enge und dauerhafte Beziehung zur Sowjetunion und die Position der Harrimans im Zentrum von Roosevelts New Deal und der Demokratischen Partei im Auge zu behalten. Die Beweise legen nahe, dass einige Mitglieder der Wall Street-Elite mit allen wichtigen politischen Gruppierungen im zeitgenössischen globalen sozialistischen Spektrum - dem sowjetischen Sozialismus, Hitlers Nationalsozialismus und Roosevelts sozialistischem New Deal - verbunden sind und sicherlich Einfluss auf sie haben.

HITLERS FINANZIERUNG BEI DEN ALLGEMEINEN WAHLEN IM MÄRZ 1933

Wenn wir die Fälle Georg Bell-Deterding und Thyssen-Harriman beiseite lassen, betrachten wir nun den Kern von Hitlers Unterstützung. Im Mai 1932 fand das sogenannte "Kaiserhof"-Treffen zwischen Schmitz von I.G. Farben, Max

---

[557] Siehe Eliminierung der deutschen Ressourcen, S. 728-30.

[558] Zu weiteren Verbindungen zwischen der Union Banking Corp. und deutschen Unternehmen siehe Ebenda, S. 728-30.

Ilgner von der amerikanischen I.G. Farben, Kiep von der Hamburg-Amerika-Linie und Diem vom Deutschen Kali-Trust statt. Bei diesem Treffen wurden über 500.000 Mark aufgebracht und auf das Guthaben von Rudolf Hess bei der Deutschen Bank eingezahlt. Interessant ist im Lichte des in Kapitel 10 beschriebenen "Warburg-Mythos", dass Max Ilgner von der amerikanischen I.G. Farben 100.000 RM beisteuerte, was einem Fünftel der Gesamtsumme entsprach. Das Buch von "Sidney Warburg" beansprucht die Beteiligung Warburgs an der Finanzierung Hitlers, und Paul Warburg war ein Direktor der amerikanischen I.G. Farben,[559] während Max Warburg ein Direktor der I.G. Farben war.

Es gibt unwiderlegbare dokumentarische Beweise für eine weitere Rolle der internationalen Bankiers und Industriellen bei der Finanzierung der Nazipartei und der *Volkspartei* für die deutschen Wahlen im März 1933. Insgesamt wurden drei Millionen Reichsmark von führenden Unternehmen und Geschäftsleuten gezeichnet, angemessen über ein Konto bei der Delbruck Schickler Bank "gewaschen" und dann in die Hände von Rudolf Hess zur Verwendung durch Hitler und die NSDAP übergeben. Auf diesen Geldtransfer folgten der Brand des Reichstags, die Aufhebung der verfassungsmäßigen Rechte und die Festigung der Naziherrschaft. Der Zugang der Brandstifter zum Reichstag erfolgte durch einen Tunnel von einem Haus aus, in dem Putzi Hanfstaengl wohnte; der Reichstagsbrand selbst wurde von Hitler als Vorwand für die Abschaffung der verfassungsmäßigen Rechte benutzt. Kurz gesagt, wenige Wochen nach Hitlers Großfinanzierung folgte eine Reihe wichtiger Ereignisse aufeinander: die finanziellen Beiträge führender Bankiers und Industrieller zu den Wahlen von 1933, der Reichstagsbrand, die Aufhebung der verfassungsmäßigen Rechte und die anschließende Machtübernahme durch die Nazipartei.

Das Spendensammeltreffen fand am 20. Februar 1933 im Haus von Göring statt, der damals Reichstagspräsident war, mit Hjalmar Horace Greeley Schacht als Gastgeber. Zu den Anwesenden gehörten laut von Schnitzler von der I.G. Farben:

> *Krupp von Bohlen, der Anfang 1933 Präsident des Reichsverbands der Deutschen Industrie Reich Association of German Industry war; Dr. Albert Voegler, der Leiter der Vereinigten Stahlwerke; von Loewenfeld; Dr. Stein, Leiter der Gewerkschaft Auguste-Victoria, einer Zeche, die der IG gehörte.*[560]

Hitler legte den versammelten Geschäftsleuten in einer langen, zweieinhalbstündigen Rede seine politischen Ansichten dar, wobei er die Bedrohung durch den Kommunismus und eine kommunistische Machtübernahme gezielt einsetzte:

> *Es reicht nicht zu sagen, dass wir keinen Kommunismus in unserer Wirtschaft wollen. Wenn wir auf unserem alten politischen Weg weitermachen, dann werden wir untergehen. ... Es ist die vornehmste Aufgabe eines Führers, Ideale zu finden,*

---

[559] Siehe Kapitel 10.

[560] *NMT*, Band VII, S. 555.

die stärker sind als die Faktoren, die das Volk zusammenbringen. Ich erkannte sogar im Krankenhaus, dass wir nach neuen Idealen suchen mussten, die dem Wiederaufbau förderlich waren. Ich fand sie im Nationalismus, im Wert der Persönlichkeit und in der Ablehnung der Versöhnung zwischen den Nationen...

Wir stehen nun kurz vor den letzten Wahlen. Unabhängig vom Ergebnis wird es keinen Rückschritt geben, auch wenn die nächsten Wahlen auf die eine oder andere Weise keine Entscheidung herbeiführen. Wenn die Wahl keine Entscheidung bringt, muss die Entscheidung auf andere Weise getroffen werden. Ich habe mich eingeschaltet, um dem Volk noch einmal die Möglichkeit zu geben, selbst über sein Schicksal zu entscheiden ...

Es gibt nur zwei Möglichkeiten, entweder den Gegner aus verfassungsrechtlichen Gründen zurückzudrängen, und zu diesem Zweck noch einmal diese Wahl; oder es wird ein Kampf mit anderen Waffen geführt, was möglicherweise größere Opfer erfordert. Ich hoffe, dass das deutsche Volk auf diese Weise den Ernst der Stunde erkennt.[561]

Nach Hitlers Intervention drückte Krupp von Bohlen die Unterstützung der versammelten Industriellen und Bankiers in der konkreten Form eines politischen Fonds in Höhe von drei Millionen Reichsmark aus. Dieser Fonds erwies sich als mehr als ausreichend, um die Macht zu erlangen, da 600.000 Mark nach den Wahlen ungenutzt blieben.

Hjalmar Schacht organisierte dieses historische Treffen. Wir haben Schachts Verbindungen zu den USA bereits beschrieben: Sein Vater war Kassierer für die Berliner Niederlassung der Equitable Assurance, und Hjalmar war fast jeden Monat eng mit der Wall Street verbunden.

Der größte Beitragszahler zum Fonds war die I.G. Farben, die sich mit 80% (oder 500.000 Mark) des Gesamtbetrages beteiligte. Der Direktor A. Steinke von BUBIAG (Braunkohlen-u. Brikett-Industrie A.G.), einer Tochtergesellschaft von I.G. Farben, steuerte persönlich weitere 200.000 Mark bei. Kurz gesagt: 45% der Mittel für die Wahl 1933 stammten von der I.G. Farben. Wenn wir uns die Direktoren des amerikanischen Unternehmens I.G. Farben - der amerikanischen Tochtergesellschaft von I.G. Farben - anschauen, kommen wir den Wurzeln der Verwicklung der Wall Street in Hitler näher. Im Vorstand von American I.G. Farben saßen zu dieser Zeit einige der renommiertesten Namen unter den amerikanischen Industriellen: Edsel B. Ford von der Ford Motor Company, C.E. Mitchell von der Federal Reserve Bank of New York und Walter Teagle, Direktor der Federal Reserve Bank of New York, der Standard Oil Company of New Jersey und der Georgia Warm Springs Foundation von Präsident Franklin D. Roosevelt.

Paul M. Warburg, erster Direktor der Federal Reserve Bank of New York und Präsident der Bank of Manhattan, war ein Direktor von Farben und in Deutschland war sein Bruder Max Warburg ebenfalls Direktor von I.G, Farben. H. A. Metz von I.G. Farben war ebenfalls Direktor der Warburg's Bank of Manhattan. Schließlich war Carl Bosch von der amerikanischen I.G. Farben auch Direktor der Ford Motor Company A-G in Deutschland.

---

[561] Josiah E. Dubois, Jr., *Generals in Grey Suits*, a. a. O., S. 323.

Drei Vorstandsmitglieder der amerikanischen I.G. Farben wurden im Nürnberger Kriegsverbrecherprozess für schuldig befunden: Max Ilgner, F. Ter Meer und Hermann Schmitz. Wie bereits angemerkt, wurden die amerikanischen Vorstandsmitglieder - Edsel Ford, C. E. Mitchell, Walter Teagle und Paul Warburg - in Nürnberg nicht vor Gericht gestellt und aus den Aufzeichnungen geht hervor, dass sie nicht einmal zu ihrem Wissen über den Hitler-Fonds von 1933 befragt wurden.

DIE POLITISCHEN BEITRÄGE VON 1933

Wer waren die Industriellen und Bankiers, die der NSDAP 1933 Wahlkampfspenden zur Verfügung stellten? Die Liste der Beitragszahler und die Höhe ihrer Beiträge sind wie folgt:

FINANZIELLE BEITRÄGE AN HITLER: 23. Februar-März. 13, 1933:
(Das Konto Hjalmar Schacht bei Delbruck, Schickler Bank)

Politische Beiträge von Unternehmen (mit einigen angegliederten Direktoren)	Versprochener Betrag	Anteil an der Gesamtsumme des Unternehmens
Verein für Bergbauinteressen (Kitdorf)	$600,000	45.8
I.G. Farbenindustrie (Edsel Ford, C.E. Mitchell, Walter Teagle, Paul Warburg)	400,000	30.5
Automobilausstellung, Berlin (Reichsverbund der Automobilindustrie S.V.)	100,000	7.6
A.E.G., German General Electric (Gerard Swope, Owen Young, C.H. Minor, Arthur Baldwin)	60,000	4.6
Demag	50,000	3.8
Osram G.m.b.H. (Owen Young)	40,000	3.0
Telefunken Company für drahtlose Telegrafie	85,000	2.7
Akkumulatoren-Fabrik A.G. (Quandt of A.E.G.)	25,000	1.9
Industrie insgesamt	1,310,000	99.9

Plus die politischen Beiträge einzelner Geschäftsleute:

Karl Hermann	300,000
Direktor A. Steinke (BUBIAG- Braunkohlen-u. Brikett - Industrie A.G.)	200,000
Sie. Karl Lange (Geschäftsführendes Vorstandsmitglied des Vereins Deutsche Maschinenbau-Anstalten)	50,000
Dr. F. Springorum (Vorsitzender: Eisen-und Stahlwerke Hoesch A.G.)	36,000

Quelle: Siehe Anhang für die Übersetzung des Originaldokuments.

Wie können wir beweisen, dass diese politischen Zahlungen tatsächlich stattgefunden haben? Die Zahlungen an Hitler in dieser letzten Etappe auf dem Weg zum diktatorischen Nationalsozialismus wurden von der Delbrucker Schickickler Privatbank getätigt. Die Delbruck Schickler Bank war eine Tochtergesellschaft der Metallgesellschaft A.G. ("Metall"), einem Industriegiganten, dem größten Nichteisenmetallunternehmen in Deutschland und dem dominierenden Einfluss im weltweiten "Handel" mit Nichteisenmetallen. Die Hauptaktionäre von *"Metall"* waren die I.G. Farben und die British Metal Corporation. Es sei beiläufig angemerkt, dass die britischen Direktoren des "Metall"-Aufsichtsrats Walter Gardner (Amalgamated Metal Corporation) und Kapitän Oliver Lyttelton waren (ebenfalls im Aufsichtsrat von Amalgamated Metal und paradoxerweise später im Zweiten Weltkrieg, um britischer Produktionsminister zu werden).

Unter den Akten der Nürnberger Prozesse befinden sich die Original-Überweisungsscheine der Bankabteilung der I.G. Farben und anderer auf Seite 110 aufgeführter Unternehmen an die Delbruck Schickler Bank in Berlin, mit denen die Bank über die Überweisung von Geldern der Dresdner Bank und anderer Banken auf ihr Konto bei der Nationalen Treuhand informiert wurde. Dieses Konto wurde von Rudolf Hess für die Ausgaben der Nazipartei während der Wahlen verwendet. Die Übersetzung des Überweisungsbelegs der I.G. Farben, die als Stichprobe ausgewählt wurde, lautet wie folgt

Übersetzung des Schreibens von I.G. Farben vom 27. Februar 1933, in dem zur Überweisung von 400.000 Reichsmark auf das Konto der Nationalen Vormundschaft geraten wird:
I.G. FARBENINDUSTRIE AKTIENGESELLSCHAFT
Abteilung für Bankwesen

> Bauernhof: Delbruck Schickler & Cie, BERLIN W.8
> Mauerstraße 63/65, Frankfurt (Main) 20
> Unsere Referenz: (Angabe in der Antwort)
> 27. Februar 1933 B./Goe.
> Wir teilen Ihnen hiermit mit, dass wir die Dresdner Bank in Frankfurt am Main ermächtigt haben, Ihnen morgen früh folgende Summe zu zahlen: RM 400.000, die

Sie zugunsten des Kontos "NATIONALE TREUHAND" (Nationale Vormundschaft) verwenden werden.
Respektvoll,
I.G. Farbenindustrie Aktiengesellschaft im Auftrag:
(Unterzeichnet) SELCK (Unterzeichnet) BANGERT
Per Sonderlieferung.[562]

An dieser Stelle sollten wir die Bemühungen zur Kenntnis nehmen, die unternommen wurden, um unsere Aufmerksamkeit von den US-amerikanischen Finanziers (und deutschen Finanziers, die mit verbundenen Unternehmen in den USA verbunden waren) abzulenken, die an Hitlers Finanzierung beteiligt waren. Üblicherweise wurde die Verantwortung für Hitlers Finanzierung ausschließlich Fritz Thyssen oder Emil Kirdorf zugeschrieben. Im Fall von Thyssen wurde diese Anschuldigung in einem Buch weit verbreitet, dessen angeblicher Autor Thyssen in der Mitte des Zweiten Weltkriegs war, das er aber später zurückwies.[563] Der Grund, warum Thyssen vor der Niederlage der Nazis zurücktreten wollte, ist ungeklärt.

Emil Kirdorf, der 1937 starb, war immer stolz auf seine Verbindung mit dem Aufstieg des Nationalsozialismus. Der Versuch, die Finanzierung Hitlers durch Thyssen und Kirdorf einzuschränken, zog sich bis zu den Nürnberger Prozessen 1946 hin und wurde nur vom sowjetischen Delegierten angefochten. Selbst der sowjetische Delegierte war nicht bereit, Beweise von US-Verbänden vorzulegen; dies ist nicht überraschend, da die Sowjetunion auf den guten Willen derselben Finanziers angewiesen ist, um die dringend benötigte fortschrittliche westliche Technologie in die UdSSR zu transferieren.

In Nürnberg wurden Aussagen gemacht und unwidersprochen zugelassen, die im direkten Widerspruch zu den oben dargestellten bekannten direkten Beweisen standen. Beispielsweise wurde Buecher, der Generaldirektor der deutschen General Electric, von jeglicher Sympathie für Hitler entlastet:

> *Thyssen gestand seinen Fehler wie ein Mann und zahlte mutig eine hohe Strafe dafür. Auf der anderen Seite standen Männer wie Reusch von der Gutehoffnungshütte, Karl Bosch, der verstorbene Vorsitzende des I.G. Farben Aufsichtsrats, der höchstwahrscheinlich ein trauriges Ende gefunden hätte, wenn er nicht rechtzeitig gestorben wäre. Ihre Gefühle wurden vom Vizepräsidenten des Aufsichtsrats in Kalle geteilt. Die Firmen Siemens und AEG, die neben der I.G. Farben die mächtigsten deutschen Unternehmen waren, waren entschiedene Gegner des Nationalsozialismus.*
>
> *Ich weiß, dass diese feindselige Haltung von Siemens gegenüber den Nazis eine ziemlich brutale Behandlung der Firma zur Folge hatte. Der Generaldirektor der AEG (Allgemeine Elektrizitats Gesellschaft), Geheimrat Buecher, den ich während meines Aufenthalts in den Kolonien kennengelernt hatte, war alles andere als ein Nazi. Ich kann General Taylor versichern, dass die Behauptung, die*

---

[562] *NMT*, Band VII, S. 565.

[563] Fritz Thyssen, *I Paid Hitler*, (New York: Toronto: Farrat & Rinehart, Inc., 1941).

Großindustriellen als solche hätten Hitler vor seiner Machtergreifung begünstigt, mit Sicherheit falsch ist.[564]

Dennoch drucken wir auf Seite 56 dieses Buches ein von General Electric stammendes Dokument ab, in dem Gelder von General Electric auf das von Rudolf Hess im Namen Hitlers kontrollierte und bei den Wahlen 1933 verwendete Konto der National Trusteeship überwiesen werden.

Ebenso leugnete von Schnitzler, der im Namen der I.G. Farben an dem Treffen im Februar 1933 teilnahm, die Beiträge der I.G. Farben zur Nationalen Treuhand von 1933:

> *Ich habe nie wieder von der ganzen Sache [der Finanzierung Hitlers] gehört, aber ich glaube, dass das Büro von Göring oder Schacht oder der Reichsverband der Deutschen Industrie das Büro von Bosch oder Schmitz um die Zahlung des Anteils der IG am Wahlfonds gebeten hatte. Da ich den Fall nicht übernommen habe, wusste ich damals nicht einmal, welchen Betrag die IG gezahlt hatte. Nach dem Volumen der IG müsste ich den Anteil der IG auf etwa 10% des Wahlfonds schätzen, aber soweit ich weiß, gibt es keine Beweise dafür, dass die I.G. Farben an den Zahlungen beteiligt war.*[565]

Wie wir gesehen haben, gibt es unwiderlegbare Beweise für politische Geldspenden an Hitler im entscheidenden Moment der Machtübernahme in Deutschland - und Hitlers frühere Rede an die Industriellen offenbarte eindeutig, dass eine Zwangsübernahme die vorsätzliche Absicht war.

Wir wissen genau, wer, wie viel und über welche Kanäle beigetragen hat. Es ist bemerkenswert, dass die größten Beitragszahler - I.G. Farben, German General Electric (und ihre Tochtergesellschaft Osram) und Thyssen - mit den Finanziers der Wall Street verbunden waren. Diese Wall-Street-Finanziers waren das Herzstück der Finanzelite und nahmen einen wichtigen Platz in der zeitgenössischen amerikanischen Politik ein. Gerard Swope von General Electric war der Autor von Roosevelts New Deal, Teagle war einer der wichtigsten Treuhänder der NRA, Paul Warburg und seine Partner bei American I.G. Farben waren Roosevelts Berater. Es ist vielleicht kein außergewöhnlicher Zufall, dass Roosevelts New Deal - von Herbert Hoover als "faschistische Maßnahme" bezeichnet - so große Ähnlichkeit mit Hitlers Programm für Deutschland hatte und dass Hitler und Roosevelt im selben Monat desselben Jahres - März 1933 - an die Macht kamen.

---

[564] *NMT*, Band VI, S. 1169-1170.

[565] *NMT*, Band VII, S. 565.

KAPITEL VIII

PUTZI: FREUND VON HITLER UND ROOSEVELT

Ernst Sedgewiek Hanfstaengl (oder Hanfy oder Putzi, wie er häufiger genannt wurde) war wie Hjalmar Horace Greeley Schacht ein weiterer Deutsch-Amerikaner, der im Zentrum des Aufstiegs des Hitlerismus stand. Hanfstaengl wurde in eine bekannte Familie aus Neuengland hineingeboren; er war ein Cousin des Bürgerkriegsgenerals John Sedgewiek und ein Enkel eines anderen Bürgerkriegsgenerals, William Heine. Putzi wurde Hitler in den frühen 1920er Jahren von Captain Truman-Smith, dem amerikanischen Militärattaché in Berlin, vorgestellt und wurde zu einem glühenden Verfechter Hitlers, finanzierte gelegentlich die Nazis und soll laut Botschafter William Dodd "... 1923 Hitler das Leben gerettet haben".[566]

Zufälligerweise war der Vater des SS-Führers Heinrich Himmler auch Putzis Trainer am königlich-bayerischen Wilhelmsgymnasium. Putzis Freunde an der Harvard-Universität waren "bemerkenswerte zukünftige Persönlichkeiten" wie Walter Lippman, John Reed (der eine wichtige Rolle spielte, die in *Wall Street und die bolschewistische Revolution* beschrieben wurde) und Franklin D. Roosevelt. Nach einigen Jahren in Harvard gründete Putzi das Kunstunternehmen seiner Familie in New York; es war eine köstliche Kombination aus Geschäft und Vergnügen, denn wie er sagte: "Die berühmten Namen, die mich besuchten, waren Legion, Pierpont Morgan, Toscanini, Henry Ford, Caruso, Santos-Dumont, Charlie Chaplin, Paderewski und eine Tochter von Präsident Wilson".[567] In Harvard war es auch, dass Putzi sich mit dem späteren Präsidenten Franklin Delano Roosevelt anfreundete:

> Die meisten meiner Mahlzeiten nahm ich im Harvard Club ein, wo ich mich mit dem jungen Franklin D. Roosevelt anfreundete, der damals ein aufstrebender Senator des Staates New York war. Ich erhielt auch mehrere Einladungen, seinen

---

[566] William E. Dodd, *Ambassador Dodd's Diary, 1933-1938*, (New York: Harcourt, Brace & Co., 1941), S. 360.

[567] Ernst Hanfstaengl, *Unheard Witness*, (New York: J.B. Lippincott, 1957), S. 28.

entfernten Cousin Teddy, den ehemaligen Präsidenten, zu besuchen, der sich auf sein Anwesen in Sagamore Hill zurückgezogen hatte.[568]

Aus diesen vielfältigen Freundschaften (und nach der Lektüre dieses Buches und seiner Vorgänger *Wall Street und FDR* und *Wall Street und die bolschewistische Revolution*) kann der Leser davon ausgehen, dass Putzis Freundschaft auf einen besonders elitären Kreis beschränkt war. Putzi wurde nicht nur zu Hitlers Freund, Geldgeber und Finanzier, sondern auch zu einem seiner ersten Unterstützer. Er war " ... fast die einzige Person, die es sich leisten konnte, unter seinen (Hitlers) Bekannten die Grenzen zu überschreiten".[569]

Kurz gesagt war Putzi von den frühen 20er bis zu den späten 30er Jahren ein US-Bürger im Zentrum von Hitlers Umfeld. Nachdem er die Gunst der Nazis verloren hatte und von den Alliierten interniert worden war, wurde Putzi 1943 von seinem Freund und Beschützer, Präsident Franklin D. Roosevelt, auf Kaution aus dem Elend eines kanadischen Kriegsgefangenenlagers befreit. Als die Aktionen von FDR drohten, zu einem innenpolitischen Problem der USA zu werden, wurde Putzi erneut in England interniert. Als wäre es nicht schon überraschend genug, dass Heinrich Himmler und Franklin D. Roosevelt eine wichtige Rolle in Putzis Leben spielen, finden wir auch heraus, dass die Marschlieder der Nazi-Sturmabteilungen von Hanfstaengl komponiert wurden, "einschließlich des Liedes, das von den Braunhemden-Brigaden gespielt wurde, als sie an dem Tag, als Hitler die Macht übernahm, durch das Brandenburger Tor marschierten.[570] Um dem Ganzen die Krone aufzusetzen, erklärte Putzi, dass die Entstehungsgeschichte des Nazi-Liedes "Sieg Heil, Sieg Heil", das bei Massenversammlungen der Nazis verwendet wurde, keine andere war als "Harvard, Harvard, Harvard, rah, rah, rah".[571]

Putzi hat sicherlich zur Finanzierung der ersten Nazi-Tageszeitung, dem *Volkischen Beobachter,* beigetragen. Es ist weniger leicht zu überprüfen, ob er Hitlers Leben vor den Kommunisten rettete. Obwohl er - zu seinem Bedauern - aus dem Schreibprozess von *Mein Kampf* herausgehalten wurde, hatte Putzi die Ehre, dessen Veröffentlichung zu finanzieren, "und die Tatsache, dass Hitler eine funktionierende Belegschaft vorfand, als er aus dem Gefängnis entlassen wurde, ist ganz unseren Bemühungen zu verdanken".[572]

Als Hitler im März 1933 zeitgleich mit Franklin Delano Roosevelt in Washington an die Macht kam, wurde ein privater "Gesandter" von Roosevelt nach Washington D.C. geschickt, um Hanfstaengl in Berlin zu treffen, mit einer Botschaft, dass, da es so aussah, als würde Hitler bald die Macht in Deutschland übernehmen, Roosevelt angesichts ihrer langen Bekanntschaft hoffte, dass Putzi

---

[568] Ibid.

[569] Ibid, S. 52.

[570] Ibid, S. 53.

[571] Ibid, S. 59.

[572] Ibid, S. 122.

sein Bestes tun würde, um Übereilung und übereilte Initiativen zu vermeiden. "Denken Sie an Ihr Klavierspiel und versuchen Sie, das weiche Pedal zu benutzen, wenn die Dinge zu laut werden", lautete FDRs Botschaft. "Wenn die Dinge beginnen, unangenehm zu werden, wenden Sie sich bitte umgehend an unseren Botschafter.[573]

Hanfstaengl blieb in engem Kontakt mit dem amerikanischen Botschafter in Berlin, William E. Dodd - offenbar zu seinem Missfallen, denn Putzis aufgezeichnete Kommentare über Dodd sind ausgesprochen wenig schmeichelhaft:

> *In vielerlei Hinsicht war er [Dodd] ein unbefriedigender Vertreter. Er war ein bescheidener, kleiner Professor für Südstaatengeschichte, der seine Botschaft mit einem Minimum an Mitteln führte und wahrscheinlich versuchte, bei seinem Gehalt zu sparen. In einer Zeit, in der es eines robusten Millionärs bedurfte, um mit der Flamboyanz der Nazis mithalten zu können, wippte er zurückhaltend auf und ab, als wäre er noch auf dem Campus seiner Universität. Sein Geist und seine Vorurteile waren kleinlich.*[574]

Tatsächlich hatte Botschafter Dodd versucht, Roosevelts Ernennung zum Botschafter abzulehnen. Dodd hatte kein Erbe und lebte lieber von seinem Sold im Außenministerium als von politischer Beute; im Gegensatz zum Politiker war Dodd anspruchsvoll gegenüber denjenigen, von denen er Geld erhielt. Jedenfalls kommentierte Dodd Putzi ebenso hart: "... er gab Hitler 1923 Geld, half ihm, *Mein Kampf* zu schreiben, und war in jeder Hinsicht mit Hitlers Motiven vertraut...".

War Hanfstaengl ein Agent des liberalen Establishments in den USA? Diese Möglichkeit können wir wahrscheinlich ausschließen, denn Ladislas Farago zufolge war es Putzi, der die hochrangige britische Durchdringung von Hitlers Führungsriege anprangerte. Farago berichtet, dass Baron William S. de Ropp vor dem Zweiten Weltkrieg in die höchsten Ränge der Nazis eingedrungen war und dass Hitler ihn "... als Berater für britische Angelegenheiten" benutzt hatte.[575] De Ropp wurde nur von Putzi verdächtigt, ein Doppelagent zu sein. Laut Farago:

> *Die einzige Person ..., die ihn jemals einer solchen Doppelzüngigkeit verdächtigte und den Führer vor ihm warnte, war der erratische Putzi Hanfstaengl, Hitlers in Harvard ausgebildeter Büroleiter, der mit der ausländischen Presse zu tun hatte.*

Wie Farago feststellt, "spielte Bill de Ropp das Spiel in beiden Lagern - ein Doppelagent an der Spitze".[576] Putzi war ebenso fleißig, wenn es darum ging, seine Freunde wie Hermann Göring vor potenziellen Spionen auf ihrer Seite zu warnen.

---

[573] Ibid, S. 197-8.

[574] Ibid, S. 214.

[575] Ladislas Farago, *The Game of the Foxes*, (New York: Bantam, 1973), S. 97.

[576] Ibid, S. 106.

Davon zeugt der folgende Auszug aus Putzis Memoiren, in dem er den anklagenden Spionagefinger auf den Gärtner der Görings richtet...

> *"Herman", sagte ich einmal, "ich wette um jedes Geld, dass dieser Greinz ein Polizeispitzel ist." "Putzi", Karin [Frau Herman Göring] brach ein, "er ist so ein netter Kerl und ein wunderbarer Gärtner". "Er macht genau das, was ein Spion tun muss", sagte ich, "er hat sich unentbehrlich gemacht."*[577]

Als Putzi 1941 nicht mehr in der Gunst Hitlers und der Nazis stand, floh er aus Deutschland und wurde in einem kanadischen Kriegsgefangenenlager interniert. Da sich Deutschland und die USA nun im Krieg befanden, berechnete Putzi die Chancen neu und kam zu dem Schluss: "Jetzt wusste ich mit Sicherheit, dass Deutschland besiegt werden würde."[578] Putzis Befreiung aus dem Kriegsgefangenenlager erfolgte durch die persönliche Intervention seines alten Freundes, Präsident Roosevelt:

> *Eines Tages erhielt ein Hearst-Pressekorrespondent namens Kehoe die Erlaubnis, Fort Hens zu besuchen. Es gelang mir, in einer Ecke ein paar Worte mit ihm zu wechseln. "Ich kenne Ihren Chef gut", sagte ich zu ihm. "Würden Sie mir einen kleinen Gefallen tun?" Glücklicherweise erkannte er meinen Namen.*
>
> *Ich gab ihm einen Brief, den er in seine Tasche steckte. Er war an den amerikanischen Außenminister Cordell Hull adressiert. Einige Tage später lag er auf dem Schreibtisch meines Freundes aus dem Harvard-Club, Franklin Delano Roosevelt. Darin bot ich an, als politischer und psychologischer Berater im Krieg gegen Deutschland zu fungieren.*[579]

Die Antwort und das Angebot, für die amerikanische Seite zu "arbeiten", wurden angenommen. Putzi wurde in einer komfortablen Umgebung mit seinem Sohn, dem Sergeant der US-Armee Egon Hanfstaengl, untergebracht, der ebenfalls als persönlicher Assistent anwesend war. 1944 wurde Egon unter dem Druck einer republikanischen Drohung, Roosevelts Bevorzugung eines ehemaligen Nazis anzuprangern, nach Neuguinea geschickt und Putzi eilte nach England, wo ihn die Briten schnell für die Dauer des Krieges internierten, Roosevelt oder nicht Roosevelt.

PUTZIS ROLLE BEIM REICHSTAGSBRAND

Putzis Freundschaften und politische Manipulationen konnten große Folgen haben oder auch nicht, aber seine Rolle beim Reichstagsbrand ist bedeutsam. Der Reichstagsbrand am 27. Februar 1933 ist eines der Schlüsselereignisse der Neuzeit. Der Anschlag wurde von Adolf Hitler dazu benutzt, eine bevorstehende

---

[577] Ernst Hanfstaengl, *Unheard Witness*, a. a. O., S. 76.

[578] Ibid.

[579] Ibid, S. 310-11.

kommunistische Revolution zu fordern, die verfassungsmäßigen Rechte auszusetzen und die totalitäre Macht an sich zu reißen. Von diesem Moment an gab es für Deutschland kein Zurück mehr; die Welt wurde auf den Weg in den Zweiten Weltkrieg gebracht.

Damals wurde der Reichstagsbrand den Kommunisten angelastet, doch aus historischer Sicht besteht kaum ein Zweifel daran, dass das Feuer von den Nazis absichtlich gelegt wurde, um einen Vorwand für die Übernahme der politischen Macht zu liefern. Fritz Thyssen äußerte sich nach dem Krieg während der Verhöre von Dustbin wie folgt:

> Als der Reichstag niedergebrannt wurde, war sich jeder sicher, dass dies von den Kommunisten getan worden war. Später erfuhr ich in der Schweiz, dass das alles eine Lüge war.[580]

Schacht erklärt mit Nachdruck:

> Aus heutiger Sicht ist klar, dass diese Aktion nicht mit der kommunistischen Partei in Verbindung gebracht werden kann. Es wird schwierig sein, festzustellen, inwieweit die verschiedenen Nationalsozialisten bei der Planung und Durchführung dieses Terrorakts zusammengearbeitet haben, aber angesichts all dessen, was in der Zwischenzeit ans Licht gekommen ist, muss man annehmen, dass Goebbels und Goering jeweils eine führende Rolle gespielt haben, der eine bei der Planung, der andere bei der Durchführung des Plans.[581]

Der Brand des Reichstagsgebäudes wurde absichtlich, wahrscheinlich mithilfe einer brennbaren Flüssigkeit, von einer Gruppe von Experten ausgelöst. An dieser Stelle kommt Putzi Hanfstaengl ins Spiel. Die Schlüsselfrage ist, wie diese Gruppe, die entschlossen war, ein Feuer zu legen, sich Zugang zum Reichstag verschaffen konnte, um ihre Arbeit zu tun. Nach 20 Uhr war nur eine einzige Tür des Hauptgebäudes unverschlossen und diese Tür wurde bewacht. Kurz vor 21 Uhr zeigte eine Begehung des Gebäudes durch die Wachleute, dass alles in Ordnung war; es wurden keine brennbaren Flüssigkeiten bemerkt und auch im Sitzungssaal, in dem das Feuer ausgebrochen war, gab es nichts zu sehen. Offenbar hätte nach 21 Uhr niemand mehr Zugang zum Reichstagsgebäude gehabt, und zwischen 21 Uhr und dem Ausbruch des Feuers wurde niemand beim Betreten oder Verlassen des Gebäudes gesehen.

Es gab nur einen Weg für eine Gruppe von Personen mit brennbarem Material, in den Reichstag zu gelangen - durch einen Tunnel, der den Reichstag mit dem Palast des Reichstagspräsidenten verband. Hermann Göring war Reichstagspräsident und wohnte im Palast, und es ist bekannt, dass sich viele Männer der SA und SS im Palast aufhielten. Mit den Worten eines Autors

---

[580] *Dustbin-Bericht* EF/Me/1, Interview mit Thyssen, S. 13.

[581] Hjalmar Horace Greeley Schacht, *Confessions of "The Old Wizard"*, (Boston: Houghton Mifflin, 1956), S. 276.

> *Die Benutzung des unterirdischen Ganges mit all seinen Komplikationen war nur den Nationalsozialisten möglich, das Vorrücken und die Flucht der Brandstifterbande war nur mit dem Einverständnis hochrangiger Reichstagsangestellter möglich. Alle Indizien, alle Wahrscheinlichkeiten weisen überwältigend in eine Richtung, um zu dem Schluss zu kommen, dass der Reichstagsbrand das Werk der Nationalsozialisten war.[582]*

Wie passt Putzi Hanfstaengl in dieses Bild aus Brandstiftung und politischer Intrige? Putzi befand sich - wie er selbst zugab - im Palastsaal, am anderen Ende des Tunnels, der zum Reichstag führte. Und laut dem Prozess wegen Brandstiftung im Reichstag befand sich Putzi Hanfstaengl während des Brandes tatsächlich im Palast selbst:

> *Der Propagandaapparat stand bereit, und die Anführer der Sturmtruppen waren an ihren Plätzen. Da die offiziellen Bulletins im Voraus geplant wurden, die Verhaftungsbefehle vorbereitet wurden und Karwahne, Frey und Kroyer geduldig in ihren Cafés warteten, waren die Vorbereitungen abgeschlossen, das Schema nahezu perfekt.[583]*

Auch Dimitrov bestätigt dies:

> *Die nationalsozialistischen Führer Hitler, Goering und Goebbels sowie die hohen nationalsozialistischen Funktionäre Daluege, Hanfstaengl und Albrecht waren am Tag des Brandes in Berlin anwesend, obwohl der Wahlkampf sechs Tage vor der Wahl in ganz Deutschland seinen Höhepunkt erreicht hatte. Göring und Goebbels lieferten unter Eid widersprüchliche Erklärungen für ihre "zufällige" Anwesenheit in Berlin mit Hitler an diesem Tag. Der Nationalsozialist Hanfstaengl war als Goerings "Gast" zum Zeitpunkt des Ausbruchs des Brandes im Palast des Reichstagspräsidenten, direkt neben dem Reichstag, anwesend, obwohl sein "Gastgeber" zu diesem Zeitpunkt nicht dort war.[584]*

Laut dem Nazi Kurt Ludecke gab es ein vom SA-Führer Karl Ernst - der das Feuer gelegt haben soll und später von anderen Nazis ermordet wurde - unterzeichnetes Dokument, in dem Göring, Goebbels und Hanfstaengl in die Verschwörung verwickelt waren.

ROOSEVELTS NEW DEAL UND HITLERS NEUE ORDNUNG

Hjalmar Schacht forderte seine Vernehmer in Nürnberg nach dem Krieg mit der Bemerkung heraus, dass Hitlers *New-Order-Programm (*Neue Ordnung) dasselbe sei wie Roosevelts New Deal (Neuer Deal) in den Vereinigten Staaten.

---

[582] George Dimitrov, *The Reichstag Fire Trial*, (London: The Bodley Head, 1934), S. 309.

[583] Ibid, S. 310.

[584] Ibid, S. 311.

Die Vernehmungsbeamten prüften und verwarfen diese Beobachtung, was verständlich ist. Einige Untersuchungen legen jedoch nahe, dass die beiden Programme nicht nur inhaltlich recht ähnlich waren, sondern dass es den Deutschen auch nicht schwer fiel, die Ähnlichkeiten zu beobachten. In der Roosevelt-Bibliothek gibt es ein kleines Buch, das dem FDR von Dr. Helmut Magers im Dezember 1933 vorgelegt wurde.[585] Auf der Titelseite dieses Präsentationsexemplars steht die Aufschrift:

> An den Präsidenten der Vereinigten Staaten, Franklin D. Roosevelt, in tiefer Bewunderung für seine Konzeption einer neuen Wirtschaftsordnung und in Verehrung für seine Persönlichkeit. Der Autor, Baden, Deutschland, 9. November 1933.

FDRs Antwort auf diese Bewunderung für seine neue Wirtschaftsordnung lautete wie folgt[586]:

> (Washington) 19. Dezember 1933
> Mein lieber Dr. Magers: Ich möchte Ihnen für das Exemplar Ihres kleinen Buches über mich und den "New Deal" danken. Obwohl ich, wie Sie wissen, in Deutschland studiert habe und zu einer Zeit sehr fließend Deutsch sprechen konnte, lese ich Ihr Buch nicht nur mit großem Interesse, sondern auch, weil es mir helfen wird, mein Deutsch zu verbessern.
>
> *Sehr aufrichtig,*

Der New Deal oder die "neue Wirtschaftsordnung" war keine Kreatur des klassischen Liberalismus. Er war eine Kreatur des Unternehmenssozialismus. Die Großunternehmen, wie sie an der Wall Street vertreten waren, strebten nach einer staatlichen Ordnung, die es ihnen ermöglichte, die Industrie zu kontrollieren und die Konkurrenz auszuschalten, und das war der Kern des New Deal von FDR. General Electric zum Beispiel war sowohl in Nazi-Deutschland als auch im New Deal sehr präsent. Die deutsche General Electric war ein wichtiger Finanzier Hitlers und der Nazipartei, und auch A.E.G. finanzierte Hitler direkt und indirekt über Osram.

International General Electric in New York war maßgeblich am Besitz und an der Führung von A.E.G. und Osram beteiligt. Gerard Swope, Owen Young und A. Baldwin von General Electric in den USA waren Direktoren von A.E.G. Die Geschichte endet jedoch nicht mit General Electric und der Finanzierung Hitlers im Jahr 1933.

In einem früheren Buch, *Wall Street und die bolschewistische Revolution*, identifizierte der Autor die Rolle von General Electric in der bolschewistischen

---

[585] Helmut Magers, *Ein Revolutionär Aus Common Sense*, (Leipzig: R. Kittler Verlag, 1934).

[586] Nixon, Edgar B., Editor, *Franklin D. Roosevelt and Foreign Affairs*, (Cambridge: The Belknap Press of Harvard University Press, 1969), Volume 1: January 1933-February 1934. Franklin D. Roosevelt Library. Hyde Park, New York.

Revolution und den geografischen Standort der amerikanischen Teilnehmer am 120 Brodway, New York City; die Exekutivbüros von General Electric befanden sich ebenfalls am 120 Broadway. Als Franklin Delano Roosevelt an der Wall Street arbeitete, lautete seine Adresse ebenfalls 120 Broadway. Tatsächlich befand sich die Georgia Warm Springs Foundation, die FDR-Stiftung, am 120 Broadway. Der Hauptfinanzier eines der ersten Roosevelt-Unternehmen an der Wall Street am 120 Broadway war Gerard Swope von General Electric. Und es war der "Swope-Plan", der zu Roosevelts "New Deal" wurde - der faschistische Plan, den Herbert Hoover den USA nicht aufzwingen wollte. Kurz gesagt: Sowohl Hitlers Neue Ordnung als auch Roosevelts New Deal wurden von denselben Industriellen unterstützt und *waren* inhaltlich ziemlich ähnlich - nämlich Pläne für die Bildung eines Konzernstaates.

Es gab damals Brücken, sowohl korporative als auch individuelle, zwischen FDRs Amerika und Hitlers Deutschland. Die erste Brücke war die der amerikanischen I.G. Farben, der amerikanischen Tochtergesellschaft von I.G. Farben, dem größten deutschen Unternehmen. Paul Warburg von der Bank of Manhattan und der Federal Reserve Bank of New York saß im Vorstand der amerikanischen I.G. Farben. Die zweite "Brücke" war zwischen International General Electric, einer hundertprozentigen Tochter der General Electric Company, und ihrer teilweise deutschen Tochter A.E.G. Gerard Swope, der den New Deal von FDR formulierte, war Präsident von I.G.E. und Mitglied des Vorstands von A.E.G. Die dritte "Brücke" war zwischen Standard Oil of New Jersey und Vacuum Oil und ihrer hundertprozentigen deutschen Tochter Deutsche-Amerikanisehe Gesellschaft. Der Präsident von Standard Oil of New Jersey war Walter Teagle von der Federal Reserve Bank of New York. Er war Treuhänder der Georgia Warm Springs Foundation von Franklin Delano Roosevelt und wurde von FDR in eine zentrale Verwaltungsposition der National Recovery Administration berufen.

Diese Unternehmen waren tief in die Förderung von Roosevelts New Deal und in den Aufbau der militärischen Macht Nazideutschlands involviert. Putzi Hanfstaengls Rolle in der Anfangszeit, jedenfalls bis Mitte der 1930er Jahre, war eine informelle Verbindung zwischen der Nazi-Elite und dem Weißen Haus. Nach Mitte der 1930er Jahre, als die Welt auf Kriegskurs ging, nahm Putzis Bedeutung ab - während die großen amerikanischen Unternehmen weiterhin durch Mittelsmänner wie Baron Kurt von Schroder, den Anwalt Westrick und die Mitgliedschaft in Himmlers Freundeskreis vertreten wurden.

KAPITEL IX

WALL STREET UND DER ERSTER NAZIKREIS

Während der gesamten Zeit unserer Geschäftskontakte hatten wir keine Ahnung, welche Rolle Farben als Komplize in Hitlers brutaler Politik spielte. Wir bieten jede Hilfe an, die wir leisten können, um die vollständige Wahrheit ans Licht zu bringen und unparteiische Gerechtigkeit walten zu lassen.
(F. W. Abrams, Vorsitzender des Verwaltungsrats,
Standard Oil of New Jersey, 1946).

Adolf Hitler, Hermann Goering, Josef Goebbels und Heinrich Himmler, die innere Gruppe des Nationalsozialismus, waren gleichzeitig die Führer kleinerer Lehen innerhalb des NS-Staates. Politische Machtgruppen oder Cliquen waren um diese Naziführer herum zentriert, vor allem aber nach Ende der 1930er Jahre um Adolf Hitler und Heinrich Himmler, den Reichsführer der SS (die gefürchtete *Schutzstaffel*). Der wichtigste dieser inneren Nazi-Zirkel wurde auf Befehl des Führers gegründet; er war zunächst als "Keppler-Kreis" und später als "Himmler-Freundeskreis" bekannt.

Der Keppler-Kreis wurde von einer Gruppe deutscher Geschäftsleute gegründet, die Hitlers Aufstieg an die Macht vor und während 1933 unterstützten. Mitte der 1930er Jahre kam der Keppler-Kreis unter den Einfluss und Schutz des SS-Chefs Himmler und unter die organisatorische Kontrolle des Kölner Bankiers und prominenten Nazi-Geschäftsmanns Kurt von Schroder. Schroder war, wie wir uns erinnern werden, Leiter der Bank J.H. Stein in Deutschland und mit der L. Henry Schroder Banking Corporation in New York verbunden. Innerhalb dieser innersten Kreise, dem eigentlichen Kern des Nationalsozialismus, finden wir die Wall Street, einschließlich der Standard Oil in New Jersey und I.T.T., die von 1933 bis 1944 vertreten war.

Wilhelm Keppler, der Gründer des ersten Freundeskreises, veranschaulicht das bekannte Phänomen des politisierten Geschäftsmanns - also eines Geschäftsmanns, der zur Erzielung seiner Gewinne eher die politische Arena als den freien Markt betritt. Diese Geschäftsleute interessieren sich für die Förderung sozialistischer Anliegen, da eine geplante sozialistische Gesellschaft die Möglichkeit lukrativerer Verträge durch politischen Einfluss bietet.

Da Keppler solche Gewinnmöglichkeiten witterte, schloss er sich den Nationalsozialisten an und stand Hitler vor 1933 nahe. Der Freundeskreis entstand aus einem Treffen zwischen Adolf Hitler und Wilhelm Keppler im Dezember

1931. Während ihres Gesprächs - es war mehrere Jahre, bevor Hitler zum Diktator wurde - äußerte der zukünftige Führer den Wunsch, zuverlässige deutsche Geschäftsleute für wirtschaftliche Beratung zur Verfügung zu haben, wenn die Nazis die Macht übernehmen würden. "Versuchen Sie, einige Wirtschaftsführer zu bekommen - sie müssen nicht unbedingt Parteimitglieder sein -, die uns zur Verfügung stehen, wenn wir die Macht übernehmen.[587] Das ist es, wozu sich Keppler verpflichtet hat.

Im März 1933 wurde Keppler in den Reichstag gewählt und wurde Hitlers Finanzexperte. Dies dauerte jedoch nur kurz. Keppler wurde durch den unendlich fähigeren Hjalmar Schacht ersetzt und nach Österreich geschickt, wo er 1938 Reichskommissar wurde, aber seine Position noch nutzen konnte, um erhebliche Macht im Nazi-Staat zu erlangen. Innerhalb weniger Jahre übernahm er eine Reihe lukrativer Führungspositionen in deutschen Unternehmen, darunter die des Vorstandsvorsitzenden von zwei Tochtergesellschaften der I.G. Farben: Braunkohle-Benzin A.G. und Kontinental Oil A.G.. Braunkohle-Benzin war der deutsche Betreiber der Technologie von Standard Oil of New Jersey zur Herstellung von Benzin aus Kohle. (Siehe Kapitel vier).

Kurz gesagt, Keppler führte Krieg gegen den Vorsitzenden desselben Unternehmens, das amerikanische Technologie für das unverzichtbare synthetische Benzin verwendete, mit dem die Wehrmacht 1939 in den Krieg eintrat. Diese Tatsache ist bedeutsam, denn zusammen mit den anderen Beweisen in diesem Kapitel legt sie nahe, dass die Gewinne und die Kontrolle über diese grundlegend wichtigen Technologien für deutsche militärische Zwecke von einer kleinen Gruppe internationaler Unternehmen und Geschäftsleute, die über nationale Grenzen hinweg tätig waren, behalten wurden.

Kepplers Neffe Fritz Kranefuss machte sich unter dem Schutz seines Onkels ebenfalls einen Namen als Adjutant des SS-Chefs Heinrich Himmler sowie als Geschäftsmann und politischer Akteur. Es war Kranefuss' Verbindung zu Himmler, die dazu führte, dass sich der Keppler-Kreis in den 1930er Jahren schrittweise von Hitler entfernte und sich der Umlaufbahn Himmlers näherte, wo die Mitglieder des Kreises im Gegenzug für jährliche Spenden an Himmlers SS-Projekte politische Gefälligkeiten und einen nicht unerheblichen Schutz durch die SS erhielten.

Baron Kurt von Schroder war, wie bereits angemerkt, der Vertreter des I.T.T. in Nazi-Deutschland und eines der ersten Mitglieder des Keppler-Kreises. Der erste Keppler-Kreis bestand aus

DIE URSPRÜNGLICHEN MITGLIEDER (VOR 1932) DES KEPPLER-KREISES

Mitglied des Kreises	Wichtigste Vereinigungen
Wilhelm KEPPLER	Vorsitzender von Braunkohle-Benzin A.G., einer Tochtergesellschaft der I.G. Farben (betrieben von Standard Oil of N.J., Technologie für aus Kohle gewonnenes Öl)
Fritz KRANEFUSS	Neffe von Keppler und Adjutant von Heinrich

---

[587] Auszug aus der eidesstattlichen Erklärung von Wilhem Keppler, *NMT,* Band VI, S. 285.

Kurt von SCHRODER	Himmler. Am Stand von BRABAG An Bord aller internationalen Telefon- und Telegrafenfilialen in Deutschland
Karl Vincenz KROGMANN	Bürgermeister von Hamburg
August ROSTERG	Geschäftsführerin von WINTERSHALL
Otto STEINBRINCK	Vizepräsident der VEREINIGTE STAHLWERKE (1926 mit Krediten von der Wall Street gegründetes Stahlkartell)
Hjalmar SCHACHT	Präsident der REICHSBANK
Emil HELFFRICH	Vorsitzender des Verwaltungsrats von GERMAN-AMERICAN PETROLEUM CO. (zu 94% im Besitz von Standard Oil of New Jersey) (siehe oben unter Wilhelm Keppler)
Friedrich REINHARDT	Vorsitzender des Verwaltungsrats COMMERZBANK
Ewald HECKER	Vorsitzender des Verwaltungsrats von ILSEDER HUTTE
Graf von BISMARCK	Regierungspräsident von STETTIN

DER FREUNDESKREIS DER SS.

Der erste Freundeskreis traf sich im Mai 1932 mit Hitler und hörte eine Erklärung der Nazi-Ziele. Heinrich Himmler nahm daraufhin häufig an den Treffen teil und durch seine Vermittlung schlossen sich verschiedene SS-Offiziere und andere Geschäftsleute der Gruppe an. Diese Gruppe wurde im Laufe der Zeit zum Himmler-Freundeskreis erweitert, wobei Himmler als Beschützer und Vermittler für seine Mitglieder fungierte.

Folglich waren die Bank- und Industrieinteressen - im engeren Kreis der Nationalsozialisten stark vertreten, und ihre finanziellen Beiträge vor 1933 an den Hitlerismus, die wir zuvor aufgezählt haben, wurden reichlich zurückgezahlt. Von den "fünf großen" deutschen Banken hatte die Dresdner Bank die engsten Verbindungen zur Nazipartei: Mindestens ein Dutzend Vorstandsmitglieder der Dresdner Bank hatten einen hohen Nazi-Rang inne, und nicht weniger als sieben Direktoren der Dresdner Bank gehörten zu Kepplers erweitertem Freundeskreis, der nie mehr als 40 betrug.

Wenn man die Namen untersucht, die sowohl den ursprünglichen Keppler-Kreis vor 1933 als auch den erweiterten Keppler- und Himmler-Kreis nach 1933 umfassen, stellt man fest, dass die multinationalen Wall-Street-Konzerne stark vertreten sind - mehr als jede andere institutionelle Gruppe. Nehmen wir der Reihe nach jeden multinationalen Wall-Street-Konzern oder seinen deutschen Partner - die in Kapitel sieben als mit der Finanzierung Hitlers verbunden identifiziert wurden - und untersuchen wir ihre Verbindungen zu Keppler und Heinrich Himmler.

I.G. FARBEN UND DER KEPPLER-KREIS

I.G. Farben war im Keppler-Kreis stark vertreten: Nicht weniger als acht der 40 Mitglieder des engeren Kreises waren Direktoren von I.G. Farben oder einer

Tochtergesellschaft von Farben. Zu diesen acht Mitgliedern gehörten neben Baron Kurt von Schroder auch Wilhelm Keppler und sein Neffe Kranefuss, die bereits beschrieben wurden. Die Präsenz von Farben wurde durch das Mitglied Hermann Schmitz unterstrichen, Präsident der I.G. Farben und Direktor der Vereinigten Stahlwerke, zwei Kartelle, die durch die Wall-Street-Kredite der 1920er Jahre aufgebaut und gefestigt wurden. In einem Bericht des US-Kongresses wurde Hermann Schmitz wie folgt beschrieben:

> *Hermann Schmitz, eine der bedeutendsten Persönlichkeiten Deutschlands, hat gleichzeitig in den drei unterschiedlichen Bereichen Industrie, Finanzen und Regierung bemerkenswerte Erfolge erzielt und allen Regierungen an der Macht mit Eifer und Hingabe gedient. Er symbolisiert den deutschen Bürger, der ausgehend von den Verheerungen des Ersten Weltkriegs den Zweiten Weltkrieg möglich machte.*
>
> *Ironischerweise kann man sagen, dass seine Schuld umso größer ist, als er 1919 Mitglied der Reichsfriedensdelegation war und in den 1930er Jahren in der Lage war, den Nazis beizubringen, was sie über wirtschaftliche Durchdringung, Kartellanwendungen und synthetische Materialien für den Krieg wissen mussten.*[588]

Friedrich Flick, Gründer des Stahlkartells Vereinigte Stahlwerke und Direktor der Allianz Versicherungs A.G. und der German General Electric (A.E.G.), war ein weiteres Mitglied des Keppler Circle im Vorstand der I.G. Farben.

Heinrich Schmidt, Direktor der Dresdner Bank und Vorstandsvorsitzender der Braunkohle-Benzin A.G., einer Tochtergesellschaft der I.G. Farben, gehörte dem Kreis an; ebenso Karl Rasehe, ein weiterer Direktor der Dresdner Bank und Direktor der Metallgesellschaft (Muttergesellschaft der Delbruck Schickler Bank) und der Accumulatoren-Fabriken A.G. Heinrich Buetefisch war ebenfalls Direktor der I.G. Farben und Mitglied des Keppler-Kreises. Kurz gesagt: Der Beitrag der I.G. Farben zur Nationalkasse von Rudolf Hess - der politischen Schwarzkasse - wurde nach der Machtübernahme 1933 durch eine starke Vertretung im inneren Kreis der Nazis bestätigt.

Wie viele der Mitglieder des Keppler Circle im I.G. Farben-Komplex waren mit der Wall Street verbunden?

DIE MITGLIEDER DES ERSTEN KEPPLER-KREISES, DER MIT AMERIKANISCHEN MULTINATIONALEN KONZERNEN IN VERBINDUNG GEBRACHT WIRD

Mitglied des Keppler-Kreises	I.G. Farben	I.T.T.	Standard Oil aus New Jersey	General Electric
Wilhelm KEPPLER	Vorsitzender von BRABAG, einer Tochtergesellschaft von Farben		-	

---

[588] Eliminierung der deutschen Ressourcen, S. 869.

Fritz KRANEFUSS	Zu Aufsichrat von BRABAG		-	
Emil Heinrich MEYER		In allen deutschen Niederlassungen von I.T.T. vertreten: Standard/Mix & Genest/Lorenz	-	Verwaltungsrat der A.E.G.
Emil HELFFRICH			Vorsitzender der DAPAG (zu 94% im Besitz des Standards von New Jersey)	
Friedrich FLICK	I.G. Farben		-	Verwaltungsrat der A.E.G.
Kurt von SCHRODER		An Bord aller I.T.T.-Filialen in Deutschland		

Ebenso können wir andere Wall-Street-Institutionen identifizieren, die in Kepplers erstem Freundeskreis vertreten waren und ihre monetären Beiträge zum Nationalen Treuhandfonds bestätigten, der von Rudolf Hess im Namen Adolf Hitlers verwaltet wurde. Diese Vertreter waren Emil Heinrich Meyer und der Bankier Kurt von Schroder in den Vorständen aller I.T.T.-Tochtergesellschaften in Deutschland sowie Emil Helffrich, der Vorstandsvorsitzende der DAPAG, die zu 94% der Standard Oil of New Jersey gehörte.

WALL STREET IM SS-KREIS

Die großen amerikanischen multinationalen Unternehmen waren auch im späteren Kreis um Heinrich Himmler stark vertreten und leisteten bis 1944 - als der Zweite Weltkrieg im Gange war - Geldbeiträge an die SS (an das Sonderkonto S).

Fast ein Viertel der Beiträge, die 1944 auf das Sonderkonto S eingezahlt wurden, stammten von den Tochtergesellschaften von International Telephone and Telegraph, die von Kurt von Schröder vertreten wurden. Die Einzahlungen der Tochtergesellschaften von I.T.T. in das Sonderkonto im Jahr 1943 waren wie folgt:

Mix & Genest A.G.	5.000 RM
C. Lorenz AG	20.000 RM
Felten & Guilleaume25.	25.000 RM
Kurt von Schroder	16.000 RM

Und die Zahlungen von 1944 waren es:

Mix & Genest A.G .	5.000 RM

C. Lorenz AG	20.000 RM
Felten & Guilleaume20.	25.000 RM
Kurt von Schroder	16.000 RM

Sosthenes Behn von International Telephone and Telegraph übertrug die Kontrolle über Mix & Genest, C. Lorenz und andere Interessen von Standard Telephone in Deutschland an Kurt von Schroder - der ein Gründungsmitglied des Keppler-Kreises und der Organisator und Schatzmeister des Himmler-Freundeskreises war. Emil H. Meyer, SS-Untersturmführer, Mitglied des Vorstands der Dresdner Bank, A.E.G., und Direktor aller I.T.T.-Filialen in Deutschland, war ebenfalls Mitglied des Himmler-Freundeskreises - womit I.T.T. zwei mächtige Vertreter im Herzen der SS hatte.

Ein Brief von Baron von Schroder an seinen Kollegen Emil Meyer vom 25. Februar 1936 beschreibt die Ziele und Forderungen des Himmler-Kreises und den alten Charakter des Sonderkontos "S" mit Geldern in Schroders eigener Bank - der J,H. Stein Bank in Köln:

> An Prof. Dr. Emil H. Meyer
> Berlin, 25. Februar 1936 (unleserliche Schrift)
> Untersturmführer (Unterleutnant) Mitglied des Vorstands der Dresdner Bank
> Berlin W. 56, Behrenstr. 38
> Persönlich!
> An den Freundeskreis des Reichsführers SS,
> Im Anschluss an die zweitägige Inspektionsreise nach München, zu der uns der Reichsführer SS im Januar eingeladen hatte, erklärte sich der Freundeskreis bereit, - jeder nach seinen Möglichkeiten - dem Reichsführer auf dem bei der Bankgesellschaft J.H. Stein in Köln einzurichtenden "Sonderkonto S" (Special Account S) Gelder zur Verfügung zu stellen, die für bestimmte Aufgaben außerhalb des Haushaltsplans verwendet werden sollen.
> Dies sollte es dem Reichsführer ermöglichen, sich auf alle seine Freunde zu stützen. In München wurde beschlossen, dass sich die Unterzeichner für die Einrichtung und Verwaltung dieses Kontos zur Verfügung stellen. Inzwischen wurde das Konto eröffnet und wir möchten, dass jeder Teilnehmer weiß, dass er, wenn er dem Reichsführer für die oben genannten Aufgaben Beiträge leisten will - entweder im Namen seiner Firma oder im Namen des Freundeskreises -, Zahlungen an die Bankgesellschaft J.H. Stein, Köln (Verrechnungskonto der Reichsbank, Postscheckkonto Nr. 1392) auf das Sonderkonto S. leisten kann.
> Heil Hitler!
> (Unterzeichnet) Kurt Baron von Sehroder
> (Unterzeichnet) Steinbrinck[589]

---

[589] *NMT*, Band VII, S. 238: "Übersetzung des Dokuments N1-10103, Beweisstück 788". Brief von von Schroder und dem Angeklagten Steinbrinck an Dr. Meyer, Beamter der Dresdner Bank, vom 25. Februar 1936, in dem festgehalten wird, dass der Freundeskreis Himmler Gelder "für bestimmte Aufgaben außerhalb des Haushalts" zur Verfügung stellen würde und ein "Sonderkonto zu diesem Zweck" eingerichtet habe.

Der Brief erklärt auch, warum Oberst Bogdan von der US-Armee, früher bei der Schroder Banking Corporation in New York, darauf bedacht war, die Aufmerksamkeit der Ermittler der US-Armee nach dem Krieg vom Bankhaus J. H. Stein in Köln auf die "Großbanken" in Nazi-Deutschland zu lenken. Es war das Bankhaus Stein, das die Geheimnisse der Verbindungen der amerikanischen Tochtergesellschaften mit den Nazibehörden während des Zweiten Weltkriegs innehatte. Die New Yorker Finanzinteressen konnten die genaue Art dieser Transaktionen nicht kennen (und insbesondere nicht die Art der Dokumente, die von ihren deutschen Geschäftspartnern möglicherweise aufbewahrt wurden), aber sie wussten, dass es durchaus Spuren ihrer Transaktionen in Kriegszeiten geben könnte - genug, um sie in der amerikanischen Öffentlichkeit bloßzustellen. Diese Möglichkeit versuchte Oberst Bogdan erfolglos auszuschließen.

Die deutsche General Electric profitierte in hohem Maße von ihrer Verbindung zu Himmler und anderen prominenten Nazis. Mehrere Mitglieder der Schroder-Clique waren Direktoren der A.E.G., der prominenteste war Robert Pferdmenges, der nicht nur Mitglied des Keppler- oder Himmler-Kreises war, sondern auch Partner des arisierten Bankhauses Pferdmenges & Company, dem Nachfolger des ehemaligen jüdischen Bankhauses Sal. Oppenheim aus Köln. Waldemar von Oppenheim erhielt die (für einen deutschen Juden) zweifelhafte Auszeichnung "Ehrenarier" und konnte das Geschäft seines unter Hitler gegründeten ehemaligen Bankhauses in Partnerschaft mit Pferdmenges weiterführen.

MITGLIEDER VON HIMMLERS FREUNDESKREIS, DIE AUCH DIREKTOREN VON VERBUNDENEN UNTERNEHMEN IN DEN USA WAREN:

	I.G. Farben	I.T.T.	A.E.G.	Standard Oil von New Jersey
KRANEFUSS, Fritz	X			
KEPPLER, Wilhelm	X			
SCHRODER, Kurt	X			
Von BUETEFISCH, Heinrich		X		
RASCHE, Dr. Karl	X			
FLICK, Friedrich	X		X	
LINDEMANN, Karl				X
SCHMIDT, Heinrich	X			
ROEHNERT, Kellmuth			X	
SCHMIDT, Kurt			X	
MEYER, Dr. Emil		X		
SCHMITZ, Hermann	X			

Pferdmenges war auch Direktor der A.E.G. und setzte seinen Nazi-Einfluss gewinnbringend ein.[590]

Zwei weitere Direktoren der deutschen General Electric waren Mitglieder des Himmler-Freundeskreises und leisteten 1943 und 1944 Geldspenden an das Sonderkonto S:

Friedrich Flick 100.000 RM

Otto Steinbrinck (ein Geschäftspartner von Flick) 100.000 RM

---

[590] Eliminierung der deutschen Ressourcen, S. 857.

Kurt Schmitt war Vorsitzender des Verwaltungsrats der A.E.G. und Mitglied von Himmlers Freundeskreis, aber Schmitts Name ist nicht auf der Liste der Zahlungen für 1943 oder 1944 verzeichnet.

Standard Oil aus New Jersey leistete über seine deutsche Tochtergesellschaft, die Deutsche-Amerikanische Gesellschaft (DAG), an der sie zu 94% beteiligt war, ebenfalls einen wichtigen Beitrag zu Himmlers Sonderkonto. In den Jahren 1943 und 1944 leistete die DAG folgende Beiträge:

Staatsrat Helfferich von German-American Petroleum A.G.	10.000 RM
Staatsrat Lindemann von German-American Petroleum A.G.	10.000 RM
und persönlich	4.000 RM

Tableau 9-1 : Représentation de Wall Street dans les cercles de Keppler et de Himmler, 1933 et 1944

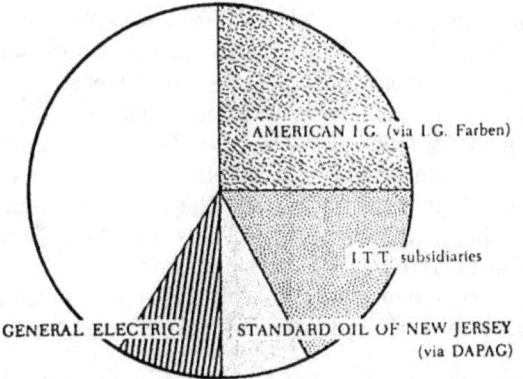

REPRESENTATION DE WALL STREET DANS LE CERCLE D'AMIS DE KEPPLER
(basée sur la déclaration de Keppler en 1933, relative aux membres)

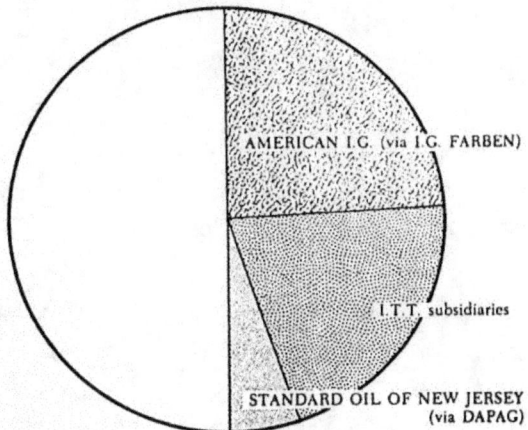

REPRESENTATION DE WALL STREET DANS LE CERCLE D'AMIS DE HIMMLER
(basée sur les contributions faites à Himmler en 1944)

Es ist wichtig zu beachten, dass Staatsrat Lindemann einen persönlichen Beitrag von 4000 RM leistete und damit klar zwischen dem Beitrag von 10 000 RM der 100%igen Tochtergesellschaft von Standard Oil of New Jersey und dem persönlichen Beitrag des Direktors Lindemann unterschieden hat. Im Fall von Staatsrat Hellfrich war der einzige Beitrag der Beitrag von Standard Oil in Höhe von 10.000 RM; es gibt keine registrierte persönliche Spende.

I.G. Farben, die Muttergesellschaft von American I.G. (siehe Kapitel 2), leistete ebenfalls einen wichtigen Beitrag zu Heinrich Himmlers Sonder Konto S, indem sie es mit vier Direktoren ausstattete: Karl Rasehe, Fritz Kranefuss, Heinrich Schmidt und Heinrich Buetefisch. Karl Rasche war Mitglied des Vorstands der Dresdner Bank und ein Spezialist für internationales Bankrecht. Unter Hitler wurde Karl Rasche ein prominenter Direktor zahlreicher deutscher Unternehmen, darunter die Accumulatoren-Fabrik A.G. in Berlin, die Hitler finanzierte, die Metallgesellschaft und Felten & Guilleame, ein Unternehmen für Informationstechnologie. Fritz Kranefuss war Mitglied des Vorstands der Dresdner Bank und Mitglied des Verwaltungsrats mehrerer Unternehmen neben I.G. Farben. Kranefuss, ein Neffe von Wilhelm Keppler, war Rechtsanwalt und spielte eine wichtige Rolle in vielen öffentlichen Organisationen der Nazis. Heinrich Schmidt, Direktor von I.G. Farben und mehreren anderen deutschen Unternehmen, war auch Direktor der Dresdner Bank.

Es ist wichtig zu erwähnen, dass diese drei Personen - Rasche, Kranefuss und Schmidt - die Direktoren einer Tochtergesellschaft der I.G. Farben, Braunkohle-Benzin A.G., waren. - dem deutschen Hersteller von synthetischem Benzin mit der Standard Oil-Technologie, die das Ergebnis der I.G. Farben-Standard Oil-Vereinbarungen aus den frühen 1930er Jahren war.

Kurz gesagt: Die Finanzelite der Wall Street war in den frühen Keppler-Kreisen und den späteren Himmler-Kreisen gut vertreten.[591]

---

[591] Die Signifikanz dieser Darstellung spiegelt sich in Grafik 8-1, "Vertretung der Wall Street in den Keppler- und Himmler-Kreisen, 1933 und 1944", wider.

KAPITEL X

DER MYTHOS „SIDNEY WARBURG"

Die entscheidende und nur teilweise gelöste Frage ist, inwieweit Hitlers Machtergreifung 1933 direkt von den Finanziers der Wall Street unterstützt wurde. Wir haben anhand von Originaldokumenten gezeigt, dass es eine indirekte amerikanische Beteiligung und Unterstützung über verbundene deutsche Unternehmen gab und (wie z. B. im Fall von I.T.T.) dass es ein bewusstes und absichtliches Bemühen gab, von der Unterstützung des Nazi-Regimes zu profitieren. Wurde diese indirekte Finanzierung auch auf die direkte Finanzierung ausgeweitet?

Nach Hitlers Machtübernahme arbeiteten amerikanische Unternehmen und Privatpersonen im Namen des Nationalsozialismus und profitierten sicherlich auch vom Nazi-Staat. Aus den Tagebüchern von William Dodd, dem amerikanischen Botschafter in Deutschland, wissen wir, dass 1933 eine Flut von Bankern und Industriellen der Wall Street in der amerikanischen Botschaft in Berlin auftauchte, die ihre Bewunderung für Adolf Hitler zum Ausdruck brachten - und gerne Wege finden wollten, um mit dem neuen totalitären Regime Geschäfte zu machen. Am 1. September 1933 berichtete Dodd zum Beispiel, dass Henry Mann von der National City Bank und Winthrop W. Aldrich von der Chase Bank beide Hitler getroffen haben und "diese Bankiers der Meinung sind, dass sie mit ihm zusammenarbeiten können".[592] Rockefellers PR-Agentin Ivy Lee, so Dodd, "zeigte sich sowohl als Kapitalistin als auch als Befürworterin des Faschismus".[593]

Wir können also zumindest eine freundliche Begrüßung der neuen Nazidiktatur feststellen, die an die Art und Weise erinnert, wie die internationalen Bankiers der Wall Street 1917 das neue Russland von Lenin und Trotzki begrüßten.

WER WAR „SIDNEY WARBURG"?

Die Frage, die in diesem Kapitel gestellt wird, ist der Vorwurf, dass einige Wall-Street-Finanziers (die Rockefellers und Warburgs wurden speziell genannt) Hitlers Übernahme 1933 direkt geplant und finanziert haben und dass sie dies von der Wall Street aus getan haben. In dieser Frage ist der sogenannte Mythos von

---

[592] William E. Dodd, *Tagebuch des Botschafters Dodd*, a. a. O., S. 31.

[593] Ibid, S. 74.

"Sidney Warburg" relevant. Der prominente Nazi Franz von Papen erklärte in seinen *Memoiren*[594]:

> ... der am besten dokumentierte Bericht über den plötzlichen Erwerb von Geldern durch die Nationalsozialisten ist in einem Buch enthalten, das 1933 in Holland von dem ehemaligen Amsterdamer Verlag Van Holkema & Warendorf unter dem Titel De Geldbronnen van Het Nationaal-Socialisme (Drie Gesprekken Met Hitler) unter dem Namen "Sidney Warburg" veröffentlicht wurde.

Ein Buch mit diesem Titel auf Holländisch von "Sidney Warburg" wurde tatsächlich 1933 veröffentlicht, blieb aber nur wenige Tage in den holländischen Bücherregalen stehen. Das Buch wurde vernichtet und aus dem Verkauf genommen.[595] Eines der drei überlebenden Originalexemplare wurde ins Englische übersetzt. Die Übersetzung wurde zeitweise im British Museum hinterlegt, ist aber mittlerweile aus dem öffentlichen Verkehr gezogen und steht für Forschungszwecke nicht zur Verfügung. Über das niederländische Originalexemplar, auf dem diese englische Übersetzung basierte, ist nichts bekannt.

Das zweite niederländische Exemplar war im Besitz von Kanzler Schussnigg in Österreich, und über seinen derzeitigen Aufenthaltsort ist nichts bekannt. Das dritte niederländische Exemplar gelangte in die Schweiz und wurde ins Deutsche übersetzt. Die deutsche Übersetzung hat bis heute im Schweizerischen Sozialarchiv in Zürich, Schweiz, überlebt. Eine beglaubigte Kopie der beglaubigten deutschen Übersetzung dieses Schweizer Überlebenden wurde 1971 vom Autor gekauft und ins Englische übersetzt. Auf dieser englischen Übersetzung der deutschen Übersetzung beruht der Text dieses Kapitels.

Über die Veröffentlichung des Buches von "Sidney Warburg" wurde in der *New York Times* (24. November 1933) unter der Überschrift "Man fürchtet einen

---

[594] Franz von Papen, *Memoiren*, (New York: E.P. Dutton & Co., 1953), S. 229.

[595] Der englische Text dieses Kapitels wurde aus einer beglaubigten deutschen Übersetzung eines Exemplars der niederländischen Ausgabe von *De Geldbronnen van Het Nationaal-Socialisme (Drie Gesprekken Met Hitler)*, oder *Die Geldquellen des Nationalsozialismus (Drei Gespräche mit Hitler)*, übersetzt. Der niederländische Originalautor wird als "Door Sidney Warburg, vertaald door I.G. Shoup" (Von Sidney Warburg, wie von I.G. Shoup erzählt) angegeben.

Die hier verwendete Kopie wurde am 11. Februar 1947 von Dr. Walter Nelz, Wilhelm Peter und René Sonderegger in Zürich aus den Niederlanden übersetzt, und die deutsche Übersetzung trägt eine eidesstattliche Erklärung, die besagt: "Die drei unterzeichnenden Zeugen verifizieren, dass das Begleitdokument nichts anderes ist als eine getreue und wörtliche Übersetzung des Buches von Sidney Warburg aus dem Niederländischen ins Deutsche, von dem ihnen während des gesamten Übersetzungsprozesses ständig ein Exemplar zur Verfügung gestellt wurde. Sie bestätigen, dass sie dieses Original in ihren Händen gehalten und es nach bestem Wissen und Gewissen Satz für Satz gelesen haben, indem sie es ins Deutsche übersetzten und anschließend den Inhalt der begleitenden Übersetzung nach bestem Wissen und Gewissen mit dem Original verglichen haben, bis eine vollständige Einigung erzielt wurde".

Streich über die Nazis" gebührend berichtet. In einem kurzen Artikel wird darauf hingewiesen, dass ein Pamphlet von "Sidney Warburg" in Holland veröffentlicht wurde und dass der Autor nicht der Sohn von Felix Warburg ist. Der Übersetzer ist J. G. Shoup, ein belgischer Journalist, der in Holland lebt. Die Herausgeber und Shoup "fragen sich, ob sie einem Streich zum Opfer gefallen sind". In der Rezension der *Times* heißt es weiter:

> Das Pamphlet wiederholt eine alte Geschichte, der zufolge führende Amerikaner, darunter John D. Rockefeller, Hitler von 1929 bis 1932 mit 32 Millionen Dollar finanzierten, wobei ihr Motiv darin bestand, "Deutschland von der finanziellen Umklammerung Frankreichs zu befreien, indem sie eine Revolution herbeiführen". Viele Leser des Pamphlets wiesen darauf hin, dass es zahlreiche Ungenauigkeiten enthält.

Warum wurde das niederländische Original 1933 aus dem Verkehr gezogen? Weil "Sidney Warburg" nicht existierte und ein "Sidney Warburg" als Autor beansprucht wurde. Seit 1933 wurde das Buch von "Sidney Warburg" von verschiedenen Seiten als Fälschung oder als authentisches Dokument dargestellt. Die Familie Warburg selbst hat sich große Mühe gegeben, seine Fälschung zu beweisen.

Was sagt das Buch? Was ist laut dem Buch in den frühen 1930er Jahren in Deutschland passiert? Und haben diese Ereignisse irgendeine Ähnlichkeit mit Tatsachen, von denen wir aufgrund anderer Beweise wissen, dass sie wahr sind?

Aus Sicht der Forschungsmethodik ist es am besten, davon auszugehen, dass das Buch von "Sidney Warburg" eine Fälschung ist, es sei denn, wir können das Gegenteil beweisen. Dies ist die Vorgehensweise, die wir anwenden werden. Der Leser mag sich fragen - warum machen wir uns dann die Mühe, eine mögliche Fälschung genauer zu untersuchen? Es gibt mindestens zwei gute Gründe, abgesehen von der akademischen Neugier.

Zunächst einmal behaupten die Warburgs, das Buch sei eine Fälschung, und das, womit er ihre Leugnung begründet, weist einen merkwürdigen Mangel auf. Die Warburgs bezeichnen ein Buch als Fälschung, von dem sie zugeben, dass sie es nicht gelesen oder auch nur gesehen haben. Die Leugnung der Warburgs beschränkt sich speziell darauf, zu bestreiten, dass es von einem Warburg verfasst worden sein könnte. Diese Leugnung ist akzeptabel, aber sie verneint oder lehnt die Gültigkeit des Inhalts nicht ab. Die Verleugnung weist lediglich die Urheberschaft des Buches zurück.

Zweitens haben wir I.G. Farben bereits als Hitlers wichtigsten Finanzier und Geldgeber identifiziert. Wir haben fotografische Beweise für den Überweisungsträger über 400.000 Reichsmark von I.G. Farben auf Hitlers politisches Schwarzgeldkonto "Nationale Treuhand" vorgelegt, das von Rudolf Hess verwaltet wurde. Es ist nun wahrscheinlich und fast sicher, dass "Sidney Warburg" nicht existierte. Andererseits ist es allgemein bekannt, dass die Warburgs eng mit dem Management der I.G. Farben in Deutschland und den USA verbunden waren. In Deutschland war Max Warburg ein Direktor der I.G. Farben und in den USA war Bruder Paul Warburg (Vater von James Paul Warburg) ein Direktor der amerikanischen I.G. Farben. Kurz gesagt, wir haben unwiderlegbare

Beweise dafür, dass einige Warburgs, darunter James Pauls Vater, der Whistleblower des Buchs "Sidney Warburg", Direktoren von I.G. Farben waren. Und I.G. Farben ist dafür bekannt, Hitler finanziert zu haben. "Sidney Warburg" mag ein Mythos gewesen sein, aber die Manager von I.G. Farben, Max Warburg und Paul Warburg, waren real. Das ist Grund genug, weiter zu recherchieren.

Fassen wir zunächst das Buch zusammen, von dem James Paul Warburg behauptet, es sei eine Fälschung.

Synopsis des Buches von „Sidney Warburg"
gestrichen

Die finanziellen Quellen des Nationalsozialismus[596] *beginnt* mit einem angeblichen Gespräch zwischen "Sidney Warburg" und dem Co-Autor/Übersetzer I.G. Shoup. "Warburg" erzählt, warum er Shoup ein englischsprachiges Manuskript zur Übersetzung ins Niederländische und zur Veröffentlichung in Holland übergab, wie es der mythische "Sidney Warburg" formulierte:

> *Es gibt Momente, in denen ich mich von einer Welt abwenden möchte, in der Intrigen, List, Betrug und Börsenmanipulation herrschen... Wissen Sie, was ich nie verstehen werde? Wie es möglich ist, dass Menschen mit gutem und ehrlichem Charakter - für die ich zahlreiche Beweise habe - sich an Betrügereien und Betrügereien beteiligen, obwohl sie genau wissen, dass Tausende von Menschen davon betroffen sein werden.*

Shoup beschreibt "Sidney Warburg" dann als "Sohn eines der größten Bankiers der USA, der Mitglied der Bankgesellschaft Kuhn, Loeb & Co. in New York war". "Sidney Warburg" sagt Shoup dann, dass er ("Warburg") für die Geschichte aussagen möchte, wie der Nationalsozialismus von den Finanziers in New York finanziert wurde.

Der erste Teil des Buches trägt den schlichten Titel *"1929"*. Er berichtet, dass die Wall Street 1929 in Deutschland und Österreich riesige Kredite ausstehen hatte, die größtenteils eingefroren worden waren. Während Frankreich wirtschaftlich schwach war und Deutschland fürchtete, erhielt es auch den "Löwenanteil" der Reparationsgelder, die in Wirklichkeit von den USA finanziert wurden. Im Juni 1929 fand ein Treffen zwischen Mitgliedern der Federal Reserve Bank und führenden US-Bankern statt, um zu entscheiden, was in Bezug auf Frankreich zu tun sei, und insbesondere, um dessen Inanspruchnahme der deutschen Reparationszahlungen zu unterstützen. An diesem Treffen nahmen (laut dem Buch "Warburg") die Direktoren der Guaranty Trust Company, die "Präsidenten" der Federal Reserve-Banken sowie fünf unabhängige Bankiers, der

---

[596] Die englische Version wurde von Omnia Veritas Ltd. unter dem Titel *Hitler's Secret Backers, the Financial Sources of National Socialism* herausgegeben. www.omnia-veritas.com.

"junge Rockefeller" und Glean von Royal Dutch Shell teil. Carter und Rockefeller dominierten laut dem Text "die Debatten. Die anderen hörten zu und nickten nur".

Der allgemeine Konsens bei dem Treffen der Bankiers war, dass der einzige Weg, Deutschland aus den finanziellen Klauen Frankreichs zu befreien, eine Revolution sei, entweder eine kommunistische oder eine deutschnationale. Bei einem früheren Treffen war vereinbart worden, Hitler zu kontaktieren, um "zu versuchen, herauszufinden, ob er bereit wäre, amerikanische finanzielle Unterstützung zu erhalten". Nun hatte Rockefeller angeblich in jüngerer Zeit ein deutsch-amerikanisches Flugblatt über Hitlers nationalsozialistische Bewegung gesehen und der Zweck dieses zweiten Treffens bestand darin, festzustellen, ob "Sidney Warburg" bereit wäre, als Bote nach Deutschland zu reisen, um persönlich mit Hitler Kontakt aufzunehmen.

Im Gegenzug für finanzielle Unterstützung sollte Hitler eine "aggressive Außenpolitik betreiben und den Gedanken an einen Rachefeldzug gegen Frankreich wecken". Diese Politik, so glaubte man, sollte in einen Appell Frankreichs an die USA und England münden, um deren Hilfe in "internationalen Fragen, die eine mögliche deutsche Aggression betreffen", zu erhalten. Hitler sollte den Zweck der Unterstützung durch die Wall Street nicht kennen. Es würde "seiner Vernunft und seinem Einfallsreichtum überlassen bleiben, die Gründe für den Vorschlag zu entdecken". "Warburg" nahm den vorgeschlagenen Auftrag an und reiste auf dem Passagierschiff Île de France von New York nach Cherbourg, "mit einem Diplomatenpass und Empfehlungsschreiben von Carter, Tommy Walker, Rockefeller, Glean und Herbert Hoover".

Offenbar hatte "Sidney Warburg" einige Schwierigkeiten, Hitler zu treffen. Dem US-Konsul in München gelang es nicht, Kontakt zu den Nazis aufzunehmen, und schließlich wandte sich Warburg direkt an den Münchner Bürgermeister Deutzberg, "mit einer Empfehlung des US-Konsuls" und einem Aufruf, Warburg an Hitler zu verweisen. Shoup präsentiert dann Auszüge aus Hitlers Aussagen bei diesem ersten Treffen. Diese Auszüge enthalten Hitlers übliche antisemitische Ausschweifungen, und es ist bemerkenswert, dass alle antisemitischen Teile des Buches "Sidney Warburg" von Hitler gesprochen werden (dies ist wichtig, da James Paul Warburg behauptet, Shoup's Buch sei völlig antisemitisch). Die Finanzierung der Nazis wurde bei diesem Treffen besprochen und Hitler soll darauf bestanden haben, dass die Gelder nicht in einer deutschen Bank, sondern nur in einer ausländischen Bank, die ihm zur Verfügung stand, eingezahlt werden konnten. Hitler forderte 100 Millionen Reichsmark und schlug vor, dass "Sidney Warburg" über von Heydt an Lutzowufer, 18 Berlin, über die Reaktion der Wall Street berichten sollte.[597]

Nachdem Warburg der Wall Street Bericht erstattet hatte, erfuhr er, dass 24 Millionen Dollar für die amerikanischen Bankiers eine zu hohe Summe waren; sie boten 10 Millionen Dollar. Warburg kontaktierte von Heydt und es wurde ein

---

[597] Beachten Sie, dass "von Heydt" der ursprüngliche Name der Dutch Bank voor Handel en Seheepvaart N.V. war, einer Tochtergesellschaft der Thyssen-Interessen und von der heute bekannt ist, dass sie als Trichter für die Nazi-Gelder diente. Siehe *"Eliminierung der deutschen Ressourcen"*.

weiteres Treffen vereinbart, diesmal mit einem "wenig vornehm aussehenden Mann, der mir unter dem Namen Frey vorgestellt wurde". Es wurden Anweisungen erteilt, der Firma Mendelsohn & Co. Bank in Amsterdam, Holland, 10 Millionen Dollar zur Verfügung zu stellen. Warburg sollte die Mendelsohn Bank bitten, D-Mark-Schecks an namentlich genannte Nazis in zehn deutschen Städten auszustellen.

Anschließend reiste Warburg nach Amsterdam, erfüllte seinen Auftrag bei Mendelsohn & Co. und reiste dann nach Southampton in England und wurde mit dem Schiff *Olympia* zurück nach New York gebracht, wo er seinen Bericht an Carter von der Guaranty Trust Company übergab. Zwei Tage später übermittelte Warburg seinen Bericht an die gesamte Wall Street-Gruppe, aber "diesmal saß neben Glean von Royal Dutch ein englischer Vertreter, ein Mann namens Angell, einer der führenden Köpfe der Asiatic Petroleum Co. Warburg wurde zu Hitler befragt, und "Rockefeller zeigte ein ungewöhnliches Interesse an Hitlers Aussagen über die Kommunisten".

Einige Wochen nach Warburgs Rückkehr aus Europa zeigten die Hearst-Zeitungen ein "ungewöhnliches Interesse" an der neuen deutschen Nazipartei, und sogar die *New York Times* veröffentlichte regelmäßig kurze Berichte über Hitlers Reden. Zuvor hatten diese Zeitungen kein allzu starkes Interesse gezeigt, doch das änderte sich.[598] Darüber hinaus erschien im Dezember 1929 eine lange Studie über die deutsche nationalsozialistische Bewegung "in einer monatlichen Publikation der Harvard University".

Der zweite Teil des unterdrückten Buches *Die finanziellen Quellen des Nationalsozialismus trägt den* Titel "1931" und beginnt mit einer Diskussion über den französischen Einfluss auf die internationale Politik. Darin wird behauptet, Herbert Hoover habe Pierre Laval von Frankreich versprochen, die Schuldenfrage nicht ohne vorherige Rücksprache mit der französischen Regierung zu lösen, und [schreibt Shoup]:

> Als die Wall Street dies herausfand, verlor Hoover schlagartig den Respekt dieses Kreises. Selbst die folgenden Wahlen waren davon betroffen - viele glauben, dass Hoovers Scheitern bei der Wiederwahl auf diese Frage zurückgeführt werden kann.[599]

---

[598] Ein Blick in den Index der *New York Times* bestätigt die Richtigkeit des letzten Teils dieser Aussage. Siehe zum Beispiel den plötzlichen Ansturm auf das Interesse der *New York Times* am 15. September 1930 und den Leitartikel über "Hitler, die treibende Kraft des deutschen Faschismus" in der Ausgabe der *New York Times* vom 21. September 1930. Im Jahr 1929 veröffentlichte die *New York Times* nur einen kurzen Artikel über Adolf Hitler. Im Jahr 1931 veröffentlichte er rund 20 wichtige Artikel, darunter nicht weniger als drei "Porträts".

[599] Hoover sagte, er habe 1931 die Unterstützung der Wall Street verloren, weil er seinen Plan für einen New Deal nicht verfolgen wollte: siehe Antony C. Sutton, *Wall Street and FDR, op. cit.*

Im Oktober 1931 erhielt Warburg einen Brief von Hitler, den er an Carter von der Guaranty Trust Company weiterleitete. Daraufhin wurde ein weiteres Treffen der Bankiers in den Büros der Guaranty Trust Company einberufen. Bei diesem Treffen gingen die Meinungen auseinander. "Sidney Warburg" berichtete, dass Rockefeller, Carter und McBean für Hitler waren, während die anderen Finanziers unsicher waren. Montague Norman von der Bank of England und Glean von Royal Dutch Shell argumentierten, dass die 10 Millionen Dollar, die bereits für Hitler ausgegeben worden waren, zu viel seien und dass Hitler niemals zur Tat schreiten würde. Die Teilnehmer des Treffens einigten sich schließlich auf den Grundsatz, Hitler mehr zu helfen, und Warburg unternahm erneut eine Kurierfahrt und kehrte nach Deutschland zurück.

Auf dieser Reise soll Warburg mit "einem jüdischen Bankier" in Hamburg, mit einem Industriemagnaten und anderen Hitler-Anhängern über deutsche Geschäfte gesprochen haben. Insbesondere traf er den Bankier von Heydt und einen gewissen Luetgebrumm. Letzterer erklärte, dass die Nazi-Sturmtruppen unvollständig ausgerüstet seien und dass die SS Maschinengewehre, Revolver und Karabiner dringend benötige.

Bei dem folgenden Treffen zwischen Warburg und Hitler argumentierte Hitler, dass "die Sowjets nicht ohne unsere Industrieprodukte auskommen können. Wir werden ihnen Kredit geben, und wenn ich nicht in der Lage bin, Frankreich selbst zu schwächen, dann werden die Sowjets mir helfen". Hitler sagte, er habe zwei Pläne für die Übernahme Deutschlands: (a) den Plan der Revolution und (b) den Plan der legalen Übernahme. Der erste Plan wäre eine Sache von drei Monaten, der zweite eine Sache von drei Jahren. Hitler hätte gesagt: "Die Revolution kostet fünfhundert Millionen Mark, die legale Übernahme kostet zweihundert Millionen Mark - wie werden sich Ihre Bankiers entscheiden? Nach fünf Tagen kam ein Kabel von Guaranty Trust in Warburg an und wird im Buch wie folgt zitiert:

> *Die vorgeschlagenen Beträge kommen nicht in Frage. Wir wollen und können nicht. Erklären Sie dem Mann, dass ein solcher Transfer nach Europa den Finanzmarkt umwälzen wird. Absolut unbekannt auf internationalem Boden. Rechnen Sie mit einem langen Bericht, bevor eine Entscheidung getroffen wird. Bleiben Sie an Ort und Stelle. Setzen Sie die Ermittlungen fort. Überzeugen Sie den Mann, dass seine Forderungen unhaltbar sind. Vergessen Sie nicht, Ihre eigene Meinung über die Zukunftschancen des Mannes in den Bericht aufzunehmen.*

Warburg telegrafierte seinen Bericht nach New York und drei Tage später erhielt er ein zweites Telegramm:

> *Bericht ist eingegangen. Bereiten Sie sich auf die Lieferung von zehn, maximal fünfzehn Millionen Dollar vor. Benachrichtigen Sie den Mann über die Notwendigkeit eines Angriffs auf ein fremdes Land.*

Die 15 Millionen Dollar wurden für den Weg der legalen Übernahme angenommen, nicht für den revolutionären Plan. Das Geld wurde wie folgt von der Wall Street über Warburg zu Hitler transferiert: 5 Millionen Dollar an

Mendelsohn & Company, Amsterdam; 5 Millionen Dollar an die Rotterdamsehe Bankvereinigung in Rotterdam; und 5 Millionen Dollar an die "Banca Italiana".

Warburg besuchte jede dieser Banken, wo er sich angeblich mit Heydt, Strasser und Hermann Göring traf. Die Gruppen arrangierten, dass die Schecks in verschiedenen Städten Deutschlands mit unterschiedlichen Namen gekennzeichnet wurden. Mit anderen Worten: Die Gelder wurden in moderner Tradition "gewaschen", um ihre Herkunft aus der Wall Street zu verschleiern. In Italien soll die Zahlungsgruppe im Hauptgebäude der Bank von ihrem Präsidenten empfangen worden sein, und während sie in seinem Büro warteten, sollen zwei italienische Faschisten, Rossi und Balbo, Warburg, Heydt, Strasser und Göring vorgestellt worden sein. Drei Tage nach der Zahlung kehrte Warburg mit der *Savoya* von Genua nach New York zurück.

Auch hier erstattete er Carter, Rockefeller und den anderen Bankern Bericht.

Der dritte Abschnitt von *Finanzquellen des Nationalsozialismus* trägt den schlichten Titel "1933". Der Abschnitt berichtet über das dritte und letzte Treffen von "Sidney Warburg" mit Hitler - in der Nacht, in der der Reichstag in Brand gesteckt wurde (In Kapitel acht haben wir die Anwesenheit von Roosevelts Freund Putzi Hanfstaengl im Reichstag vermerkt). Bei diesem Treffen informierte Hitler Warburg über die Fortschritte der Nazis auf dem Weg zu einer legalen Übernahme. Seit 1931 hatte die nationalsozialistische Partei ihre Größe verdreifacht. In der Nähe der deutschen Grenze in Belgien, Holland und Österreich waren massive Waffenlager angelegt worden - doch diese Waffen erforderten Barzahlungen, bevor sie ausgeliefert werden konnten. Hitler forderte ein Minimum von 100 Millionen Reichsmark, um die letzte Phase des Übernahmeprogramms zu sichern. Guaranty Trust ließ Warburg ein Angebot von bis zu 7 Millionen Dollar zukommen, die wie folgt zu zahlen waren: 2 Millionen an die Renania Joint Stock Company in Düsseldorf (den deutschen Zweig der Royal Dutch) und 5 Millionen an andere Banken. Warburg berichtete Hitler von diesem Angebot, der verlangte, dass die 5 Millionen Dollar an die Banca Italiana in Rom geschickt werden sollten, und (obwohl der Bericht dies nicht sagt) kann man davon ausgehen, dass die anderen 2 Millionen in Düsseldorf gezahlt wurden. Das Buch endet mit der folgenden Aussage Warburgs:

> *Ich habe meine Aufgabe bis ins kleinste Detail erfüllt. Hitler ist der Diktator des größten europäischen Landes. Die Welt hat ihn nun seit mehreren Monaten bei der Arbeit gesehen. Wie ich über ihn denke, ist jetzt nicht mehr wichtig. Ich bin jedoch weiterhin davon überzeugt, dass seine Taten beweisen werden, dass er böse ist. Zum Wohle des deutschen Volkes hoffe ich aus tiefstem Herzen, dass ich falsch liege. Die Welt leidet weiterhin unter einem System, das sich einem Hitler beugen muss, um sich selbst am Leben zu erhalten. Arme Welt, arme Menschheit.*

So lautet die Zusammenfassung des unterdrückten Buches von "Sidney Warburg" über die finanziellen Ursprünge des Nationalsozialismus in Deutschland. Einige der in dem Buch enthaltenen Informationen sind heute allgemein bekannt - obwohl nur ein Teil davon in den frühen 1930er Jahren allgemein bekannt war. Es ist außergewöhnlich, dass der unbekannte Autor Zugang zu Informationen hatte, die erst viele Jahre später an die Oberfläche kamen

- zum Beispiel die Identität des Bankhauses von Heydt als Hitlers Finanzkreislauf. Warum wurde das Buch aus den Buchhandlungen genommen und eingestampft? Als Grund für die Rücknahme wurde angegeben, dass "Sidney Warburg" nicht existiere, dass das Buch eine Fälschung sei und dass die Familie Warburg behauptete, es enthalte antisemitische und verleumderische Aussagen.

Die Informationen aus dem Buch wurden nach dem Zweiten Weltkrieg wiederbelebt und in anderen Büchern in einem antisemitischen Kontext veröffentlicht, der in dem ursprünglichen Buch von 1933 nicht vorhanden war. Zwei dieser Bücher aus der Nachkriegszeit waren *Spanischer Sommer* von René Sonderegger und *Liebet Eure Feinde* von Werner Zimmerman.

Noch wichtiger ist, dass James P. Warburg aus New York 1949 eine eidesstattliche Erklärung unterzeichnete, die als Anhang in von Papens *Memoiren* veröffentlicht wurde. Diese eidesstattliche Erklärung von Warburg bestritt kategorisch die Echtheit des Buches von "Sidney Warburg" und behauptete, dass es sich um einen Hoax handelte. Leider konzentriert sich James P. Warburg auf Sondereggers antisemitisches Buch *Spanischer Sommer aus dem Jahr* 1947 und nicht auf das von "Sidney Warburg" geschriebene, gestrichene und 1933 veröffentlichte Originalbuch - in dem der einzige Antisemitismus aus den angeblichen Äußerungen Hitlers stammt.

Mit anderen Worten: Warburgs eidesstattliche Erklärung hat weit mehr Fragen aufgeworfen als sie beantwortet hat. Wir sollten uns daher mit Warburgs eidesstattlicher Erklärung von 1949 befassen, die die Authentizität der Finanzquellen des Nationalsozialismus leugnet.

EIDESSTATTLICHE ERKLÄRUNG VON JAMES PAUL WARBURG

1953 veröffentlichte der Nazi Franz von Papen seine *Memoiren*.[600] Es war derselbe Franz von Papen, der während des Ersten Weltkriegs für die deutsche Spionage in den USA aktiv gewesen war. In seinen *Memoiren* geht Franz von Papen auf die Frage der Finanzierung Hitlers ein und schiebt die Schuld auf den Industriellen Fritz Thyssen und den Bankier Kurt von Schröder. Papen bestreitet, Hitler finanziert zu haben, und in der Tat gibt es keine glaubwürdigen Beweise, die von Papen mit Hitlers Geldern in Verbindung bringen (obwohl Zimmerman in *Liebert Eure Feinde* Papen beschuldigt, 14 Millionen Reichsmark gespendet zu haben). In diesem Zusammenhang erwähnt von Papen Sidney Warburgs *Die finanziellen Quellen des Nationalsozialismus* sowie die beiden neueren Bücher

---

[600] Franz von Papen, *Memoiren,* (New York: E.P. Dutton & Co., Inc., 1958). Übersetzt von Brian Connell.

von Werner Zimmerman und René Sonderegger (alias Severin Reinhardt), die nach dem Zweiten Weltkrieg erschienen sind.[601] Papen fügt hinzu, dass:

> James P. Warburg ist in der Lage, in seiner eidesstattlichen Erklärung jede Fälschung zu widerlegen... Ich für meinen Teil bin Herrn Warburg sehr dankbar, dass er diese böswillige Verleumdung ein für alle Mal beseitigt hat. Es ist fast unmöglich, Anschuldigungen dieser Art durch eine einfache Verneinung zu widerlegen, und sein autoritäres Dementi hat es mir ermöglicht, meinen eigenen Protesten Nachdruck zu verleihen.[602]

Anhang II von Papens Buch besteht aus zwei Abschnitten. Der erste ist eine Erklärung von James P. Warburg; der zweite ist die eidesstattliche Erklärung, datiert vom 15. Juli 1949.

Im ersten Absatz der Erklärung heißt es, dass 1933 der niederländische Verlag Holkema und Warendorf *De Geldbronnen van Het Nationaal-Socialisme* veröffentlichte. *Drie Gesprekken Met Hitler*, und fügt hinzu, dass:

> Das Buch soll von "Sidney Warburg" geschrieben worden sein. Ein Partner der Kanzlei Warburg & Co. in Amsterdam informierte James P. Warburg über die Existenz dieses Buches und Holkema und Warendorf wurden darüber informiert, dass "Sidney Warburg" nicht existierte. Daraufhin zogen sie das Buch aus dem Verkehr.

James Warburg gibt dann zwei aufeinanderfolgende und scheinbar widersprüchliche Erklärungen ab:

> ... das Buch enthielt eine Fülle von verleumderischem Material gegen verschiedene Mitglieder meiner Familie und gegen eine Reihe von Banken und wichtigen Personen in New York - ich habe bis heute keine Kopie des Buches gesehen. Offenbar entging nur eine Handvoll Exemplare dem Rückzug des Verlags.

Nun behauptet Warburg einerseits, er habe noch nie ein Exemplar des Buches von "Sidney Warburg" gesehen, und andererseits sagt er, das Buch sei *"verleumderisch"*, und nimmt Satz für Satz eine detaillierte eidesstattliche Erklärung vor, um die angeblichen Informationen in einem Buch zu widerlegen, das er angeblich nicht gesehen hat! Es ist sehr schwer, die Gültigkeit von Warburgs Behauptung zu akzeptieren, dass er "bis heute kein Exemplar des Buches gesehen" habe. Oder wenn er es nicht getan hätte, dann wäre die eidesstattliche Erklärung wertlos.

James Warburg fügt hinzu, dass das Buch von "Sidney Warburg" "offensichtlichen Antisemitismus" zeige, und der Kerngedanke von Warburgs

---

[601] Werner Zimmerman, *Liebet Eure Feinde*, (Frankhauser Verlag: Thielle-Neuchatel, 1948), das ein Kapitel, "Hitlers geheime finanzielle Unterstützer", enthält, und René Sonderegger, *Spanischer Sommer*, (Afroltern, Schweiz: Aehren Verlag, 1948).

[602] Franz von Papen, *Memoiren, a. a. O.*, S. 23.

Erklärung ist, dass die Geschichte von *"Sidney Warburg"* reine antisemitische Propaganda sei. Tatsächlich (und Warburg hätte diese Tatsache entdeckt, wenn er das Buch gelesen hätte), sind die einzigen antisemitischen Äußerungen in dem Buch von 1933 diejenigen, die Adolf Hitler zugeschrieben werden, dessen antisemitische Gefühle kaum eine große Entdeckung sind. Abgesehen von Hitlers Ausschweifungen gibt es im Originalbuch von "Sidney Warburg" nichts, was auch nur annähernd mit Antisemitismus zu tun hat, es sei denn, wir würden Rockefeller, Glean, Carter, McBean usw. als Juden klassifizieren. Tatsächlich ist es bemerkenswert, dass in dem Buch nicht ein einziger jüdischer Bankier genannt wird - mit Ausnahme des mythischen "Sidney Warburg", der ein Mittelsmann und nicht einer der angeblichen Geldgeber ist. Dennoch wissen wir aus authentischer Quelle (von Botschafter Dodd), dass der jüdische Bankier Eberhard von Oppenheim Hitler[603] tatsächlich 200.000 Reichsmark gab, und es ist unwahrscheinlich, dass "Sidney Warburg" diese Beobachtung übersehen hätte, wenn er absichtlich falsche antisemitische Propaganda betrieben hätte.

Die erste Seite von James Warburgs Erklärung bezieht sich auf das Buch aus dem Jahr 1933. Nach der ersten Seite stellt Warburg René Sonderegger und ein weiteres Buch vor, das 1947 geschrieben wurde. Eine sorgfältige Analyse von Warburgs Erklärung und der eidesstattlichen Erklärung zeigt, dass sich seine Dementis und Behauptungen hauptsächlich auf Sonderegger und nicht auf Sidney Warburg beziehen. Nun war Sonderegger Antisemit und gehörte nach dem Zweiten Weltkrieg wahrscheinlich einer Neonazi-Bewegung an, aber diese Behauptung des Antisemitismus kann nicht auf das Buch von 1933 angewendet werden - und das ist der Kern des Problems. Kurz gesagt: James Paul Warburg gibt zunächst vor, ein Buch zu diskutieren, das er nie gesehen hat, von dem er aber weiß, dass es verleumderisch und antisemitisch ist, und verlagert dann ohne Vorwarnung die Anklage auf ein anderes Buch, das mit Sicherheit antisemitisch war, aber erst ein Jahrzehnt später veröffentlicht wurde. So vermischt Warburgs eidesstattliche Erklärung die beiden Bücher so vollständig, dass der Leser dazu verleitet wird, den mythischen "Sidney Warburg" mit Sonderegger zu verurteilen. [604]Betrachten wir einige von J.P. Warburgs Erklärungen:

---

[603] William E. Dodd, *Tagebuch des Botschafters Dodd*, a. a. O., S. 593-602.

[604] Der Leser kann Warburgs vollständige Erklärung und die eidesstattliche Erklärung prüfen; siehe Franz von Papen, *Memoiren*, a. a. O., S. 593-602.

Eidesstattliche Erklärung von James P. Warburg New York City, 15. Juli 1949	Kommentar des Autors zum Affidavit von James P. Warburg
1. In Bezug auf die völlig falschen und böswilligen Behauptungen von René Sonderegger aus Zürich, Schweiz, und anderen, wie im vorherigen Teil dieser Erklärung dargelegt, hinterlege ich, James Paul Warburg, aus Greenwich, Connecticut, USA, Folgendes:	Beachten Sie, dass sich die eidesstattliche Erklärung auf René Sonderegger bezieht und nicht auf das von J.G. Shoup 1933 veröffentlichte Buch.
2. Eine Person wie "Sidney Warburg" gab es 1933 in New York nicht, und meines Wissens auch nicht anderswo, weder zu dieser Zeit noch zu einem anderen Zeitpunkt.	Es ist anzunehmen, dass der Name "Sidney Warburg" ein Pseudonym ist oder fälschlicherweise verwendet wird.
3. Ich habe niemals Manuskripte, Tagebücher, Notizen, Kabel oder andere Dokumente irgendjemandem zur Übersetzung und Veröffentlichung in Holland gegeben, und insbesondere habe ich solche Dokumente niemals dem angeblichen J.G. Shoup aus Antwerpen gegeben. Soweit ich weiß und mich erinnere, habe ich zu keinem Zeitpunkt eine solche Person getroffen.	Das Affidavit beschränkt sich auf die Gewährung von Dokumenten "für die Übersetzung und Veröffentlichung in Holland".
4. Das von Sonderegger berichtete Telefongespräch zwischen Roger Baldwin und mir hat nie stattgefunden und ist eine reine Erfindung.	Berichtet von Sonderegger, nicht "Sidney Warburg".
5. Ich bin weder 1929 noch zu einem anderen Zeitpunkt auf Wunsch des Vorsitzenden der Guaranty Trust Company nach Deutschland gereist.	Aber Warburg reiste 1929 und 1930 für die International Acceptance Bank, Inc. nach Deutschland.
6. Ich war in den Jahren 1929 und 1930 geschäftlich für meine eigene Bank, The International Acceptance Bank Inc. in New York, nach Deutschland gereist. Bei keiner dieser Gelegenheiten musste ich untersuchen, ob eine kommunistische Revolution in Deutschland durch die Förderung einer nationalsozialistischen Konterrevolution verhindert werden könnte. Ich kann belegen, dass ich bei meiner Rückkehr aus Deutschland nach den Reichstagswahlen 1930 meine Geschäftspartner warnte, dass Hitler höchstwahrscheinlich in Deutschland an die Macht kommen würde und dass das Ergebnis entweder ein von den Nazis beherrschtes Europa oder ein Zweiter Weltkrieg sein würde - vielleicht beides. Dies lässt sich ebenso belegen wie die Tatsache, dass meine Bank nach meiner Warnung so schnell wie möglich ihre deutschen Verbindlichkeiten reduzierte.	Beachten Sie, dass Warburg durch seine eigene Aussage seinen Bankpartnern sagte, dass Hitler an die Macht kommen würde. Diese Behauptung wurde 1930 aufgestellt - und die Warburgs leiteten weiterhin die I.G. Farben und andere pronazistische Unternehmen.
7. Ich habe nirgendwo, zu keiner Zeit, mit Hitler, mit irgendeinem NS-Funktionär oder mit irgendjemandem sonst Gespräche über die Bereitstellung von Geldern für die NSDAP geführt. Genauer gesagt hatte ich keine derartigen Beziehungen zu Mendelssohn & Co, der Rotterdamsche Bankvereiniging oder der Banca Italiana (Letztere soll wahrscheinlich die Banca d'Italia lesen, mit der ich ebenfalls keine derartigen Geschäfte getätigt habe).	Es gibt keine Beweise, die dieser Behauptung widersprechen. Soweit wir zurückverfolgen können, hatte Warburg keine Verbindung zu diesen Bankgesellschaften, außer dass Warburgs italienische Korrespondenzbank in Manhattan die "Banca Commerciale Italiana" war - die der "Banca Italiana" nahesteht.

8. Im Februar 1933 (siehe Seiten 191 und 192 des Spanischen Sommers), als ich Hitler die letzte Zahlung amerikanischer Gelder überbracht haben soll und von Göring und Goebbels sowie Hitler selbst empfangen wurde, kann ich beweisen, dass ich überhaupt nicht in Deutschland war. Ich habe nach der Machtübernahme der Nazis im Januar 1933 nie wieder einen Fuß nach Deutschland gesetzt. Im Januar und Februar war ich in New York und Washington, wo ich sowohl mit meiner Bank als auch mit dem gewählten Präsidenten Roosevelt an der damals herrschenden Bankenkrise arbeitete. Nach Roosevelts Amtseinführung am 3. März 1933 arbeitete ich ständig mit ihm zusammen an der Vorbereitung der Tagesordnung für die Weltwirtschaftskonferenz, zu der ich Anfang Juni als Finanzberater entsandt wurde. Es handelt sich hierbei um eine allgemein bekannte Angelegenheit.	Es gibt keine Beweise, die diese Aussagen widerlegen. "Sidney Warburg" legt keine Beweise für seine Behauptungen vor. Siehe *Wall Street und FDR*, für weitere Einzelheiten zu den deutschen FDR-Verbänden.
9. Die obigen Aussagen sollten ausreichen, um zu zeigen, dass der gesamte "Sidney Warburg"-Mythos und die darauf folgende irreführende Identifizierung meiner Person mit dem nicht existierenden "Sidney" bösartige Lügenkonstruktionen sind, die nicht die geringste Grundlage in der Wahrheit haben.	Nein. James P. Warburg behauptet, das Originalbuch "Sidney Warburg", das 1933 in Holland veröffentlicht wurde, nie gesehen zu haben. Daher bezieht sich seine eidesstattliche Erklärung nur auf das Buch von Sonderegger, das nicht korrekt ist. Sidney Warburg mag ein Mythos sein, aber die Verbindung von Max Warburg und Paul Warburg mit I.G. Farben und Hitler ist es nicht.

HAT JAMES WARBURG EINE IRREFÜHRUNG BEABSICHTIGT?

Es stimmt, dass "Sidney Warburg" durchaus eine Erfindung gewesen sein könnte, in dem Sinne, dass "Sidney Warburg" nie existiert hat. Wir gehen davon aus, dass der Name eine Fälschung ist; aber jemand hat das Buch geschrieben. Zimmerman und Sonderegger haben den Namen Warburg vielleicht oder vielleicht auch nicht verleumdet, aber leider werden wir, wenn wir die eidesstattliche Erklärung von James P. Warburg, die in von Papens *Memoiren* veröffentlicht wurde, untersuchen, im Dunkeln gelassen wie nie zuvor. Es gibt drei wichtige, unbeantwortete Fragen:

(1) Warum sollte James P. Warburg behaupten, dass ein Buch, das er nicht gelesen hat, falsch ist?

(2) warum Warburgs eidesstattliche Erklärung der Schlüsselfrage ausweicht und die Diskussion von "Sidney Warburg" auf das 1947 veröffentlichte antisemitische Buch Sonderegger lenkt? und

(3) Warum sollte James P. Warburg so unsensibel gegenüber dem Leid der Juden während des Zweiten Weltkriegs sein, dass er seine eidesstattliche Erklärung in den *Memoiren* von Franz von Papen veröffentlicht, der als

prominenter Nazi seit den ersten Tagen des Jahres 1933 im Zentrum der Hitlerbewegung präsent war?

Nicht nur die deutschen Warburgs wurden 1938 von Hitler verfolgt, sondern Millionen von Juden verloren durch die Barbarei der Nazis ihr Leben. Es scheint elementar, dass jeder, der unter dem vergangenen Leid der deutschen Juden gelitten hat und dafür empfänglich war, Nazis, den Nationalsozialismus und Neonazi-Bücher wie die Pest meidet. Dennoch haben wir hier den Nazi von Papen, der als wohlwollender Gastgeber für den selbsternannten Anti-Nazi James P. Warburg fungiert, der sich über diese Gelegenheit zu freuen scheint. Außerdem hätten die Warburgs reichlich Gelegenheit gehabt, eine solche eidesstattliche Erklärung zu veröffentlichen und ihr eine breite Öffentlichkeit zu verschaffen, ohne dies über Neonazi-Kanäle tun zu müssen.

Der Leser wird davon profitieren, wenn er über diese Situation nachdenkt. Die einzige logische Erklärung ist, dass einige der im Buch von "Sidney Warburg" dargestellten Fakten entweder wahr, nahe an der Wahrheit oder für James P. Warburg unangenehm sind. Man kann nicht sagen, dass Warburg eine Irreführung beabsichtigt hat (obwohl diese Schlussfolgerung offensichtlich erscheinen mag), denn Geschäftsleute sind notorisch unlogische Intellektuelle und Raisonniers, und es gibt sicherlich nichts, was Warburg von dieser Kategorisierung ausnehmen könnte.

EINIGE SCHLUSSFOLGERUNGEN AUS DER GESCHICHTE VON „SIDNEY WARBURG"

"Sidney Warburg" hat nie existiert; in diesem Sinne ist das Originalbuch von 1933 ein Werk der Fiktion. Viele der damals kaum bekannten Fakten, die in dem Buch festgehalten wurden, sind jedoch erwiesene und nachprüfbare Tatsachen; und James Warburgs eidesstattliche Erklärung bezieht sich nicht auf das Originalbuch, sondern vielmehr auf ein antisemitisches Buch, das mehr als zehn Jahre später verbreitet wurde.

Paul Warburg war ein Direktor der amerikanischen I.G. Farben und somit mit der Finanzierung Hitlers verbunden. Max Warburg, ein Direktor der American I.G. Farben, unterzeichnete - zusammen mit Hitler selbst - das Dokument, das Hjalmar Schacht zur Reichsbank ernannte. Diese nachprüfbaren Verbindungen zwischen den Warburgs und Hitler legen nahe, dass die Geschichte von "Sidney Warburg" nicht ohne gründliche Prüfung als völlige Fälschung abgetan werden kann.

Wer hat das Buch von 1933 geschrieben und warum? I.G. Shoup sagt, dass die Aufzeichnungen von einem Warburg in England verfasst und ihm zur Übersetzung gegeben wurden. Warburgs Motiv war angeblich eine echte Reue für das amoralische Verhalten der Warburgs und ihrer Partner an der Wall Street. Schien dies ein plausibles Motiv zu sein? Es ist nicht unbemerkt geblieben, dass dieselben Wall Streeters, die Krieg und Revolution planen, in ihrem Privatleben oftmals echte, anständige Bürger sind; es ist nicht auszuschließen, dass einer von ihnen seine Meinung geändert oder Reue empfunden hat. Dies ist jedoch nicht bewiesen.

Wenn das Buch eine Fälschung war, von wem wurde es dann geschrieben? James Warburg gibt zu, dass er die Antwort nicht kennt, und schreibt: „Der ursprüngliche Zweck der Fälschung bleibt auch heute noch etwas unklar."[605]

Könnte eine Regierung das Dokument fälschen? Sicherlich nicht die britische oder die amerikanische Regierung, die beide indirekt an dem Buch beteiligt sind. Sicherlich nicht die Nazi-Regierung in Deutschland, obwohl James Warburg diese unwahrscheinliche Möglichkeit anzudeuten scheint. Könnte es Frankreich sein, oder die Sowjetunion, oder vielleicht Österreich? Frankreich vielleicht, weil Frankreich den Aufstieg von Nazi-Deutschland fürchtete. Österreich ist eine ähnliche Möglichkeit. Die Sowjetunion ist eine Möglichkeit, weil die Sowjets ebenfalls viel von Hitler zu befürchten hatten. Es ist daher plausibel, dass Frankreich, Österreich oder die Sowjetunion eine Rolle bei der Vorbereitung des Buches gespielt haben.

Jeder Bürger, der ein solches Buch schmiedet, ohne über interne Regierungsdokumente zu verfügen, sollte bemerkenswert gut informiert sein. Der Guaranty Trust ist außerhalb von New York keine besonders bekannte Bank, aber es gibt ein außerordentliches Maß an Plausibilität für die Beteiligung des Guaranty Trust, da es sich um das Vehikel handelt, das Morgan zur Finanzierung und Infiltration der bolschewistischen Revolution benutzte. Derjenige,[606] der den Guaranty Trust als Hitlers Finanzierungsvehikel bezeichnete, wusste viel mehr als der Mann auf der Straße oder verfügte über authentische Regierungsinformationen. Was wäre das Motiv für ein solches Buch?

Das einzige Motiv, das akzeptabel erscheint, ist, dass der unbekannte Autor wusste, dass ein Krieg vorbereitet wurde, und auf eine öffentliche Reaktion gegen die Fanatiker der Wall Street und ihre Industriefreunde in Deutschland hoffte - bevor es zu spät war. Es ist klar, wer auch immer der Autor des Buches war, sein Motiv war mit ziemlicher Sicherheit, vor Hitlers Aggression zu warnen und auf ihre Quelle an der Wall Street zu zeigen, denn die technische Unterstützung der von der Wall Street kontrollierten US-Firmen war immer noch notwendig, um Hitlers Kriegsmaschine zu bauen. Die Hydrierungspatente von Standard Oil und die Finanzierung von Öl aus Kohle, Anlagen, Bombenzielgeräten und anderen notwendigen Technologien waren zum Zeitpunkt der Abfassung des Buches von "Sidney Warburg" noch nicht vollständig übertragen worden. Folglich hätte das Buch dazu dienen können, Hitlers Anhängern im Ausland das Rückgrat zu brechen, den geplanten Transfer des Kriegspotenzials der USA zu verhindern und die finanzielle und diplomatische Unterstützung des Nazi-Staates auszuschalten. Wenn dies der Zweck gewesen wäre, ist es bedauerlich, dass das Buch keines dieser Ziele erreicht hat.

---

[605] Franz von Papen, *Memoiren*, a. a. O., S. 594.

[606] Siehe Antony C. Sutton, *Wall Street and the Bolschevic Revolution*, op. cit.

KAPITEL XI

KOLLABORATION ZWISCHEN DER WALL STREET UND DEN NAZIS WÄHREND DES ZWEITEN WELTKRIEGS

Im Hintergrund der Auseinandersetzungen an den verschiedenen Fronten des Zweiten Weltkriegs kollaborierte die New Yorker Finanzelite über Mittelsmänner in der Schweiz und in Nordafrika mit dem Nazi-Regime. Die nach dem Krieg beschlagnahmten Akten lieferten eine Fülle von Beweisen dafür, dass für Teile des Big Business die Zeit von 1941 bis 1945 "wie gewohnt" verlief. Beispielsweise enthüllte die Korrespondenz zwischen amerikanischen Unternehmen und ihren französischen Tochtergesellschaften die Unterstützung für die Militärmaschinerie der Achsenmächte - und das, obwohl sich die USA im Krieg mit Deutschland und Italien befanden. Die Briefe zwischen Ford aus Frankreich und Ford aus den USA zwischen 1940 und Juli 1942 wurden von der Abteilung für die Kontrolle ausländischer Gelder des Finanzministeriums analysiert. Ihr ursprünglicher Bericht kam zu dem Schluss, dass bis Mitte 1942:

> (1) Die Tätigkeit der Ford-Tochtergesellschaften in Frankreich nahm erheblich zu; (2) ihre Produktion erfolgte ausschließlich zum Nutzen der Deutschen und der Länder unter ihrer Besatzung; (3) die Deutschen zeigten "deutlich ihre Bereitschaft, die Interessen von Ford zu schützen", da Henry Ford und der verstorbene Edsel Ford eine strikt neutrale Haltung beibehielten; und (4) die verstärkte Tätigkeit der französischen Ford-Tochtergesellschaften für die Deutschen wurde von der Ford-Familie in Amerika gelobt.[607]

Ebenso wurde die Rockefeller Chase Bank beschuldigt, während des Zweiten Weltkriegs mit den Nazis in Frankreich zusammengearbeitet zu haben, während Nelson Rockefeller einen Pantoffelposten in Washington D.C. innehatte:

> Das Pariser Büro der Chase Bank verhielt sich während der deutschen Besatzung ähnlich. Eine Untersuchung der Korrespondenz zwischen Chase, New York, und Chase, Frankreich, vom Zeitpunkt des Falls Frankreichs bis Mai 1942 zeigt, dass (1) der Direktor des Pariser Büros die Deutschen beschwichtigte und mit ihnen

---

[607] Zeitung aus Morgenthau (Deutschland).

zusammenarbeitete, um die Chase-Banken in eine "privilegierte Position" zu bringen; (2) die Deutschen die Chase-Bank besonders schätzten - aufgrund der internationalen Aktivitäten unserer (Chase-)Hauptverwaltung und der angenehmen Beziehungen, die die Pariser Niederlassung zu vielen ihrer (deutschen) Banken und ihren lokalen Organisationen und hohen (deutschen) Beamten unterhielt; (3) der Pariser Filialleiter "setzte die Beschränkungen gegen jüdisches Eigentum sehr energisch durch und ging sogar so weit, die Freigabe von Geldern, die Juden gehörten, im Hinblick auf die bevorstehende Veröffentlichung eines Erlasses durch die Besatzungsbehörden zu verweigern, der rückwirkende Bestimmungen enthielt, die eine solche Freigabe untersagten"; (4) das New Yorker Büro trotz der oben genannten Informationen keine direkten Schritte unternahm, um den unerwünschten Direktor des Pariser Büros zu entfernen, da er "gegen unsere Interessen (Chase) reagieren könnte, da wir es nicht mit einer Theorie, sondern mit einer Situation zu tun haben."[608]

Ein offizieller Bericht an den damaligen Finanzminister Morgenthau kam zu dem Schluss, dass:

> Diese beiden Situationen [d. h. die von Ford und der Chase Bank] überzeugen uns davon, dass es zwingend erforderlich ist, die Aktivitäten der Tochtergesellschaften zumindest einiger der großen amerikanischen Unternehmen, die während der deutschen Besatzung in Frankreich tätig waren, sofort vor Ort zu untersuchen.[609]

Die Beamten des Finanzministeriums bestanden darauf, dass eine Untersuchung mit den französischen Niederlassungen mehrerer amerikanischer Banken - nämlich Chase, Morgan, National City, Guaranty, Bankers Trust und American Express - eingeleitet werden sollte. Obwohl Chase und Morgan die beiden einzigen Banken waren, die während der gesamten Dauer der Nazi-Besatzung französische Niederlassungen unterhielten, drängten im September 1944 alle großen Banken in New York die US-Regierung, die Erlaubnis zur Wiedereröffnung der Vorkriegsfilialen zu erhalten.

Eine spätere Untersuchung des Finanzministeriums erbrachte dokumentarische Beweise dafür, dass die Chase Bank und J.P. Morgan während des Zweiten Weltkriegs mit den Nazis zusammengearbeitet hatten. Die Empfehlung für eine umfassende Untersuchung wird im Folgenden vollständig zitiert:

INTERNE KOMMUNIKATION DES FINANZMINISTERIUMS

Datum: 20. Dezember 1944
Für: Sekretärin Morgenthau
Von: Herr Saxon
Die Untersuchung der Akten der Chase Bank in Paris und der Morgan and Company in Frankreich ist nur so weit vorangeschritten, dass vorläufige

---

[608] Ibid.

[609] Ibid.

Schlussfolgerungen gezogen und einige interessante Fakten enthüllt werden können:

CHASE BANK, PARIS

a. Niederman, ein Schweizer Staatsbürger und Direktor von Chase, Paris, war zweifellos ein Mitarbeiter;
b. Die Chase-Zentrale in New York war über Niedermans kollaborationistische Politik informiert, unternahm jedoch nichts, um ihn aus dem Amt zu entfernen. Tatsächlich gibt es zahlreiche Beweise dafür, dass die New Yorker Zentrale Niedermans gute Beziehungen zu den Deutschen als hervorragendes Mittel betrachtete, um die Position der Chase Bank in Frankreich zu erhalten, ohne sie zu beeinträchtigen;
c. Die deutschen Behörden waren darauf bedacht, die Jagd offen zu halten, und ergriffen im Übrigen außergewöhnliche Maßnahmen, um Einnahmequellen bereitzustellen;
d. Die deutschen Behörden wollten mit den großen amerikanischen Banken "befreundet sein", weil sie erwarteten, dass diese Banken nach dem Krieg als Instrument der deutschen Politik in den USA nützlich sein würden;
e. Die Chase, Paris war sehr darauf bedacht, die deutschen Behörden auf jede erdenkliche Weise zufrieden zu stellen. Beispielsweise führte die Chase eifrig das Konto der deutschen Botschaft in Paris, "denn jede Kleinigkeit zählt" (um die ausgezeichneten Beziehungen zwischen der Chase und den deutschen Behörden aufrechtzuerhalten);
f. Das übergeordnete Ziel der Politik und der Arbeitsweise von Chase war es, die Position der Bank um jeden Preis zu erhalten.

MORGAN AND COMPANY, FRANKREICH

a. Morgan and Company betrachtete sich als französische Bank und war daher verpflichtet, die französischen Bankgesetze und -vorschriften einzuhalten, unabhängig davon, ob sie nationalsozialistisch inspiriert waren oder nicht, und tat dies auch tatsächlich;
b. Die Firma Morgan and Company war sehr darauf bedacht, die Kontinuität ihres Hauses in Frankreich zu wahren, und um dies zu erreichen, arbeitete sie mit den deutschen Behörden einen Modus Vivendi aus;
c. Morgan and Company genoss bei den deutschen Behörden großes Ansehen, und die Deutschen rühmten sich der prächtigen Zusammenarbeit von Morgan and Company;
d. Morgan setzte seine Vorkriegsbeziehungen zu den großen französischen Industrie- und Handelsunternehmen, die für Deutschland arbeiteten, fort, darunter die inzwischen von der französischen Regierung beschlagnahmten Renault-Werke, Peugeot [sic], Citroën und viele andere.
e. Die Macht von Morgan and Company in Frankreich hat nichts mit den geringen finanziellen Ressourcen der Firma zu tun, und die laufende Untersuchung wird von echtem Nutzen sein, da wir zum ersten Mal das Morgan-Modell in Europa und die Art und Weise, wie Morgan seine große Macht einsetzte, untersuchen können;
f. Morgan and Company suchte ständig seine Zwecke, indem er eine Regierung gegen eine andere auf die kaltblütigste und skrupelloseste Weise ausspielte.

Herr Jefferson Caffery, der US-Botschafter in Frankreich, wurde über den Fortgang der Ermittlungen auf dem Laufenden gehalten und hat mir jederzeit seine Unterstützung und Ermutigung zugesagt, sowohl im Prinzip als auch in der Praxis. Tatsächlich war es Herr Caffery selbst, der mich fragte, wie die Tochtergesellschaften von Ford und General Motors in Frankreich während der Besatzungszeit gehandelt hatten, und der den Wunsch äußerte, dass wir uns nach Abschluss der Bankuntersuchung mit diesen Unternehmen befassen sollten.

EMPFEHLUNG

Ich empfehle, dass diese Untersuchung, die aus unvermeidlichen Gründen bislang nur langsam voranging, nun dringend durchgeführt wird und dass das erforderliche zusätzliche Personal so schnell wie möglich nach Paris entsandt wird.[610]

Die vollständige Untersuchung wurde nie abgeschlossen, und bis heute wurden keine Ermittlungen zu dieser mutmaßlichen verräterischen Aktivität durchgeführt.

DIE AMERIKANISCHE IG WÄHREND DES ZWEITEN WELTKRIEGS

Die Zusammenarbeit zwischen amerikanischen Geschäftsleuten und den Nazis in Achseneuropa verlief parallel zum Schutz der Nazi-Interessen in den USA. 1939 wurde American I.G. in General Aniline & Film umbenannt, wobei General Dyestuffs ihr exklusiver Verkaufsagent in den USA war. Diese Namen verschleierten in Wirklichkeit die Tatsache, dass American I.G. (bzw. General Aniline & Film) ein bedeutender Hersteller von wichtigem Kriegsmaterial war, insbesondere von Atrabin, Magnesium und synthetischem Kautschuk. Durch restriktive Vereinbarungen mit seiner deutschen Muttergesellschaft I.G. Farben wurden die amerikanischen Lieferungen dieser Rüstungsgüter während des Zweiten Weltkriegs reduziert.

Ein US-Bürger, Halbach, wurde 1930 Präsident von General Dyestuffs und erwarb 1939 die Mehrheitsbeteiligung von Dietrich A. Schmitz, einem Direktor von American I.G. und Bruder von Hermann Schmitz, Direktor von I.G. Farben in Deutschland und Vorstandsvorsitzender von American I.G. bis zum Ausbruch des Krieges 1939. Nach Pearl Harbor sperrte das US-Finanzministerium die Bankkonten von Halbach. Im Juni 1942 beschlagnahmte der Alien Property Custodian Halbachs Anteile an General Dyestuffs und übernahm das Unternehmen als feindliches Unternehmen gemäß dem Gesetz über den Handel mit dem Feind. Später ernannte der Alien Property Custodian einen neuen Vorstand, der während der Dauer des Krieges als Treuhänder fungierte. Diese Handlungen waren eine vernünftige und übliche Praxis, doch wenn man unter der Oberfläche wühlt, kommt eine andere, völlig abnormale Geschichte zum Vorschein.

---

[610] Ibid, S. 800-2.

Zwischen 1942 und 1945 war Halbach nominell als Berater für General Dyestuffs tätig. In Wirklichkeit leitete Halbach das Unternehmen und erhielt dafür 82.000 Dollar pro Jahr. Louis Johnson, ehemaliger stellvertretender Kriegsminister, wurde von der US-Regierung zum Präsidenten von General Dyestuffs ernannt, wofür er 75.000 US-Dollar pro Jahr erhielt. Louis Johnson versuchte, Druck auf das US-Finanzministerium auszuüben, um Halbachs eingefrorene Gelder freizugeben und es ihm zu ermöglichen, eine Politik zu entwickeln, die den Interessen der Vereinigten Staaten, die sich damals im Krieg mit Deutschland befanden, zuwiderlief. Das Argument, mit dem die Freigabe von Halbachs Bankkonten erwirkt werden sollte, war, dass Halbach das Unternehmen leitete und der von der Regierung ernannte Vorstand "ohne den Rat von Herrn Halbach in einer schlechten Position gewesen wäre".

Während des Krieges verklagte Halbach über die Anwaltskanzlei Sullivan and Cromwell den Alien Property Custodian, um die US-Regierung aus ihrer Kontrolle über die I.G. Farben-Unternehmen zu verdrängen. Diese Klagen blieben erfolglos, aber Halbach gelang es, die Vereinbarungen des Farben-Kartells während des gesamten Zweiten Weltkriegs intakt zu halten; der Alien Property Custodian ging während des Zweiten Weltkriegs nie wegen der laufenden Kartellklagen vor Gericht. Was war der Grund dafür? Leo T. Crowley, der Leiter des Büros des Alien Property Guardian, hatte John Foster Dulles als Berater, und John Foster Dulles war ein Partner der oben erwähnten Kanzlei Sullivan and Cromwell, die im Namen von Halbach bei dessen Klage gegen den Alien Property Guardian handelte.

Es gab noch weitere Situationen mit Interessenkonflikten, die man beachten sollte. Leo T. Crowley, der Hüter des Auslandsvermögens, berief Victor Emanuel in die Vorstände der General Aniline & Film und der General Dyestuffs. Vor dem Krieg war Victor Emanuel Direktor der J. Schroder Banking Corporation. Schroder war, wie wir bereits gesehen haben, ein wichtiger Finanzier Hitlers und der Nazipartei - und genau zu dieser Zeit war er Mitglied des Himmler-Freundeskreises und leistete erhebliche Beiträge zu den SS-Organisationen in Deutschland.

Victor Emanuel wiederum ernannte Leo Crowley zum Chef von Standard Gas & Electric (das von Emanuel kontrolliert wurde) mit einem Jahresgehalt von 75.000 US-Dollar. Diese Summe kam zu Leo Crowleys Gehalt vom Alien Property Custodian und zu 10.000 US-Dollar pro Jahr als Direktor der Federal Deposit Insurance Corporation der US-Regierung hinzu. 1945 hatte James E. Markham Crowley als A.P.C. abgelöst und war ebenfalls von Emanuel als Direktor von Standard Gas mit 4.850 US-Dollar pro Jahr zusätzlich zu den 10.000 US-Dollar, die er vom Alien Property Custodian erhielt, ernannt worden.

Der Einfluss von General Dyestuffs in Kriegszeiten und dieser bequeme Klüngel aus Regierung und Unternehmen im Namen von I.G. Farben wird durch den Fall des amerikanischen Cyanamids veranschaulicht. Vor dem Krieg kontrollierte I.G. Farben die Drogen-, Chemikalien- und Farbstoffindustrie in Mexiko. Während des Zweiten Weltkriegs wurde in Washington vorgeschlagen, dass das Unternehmen American Cyanamid diese mexikanische Industrie übernehmen und mit den ehemaligen I.G. Farben-Unternehmen, die vom mexikanischen Hüter ausländischen Eigentums beschlagnahmt worden waren, eine "unabhängige" chemische Industrie aufbauen sollte.

Als Bevollmächtigte des Bankiers Schroder Victor Emanuel versuchten Crowley und Markham, die auch Angestellte der US-Regierung waren, die Frage dieser Interessen der I.G. Farben in den USA und in Mexiko zu regeln. Am 13. April 1943 wandte sich James Markham in einem Brief an Außenminister Cordell Hull gegen den geplanten Cyanamid-Deal, da er gegen die Atlantik-Charta verstoße und das Ziel, unabhängige Unternehmen in Lateinamerika aufzubauen, beeinträchtigen würde. Markhams Position wurde von Henry A. Wallace und Generalstaatsanwalt Francis Biddle unterstützt.

Die Kräfte, die sich gegen das Cyanamidabkommen verbündet hatten, waren Sterling Drug, Inc. und Winthrop. Sowohl Sterling als auch Winthrop liefen Gefahr, ihren Drogenmarkt in Mexiko zu verlieren, wenn das Cyanamid-Abkommen zustande kam. General Aniline und General Dyestuffs von I.G. Farben, die von Victor Emanuel, einem ehemaligen Geschäftspartner des Bankiers Schröder, dominiert wurden, waren ebenfalls gegen das Cyanamid-Abkommen.

Andererseits unterstützten das Außenministerium und das Büro des Koordinators für interamerikanische Angelegenheiten - das zufällig Nelson Rockefellers Kriegsbaby ist - das geplante Cyanamid-Abkommen. Die Rockefellers haben natürlich auch ein Interesse an der Pharma- und Chemieindustrie in Lateinamerika. Kurz gesagt: Ein US-Monopol unter dem Einfluss von Rockefeller hätte ein Nazi-Monopol der I.G. Farben ersetzt.

I.G. Farben gewann diese Runde in Washington, aber es stellen sich beunruhigendere Fragen, wenn wir die Bombardierung Deutschlands zu Kriegszeiten durch die U.S.A.F. betrachten. Es gab lange Zeit Gerüchte, aber nie Beweise, dass Farben eine Vorzugsbehandlung erhielt - d. h., dass es nicht bombardiert wurde. James Stewart Martin kommentiert die Vorzugsbehandlung, die I.G. Farben bei der Bombardierung Deutschlands erhielt, wie folgt:

> Kurz nachdem die Armeen den Rhein bei Köln erreicht hatten, fuhren wir am westlichen Ufer entlang, in Sichtweite der unbeschädigten I.G. Farben-Fabrik in Leverkusen auf der anderen Seite des Flusses. Ohne etwas über mich oder meine Angelegenheiten zu wissen, begann er (der Fahrer des Jeeps), mir etwas über I.G. Farben zu erzählen und zeigte mir die Strecke zwischen der zerbombten Stadt Köln und dem Trio intakter Fabriken am Stadtrand: die Ford-Fabrik und die United Rayon-Fabrik am Westufer und die Farben-Fabrik am Ostufer...[611]

Obwohl dieser Vorwurf eine sehr offene Frage ist, die zahlreiche Spezialforschungen in den Archiven der U.S.A.F.-Bombardements erfordert, sind andere Aspekte der Begünstigung der Nazis gut bekannt.

Am Ende des Zweiten Weltkriegs ließ sich die Wall Street über den Kontrollrat in Deutschland nieder, um ihre alten Kartellfreunde zu schützen und den Eifer der Entnazifizierung, der die alten Geschäftsbeziehungen beeinträchtigen würde, zu begrenzen. General Lucius Clay, der stellvertretende Militärgouverneur für

---

[611] James Stewart Martin, *All Honorable Men*, a. a. O., S. 75.

Deutschland, ernannte Geschäftsleute, die gegen die Entnazifizierung waren, zu Kontrollposten im Entnazifizierungsprozess. William H. Draper von Dillon-Read, der Firma, die in den 1920er Jahren die deutschen Kartelle finanzierte, wurde zum Stellvertreter von General Clay ernannt.

Der Bankier William Draper stellte als Brigadegeneral sein Kontrollteam aus Geschäftsleuten zusammen, die amerikanische Unternehmen im Vorkriegsdeutschland vertreten hatten. Zur Vertretung von General Motors gehörten Louis Douglas, ein ehemaliger G.M.-Direktor, und Edward S. Zdunke, ein Vorkriegsleiter von General Motors in Antwerpen, der zur Beaufsichtigung der Ingenieurabteilung des Kontrollrats ernannt worden war. Peter Hoglund, ein Experte für die deutsche Automobilindustrie, wurde von General Motors beurlaubt. Die Personalauswahl für den Rat wurde von Oberst Graeme K. Howard getroffen - einem ehemaligen Vertreter von G.M. in Deutschland und Autor eines Buches, das "totalitäre Praktiken lobt [und] die deutsche Aggression rechtfertigt ..."[612]

Finanzminister Morgenthau, der über die Auswirkungen dieses Wall-Street-Monopols auf das Schicksal Nazi-Deutschlands zutiefst beunruhigt war, bereitete ein Memorandum vor, das er Präsident Roosevelt vorlegen sollte. Morgenthaus vollständiges Memorandum vom 29. Mai 1945 lautet wie folgt:

MEMORANDUM
29. Mai 1945
Generalleutnant Lucius D. Clay leitet als Stellvertreter von General Eisenhower aktiv das amerikanische Element des Kontrollrats für Deutschland. Die drei wichtigsten Berater von General Clay im Stab des Kontrollrats sind:
1. Botschafter Robert D. Murphy, der die Politische Abteilung leitet.
2. Louis Douglas, den General Clay als meinen persönlichen Berater in Wirtschafts-, Finanz- und Regierungsfragen beschreibt". Douglas trat 1934 von seinem Posten als Haushaltsdirektor zurück; und in den folgenden acht Jahren attackierte er die Haushaltspolitik der Regierung. Seit 1940 war Douglas Präsident der Mutual Life Insurance Company, und seit Dezember 1944 war er Direktor der General Motors Corporation.
3. Brigadegeneral William Draper, der die Wirtschaftsabteilung des Kontrollrats leitet. General Draper ist ein Teilhaber der Bankgesellschaft Dillon, Read and Company. Die *New York Times* vom Sonntag veröffentlichte die Ankündigung der Ernennung wichtiger Mitarbeiter durch General Clay und General Draper in der Wirtschaftsabteilung des Kontrollrats. Bei den Ernennungen handelt es sich um folgende Personen:
1. R.J. Wysor ist für metallurgische Fragen zuständig. Wysor war von 1937 bis vor kurzem Präsident der Republic Steel Corporation. Zuvor war er Teilhaber der Bethlehem Steel, der Jones and Laughlin Steel Corporation und der Republic Steel Corporation.
2. Edward X. Zdunke sollte die Abteilung für Technik beaufsichtigen. Vor dem Krieg war Herr Zdunke Leiter von General Motors in Antwerpen.

---

[612] Morgenthau Journal (Deutschland), S. 1543. Das Buch von Oberst Graeme K. Howard trug den Titel, *America and a New World Order*, (New York: Scribners, 1940).

3. Philip Gaethke wird für den Bergbaubetrieb verantwortlich sein. Gaethke war zuvor mit Anaconda Copper verbunden und war vor dem Krieg für deren Gießereien und Bergwerke in Oberschlesien verantwortlich.
4. Philip P. Clover wird für die Bearbeitung von Ölfragen zuständig sein. Zuvor war er Vertreter der Socony Vacuum Oil Company in Deutschland.
5. Peter Hoglund soll sich um die Probleme der Industrieproduktion kümmern. Hoglund ist bei General Motors beurlaubt und man sagt, er sei ein Experte für die deutsche Produktion.
6. Calvin B. Hoover wird Leiter der Geheimdienstgruppe des Kontrollrats und ist außerdem Sonderberater von General Draper. In einem Brief an den Chefredakteur der *New York Times* vom 9. Oktober 1944 schreibt Hoover Folgendes:
Die Veröffentlichung von Sekretär Morgenthaus Plan, mit Deutschland zu verhandeln, hat mich zutiefst beunruhigt ... ein solcher karthagischer Frieden würde ein Erbe des Hasses hinterlassen, das die internationalen Beziehungen für kommende Generationen vergiften würde ... das Vakuum in der Wirtschaft Europas, das durch die Zerstörung der gesamten deutschen Industrie existieren würde, ist eine schwer vorstellbare Sache.
7. Laird Bell wird der leitende Rechtsberater der Wirtschaftsabteilung. Er ist ein bekannter Anwalt aus Chicago und im Mai 1944 wurde er nach dem Tod von Frank Knox zum Präsidenten der *Chicago Daily News* gewählt.
Einer der Männer, die General Draper bei der Auswahl des Personals für die Wirtschaftsabteilung unterstützten, war Oberst Graeme Howard, Vizepräsident von General Motors, der für deren Auslandsgeschäfte zuständig war und vor dem Krieg ein wichtiger Vertreter von General Motors in Deutschland gewesen war. Howard war der Autor eines Buches, in dem er totalitäre Praktiken lobte, die deutsche Aggression und die Münchner Appeasement-Politik rechtfertigte und Roosevelt vorwarf, den Krieg beschleunigt zu haben.

Wenn wir also den Kontrollrat für Deutschland von General Lucius D. Clay, so stellen wir fest, dass der Leiter der Finanzabteilung Louis Douglas war, Direktor des von Morgan kontrollierten General Motors und Vorsitzender der Mutual Life Insurance. (Opel, die deutsche Tochter von General Motors, war Hitlers größter Panzerproduzent gewesen). Der Leiter der Wirtschaftsabteilung des Kontrollrats war William Draper, ein Teilhaber der Firma Dillon, Read, die so viel mit dem Aufbau von Nazi-Deutschland in erster Linie zu tun hatte. Alle drei Männer waren, was angesichts neuerer Erkenntnisse nicht überrascht, Mitglieder des Council on Foreign Relations.

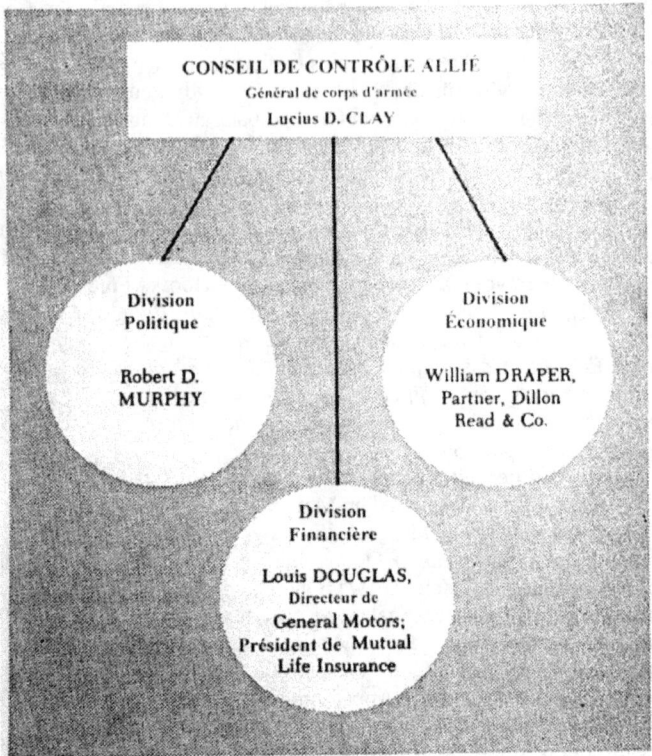

HABEN SICH US-AMERIKANISCHE INDUSTRIELLE UND FINANZIERS KRIEGSVERBRECHEN SCHULDIG GEMACHT?

Der Nürnberger Kriegsverbrecherprozess schlug vor, die Verantwortlichen für die Vorbereitungen und Gräueltaten des Zweiten Weltkriegs auszuwählen und sie vor Gericht zu stellen. Ob ein solches Verfahren moralisch vertretbar ist, ist umstritten; es ist gerechtfertigt, Nürnberg als eine politische Farce zu betrachten, die von Rechtsgrundsätzen weit entfernt war.[613] Wenn wir jedoch davon ausgehen, dass es eine solche rechtliche und moralische Rechtfertigung gibt, dann sollte jeder Prozess dieser Art sicher für alle Menschen gelten, *unabhängig von* ihrer Nationalität. Was sollte zum Beispiel Franklin D. Roosevelt und Winston Churchill von der Strafe befreien, Adolf Hitler und Göring aber nicht? Wenn es sich bei der Straftat um die Vorbereitung auf einen Krieg handelt und nicht um blinde Rache, dann sollte die Justiz unparteiisch sein.

---

[613] Der Leser sollte den Aufsatz *The Return to War Crimes* (Die *Rückkehr* zu Kriegsverbrechen), in James J. Martin, Revisionist Viewpoints, (Colorado: Ralph Mules, 1971) untersuchen.

Die vom US-Kontrollrat in Deutschland vorbereiteten Richtlinien für die Festnahme und Inhaftierung von Kriegsverbrechern beziehen sich auf "Nazis" und "Nazi-Sympathisanten", nicht auf "Deutsche". Die relevanten Auszüge lauten wie folgt:

> *a. Sie werden Adolf Hitler, seine wichtigsten Nazi-Verbündeten, andere Kriegsverbrecher und alle Personen, die an der Planung oder Durchführung von Nazi-Unternehmen beteiligt waren, die Gräueltaten oder Kriegsverbrechen beinhalteten oder nach sich zogen, suchen, festnehmen und bis zum Erhalt weiterer Anweisungen über ihr Schicksal inhaftieren.*

Es folgt dann eine Liste der zu verhaftenden Personenkategorien, darunter:

> *(8) Nazis und Nazi-Sympathisanten in wichtigen und Schlüsselpositionen in (a) nationalen und lokalen Bürger- und Wirtschaftsorganisationen; (b) Unternehmen und anderen Organisationen, an denen die Regierung ein erhebliches finanzielles Interesse hat; (c) Industrie, Handel, Landwirtschaft und Finanzwesen; (d) Bildungswesen; (e) Justizsystem; und (f) Presse, Verlagen und anderen Agenturen, die Nachrichten und Propaganda verbreiten.*

Die wichtigsten amerikanischen Industriellen und Finanziers, die in diesem Buch erwähnt werden, fallen unter die oben genannten Kategorien. Henry Ford und Edsel Ford haben jeweils zu Hitler beigetragen und von der deutschen Produktion in Kriegszeiten profitiert. Standard Oil of New Jersey, General Electric, General Motors und I.T.T. haben mit Sicherheit finanzielle oder technische Beiträge geleistet, die einen *Anscheinsbeweis für die* "Beteiligung an der Planung oder Ausführung von Nazi-Unternehmen" darstellen.

Es gibt, kurz gesagt, Beweise, die nahelegen:

a) Zusammenarbeit mit der Wehrmacht (Ford Motor Company, Chase Bank, Morgan Bank);

b) Unterstützung des Vierjahresplans der Nazis und wirtschaftliche Mobilisierung für den Krieg (Standard Oil of New Jersey);

c) die Schaffung und Ausrüstung der nationalsozialistischen Kriegsmaschinerie (I.T.T.);

d) die Lagerung von für die Nazis wichtigem Material (Ethyl Corporation);

e) die Schwächung potenzieller Feinde der Nazis (die amerikanische I.G. Farben); und

f) die Verfolgung von Propaganda, Nachrichtendienst und Spionage (die amerikanische I.G. Farben und Rockefellers PR-Mann Ivy Lee).

Es gibt zumindest genügend Beweise, um eine gründliche und unparteiische Untersuchung zu fordern. Wie wir jedoch bereits festgestellt haben, spielten dieselben Unternehmen und Finanziers eine wichtige Rolle bei der Wahl Roosevelts im Jahr 1933 und hatten daher genügend politischen Einfluss, um die drohende Untersuchung zu unterdrücken. Auszüge aus Morgenthaus Tagebuch belegen, dass die politische Macht der Wall Street sogar ausreichte, um die Ernennung der Offiziere zu kontrollieren, die für die Entnazifizierung und die mögliche Regierung des Nachkriegsdeutschlands verantwortlich waren.

Waren sich diese US-amerikanischen Unternehmen ihrer Unterstützung für Hitlers Militärmaschinerie bewusst? Aus den Angaben der Unternehmen selbst geht eindeutig hervor, dass dies nicht der Fall war. Sie beteuern ihre Unschuld an jeglicher Absicht, Hitlers Deutschland zu helfen. Dies belegt ein Telegramm, das der Vorstandsvorsitzende von Standard Oil in New Jersey nach dem Zweiten Weltkrieg an Kriegsminister Patterson schickte, als die Voruntersuchung über die Hilfe der Wall Street noch lief:

> Während der gesamten Zeit unserer Geschäftskontakte hatten wir keine Ahnung, welche Rolle Farben als Komplize in Hitlers brutaler Politik spielte. Wir bieten jede Hilfe an, die wir leisten können, um die vollständige Wahrheit ans Licht zu bringen und unparteiische Gerechtigkeit zu schaffen.
> F.W. Abrams, Vorsitzender des Verwaltungsrats

Leider widersprechen die vorgelegten Beweise den telegrafierten Behauptungen von Abrams. Standard Oil of New Jersey hat Hitlers Kriegsmaschinerie nicht nur geholfen, sondern wusste auch von dieser Hilfe. Emil Helfferich, der Vorstandsvorsitzende einer Tochtergesellschaft der Standard of New Jersey, war vor Hitlers Machtübernahme Mitglied des Keppler-Kreises; er leistete bis 1944 weiterhin finanzielle Beiträge an den Himmler-Kreis.

Daher ist es überhaupt nicht schwer zu visualisieren, warum die Nazi-Industriellen den "Untersuchungen" perplex gegenüberstanden und bei Kriegsende davon ausgingen, dass ihre Freunde an der Wall Street sie retten und vor dem Zorn derer, die gelitten hatten, schützen würden. Diese Einstellungen wurden 1946 dem Kilgore-Komitee:

> Vielleicht interessiert es Sie auch, Herr Präsident, dass die Manager von I.G. Farben und anderen, als wir sie zu diesen Aktivitäten befragten, manchmal sehr unwürdig waren. Ihre allgemeine Haltung und ihre Erwartungen waren, dass der Krieg vorbei sei und wir ihnen nun helfen sollten, I.G. Farben und die deutsche Industrie wieder auf die Beine zu stellen. Einige von ihnen sagten offen, dass dieses Verhör und diese Untersuchung ihrer Meinung nach nur ein kurzfristiges Phänomen waren, denn sobald sich die Dinge etwas beruhigt hatten, erwarteten sie, dass ihre Freunde aus den USA und England zurückkehren würden. Ihre Freunde, so sagten sie, würden Aktivitäten wie diese Ermittlungen beenden und dafür sorgen, dass sie die Behandlung erhielten, die sie für angemessen hielten, und dass ihnen geholfen würde, ihre Industrie wieder aufzubauen.[614]

---

[614] Eliminierung der deutschen Ressourcen, S. 652.

KAPITEL XII

SCHLUSSFOLGERUNGEN

Wir haben eine Reihe von kritischen Assoziationen zwischen den internationalen Bankiers der Wall Street und dem Aufstieg Hitlers und des Nationalsozialismus in Deutschland durch dokumentierte Beweise belegt.

Erstens: Dass die Wall Street Mitte der 1920er Jahre die deutschen Kartelle finanzierte, die ihrerseits Hitler an die Macht brachten.

Zweitens: Dass die Finanzierung Hitlers und seiner SS zum Teil aus Tochtergesellschaften oder verbundenen Unternehmen amerikanischer Firmen stammte, darunter 1922 Henry Ford, 1933 Zahlungen von I.G. Farben und General Electric, dann von Standard Oil in New Jersey und bis 1944 Zahlungen von I.T.T.-Tochtergesellschaften an Heinrich Himmler.

Drittens: Dass die von der Wall Street kontrollierten multinationalen US-Konzerne in den 1930er-Jahren und mindestens bis 1942 stark von Hitlers militärischem Aufbauprogramm profitiert haben.

Viertens: Dass dieselben internationalen Bankiers ihren politischen Einfluss in den USA nutzten, um ihre Kollaboration in Kriegszeiten zu verschleiern, und zu diesem Zweck die amerikanische Kontrollkommission für Deutschland infiltrierten.

Unsere Beweise für diese vier Hauptbehauptungen können wie folgt zusammengefasst werden:

Im ersten Kapitel haben wir Beweise dafür vorgelegt, dass die Dawes- und Young-Pläne für die deutschen Reparationen von prominenten Mitgliedern der Wall Street formuliert wurden, die zeitweilig den Hut von Staatsmännern trugen, und dass diese Kredite für diese internationalen Bankiers eine Flut von Profiten erzeugten. Owen Young von General Electric, Hjalmar Schacht, A. Voegler und andere Personen, die eng mit Hitlers Machtübernahme verbunden waren, hatten zuvor als Unterhändler für die amerikanische bzw. die deutsche Seite fungiert. Drei Wall-Street-Häuser - Dillon, Read; Harris, Forbes; und, National City Company - verwalteten drei Viertel der Reparationskredite, die zur Schaffung des deutschen Kartellsystems verwendet wurden, einschließlich der dominierenden I.G. Farben und Vereinigten Stahlwerke, die zusammen 95 Prozent des Sprengstoffs für das Nazilager während des Zweiten Weltkriegs produzierten.

Die zentrale Rolle von I.G. Farben bei Hitlers Putschversuch wurde in Kapitel zwei untersucht. Die Direktoren des amerikanischen Unternehmens I.G. (Farben) wurden als führende amerikanische Geschäftsleute identifiziert: Walter Teagle, ein Geschäftspartner und Geldgeber von Roosevelt und Verwalter der NRA; der Bankier Paul Warburg (sein Bruder Max Warburg war im Vorstand von I.G. Farben in Deutschland); und Edsel Ford. Farben zahlte 400.000 RM direkt an Schacht und Hess für die entscheidenden Wahlen 1933 und Farben stand danach an vorderster Front der militärischen Entwicklung in Nazi-Deutschland.

Eine Spende von 60.000 RM erhielt Hitler von der deutschen General Electric (A.E.G.), die vier Direktoren und eine 25-30%ige Beteiligung der amerikanischen Muttergesellschaft General Electric hatte. Diese Rolle wurde in Kapitel drei beschrieben, und wir haben festgestellt, dass Gerard Swope, einer der Initiatoren von Roosevelts New Deal (sein Segment der National Recovery Administration), zusammen mit Owen Young von der Federal Reserve Bank of New York und Clark Minor von International General Electric die dominierenden Wall-Street-Figuren von A.E.G. waren und den bedeutendsten alleinigen Einfluss hatten.

Wir fanden auch keine Beweise für eine Anklage gegen den deutschen Elektrokonzern Siemens, der nicht unter der Kontrolle der Wall Street stand. Dagegen gibt es dokumentarische Beweise dafür, dass sowohl A.E.G. als auch Osram, die anderen Einheiten der deutschen Elektroindustrie - die beide unter amerikanischer Beteiligung und Kontrolle standen - Hitler finanzierten. Tatsächlich waren fast alle Direktoren der deutschen General Electric Hitlers Geldgeber, entweder direkt über A.E.G. oder indirekt über andere deutsche Unternehmen. G.E. ergänzte seine Unterstützung für Hitler durch eine technische Zusammenarbeit mit Krupp, die darauf abzielte, die amerikanische Entwicklung von Wolframkarbid einzuschränken, die während des Zweiten Weltkriegs zum Nachteil der USA funktionierte. Wir kamen zu dem Schluss, dass es den A.E.G.-Werken in Deutschland durch ein bislang unbekanntes Manöver gelungen war, die Bombenangriffe der Alliierten zu verhindern.

Eine Untersuchung der Rolle von Standard Oil aus New Jersey (die von Rockefellers Interessen kontrolliert wurde und wird) wurde in Kapitel vier unternommen. Standard Oil finanzierte offenbar nicht die Machtübernahme Hitlers 1933 (dieser Teil des "von Sidney Warburg verbreiteten Mythos" ist nicht belegt). Stattdessen wurden bis 1944 Zahlungen von Standard Oil in New Jersey geleistet, um im Auftrag der Nazis synthetisches Benzin für Kriegszwecke zu entwickeln, und über ihre hundertprozentige Tochtergesellschaft an den SS-Freundeskreis von Heinrich Himmler für politische Zwecke. Die Rolle von Standard Oil bestand darin, der Nazi-Entwicklung von synthetischem Kautschuk und Benzin über eine amerikanische Forschungsgesellschaft, die unter der Kontrolle des Managements von Standard Oil stand, technische Hilfe zu leisten. Die Ethyl Gasoline Company, die sich im gemeinsamen Besitz von Standard Oil of New Jersey und General Motors befand, spielte eine entscheidende Rolle bei der Lieferung von lebenswichtigem Ethylblei an Nazi-Deutschland - trotz der schriftlichen Proteste des US-Kriegsministeriums - in dem klaren Wissen, dass das Ethylblei für militärische Zwecke der Nazis bestimmt war.

In Kapitel fünf haben wir gezeigt, dass die International Telephone and Telegraph Company, einer der bekanntesten multinationalen Konzerne, über Baron Kurt von Schroder von der Schroder-Bankengruppe auf beiden Seiten des Zweiten Weltkriegs tätig war. I.T.T. besaß auch 28% der Anteile an der Firma

Focke-Wolfe, die hervorragende deutsche Kampfflugzeuge herstellte. Wir fanden auch heraus, dass Texaco (Texas Oil Company) über den deutschen Anwalt Westrick in Nazi-Unternehmen involviert war, sich aber von seinem Vorstandsvorsitzenden Rieber lossagte, als diese Unternehmen öffentlich bekannt wurden.

Henry Ford war einer der ersten (1922) Unterstützer Hitlers und Edsel Ford setzte 1942 die Familientradition fort, indem er den französischen Ford dazu ermutigte, von der Bewaffnung der deutschen Wehrmacht zu profitieren. Später wurden diese von Ford produzierten Fahrzeuge gegen die amerikanischen Soldaten bei ihrer Landung in Frankreich 1944 eingesetzt. Für seine frühe Anerkennung und seine rechtzeitige Hilfe für die Nazis wurde Henry Ford 1938 mit einer Nazi-Medaille ausgezeichnet. Die Aufzeichnungen von French Ford legen nahe, dass Ford Motor nach 1940 eine besonders günstige Behandlung durch die Nazis erhielt.

Die Spuren von Hitlers Finanzierung werden in Kapitel sieben zusammengetragen und beantworten mit genauen Namen und Zahlen die Frage: Wer hat Adolf Hitler finanziert? In diesem Kapitel wird die Wall Street angeklagt und beiläufig auch niemand anderes von Bedeutung in den USA, mit Ausnahme der Ford-Familie. Die Ford-Familie wird normalerweise nicht mit der Wall Street in Verbindung gebracht, gehört aber sicherlich zur "Machtelite".

In den vorangegangenen Kapiteln wurden mehrere Geschäftspartner Roosevelts genannt, darunter Teagle von Standard Oil, die Warburg-Familie und Gerard Swope. In Kapitel acht wird die Rolle von Putzi Hanfstaengl, einem weiteren Freund Roosevelts und Teilnehmer am Reichstagsbrand, nachgezeichnet. Die Zusammensetzung des inneren Kreises der Nazis während des Zweiten Weltkriegs und die finanziellen Beiträge der Standard Oil of New Jersey und der I.T.T.-Tochtergesellschaften werden in Kapitel neun nachgezeichnet. Es werden dokumentarische Beweise für diese finanziellen Beiträge vorgelegt. Kurt von Schröder wird als Schlüsselvermittler bei der Verwaltung dieser "schwarzen Kasse" der SS identifiziert.

In Kapitel 10 schließlich besprachen wir ein 1934 unterdrücktes Buch und den "Mythos von Sidney Warburg". Das zensierte Buch beschuldigte die Rockefellers, die Warburgs und die großen Ölgesellschaften, Hitler finanziert zu haben. Während der Name "Sidney Warburg" zweifellos eine Erfindung war, bleibt die außergewöhnliche Tatsache bestehen, dass das Argument des unterdrückten Buches, das von einem gewissen "Sidney Warburg" verfasst wurde, bemerkenswert nahe an den hier vorgelegten Beweisen liegt. Es bleibt auch unklar, warum James Paul Warburg fünfzehn Jahre später auf ziemlich durchsichtige und schlüpfrige Weise versuchen möchte, den Inhalt des Buches von "Warburg" zu widerlegen, ein Buch, das er angeblich nicht gesehen hat. Vielleicht ist es sogar noch schwieriger zu verstehen, warum Warburg die *Memoiren* des Nazis von Papen ausgewählt hat, um seine Widerlegung zu präsentieren.

In Kapitel 11 schließlich untersuchten wir die Rolle der Morgan- und Chase-Banken im Zweiten Weltkrieg, insbesondere ihre Zusammenarbeit mit den Nazis in Frankreich, während ein großer Krieg tobte.

Mit anderen Worten: Wie in unseren beiden vorangegangenen Untersuchungen der Verbindungen zwischen den internationalen Bankiers in New York und wichtigen historischen Ereignissen stellen wir ein erwiesenes Muster der politischen Subventionierung und Manipulation fest.

DER ÜBERMÄCHTIGE EINFLUSS DER INTERNATIONALEN BANKIERS

Wenn man sich das breite Spektrum an Fakten anschaut, das in den drei Bänden der Wall-Street-Reihe dargestellt wird, stellt man fest, dass die gleichen Namen immer wieder auftauchen: Owen Young, Gerard Swope, Hjalmar Schacht, Bernard Baruch usw.; die gleichen internationalen Banken: J.P. Morgan, Guaranty Trust, Chase Bank; und der gleiche Ort in New York: normalerweise der 120 Broadway.

Diese Gruppe internationaler Bankiers unterstützte die bolschewistische Revolution und profitierte später von der Schaffung eines Sowjetrusslands. Diese Gruppe unterstützte Roosevelt und profitierte vom Sozialismus des New Deal. Diese Gruppe unterstützte auch Hitler und profitierte sicherlich von der deutschen Rüstung in den 1930er Jahren. Während das Big Business seine Geschäftsaktivitäten bei Ford Motor, Standard of New Jersey usw. hätte durchführen sollen, finden wir es aktiv und tief in die politischen Umwälzungen, den Krieg und die Revolutionen in drei großen Ländern verwickelt.

Die hier dargestellte Version der Geschichte lautet, dass die Finanzelite zusammen mit den deutschen Bankiers die bolschewistische Revolution von 1917 wissentlich und vorsätzlich unterstützt hat. Nachdem die Wall Street von der hyperinflationären Notlage Deutschlands 1923 massiv profitiert und geplant hatte, die Last der deutschen Reparationen auf die amerikanischen Investoren abzuwälzen, entdeckte sie, dass sie die Finanzkrise von 1929 ausgelöst hatte.

Zwei Männer wurden damals als Führer für die wichtigsten westlichen Länder unterstützt: Franklin D. Roosevelt in den USA und Adolf Hitler in Deutschland. Roosevelts New Deal und Hitlers Vierjahresplan wiesen große Ähnlichkeiten auf. Sowohl Roosevelts als auch Hitlers Pläne waren Pläne zur Übernahme ihrer jeweiligen Länder durch die Faschisten. Während Roosevelts NRA aufgrund der damals geltenden verfassungsrechtlichen Beschränkungen scheiterte, war Hitlers Plan erfolgreich.

Warum wollte die Elite der Wall Street, die internationalen Bankiers, Roosevelt und Hitler an der Macht haben? Dies ist ein Aspekt, den wir nicht erforscht haben. Laut dem "Mythos von Sidney Warburg" wollte die Wall Street eine Politik der Rache, d. h. einen Krieg in Europa zwischen Frankreich und Deutschland. Wir wissen sogar aus der Geschichte des Establishments, dass sowohl Hitler als auch Roosevelt eine Politik umsetzten, die zum Krieg führte.

Die Verbindungen zwischen den Personen und Ereignissen in dieser dreiteiligen Buchreihe würden ein weiteres Buch erfordern. Aber vielleicht weist ein einziges Beispiel auf die bemerkenswerte Konzentration von Macht in einer relativ kleinen Anzahl von Organisationen und den Gebrauch, der von dieser Macht gemacht wurde, hin.

Am 1. Mai 1918, als die Bolschewiki nur einen kleinen Teil Russlands kontrollierten (und diesen Teil im Sommer 1918 beinahe verloren hätten), wurde in Washington die Amerikanische Liga für Hilfe und Zusammenarbeit mit Russland organisiert, um die Bolschewiki zu unterstützen. Es war kein "Hände weg von Russland"-Komitee, das von der Kommunistischen Partei der USA oder ihren Verbündeten gebildet wurde. Es war ein von der Wall Street gegründetes Komitee mit George P. Whalen von der Vacuum Oil Company als Schatzmeister und Coffin und Oudin von General Electric, sowie Thompson vom Federal Reserve System, Willard von der Baltimore & Ohio Railroad und verschiedenen Sozialisten.

Wenn wir uns den Aufstieg Hitlers und des Nationalsozialismus anschauen, finden wir Vacuum Oil und General Electric gut vertreten. Botschafter Dodd in Deutschland war beeindruckt von dem monetären und technischen Beitrag, den die von Rockefeller kontrollierte Vacuum Oil Company zum Bau militärischer Benzinanlagen für die Nazis leistete. Der Botschafter versuchte, Roosevelt zu warnen. Dodd glaubte in seiner scheinbaren Naivität in Bezug auf die Führung der Weltgeschäfte, dass Roosevelt eingreifen würde, aber Roosevelt selbst wurde von denselben Ölinteressen unterstützt und Walter Teagle von Standard Oil of New Jersey und der NRA saß im Vorstand von Roosevelts Warm Springs Foundation. So finden wir in einem von vielen Beispielen die von Rockefeller kontrollierte Vacuum Oil Company, die eine wichtige Rolle bei der Schaffung des bolschewistischen Russlands, der militärischen Stärkung von Nazi-Deutschland und der Unterstützung von Roosevelts New Deal spielte.

WERDEN DIE USA VON EINER DIKTATORISCHEN ELITE REGIERT?

Seit etwa zehn Jahren, und sicherlich seit den 1960er Jahren, wird in einem stetigen Strom von Literatur die These aufgestellt, dass die Vereinigten Staaten von einer nicht gewählten, sich selbst verewigenden Elite regiert werden. Außerdem wird in den meisten dieser Bücher behauptet, dass diese Elite alle außen- und innenpolitischen Entscheidungen kontrolliert oder zumindest stark beeinflusst und dass keine Idee in den USA respektabel wird oder veröffentlicht wird, ohne die stillschweigende Zustimmung oder vielleicht auch den Mangel an Missbilligung dieses elitären Kreises.

Offensichtlich zeugt schon der Fluss der Anti-Establishment-Literatur an sich davon, dass die USA nicht vollständig unter der Kontrolle einer einzigen Gruppe oder Elite stehen können. Andererseits wird die Anti-Establishment-Literatur in akademischen Kreisen oder in den Medien nicht voll anerkannt oder vernünftig diskutiert. Meistens besteht sie aus einer limitierten Auflage, die privat produziert und fast von Hand zu Hand weitergegeben wird. Es gibt zwar einige Ausnahmen, aber nicht genug, um die Beobachtung zu bestreiten, dass Anti-Establishment-Kritik nicht leicht in die normalen Informations-/Vertriebskanäle gelangt.

Während Anfang und Mitte der 1960er Jahre jedes Konzept der Herrschaft einer verschworenen Elite oder auch nur irgendeiner Art von Elite Grund genug war, seinen Verfechter von vornherein als "Spinner" abzutun, hat sich die Atmosphäre für solche Konzepte grundlegend geändert. Die Watergate-Affäre hat einem Umfeld von Skepsis und Zweifel, das sich schon lange entwickelt hatte, wahrscheinlich den letzten Schliff gegeben. Wir sind fast an dem Punkt angelangt, an dem jeder, der beispielsweise den Bericht der Warren-Kommission akzeptiert oder glaubt, dass der Niedergang und der Sturz von Herrn Nixon keine verschwörerischen Aspekte hatten, verdächtig ist. Kurz gesagt: Niemand glaubt mehr wirklich an den Informationsprozess des Establishments. Und es gibt eine Vielzahl von alternativen Darstellungen der Ereignisse, die den Neugierigen nun zur Verfügung stehen.

Mehrere hundert Bücher, die das gesamte Spektrum des politischen und philosophischen Spektrums abdecken, fügen Beweisschnipsel, Hypothesen und Anklagen hinzu. Was vor nicht allzu langer Zeit noch eine Schnapsidee war, über die man um Mitternacht hinter verschlossenen Türen in gedämpftem, fast verschwörerischem Flüstern sprach, wird nun offen diskutiert - natürlich nicht in den Zeitungen des Establishments, aber sicherlich in Radio-Talkshows außerhalb des Netzes, in der Untergrundpresse und gelegentlich sogar in Büchern angesehener Verlage des Establishments.

Stellen wir also noch einmal die Frage: Steht hinter der US-Regierung eine nicht gewählte Machtelite?

Eine substanzielle und häufig zitierte Informationsquelle ist Carroll Quigley, Professor für internationale Beziehungen an der Georgetown University, der 1966 eine monumentale moderne Geschichte mit dem Titel *Tragödie und Hoffnung* veröffentlichte.[615] Quigleys Buch unterscheidet sich von anderen in dieser revisionistischen Ader dadurch, dass es auf einer zweijährigen Studie der internen Dokumente eines der Machtzentren beruht. Quigley zeichnet die Geschichte der Machtelite nach:

> ... die Mächte des Finanzkapitalismus hatten ein weiteres, weitreichendes Ziel: nichts weniger als die Schaffung eines globalen Systems der Finanzkontrolle in privaten Händen, die in der Lage sind, das politische System jedes Landes und die Wirtschaft der Welt als Ganzes zu beherrschen.

Quigley weist außerdem nach, dass der Council on Foreign Relations, die National Planning Association und andere Gruppen "halbgeheime" Entscheidungsgremien sind, die unter der Kontrolle dieser Machtelite stehen.

In der folgenden tabellarischen Darstellung haben wir fünf Werke dieser Art aufgelistet, darunter auch das von Quigley. Ihre Kernthesen und ihre Kompatibilität mit den drei Bänden der "Wall Street"-Reihe werden zusammengefasst. Es ist erstaunlich, dass bei den drei großen notierten historischen Ereignissen Carroll Quigleys Vermutungen überhaupt nicht mit den in der "Wall Street"-Reihe vorhandenen Beweisen vereinbar sind. Quigley tut viel,

---

[615] Carroll Quigley, *Tragedy and Hope, a history of the World in our time,* op. cit.

um die Existenz der herrschenden Elite zu beweisen, dringt aber nicht in die Operationen dieser sogenannten Elite ein.

Es ist möglich, dass die von Quigley verwendeten Dokumente geschwärzt wurden und keine Belege für die elitäre Manipulation von Ereignissen wie der bolschewistischen Revolution, Hitlers Machtübernahme und der Wahl Roosevelts 1933 enthalten. Wahrscheinlicher ist, dass diese politischen Manipulationen überhaupt nicht in den Akten der Machtgruppen festgehalten wurden. Möglicherweise handelt es sich um nicht aufgezeichnete Handlungen eines kleinen *Ad-hoc-Segments* der Elite. Es sei darauf hingewiesen, dass die von uns verwendeten Dokumente aus staatlichen Quellen stammen und die täglichen Handlungen von Trotzki, Lenin, Roosevelt, Hitler, J.P. Morgan und den verschiedenen beteiligten Unternehmen und Banken aufzeichnen.

Andererseits sind Autoren wie Jules Archer, Gary Allen, Helen P. Lasell und William Domhoff, die von sehr unterschiedlichen politischen Stand[616]punkten aus schreiben, stimmen mit den in der "Wall Street"-Trilogie präsentierten Beweisen überein. Diese Schriftsteller stellen die Hypothese auf, dass eine herrschende Elite die US-Regierung manipuliert. Die "Wall Street"-Reihe zeigt, wie diese hypothetische "Machtelite" bestimmte historische Ereignisse manipuliert hat.

Es ist offensichtlich, dass jede Ausübung einer solchen ungezwungenen und übergesetzlichen Macht verfassungswidrig ist, selbst wenn sie in gesetzestreue Handlungen eingehüllt ist. Wir können daher zu Recht die Frage aufwerfen, ob es eine subversive Kraft gibt, die operiert, um verfassungsmäßig garantierte Rechte zu unterdrücken.

DIE NEW YORKER ELITE ALS SUBVERSIVE KRAFT

Die Geschichte des 20. Jahrhunderts, wie sie in den Lehrbüchern und Zeitschriften des Establishments festgehalten wird, ist ungenau. Es ist eine Geschichte, die sich ausschließlich auf offizielle Dokumente stützt, die verschiedene Behörden für richtig hielten, der Öffentlichkeit zur Verfügung zu stellen.

Tabelle: SIND DIE **BEWEISE AUS DER SERIE "WALL STREET" MIT DEN ANDERSWO VORGESTELLTEN VERBINDENDEN REVISIONISTISCHEN ARGUMENTEN VERBINDEND?**

(1) New York: MacMillan, 1966.
(2) New York: Hawthorn, 1973.
(3) Seal Beach: Concord Press, 1971.
(4) New York: Liberty, 1963.
(5) New Jersey: Prentice Hall, 1967.

---

[616] Es gibt noch viele andere; der Autor hat mehr oder weniger zufällig zwei Konservative (Allen und Lasell) und zwei Liberale (Archer und Domhoff) ausgewählt.

Autor und Titel:	Kernthese:	Steht die These im Einklang mit: (1) Wall Street und die bolschewistische Revolution	(2) Wall Street und FDR	(3) Wall Street und der Aufstieg Hitlers
Carroll QUIGLEY: *Tragedy and Hope* (1)	Die "halbgeheime" Ostküste und die Abriegelungen spielen eine dominierende Rolle in der Planung und Politik der Vereinigten Staaten.	Quigley schließt die in *Wall Street und die bolschewistische Revolution* (S. 385-9) dargestellten Beweise nicht ein.	Nein: Quigleys Argument ist damit völlig unvereinbar (siehe S. 533).	Quigleys Darstellung von Hitlers Aufstieg (S. 529-33) enthält keine Beweise für eine Beteiligung des Establishments.
Jules ARCHER: *Plot to seize the White House* (2)	1933/4 gab es eine Wall-Street-Verschwörung, um FDR zu beseitigen und eine faschistische Diktatur in den USA zu errichten.	Nicht relevant, aber die von Archer zitierten Elemente der Wall Street waren an der bolschewistischen Revolution beteiligt.	Ja: Im Allgemeinen sind Archers Beweise stimmig, außer dass die Rolle des FDR anders interpretiert wird.	Archers Teile, die sich mit Hitler und dem Nationalsozialismus befassen, stimmen mit dem oben Gesagten überein.
Gary ALLEN: *None Dare Call It Conspiracy* (3)	Es gibt eine geheime Verschwörung (den Council on Foreign Relations), die darauf abzielt, in den USA eine Diktatur zu errichten und letztlich die Welt zu kontrollieren.	Ja, mit Ausnahme geringfügiger Abweichungen bei der Finanzierung.	Nicht in Allen enthalten, aber kohärent.	Nicht in Allen enthalten, aber kohärent.
Helen P. LASELL: *Power Behind the Government today* (4)	Der Council on Foreign Relations ist eine geheime subversive Organisation, die sich dem Sturz der verfassungsmäßigen Regierung in den Vereinigten Staaten verschrieben	Lasells Beweise stimmen mit dem oben Gesagten überein.	Lasells Beweise stimmen mit dem oben Gesagten überein.	Lasells Beweise stimmen mit dem oben Gesagten überein.
William DOMHOFF: *Who Rules America?* (5)	Es gibt eine "Machtelite", die alle großen Banken, Unternehmen, Stiftungen, die Exekutive und die Regulierungsbehörden der US-Regierung kontrolliert.	In der obigen Reihe wird Domholls Argumentation auf die Außenpolitik ausgeweitet.	Die obige Reihe erweitert Domhoffs Argumentation auf die Präsidentschaftswahlen.	Die obige Reihe erweitert Domhoffs' Argument auf die Außenpolitik.

Eine genaue Geschichte kann sich jedoch nicht auf eine selektive Verbreitung von Dokumentenarchiven stützen. Genauigkeit erfordert den Zugang zu allen Dokumenten. In der Praxis taucht in dem Maße, wie Dokumente erworben werden, die zuvor in den Akten des US-Außenministeriums, des britischen Außenministeriums, der Archive des deutschen Auswärtigen Amtes und anderer Verwahrer abgelegt waren, eine neue Version der Geschichte auf; die vorherrschende Version des Establishments gilt nicht nur als ungenau, sondern auch als so konzipiert, dass sie ein allgegenwärtiges Gewebe aus Täuschung und unmoralischem Verhalten verschleiert.

Das Zentrum der politischen Macht, wie es die amerikanische Verfassung zulässt, besteht aus einem gewählten Kongress und einem gewählten Präsidenten, die im Rahmen und unter den Beschränkungen einer Verfassung arbeiten, wie sie von einem unparteiischen Obersten Gerichtshof ausgelegt wird. In der Vergangenheit sind wir davon ausgegangen, dass die politische Macht folglich sorgfältig von der Exekutive und der Legislative ausgeübt wird, nachdem die Wünsche der Wählerschaft beraten und bewertet wurden. In der Tat könnte nichts weiter von dieser Annahme entfernt sein. Die Wählerschaft hat schon lange Verdacht geschöpft, weiß aber nun, dass politische Versprechen nichts wert sind. Lügen stehen auf der Tagesordnung derjenigen, die für die Umsetzung der Politik verantwortlich sind. Kriege werden ohne die geringste schlüssige Erklärung begonnen (und beendet). Politische Reden werden nie mit entsprechenden Taten beantwortet. Warum sollte es anders sein? Offenbar weil das Zentrum der politischen Macht auf Kosten der gewählten und scheinbar kompetenten Vertreter Washingtons an einen anderen Ort verlagert wurde und diese Machtelite ihre eigenen Ziele verfolgt, die mit denen der breiten Öffentlichkeit unvereinbar sind.

In dieser dreibändigen Reihe haben wir für drei historische Ereignisse identifiziert, dass der Sitz der politischen Macht in den USA - die Macht hinter den Kulissen, der verborgene Einfluss in Washington - wie der Sitz der Finanzinstitute in New York ist: die internationalen Privatbankiers, genauer gesagt die Finanzhäuser von J.P. Morgan, die von Rockefeller kontrollierte Chase Manhattan Bank und in der Anfangszeit (vor der Fusion ihrer Manhattan Bank mit der alten Chase Bank) die Warburgs.

Die Vereinigten Staaten haben sich trotz der Verfassung und ihrer angeblichen Beschränkungen zu einem nahezu totalitären Staat entwickelt. Zwar haben wir (noch) nicht die äußeren Anzeichen einer Diktatur, Konzentrationslager und das Klopfen an der Tür um Mitternacht, aber sehr wohl Drohungen und Maßnahmen, die auf das Überleben von Kritikern abzielen, die nicht zum Establishment gehören, den Einsatz des Internal Revenue Service, um Andersdenkende in die Schranken zu weisen, und die Manipulation der Verfassung durch eine Justiz, die politisch dem Establishment untergeordnet ist.

Es liegt im pekuniären Interesse der internationalen Bankiers, die politische Macht zu zentralisieren - und diese Zentralisierung lässt sich am besten durch die Errichtung einer kollektivistischen Gesellschaft erreichen, wie etwa im sozialistischen Russland, im nationalsozialistischen Deutschland oder in den sozialistischen Vereinigten Staaten unter der Planung der Fabian Society.

Man kann die amerikanische Politik des 20. Jahrhunderts und die Außenpolitik nicht vollständig verstehen und würdigen, ohne sich darüber im Klaren zu sein, dass diese Finanzelite die Politik in Washington tatsächlich monopolisiert.

In jedem Fall sind die kürzlich veröffentlichten Dokumente in diese Elite involviert und bestätigen diese Annahme. Die revisionistischen Versionen über den Eintritt der USA in den Ersten und Zweiten Weltkrieg, über Korea und Vietnam offenbaren den Einfluss und die Ziele dieser Elite.

Während des größten Teils des 20. Jahrhunderts hatte das Federal Reserve System, insbesondere die Federal Reserve Bank of New York (die sich der Kontrolle des Kongresses entzieht, ungeprüft und unkontrolliert ist und die Macht hat, Geld zu drucken und nach Belieben Kredite zu schaffen), ein Quasi-Monopol auf die Lenkung der US-Wirtschaft. Im Bereich der Außenpolitik enthält der Council on Foreign Relations, der scheinbar ein unschuldiges Forum für Akademiker, Geschäftsleute und Politiker ist, in seiner Schale, die vielen seiner Mitglieder vielleicht gar nicht bekannt ist, ein Machtzentrum, das die amerikanische Außenpolitik einseitig bestimmt. Das Hauptziel dieser untergetauchten - und offensichtlich subversiven - Außenpolitik ist der Erwerb von Märkten und wirtschaftlicher Macht (von Gewinnen, wenn Sie so wollen) für eine kleine Gruppe riesiger multinationaler Konzerne unter der virtuellen Kontrolle einiger Investmentbanking-Gesellschaften und der sie kontrollierenden Familien.

Über Stiftungen, die von dieser Elite gesteuert werden, wurde die Forschung von willfährigen und skrupellosen "konservativen" wie "liberalen" Akademikern in Richtungen gelenkt, die den Zielen der Elite dienlich waren, hauptsächlich um diesen subversiven und verfassungswidrigen Machtapparat aufrechtzuerhalten.

Durch Verlage, die von derselben Finanzelite kontrolliert werden, wurden unwillkommene Bücher aussortiert und nützliche Bücher gefördert; glücklicherweise gibt es im Verlagswesen nur wenige Zugangsbarrieren und es gelingt fast immer, im Rahmen eines gesunden Wettbewerbs zu bleiben. Dank der Kontrolle über ein Dutzend großer Zeitungen, die von Verlegern geleitet werden, die alle gleich denken, kann die Information der Öffentlichkeit fast beliebig orchestriert werden. Gestern das Weltraumprogramm; heute eine Energiekrise oder eine Kampagne für Umweltschutz; morgen ein Krieg im Nahen Osten oder eine andere konstruierte "Krise".

Das Gesamtergebnis dieser Manipulation der Gesellschaft durch die Elite des Establishments waren vier große Kriege in sechzig Jahren, eine lähmende Staatsverschuldung, die Aufgabe der Verfassung, die Unterdrückung der persönlichen Freiheit und der Möglichkeiten, die der Ausübung natürlicher Talente geboten wurden, und die Schaffung einer riesigen Glaubwürdigkeitslücke zwischen dem Mann auf der Straße und Washington, D.C.. Während das durchsichtige Arrangement von zwei großen Parteien, die künstliche Unterschiede proklamieren, mit diesen Konventen, die sich in ein Schlachtfest verwandeln, und dem Klischee einer "Zwei-Parteien-Außenpolitik" nicht mehr glaubwürdig ist und die Finanzelite selbst zugibt, dass ihre Politik von der Öffentlichkeit nicht akzeptiert wird, ist sie offensichtlich bereit, einen Alleingang zu wagen, ohne auch nur nach nomineller öffentlicher Unterstützung zu suchen.

Kurz gesagt, wir müssen nun untersuchen und diskutieren, ob dieses elitäre Establishment mit Sitz in New York eine subversive Kraft ist, die absichtlich darauf hinarbeitet, die Verfassung abzuschaffen und das Funktionieren einer freien Gesellschaft zu verhindern. Dies wird die Aufgabe sein, die uns in den nächsten zehn Jahren erwartet.

DIE LANGSAM AUFKOMMENDE REVISIONISTISCHE WAHRHEIT

Die Arena dieser Debatte und die Grundlage für unsere Subversionsvorwürfe sind die von revisionistischen Historikern vorgelegten Beweise. Langsam, im Laufe der Jahrzehnte, Buch für Buch, fast Zeile für Zeile, kam die Wahrheit der jüngsten Geschichte zum Vorschein, als die Dokumente veröffentlicht, sondiert, analysiert und in einen gültigeren historischen Rahmen gestellt wurden.

Betrachten wir einige Beispiele. Der Eintritt der USA in den Zweiten Weltkrieg wurde laut der Version des Establishments durch den japanischen Angriff auf Pearl Harbor beschleunigt. Revisionisten haben festgestellt, dass Franklin D. Roosevelt und General Marshall von dem bevorstehenden japanischen Angriff wussten und nichts unternommen haben, um die Militärbehörden vor Pearl Harbor zu warnen.

Das Establishment wollte den Krieg mit Japan. In der Folge sorgte das Establishment dafür, dass die Untersuchung von Pearl Harbor durch den Kongress mit Roosevelts Politik übereinstimmen würde. In den Worten von Percy Greaves, dem führenden Experten der republikanischen Minderheit im gemeinsamen Parlamentsausschuss, der die Untersuchung von Pearl Harbor leitete:

> Die vollständigen Fakten werden nie bekannt werden. Die meisten sogenannten Untersuchungen waren Versuche, diejenigen, die nach der Wahrheit suchen, zu unterdrücken, zu täuschen oder zu verwirren. Von Anfang bis Ende wurden Fakten und Akten verschleiert, um nur die Informationen preiszugeben, die der Verwaltung, die Gegenstand der Untersuchung ist, nützen. Denjenigen, die nach der Wahrheit suchen, wird gesagt, dass andere Fakten oder Akten nicht enthüllt werden können, weil sie mit Tagebüchern verwoben sind, unsere Beziehungen zu fremden Ländern betreffen oder keine wertvollen Informationen enthalten.[617]

Dies war jedoch nicht der erste und letzte Versuch, die USA in den Krieg zu ziehen. Morgans Interessen versuchten gemeinsam mit Winston Churchill bereits 1915, die USA in den Ersten Weltkrieg zu ziehen, was ihnen 1917 auch gelang. Das Buch *Lusitania* von Colin Thompson verwickelt Präsident Woodrow Wilson in den berüchtigten Schiffbruch - eine Horrormasche, die eine öffentliche Reaktion erzeugen sollte, um die USA in den Krieg gegen Deutschland zu ziehen. Thompson weist nach, dass Woodrow Wilson vier Tage im Voraus wusste, dass

---

[617] Percy L. Greaves, Jr, "The Pearl Harbor Investigation", in Harry Elmer Harnes, *Perpetual War for Perpetual Peace*, (Caldwell: Caxton Printers, 1953), S, 13-20.

die Lusitania sechs Millionen Schuss Munition plus Sprengstoff geladen hatte und somit "die Passagiere, die sich anboten, auf diesem Schiff zu fahren, gegen die Gesetze dieses Landes segelten".[618]

Die britische Untersuchungskommission unter der Leitung von Lord Mersey wurde von der britischen Regierung angewiesen, "dass es als politisch opportun angesehen wird, dass Kapitän Turner, der Kapitän der *Lusitania*, als Hauptverantwortlicher für die Katastrophe benannt wird".

Rückblickend ist es angesichts der Beweise von Colin Thompson angemessener, Präsident Wilson, Colonel House, J.P. Morgan und Winston Churchill die Schuld zuzuschreiben; diese verschworene Elite hätte wegen vorsätzlicher Fahrlässigkeit oder sogar wegen Verrats vor Gericht gestellt werden müssen. Es ist Lord Merseys ewige Ehre, dass er, nachdem er seine "Pflicht" gemäß den Anweisungen der Regierung Ihrer Majestät erfüllt und die Schuld dafür Kapitän Turner in die Schuhe geschoben hatte, zurücktrat, sein Honorar ablehnte und sich von da an weigerte, sich mit den Kommissionen der britischen Regierung zu befassen. Zu seinen Freunden sagte Lord Mersey über den Untergang der *Lusitania*, dass es sich um eine "schmutzige Angelegenheit" gehandelt habe.

Dann versuchte die Morgan-Firma 1933/34, eine faschistische Diktatur in den USA zu installieren. In den Worten von Jules Archer war geplant, dass ein faschistischer Putsch die Regierung übernehmen und "sie unter der Führung eines Diktators im Namen der amerikanischen Bankiers und Industriellen lenken" sollte.[619] Wieder einmal trat nur ein einziges mutiges Individuum hervor - General Smedley Darlington Butler, der die Wall-Street-Verschwörung aufdeckte. Und wieder einmal zeichnete sich der Kongress - insbesondere die Kongressabgeordneten Dickstein und MacCormack - durch seine feige Weigerung aus, lediglich eine symbolische Untersuchung zur Geldwäsche durchzuführen.

Seit dem Zweiten Weltkrieg haben wir den Koreakrieg und den Vietnamkrieg erlebt, unnötige, langwierige und Dollar und Menschenleben kostende Kriege, die nur dazu dienten, milliardenschwere Rüstungsgeschäfte zu generieren. Sicherlich wurden diese Kriege nicht geführt, um den Kommunismus einzudämmen, denn fünfzig Jahre lang unterhielt und subventionierte das Establishment die Sowjetunion, die in beiden Kriegen - Korea und Vietnam - die anderen Kriegsparteien mit Waffen belieferte. Unsere revisionistische Geschichte wird daher zeigen, dass die USA beide Seiten direkt oder indirekt bewaffnet haben, zumindest in Korea und Vietnam.

Bei der Ermordung von Präsident Kennedy, um ein nationales Beispiel zu nennen, ist es schwierig, jemanden zu finden, der heute die Schlussfolgerungen der Warren-Kommission akzeptiert - außer vielleicht die Mitglieder dieser Kommission. Dennoch werden wesentliche Beweise noch 50 bis 75 Jahre lang vor den Augen der Öffentlichkeit verborgen bleiben. Die Watergate-Affäre hat selbst dem einfachen Mann auf der Straße gezeigt, dass das Weiße Haus ein Nest aus Intrigen und Täuschungen sein kann.

---

[618] Colin Simpson, *Lusitania*, (London: Longman, 1972), S, 252.

[619] Jules Archer, *The Plot to Seize the White House*, (New York: Hawthorn Book, 1973), S. 202.

In der gesamten jüngeren Geschichte ist die Geschichte der Operation Keelhaul[620] vielleicht die widerlichste. Die Operation Keelhaul war die Zwangsrepatriierung von Millionen von Russen auf Befehl des Präsidenten (damals General) Dwight D. Eisenhower, ein direkter Verstoß gegen die Genfer Konvention von 1929 und die lange Tradition der USA, politische Zuflucht zu gewähren. Die Operation Keelhaul, die gegen alle unsere Vorstellungen von elementarem Anstand und individueller Freiheit verstößt, wurde auf direkten Befehl von General Eisenhower unternommen und war, wie wir inzwischen annehmen können, Teil eines langfristigen Programms, um den Kollektivismus zu nähren, sei es Hitlers Nazismus, der sowjetische Kommunismus oder FDRs New Deal. Bis zu Julius Epsteins jüngster Veröffentlichung dokumentarischer Beweise wurde jedoch jeder, der es wagte, anzudeuten, dass Eisenhower Millionen unschuldiger Menschen für politische Zwecke verraten würde, bösartig und erbarmungslos angegriffen.[621]

Was uns diese revisionistische Geschichte wirklich lehrt, ist, dass unsere Bereitschaft als einzelne Bürger, die politische Macht an eine Elite abzutreten, zwischen 1820 und 1975 weltweit etwa 200 Millionen Menschen das Leben gekostet hat. Fügen Sie diesem unbeschreiblichen Elend noch Konzentrationslager, politische Gefangene, Unterdrückung und Repression gegen diejenigen hinzu, die versuchen, die Wahrheit ans Licht zu bringen.

Wann wird das alles aufhören? Es wird nicht aufhören, bis wir auf der Grundlage eines einfachen Axioms handeln: Das Machtsystem wird nur so lange fortgesetzt, wie die Einzelnen es wollen, und es wird nur so lange fortgesetzt, wie die Einzelnen versuchen, etwas umsonst zu bekommen. An dem Tag, an dem eine Mehrheit der Individuen erklärt oder so handelt, als wolle sie nichts von der Regierung, erklärt, dass sie sich um ihr eigenes Wohlergehen und ihre eigenen Interessen kümmern wird, dann wird an diesem Tag die herrschende Elite dem Untergang geweiht sein. Der Reiz, den Machteliten "zu folgen", beruht darauf, dass man etwas für nichts bekommt. Es ist eine Form des Köderns. Das Establishment bietet immer etwas für nichts an; aber dieses Etwas wird jemand anderem weggenommen, in Form von Steuern oder Plünderungen, und im Austausch für politische Unterstützung anderswo zugeteilt.

Periodische Krisen und Kriege werden genutzt, um weitere Zyklen der Plünderung und Belohnung zu befeuern, die in Wirklichkeit die Schlinge um unsere individuellen Freiheiten immer enger ziehen. Und natürlich haben wir Horden von akademischen Larven, amoralischen Geschäftsleuten und einfachen Parasiten, die die unproduktiven Nutznießer der weit verbreiteten Plünderung sind.

Setzen wir diesem Teufelskreis aus Plünderung und unmoralischer Belohnung ein Ende, und die elitären Strukturen werden zusammenbrechen. Aber das Töten und Plündern wird nicht aufhören, bis eine Mehrheit den moralischen Mut und die innere Stärke aufbringt, das betrügerische Spiel abzulehnen und es durch

---

[620] Siehe Julius Epstein, *Operation Keelhaul*, (Old Greenwich: Devin Adair, 1973).

[621] Siehe z. B. Robert Welch, *The Politician*, (Belmont, Mass.: Belmont Publishing Co., 1963).

freiwillige Vereine, freiwillige Gemeinden oder dezentrale lokale Gesellschaften zu ersetzen.

Anhang A

Programm der Nationalsozialistischen Deutschen Arbeiterpartei

Anmerkung: Dieses Programm ist wichtig, weil es zeigt, dass das Wesen des Nationalsozialismus bereits 1920 öffentlich bekannt war.

Das Programm

Das Programm der Deutschen Arbeiterpartei ist zeitlich begrenzt. Die Führung hat nicht die Absicht, nach Erreichen der in diesem Programm angekündigten Ziele neue Ziele zu schaffen, nur um die Unzufriedenheit der Massen künstlich zu steigern und so den Fortbestand der Partei zu sichern.

1. Wir fordern die Vereinigung aller Deutschen zu einem Großdeutschland auf der Grundlage des Selbstbestimmungsrechts, das den Nationen zusteht.
2. Wir fordern die Gleichberechtigung des deutschen Volkes in seinen Beziehungen zu anderen Nationen und die Abschaffung der Friedensverträge von Versailles und Saint-Germain.
3. Wir fordern Land und Gebiete (Kolonien), um unser Volk zu ernähren und unsere überflüssige Bevölkerung anzusiedeln.
4. Nur Mitglieder der Nation können Bürger des Staates sein. Nur diejenigen, die deutschen Blutes sind, können unabhängig von ihrem Glauben Mitglieder der Nation sein. Kein Jude kann daher Mitglied der Nation sein.
5. Jede Person, die nicht Staatsbürger ist, kann in Deutschland nur als Gast leben und muss als den ausländischen Gesetzen unterworfen betrachtet werden.
6. Das Stimmrecht über die Regierung und die Gesetzgebung des Staates muss allein vom Staatsbürger ausgeübt werden. Wir fordern daher, dass alle offiziellen Ernennungen jeglicher Art, sei es im Reich, im Land oder in kleinen Orten, allein den Staatsbürgern gewährt werden.
7. Wir wenden uns gegen den korrumpierenden Brauch des Parlaments, Posten ausschließlich nach parteipolitischen Gesichtspunkten zu besetzen, ohne Bezug auf Persönlichkeit oder Fähigkeiten.
8. Wir fordern, dass der Staat es sich zur ersten Pflicht macht, die Industrie und die Lebensgrundlage der Staatsbürger zu fördern. Wenn es nicht möglich ist, die gesamte Bevölkerung des Staates zu ernähren, müssen ausländische Staatsangehörige (Nicht-Staatsbürger) aus dem Reich ausgeschlossen werden.

Jede nicht-deutsche Einwanderung muss verhindert werden. Wir fordern, dass alle Nichtdeutschen, die nach dem 2. August 1914 nach Deutschland eingereist sind, sofort gezwungen werden, das Reich zu verlassen.
9. Alle Bürger des Staates sind gleich an Rechten und Pflichten.
10. Die erste Pflicht eines jeden Bürgers des Staates muss es sein, entweder mit seinem Geist oder mit seinem Körper zu arbeiten. Die Aktivitäten des Einzelnen dürfen nicht mit den Interessen des Ganzen kollidieren, sondern müssen im Rahmen der Gemeinschaft stattfinden und auf das allgemeine Wohl ausgerichtet sein.
Wir fordern daher:
11. Abschaffung von Einkommen, das nicht durch Arbeit verdient wurde.

DIE ABSCHAFFUNG DER ZINSKNECHTSCHAFT

12. Angesichts des enormen Opfers an Leben und Eigentum, das von einer Nation durch jeden Krieg gefordert wird, muss die persönliche Bereicherung durch einen Krieg als Verbrechen gegen die Nation betrachtet werden. Wir fordern daher die rücksichtslose Beschlagnahmung aller Kriegsgewinne,
13. Wir fordern die Verstaatlichung aller Unternehmen, die bislang als Gesellschaften (Trusts) gegründet wurden.
14. Wir fordern, dass die Gewinne des Großhandels aufgeteilt werden.
15. Wir fordern einen deutlichen Ausbau des Angebots für das Alter.
16. Wir fordern die Schaffung und Erhaltung einer gesunden Mittelschicht, die sofortige Kommunalisierung von Großhandelsräumen und deren Vermietung an Kleinhändler zu einem günstigen Tarif, und dass allen Kleinlieferanten des Staates, der Bezirksbehörden und der kleinen Ortschaften äußerste Rücksichtnahme entgegengebracht wird.
17. Wir fordern eine Bodenreform, die auf unsere nationalen Bedürfnisse zugeschnitten ist, die Verabschiedung eines Gesetzes über die entschädigungslose Konfiszierung von Land zur kommunalen Nutzung, die Abschaffung von Zinsen auf Landkredite und die Verhinderung jeglicher Bodenspekulation.
18. Wir fordern eine gnadenlose Verfolgung derjenigen, deren Aktivitäten dem Gemeinwohl schaden. Schäbige Verbrecher gegen die Nation, Wucherer, Profitmacher usw. müssen ungeachtet ihres Glaubens oder ihrer Rasse mit dem Tod bestraft werden.
19. Wir fordern, dass das römische Recht, das der materialistischen Weltordnung dient, durch ein Rechtssystem für ganz Deutschland ersetzt wird.
20. Mit dem Ziel, jedem fähigen und fleißigen Deutschen die Möglichkeit zu eröffnen, ein Hochschulstudium zu absolvieren und dadurch einen Aufstieg zu erreichen, muss der Staat eine gründliche Umgestaltung unseres nationalen Bildungssystems in Erwägung ziehen. Der Lehrplan aller Bildungseinrichtungen muss den Anforderungen des praktischen Lebens angepasst werden. Das Verständnis der Staatsidee (Staatssoziologie) muss das Ziel der Schule sein, beginnend mit der ersten Morgendämmerung der Intelligenz bei den Schülern. Wir fordern die Förderung begabter Kinder armer Eltern, unabhängig von ihrer Klasse oder ihrem Beruf, auf Staatskosten.
21. Der Staat muss dafür sorgen, dass das Gesundheitsniveau der Nation angehoben wird, indem er Mütter und Säuglinge schützt, Kinderarbeit verbietet, die körperliche Leistungsfähigkeit durch Gymnastik und gesetzlich vorgeschriebene Pflichtsportarten steigert und Vereine, die sich der körperlichen Entwicklung von Jugendlichen verschrieben haben, umfassend unterstützt.
22. Wir fordern die Abschaffung einer bezahlten Armee und die Bildung einer nationalen Armee.

23. Wir fordern einen juristischen Krieg gegen die bewusste politische Lüge und ihre Verbreitung in der Presse. Um die Schaffung einer nationalen deutschen Presse zu erleichtern, fordern wir:
a) dass alle Chefredakteure von Zeitungen und ihre Assistenten, die die deutsche Sprache verwenden, Mitglieder der Nation sein müssen;
b) dass eine besondere staatliche Genehmigung für das Erscheinen von nichtdeutschen Zeitungen erforderlich ist. Diese müssen nicht unbedingt in deutscher Sprache gedruckt werden;
(c) dass es Nichtdeutschen gesetzlich verboten ist, sich finanziell an deutschen Zeitungen zu beteiligen oder diese zu beeinflussen, und dass die Strafe für einen Verstoß gegen das Gesetz die Einstellung jeder derartigen Zeitung und die sofortige Ausweisung des betreffenden Nichtdeutschen ist.
Es muss verboten werden, Material zu veröffentlichen, das nicht zum nationalen Wohlergehen beiträgt. Wir fordern, dass alle künstlerischen und literarischen Tendenzen, die unser Leben als Nation zersetzen könnten, strafrechtlich verfolgt werden und dass Institutionen, die den oben genannten Forderungen zuwiderlaufen, abgeschafft werden.
24. Wir fordern Freiheit für alle religiösen Bekenntnisse im Staat, soweit sie keine Gefahr für ihn darstellen und nicht gegen die sittlichen Gefühle der deutschen Rasse agitieren.
Die Partei als solche befürwortet ein positives Christentum, legt sich aber nicht auf den Glauben an eine bestimmte Konfession fest. Sie kämpft gegen den jüdisch-materialistischen Geist in uns und außerhalb von uns und ist davon überzeugt, dass unsere Nation nur von innen heraus dauerhafte Gesundheit erreichen kann, nach dem Grundsatz: GEMEINSAMES INTERESSE VOR SIEN.
25. Um all dies zu verwirklichen, fordern wir die Schaffung einer starken zentralen Staatsgewalt. Unbestrittene Autorität des politisch zentralisierten Parlaments über das gesamte Reich und seine Organisation; und Bildung von Kammern der Klassen und Berufe zur Ausführung der vom Reich erlassenen allgemeinen Gesetze in den einzelnen Staaten des Bundes.
Die Parteiführer schwören, voranzugehen - wenn nötig unter Einsatz ihres Lebens -, um die Erfüllung der vorstehenden Punkte zu gewährleisten. München, den 24. Februar 1920

Quelle: Offizielle englische Übersetzung von E. Dugdale, Nachdruck von Kurt G, W. Ludecke, *I Knew Hitler* (New York: Charles Scribner's Sons, 1937),

ANHANG B

EIDESSTATTLICHE ERKLÄRUNG VON HJALMAR SCHACHT

Ich, Dr. Hjalmar Schacht, erkläre, nachdem ich darauf hingewiesen worden bin, dass ich wegen falscher Angaben bestraft werden kann, unter Eid, aus freiem Willen und ohne Zwang, Folgendes:

Die von den Teilnehmern des Treffens vom 20. Februar 1933 bei Göring eingezahlten Beträge wurden von ihnen an die Bankiers. Delbruck, Schickler & Cie, Berlin, auf ein Konto "Nationale Treuhand" (was mit "Nationale Vormundschaft" übersetzt werden kann) gutgeschrieben. Es wurde vereinbart, dass ich das Verfügungsrecht über dieses Konto hatte, das ich als Treuhänder verwaltete, und dass im Falle meines Todes oder wenn die Treuhandschaft auf andere Weise beendet werden sollte, Rudolf Hess das Verfügungsrecht über das Konto haben sollte.

Ich habe über die Beträge auf diesem Konto verfügt, indem ich Schecks an Herrn Hess ausgestellt habe. Ich weiß nicht, was Herr Hess mit dem Geld tatsächlich gemacht hat.

Am 4. April 1933 schloss ich das Konto bei Delbruck, Schickler & Co. und ließ den Restbetrag auf das "Ic-Konto" bei der Reichsbank, das meinen Namen trug, überweisen. Später erhielt ich von Hitler direkt, der von der Versammlung am 20. Februar 1933 ermächtigt worden war, über die gesammelten Gelder zu verfügen, oder über Hess, seinen Stellvertreter, den Auftrag, den Restbetrag von etwa 600.000 Reichsmark an Ribbentrop zu überweisen.

Ich habe diese eidesstattliche Erklärung (eine Seite) sorgfältig gelesen und unterschrieben. Ich habe die erforderlichen Korrekturen in meiner eigenen Handschrift vorgenommen und jede Korrektur am Rand der Seite abgezeichnet. Ich erkläre hiermit unter Eid, dass ich nach bestem Wissen und Gewissen die ganze Wahrheit gesagt habe.

(Unterzeichnet) Dr. Hjalmar Schacht
12. August 1947

In einer späteren eidesstattlichen Erklärung vom 18. August 1947 (N1-9764, Pros. Ex 54) sagte Schacht über das oben erwähnte Verhör Folgendes aus:

"Ich habe alle in diesem Verhör enthaltenen Aussagen gegenüber Clifford Hyanning, einem Finanzermittler der US-Streitkräfte, aus freiem Willen und ohne Zwang gemacht. Ich habe diese Befragung heute noch einmal gelesen und kann bestätigen, dass alle darin enthaltenen Fakten nach meinem besten Wissen und meiner Überzeugung wahr sind. Ich erkläre hiermit unter Eid, dass ich nach bestem Wissen und Gewissen und nach meiner Überzeugung die ganze Wahrheit gesagt habe".

Quelle: Kopie des Beweisstücks 55. *Prozesse gegen Kriegsverbrecher vor den Militärgerichten in Nürnberg gemäß Kontrollratsgesetz Nr. 10*, Nürnberg, Oktober 1946-April 1949, Band VII, I.G. Farben, (Washington: U.S. Government Printing Office, 1952).

ANHANG C

DIE EINTRAGUNGEN AUF DEM KONTO DER "NATIONALEN VORMUNDSCHAFT", DAS SICH IN DEN AKTEN DER DELBRUCK, SCHICKLER CO. BANK BEFINDET

NATIONALE VORMUNDSCHAFT
PRÄSIDENT DER REICHSBANK DR. HJALMAR SCHACHT, BERLIN-ZEHLENDORF

23. Februar	Debibk (Deutsche Bank Diskonto-Gesellschaft) Vereinigung für Bergbauinteressen, Essen		23. Februar	200,000.00
24	Überweisung auf das Konto Rudolf Hess, derzeit in Berlin	100,000.00	24	
24	Karl Herrmann		25	150,000.00
	Automobilausstellung, Berlin		25	100,000.00
25	Direktor A. Steinke		27	200,000.00
25	Demag A.G., Duisberg		27	50,000.00
27	Telefunken-Gesellschaft für drahtlose Telegrafie Berlin		28	85,000.00
	Osram G.m.b.H., Berlin		28	40,000.00
27	Bayerische Hypotheken-und Wech selbank, Zweigniederlassung München, Kauflingerstr. zugunsten von Verlag Franz Eher Nachf, München	100,000.00	28	
27	Überweisung auf das Konto Rudolf Hess, Berlin	100,000.00	27	
28	I.G. Farbenindustrie A.G. Frankfurt/M		1. März	400,000.00
28	Telegrafenkosten für den Transfer nach München	8.00	28. Februar	
1. März	Ihre Zahlung		2. März	125,000.00

2	Telegrafische Überweisung an die Bayerische Hypotheken- und Wechselbank, Zweigstelle München, Bayerstr.			
	im Auftrag von Josef Jung	400,000.00	2	
	Gebühren für telegrafische Überweisungen	23.00	2	
	Kontoüberweisung Rudolf Hess	300,000.00		
2	Rückerstattung von Direktor Karl Lange, Berlin		3	30,000.00
3	Rückzahlung von Direktor Karl Lange, Konto "Maschinen-industrie		4	20,000.00
	Rückerstattung von Verein ruer die bergbaulichen Interessen, Essen		4	100,000.00
	Nachnahme von Karl Herrmann, Berlin, Dessauerstr. 28/9		4	150,000.00
	Rückzahlung von Allgemeine Elektrizitaetsgesellschaft, Berlin		4	60,000.00
7	Rückzahlung des Geschäftsführers Dr. F. Springorum, Dortmund		8	36,000.00
8	Überweisung von der Reichsbank: Bayerische Hypotheken-und Wechselbank, Filiale Kauffingerstr.	100,000.00	8	
		1,100,031.00		1,696,000.00
		1,100,031.00	8. März	1,696,000.00
8. März	Bayerische Hypotheken-und Wechselbank, München, Zweigniederlassung Bayerstr.	100,000.00	8	
	Überweisung auf das Rudolf-Hess-Konto	250,000.00	7	
10	Accumulatoren-Fabrik A.G. Berlin		11	25,000.00
13	Verein f.d. Bergbauinteressen, Essen		14	300,000.00

14	Rückerstattung Rudolf Hess	200,000.00	14		
29	Rückerstattung Rudolf Hess	200,000.00	29		
Am 4. April	Commerz-und Privatbank Dep. Kasse N. Berlin W.9 Potsdamerstr. 1 f. Speziell				
	Konto S 29	99,000.00	4. April		
5	Zinsen nach Liste 1				
	Prozent		5	404.50	
	Telefonrechnungen	1.00	5		
	Postgebühren	2.50	5		
	Waage	72,370.00	5		
	Übertragener Saldo	2,021,404.50		2,021,404.50	
			5 Apr.	72,370.00	

Anhang D

Brief des US-Kriegsministeriums an die Ethyl Corporation

Stück Nr. 144
(Manuskript) Herr Webb schickte Kopien für die anderen Direktoren
Kopie an: Mr. Alfred P. Sloan, Jr., General Motors Corp, New York City, Mr. Donaldson Brown, General Motors Corp, New York City.
15. Dezember 1934.

Mr. E. W. Webb,
Präsident der Ethyl Gasoline Corporation, 185 E, 42th Street, New York City. Sehr geehrter Herr Webb: Ich habe heute von unserer Abteilung für organische Chemikalien erfahren, dass die Ethyl Gasoline Corporation beabsichtigt, mit der I.G. eine deutsche Gesellschaft zu gründen, um in diesem Land Ethylblei herzustellen.
Ich habe gerade zwei Wochen in Washington verbracht, von denen ich einen nicht unerheblichen Teil damit verbracht habe, den Austausch von chemischen Kenntnissen mit ausländischen Unternehmen zu kritisieren, die möglicherweise von militärischem Wert sind. Eine solche Weitergabe von Informationen durch ein Industrieunternehmen kann die schwerwiegendsten Auswirkungen auf dieses Unternehmen haben. Das Unternehmen Ethyl Gasoline würde hier keine Ausnahme machen, ja, es würde aufgrund des Eigentums an seinen Aktien wahrscheinlich Ziel eines besonderen Angriffs werden.
Auf den ersten Blick scheint es, dass die Menge an Ethylblei, die in Deutschland zu kommerziellen Zwecken verwendet wird, zu gering ist, um verfolgt zu werden. Es wurde behauptet, dass Deutschland heimlich aufrüstet. Ethylblei wäre zweifellos eine wertvolle Hilfe für Militärflugzeuge.
Ich schreibe Ihnen, um Ihnen mitzuteilen, dass meiner Meinung nach weder Sie noch der Vorstand der Ethyl Gasoline Corporation unter keinen Umständen in Deutschland Geheimnisse oder "Know-how" in Bezug auf die Herstellung von Tetraethylblei preisgeben dürfen.
Ich bin darüber informiert, dass Sie von der Farbstoffabteilung über die Notwendigkeit informiert werden, die Informationen, die Sie aus Deutschland erhalten haben, an die zuständigen Beamten des Kriegsministeriums weiterzugeben.

Genehmigen Sie, Herr Präsident!
den Ausdruck meiner ausgezeichneten Hochachtung,

Quelle: US-Senat, Anhörungen vor einem Unterausschuss des Ausschusses für militärische Angelegenheiten, *wissenschaftliche und technische Mobilisierung*, 78. Kongress, zweite Sitzung, Teil 16, (Washington D.C.: Government Printing Office, 1944), S. 939.

ANHANG E

AUSZUG AUS DER ZEITUNG VON MORGENTHAU (*DEUTSCHLAND*)[622] ÜBER SOSTHENES BEHN VON DER I.T.T.

16. März 1945
11 h 30

GRUPPENTREFFEN
Bretton Woods - I.T. & T. - Reparaturen

Anwesend:
M. White
M. Fussell
M. Feltus
Herr Coe
Herr DuBois
Frau Klotz

H.M., Jr.: Frank, können Sie diesen Fall auf I.T.&T. *zusammenfassen*?

M. Coe: Ja, Sir. I.T. &T. hat übrigens gestern oder vor ein paar Tagen 15 Millionen Dollar ihrer Dollarschulden überwiesen oder erhalten, die von der spanischen Regierung bezahlt wurden und die sie unter unserer allgemeinen Lizenz machen dürfen, also ist alles in Ordnung. Allerdings ist dies teilweise im Rahmen ihrer Vertretung bei uns, im Rahmen einer Vereinbarung über den Verkauf der Firma in Spanien, sie versuchen also, uns zu zwingen. Der Vorschlag, den sie uns seit einigen Jahren in verschiedenen Formen unterbreitet haben, nimmt nun diese Form an. Sie können sich ihre Forderungen in Dollar auszahlen lassen, was sie nach eigenen Angaben bislang nicht geschafft haben - also 15 Millionen Dollar jetzt und 10 oder 11 Millionen Dollar später. Sie werden das Unternehmen an Spanien verkaufen und im Gegenzug Anleihen im Wert von 30 Mio. USD erhalten - Anleihen der spanischen Regierung -, die über eine Reihe von Jahren und mit einer Rate von etwa 2 Mio. USD pro Jahr abgeschrieben werden müssen. Sie müssen 90% dieser Exporte erhalten, damit sie die Anleihen schneller abschreiben können, wenn sie sie in die USA exportieren müssen.

---

[622] *Morgenthau Diary* (Germany), op. cit.

H. M. Jr.: Wie der Streichholzhändler, den ich in meiner Rede erwähnt habe.

Herr Coe: Das ist richtig. Die spanische Regierung. Sie sind bereit, sagen sie - sie sind in der Lage, von der spanischen Regierung Zusicherungen zu erhalten, dass sie es nicht sein werden, dass die Aktien, die die spanische Regierung weiterverkaufen will, an niemanden auf der schwarzen Liste gehen werden und so weiter. In einigen Verhandlungen, die wir in den letzten Wochen mit ihnen geführt haben, waren sie bereit, in diesem Punkt weiter zu gehen. Unser Zögern in dieser Hinsicht hat zwei Gründe: Erstens kann man Franco nicht trauen, und wenn sie dazu in der Lage sind - wenn Franco in der Lage ist, in den nächsten Jahren Aktien dieser Firma in Spanien im Wert von 50 Millionen Dollar zu verkaufen, könnte er sie sehr wohl an pro-deutsche Interessen verkaufen. Es scheint zweifelhaft, dass er sie an die Spanier veräußern kann, also ist dies das erste, was wir tun müssen. Die zweite Sache, die wir nicht allzu gut dokumentieren können, aber ich denke, dass sie in meinem Kopf stärker ausgeprägt ist als in dem der ausländischen Fonds und Juristen. Ich glaube auch nicht, dass wir Behn wirklich trauen können.

Herr White: Ich bin mir sicher, dass Sie das nicht können.

Herr *Coe:* Wir haben hier Aufzeichnungen von weit zurückliegenden Gesprächen, die einige Ihrer Leute mit Behn geführt haben - Klaus war einer von ihnen - in denen Behn sagte, dass er Gespräche mit Göring geführt habe mit dem Vorschlag, dass Göring I.T. halten sollte. &T. Wie Sie sich erinnern, hatte I.T. &T. versucht, General Anilin zu kaufen und zu einem amerikanischen Unternehmen zu machen, und das war Teil der Vereinbarung, über die Behn sehr offen mit dem Staat und unseren Anwälten gesprochen hatte. Er war der Meinung, dass es völlig in Ordnung sei, das Eigentum zu schützen: Das war, bevor wir in den Krieg gezogen sind.

H. M., Jr.: Ich kann mich nicht daran erinnern.

Herr Coe: Der Mann, der sich jetzt um ihre Grundstücke kümmert, ist Westrick, der, wie Sie sich erinnern, hierher kam und mit Texaco in Verbindung gebracht wurde. Sie haben mit allen Mitteln versucht, ihre Geschäfte früher vorzubereiten, um zu entkommen. Sie sind mit einem führenden deutschen Konzern verbunden usw. Andererseits wurde Oberst Behn mehrmals vom Außenministerium als Gesandter eingesetzt und ich glaube, er steht persönlich auf sehr gutem Fuß mit Stettinius. Wir haben von den Vertretern des Außenministeriums einen Brief erhalten, in dem sie erklären, dass sie keine Einwände haben. Wir haben es Ihnen vorhin vorgeschlagen - der Brief, den ich Ihnen geschickt habe, schlug vor, State zu fragen, ob sie angesichts unserer Zufluchtsziele immer ja gesagt haben. Ich bin überzeugt, nachdem ich in den letzten zwei Tagen mit ihnen telefoniert habe, dass sie schriftlich antworten und ja sagen werden, sie sind immer noch der Meinung, dass es ein gutes Geschäft ist.

H. M., Jr.: Das ist die Position, in der ich mich befinde. Wie Sie wissen, meine Herren, bin ich jetzt überlastet und kann mich nicht persönlich um diese Angelegenheit kümmern, und ich denke, wir werden sie dem Außenministerium übergeben müssen, und wenn es sie lösen will, gut. Ich habe einfach nicht die Zeit oder die Energie, um sie auf dieser Grundlage zu bekämpfen.

Herr Coe: Dann sollten wir es jetzt genehmigen.

Herr **White:** Sie sollten zuerst einen Brief erhalten. Ich stimme dem Sekretär in dieser Hinsicht zu, nämlich dass man diesem Behn an der Straßenecke nicht trauen sollte. Irgendetwas an dieser Vereinbarung erscheint verdächtig und wir haben in den letzten zwei Jahren mit ihm zu tun gehabt. Es ist jedoch eine Sache, ihm zu glauben, und eine andere, ihn vor dem Druck zu verteidigen, der hier ausgeübt werden wird, um zu versuchen, diesem Unternehmen das Handelsabkommen zu entziehen, aber ich denke, was wir tun könnten, ist, das Außenministerium wissen zu lassen, dass es nicht glaubt, dass eine dieser Vermögenswerte - ich würde einige davon nennen und den Brief buchstabieren - im Rahmen eines Projekts für einen sicheren Hafen eine Gefahr darstellt. Legen Sie sie in die Akte und machen Sie ihnen sogar ein bisschen Angst und halten Sie durch, oder zumindest haben sie die Akte bekommen und Sie haben ihre Aufmerksamkeit auf diese Gefahren gelenkt. Dieser Behn hasst uns ohnehin. Wir stehen seit mindestens vier Jahren zwischen ihm und den Märkten.

H. M., Jr.: Folgen Sie dem, was White gesagt hat. Etwas in dieser Richtung. "Sehr geehrter Herr Stettinius, diese Dinge stören mich aufgrund der folgenden Tatsachen, und ich möchte, dass Sie mir sagen, ob wir.... oder nicht.... sollten".

Herr White: "Angesichts der Gefahr, dass deutsche Vermögenswerte hier versteckt werden, wird die Zukunft -" und er kommt zurück und sagt "Nein", werden wir ihn beobachten.

Herr Coe: Wir haben gesagt, dass wir Acheson am Montag etwas geben wollen.

H. M., Jr.: Und wenn Sie mir das bis morgen früh vorbereiten, werde ich es unterschreiben.

M. Coe: O.K.

Quelle: US-Senat, Unterausschuss zur Untersuchung der Verwaltung des Gesetzes zur inneren Sicherheit. Judicial Power Committee, *Morgenthau Diarty (Germany)*, Volume 1, 90th Congress, 1 session, 20 November 1967, (Washington D.C.: U.S. Government Printing Office, 1967), Seite 320 in Buch 828. (Seite 976 des Drucks des US-Senats).
Anmerkung: "Mr. White" ist Harry Dexter White. Dr. Dubois" ist Josiah E. Dubois, Jr., Autor des Buches "*Generals in Grey Suits*" (London: The Bodley Head, 1953). "H.M. Jr." ist Henry Morgenthau Jr., Finanzminister.
Dieses Memorandum ist wichtig, weil es Sosthenes Behn beschuldigt, "mindestens vier Jahre lang" versucht zu haben, hinter den Kulissen Geschäfte in Nazideutschland abzuschließen - d.h. während der Rest der USA im Krieg war, machten Behn und seine Freunde noch wie gewohnt Geschäfte mit Deutschland. Diese Notiz stützt die in den Kapiteln fünf und neun dargelegten Beweise für den Einfluss des I.T.T. in Himmlers engstem Kreis und fügt Herman Göring der Liste der I.T.T.-Kontakte hinzu.

AUSGEWÄHLTE BIBLIOGRAFIE

Allen, Gary. *None Dare Call It Conspiracy.* Seal Beach, California: Concord Press, 1971.

Ambruster, Howard Watson. *Treason's Peace.* New York: The Beechhurst Press, 1947.

Angebert, Michel. *The Occult and the Third Reich.* New York: The Macmillan Company, 1974.

Archer, Jules. *The Plot to Seize the White House.* New York: Hawthorn Books, 1973.

Baker, Philip Noel. *Hawkers of Death (Hawkers des Todes).* The Labour Party, England, 1984.

Barnes, Harry Elmer. *Perpetual War for Perpetual Peace.* Caldwell, Idaho: Caxton Printers, 1958.

Bennett, Edward W. *Germany and the Diplomacy of the Financial Crisis (Deutschland und die Diplomatie der Finanzkrise), 1931.* Cambridge: Harvard University Press, 1962.

Der Farben-Konzern 1928. Hoppenstedt, Berlin 1928.

Dimitrov, George, *The Reichstag Fire Trial.* London: The Bodley Head, 1984.

Dodd, William E. Jr. und Dodd, Martha. *Ambassador Dodd's Diary, 1933-1938.* New York: Harcourt Brace and Company, 1941.

Domhoff, G. William. *The Higher Circles: The Governing Class in America.* New York: Vintage, 1970.

Dubois, Josiah E., Jr. *Generals in Grey Suits.* London: The Bodley Head, 1958.

Engelbrecht, H.C. *Merchants of Death.* New York: Dodd, Mead & Company, 1984.

Engler, Robert. *The Politics of Oil (Die Politik des Öls).* New York: The Macmillan Company, 1961.

Epstein, Julius. *Operation Keelhaul.* Old Greenwich: Devin Adair, 1978.

Farago, Ladislas. *The Game of the Foxes (Das Spiel der Füchse)*. New York: Bantam, 1978.

Flynn, John T. *As We Go Marching*, New York: Doubleday, Doran and Co, Inc. 1944.

Guerin, Daniel. *Faschismus und Großkapital*. Paris: Francois Maspero, 1965.

Hanfstaengl, Ernst. *Unheard Witness (Zeuge des Unheils)*. New York: J. B. Lippincott, 1957.

Hargrave, John. *Montagu Norman*. New York: The Greystone Press, o.D.

Harris, C.R.S. *Germany's Foreign Indebtedness*. London: Oxford University Press, 1985.

Helfferich, Dr. Karl. *Germany's Economic Progress and National Wealth, 1888-1913*. New York: Germanistic Society of America, 1914.

Hexner, Ervin. *International Cartels (Internationale Kartelle)*. Chapel Hill: The University of North Carolina Press, 1945.

Howard, Colonel Graeme K. *America and a New Worm Order*. New York: Scribners, 1940.

Kolko, Gabriel. "American Business and Germany, 1930-1941", *The Western Political Quarterly*, Band XV, 1962.

Kuezynski, Robert R. *Bankers' Profits from German Loans*, Washington, D.C.: The Brookings Institution, 1982.

Leonard, Jonathan. *The Tragedy of Henry Ford (Die Tragödie von Henry Ford)*. New York: G.P. Putnam's Sons, 1932.

Ludecke, Kurt G.W. *I Knew Hitler*. New York: Charles Scribner's Sons, 1937.

Magers, Helmut. *Ein Revolutionär Aus Common Sense*. Leipzig: R. Kittler Verlag, 1934.

Martin, James J, *Revisionist Viewpoints*. Colorado: Ralph Mules, 1971.

Martin, James Stewart. *All Honorable Men*, Boston: Little Brown and Company, 1950.

Muhlen, Norbert. *Schacht: Hitler's Magician*. New York: Longmans, Green and Co, 1939.

Nixon, Edgar B. *Franklin D. Roosevelt and Foreign Affairs.* Cambridge: Belknap Press, 1969.

Oil and Petroleum Yearbook, 1938.

Papen, Franz von. *Memoiren.* New York: E.P. Dutton & Co, 1953.

Peterson, Edward Norman. *Hjalmar Schacht.* Boston: The Christopher Publishing House, 1954.

Phelps, Reginald H. *"Before Hitler Came": Thule Society and Germanen Orden,* in the *Journal of Modern History,* September, 1963.

Quigley, Carroll, *Tragedy and Hope (Tragödie und Hoffnung).* New York: The Macmillan Company, 1966.

Ravenscroft, Trevor: *The Spear of Destiny.* New York: G.P. Putnam's Sons, 1973.

Rathenau, Walter. *In Days to Come.* London: Allen & Unwin, o.D.

Roberts, Glyn. *The Most Powerful Man in the World.* New York: Covici, Friede, 1938.

Sampson, Anthony. *The Sovereign State of* I.T.T. *(Der souveräne Staat der* I.T.T.). New York: Stein & Day, 1975.

Schacht, Hjalmar. *Bekenntnisse des "Alten Zauberers".* Boxton: Houghton Mifflin, 1956.

Schloss, Henry H. *The Bank for International Settlements.* Amsterdam: North Holland Publishing Company, 1958.

Seldes, George. *Iron, Blood and Profits.* New York und London: Harper & Brothers Publishers, 1934.

Simpson, Colin. *Lusitania.* London; Longman, 1972.

Smoot, Dan. *The Invisible Government (Die unsichtbare Regierung).* Boston: Western .Islands, 1962,

Strasser, Otto. *Hitler and I.* London: Jonathan Cape, o.D.

Sonderegger, Rene. *Spanischer Sommer.* Affoltern, Switzerland: Aehren Verlag, 1948.

Stocking, George W, and Watkins, Myron W. *Cartels in Action*. New York: The Twentieth Century Fund, 1946.

Sutton, Antony C. *National Suicide: Military Aid to the Soviet Union*. New York: Arlington House Publishers, 1978.
Wall Street and the Bolshevik Revolution. New York: Arlington House Publishers, 1974.
Wall Street and FDR (Wall Street und FDR). New York: Arlington House Publishers, 1975.
Western Technology and Soviet Economic Development, 1917-1930. Stanford, California: Hoover Institution Press, 1968.
Western Technology and Soviet Economic Development, 1980-1945. Stanford, California: Hoover Institution Press, 1971.
Western Technology and Soviet Economic Development, 1945-1965. Stanford, California: Hoover Institution Press, 1973.

Sward, Keith. *Die Legende von Henry Ford*. New York: Rinehart & Co, 1948.

Thyssen, Fritz. *I Paid Hitler*. New York: Farrar & Rinehart, Inc. s.d. "Prozesse gegen Kriegsverbrecher vor den Militärgerichten in Nürnberg gemäß Kontrollratsgesetz Nr. 10", Band VIII, Fall I.G. Farben, Nürnberg, Oktober 1946-April 1949. Washington: Government Printing Of-flee, 1953. United States Army Air Force, Aiming point report No. 1.E.2 vom 29. Mai 1943.

Senat der Vereinigten Staaten, Anhörungen vor dem Finanzausschuss. *Verkauf von ausländischen Anleihen oder Wertpapieren in den USA*. 72. Kongress, 1 Sitzung, S. Res. 19, 1 Teil, 18., 19. und 21. Dezember 1931. Washington: Government Printing Office, 1931.

US-Senat, Anhörungen vor einem Unterausschuss des Ausschusses für militärische Angelegenheiten. *Wissenschaftliche und technische Mobilisierung*. 78. Kongress, 2. Sitzung, S. Res. 107, Teil 16, 29. August und 7, 8, 12 und 13. September 1944. Washington: Government Printing Office, 1944.

Kongress der Vereinigten Staaten. House of Representatives (Repräsentantenhaus). *Sonderausschuss zu den US-Aktivitäten und Untersuchung bestimmter anderer Propagandaaktivitäten*. 73. Kongress, 2. Sitzung, Anhörungen Nr. 73-DC-4. Washington: Government Printing Office, 1934.

Kongress der Vereinigten Staaten. Repräsentantenhaus (House of Representatives). Sonderausschuss zu den US-Aktivitäten (1934). *Untersuchung von Naziaktivitäten und anderen Propagandaaktivitäten*. 74. Kongress, 1. Sitzung, Bericht Nr. 153. Washington: Government Printing Office, 1934.

Kongress der Vereinigten Staaten. Senat. Anhörungen vor einem Unterausschuss des Ausschusses für militärische Angelegenheiten. *Eliminierung der deutschen Ressourcen für den Krieg.* Bericht gemäß den Resolutionen 107 und 146, 2. Juli 1945, Teil 7. 78. Kongress und 79. Washington: Government Printing Office, 1945.

Kongress der Vereinigten Staaten. Senat. Anhörungen vor einem Unterausschuss des Ausschusses für militärische Angelegenheiten. *Wissenschaftliche und technische Mobilisierung.* 78. Kongress, 1. Sitzung, S. 702, Teil 16. Washington: Government Printing Office, 1944.

United States Group Control Council (Deutschland), Büro des Direktors des Nachrichtendienstes, Field Information Agency. Technical Intelligence Report No. EF/ME/1. 4. September 1945.

Vereinigte Staaten Sente. Unterausschuss für die Untersuchung der Verwaltung des Gesetzes über die innere Sicherheit, Ausschuss für die richterliche Gewalt. *Morgenthau Journal (Deutschland).* Band 1, 90 Congress, 1 Sitzung, 20. November 1967. Washington: U.S. Government Printing Office, 1967.

Dezimaldatei des US-Außenministeriums.

Untersuchung der strategischen Bombardierung in den USA. *AEG-Ostlandwerke GmbH,* von Whitworth Ferguson. 81. Mai 1945.

Untersuchung über strategische Bombardements in den USA. *Bericht der deutschen Elektroindustrie.* Equipment Division, Januar 1947.

United States Strategic Bombing Survey, *Fabrikbericht der A.E.G.* (Allgemeine Elektrizitats Gesellschaft). Nürnberg, Deutschland: Juni 1945.

Zimmermann, Werner. *Liebet Eure Feinde.* Frankhauser Verlag: Thielle-Neuchatel, 1948.

BEREITS ERSCHIENEN

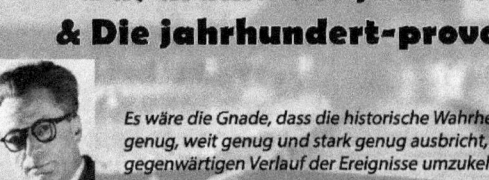

www.ingramcontent.com/pod-product-compliance
Lightning Source LLC
Chambersburg PA
CBHW071406230426
43669CB00010B/1459